Problem- orientierter Geschichts- unterricht

Ziele – Methoden – Modelle

Herausgegeben von Dr. H. Heumann
Bearbeitet von Dr. H. Heumann, Fachleiter E. Matz
und Regierungsdirektor H. Pötzsch,
unter Mitarbeit von Realschullehrerin I. Blechert, Prof. Dr. G. Droege,
Oberstudiendirektor Dr. P. Düring, Prof. Dr. S. George,
Rektor W. Freund, Prof. Dr. R.-J. Sattler, Prof. Dr. H. Süssmuth

Band 3: Zwischen den beiden Weltkriegen (1914–1945)

Hirschgraben-Verlag · Frankfurt am Main
ISBN 3454 234808

Problemorientierter Geschichtsunterricht

ISBN 3-454-23480-8
© 1982 Hirschgraben-Verlag GmbH & Co., Frankfurt am Main   7 6 5 4 3 | 1991 90 89 88 87
Umschlagentwurf: C. M. Estenfelder, Frankfurt am Main
Druck: Saladruck, Berlin
Vertrieb und Auslieferung: Cornelsen-Velhagen & Klasing Verlagsgesellschaft mbH, Bielefeld

VORWORT

Der dritte Band des Handbuches für den Geschichtsunterricht in der Sekundarstufe I erforderte für die Bearbeitung eine längere Zeit als die vorangehenden Bände. Das hatte verschiedene Ursachen. Erst in letzter Zeit sind wesentliche fachwissenschaftliche Handbücher für die Zeitgeschichte vollständig erschienen. Die didaktischen Positionen haben an Profil gewonnen. In einigen Ländern gab es nach langer Wartezeit neue Richtlinien. Die praktische Erprobung unserer Unterrichtsmodelle erforderte bei der Zeitgeschichte besondere Aufmerksamkeit.

Für alle anderen Aspekte verweise ich auf das Vorwort zu Band 1, das auch heute noch gültig ist. Wiederholt sei der Satz: „Dieses Handbuch ist keiner einseitigen politischen oder didaktischen Richtung verpflichtet."

Der Mitarbeiterkreis wurde ergänzt durch Reg.-Dir. H. Pötzsch, Bundeszentrale für Politische Bildung in Bonn, der u. a. für den größten Teil der Vorbemerkungen verantwortlich zeichnet.

Lernziele. Der bisherige Untertitel „Lernziele – Modelle" wurde geändert und heißt jetzt „Ziele – Methoden – Modelle". Die Lernzieleuphorie des letzten Jahrzehnts wird heute auf das rechte Maß reduziert. Die Bedeutung der Lehrerpersönlichkeit für den Unterrichtserfolg wurde wiedererkannt. Wir sind bei der gewohnten Bezeichnung „UR-Ziele" = Ziele für eine Unterrichtsreihe und „UE-Ziele" = Ziele für die Unterrichtseinheit geblieben, haben aber die Verben „aufzeigen, begründen, vergleichen, erläutern" u. a. m. weggelassen, um auch auf diese Weise die Erweiterung des didaktisch-methodischen Freiraums des Lehrers deutlich zu machen.

Quellen. Bisher wurde gelegentlich moniert, daß wir die Quellen aus zu vielen verschiedenen Quellensammlungen entnommen hätten. Der Lehrer müsse neben unserem Handbuch noch eine größere Zahl zusätzlicher Bücher anschaffen.

Um diesem Vorwurf zu begegnen, entnehmen wir jetzt die Quellen mehr als bisher dem Unterrichtswerk **„Geschichte für morgen" (Gfm),** das vom Mitarbeiterkreis dieses Handbuches geschaffen wurde. Mit Rücksicht auf die nach Ländern und Schulart erschienenen Sonderausgaben dieses Unterrichtswerkes können bei den Quellen keine Seiten angegeben werden. Wer jedoch den jeweiligen Schülerband zur Hand hat, kann die Quellen leicht finden. Der Verlag verschickt an Benutzer des Handbuches das entsprechende Exemplar des Schülerbandes auf Anforderung.

Selbstverständlich kann das Handbuch wie bisher auch mit jedem anderen Unterrichtswerk benutzt werden.

Eine weitere Möglichkeit, das Unterrichtsmaterial in der Zeitgeschichte zu ergänzen, wird durch die Bundeszentrale für politische Bildung in Bonn geboten. (Vgl. hierzu den Abschnitt „Literaturangaben")

Leistungskontrolle. Die Zeitgeschichte wird im 9. oder 10. Schuljahr behandelt. Hier können die Schüler schon Tests mit größeren verbalen Anforderungen bearbeiten. Um die Aufgabenstellung ausreichend zu konkretisieren, ist es jedoch notwendig, den geforderten Inhalt vorher mit der Klasse zu erarbeiten.

Um dem Lehrer unnötige Schreibarbeit zu ersparen, können die Tests und Rätsel als Kopiervorlage benutzt werden. Die Lösungen folgen hinter der Leistungskontrolle.

Im Januar 1982   Dr. Hans Heumann

Inhaltsverzeichnis

Literaturangaben

Die folgende Übersicht und die Literaturhinweise zu den einzelnen Kapiteln können naturgemäß nur eine begrenzte Anzahl von Titeln anbieten. Kriterien der Auswahl sind **Rang, Verfügbarkeit** und **Preiswürdigkeit.** Danach sind jeweils einige Standardwerke genannt, darüber hinaus solche Titel, die in neuerer Zeit erschienen und jedenfalls im Buchhandel noch erhältlich sind, und schließlich vorzugsweise preiswerte Taschenbuchausgaben.

In den Literaturangaben zu den einzelnen Kapiteln sind für einen Teil der nachstehenden Werke **Kurztitel** verwendet worden. Sie sind in der folgenden Aufstellung in halbfetter Schrift gesetzt. Es handelt sich in erster Linie um eine Reihe von Handbüchern und um Zeitschriften.

Quellensammlungen

Aufriß Weltgeschichte im Aufriß. Diesterweg Verlag, Frankfurt/Main (mit Angabe des Bandes).
Augenzeugenberichte Karl Rauch Verlag, Düsseldorf (mit Titel des Einzelbandes). Von einigen Bänden gibt es Taschenbuchausgaben bei dtv.
Geschichte Geschichte aus erster Hand. Arena Verlag, Würzburg [3]1966.
GiQ Geschichte in Quellen, W. Lautemann/M. Schenke (Hrsg.). Bayerischer Schulbuchverlag, München 1966 (mit Angabe des Bandes).
Hirschgraben Hirschgraben-Lesereihe. Hirschgraben-Verlag, Frankfurt/Main 1972 (mit Angabe des Bändchens).
Bilder aus der Weltgeschichte Historische Szenen, Quellen und Begriffe. Diesterweg Verlag, Frankfurt/Main 1969 ff. (mit Angabe des Bandes).
Lesewerk Lesewerk zur Geschichte. Goldmann-Verlag, München 1971 ff. (mit Angabe des Bandes).
Ma Materialien für den Geschichtsunterricht in mittleren Klassen. Diesterweg Verlag, Frankfurt/Main 1970 ff. (mit Angabe des Bandes).

Atlanten

Atlas Großer Atlas zur Weltgeschichte. Westermann Verlag, Braunschweig.
dtv dtv-Atlas zur Weltgeschichte. dtv, München.

Dias/Filme

Westermann Georg Westermann Verlag, Braunschweig.
Institut Institut für Film und Bild, München.
Stoedtner Stoedtner-Verlag, Düsseldorf.
Flemming Flemming Verlag, Hamburg.
Schuchardt Schuchardt Lehrmittelverlag, Göttingen.
V-Dia V-Dia Verlag, Heidelberg.

An geeigneten Stellen wird auf die von der „Bundeszentrale für politische Bildung" herausgegebenen **„Informationen zur politischen Bildung"** verwiesen, die bei der Bundeszentrale (Postfach, 5300 Bonn 1) auch in Klassensätzen kostenlos zu erhalten sind. Quellen sind, wenn sie nicht in „Geschichte für morgen" **(Gfm)** oder in den „Informationen" im Wortlaut wiedergegeben sind, in der Regel im unterrichtspraktischen Teil abgedruckt. Sie wurden, wenn möglich, aus „Geschichte in Quellen" **(GiQ)** entnommen.

Darüber hinaus werden noch folgende Standardwerke empfohlen:
Baumgart, Winfried, Bücherverzeichnis zur deutschen Geschichte. Hilfsmittel – Handbücher – Quellen. Ullstein-TB DG 14.
Bracher, Karl-Dietrich, Jacobsen, Hans-Adolf, Bibliographie zur Politik in Theorie und Praxis. Droste, Düsseldorf 1970 (Ergänzungsband 1973).
Der große Ploetz, Auszug aus der Geschichte. Ploetz-Verlag, Freiburg/Würzburg [29]1980.

Handbücher

Karl-Dietrich **Bracher,** Europa in der Krise, Innengeschichte und Weltpolitik seit 1917. Propyläen, Frankfurt 1979 (erweiterte Fassung der Propyläen-Geschichte Europas, Bd. 6).
dtv – Weltgeschichte des 20. Jahrhunderts, hrsg. v. Martin Broszat und Helmut Heiber:
4001: Der Erste Weltkrieg
4002: Revolutionen und Friedensschlüsse 1917–1920,
4003: Die Republik von Weimar
4004: Die faschistischen Bewegungen
4005: Europa zwischen den Kriegen
4007: Die Vereinigten Staaten von Amerika seit 1917
4008: Sowjetrußland
4009: Der Staat Hitlers
4010: Der Zweite Weltkrieg
Fischer Weltgeschichte, 36 Bde., FWG 1–36, 1965 ff.
FWG 23: Süd- und Mittelamerika II
FWG 30: Die Vereinigten Staaten von Amerika
FWG 31: Rußland
FWG 32: Afrika
FWG 33: Das moderne Asien
FWG 34: Das Zwanzigste Jahrhundert I
FWG 35: Das Zwanzigste Jahrhundert II
FWG 36: Weltprobleme zwischen den Machtblöcken – Das Zwanzigste Jahrhundert III
Gebhardt, Handbuch der Deutschen Geschichte. Bd. 4: Karl Dietrich Erdmann, Die Zeit der Weltkriege. Klett, Stuttgart 1976.
Auch TB dtv 4218–4222:
4218: Der Erste Weltkrieg
4219: Die Weimarer Republik
4220: Deutschland unter der Herrschaft des Nationalsozialismus 1933–1939
4221: Der Zweite Weltkrieg
Institut für Zeitgeschichte (Hrsg.), Deutsche Geschichte seit dem Ersten Weltkrieg, 2 Bde. dva, Stuttgart 1971.

Oldenbourg Grundriß der Geschichte. Oldenbourg, München 1979 ff. 18 Bände, für die Epoche seit 1900:
Bd. 15: Schmidt, Gustav, Das Zeitalter des Imperialismus (1985 erschienen)
Bd. 16: Kolb, Eberhard, Die Weimarer Republik im Zwischenkriegseuropa (1984 erschienen)
Bd. 17: Hildebrand, Klaus, Das Dritte Reich (1979 erschienen)
Bd. 18: Hillgruber, Andreas, Europa in der Weltpolitik der Nachkriegszeit 1945–1963 (1979 erschienen)
Schieder, Theodor (Hrsg.), Handbuch der Europäischen Geschichte.
Bd. 7: Schieder, Theodor, Europa im Zeitalter der Weltmächte. Klett-Cotta, Stuttgart 1979
Ullstein Deutsche Geschichte, hrsg. v. Walter Hubatsch, 17 Bde. TB DG 1–19,
darin: **Droege,** Georg, Deutsche Wirtschafts- und Sozialgeschichte. DG 13.
Geschichte der **Weltwirtschaft** im 20. Jahrhundert, hrsg. von Wolfram Fischer, 6 Bände. TB dtv 4121–4126
4122: Bd. 2: Der Erste Weltkrieg 1914–1918
4123: Bd. 3: Die Zwanziger Jahre
4124: Bd. 4: Die Weltwirtschaftskrise 1929–1939
4125: Bd. 5: Der Zweite Weltkrieg
4126: Bd. 6: Nach dem Zweiten Weltkrieg

Zeitschriften

GWU Geschichte in Wissenschaft und Unterricht. Klett-Verlag, Stuttgart, seit 1949.
Geschichte und Gesellschaft Zeitschrift für Historische Sozialwissenschaft. Verlag Vandenhoeck und Ruprecht, Göttingen, seit 1975.
Geschichtsdidaktik Schwann Verlag, Düsseldorf, seit 1976.
Gegenwartskunde Zeitschrift für Gesellschaft, Wirtschaft, Politik und Bildung Leske Verlag, Leverkusen, seit 1953.
Politische Bildung Beiträge und Materialien zur wissenschaftlichen Grundlegung und zur Unterrichtspraxis. Klett Verlag, Stuttgart, seit 1967.
Sozialwissenschaftliche Informationen für Unterricht und Studium. Klett Verlag, Stuttgart, seit 1972.

36. Der Erste Weltkrieg

36.0.1. Literaturangaben

Handbuch: dtv 4001, 4002, Gebhardt 5 ff. und TB 4218, Schieder Bd. 6 und 7, Ullstein DG 5.

Spezialliteratur

Geiss, Immanuel (Hrsg.), Juli 1914. Die europäische Krise und der Ausbruch des Ersten Weltkrieges. dtv, Dokumente 2921, München [2]1980.
Hardach, Gerd, Der Erste Weltkrieg 1914–1918. Geschichte der Weltwirtschaft im 20. Jahrhundert. Bd. 2, dtv 4122, München 1979.
Herzfeld, Hans, Die moderne Welt 1789–1945. II.: Weltmächte und Weltkriege 1890–1945. Westermann, Braunschweig [4]1969.
Holborn, Hajo, Deutsche Geschichte in der Neuzeit. Bd. 3, Das Zeitalter des Imperialismus (1871–1945). Fischer TB 6418, Frankfurt 1981.
Kielmannsegg, Peter Graf, Deutschland und der Erste Weltkrieg. Klett/Cotta, Stuttgart [2]1980.
Ploetz, Geschichte der Weltkriege. Mächte. Ereignisse. Entwicklungen. Hrsg. Hillgruber, Andreas, und Dülffer, Jost. Ploetz, Freiburg 1981.
Schieder, Wolfgang (Hrsg.), Erster Weltkrieg. Ursachen, Entstehung und Kriegsziele. Kiepenheuer u. Witsch, Köln 1969.

Sachbücher

Solschenizyn, Alexander, August vierzehn. Luchterhand, SL 183, Darmstadt [4]1978.
Tuchman, Barbara, August 1914. Bastei TB 65035, Bergisch-Gladbach 1981.

Zeitschriften

Geschichtsdidaktik 3/78: Ulrich Mayer, Ursachen und Beginn des Ersten Weltkrieges; 1/80: Wilfried Eisenbeiß, Der Weg der europäischen Mächte in den Ersten Weltkrieg.

36.0.2. UR-Ziele

(1) Ermittlung der Voreinstellung der Schüler zum Thema „Krieg"
(2) Die Ursachen des Ersten Weltkrieges
(3) Die Einstellung der Bevölkerung bei Kriegsausbruch
(4) Der Stimmungswandel in der Bevölkerung im Verlauf des Krieges und seine Ursachen
(5) Die unterschiedlichen Auffassungen hinsichtlich der Beendigung des Krieges und die dabei zu erreichenden Kriegsziele

36.0.3. Medien

Wandkarte: Westermann, Der Erste Weltkrieg 1914–1918
Atlas: Westermann, 146 Europa vor Ausbruch des Ersten Weltkrieges 1914, 147 Der Erste Weltkrieg 1914–1918 – dtv II 124 Der Kriegsverlauf im Westen 1914–1918, Der östliche Kriegsschauplatz 1914–1917, 126 Nebenkriegsschauplätze, Menschenverluste und Kriegskosten, 128 Die Mächtegruppierungen im 1. Weltkrieg, 130 Das Kriegsjahr 1918.
Dias: Stoedtner, Weltkrieg 1914/18 21 B sw. – Jünger, Der Erste Weltkrieg und das Ende des Kaiserreiches 30 B f. – Institut, 10 0421 Neuste Geschichte in Plakaten (1914–1925) 2 sw, 16 f.
Film: Institut 32 2477 1917 – Jahr der Entscheidung (13 Min.).
Filme (8 mm): Institut 36 0428 Die Konfliktsituation auf dem Balkan (5 Min.), 36 0429 Die Krise (5 Min.), 36 0430 Der Kriegsbeginn (4,5 Min.).

36.0.4. Vorbemerkungen

Allgemeine Überlegungen zum Thema

Die Behandlung des Ersten Weltkrieges (WK) im Geschichtsunterricht wird sich unvermeidlich auf eine Auswahl von Ereignissen und Problemen beschränken müssen. Es ist ihr versagt, den Krieg streng chronologisch in all seinen Phasen und den darin beschlossenen Einzelfakten darzustellen und dabei neben den militärischen auch alle politischen, wirtschaftlichen und sozialen Aspekte zu erfassen. Trotzdem sollte der, der einen solchen Unterricht leitet, für sich selbst diesen Krieg als ein Ganzes mit allen von ihm betroffenen Bereichen vor Augen haben. Dabei gilt es, auch folgendes zu beachten: In berechtigter Abkehr von früheren Darstellungen, die den Krieg in manchmal heroisierendem Stil lediglich als Folge von Schlachtgemälden erfaßten, wird heute ein Krieg stärker auf seine wirtschaftlichen und sozialen Auswirkungen und Bedingtheiten, auf ideologische und massenpsychologische Momente und auf seine politischen Hintergründe hin untersucht und entsprechend beschrieben. Dabei spielt auch – unter dem Eindruck späterer Entwicklungen – die Frage der Kriegsverhinderung allgemein und die der Beendigung des Krieges, der das Thema ist, eine große Rolle. Diese erweiterte und umfassendere Sichtweise darf jedoch nicht dazu führen, daß Kriegsgeschichte im engeren Sinne als die Geschichte militärischer Vorgänge übersehen oder ausgeklammert wird. Der eigentliche Krieg, d. h. der Kampf gegnerischer Armeen

im Felde, bestimmt Ablauf und Ergebnis der allgemeineren Auseinandersetzung, in die Staaten und Völker verwickelt sind. Und wie in der Geschichte überhaupt üben auch im Krieg die politisch und militärisch verantwortlichen Persönlichkeiten neben den generellen Faktoren erheblichen Einfluß auf den Gang der Ereignisse aus. Die im Literaturverzeichnis aufgeführten Publikationen behandeln die verschiedenen, hier angerissenen Aspekte, unter denen der Erste Weltkrieg gesehen werden muß, ausführlicher, als das in der vorliegenden Skizze möglich ist.

Das „Zeitalter des Imperialismus"
Die Vorgeschichte des Ersten Weltkrieges und die unmittelbar zu seinem Ausbruch führende „Julikrise" 1914 nach dem Mord von Sarajewo sind nach 1918/19 leidenschaftlich erörtert worden. Die damit verknüpfte Diskussion um den Art. 231 des Friedensvertrages von Versailles **(Kriegsschuldparagraph)** hat die Wissenschaftlichkeit dieser Auseinandersetzungen belastet, ehe sie in den 30er Jahren mit einem gewissen Konsens abgeschlossen zu sein schienen. Nach 1945 wurden sie unter dem Eindruck des von Hitler provozierten Krieges wiederaufgenommen. Sie sind seit den 60er Jahren vor allem in Deutschland auf Grund bis dahin nicht erschlossener Akten mit Heftigkeit geführt worden, worauf hier nur verwiesen werden kann.
Die Kontroverse wurde ausgelöst durch die Veröffentlichung von Forschungsergebnissen des Hamburger Historikers Fritz Fischer, die zunächst 1959 in der Historischen Zeitschrift und dann in dem 1961 erstmals erschienenen Buch „Griff nach der Weltmacht", Droste Verlag, Düsseldorf, zusammengefaßt wurden. Den Thesen Fischers, der die Schuld am Ausbruch des Ersten Weltkrieges vorwiegend dem Deutschen Reich anlastete, wurde von anderen führenden deutschen Historikern heftig widersprochen.
Über die Rezeption der Fischerschen Thesen in der Literatur informiert ein Aufsatz von Volker Berghahn, Die Fischerkontroverse – 15 Jahre danach, in: Geschichte und Gesellschaft, Zeitschrift für historische Sozialwissenschaft, Vandenhoeck & Rupprecht, Göttingen, 6. Jg. (1980), Heft 3, S. 403 ff.
In „Geschichte in Wissenschaft und Unterricht" (GWU), Jg. 32, Heft 10, Oktober 1981, hat Klaus Bruckmann unter dem Titel „Erster Weltkrieg – Ursachen, Kriegsziele, Kriegsschuld, Fritz Fischers Thesen in deutschen Schulgeschichtsbüchern" die Schulgeschichtsbücher daraufhin untersucht, inwieweit die Sicht Fischers Aufnahme gefunden hat. Im Vorspann zu diesem Aufsatz kündigen die Herausgeber eine eingehende Behandlung des Standes der Kontroverse um die Kriegsschuldfrage in einer späteren Ausgabe an.

Auch in diesen jüngsten Erörterungen ist deutlich geworden, daß der Ausbruch des Krieges in der Situation des Jahres 1914 nur verstanden werden kann, wenn eine seit längerem laufende historische Entwicklung in die Betrachtung einbezogen wird.
Die dem Ersten Weltkrieg vorangehende Epoche etwa seit 1880 wird als „Zeitalter des Imperialismus" bezeichnet. Dabei muß man jedoch betonen, daß dieser **Imperialismus-Begriff** etwas anderes meint als die Variante des Terminus bei Lenin, der diese Zeit und ihre Vorgänge in sein marxistisches Geschichtsschema einordnete. Imperialismus in der ihm im 19. Jahrhundert gegebenen Bedeutung bezeichnet das Streben der europäischen Großmächte nach Auf- und Ausbau eines überseeischen, im Falle Rußlands zumindest außereuropäischen Reiches (Imperium), das vornehmlich aus **Kolonien** bestand, aber auch andere Organisationsformen zuließ. Begründet wurde diese Politik, die sich in der Rivalität der beteiligten Mächte bis zum Versuch der Aufteilung der ganzen Welt steigerte, mit wirtschaftlichen Argumenten (Absatzmärkte, Rohstoffe, Kapitalanlage), aber auch mit dem Wunsch nach Siedlungsland für die wachsende eigene Bevölkerung. Daneben stand generell der Anspruch, den anderen „Weltmächten" an politischer, wirtschaftlicher und militärischer Macht nicht nachzustehen. Auch die Vorstellung von der Überlegenheit europäischer Kultur, die der übrigen Welt vermittelt werden müßte, diente der ideologischen Rechtfertigung dieser Politik.
In Deutschland, das später als Großbritannien, Frankreich und Rußland in diesen Wettstreit eingetreten war, bestand bei der Regierung und in der Öffentlichkeit die Befürchtung, wegen dieser Verspätung bei der Aufteilung der Welt benachteiligt zu sein. Das hat die amtliche Politik des Reiches beeinflußt. Es hat vor allem außerhalb des Krieges in privaten Zirkeln, in Vereinigungen und in einer Fülle laut tönender Publikationen zu manchmal maßlosen Vorstellungen und daraus abgeleiteten Forderungen der Verantwortlichen geführt. Im Ausland entstand daraus ein überzeichnetes Bild Deutschlands, seiner politischen Pläne und seiner tatsächlichen Politik. Dabei darf nicht übersehen werden, daß in diesem imperialistischen Zeitalter vor 1914 auch bei den Regierungen der anderen großen Mächte ausufernde Überlegungen angestellt wurden und daß Teile ihrer Öffentlichkeit ebenso maßlos agitierten. Dem **Alldeutschen Verband** in Deutschland entsprachen ähnliche Vereinigungen im Ausland mit verwandter Ideologie, Programmatik und Propaganda. Die Begriffe **Chauvinismus** und **Jingoismus** bezeichnen ursprünglich französische und britische Phänomene.

Die späteren „Kriegsziele" im Lichte imperialistischer Politik

Ähnliches gilt auch für den Problemkreis der Kriegsziele. Er bewegte und belastete die Innen- und Außenpolitik aller später kriegführenden Mächte und kann überall nur aus seiner Verwurzelung in den imperialistischen Jahrzehnten vor 1914 verstanden werden. Deshalb läßt sich das Grundsätzliche hierzu an dieser Stelle sagen. Diese Kriegsziele, die im einzelnen nicht vorgeführt werden können, spiegelten generell die imperialistische Grundhaltung politischen Denkens wider, manche von ihnen waren insgeheim schon vor 1914 konkret formuliert worden. Bei Kriegsausbruch und danach gab es dann in allen betroffenen Staaten Kreise, die meinten, früher proklamierte Ansprüche jetzt realisieren zu können. In der Erwartung des Sieges waren auch die Regierungen bereit, mehr zu fordern als das, was im Frieden als vertretbar gegolten hatte. In den Parlamenten fanden diese Erwartungen lebhaften Ausdruck, wobei anfangs selbst einige sozialistische Fraktionen nicht ausdrücklich widersprachen.

Für Deutschland sind die verschiedenen Kriegszielprogramme, die hinter ihnen stehenden Gruppen mit ihren Motiven, aber auch die mit der Kriegslage sich ändernde Einstellung ihrer Träger materialreich dargestellt und in ihrer wirklichen Bedeutung kontrovers erörtert worden. Nicht alles, was da lautstark geäußert wurde, floß in die amtliche Politik ein. Unbestritten bleibt, daß sich hinsichtlich dessen, was maximal als Kriegsziel aufgestellt und auch erreicht werden konnte, zwischen Reichsleitung (Reichskanzler, Auswärtiges Amt) und Obersten Heeresleitung (OHL) als wachsende Kluft auftat. Das gilt vor allem, nachdem 1916 die OHL unter Hindenburg und Ludendorff für die militärische Seite exorbitante Kriegsziele anmeldete. Diese Auseinandersetzungen um ein **maximales oder minimales Kriegszielprogramm** wurden bald auch in der Öffentlichkeit und im Reichstag geführt, wobei eigens für bestimmte Programme gegründete Organisationen in die öffentliche Diskussion eingriffen. Auch der Gedanke eines **Verständigungsfriedens ohne Sieger und Besiegte,** d. h. mit Verzicht auf alle territorialen und sonstigen Forderungen, fand frühzeitig in der Öffentlichkeit und bei Politikern Befürworter.

Zu all dem gab es in verschiedenem Ausmaß Parallelen in allen am Krieg beteiligten Ländern, das gilt für deren Regierungen ebenso wie für die Parlamente und die Öffentlichkeit.

Machtansprüche und Blockbildung

Die tieferen Ursachen des Ersten Weltkrieges, die lange vor dem die Katastrophe auslösenden Mord von Sarajewo wirksam waren, sind vielfältig. Sie schließen jeden Versuch einer nur monokausalen Erklärung aus. Da war zunächst der latente **deutsch-französische Gegensatz,** der auf den Krieg 1870/71 zurückging. Zwar wäre es falsch, für die Jahrzehnte seither von einer „Erbfeindschaft" als einer beide Nationen beseelende Grundüberzeugung zu sprechen, wie das einer älteren Geschichtsauffassung erschien. Aber obgleich das deutsch-französische Verhältnis nach außen hin für längere Zeit recht entspannt erschien, waren beide Mächte seit langem an der Bildung und Festigung rivalisierender Staatenblöcke maßgeblich beteiligt. Frankreich war durch Bismarcks Bündnispolitik nach 1871 zunächst isoliert und an jeder Annäherung an eine andere Großmacht gehindert worden. Es durchbrach diese Isolierung, als es seit 1890 mit Rußland immer engere Beziehungen aufnahm, die nach und nach zu einer Allianz ausgebaut wurden. Ein Ergebnis dieser **russisch-französischen Annäherung** war die umfassende Unterstützung Rußlands durch französische Anleihen, die seiner Aufrüstung ebenso zugute kamen wie seiner Industrie- und Verkehrsentwicklung. Dies ist zugleich ein Beispiel dafür, wie in der großen Politik dieser Zeit politische Interessen der Regierung mit denen von Wirtschaft und Finanz gekoppelt waren.

1904 gelang es Frankreich, den kolonialen Gegensatz zu Großbritannien, der in der Faschoda-Krise 1898 fast zum Krieg geführt hätte, durch wechselseitige Anerkennung der Interessensphären in Afrika aufzuheben. Diese **Entente cordiale** war kein Bündnis, schuf aber die Voraussetzung zu gemeinsamer Politik gegen Deutschland. Schließlich konnten 1906, als Rußland unter dem doppelten Schock seiner Niederlage gegen Japan und der Revolution im Inneren stand, die britisch-russischen Differenzen wegen Persiens, Afghanistans und Tibets durch einen Ausgleich beigelegt werden, der die britischen Sorgen vor einer russischen Bedrohung Indiens behob.

In Deutschland wurde diese Entwicklung als **Einkreisung,** d. h. als eine bewußte gegen das Reich gerichtete Bündnispolitik aufgefaßt. Das ist zumindest übertrieben, da Großbritannien bis 1914 weder mit Frankreich noch mit Rußland eine militärische Allianz mit automatischer Beistandsverpflichtung eingegangen war. Andererseits steht fest, daß das gemeinsame Mißtrauen gegenüber Deutschland und seinem vermuteten Expansionsdrang die britische Annäherung an die beiden anderen erleichtert und gefördert hat. Dabei ist britischerseits auch die von der Wirtschaft und in der Publizistik vorgetragene Sorge vor der wachsenden Wirtschaftskraft Deutschlands, seinem Außenhandel und der Bedeutung seiner Handelsflotte wirksam gewesen. Ähnliches gilt umgekehrt auch für einen Stimmungswandel in Deutschland gegenüber seinem britischen Konkurrenten auf den Weltmärkten.

Parallel zur Annäherung zwischen den drei Ententе-

mächten hatte sich das nach 1871 zunächst gute politische **Verhältnis Deutschlands zu Rußland und Großbritannien** verschlechtert. In der von Deutschland nach Bismarcks Entlassung 1890 verweigerten Erneuerung des geheimen „Rückversicherungsvertrags" von 1887 sah Rußland eine deutsche Entscheidung zugunsten Österreich–Ungarns und seiner Balkanpolitik und damit eine Brüskierung der russischen Ambitionen in dieser Region. Die Annäherung Deutschlands an das Osmanische Reich mit wachsendem wirtschaftlich-finanziellem Engagement zu dessen Gunsten, die nach der Jahrhundertwende unübersehbar wurde, verstärkte Rußlands Befürchtungen vor deutscher Expansion in einem Gebiet, das seit langem bevorzugtes Gebiet russischer Ambitionen (Meerengen) war. Dabei darf nicht übersehen werden, daß gerade der Balkan und die Meerengen mit Konstantinopel als Ziele russischer Machtstrebens seit jeher nicht nur realpolitisch, sondern auch ideologisch und emotional die Öffentlichkeit faszinierten.

Die allmähliche **Entfremdung zwischen Deutschland und Großbritannien,** die sich nach der Jahrhundertwende verschärfte, erklärt sich weniger aus kolonialen Spannungen, die in der Regel friedlich beigelegt wurden, als aus der **Flottenfrage.** Großbritannien vertrat in seiner Flottenpolitik den „Two-Power-Standard", nach dem die britische Flotte immer stärker sein mußte als die Flotten der beiden nächststarken Flotten zusammen. Die deutsche Flottenpolitik, die von Tirpitz entworfen und durchgeführt wurde, ging vom „Risikogedanken" aus, nach dem die deutsche Flotte so stark sein sollte, daß ein Angriff auf sie selbst für die britische, als die damals stärkste, ein Risiko bedeuten würde. Der 1889 begonnene, seit der Jahrhundertwende forcierte Ausbau der deutschen Flotte löste in Großbritannien Besorgnis aus und wurde von ihm mit verstärktem Neubau von Kriegsschiffen beantwortet. Die öffentliche Meinung in beiden Ländern, bereits durch die erwähnte wirtschaftliche Rivalität alarmiert, nahm leidenschaftlichen Anteil an diesem maritimen Wettstreit. Die Behandlung dieser Frage in der Presse beider Länder und die propagandistische Tätigkeit einflußreicher Vereine, die hüben und drüben zur Unterstützung der eigenen Flottenpolitik entstanden, erregten in der Öffentlichkeit eine Stimmung, die das Verhältnis beider Regierungen zueinander ebenso belastete wie die Ansichten beider Völker voneinander.

Diese Flottenrivalität, hinter der auf beiden Seiten auch massive Interessen und Überlegungen der heimischen Wirtschaft standen, förderte erklärlicherweise die **Annäherung Großbritanniens an Frankreich und Rußland.** Diesem sich allmählich festigenden Block stand das **Bündnis zwischen Deutschland und Österreich-Ungarn** (Geheimvertrag 1879, veröffentlicht 1888) gegenüber, dem sich **Italien** (1882) angeschlossen hatte. Bei einer Reihe lokalisierter kleinerer Konflikte auf dem Balkan, in Nordafrika, im Vorderen Orient und in Übersee standen sich beide Gruppierungen gegenüber. Allerdings gelang es bis zum Jahre 1914 jedesmal, diese Konflikte in Verhandlungen und durch Kompromisse so beizulegen, daß der offene Zusammenstoß in einem großen, allgemeinen Krieg verhindert wurde. Es kam auch zu etlichen Versuchen, zwischen Deutschland und je einer der drei Ententemächten ein freundschaftliches, auf gleichen Interessen beruhendes Einvernehmen gegen die beiden anderen herzustellen. Sie alle scheiterten trotz anfänglicher Chancen. Im Lauf der Jahre breitete sich deshalb bei allen Regierungen und in der Öffentlichkeit jener Fatalismus aus, der einen großen Krieg letztlich für unvermeidlich hielt. Ein Ausdruck dieser Besorgnis und des Bemühens, die allseits gefürchtete Kriegskatastrophe doch noch zu verhindern, sind die beiden Friedenskonferenzen in Den Haag 1899 und 1907. Ihre Ergebnisse blieben weit hinter den in sie gesetzten Erwartungen zurück. Aber die weltweite öffentliche Anteilnahme an den Verhandlungen ebenso wie die Gründung und Tätigkeit privater Friedensorganisationen sind als Gegenpositionen zum erwähnten Fatalismus ein Hinweis auf die Zwiespältigkeit dessen, was die Zeit dachte und erwartete.

Das letzte Jahrzehnt vor dem Ersten Weltkrieg

Diese für die imperialistische Epoche kennzeichnende spannungsgeladene und immer wieder nur mühsam beruhigte Konstellation der europäischen Mächte untereinander wurde um die Jahrhundertwende dadurch kompliziert, daß zwei außereuropäische Mächte in den Bereich imperialistischer Politik eintraten: die **USA** und **Japan.** Beide erhoben den Anspruch, gleichberechtigt in allen Fragen von weltpolitischer Bedeutung gehört und an allen Entscheidungen beteiligt zu werden. Das kann hier im einzelnen nicht dargestellt werden. Der Eintritt Japans in die Weltpolitik bewirkte zudem in einem von ihm ausgelösten Konflikt eine verhängnisvolle Wendung, die auch zum Ausbruch des Ersten Weltkrieges beitragen sollte. Die russisch-japanische Rivalität im Fernen Osten, vor allem wegen der Mandschurei und Koreas, führte zum russisch-japanischen Krieg 1904/05. Japan, das seinen Angriff durch das Bündnis mit Großbritannien von 1902 diplomatisch abgesichert hatte, besiegte Rußland. Damit hatte zum ersten Mal seit Jahrhunderten eine außereuropäische Macht über eine der führenden europäischen Mächte triumphiert. Dieser Erfolg beeinträchtigte den Nimbus von der Unbesiegbarkeit europäischer Mächte und wurde zur Initialzündung für die Unabhängigkeitsbewegungen, die überall gegen die Vorherrschaft Europas aufkamen. Ein Vorgang, der bis in die Gegenwart wirksam ist.

Eine unmittelbare Wirkung des japanischen Sieges über Rußland war, daß das Zarenreich seine Ambitionen im Fernen Osten zunächst zurückstellte und seine Politik auf seine etliche Zeit vernachlässigten europäischen Interessen (Balkan, Meerengen) konzentrierte. Sein Ausgleich mit Großbritannien in Innerasien wies in die gleiche Richtung. Damit geriet Rußland in erneuten harten Gegensatz zu Österreich-Ungarn, aber auch zu Deutschland, das sich im Osmanischen Reich zunehmend politisch, militärisch und wirtschaftlich engagiert hatte (Militärmission, Bagdadbahn). Da auch die übrigen europäischen Mächte, nunmehr mit Einschluß Italiens, am Osmanischen Reich und dessen erwarteter Aufteilung interessiert waren, richteten sich die Aktivitäten und Rivalitäten der Mächte auf den Balkan, auf Anatolien und den türkischen Restbesitz in Nordafrika. Demgegenüber traten die überseeischen Konfliktmöglichkeiten zurück, nachdem auch die zweimalige Krise um Marokko (1905 und 1911), vor allem zwischen Deutschland und Frankreich, durch Kompromiß beigelegt worden war.

Die Auseinandersetzungen um das Osmanische Reich mündeten in lokal begrenzte Kriege, die man in heutiger Diktion als **Stellvertreterkriege** bezeichnen könnte (1. und 2. Balkankrieg 1912/13, schon vorher der Tripoliskrieg 1911). Durch Vermittlung der Großmächte konnten sie noch einmal beigelegt werden, ehe sie sich zum allgemeinen Krieg ausweiteten. Die tieferliegenden Spannungen um den Südosten Europas waren damit nicht behoben. Ebenso scheiterte der Versuch, 1912 zwischen Großenbritannien und Deutschland zu einem Ausgleich in der Flottenfrage zu kommen am beiderseitigen Mißtrauen. Die unmittelbar bevorstehenden Einigungen wegen der Bagdadbahn und um mittelafrikanische Probleme wurden vom Kriegsausbruch überrollt.

„Julikrise" und Kriegsausbruch 1914
Der **Doppelmord von Sarajewo** am 28. Juni 1914 zerstörte die noch Anfang des Jahres als vorläufig gesichert angesehene Ruhe Europas und dann der Welt. Er löste die **Julikrise** aus, die mit der österreichischen Kriegserklärung an Serbien (18. Juli) den Ersten Weltkrieg einleitete. Denn nach einer Serie von Kriegserklärungen bis zum 12. August befanden sich Deutschland und Österreich-Ungarn mit Rußland, Frankreich und Großbritannien im Krieg. Der dramatische Ablauf dieser Juliwochen ist seither Gegenstand intensiver Forschung gewesen, wobei das gewonnene Bild auf Grund neuer Erkenntnisse immer wieder im Detail revidiert wurde und noch wird. Sicher ist, daß keine der beteiligten Großmächte ursprünglich einen allgemeinen Krieg gewollt hat. Aber die Sorge vor Maßnahmen der Gegenseite, Unsicherheit über deren letzte Ziele und die Furcht, durch allzu große

Zurückhaltung politisch und militärisch in Verzug zu geraten, ließen alle Bemühungen um Bewältigung der Krise zuletzt scheitern. Lloyd George konnte deshalb nach dem Kriege diesen Ablauf als ein **Hineinschlittern in den Krieg** charakterisieren. Erschwerend kam hinzu, daß auf beiden Seiten der Meinungsaustausch und die darauf beruhende sinnvolle diplomatische Zusammenarbeit zwischen den Verbündeten nicht voll funktionierten und von Mißverständnissen belastet waren. Das gilt auch für das noch nicht allianzgebundene Großbritannien in seinem Verhältnis zu beiden Seiten. Dabei sind die britischen Bemühungen um eigene Neutralität und um Vermittlung im Konflikt zusätzlich durch Zwiespältigkeiten gekennzeichnet, die innerbritische Ursachen haben.

Österreich-Ungarn hatte anfänglich die Absicht, Serbien, dessen Regierung als Mitwisser der Mordpläne mitverantwortlich für Sarajewo war, sofort militärisch zu maßregeln, was von den anderen Mächten wahrscheinlich akzeptiert worden wäre. Da der Vollzug dieses Planes hinausgezögert wurde, konnte Rußland sein Interesse an der Integrität Serbiens kundtun und ihm seine Unterstützung in Aussicht stellen. Das verbündete Frankreich zeigte seine Bereitschaft, sich Rußland anzuschließen. Deutschland andererseits bestärkte Österreich-Ungarn in seinen Absichten gegen Serbien und ließ keinen Zweifel daran, daß es die Donaumonarchie im Falle eines russischen Eingreifens unterstützen würde. Das wiederum mußte für Frankreich eindeutig den in seiner Allianz mit Rußland vorgesehenen Bündnisfall ergeben. Auf beiden Seiten wurden Maßnahmen getroffen, die auf eine bevorstehende Mobilmachung hinwiesen. Damit wuchs die wechselseitige Besorgnis, daß der Verzicht auf weitere Gegenmaßnahmen die eigene Position nachhaltig schwächen könnte. Die Öffentlichkeit nahm überall an dieser kritischen Entwicklung regen Anteil und bestärkte die je eigene Regierung in ihrer letztlich **aus Furcht resultierenden**, wachsenden **Kriegsbereitschaft**.

In dieser Atmosphäre waren etliche auf beiden Seiten unternommene Versuche, durch Verhandlungen den Kriegsausbruch zu verhindern oder wenigstens den Kreis der vom Krieg Betroffenen zu begrenzen, zum Scheitern verurteilt. Der in Verteidigungsbündnissen beschlossene Mechanismus gemeinsamen Handelns, wenn ein Krieg zu drohen schien, engte den Handlungsspielraum der Regierungen ein. Erschwerend kam hinzu, daß die komplizierten **Aufmarschpläne der Generalstäbe** nach der Mobilmachung die Aufnahme des Kampfes fest einkalkuliert hatten. Letzte verzweifelte Verhandlungs- oder Vermittlungsversuche durften nach Auffassung des Militärs diesen Ablauf nicht unterbrechen. Die deutschen Kriegserklärungen an Rußland (1. August) und Frankreich (3. August) sollten deren in dieser Situation als

sicher angenommenen Kriegserklärungen zuvorkommen.

Nur **Großbritannien** hatte bis zuletzt versucht, sich aus dem drohenden allgemeinen Krieg herauszuhalten, was der während des Julis herrschenden Stimmung im Lande entsprach. Aber der **deutsche Einmarsch in Belgien** am 3. August hatte als Bruch der 1830/39 international festgelegten Neutralität Belgiens die britische Kriegserklärung an Deutschland zur Folge (4. August). Unter den gegebenen Umständen wurde dieser Schritt auch von der Öffentlichkeit des Landes verstanden und gebilligt. Dagegen weigerte sich Italien in strikter Auslegung der von ihm 1882 eingegangenen Bündnisverpflichtungen, dem Kriegseintritt der beiden Mittelmächte zu folgen. Es blieb zunächst neutral und schloß sich 1915 den Ententemächten an.

Der Kriegsausbruch im August 1914 löste zunächst in allen beteiligten Ländern eine stürmische **Kriegsbegeisterung** aus, die sich oft in schrillen, heute fast unverständlichen Formen äußerte. Sie bewirkte aber, daß überall innenpolitische Gegensätze zurückgestellt wurden, so daß sich die Regierungen bei ihren kriegsbedingten Maßnahmen auf die überwiegende Billigung in der Öffentlichkeit und auf die geschlossene **Zustimmung ihrer Parlamente** stützen konnten. Dies galt in beiden Lagern auch für die sozialistischen Parteien und deren Parlamentsfraktionen, die unter dem Eindruck eines ihrem Land aufgedrängten Verteidigungskrieges ihr bis dahin vertretenes internationalistisches und pazifistisches Programm zurückstellten. Als Beispiel für diese innenpolitische Geschlossenheit mag die Sitzung des Deutschen Reichstages am 4. August dienen: Einstimmig bewilligte der Reichstag die von der Regierung geforderten Kriegskredite und „ermächtigte" den Bundesrat als oberstes Verwaltungsorgan des Reiches (und damit de facto die Regierung) zum Erlaß von Verordnungen mit Gesetzeskraft. Ähnliche Bewilligungen und Ermächtigungen beschlossen auch die Parlamente der anderen kriegführenden Staaten.

Schon an dieser Stelle sei jedoch hinzugefügt, daß dieser in Deutschland als **Burgfrieden** bezeichnete Zustand engsten Einvernehmens zwischen den Regierungen und ihren Parlamenten sich angesichts der unerwartet langen Kriegsdauer nirgends aufrechterhalten ließ. Die alten Gegensätze zwischen den Parteien und zwischen ihnen und den Regierungen brachen wieder auf und wurden durch die kriegsbedingte wirtschaftliche und soziale Notlage ebenso verschärft wie durch Differenzen in Fragen der Kriegführung, der Kriegsbeendigung und der anzustrebenden Kriegsziele. Überall kam es wie in Deutschland zu Konflikten, Regierungskrisen, Koalitionswechseln und zur Neuformierung von Oppositionsgruppen in den Parlamenten, wenn auch unterschiedlich in ihrer Heftigkeit

und den daraus folgenden innenpolitischen Schwierigkeiten.

Beiden **Bündnissystemen** traten im Verlauf des Krieges **weitere Verbündete** bei. Den Mittelmächten schlossen sich das Osmanische Reich (November 1914) und Bulgarien (Oktober 1915) an. Die Entente gewann, von nur nominellen Teilnehmern am Kriege abgesehen, als politisch und militärisch gewichtige Verbündete Japan (August 1914), Italien (Mai 1915), Rumänien (August 1916) und vor allem seit April 1917 die USA.

Kriegsverlauf 1914

Der militärische Ablauf des Ersten Weltkrieges kann nur in groben Zügen skizziert werden. Aber das ist nötig, weil nur dann die Innenpolitik der kriegführenden Staaten, die diplomatischen und sonstigen Friedensbemühungen und vor allem die immer stärker ins Gewicht fallende wirtschaftliche und soziale Entwicklung verstanden werden können. Auszugehen ist bei diesem militärischen Überblick davon, daß alle am Kriege Beteiligten zunächst mit einer nur kurzen Kriegsdauer rechneten und daher meinten, die Kriegsentscheidung durch sofortige Großoffensiven erzwingen zu müssen und zu können.

Die **französische Planung**, die die Bedeutung des deutschen Aufmarsches gegen Nordfrankreich und Belgien verkannte, sah eine Offensive im Südteil der Front von der Schweizer Grenze bis etwa Verdun vor, um durch Elsaß-Lothringen siegreich nach Süddeutschland vordringen zu können. Dabei zählte Frankreich auch auf die Offensivkraft der russischen „Dampfwalze", die an der Ostfront durchbrechen und Deutschland und Österreich-Ungarn überrollen sollte. Dieser russische Offensivplan setzte die Hauptmacht gegen Österreich-Ungarn an, um durch Galizien hindurch die Karpaten zu erreichen und zu überschreiten. Der Angriff gegen Ostpreußen galt als flankierende Nebenaktion. Der **deutsche Kriegsplan** beruhte auf einem allerdings modifizierten Entwurf des Generalstabschefs Graf Schlieffen **(Schlieffenplan)** von 1905/06. Er sah einen Zweifrontenkrieg vor, wobei das offensive Schwergewicht an der Westfront lag. Ein umfassender Angriff durch Belgien hindurch ins nördliche Frankreich sollte nach Süden vorstoßen, Paris erreichen und im weiteren Vordringen Frankreich vernichtend schlagen. Dagegen sollte Ostpreußen nur von relativ geringen Kräften verteidigt werden, bis die Entscheidung im Westen gefallen war. Keiner dieser drei Pläne war erfolgreich. Die französische Offensive an der südlichen Westfront wurde aufgehalten und zurückgewiesen. Zugleich zwang die von Norden her drohende Gefahr für Paris zu einschneidenden Umdispositionen. Die **russische Hauptoffensive** drang zwar tief in **Galizien** ein, blieb aber vor den Karpaten stecken. Der russische Neben-

angriff auf **Ostpreußen** wurde nach großen Anfangserfolgen in den Schlachten von Tannenberg (26./30. August) und an den Masurischen Seen (6./15. September) unter riesigen Verlusten zurückgeschlagen. Mit der Nachricht von diesen beiden deutschen Siegen hörte die Öffentlichkeit zum ersten Mal die Namen **Hindenburg** und **Ludendorff,** die im weiteren Kriegsverlauf immer bedeutsamer werden sollten. Der deutsche Angriff im Westen durch Belgien und durch Nordfrankreich hinein ging zunächst zügig voran. Aber es gelang, weder bis Paris vorzustoßen noch die französischen Armeen vernichtend zu schlagen. In der **Marneschlacht** (5./12. September) konnten französische Armeen in einem improvisierten Gegenangriff den deutschen Vormarsch aufhalten. Das wirkte sich für Deutschland verhängnisvoll aus. Da es ihm nicht gelungen war, den Krieg im ersten Ansturm siegreich zu entscheiden, mußten sich die Siegeschancen, je länger der Krieg dauerte, zugunsten der Westalliierten verschieben.

Nach der Marneschlacht, die das Ende des offenen Bewegungskrieges im Westen gebracht hatte, dehnten beide Seiten im „Wettlauf nach dem Meer" ihre Fronten bis zur Kanalküste aus. Dann gingen die Kämpfe endgültig in den **Stellungskrieg** über, in dem sich für Jahre das französische und britische sowie Reste des belgischen Heeres und das deutsche Heer gegenüberstanden. Dabei gewann das ursprünglich nur aus Berufssoldaten bestehende kleine britische „Expeditionskorps" durch laufende Verstärkung und besonders nach Einführung der allgemeinen Wehrpflicht 1916 zunehmend an Gewicht und trug zeitweilig, so in dem für das französische Heer kritischen Sommer 1917, die Hauptlast des Kampfes.

Stellungskrieg und Materialschlachten an der Westfront

Der Krieg im Westen wurde bis Anfang 1918 mit kaum verändertem Frontverlauf geführt, obgleich vor allem die Alliierten mehrmals versuchten, den Stellungskrieg zu beenden. Ihre großen und für beide Seiten verlustreichen Offensiven sollten die deutsche Front aufbrechen und den weiteren Vormarsch ermöglichen: Champagne (1915), Somme (1916), Aisne-Champagne (1917), Flandern (1917). Umgekehrt versuchten ebenso vergeblich deutsche Armeen mit ihrem Angriff auf die französische Festung Verdun (1916) unter massivem Einsatz gewaltiger Kräfte auf kleinstem Raum, den Gegner zu zermürben und den Durchbruch zu erzwingen.

In diesen offensiv geführten Materialschlachten und in den langen Phasen des Stellungskrieges, in dem sich die Gegner in einem System von „Schützengräben" oft auf Sichtweite gegenüberlagen, hatte die **Kriegsführung an der Westfront** Formen angenommen, die kaum noch an die Anfangs- und Angriffsphase des

Sommers 1914 erinnerten. Das gilt bereits für das äußere Bild der Truppen. Das Bunt der Uniformen war endgültig einer unauffälligen, zur Tarnung geeigneten Farbe gewichen („Feldgrau"); der Stahlhelm hatte leichtere Kopfbedeckungen ersetzt. Auch die Waffen und ihr Einsatz änderten sich. Das Maschinengewehr wurde zur Hauptwaffe im Grabenkrieg. Die Artillerie mußte mit ungeheurem Munitionseinsatz die gegnerischen Stellungen sturmreif schießen oder Sturmangriffe abwehren. Im Grabenkrieg gewannen bestimmte Waffen an Bedeutung (Flammenwerfer, Minenwerfer, Handgranaten). Dazu kamen neuentwickelte Waffen: Die „Tanks" (Panzer) und das Gas, das von der Artillerie verschossen oder aus Flaschen abgeblasen wurde. Das Flugzeug, bei Kriegsbeginn nur unbewaffnet zur Aufklärung eingesetzt, wurde zu einer Waffe, die gegnerische Flugzeuge bekämpfte und mit Maschinengewehren und Bomben in Erdkämpfe eingriff. Selbst das frontnahe Hinterland des Gegners wurde das Ziel von Bombenangriffen. Parallel dazu entwickelte sich im Seekrieg das vor dem Krieg in seiner Bedeutung unterschätzte U-Boot zu einer technischen Waffe von zunehmender Wichtigkeit.

Diese durch **Technisierung** und **großen Materialeinsatz** gekennzeichnete Art der Kampfführung darf aber nicht nur in ihrer spezifisch militärischen Auswirkung auf den Schlachtfeldern betrachtet werden. Sie hatte tiefgreifende, allgemeinere Folgen. Denn sie stellte mit ihren Bedürfnissen an die Wirtschaft größte Anforderungen, die von der überall rasch wachsenden Rüstungsindustrie bewältigt werden mußten, wobei deren Leistung von der Beschaffung der benötigten Rohstoffe abhing. Dabei kam es, besonders in der deutschen Kriegswirtschaft, auf die Erfindung und Entwicklung neuer technischer Verfahren an, um benötigte Rohstoffe zu gewinnen oder nicht verfügbare zu ersetzen. Selbst die Versorgung der Zivilbevölkerung war teilweise auf solch neuartige „Ersatzstoffe" angewiesen. Der Krieg mit seinen Bedürfnissen hatte damit der technisch-industriellen Entwicklung beträchtliche Impulse vermittelt.

Dieser **Übergang zur Kriegswirtschaft** erzwang in allen kriegführenden Ländern rigorose staatliche Planung und Lenkung nicht nur bei der Zuteilung von Rohstoffen und der Steuerung der Produktion, sondern auch bei der Bereitstellung der benötigten Arbeitskräfte (siehe S. 17). Selbst die Ernährung und sonstige Versorgung der Zivilbevölkerung mußte überall, wen auch in verschiedenem Ausmaß, in diese Reglementierung einbezogen werden (Rationierung, „Brotkarten"). Überall ergaben sich dabei Engpässe, bisweilen Notlagen und soziale Spannungen, die sich in allgemeiner Unzufriedenheit, in Unruhen und Streiks äußerten und auch die Parlamente beschäftigten.

Unter dem Aspekt der Kriegswirtschaft war die Lage

der Mittelmächte schwieriger als die ihrer Gegner, da sie durch die britische Seeblockade von allen überseeischen Zufuhren (Rohstoffe und Lebensmittel) abgeschnitten waren. Die außereuropäischen Territorien der Alliierten stellten zudem zahlreiche Arbeitskräfte für die Kriegsindustrie und die Landwirtschaft. So konnten einheimische Arbeiter für den Militärdienst freigesetzt werden. Aber auch Truppen für den Kampf in Frankreich kamen in wachsendem Maße aus Übersee. Mit ihrem Einsatz war es Großbritannien und Frankreich leichter als Deutschland möglich, ihre Kriegsverluste zu ergänzen. Ihre Armeen waren daher dem Gegner an Zahl überlegen, schon ehe seit Anfang 1918 eine Million amerikanischer Soldaten nach Frankreich kam.

Der Krieg im Osten, Nebenkriegsschauplätze

Der Krieg im Osten konnte im Gegensatz zur Westfront auch nach 1914 von beiden Seiten stärker offensiv geführt werden, aber auch hier ohne kriegsentscheidende Erfolge. Die Offensive der Mittelmächte im Sommer 1915 brachte die Eroberung Polens, die Rückeroberung Galiziens und einen tiefen Einbruch nach Rußland. 1916 folgte die große russische Offensive, die nach ihrem Befehlshaber Brussilow benannt wurde. Trotz beträchtlicher Anfangserfolge scheiterte die **Brussilow-Offensive,** und die davon ausgehende Demoralisierung trug zum Heraufkommen der Revolution bei. Nach deren Ausbruch 1917 unternahmen russische Truppen noch einmal eine großangelegte Offensive; daß auch sie vergeblich war, beschleunigte die innerrussische Entwicklung auf die Oktoberrevolution hin. Der darauf in mehreren Schüben erfolgende weitere Vormarsch der Mittelmächte ins Innere Rußlands gehört in die Vorgeschichte des Friedensschlusses von Brest-Litowsk.

Da auf den beiden Hauptkriegsschauplätzen in Frankreich und Rußland eine Kriegsentscheidung zunächst nicht zu erzwingen war, gewannen andere Kriegsschauplätze zeitweilig an Bedeutung, weil hier wirksames offensives Vorgehen möglich schien. Gegen **Serbien,** das im August 1914 zunächst nicht angegriffen werden konnte, unternahmen die Mittelmächte, denen sich Bulgarien angeschlossen hatte, im Herbst 1915 eine Offensive. Serbien wurde erobert und damit eine Landverbindung zur Türkei hergestellt. Aber der weitere Vormarsch wurde vor Erreichen der Ägäisküste von in Saloniki gelandeten alliierten Streitkräften aufgehalten, so daß auch hier ein Stellungskrieg folgte. Gewichtiger war, daß der **Kriegseintritt Italiens** 1915 den Alliierten einen Kriegsschauplatz eröffnete, von dem aus ein Durchbruch in die Zentralgebiete der Mittelmächte möglich schien. Deshalb wurden hier nach und nach auch große französische und britische Verbände eingesetzt. In insgesamt elf Isonzoschlachten gelang es jedoch nicht, die österreichische, später durch deutsche Truppen verstärkte Front aufzubrechen. Ebenso blieb die Gegenoffensive der Mittelmächte (Oktober 1917) stecken, ehe sie die Poebene erreichte, was das weitere Eindringen nach Italien ermöglicht hätte.

Zu nennen ist weiter das alliierte **Gallipoli-Unternehmen** (1915). Mit der Landung auf dieser Halbinsel sollten unter Mitwirkung von Kriegsschiffen der Durchbruch durch die Meerengen und die Eroberung Konstantinopels erzwungen werden. Damit wäre im Süden die Seeverbindung mit Rußland hergestellt worden. Das Unternehmen mußte nach schweren Verlusten erfolglos abgebrochen werden. Den im Herbst 1915 bei Saloniki gelandeten alliierten Truppen war es gelungen, den Vormarsch der Mittelmächte an die Ägäis aufzuhalten, aber der beabsichtigte Vorstoß nach Norden in den Balkan hinein mißlang.

Der **Kriegseintritt Rumäniens** gegen die Mittelmächte (27. August 1916), der vorübergehend eine Tür für diese bedrohliche Lage geschaffen hatte, konnte das Scheitern der Brussilow-Offensive nicht ausgleichen. Rumänien mit seinen Ölfeldern wurde erobert, dann standen sich auch an dieser Front die Gegner fast bewegungslos gegenüber. Die türkischen, teilweise von deutschen Truppen unterstützten Offensiven im Kaukasus, in Mesopotamien und gegen den Suezkanal erreichten ihre Ziele ebenfalls nicht und blieben ohne Einfluß auf den Fortgang des Krieges. Das gilt umgekehrt die längste Zeit auch für die dortigen Gegenoffensiven alliierter Truppen.

Auf all diesen Nebenkriegsschauplätzen war es keiner der beiden Seiten gelungen, kriegsentscheidende Erfolge zu erringen.

Seekrieg einschließlich U-Boot-Krieg

Der Krieg zur See (vom U-Boot-Krieg zunächst abgesehen) sah außer der unentschieden großen **Seeschlacht am Skagerrak** (1916) nur kleinere Zusammenstöße, die allesamt nicht kriegsentscheidend sein konnten. Die britische Flotte baute ihre **Blockade gegen Deutschland** nicht in der Nordsee vor der deutschen Küste, sondern weit draußen im Atlantik als „Fernblockade" auf, wo sie durch deutsche Gegenaktionen nicht verhindert werden konnte. Der größte Teil der deutschen Flotte, vor allem die großen Schiffe der Hochseeflotte, war über Jahre hinweg zur Untätigkeit verurteilt und lag in den Häfen. Die trotzdem harten Lebensbedingungen an Bord führten unter der Mannschaft zu wachsender **Unzufriedenheit,** die sich 1917 in einem ersten, alsbald unterdrückten **Aufruhr** entlud. Die großen Erwartungen, die mit dem Aufbau der deutschen Kriegsflotte verbunden waren, hatten sich nicht erfüllt.

Erhebliche militärische und politische Bedeutung kam dagegen dem von Deutschland begonnenen **U-Boot-Krieg** zu. Sein Ziel war es, als Antwort auf die britische

Seeblockade die Zufuhr aus Übersee nach Großbritannien und Frankreich durch Versenkung von Frachtschiffen so einzuschränken, daß ernsthafte wirtschaftliche Schwierigkeiten die Alliierten zum Aufgeben zwingen würden. Zwar sahen das Völkerrecht und das Seekriegsrecht die Versenkung feindlicher Handelsschiffe vor, aber nur unter der Bedingung, daß die Besatzungen dieser Schiffe dabei nicht zu Schaden kamen. Das war beim Kaperkrieg mit Überwasserschiffen einzuhalten. Für die U-Boote aber waren die unbemerkte Annäherung unter Wasser und die Torpedierung von dort aus Voraussetzung ihres erfolgreichen Einsatzes. Dies galt um so mehr, nachdem die Handelsschiffe zur U-Boot-Bekämpfung bewaffnet worden waren. Warnung und Bergung der Schiffsbesatzungen war den U-Booten dabei nicht möglich.

In der Diskussion um die **völkerrechtliche Zulässigkeit** des U-Boot-Krieges gegen Handelsschiffe wurde in Deutschland darauf hingewiesen, daß auch die britische Seeblockade völkerrechtswidrig sei, da mit ihr Deutschland von allen Zufuhren aus neutralen Ländern abgeschnitten und die Zivilbevölkerung unmittelbar betroffen würden. Die Problematik des U-Boot-Krieges verschärfte sich, als Reisende aus neutralen Ländern, vor allem aus den USA, auf britischen Handelsschiffen reisten und bei deren Torpedierung mit umkamen (Versenkung der „Lusitania" am 7. Mai 1915). Ebenso gravierend war, daß auch Frachtschiffe unter neutraler Flagge auf ihrem Weg nach Großbritannien der Versenkung ohne vorherige Warnung ausgesetzt waren. Daraus drohten ernsthafte Verwicklungen mit den neutralen Staaten, im Falle der USA mußte mit deren Kriegseintritt gerechnet werden. Dieser Gefahr waren sich der Reichskanzler und das Auswärtige Amt bewußt und bewirkten in den ersten Kriegsjahren, daß der U-Boot-Krieg nicht in voller Schärfe geführt wurde.

Die Möglichkeit des **uneingeschränkten U-Boot-Krieges,** der jede Rücksichtnahme fallenlassen sollte, um alle im Seegebiet um Großbritannien angetroffenen Handelsschiffe ohne vorherige Warnung zu versenken, war von den verantwortlichen Stellen seit langem diskutiert worden. Auch die Öffentlichkeit und die Parteien im Reichstag beschäftigten sich mit dieser Frage, wobei sich im Reichstag eine weit nach links reichende Mehrheit für diese Art der Kampfführung aussprach (Resolution vom 6. April 1916). Da die Marineleitung davon überzeugt war, mit Hilfe des „uneingeschränkten" U-Boot-Krieges Großbritannien endgültig niederzwingen zu können – was sich später als maßlose Überschätzung des Erreichbaren erwies –, schloß sich die OHL dieser Auffassung an. Auch sie forderte angesichts der für 1917 zu erwartenden Verschlechterung der Kriegs- und Versorgungslage den sofortigen Beginn des U-Boot-Krieges in

dieser Extremform. Sie wußte sich dabei von breiten Teilen der öffentlichen Meinung unterstützt. Demgegenüber blieben am Ende die berechtigten Bedenken des Reichskanzlers unberücksichtigt, was ein bezeichnendes Licht auf das Verhältnis von Zivil- und Militärgewalt wirft. Am 1. Februar 1917 begann der „uneingeschränkte" U-Boot-Krieg. Am 3. Februar **brachen die USA die diplomatischen Beziehungen zu Deutschland ab** und erklärten ihm am 6. April den Krieg. Zwar brachte der U-Boot-Krieg den Alliierten große Verluste und schwächte ihre Wirtschaftskraft in gefährlichem Ausmaß, eine Kriegsentscheidung zugunsten Deutschlands und seiner Verbündeten brachte er aber auch nicht.

Die Kriegsziele und ihre Problematik während des Krieges

Die zunächst geheimgehaltenen, Ende 1917 von den Bolschewiki teilweise veröffentlichten diesbezüglichen Abkommen der beiden Westmächte mit Rußland und Italien lassen die entsprechenden deutschen Vorstellungen nicht als so ungewöhnlich erscheinen. Auch für die extreme Form deutscher Expansionsforderungen, die der **Alldeutsche Verband** (gegründet 1894) in seinem 1914 neugefaßten Programm formuliert hatte, gab es Parallelen auf der Gegenseite. Allerdings hatten die „Alldeutschen" schon vorher durch die Art ihres Auftretens und die Beachtung, die sie im In- und Ausland fanden, den fälschlichen Eindruck erweckt, Sprachrohr der amtlichen deutschen Politik zu sein. Eine wichtige Rolle in der in Deutschland geführten Kriegszieldiskussion spielte die Vorstellung von einer zu konstituierenden **Region Mitteleuropa,** die nach ihrem geographischen Umfang und nach der Art ihrer politischen Organisation recht unterschiedlich definiert wurde. In gemäßigter Form wurde darunter der engere, besonders wirtschaftliche Zusammenschluß dieses Gebietes unter deutscher Führung nach Art eines Staatenbundes verstanden. Ein Programm, das gerade in den Kreisen Zustimmung fand, die den radikalen Chauvinismus der „Alldeutschen" ablehnten (Friedrich Naumanns Buch „Mitteleuropa" 1915).

Generell ist zur Frage der Kriegsziele festzuhalten, daß in jedem der kriegführenden Länder unterschiedliche Auffassungen über das Erreichbare und das unbedingt zu Fordernde bestanden. Allerdings ist die Auseinandersetzung hierüber während des Krieges in Deutschland besonders heftig geführt worden; auch die im Reichstag vertretenen Parteien nahmen daran teil. So wie sich jeweils die Kriegslage veränderte, veränderten sich, nicht nur in Deutschland, auch die Kriegszielvorstellungen der politisch Verantwortlichen, der Wortführer der öffentlichen Meinung und einzelner Politiker.

In Deutschland besonders ausgeprägt war dabei der

alle Politik im Kriege belastende Streit zwischen der politischen Führung des Reiches und den Militärs, vertreten durch die OHL, um das Ausmaß dessen, was zu fordern und maximal zu erlangen sei. Seit 1916 war es Ludendorff, der die rigorosen militärischen Forderungen formulierte und gegenüber dem Reichskanzler vertrat. Während der Friedensverhandlungen in Brest-Litowsk (s. S. 52 ff. und 73) erreichte dieser Gegensatz einen Höhepunkt. Aber Differenzen dieser Art, vielleicht nicht in so krasser Form, gab es bei den Alliierten ebenfalls. Die für Bündnisse stets typischen Spannungen wegen der Kriegsziele belasteten auf beiden Seiten das Verhältnis der Verbündeten zueinander.

Friedensbemühungen 1914/17

Die Geschichte aller großen Kriege seit Beginn der Neuzeit zeigt, daß die geheimen Bemühungen um Beendigung des Krieges und um Frieden frühzeitig einsetzten und den Fortgang der Kämpfe begleiteten. Das gilt um so mehr für Kriege, in denen sich Allianzen gegenüberstanden. Denn beiden Seiten bot sich dann der Versuch an, aus dem gegnerischen Bündnis eines seiner Mitglieder herauszubrechen, um mit ihm zu kriegsbeendenden Separatabmachungen zu kommen. Ebenso herkömmlich war es, daß in großen Kriegen nicht beteiligte, neutrale Mächte ihre guten Dienste anboten, um zwischen den Gegnern zu vermitteln. Das Besondere und Neue am Ersten Weltkrieg war, daß neben diesen traditionellen Formen **geheimer Friedensfühler** und **neutraler Vermittlungsversuche** auch **in aller Öffentlichkeit Friedensbemühungen** unternommen wurden. Sie erfolgten als Parlamentsresolutionen, als Erklärungen leitender Politiker vor dem Parlament oder in der Presse. Die durch Funk verbreitete Friedensbotschaft „An alle" zum soeben an die Macht gekommenen Bolschewiki im November 1917 (s. S. 53) war der Extremfall eines solchen öffentlichen Schrittes. Diese Einbeziehung der Öffentlichkeit in die Friedenssuche schon während des Krieges zeigte, daß dieser Krieg nicht mehr nur von den Regierungen oder „Kabinetten" unter passiver Anteilnahme der Bevölkerung geführt wurde, sondern zum **Volkskrieg** („totaler Krieg") geworden war. Das galt für die Anteilnahme, ja Begeisterung, die er anfangs überall erweckte, ebenso wie später für die Opfer und Entbehrungen, die er allen, nicht nur den zum Militär Eingezogenen, auferlegte. Dem mit der langen Kriegsdauer wachsenden Friedensbedürfnis der Massen entsprachen diese öffentlichen Kundmachungen von verantwortlicher Seite. Bisweilen sollten diese Appelle, indem sie für die Gegenseite unannehmbare Vorschläge brachten, dieser die Schuld am Fortgang des Krieges zuschieben, um die eigene Bevölkerung zum „Durchhalten" zu ermutigen.

Zu den geheimen, auf diplomatischem Weg eingeleiteten oder durch Privatpersonen vermittelten vorsichtigen, aber ergebnislosen Kontaktaufnahmen zur Gegenseite gehörten die schon 1914 einsetzenden und bis Ende 1916 wiederholten Sondierungen zwischen Deutschland und Rußland sowie zwischen den Mittelmächten und Japan, ferner über den Jahreswechsel 1915/16 zwischen Deutschland und Belgien. Eine über Spanien 1917 der britischen Regierung mitgeteilte Gesprächsbereitschaft Deutschlands mußte London mit Rücksicht auf Frankreich zurückweisen. Ebenso scheiterten die 1917 zwischen Österreich und Frankreich eingeleiteten vertraulichen Gespräche, in die auch Großbritannien einbezogen werden sollte, als die französische Regierung deren Fortsetzung strikt untersagte.

Der **amerikanische Präsident Wilson** hat seit 1914 wiederholt versucht, zwischen den beiden Blöcken zu vermitteln. Er hat schon damals den Gedanken einer allgemeinen Abrüstung und eines Friedensbundes aller Staaten nach dem Kriege („Völkerbund") in seine Vorschläge aufgenommen. Er entsandte dazu zweimal (Anfang 1915 und Anfang 1916) seinen außenpolitischen Berater Oberst House in die europäischen Hauptstädte, um Friedensmöglichkeiten zu sondieren und um die Kriegsziele beider Seiten zu erfahren. Aber es gelang ihm nicht, die Unvereinbarkeit der Standpunkte beider Seiten zu überwinden. Obgleich der U-Boot-Krieg die Beziehungen zwischen den USA und Deutschland zunehmend belastete (Versenkung der „Lousitania", s. o.) und die amerikanische Öffentlichkeit gegen Deutschland und seine Verbündeten aufbrachte, setzte Wilson seine Bemühungen bis in den Januar 1917 fort, schlug u. a. einen allgemeinen Friedenskongreß vor und verkündete in einer Botschaft an den Senat (22. Januar 1917) öffentlich sein Programm eines Friedens, in dem es keine Sieger und Besiegte geben sollte. Daß die Alliierten diesen Plan ablehnten, wurde überdeckt durch die deutsche Ankündigung des „uneingeschränkten" U-Boot-Krieges, die den Kriegseintritt der USA zur Folge hatte.

Ebenso wie Wilson scheiterte auch **Papst Benedikt XV.** mit seiner an alle Kriegführenden gerichteten Friedensnote vom 1. August 1917. Die Adressaten dieser Note waren nicht bereit, Abstriche an ihren Forderungen vorzunehmen. Gescheitert ist schließlich auch der Versuch der sozialistischen Parteien der **II. Internationale**, nach dem Ausbruch der Russischen Revolution im Sommer 1917 zu einer internationalen Friedenskonferenz nach Stockholm einzuladen, um über die Kriegsfronten hinweg dem Frieden dienende Gespräche zu beginnen. Im Gegensatz zu den Mittelmächten verweigerten Großbritannien und Frankreich den sozialistischen Delegierten aus ihren Ländern die benötigten Reisepässe.

Deutschland ist im Verlauf des Krieges zweimal mit Friedensvorschlägen an die Öffentlichkeit getreten. Am 12. Dezember 1916 verlas der Reichskanzler vor dem Reichstag eine gemeinsame **Friedensnote der vier Mittelmächte,** die sie am gleichen Tag über neutrale Regierungen an die Kriegsgegner gerichtet hatten. Darin schlugen sie die sofortige Aufnahme von Verhandlungen vor. Am 19. Juli 1917 nahm der Reichstag nach langen Auseinandersetzungen zwischen den Fraktionen mit großer Mehrheit seine **Friedensresolution** an, in der ein „Frieden der Verständigung und der Völkerversöhnung" gefordert wurde. In diesem Frieden sollten beide Seiten auf „erzwungene Gebietserwerbungen und politische, wirtschaftliche oder finanzielle Vergewaltigungen" verzichten. In Deutschland wurden beide Dokumente zustimmend aufgenommen. Bei den Gegnern stießen sie auf Ablehnung u. a. deswegen, weil sie zu allgemein gehalten und ohne konkrete Einzelvorschläge waren. Es kam nicht zu Verhandlungen über die beiden Angebote. Ebenso ergebnislos blieben öffentliche Erklärungen zum Friedensproblem von alliierter Seite.

Die Innenpolitik: Probleme und Entwicklungen

Es wurde bereits erwähnt, daß der Krieg in einem bisher unbekannten Ausmaß auch die nicht als Soldaten unmittelbar am Kampf beteiligten Angehörigen der kriegsführenden Völker („Zivilbevölkerung", „Hinterland") in Mitleidenschaft gezogen hatte. Das mußte vielfältige Auswirkungen auch auf die innere Politik der Staaten und ihr soziales Leben haben. Trotz erheblicher Unterschiede im einzelnen standen alle diese Staaten und Völker vor ähnlichen Schwierigkeiten, die zu ähnlichen Gegenmaßnahmen führten. Das ergab sich bereits daraus, daß die **allgemeine Wehrpflicht,** die meist von Anbeginn an galt, in Großbritannien 1916 und in den USA 1917 de facto eingeführt wurde, nicht nur die Aufstellung von Massenheeren ermöglichte, sondern sich auch wirtschaftlich, sozial und psychologisch tiefgreifend auswirkte. Die **Kriegswirtschaft,** die den stetig wachsenden Anforderungen der Armeen entsprechen mußte, gab zugleich immer mehr männliche Arbeitskräfte an das Militär. Die Folge davon war, daß die Zahl der **Arbeiterinnen** in den Fabriken, aber auch in der Landwirtschaft gewaltig anstieg. Administrative Maßnahmen (Dienstverpflichtungen, Kündigungsverbote) und Spezialgesetze (z. B. „Hindenburgprogramm" und Hilfsdienstgesetz 1916 in Deutschland) sollten die benötigten Arbeitskräfte sicherstellen und erfaßten damit auch immer mehr Frauen.

Zu der damit verbundenen psychischen Belastung weiter Kreise der Bevölkerung traten Engpässe und **Mängel in der Lebensmittelversorgung** („Kohlrübenwinter" 1916/17 in Deutschland) und in anderen Bereichen des täglichen Bedarfs, die durch **Rationie-**rungs- **und Zuteilungsmaßnahmen** nur unvollkommen behoben wurden. Diese Lage führte, in Deutschland noch stärker als bei den westlichen Alliierten, zu allgemeiner Unzufriedenheit. Es kam überall zu Streiks, die die Produktion von Kriegsmaterialien ernsthaft gefährdeten. Eine Folge dieser Entwicklung war, daß das Ansehen und der politische Einfluß der **Gewerkschaften** in allen kriegführenden Ländern wuchs, da die Regierungen nur mit ihrer Hilfe Streiks beenden oder überhaupt verhindern konnten. Diese durch den Krieg bedingte engere Zusammenarbeit mit den Gewerkschaften führte meist zu einem weiteren Ausbau der **Sozialgesetzgebung** im Interesse der Arbeiterschaft, die des Schutzes ihrer Belange im Kriege besonders bedurfte.

In diesem Zusammenhang stellt sich die Frage nach Einstellung und Verhalten der **sozialistischen Parteien.** Sie alle hatten ursprünglich und bis zum Sommer 1914 aus ihrem Internationalismus heraus den Krieg als Mittel der Politik abgelehnt, sich aber im August 1914 auf beiden Seiten dem als „Verteidigungskrieg" empfundenen Kampf ihrer Heimatländer zur Verfügung gestellt. Der „Burgfrieden" in Deutschland ist ein Beispiel für diese Haltung. Aber gerade sein Schicksal in den folgenden Jahren zeigt mit besonderer Deutlichkeit drei für den Sozialismus im Kriege typische Problemstellungen und Tendenzen. Das ist zum ersten das Festhalten der Sozialisten am Konzept des **Verteidigungskrieges,** weswegen sie territoriale Expansion und andere materielle Forderungen (Kontributionen) als zu erstrebende Kriegsziele strikt ablehnten. Daraus ergab sich die immer stärker an die Regierungen erhobene Forderung, alle Maßnahmen zur Anbahnung und zum Abschluß eines „Verständigungsfriedens" zu ergreifen.

Zum zweiten bildeten sich im Verlauf des Krieges in den sozialistischen Parteien radikale linke Flügel, die sich im Extremfall von ihrer bisherigen Partei abspalteten und eine eigene Partei und Parlamentsfraktion aufbauten. Von ihnen wurde der Krieg unbedingt abgelehnt und sollte deshalb alsbald beendet werden. Dabei galten Streiks, die von ihnen unterstützt oder selbst veranlaßt wurden, als wirksames Mittel dieser Anti-Kriegs-Politik. Darüber hinaus forderten sie die **revolutionäre Umgestaltung aller politischen und gesellschaftlichen Verhältnisse.** Ein charakteristisches Beispiel für diese Entwicklung ist die deutsche USPD (= „unabhängige SPD"), die sich in der Reichstagsfraktion und draußen im Lande von der nunmehr „Mehrheits-SPD" („MSPD") genannten Mutterpartei gelöst hatte. Die Russische Revolution, vor allem nach dem Sieg der Kommunisten unter Lenin, und die von Rußland ausgehende kommunistische Propaganda verstärkten diese Radikalisierung am linken Flügel der sozialistischen Parteien. Teile dieser Abspaltungen, wie der in Deutschland schon

1916 gegründete „Spartakus-Bund", gehörten später zu den Mitbegründern der kommunistischen Parteien. Die großen Streikbewegungen in den letzten Kriegsjahren erhielten von diesen radikalen Gruppierungen entscheidende Impulse.

Ein dritter wichtiger Aspekt, unter dem die Geschichte der sozialistischen Parteien während des Krieges betrachtet werden muß, ist das innenpolitische Programm der Mehrheitsflügel, die bis zuletzt ihr Engagement für den Verteidigungskrieg und ihre Loyalität ihrem jeweiligen „Vaterland" gegenüber aufrechterhielten. Aus den im Kriege gebrachten Opfern und den geduldig ertragenen Entbehrungen erwuchs die Forderung, die Arbeiterschaft stärker als bisher an der politischen Willensbildung im Staate und an der Gestaltung seiner Innen- und Außenpolitik zu beteiligen („Parlamentarisierung", „Demokratisierung"). In Deutschland, das nach seiner Verfassung eine „konstitutionelle Monarchie" war, schlossen sich die Mittelparteien (Zentrum, Liberale) diesem **Programm einer Verfassungsreform** an: Parlamentarisierung im Reich, allgemeines, gleiches Wahlrecht (anstelle des Dreiklassenwahlrechts) in Preußen. Seine Realisierung erfolgte jedoch erst kurz vor Kriegsende (s. S. 96). Auch die lange hinausgezögerte Einführung des allgemeinen, gleichen Wahlrechts in Großbritannien im Jahre 1917 gehört in diesen Zusammenhang.

Das Kriegsjahr 1917
Am Jahresende 1916/17 war der Ausgang des Ersten Weltkrieges militärisch noch völlig offen. Die Kämpfe des Jahres 1916 an der West- und Ostfront und in Italien hatten gezeigt, daß keine der beiden Seiten in der Lage war, die Gegenseite offensiv niederzuzwingen. Die Regierungen beider Seiten standen vor der Frage, ob ihre Völker und Armeen eine längere Fortsetzung des Krieges überhaupt ertragen konnten. Sie entschlossen sich allesamt in Erwägung ähnlicher Schwächen auf der Gegenseite zur Fortsetzung des Krieges. Auch das Jahr 1917 brachte militärisch noch keine Wende, zeigte aber verstärkt bei allen Kriegführenden Anzeichen einer heraufziehenden Krise, die sich innenpolitisch in heftigen Auseinandersetzungen in den Parlamenten und in der Öffentlichkeit, in allgemeiner Unzufriedenheit und in Streikbewegungen äußerte. Selbst Heer und Flotte wurden von dieser Unruhe erfaßt: Meutereien der französischen Truppen nach der gescheiterten Nivelle-Offensive, deren Ausmaß die deutsche Führung jedoch nicht erkannte; Flottenaufruhr in Wilhelmshaven. Obgleich bald unterdrückt und ohne nachhaltige Folgen für die weitere Kriegführung, sind diese Vorgänge doch symptomatisch für die allseits krisenhafte Lage. Nicht zufällig begann Ende 1916 die verstärkte Erörterung etwaiger Friedensmöglichkeiten. Das Jahr 1918, das militärisch die Entscheidung des Krieges und damit dessen Beendigung brachte, wird nach dem Aufbau dieses Buches an anderer Stelle behandelt (s. S. 108 ff.).

36.1. Julikrise, Scheitern der Friedensbemühungen, Kriegsausbruch

36.1.1. Wissensziele

Die Ermordung des österreichischen Thronfolgers löste den Ersten Weltkrieg zwischen den Alliierten und den Mittelmächten aus. Alle Bemühungen, den Frieden zu erhalten, blieben erfolglos. Es bestand jedoch auch die Bereitschaft, Risiken einzugehen und notfalls einen Krieg in Kauf zu nehmen. Die Volksmassen gingen mit Begeisterung in den Krieg.

36.1.2. UE-Ziele

(1) Einstellung der Schüler zum Krieg, ihre Entstehung und ihre Gründe
(2) Friedensbemühungen und Kriegsvorbereitungen vor dem Ersten Weltkrieg
(3) Diplomatische Bemühungen in der Juli-Krise. Die Haltung der öffentlichen Meinung, der Parteien und der anderen politischen Kräfte bei Kriegsausbruch und ihre Ursachen

36.1.3. Einstieg

● Befragung der Schüler zum Thema „Krieg"
● Kritische Besprechung von Text- und Bildmaterial zum Thema „Krieg" (Illustrierte, Landserhefte u. ä.)

36.1.4. Schwerpunkte

Bei der Behandlung zeitgeschichtlicher Themen kann man immer wieder feststellen, daß die Schüler bestimmte Einstellungen, Erfahrungen und vorgefaßt Urteile von Hause und aus anderen, außerschulischen Vorfeldern mitbringen. Obgleich ungenau, lückenhaft und mit Vorurteilen belastet, haben sich diese Ansichten doch zu einem „naiven" Geschichtsbild zusammengefügt, das auch politische Grundeinstellungen prägt.

Um zu einem „reflektierten Geschichtsbewußtsein" zu gelangen, ist es zunächst erforderlich, dem Schüler die Fragwürdigkeit seiner Ansichten bewußt zu machen. Aber es wäre falsch, diese Vorstellungen von vornherein als „unrichtig" oder „unwissenschaftlich" abzutun. Es kommt vielmehr darauf an, den Schüler selbst die „Fragwürdigkeit" dieser „Vor-Urtei-

le" erkennen zu lassen. Dabei soll weiteres Nachdenken auch den Quellen und Ursprüngen solcher mitgebrachter Vorstellungen und den Bedingungen, unter denen sie entstehen, gelten.

Dazu gibt es methodisch mehrere Möglichkeiten:

a) Die Schüler betrachten bildliche Darstellungen des Krieges in Büchern, Zeitschriften und Zeitungen und erklären anschließend, ob und wie diese Bilder sie ansprechen oder nicht ansprechen.

b) Die Schüler legen schriftlich nieder, was ihnen zum Begriff „Krieg" einfällt.

c) Die Schüler beantworten Fragen eines ihnen vorgelegten Testbogens, indem sie die dort formulierten Aussagen bestätigen oder ablehnen.

d) Im Deutschunterricht werden z. B. „Landserhefte" auf das in ihnen vermittelte Bild vom Kriege hin analysiert.

e) Die Schüler beschreiben ihr Verhältnis zu Kriegsfilmen und Kriegsspielzeug.

Testbogen

1. Wie stehst Du zu folgender Aussage: „Kriege hat es gegeben und wird es immer wieder geben. Es liegt in der Natur der Menschen, Meinungsverschiedenheiten mit Gewalt auszutragen."
   ☐ ich stimme zu   ☐ ich stimme nicht zu   ☐ ich weiß nicht

2. Wenn Menschen bei uns im Fernsehen Bilder von Kriegsereignissen (Naher Osten, Südostasien) sehen, vertreten sie häufig folgende Meinung: „Die Menschen in diesen Gebieten sollten friedfertig sein und ihre Streitigkeiten begraben."
   ☐ ich stimme zu   ☐ ich stimme nicht zu   ☐ ich weiß nicht

3. Wie beurteilst Du folgende Aussage:
   „Der einzelne Mensch möchte keinen Krieg, sondern Frieden. Für den Krieg verantwortlich sind letztlich nur die Politiker."
   ☐ ich stimme zu   ☐ ich stimme nicht zu   ☐ ich weiß nicht

4. Ich habe schon einiges über Kriege erfahren, z. B. aus . . .
   ☐ Zeitungsberichten ☐ Fernsehsendungen ☐ Filmen ☐ Berichten ☐ von Bekannten ☐ Büchern ☐ Illustrierten ☐ Comics ☐ Landserheften

5. Nach dem, was ich über den Krieg bisher gehört und erfahren habe, glaube ich, daß durch den Krieg folgende Eigenschaften gefördert werden:
   ☐ Tapferkeit ☐ Kameradschaft ☐ Durchhaltevermögen ☐ Gehorsam ☐ Grausamkeit ☐ Bereitschaft zur Vernichtung von Menschenleben

(Bei 1–3 sollst Du jeweils nur ein Kästchen, bei 4 und 5 kannst Du mehrere Kästchen ankreuzen.)

Die Ergebnisse einer solchen Befragung können nicht für alle Lerngruppen gleich sein. Deshalb sollen als Grundlage für die weitere Unterrichtsplanung jene Punkte des Testbogens herangezogen werden, bei denen die jeweilige Lerngruppe zu keiner einheitlichen Feststellung kam. Nach den Gründen dieses Nicht-Übereinstimmens ist zu fragen.

Die folgenden Grundeinstellungen sind dabei nebeneinander zu erwarten:

– Empörung über die Kriegführenden, die endlich ihre Streitigkeiten begraben und sich an einen Tisch setzen sollen;

– die Unmöglichkeit, Kriege zu verhindern, da der Krieg in der Natur des Menschen liege;

– positive Aspekte des Krieges werden hervorgehoben wie „abenteuerlich, fördert die Kameradschaft, treibt die technische Entwicklung voran";

– das „heldische" Moment des Krieges (Tapferkeit, Opfermut, Vaterlandsliebe) fasziniert junge Leute.

Da die Behandlung des Ersten Weltkrieges im Geschichtsunterricht grundsätzlich als Warnung vor falscher Kriegsbegeisterung dienen und einen Beitrag zu Friedenserziehung leisten soll, müssen an seinem Beispiel die folgenden allgemeineren Fragen erörtert werden:

– Was haben Staaten, Völker und auch einzelne Menschen getan, um Kriege zu verhindern?

– Warum kam und kommt es trotz aller Bemühungen um Frieden immer wieder zu Kriegen?

– Wie können Kriege verhindert und, wenn sie ausgebrochen sind, beendet werden?

– Ist eine internationale Ordnung denkbar, die nach einem Kriege das Zusammenleben der Staaten und Völker friedlich regelt und weitere Kriege verhindert?

23.1.4.1. Schwerpunkt: Stellungnahmen zum Ersten Weltkrieg

Die Schüler sollen sich überlegen, welche Maßnahmen die Großmächte hätten treffen sollen und können, um einen allgemeinen Krieg („Weltkrieg") zu verhindern. Dabei sollte bedacht werden, daß alle diese Einzelmaßnahmen, die oft erfolgreich lokale Zusammenstöße beilegten, immer wieder auch den Stoff für künftige Konflikte zwischen den Großmächten enthielten.

Daneben sollte im Unterricht aber auch die Frage erörtert werden, was die europäischen Völker voneinander dachten und welches Bild von den Nachbarn in der jeweiligen öffentlichen Meinung bestand. Beispiele aus Schul- und Jugendbüchern sollen zeigen, wie gegen die Nachbarn als künftigen Kriegsgegnern Stimmung gemacht wurde.

Dazu können in arbeitsteiliger Gruppenarbeit die folgenden Materialien teils nach der darin enthaltenen Stellung zum Krieg, teils nach dem Bild vom Nachbarn untersucht werden:

Gruppe 1: Zwei Stellungnahmen zur Haager Friedenskonferenz 1898 von russischer Seite
Rundschreiben des Grafen Murawjew, das am 24. 8. 1898 in Petersburg den akkreditierten auswärtigen Vertretern überreicht wurde:

„... Hunderte von Millionen werden aufgewendet, um furchtbare Zerstörungsmaschinen zu beschaffen ... Die nationale Kultur, der wirtschaftliche Fortschritt, die Erzeugung von Werten sehen sich in ihrer Entwicklung gelähmt und irregeführt.

Die wirtschaftlichen Krisen sind zum großen Teil hervorgerufen durch das System der Rüstungen bis aufs äußerste, und die ständige Gefahr, welche in dieser Kriegsstoffansammlung ruht, macht die Armeen unserer Tage zu einer erdrückenden Last, welche die Völker mehr und mehr nur mit Mühe tragen können ...

Durchdrungen von diesem Gefühl, hat Se. Majestät geruht, mir zu befehlen, daß ich allen Regierungen, deren Vertreter am kaiserlichen Hof akkreditiert sind, den Zusammentritt einer Konferenz vorschlage, welche sich mit dieser ernsten Frage zu beschäftigen hätte ...“

Aus dem Tagebuch des russischen Kriegsministers Kuropatkin, Eintrag vom 23. 9. 1898:

„Ich entwickelte den Gedanken, daß man erst nach der Besetzung des Bosporus durch uns viel für den Frieden tun könne. Dann werden wir allen slawischen Staaten fest gegenüberstehen und die Grundlage schaffen für eine Konföderation der slawischen Staaten untereinander und mit uns ... Unser Erscheinen am Bosporus würde den Zerfall Österreichs beschleunigen. Dann wäre es möglich, die deutschen Gebiete an Deutschland zu geben und letzteres zu verpflichten, seinerseits Elsaß-Lothringen an Frankreich zurückzugeben. Ich führte aus, daß ... Deutschland das freiwillig nicht tun wird. Der Zeitpunkt zu einem geeigneteren Angriff wird dann gegeben sein, wenn Deutschland in einen Krieg mit England und Amerika verwickelt ist ...“

▶ **Quelle:** Ma V, 114 f.

Gruppe 2: Sozialistische Stellungnahmen zur Frage der Verhinderung von Kriegen
Jean Jaurès, 1907:

„Die Verhütung ... des Krieges ist durch nationale und internationale sozialistische Aktionen der Arbeiterklasse mit allen Mitteln, von der parlamentarischen Intervention, der öffentlichen Agitation bis zum Massenstreik und zum Aufstand, zu bewirken.“

▶ **Quelle:** Nationalismus in Europa, Hrsg. K. M. Kühner, Diesterweg, Frankfurt 1968, S. 48.

August Bebel auf dem Parteitag der SPD, 1911:

„Wer glaubt denn, daß man in einem Moment, wo eine gewaltige Aufregung, ein Fieber die Massen bis in die tiefsten Tiefen aufrüttelt, wo die Gefahr eines ungeheuren Krieges mit seinem entsetzlichen Elend uns vor Augen steht, wer glaubt, daß es in einem solchen Augenblick möglich ist, einen Massenstreik zu inszenieren? ... Bei Ausbruch eines solchen Krieges marschieren vom ersten Tag ab in Deutschland fünf Millionen unter den Waffen, darunter viele hunderttausend Parteigenossen. Die ganze Nation steht unter den Waffen! Furchtbares Elend, allgemeine Arbeitslosigkeit, Hunger, Stillstand der Fabriken, Sinken der Wertpapiere – glaubt man, man könne in einem solchen Moment, wo jeder nur an sich denkt, einen Massenstreik inszenieren?“ ...

▶ **Quelle:** P. Kritzner (Hrsg.), Kurze Programmgeschichte der deutschen Arbeiterbewegung. Ehrenwirth, München 1972, S. 71.

Gruppe 3: Reichstagsdebatte anläßlich der Verabschiedung eines Gesetzes zur Verstärkung der deutschen Flotte
Abgeordneter Dr. Oertel (Deutsch-Konservative Partei):

„... Wir wollen selbstverständlich den Frieden halten, Frieden um jeden Preis, nur nicht um den Preis der nationalen Ehre und unserer Weltmachtstellung. Diesen Frieden aber können wir nicht aufrechterhalten durch fortgesetzte, über das Maß des Männlichen hinausgehende Nachgiebigkeit ...

Der Friede wird uns gewahrt, wenn wir nach Befinden, wo es nur tut, eine straffe Festigkeit zeigen, die freilich einen gewissen Rückhalt haben muß; und um diesen Rückhalt den verbündeten Regierungen zu verschaffen, deshalb haben wir uns entschlossen, trotz vieler Bedenken für die Flotte zu stimmen ...

Meine Herren, nach den Vorgängen jetzt im Süden des dunklen Erdteils, ... nach den Vorgängen im fernsten Osten ... ist es möglich, ja wahrscheinlich, daß die nächsten Entscheidungen **auf dem Wasser** fallen. Deshalb muß unsere Wehrkraft zur See unbedingt gestärkt werden ...“

Abgeordneter Liebknecht (SPD):

„... Wozu denn diese gewaltigen Rüstungen? Welche Nation bedroht uns? Im jetzigen Augenblick kann England ... gar nicht in Konflikt mit uns kommen. Ich frage: Ist überhaupt ein Konflikt zwischen den unsrigen und den englischen Interessen möglich? Wir haben nirgends und auf keinem Gebiet feindliche Interessen ...

Aber, meine Herren, England ist ein Inselland ... ohne Flotte kann England nicht existieren, ... aber es hat keine große stehende Armee. Wir dagegen haben eine kleine Küste, eine Flotte zweiten Ranges, wie sie vollauf genügt, und die größte stehende Armee der Welt ...“

▶ **Quelle:** Parlamentsdebatten 1, a. a. O., S. 190 ff.

Gruppe 4: Auszüge aus den Richtlinien über den Geschichtsunterricht an der deutschen Volksschule

„1. Bei der Jugendzeit unseres Kaisers läßt der Lehrer die Kinder selbst finden, daß er im Knabenalter den Krieg gegen Frankreich und die Entstehung des Deutschen Reiches erlebte; der Lehrer teilt mit, daß er beim Heimzug der Krieger mit durch das Brandenburger Tor marschierte ... Die Erwerbung Helgolands gegen das afrikanische Wituland und Sansibar lenkt die Aufmerksamkeit auf diese von Deutschen bewohnte Insel. Es wird gezeigt, wie sie, von Deutschland in eine mächtige Festung verwandelt, als wichtiger Stützpunkt unsererer Kriegsflotte dient.

Der Krieg gegen China wird angesehen als ein Mittel, die Ehre des deutschen Namens zu retten ... Eine Chinamedaille ist zum Vorzeigen erwünscht.

Vor allem müssen die Verdienste des Kaisers um die deutsche Flotte beachtet werden. Alle unsere Könige haben das Landheer gepflegt. Der Kaiser tut es nicht minder, aber dasselbe Interesse wendet er der Marine zu. (Unsere Zukunft liegt auf dem Wasser.) Die Kinder erfahren, daß es sich dabei um etwas Neues, Werdendes handelt und daß die Kriegsschiffe teuer, aber notwendig sind ...

Es wird dann betont, daß wir eine Flotte nötig haben, unsere Interessen und Landsleute im Ausland zu schützen ... Hierbei ist zu erwähnen, daß wir einst, weil wir politisch ohnmächtig waren, bei der Verteilung der Erde leer ausgingen, daß andere Völker (England, Holland, Frankreich) besser wegkamen als wir, daß wir erst nachkommen konnten, als wir im Deutschen Reich ein großes Volk wurden. Die Bedeutung der Kolonien als Absatz- und Einfuhrgebiet, als Stützpunkt des Handels, ihre Bedeutung für die Auswanderung ist zu klären; aber es wird auch erwähnt, daß es schwer ist, in einem „wilden" Lande unsere Kultur zu begründen. In diesem Zusammenhang wird der Krieg in Südwestafrika und die heldenhafte Tapferkeit unserer Truppen erzählt ... Einzelne von seinem Großvater begonnenen Arbeiten hat unser Kaiser fortgesetzt. Dahin gehört die Sorge für die Arbeiter und die Eröffnung des Kaiser-Wilhelm-Kanals. Dessen Bedeutung für Krieg und Frieden ist klarzumachen ..."

▶ **Quelle:** W. Hering (Hrsg.), Methodik des Geschichtsunterrichts in der preußischen Volksschule. Leipzig 1907, S. 54 ff.

Gruppe 5: Darstellung des Verhältnisses zu Deutschland in einem französischen Geschichtsbuch (Auszug)

„Unglücklicherweise ... gibt es zänkische, schlachtensüchtige Nationen. Wir sind es auch gewesen, ein reizbares und streitsüchtiges Volk, aber das Unglück hat uns erleuchtet. Wir verstehen, wie abscheulich der Mißbrauch der Gewalt ist. Indem Deutschland die

Bevölkerung Elsaß-Lothringens trotz ihres Einspruchs annektierte, hat es ein Verbrechen begangen, und seither fühlt sich keine europäische Nation mehr in Sicherheit ... Es wird erst an dem Tage Sicherheit geben, an dem anerkannt ist, daß eine Nation heilig ist und daß ein Volk, das sich auf ein anderes stürzt, ohne das Schiedsgericht zu befragen, verbrecherisch ist ...

Wir stellen in Europa das Recht von morgen dar, das verlangt, daß eine Nation unverletzlich und ein Volk keine Herde ist, über die die Gewalt bestimmt. Deutschland, das durch Gewalt die Polen, die Dänen Schleswig-Holsteins und die Elsaß-Lothringer unterworfen hat, hat sich noch nicht zu diesen Ideen der Gerechtigkeit erhoben und bleibt für Europa eine Gefahr und eine Drohung ..."

▶ **Quelle:** P. Rühlmann, Die französische Schule und der Weltkrieg. Leipzig 1918, S. 44.

Die gemeinsame Aufgabenstellung für alle fünf Arbeitsgruppen besteht darin, die Texte danach zu befragen, was sie zur Verherrlichung oder Ablehnung des Krieges und zum Eintreten für den Frieden aussagen. Im einzelnen soll dabei die folgende Arbeitsaufgabe gelöst werden.

Faßt die Aussagen kurz so zusammen, daß ihr damit den anderen Gruppen über eure Arbeitsergebnisse berichten könnt:

a) Welche Gefahren für den Frieden lassen sich in den Aussagen der Texte erkennen?

b) Welche Möglichkeiten, diese Gefahren für den Frieden zu bannen, sehen die Verfasser der Texte?

c) Wir beurteilt ihr die Aussichten, diese Möglichkeiten tatsächlich zu verwirklichen?

Diese Arbeitsergebnisse lassen sich in einer Tabelle (und evtl. als Tafelbild) zusammenfassen (S. 22 oben).

Obgleich alle hier vorgelegten Texte den Wunsch nach Bewahrung des Friedens beinhalten, zeigt sich in einigen von ihnen daneben auch nationalistisches Denken. Hinter der Forderung nach Sicherheit gegen Bedrohung von außen steht der Wunsch nach Erweiterung der eigenen Machtstellung. Die öffentliche Meinung vertritt weithin die gleichen Auffassungen und bedient sich zuweilen der Verleumdung und Verächtlichmachung des zu erwartenden Gegners, um die eigene Politik als friedlich darzustellen.

Um diesen Widerspruch anschaulich zu machen, sollten die Arbeitsergebnisse der einzelnen Gruppen in einer Tabelle zusammengefaßt und dargestellt werden (S. 22 unten).

Gruppe 1	Gruppe 2	Gruppe 3	Gruppe 4	Gruppe 5
a) Wettrüsten der Nationen vergrößert Kriegsgefahr. Waffen werden immer vernichtender.	Die Volksmassen denken und handeln emotional, nicht rational; das Nationalgefühl ist stärker als die internationale Solidarität der Arbeiterklasse.	Der Friede ist gefährdet, wenn die deutsche Regierung die Flottenrüstung vorantreibt, da sich Großbritannien bedroht fühlen könnte.	Gefahr für den Frieden ist dann gegeben, wenn nicht alle Großmächte gleichen Anteil bei der „Verteilung der Erde" erhalten.	Der Friede gilt als besonders von Deutschland bedroht.
b) Ziel muß die Garantie eines weltweiten Friedens sein; deshalb muß eine internationale Friedenskonferenz einberufen werden.	Jaurès empfiehlt Aktionen der Arbeiter über alle Nationen hinweg: parlamentarische Aktionen, öffentliche Agitation, Massenstreiks.	Eine starke deutsche Flotte trägt zur Erhaltung des Friedens bei, weil sie die Wahrung der deutschen Interessen garantiert.	Hauptziele des Geschichtsunterrichts sind die Einsichten, daß eine starke deutsche Flotte und ein starkes deutsches Heer notwendig sind, damit Deutschland unter der Leitung des Kaisers zur gleichberechtigten Weltmacht werden kann.	Dauernden Frieden bringt nur das Recht, das in Europa von Frankreich verkörpert wird. Es verlangt die Unverletzlichkeit der Nationen. Deutschland hat dieses Recht verletzt, als es sich Polen, Dänen und Elsaß-Lothringer unterwarf.
c) Die Äußerung des russischen Kriegsministers macht deutlich, daß Rußland zunächst seine außenpolitischen Ziele erreichen soll, bevor die Friedenskonferenz zu einem Erfolg kommt, denn Rußlands territoriale Ziele stehen im Gegensatz zu den Interessen anderer Großmächte.	Die internationale Solidarität der Arbeiterklasse ist nicht so gefestigt, daß sie Klasseninteressen vor nationale Interessen stellt.	Rüstungsmaßnahmen wie der Ausbau der Flotte dienen zwar der eigenen Sicherheit, werden aber von den möglichen Gegnern leicht als Bedrohung aufgefaßt.	Die Ziele und die Stoffauswahl im Geschichtsunterricht weisen darauf hin, daß bei den Jugendlichen Vorstellungen von nationaler Größe erweckt werden sollen.	Den Schülern wird ein Feindbild suggeriert. Deutschland ist der Feind Europas und der Feind allen Rechts, weil es fremdes Staatsgebiet erobert hat und die dort wohnende Bevölkerung unterdrückt. Die Berufung auf ein „Recht", das von Frankreich vertreten wird, kann jedoch nicht verbergen, daß dahinter der „Revanchegedanke" steckt.

T Bemühungen um den Frieden – Vorbereitungen für einen Krieg?

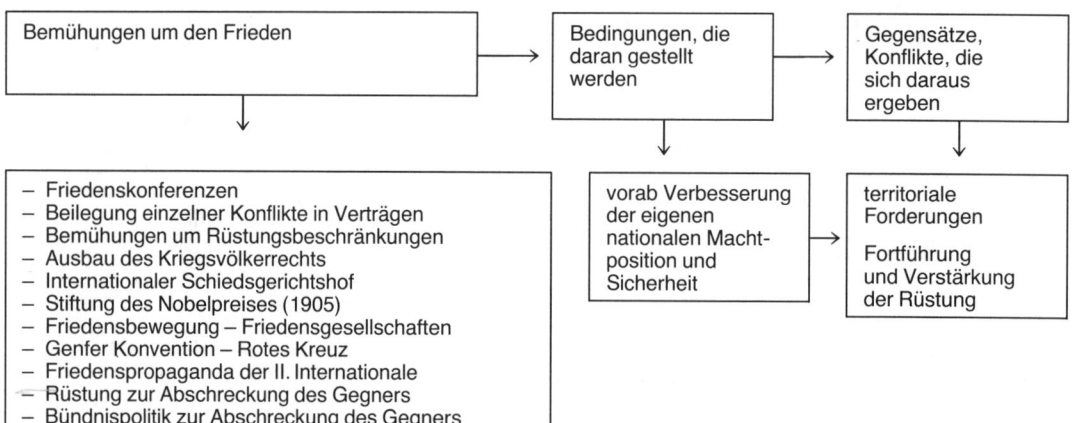

Bemühungen um den Frieden → Bedingungen, die daran gestellt werden → Gegensätze, Konflikte, die sich daraus ergeben

– Friedenskonferenzen
– Beilegung einzelner Konflikte in Verträgen
– Bemühungen um Rüstungsbeschränkungen
– Ausbau des Kriegsvölkerrechts
– Internationaler Schiedsgerichtshof
– Stiftung des Nobelpreises (1905)
– Friedensbewegung – Friedensgesellschaften
– Genfer Konvention – Rotes Kreuz
– Friedenspropaganda der II. Internationale
– Rüstung zur Abschreckung des Gegners
– Bündnispolitik zur Abschreckung des Gegners

vorab Verbesserung der eigenen nationalen Machtposition und Sicherheit

territoriale Forderungen

Fortführung und Verstärkung der Rüstung

36.1.4.2. Schwerpunkt: Kriegsausbruch und Friedensbemühungen

In einem zweiten Schwerpunkt soll im Vordergrund die Frage stehen, welche Faktoren den Ausbruch des Krieges herbeiführten und welche entgegengesetzten Bemühungen den Frieden erhalten wollten. Es muß herausgearbeitet werden, daß diese Bemühungen um den Frieden angesichts der diplomatischen Entwicklung immer schwächer und aussichtsloser wurden. Das führt dann zur Frage nach den Gründen für die weitverbreitete Kriegsbegeisterung im August 1914 in allen vom Krieg betroffenen Ländern.

Es ist im Rahmen des Unterrichts nicht möglich, den Ablauf der diplomatischen Aktionen während der „Julikrise" vollständig nachzuzeichnen. Eine Zeittafel (dtv II 122) dürfte ausreichen, um den äußeren Ablauf und die Zuspitzung der Lage zu veranschaulichen. Die o. a. Fragen müssen an Hand von Quellen behandelt werden. Dabei ist die Auswahl der Quellen problematisch. Im Geschichtsunterricht kann die Frage nach der Schuld am Kriege, die sich für alle beteiligten Nationen stellt, nicht aus den Quellen heraus erörtert werden. Nachgewiesen werden soll vielmehr, daß hinter allen Einzelaktionen ein- und dasselbe Motiv stand, nämlich das jeweils eigene Handeln nur als Antwort auf aggressives Handeln der Gegenseite und damit als Verteidigungsmaßnahme darzustellen.

Angesichts dieser Beschränkung werden nur Quellen aus den allerletzten Tagen vor Kriegsausbruch herangezogen und in arbeitsteiliger Gruppenarbeit behandelt.

Ein kurzer Zeitungsausschnitt über das Attentat in Sarajevo führt zu der Frage, ob dieses Attentat einen allgemeinen europäischen Krieg auslösen mußte.

▶ **Quelle:** Unser Jahrhundert im Bild. Bertelsmann Verlag, Gütersloh 1964, S. 183 und Gfm

Es ist mit folgenden Äußerungen zu rechnen:
– Es brauchte nicht zum Kriege zu kommen, eine Bestrafung der Attentäter hätte genügt.
– Das Attentat verschärfte zwar die schon bestehenden Spannungen zwischen Österreich–Ungarn und Serbien; doch dieser neue Konflikt hätte durch Verhandlungen beigelegt werden können.
– Es bestand die Gefahr, daß andere europäische Großmächte die durch das Attentat ausgelöste Spannung benutzten, um eigene machtpolitische Ziele zu verfolgen.

Die einzelnen Gruppen erhalten folgende Texte:

Gruppe 1: Der russische Außenminister Sasanow an den russischen Geschäftsträger in Berlin (28. 7.)

„Infolge der Kriegserklärung Österreichs an Serbien werden wir morgen die Mobilmachung in den Bezirken Odessa, Kiew, Moskau und Kasan erklären. Bringen Sie das zur Kenntnis der deutschen Regierung und betonen Sie das Fehlen irgendwelcher Angriffsabsichten Rußlands gegen Deutschland . . ."

▶ **Quelle:** J. Geiss, Die Julikrise. dtv-Dokumente 293, München 1965, S. 259.

Gruppe 2: Der österreichisch-ungarische Außenminister Graf Berchtold an den österreichisch-ungarischen Botschafter in Berlin (29. 7.)

„Herr von Tschirschky (deutscher Botschafter in Wien) hat mir soeben mitgeteilt, der russische Botschafter sage ihm, er habe von seiner Regierung die Verständigung erhalten, daß die Militärbezirke von Kiew, Odessa, Moskau und Kasan mobilisiert würden. Rußland sei in seiner Ehre als Großmacht gekränkt und genötigt, entsprechende Maßnahmen zu ergreifen . . . Ich ersuche Euer Exzellenz, Vorstehendes unverzüglich zur Kenntnis der deutschen Regierung zu bringen und hierbei zu betonen, daß, wenn die russischen Mobilisierungsmaßnahmen nicht ohne Säumen eingestellt werden, unsere allgemeine Mobilisierung aus militärischen Gründen unverzüglich veranlaßt werden muß . . ."

▶ **Quelle:** Geiss, a. a. O., S. 280

Gruppe 3: Der deutsche Reichskanzler v. Bethmann-Hollweg an den deutschen Botschafter in St. Petersburg (29. 7.)

„Bitte Herrn Sasanow sehr ernstlich darauf hinweisen, daß weiteres Fortschreiten russischer Mobilisierungsmaßnahmen uns zur Mobilmachung zwingen würde und daß dann europäischer Krieg kaum noch aufzuhalten sein werde."

▶ **Quelle:** Geiss, a. a. O., S. 285

Gruppe 4: Tagebuchaufzeichnung des russischen Außenministers (30. 7.)

„. . . Der dringende Wunsch des Kaisers, um jeden Preis einen Krieg zu vermeiden, dessen Schrecken ihm äußersten Abscheu einflößten, zwang Seine Majestät . . ., alle nur möglichen Mittel zu suchen, um die heranziehende Gefahr abzuwenden. Demgemäß gab er lange nicht seine Einwilligung zur Ergreifung einer Maßnahme, die, vom militärischen Standpunkt gesehen, zwar unumgänglich war, die aber . . . die Entscheidung im unerwünschten Sinne beschleunigen konnte . . .

Schließlich gab der Kaiser zu, daß es unter den gegenwärtigen Umständen das gefährlichste war, sich nicht rechtzeitig auf den offensichtlich unvermeidbaren Krieg vorzubereiten, und er erteilte deshalb seine Erlaubnis, sofort an die allgemeine Mobilmachung heranzutreten."

▶ **Quelle:** Geiss, a. a. O., S. 316

Gruppe 5: Telegramm des russischen Zaren an den deutschen Kaiser (31. 7.)

„Ich danke Dir herzlich für Deine Vermittlung, die Hoffnung zu geben beginnt, daß doch noch alles friedlich enden kann. Es ist **technisch** unmöglich, unsere militärischen Vorbereitungen einzustellen, die infolge Mobilmachung Österreichs notwendig waren. Es liegt uns fern, einen Krieg zu wünschen. Solange die Verhandlungen mit Österreich wegen Serbiens andauern, werden meine Truppen keinerlei **herausfordernde** Handlung unternehmen. Ich gebe Dir mein feierliches Wort darauf. Ich setze mein ganzes Vertrauen in Gottes Gnade und hoffe auf den Erfolg Deiner Vermittelung in Wien für die Wohlfahrt unserer Länder und für den Frieden Europas."

▶ **Quelle:** Geiss, a. a. O., S. 329

Gruppe 6: Telegramm des deutschen Kaisers an den russischen Zaren (31. 7.)

„Auf Deinen Appell an meine Freundschaft und Deine Bitte um meinen Beistand habe ich zwischen Dir und der österreichisch-ungarischen Regierung zu vermitteln begonnen. Während diese Verhandlung im Gange war, sind Deine Truppen gegen Österreich-Ungarn . . . mobil gemacht worden . . .
. . . Nunmehr erhalte ich zuverlässige Nachricht über ernstliche Kriegsvorbereitungen an meiner Ostgrenze. Die Verantwortung für die Sicherheit meines Reiches zwingt mich zu vorbeugenden Verteidigungsmaßnahmen. In meinem Bestreben, den Frieden der Welt zu erhalten, bin ich bis an die äußerste Grenze des Möglichen gegangen. Die Verantwortung für das Unheil, das jetzt die ganze zivilisierte Welt bedroht, wird nicht auf mich fallen . . .
Noch kann der Friede Europas durch Dich erhalten bleiben, wenn Rußland einwilligt, die militärischen Maßnahmen einzustellen, die Deutschland und Österreich-Ungarn bedrohen müssen."

▶ **Quelle:** Geiss, a. a. O., S. 330

Arbeitsaufgaben

1. Erarbeitet in eurer Gruppe die euch vorliegende Textaussage nach folgendem Muster:

Text Nr.	Absender des Textes (von................)	Adressat des Textes (an................)	Datum	Inhalt
1	Außenminister Rußlands	russischen Geschäftsträger in Berlin	28. 7.	Bekanntgabe der russischen Teilmobilmachung; keine Angriffsabsichten
2	Außenminister Österreich-Ungarns	österreichisch-ungarischen Botschafter in Berlin	29. 7.	Bekanntgabe der allgemeinen Mobilmachung Österreich-Ungarns
3	Deutscher Reichskanzler	deutschen Botschafter in St. Petersburg	29. 7.	Ankündigung der deutschen Mobilmachung
4	Tagebuchaufzeichnung des russischen Außenministers		30. 7.	russische Generalmobilmachung
5	Zar Nikolaus II.	Kaiser Wilhelm II.	31. 7.	russische Generalmobilmachung bedeutet noch keinen Krieg
6	Kaiser Wilhelm II.	Zar Nikolaus II.	31. 7.	deutsche Mobilmachung

2. Wie werden in dem euch vorliegenden Text die Maßnahmen der eigenen Regierung begründet?
3. Welche Maßnahmen werden von den Regierungen erwogen und angekündigt?
4. Mußte das Attentat von Sarajevo unvermeidlich zum Kriege führen?

Allen Texten gemeinsam ist: eigene Maßnahmen als Antwort auf gegnerische Maßnahmen.
Teilmobilmachung und Mobilmachung, obwohl Vermittlungsversuche laufen.
Die Vermittlungsversuche hätten den Kriegsausbruch verhindern können. Aber angesichts des wechselseitigen Mißtrauens und der Furcht vor aggressiven Maßnahmen der Gegenseite waren diese Bemühungen stets mit eigenen Maßnahmen (Mobilmachung) gekoppelt. Als Sicherung gegen Bedrohung begründet, mußten diese Maßnahmen auf der Gegenseite wiederum als Bedrohung aufgefaßt werden.

36.1.4.3. Schwerpunkt: Die Stimmung der Bevölkerung

Die Arbeitsaufgabe 4) führt zu der weiteren, sehr wichtigen Frage, wie die öffentliche Meinung in den betroffenen Ländern die Nachrichten von der sich zuspitzenden Krise aufnahm und wie sie zuletzt auf den Kriegsausbruch reagierte.

Zur Klärung dieser Frage könnten, soweit zugänglich, zeitgenössische Fotos herangezogen werden.

▶ **Quelle:** Unser Jahrhundert im Bild, a. a. O., S. 184–187 (Gfm).

Diese Aufnahmen veranschaulichen eindrucksvoll die damals in der Öffentlichkeit vorherrschende Stimmung. Sie können darüber hinaus die Schüler veranlassen, nach den Hintergründen dieser Stimmung, nach ihrer Berechtigung oder Fragwürdigkeit zu suchen.

Allenthalben überwog nach Kriegsausbruch bei der Zivilbevölkerung und bei den Soldaten die patriotische Begeisterung. Übermütigen Ausdruck fand das bei den in den Krieg ziehenden Soldaten, wofür hier nur deutsche Beispiele gebracht werden können (Aufschrift an den Eisenbahnwagen: „Jeder Stoß ein Franzos'"; „Auf in den Kampf, mir juckt die Säbelspitze"). In solchen Äußerungen, die auch für die Gegenseite belegt werden könnten, zeigt sich Vertrauen in die eigene Stärke bis zu deren Überschätzung und Geringschätzung des Gegners und seiner militärischen Kraft. Die Schrecknisse moderner Kriegführung und deren zunehmende Technisierung werden damals noch kaum vorausgesehen. Und sicher haben derartigen Äußerungen ihrerseits dazu beigetragen, diese allgemeine Kriegsbegeisterung weiter zu steigern.

Aber man darf nicht übersehen, daß es in allen Ländern, die in den Krieg eintraten, neben dieser zunächst überwiegend begeisterten Stimmung auch Äußerungen gab, die den Krieg ablehnten und vor seinen furchtbaren Folgen warnten. Doch wurde auf sie zunächst kaum gehört.

Zur Erklärung dieser allgemeinen Kriegsbegeisterung beschränken wir uns auf zwei Beispiele aus Deutschland: die Thronrede Kaiser Wilhelms II. vom 4. August 1914 und die offizielle Stellungnahme der SPD, also jener Partei, die bisher in der Verhinderung jedes Krieges eines ihrer wichtigsten politischen Ziele gesehen hatte.

Thronrede Wilhelms II.:

„Geehrte Herren! In schicksalsschwerer Stunde habe Ich die gewählten Vertreter des deutschen Volkes um Mich versammelt. Fast ein halbes Jahrhundert lang konnten wir auf dem Wege des Friedens verharren . . . Die schwersten Gefahren, die durch die Ereignisse am Balkan heraufbeschworen waren, schienen überwunden. Da tat sich mit der Ermordung Meines Freundes,

des Erzherzogs Franz Ferdinand, ein Abgrund auf. Mein hoher Verbündeter, der Kaiser und König Franz Joseph, war gezwungen, zu den Waffen zu greifen, um die Sicherheit seines Reiches gegen gefährliche Umtriebe aus einem Nachbarstaat zu verteidigen. Bei der Verfolgung ihrer berechtigten Interessen ist der verbündeten Monarchie das Russische Reich in den Weg getreten. Uns fällt zugleich die gewaltige Aufgabe zu, mit der alten Kulturgemeinschaft der beiden Reiche unsere eigene Stellung gegen den Ansturm feindlicher Kräfte zu schirmen.

. . . Die Kaiserlich russische Regierung hat sich . . . für einen Staat eingesetzt, der durch Begünstigung verbrecherischer Anschläge das Unheil dieses Krieges veranlaßt. Daß auch Frankreich sich auf die Seite unserer Gegner gestellt hat, konnte uns nicht überraschen. Zu oft sind unsere Bemühungen, mit der Französischen Republik zu freundlicheren Beziehungen zu gelangen, auf alte Hoffnungen und alten Groll gestoßen . . .

Uns treibt nicht Eroberungslust, uns beseelt der unbeugsame Wille, den Platz zu bewahren, auf den Gott uns gestellt hat, für uns und alle kommenden Geschlechter. Aus den Schriftstücken, die Ihnen zugegangen sind, werden Sie ersehen, wie Meine Regierung und vor allem Mein Kanzler bis zum letzten Augenblick bemüht waren, das Äußerste abzuwenden. In aufgedrungener Notwehr mit reinem Gewissen und reiner Hand ergreifen wir das Schwert.

An die Völker und Stämme des Deutschen Reiches ergeht Mein Ruf, mit gesamter Kraft, in brüderlichem Zusammenstehen mit unseren Bundesgenossen, zu verteidigen, was wir in friedlicher Arbeit geschaffen haben . . .

Auf Sie, geehrte Herren, blickt heute, um seine Fürsten und Führer geschart, das ganze deutsche Volk. Fassen Sie Ihre Entschlüsse einmütig und schnell – das ist Mein inniger Wunsch.

Sie haben gelesen, meine Herren, was Ich an Mein Volk vom Balkon des Schlosses aus gesagt habe. Hier wiederhole Ich: „Ich kenne keine Parteien mehr, Ich kenne nur Deutsche . . .""

▶ **Quelle:** Historisches Lesebuch 3, Hrsg. G. v. Kotowski. Fischer-Verlag Frankfurt o. J., S. 27 f.

Erklärung Haases (SPD):

„Meine Herren, im Auftrage meiner Fraktion habe ich folgende Erklärung abzugeben. Wir stehen vor einer Schicksalsstunde. Die Folgen der imperialistischen Politik, durch die eine Ära des Wettrüstens herbeigeführt wurde und die Gegensätze unter den Völkern sich verschärften, sind wie eine Sturmflut über Europa hereingebrochen . . .

Die Sozialdemokratie hat diese verhängnisvolle Entwicklung mit allen Kräften bekämpft, und noch bis in die letzten Stunden hinein hat sie durch machtvolle Kundgebungen in allen Ländern, namentlich in inni-

gem Einvernehmen mit den französischen Brüdern für die Aufrechterhaltung des Friedens gewirkt. Ihre Anstrengungen sind vergeblich gewesen . . .

Nicht für oder gegen den Krieg haben wir heute zu entscheiden, sondern über die Frage der für die Verteidigung des Landes erforderlichen Mittel . . .

Für unser Volk und seine freiheitliche Zukunft steht bei einem Sieg des russischen Despotismus . . . viel, wenn nicht alles auf dem Spiel. Es gilt, diese Gefahr abzuwehren, die Kultur und die Unabhängigkeit unseres eigenen Landes sicherzustellen.

Da machen wir wahr, was wir immer betont haben: Wir lassen in der Stunde der Gefahr das eigene Vaterland nicht im Stich . . . Wir fordern, daß dem Kriege, sobald das Ziel der Sicherung erreicht ist und die Gegner zum Frieden geneigt sind, ein Ende gemacht wird durch einen Frieden, der die Freundschaft mit den Nachbarvölkern ermöglicht . . .

Wir hoffen, daß die grausame Schule der Kriegsleiden in neuen Millionen den Abscheu vor dem Kriege wekken und sie für das Ideal des Sozialismus und des Völkerfriedens gewinnen wird. Von diesen Grundsätzen geleitet, bewilligen wir die geforderten Kriegskredite."

▶ **Quelle:** Klassenbuch 2, Hrsg. H. M. Enzensberger, K. Roehler. Luchterhand, Darmstadt 1972, S. 184 f.

Gruppe 1:

Arbeitsaufgaben	denkbare Formulierungen
1. Wie begründet der Kaiser den Kriegseintritt Deutschlands?	– Bündnispflicht gegenüber Österreich – Kulturgemeinschaft zwischen Deutschland und Österreich-Ungarn, die gegen den Ansturm der Feinde geschützt werden muß.
2. Welche Kriegsgründe sieht er bei den Feinden?	– Rußland unterstützt aus nationalistischen Gründen Serbien, das durch den Mord von Sarajevo den Krieg verursacht hat. – Frankreich ist seit Jahrzehnten mit Deutschland verfeindet.
3. Wie beurteilt er die Einstellungen beider Staaten zum Krieg?	– Die Feindmächte haben seit langem Deutschlands Machtanstieg mit Neid beobachtet. – Deutschland hat nur aus Notwehr zu den Waffen gegriffen.
4. Was erwartet der Kaiser vom deutschen Volk?	In der Stunde der Not und Bedrängnis soll das ganze deutsche Volk geschlossen die drohenden Gefahren abwehren.

Gruppe 2:

Arbeitsaufgaben	denkbare Formulierungen
1. Wie begründet die SPD ihre Zustimmung zu den Kriegskrediten?	– Das Vaterland ist bedroht. Die SPD wird alles tun, um diese Bedrohung abzuwehren. – Der russische Despotismus ist der Hauptfeind in diesem Krieg.
2. Wie formuliert die SPD das Kriegsziel?	Der Krieg ist ein Verteidigungskrieg und wird nur zur Abwehr der feindlichen Bedrohung geführt.
3. Wie verhält sich die Stellungnahme der SPD zum Programm der II. Internationale, die den Krieg im Prinzip ablehnt?	– Trotz ihrer grundsätzlichen Ablehnung des Krieges war die II. Internationale in der Frage der Verteidigung des eigenen Vaterlandes seit längerem nicht einheitlicher Auffassung. – Der Franzose Jean Jaurès (am 31. 7. 1914 ermordet) hatte gemeinsame Aktionen der Arbeiter über die Grenzen hinweg gegen den Krieg gefordert. – August Bebel (1913 gestorben) hatte dagegen die Notwendigkeit der Vaterlandsverteidigung bejaht. Seiner Auffassung folgte die SPD 1914.

Wenn beide Gruppen ihre Ergebnisse vorgetragen haben, sollen die Einzelfeststellungen im Zusammenhang erörtert werden, um aus kritischer Distanz die allgemeine Bejahung des Krieges zu beurteilen. Dabei ist besonders auch auf den Begriff des „Burgfriedens" einzugehen.

Dem deutschen Kaiser war es unter dem Eindruck der allseits ernstgenommenen Bedrohung gelungen, die überwiegende Mehrheit des deutschen Volkes, und darunter auch seine bisherigen innenpolitischen Gegner, zu gemeinsamen Kriegsanstrengungen unter seiner Führung zusammenzuschließen. Es stellt sich jedoch die Frage, ob und wie lange diese Geschlossenheit angesichts fortbestehender innenpolitischer Gegensätze und unterschiedlicher Vorstellungen von den Kriegszielen Bestand haben würde.

Da zur Frage der „Kriegsbegeisterung" im August 1914 nur deutsche Beispiele gebracht wurden, muß ausdrücklich daran erinnert werden, daß eine dem deutschen „Burgfrieden" ähnliche Situation anfänglicher Geschlossenheit über alle Gegensätze hinweg auch in Großbritannien, Frankreich und Rußland gegeben war.

T Wie sind der „Burgfrieden" und die Kriegsbereitschaft der deutschen Öffentlichkeit zu erklären?

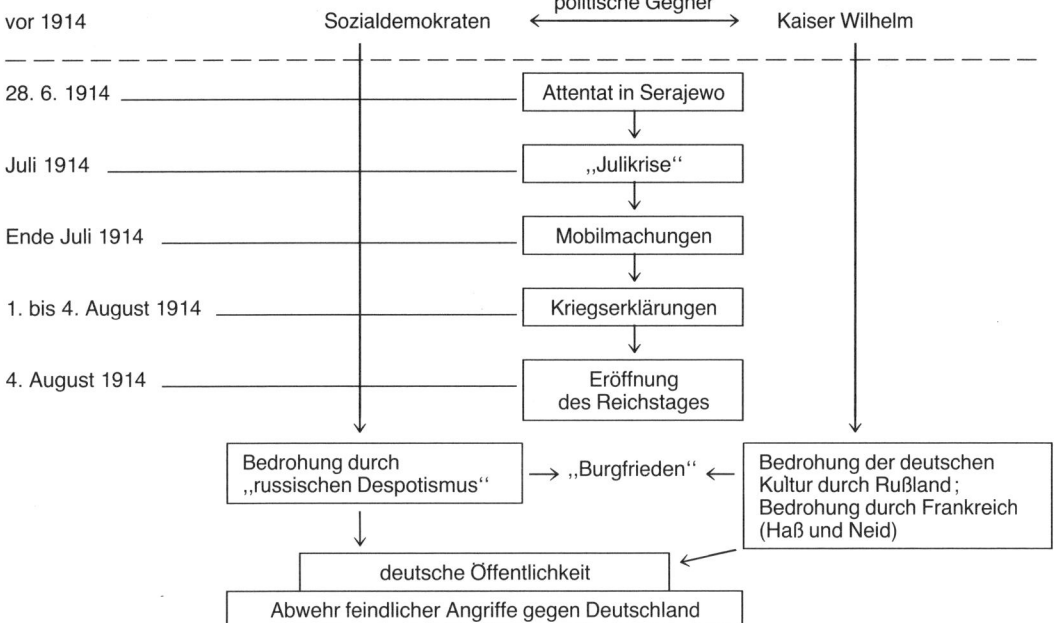

Rückblickend und nachdem die „Kriegsschuldfrage" über ein Jahrzehnt erörtert worden war, hat der britische Premierminister von 1914, Lloyd George, resignierend festgestellt, daß alle Staaten Europas in den Krieg „hineingeschlittert" seien. Er wollte damit sagen, daß keiner der beteiligten Staaten und keiner ihrer Staatsmänner diesen Krieg gewollt und bewußt auf seinen Ausbruch hingearbeitet hätte, daß aber durch viele Einzelfehler der Beteiligten, durch wachsendes gegenseitiges Mißtrauen und durch eine Kette sich wechselseitig bedingender vorbereitender Maßnahmen zuletzt eine Lage entstand, in der alle Beteiligten den Krieg für unvermeidlich hielten und entsprechend handelten. Eine kritische Erörterung dieses abgeklärten Urteils, das auf einen einseitigen Schuldspruch bewußt verzichtet, kann den Schülern zeigen, daß gewichtige historische Ereignisse – wie der Kriegsausbruch 1914 – nur aus einer Vielzahl von Ursachen, zu denen auch menschliches Versagen gehört, erklärt werden können. Das bewußte Planen und Handeln der Verantwortlichen, auch wenn es vom besten Willen beseelt ist, kann vom Gang der Ereignisse überrollt werden. Die hier gemachten Erfahrungen liegen den späteren Bemühungen internationaler Organisationen zur Verhinderung von Kriegen zugrunde.
Damit stellt sich die Frage, ob der Erste Weltkrieg tatsächlich unvermeidlich war. Eine klare Antwort mit Ja oder Nein ist nicht möglich. Aber es ist sinnvoll,

dieser Frage unter Berücksichtigung aller Argumente zum Ja und zum Nein nachzugehen.
Bei der Entwicklung zum Ersten Weltkrieg hin sind zwei politische Abläufe zu beachten, die beide die Großmächte immer wieder in Spannungen versetzten und mit Konflikten bedrohten. Einmal der als „Imperialismus" bezeichnete Prozeß des Aufbaus großer Kolonialreiche in Übersee, im Falle Rußland die Expansion nach Zentral- und Ostasien hinein. Bis zum Ausbruch des russisch-japanischen Krieges 1904/05 war es den beteiligten Mächten gelungen, in Einzelabmachungen den Streit um umstrittene Gebiete immer wieder durch Kompromisse beizulegen. Zum anderen waren es nach 1905 und der Rückwendung Rußlands zu seinen Ambitionen auf dem Balkan und an den Meerengen die alle Großmächte berührenden Auseinandersetzungen um den Balkan, die türkischen Territorien auf dem Balkan (Mazedonien) und das Schicksal des Osmanischen Reiches überhaupt. Auch hier hatten bis zum Jahre 1914 die Großmächte verhindert, daß die Balkankrise sich zu einem allgemeinen Krieg ausweitete und Friedensschlüsse vermittelt.
Wenn vorstehend die Politik des Aufbaus überseeischer Kolonialreiche als „Imperialismus" bezeichnet wir, dann im allgemein historischen Sinn, nicht in der besonderen Bedeutung, die Lenin und in seiner Tradition bis heute die kommunistische Propaganda diesem Wort gibt. (Vgl. Vorbemerkungen S. 8 f.)

27

36.2. Der Krieg und seine Auswirkungen. Lage und Stimmung der deutschen Zivilbevölkerung

36.2.1. Wissensziele

Nach einem schnellen Vorkommen der deutschen Armeen durch Belgien und Nordfrankreich auf Paris kam es zu einem Stellungskrieg, der vier Jahre dauerte.

Der Eintritt der USA in den Krieg im Jahre 1917 führte schließlich zur Niederlage der Mittelmächte.

In Deutschland wird die Lage der Zivilbevölkerung, vor allem durch die Blockade, immer katastrophaler.

36.2.2. UE-Ziele

(1) Die Leiden der Zivilbevölkerung
(2) Die militärisch-politische Lage im Kriegswinter 1916/17
(3) Die Bemühungen der Regierung, die Bevölkerung zum „Durchhalten" zu bewegen.

36.2.3. Einstieg

● Film 32 2477, 1917 – Jahr der Entscheidung (Sequenz 1 und 2)
● Vergleich: Die Stimmung bei Kriegsbeginn (Fotos aus dem Jahr 1914 [Gfm]) und im dritten Kriegsjahr (Film 32 2477)

36.2.4. Schwerpunkte

In der zweiten Unterrichtseinheit soll untersucht werden, wie sich die Einstellung der Bevölkerung zum Krieg wandelte und welche Gründe dafür maßgebend sind. Die Schüler haben an Hand der Quellen und Bilder und bei deren Interpretation Stimmung und Haltung der Bevölkerung bei Kriegsausbruch erfahren, so befremdlich ihnen die übertriebenen Formen der Kriegsbegeisterung aus heutiger Sicht erscheinen mögen.

Jetzt geht es um die Frage, aus welchen Gründen sich diese anfängliche Bejahung des Krieges verflüchtigte und in welchen Formen sich eine zunehmende Kriegsmüdigkeit äußerte. Zugleich müssen die Bemühungen von staatlicher Seite, diese Entwicklung aufzuhalten und der Bevölkerung die Fortsetzung des Krieges verständlich zu machen, betrachtet werden. Mannigfache Zeugnisse lassen Rückschlüsse auf die Haltung der Bevölkerung gegenüber dem Kriege zu: Tagebuchaufzeichnungen, Briefe, Zeitungsberichte, Fotos und Plakate. An ihnen läßt sich ablesen, wie die anfängliche Geschlossenheit in der Einstellung zum Kriege allmählich abbröckelte und wie weite Teile der Bevölkerung dazu kamen, den Krieg abzulehnen und seine Beendigung zu fordern.

Der Lehrer wählt dazu einige prägnante Szenen des Films Institut 32 2477 „1917 – Jahr der Entscheidung" aus. Diese Szenen zeigen – vor allem in der Sequenz „Durchhalteparolen bei Hunger und Not" (Sequenz 2) die katastrophale Ernährungslage der Mittelmächte.

– Steckrüben sind im Winter 1916/17 das Hauptnahrungsmittel.
– Der Rüstungsindustrie fehlen männliche Arbeitskräfte und Rohstoffzufuhren aus dem Ausland, so daß die Frauen zur Fabrikarbeit herangezogen werden und Kirchenglocken eingeschmolzen werden müssen.
– Kriegsanleihen werden ausgelegt.
– Die Bevölkerung liefert Schmuck und Edelmetalle ab.

Ergänzend zu den filmischen Darstellungen kann eine schriftliche Quelle herangezogen werden, um den Schülern zu zeigen, wie sich die Kriegssituation aus dem Blickwinkel der betroffenen Bevölkerung ausnahm. Einen plastischen Eindruck vermittelt das Tagebuch einer Bonnerin aus den Jahren 1914–1920:

> **. . . 23. April, Ostern 1916**
> Draußen Regen und Sturm. Im Herzen sieht es ebenso aus. So einen tieftraurigen Ostern haben wir noch nie erlebt. Gestern Samstag vormittag um 11 Uhr war in ganz Bonn und Umgebung kein Fleisch mehr zu bekommen. Also dieses Jahr gibt es Ostern ohne Suppenfleisch und Braten. Wie weit sind wir schon. Was nützen alle die Siege, wenn nichts mehr zu essen da ist? Täglich ein Pfund Kartoffeln, 1 Brot von 3½ Pfd. die Woche, kein Fleisch, keine Milch, nur noch Gemüse, und davon sollen die Menschen jetzt leben. Wir lassen uns nicht aushungern! Der reinste Hohn ist dieser Ausspruch. Jeder hat Hunger bis in die kleinste Zehe. Die Pferde, Tiere, Menschen, alles fällt vor Hunger bald zusammen. Wann mag dieses Elend enden?
>
> **1. Mai 1916**
> Es gibt Fleischkarten. Alle 10 Tage 200 gr. Für einen hungrigen Menschen für ein Mittagessen. Jetzt haben wir Butter-, Kartoffel-, Fleisch-, Brot-, Fett-, Seifen-, Zucker- und Eierkarten. Pro Person 3 Eier die Woche.
>
> **1. Juli 1916**
> Das große Ereignis die Massenspeisung ist da. Überall sind Volksküchen eingerichtet, und da wir die Woche nur 2 Pfund Kartoffeln bekommen, wird man gezwungen, dort sich Essen zu holen, wenn man nicht verhungern will. Alle, auch bessere Leute, gehen hin und holen dasselbe. Bei Wianden Ecke Sternenburg und Cl.-Aug.-Str. ist eine große Küche eingerichtet. Liter Essen

kostet 30 Pf. L. ½ l 15 Pf. Was mag noch alles werden und kommen.

15. Juli 1916
Wir haben vom 15. Juni bis 15. Juli böse Zeiten erlebt. Wir erhalten jede Person für die ganze Woche 2 Pfd. Kartoffeln, 1¼ Brot, 150 gr. Fleisch und 3 Eier und 50 gr. Speck, 50 gr. Fett, 50 gr. Butter, ¼ Reis, ¼ Erbsen oder Bohnen. Davon haben wir 7 Tage leben müssen. Ob uns in späterer Zeit das jemand glaubt?

15. August 1916
Es geht mit allem Essen wieder besser. Wir erhalten 10 Pfd. Kartoffeln die Woche und auch mit allem ist es mehr geworden, aber noch ist kein Kriegsende zu sehen.

1. Oktober 1916
. . . Ich weiß wirklich nicht, wie wir im Winter leben sollen und wovon. Das ist mir ein Rätsel. Aber die Noblesse, die Reichen, haben alles in Fülle und können auch dran kommen. Es ist eine Schande, wenn man die Ungerechtigkeit sieht. Die Geschäftsleute lassen alles den Reichen zukommen. Die andern können Hunger leiden. Die Reichen bekommen seit langer Zeit jeden Samstag ihr Speck und Fett, für unser einen wird gesagt, da haben wir schon lange nichts mehr. Wenn das so weitergeht, dann haben wir bald Revolution. Denn diese Erbitterung, die im Volke herrscht, ist nicht zu beschreiben. Wenn der Krieg nicht bald zu Ende geht, dann weiß ich Bescheid. Es graut mir vor der Zukunft. Wie mag das alles enden. Gibt es denn keinen Himmel und keinen Gott, der solchem Elend und Jammer, wie der jetzt herrscht, ein Ende macht?

30. November 1916
Noch immer ist Krieg. Noch kein Friede in Aussicht und dabei wird alles knapper. Jeden Monat bekommen wir ein Ei, das ist doch viel. Wie man sagt, ist Kohlenmangel, denn abends ist alles dunkel, es brennt hier und da nur ein Gasflämmchen. Solange wir verheiratet sind, waren unsere Zimmer nachts von den Laternen hell, aber jetzt ist es stockdunkel. Von morgen ab gibt es Milchkarten. Für ganz kleine Kinder gibt es ¼ l Milch den Tag, für 1–2jährige ½ l Milch den Tag, für 2- und mehrjährige ¼ l Milch den Tag, und Schwerkranke, die im Bett liegen, bekommen welche. Es ist ein Jammer. Mit knapper Not haben wir 3 Zentner Kartoffeln geschmuggelt und haben 10 M für den Zentner bezahlt, und die sind so schlecht wie die Nacht.

1. Januar 1917
Nun gehen wir ins 4. Kriegsjahr, aber an Friede ist nicht zu denken. Der Kaiser hat den Frieden angeboten, er wurde abgelehnt, aus welchem Grunde wissen wir nicht, werden wir auch nie gewahr. Also geht es von neuem los. Wir hatten uns so gefreut und alles ist umsonst gewesen. Wie mag das enden? Wir sind so fertig, daß wir fertig sind und können bald nicht mehr.

10. Februar 1917
Jetzt haben wir seit 4 Wochen bitterste Kälte, ohne aufzuhören. Im geschlossenen Hofraum sind jeden Morgen 14–16 Grad Kälte. Es ist zum verzweifeln und dann sind keine Kohlen und Briketts zu haben. Die Königlichen Gebäude, Theater, Viktoriabad und sämtliche Schulen sind für 2–4 Wochen geschlossen, weil nicht geheizt werden kann. Auf dem Rhein ist mächtiges Treibeis. Er ist sozusagen bald zugefroren. Daher können die Kohlenschlepper nicht fahren. Die Bahn muß alles besorgen und daher die Kohlennot.
In den Fenstern darf abends kein Licht mehr brennen, auch müssen diese um 7 Uhr geschlossen werden und die Wirtschaften um 10 Uhr, nur um Kohlen zu sparen. Wir müssen die Briketts selbst holen und bekommen die Woche 1 Zentner. Das hat noch gefehlt, um das Elend was herrscht, vollkommen zu machen. Die Leute haben nichts zu essen und dann die bittere Kälte. Dieses ist seit 40 Jahren nicht mehr dagewesen . . .
Jetzt fängt Amerika durch den verschärften U-Boot-Krieg auch noch an. Wie mag das eigentlich enden? Wir essen jetzt Steckrüben oder Knollen, und alle essen diese, und sind zufrieden, daß etwas da ist, womit der Hunger gestillt werden kann. Wer hat das jemals gedacht? Aber unser Volks ist sehr geduldig, anders kann man nichts sagen."

▶ **Quelle:** „Wann mag dieses Elend enden?" Aus dem Tagebuch einer Bonnerin 1914–1920. Aus: Journal für Geschichte 2 (1980), Heft 5, S. 23 ff.

Arbeitsaufgaben	denkbare Formulierungen
1. Nennt die Entbehrungen, denen die Bevölkerung ausgesetzt ist.	Die Bevölkerung muß mit Hungerrationen auskommen. Im bitterkalten Winter 1916/17 gibt es fast keine Kohlen, Gas ist für die Bevölkerung knapp.
2. Beschreibt die Einstellung der Verfasserin zum Krieg und zu den Leiden der Bevölkerung.	– Mehrmals klingt die Sehnsucht nach Beendigung des Krieges an. – Die Verfasserin erwähnt das Friedensangebot des deutschen Kaisers vom Dezember 1916 sowie den durch den verschärften U-Boot-Krieg hervorgerufenen Kriegseintritt. – Ihre Tagebuchaufzeichnungen werden von Monat zu Monat pessimistischer. Sie ist verwundert über das Durchhaltevermögen der Menschen in Deutschland.

36.2.4.1. Schwerpunkt: Die militärisch-politische Lage Deutschlands im Winter 1916/17

▶ **Material:** Karte dtv II 124

Arbeitsaufgaben	denkbare Formulierungen
1. Verdeutlicht mit Hilfe der Karte die deutsche Kriegsplanung gegen Frankreich (Schlieffenplan) und den Verlauf der ersten Kriegsmonate 1914. Konnte der Schlieffenplan erfolgreich in die Tat umgesetzt werden?	– Nach dem Schlieffenplan (1905/06) sollte der Krieg gegen Frankreich als Angriffskrieg geführt werden mit der Absicht, Frankreich in wenigen Wochen niederzuwerfen. – Um mit einem starken „rechten Flügel" Paris westlich umfassen zu können, war der Durchmarsch deutscher Truppen durch Belgien und Luxemburg erforderlich. – Im Osten sollte der Krieg gegen Rußland als Verteidigungskrieg geführt werden, wobei der russische Hauptangriff gegen Österreich-Ungarn erwartet wurde. – Der anfangs erfolgreiche deutsche Vormarsch durch Belgien und Nordfrankreich kam schon vor Paris an der Marne zum Stehen. – Der Bewegungskrieg ging in den Stellungskrieg über.
2. Worauf beruhte 1914 und noch 1916 die Überzeugung der deutschen militärischen und politischen Führung, den Krieg siegreich beenden zu können?	a) 1914: – kurze Kriegsdauer bei Erfolg des „Schlieffenplans". – Überlegenheit an Kampfkraft, Ausbildung und Bewaffnung wurde angenommen. – Wirtschaftliche Schwierigkeiten und Auswirkungen der Seeblockade wurden nicht vorhergesehen. b) 1916: – Trotz Stellungskrieg und langer Kriegsdauer war die Gesamtkriegslage nicht ungünstig. – Vertrauen auf die eigene Überlegenheit in Führung und Kampfkraft – Vertrauen in die Haltung der Bevölkerung – Erwartung, daß wirtschaftliche Schwierigkeiten zu meistern sind – Erwartung innerer Schwierigkeiten bei den Gegnern

Für die Lage Ende 1916 ergeben sich folgende Gesichtspunkte:
– Der Schlieffenplan, der eine schnelle und siegreiche Beendigung des Krieges vorsah, ist gescheitert.
– Entsprechende Erwartungen auf alliierter Seite („russische Dampfwalze") sind ebenso gescheitert.
– An der Westfront seit Ende 1914 Stellungskrieg, der bisher keine Entscheidung gebracht hat.
– An der Ost- und Südostfront trotz großer militärischer Erfolge der Mittelmächte ebenfalls keine Entscheidung.
– Durch Blockade zunehmende wirtschaftliche Schwierigkeiten bei den Mittelmächten, die sich auf die Kriegsindustrie und auf die Versorgung der Zivilbevölkerung auswirken.
– Demgegenüber bei den Alliierten unbegrenzter Zugang zu Rohstoffen und offene Schiffahrtswege.
– Fazit: (noch) militärischer Gleichstand, aber zunehmende wirtschaftliche Unterlegenheit Deutschlands und seiner Verbündeten.

Die Betrachtung der Lage, in der Deutschland sich militärisch und wirtschaftlich befand, kann zu zwei weiteren Fragen führen.
a) Einmal ist zu fragen, welche Folgerungen die Führung Deutschlands aus dieser Situation ziehen konnte oder wollte:
– War es möglich, den Krieg zeitlich unbegrenzt fortzusetzen?
– Konnte in dieser Lage noch mit einem siegreichen Kriegsende, das entscheidende Eroberungen gebracht hätte, gerechnet werden?
– War ein Friedensschluß denkbar und erstrebenswert, der als ein Kompromiß zwischen den Gegnern „weder Sieger noch Besiegte" gesehen hätte?
– Mußte Deutschland die Möglichkeit einer totalen Niederlage ins Auge fassen?
b) Zum andern muß nach der Haltung der deutschen Bevölkerung im dritten Kriegsjahr gefragt werden:
– Wie ertrug die Bevölkerung die zunehmende Verschlechterung der Ernährung und sonstigen Versorgung?
– War die Bevölkerung bereit, die von der Regierung geforderten Kriegsanstrengungen zu erbringen?
– Welche Vorstellungen bestanden in der Bevölkerung und in der öffentlichen Meinung hinsichtlich des Kriegsendes und der Friedensbedingungen?
Zunächst soll auf den zweiten Fragekreis (Haltung der Bevölkerung) eingegangen werden.
Schon die bisherigen Überlegungen an Hand des vorgelegten Materials hatten die Vermutung nahegelegt, daß sich in der Bevölkerung ein Stimmungsumschwung vollzogen hatte. Die Kriegsbegeisterung vom August 1914 war verklungen. Die Regierung

Arbeitsaufgaben	Bild 2	Bild 3	Bild 4	Bild 5
1. Was zeigt das Plakat?	U-Boot, offensichtlich auf Feindfahrt; ein Teil der Besatzung steht auf Deck und hält Ausschau.	Zwei Menschen, ihr Rumpf ist als Obstkern dargestellt. Sie eilen hintereinander einem Ziel zu und verlieren dabei Schweiß-(Öl-)tropfen.	Ein Soldat und ein Arbeiter reichen sich die Hand.	Der Kopf eines Verwundeten, ein Auge scheint verletzt.
2. Welche Absichten verfolgt dieses Plakat?	Der Aufbau der U-Boot-Waffe wurde als kriegsentscheidend angesehen. Wer für den Aufbau der U-Boot-Waffe spendet, trägt zum Sieg bei.	Das Plakat macht darauf aufmerksam, wie wichtig scheinbar wertlose Abfälle angesichts der ungenügenden Rohstoffversorgung sind.	Es soll die Vorstellung erweckt werden, daß zum militärischen Sieg sowohl der Arbeiter an der „Heimatfront" als auch der Soldat an der Front unter Einsatz aller ihrer Kräfte zusammenarbeiten müssen.	Durch den Text „Und? Eure Pflicht?" wird der Betrachter aufgefordert, nun auch seine Pflicht zu tun, nämlich die Kriegsanleihe zu zeichnen.
3. Woran wird appelliert?	an die Opfer- und Spendenbereitschaft	Auch ansonsten wertlose Dinge wie Obstkerne dürfen nicht achtlos weggeworfen werden.	Durchhaltewillen, Solidarität	Opferbereitschaft.

stand daher vor der Aufgabe, der Bevölkerung die für notwendig erachtete Fortsetzung des Krieges verständlich zu machen und dabei ihre aktive Unterstützung zu erlangen.

Diese Appelle an die öffentliche Meinung, die die Bevölkerung auch nach dem Abklingen der anfänglichen Kriegsbegeisterung zum „Durchhalten" und zur Unterstützung aller Kriegsanstrengungen aufrufen sollten, gingen teils direkt von der Regierung, teils von halbamtlichen oder privaten Organisationen aus. Bei der Betrachtung deutscher Beispiele hierfür muß jedoch unbedingt bedacht werden, daß im Lager der Alliierten all diese Erscheinungen genauso anzutreffen sind.

Die Diaserie Institut 100421 „Neueste Geschichte in Plakaten" (1914–1925) bietet die Möglichkeit, einige der Plakate zu analysieren. Es kommen insbesondere die Bilder 2 bis 5 in Frage (Tabelle oben).

Diese Plakate stehen beispielhaft für weitere Plakate, in denen die Opferbereitschaft, die Verklärung des Kampfes und des Heldentodes oder die Diffamierung des Feindes zum Ausdruck kommen. Man bediente sich zugkräftiger Symbole, die den Betrachter unmittelbar ansprechen sollten:

– Abbildung bekannter Feldherren,
– symbolische Darstellung der eigenen Nation (Germania, John Bull, Marianne, Uncle Sam),
– andere Zeichen, die für Größe, Mut, Heldentum und Opfertod stehen (Adler, Eisernes Kreuz, Eichen- und Lorbeerkränze, Heldendenkmäler).

Wir greifen schwerpunktmäßig die deutschen Kriegsanleihen heraus, um zu fragen, wie wirksam diese Appelle an die Öffentlichkeit waren.

Bereits in der 2. Sequenz des Films „1917 – Jahr der Entscheidung" wird der Erfolg dieser Maßnahme angedeutet. Die nachfolgende Tabelle zeigt die Ergebnisse der neun deutschen Kriegsanleihen von 1914 bis 1918:

	Mrd. Mark
1. Kriegsanleihe (Sept. 1914) erbrachte	4,460
2. Kriegsanleihe (März 1915) erbrachte	9,060
3. Kriegsanleihe (Sept. 1915) erbrachte	12,101
4. Kriegsanleihe (März 1916) erbrachte	10,712
5. Kriegsanleihe (Sept. 1916) erbrachte	10,652
6. Kriegsanleihe (März 1917) erbrachte	13,122
7. Kriegsanleihe (Sept. 1917) erbrachte	12,626
8. Kriegsanleihe (März 1918) erbrachte	15,001
9. Kriegsanleihe (Sept. 1918) erbrachte	10,443

▶ **Quelle:** K. Zentner, Kaiserliche Zeiten, München o. J., S. 171

Die Schüler müssen wissen, daß Kriegsanleihen im Ersten Weltkrieg für alle kriegführenden Staaten die wichtigste Möglichkeit waren, die Kriegführung zu finanzieren. Von Kriegsanleihen versprach man sich größere Erfolge als von der Erhebung immer höherer Steuern. Halbjährlich wurden in Deutschland (März und September) Anleihen „aufgelegt", d. h. den Interessenten zum Kauf angeboten. Wer die Anleihe „zeichnete", d. h. in ihr einen bestimmten Betrag anlegte, erwarb damit ein Wertpapier, das verzinst wurde und nach Kriegsende eingelöst werden sollte. Infolge des verlorenen Krieges und der Inflation verfielen jedoch die deutschen Kriegsanleihen ohne Rückzahlung.

Im anschließenden Gespräch können die Arbeitsergebnisse wie folgt stichpunktartig zusammengefaßt werden:

- die Wichtigkeit einer kontinuierlichen Beeinflussung der Bevölkerung durch Propaganda,
- die Notwendigkeit, diese Propaganda auf wenige kurze, aber eindrucksvolle und leicht verständliche Parolen zu beschränken,
- die Bedeutung von eingängigen und allen Betrachtern bekannten Bildsymbolen, die benutzt wurden,
- der Vorgang der optischen Übermittlung. Vor der Erfindung des Radios und der Großlautsprecher war eine Massenbeeinflussung durch das gesprochene Wort kaum möglich.
- Die Bedeutung dieser Kriegspropaganda ist zugleich ein Beispiel auf die allgemeine Bedeutung aller Propaganda, wenn es darum geht, die Bevölkerung eines Landes oder größere Massen in ihr für bestimmte Vorstellungen und Ziele zu gewinnen und zu entsprechendem Handeln zu verleiten.

In einem abschließenden Gespräch müssen die politische und militärische Lage der Mittelmächte und das sich daraus für die politische Führung ergebende Dilemma herausgearbeitet werden. Die ursprüngliche Planung, den Krieg offensiv in wenigen Wochen oder Monaten siegreich zu beenden, war gescheitert. Der Krieg war, vor allem an der Westfront, in den Stellungskrieg übergegangen. Versuche von beiden Seiten, wieder offensiv zu werden (Verdun und Sommeschlacht), blieben ergebnislos. Die wirtschaftlichen Schwierigkeiten für Deutschland und seine Verbündeten waren groß und drohten weiter anzuwachsen. Andererseits wußte die deutsche Führung von den Alliierten, daß diese sich ebenfalls mit großen Belastungen, nicht nur wirtschaftlicher Natur, sondern auch angesichts der Stimmung der öffentlichen Meinung, auseinandersetzen mußten. Dabei war jedoch zu erwarten, daß auf längere Sicht die Alliierten mit ihrem noch nicht voll ausgeschöpften Kräftepotential allmählich überlegen sein würden.

Rückblickend ergibt sich der Schluß, daß Deutschland Ende 1916, als die militärische Lage an den Fronten noch sehr günstig und eine Niederlage keineswegs zu erwarten war, einen Verständigungsfrieden hätte anstreben müssen. Dem stand jedoch entgegen, daß einmal die Bereitschaft zu einem solchen Frieden beim Gegner als Zeichen der Schwäche gewertet worden wäre, zum andern, daß die deutsche Öffentlichkeit nicht nur wegen der militärischen Erfolge im Osten und Südosten, sondern auch infolge einer entsprechenden Propaganda auf einen „Siegfrieden" fixiert war. Ein Verzicht auf diese Vorstellungen lag zu dieser Zeit außerhalb des Möglichen und Denkbaren.

Dabei sollte auch nicht übersehen werden, daß das Jahr 1917 mit schweren Krisen für die alliierte Kriegführung diesen Optimismus auf deutscher Seite zu rechtfertigen schien. Bevor in der dritten UE das Thema „Siegfrieden oder Verständigungsfrieden" behandelt wird, sollte die Situation Deutschlands noch einmal in einem Überblick erfaßt werden. Dieser Überblick kann den Schülern in der Aneinanderreihung politischer, militärischer, wirtschaftlicher und psychologischer Momente einen Eindruck davon vermitteln, wie schwer es für die deutsche Politik war. Prognosen für die Zukunft aufzustellen und demgemäß die richtigen Entschlüsse zu fassen.

Dabei muß den Schülern klarwerden, daß man die 1916 getroffenen Entscheidungen nicht aus der Sicht von heute und mit den Erfahrungen von 1918 beurteilen darf.

T   Wie ist die Lage Deutschlands Ende 1916?
Militärische Lage Deutschlands
- Scheitern des „Schlieffenplans" mit schneller Kriegsentscheidung
- im Westen Stellungskrieg und Materialschlachten
- erneuter Bewegungskrieg im Westen unmöglich
- große Erfolge im Osten und Südosten, aber ohne Kriegsentscheidung
- auch die Alliierten können keine Kriegsentscheidung erzwingen
- Ergebnis: militärische Pattsituation

Die deutsche Politik steht vor der Alternative:
Baldmöglicher Friedensschluß ohne Eroberungen, d. h. durch Verständigung, so lange die militärische Patt-Situation noch anhält

Mögliche Argumente für beide Entscheidungen:
- Ein deutscher Sieg ist nicht mehr zu erwarten.
- Es dürfen keine weiteren Opfer mehr gebracht werden.
- Die Zeit arbeitet für die Alliierten.

Innere Lage Deutschlands
- Blockade und ihre Folgen
- wachsende Schwierigkeiten in der Rohstoffversorgung und in der Ernährung
- entsprechende Not der Bevölkerung
- Zunahme wirtschaftlicher Schwierigkeiten
- bei den Alliierten Überwindung dieser Schwierigkeiten zu erwarten
- weithin ungebrochene Siegeszuversicht bei der eigenen Bevölkerung

Weiterführung des Krieges unter Anspannung der letzten Kräfte bis zum Sieg

- Die bisherigen Opfer dürfen nicht umsonst gewesen sein.
- Militärische Lage: Fronten überall im Feindesland.

36.3. Wie soll der Krieg beendet werden?

36.3.1. Wissensziele

Die deutsche Regierung versuchte, alle Kräfte zu mobilisieren, um den Krieg doch noch siegreich beenden zu können. Friedensbemühungen der Regierung und des Reichstags blieben erfolglos. Die Notlage der Bevölkerung führte zu ersten Streiks.

36.3.2. UE-Ziele

(1) Deutsche Bemühungen um eine Beendigung des Krieges: Friedensnote vom Dezember 1916, Friedensresolution des Reichstages
(2) Konzeption für das Ende des Krieges: Siegfrieden, Verständigungsfrieden, Revolution.

36.3.3. Einstieg

● Bild 6 der Diareihe 100421, „Wir starben für euch! Und ihr wollt uns verraten?"
● Film 322477, 1917 – Jahr der Entscheidung (Sequenz 3 und 4)

36.3.4. Schwerpunkte

Diese Unterrichtseinheit steht in engem Zusammenhang mit der UE 36.2., weil auf die im Tafelbild (s. S. 32) aufgeführten Argumente Bezug genommen wird.
Es stellte sich angesichts der militärischen und wirtschaftlichen Situation der Mittelmächte die Frage, welche Handlungsmöglichkeiten am Jahreswechsel 1916/17 noch blieben. Ferner muß erläutert werden, inwieweit im deutschen Volke selbst die Kernfrage „baldmögliche Beendigung des Krieges oder Fortsetzung bis zur siegreichen Beendigung" überhaupt erörtert und wie sie beantwortet wurde.
Zur Gliederung dieser UE: Die Schüler sollen die Auseinandersetzung um die Kriegsbeendigung auf innen- und außenpolitischer Ebene verfolgen und die Beziehung zwischen beiden herausarbeiten. Am Beispiel des „Hindenburgprogramms" soll dargestellt werden, daß die Forderung nach äußerster Anspannung aller inneren Kräfte bis zum siegreichen Frieden wesentlich die Haltung der Regierung und der OHL bestimmte.

Einen weiteren Aspekt in der Auseinandersetzung um Beendigung des Krieges bieten das Friedensangebot Deutschlands und die Reaktion der Alliierten darauf (Dezember 1916/Januar 1917). Darüber kam es zu verschärften innenpolitischen Auseinandersetzungen, die in der Reichstagsdebatte vom 19. 7. 1917 und der dabei beschlossenen Friedensresolution des Reichstages ihren vorläufigen Höhepunkt fanden.
Wesentlichen Einfluß auf den Fortgang des Krieges und auch auf die Friedensdiskussion hatte die Erklärung des uneingeschränkten U-Boot-Krieges seitens Deutschlands am 9. Januar 1917 und die dadurch ausgelöste Kriegserklärung der USA an Deutschland vom 6. April 1917.
Zum Abschluß muß wieder ein innenpolitischer Aspekt erörtert werden: Bedeutung und Chancen der Streiks in der Rüstungsindustrie als Mittel einer Politik der Kriegsbeendigung.

Gruppe 1: Das „Hindenburgprogramm"

„Unseren Gegnern stehen die Fabriken und die Arbeiterschaft der gesamten neutralen Welt zur Verfügung; Deutschland und seine Verbündeten sind lediglich auf die eigenen Mittel angewiesen. Das geistige Übergewicht des deutschen Soldaten, sein größerer Mut und sein höheres Pflicht- und Ehrgefühl können diese Überlegenheit allein um so weniger ausgleichen, als uns die Feinde auch an Zahl der Menschen weit überlegen sind. Ähnlich liegen die Dinge für die Volksernährung . . .
Wir können den Krieg daher nur gewinnen, wenn wir dem Heere so viel Kriegsgerät zuführen, daß es den feindlichen Armeen gleichstark gegenübersteht, und wenn wir die Ernährung des gesamten Volkes sicherstellen. Das ist . . . nur möglich, wenn alles, was unser Land an Bodenschätzen birgt und was die Industrie und der Acker hergeben können, ausgenützt wird, lediglich für die Förderung des Krieges. Dieses Höchstmaß an Leistungen kann aber nur erreicht werden, wenn das gesamte Volk sich in den Dienst des Vaterlandes stellt . . .
Es ist meiner Meinung nach von höchster Wichtigkeit, daß ein Gesetz zustande kommt, in welchem ausdrücklich die Wehrpflicht für die gesamte männliche Bevölkerung hinsichtlich der Dauer auf das 16. bis 60. Lebensjahr und hinsichtlich der Verwendung auf die gesamte Kriegswirtschaft ausgedehnt wird . . ."
▶ **Quelle:** Der Erste Weltkrieg in Bildern und Dokumenten, Band 2, Stellungskrieg und Materialschlachten 1915/16. S. 164 f.

Arbeitsaufgaben	denkbare Formulierungen
1. Das „Hindenburg-Programm" ist von Experten erstellt und unter dem Namen Hindenburg veröffentlicht worden. Worin erblickt es die Vor- und Nachteile Deutschlands gegenüber den Alliierten?	**Vorteile:** geistige Überlegenheit, größerer Mut, höheres Pflichtgefühl der deutschen Soldaten **Nachteile:** Die Alliierten besitzen leistungsfähigere Industrien, sie haben mehr Arbeitskräfte, ihre Ernährungslage ist gut, sie haben für die Kriegführung mehr Menschen zur Verfügung.
2. Dennoch sieht das „Hindenburg-Programm" Chancen, den Krieg zu gewinnen. Welche Bedingungen führt es an?	– Dem deutschen Heer muß mehr Kriegsgerät zur Verfügung gestellt werden. – Die deutsche Wirtschaft muß ausschließlich für den Krieg arbeiten. – Das ganze deutsche Volk muß sich in den Dienst des Vaterlandes stellen.
3. Nehmt zu den Maßnahmen, die das „Hindenburg-Programm" fordert, und den Begründungen dazu Stellung.	– Das Programm geht von der materiellen Überlegenheit der Gegner aus und setzt dagegen ideelle Faktoren wie Ehr- und Pflichtgefühl. – Zudem hofft es, durch den totalen Kriegseinsatz aller die materielle Unterlegenheit Deutschlands auszugleichen.

Die Antwortnote der Alliierten von 30. 12. 1916:

„. . . Eine Anregung ohne Bedingungen für die Eröffnung von Verhandlungen ist kein Friedensangebot. Der angebliche Vorschlag . . . erscheint weniger als ein Friedensangebot denn als ein Kriegsmanöver. Er beruht auf der systematischen Verkennung des Charakters des Streites in der Vergangenheit, in der Gegenwart und in der Zukunft. Für die Vergangenheit übersieht die deutsche Note die Tatsachen, die Daten und die Zahlen, die feststellen, daß der Krieg gewollt, hervorgerufen und erklärt worden ist durch Deutschland und Österreich-Ungarn . . .

Für die Gegenwart stützt sich das angebliche Angebot Deutschlands auf eine ausschließlich europäische „Kriegskarte", die nur den äußeren und vorübergehenden Schein der Lage und nicht die wirkliche Stärke der Gegner ausdrückt. Ein Friede, der unter solchen Voraussetzungen geschlossen wird, würde einzig den Angreifern zum Vorteil gereichen, die geglaubt hatten, ihr Ziel in zwei Monaten erreichen zu können, und nun nach zwei Jahren merken, daß sie es niemals erreichen werden.

Für die Zukunft verlangen die durch die Kriegserklärung Deutschlands verursachten Verwüstungen, die unzähligen Attentate, die Deutschland und seine Verbündeten gegen die Kriegführenden und gegen die Neutralen verübt haben, Sühne, Wiedergutmachung und Bürgschaften . . . Deutschland weicht listig dem einen wie dem anderen aus . . ."

▶ **Quelle:** GiQ V, Nr. 62

Gruppe 2: Das Friedensangebot an die Alliierten vom 12. 12. 1916 an die Alliierten und deren Antwort

„Deutschland und seine Verbündeten, Österreich-Ungarn, Bulgarien und die Türkei, haben in diesem Kampf ihre unüberwindliche Kraft erwiesen. Sie haben über ihre an Zahl und Kriegsmaterial überlegenen Gegner gewaltige Erfolge errungen. Getragen von dem Bewußtsein ihrer militärischen und wirtschaftlichen Kraft, und bereit, den Kampf nötigenfalls bis zum Äußersten fortzusetzen, zugleich aber auch von dem Wunsch beseelt, weiteres Blutvergießen zu verhüten und den Greueln des Krieges ein Ende zu machen, schlagen die vier verbündeten Mächte vor, alsbald in Friedensverhandlungen einzutreten. Die Vorschläge, die sie zu diesen Verhandlungen mitbringen werden und die darauf gerichtet sind, Dasein, Ehre und Entwicklungsfreiheit ihrer Völker zu sichern, bilden . . . eine geeignete Grundlage für die Herstellung eines dauerhaften Friedens . . ."

▶ **Quelle:** Tormin, Die Weimarer Republik, S. 23 f. und 25

Arbeitsaufgaben	denkbare Formulierungen
1. Wie beurteilen die Gegner in beiden Texten ihre eigene Lage?	– Die Mittelmächte sprechen von großen Erfolgen, errungen gegen einen an Zahl und Material überlegenen Gegner. – Die Alliierten behaupten, daß ihre volle Stärke wirtschaftlich und militärisch derzeit noch nicht eingesetzt ist. Sie stellen fest, daß die Mittelmächte ihre militärischen Ziele keinesfalls erreicht haben.
2. Welche Bedingungen nennen die Mittelmächte und die Alliierten?	– Mittelmächte: Verhandlungsgrundsätze müssen das Dasein, die Ehre und die Entwicklungsfreiheit aller Völker garantieren. – Alliierte: Der durch Deutschland verursachte Krieg verlangt Sühne und den Willen zur Wiedergutmachung.

Arbeitsaufgaben	denkbare Formulierungen
3. Wie sind nach diesen Ausführungen die Chancen zur Beendigung des Krieges zum Jahreswechsel 1916/17 zu beurteilen?	– Deutschlands Vorschläge sind zu allgemein und enthalten Warnungen und Drohungen. – Die Alliierten stellen Forderungen auf, die für Deutschland unannehmbar sind. – Chancen zur Beendigung des Krieges bestehen kaum, da beide Seiten zu echten Zugeständnissen nicht bereit sind.

Gruppe 3: Zur Entstehung der Friedensresolution des Reichstages vom 19. Juni 1917 werden die Äußerungen des Vertreters der Nationalliberalen Partei und der SPD gegenübergestellt.

Scheidemann (SPD):

„... Was die **Resolution** ausspricht, ... ist nach meiner Überzeugung lange das geistige Gemeingut nahezu des ganzen deutschen Volkes geworden. Mögen die anderen Völker diese Stimme hören, die die Stimme des Volkes selber ist ...

Mögen sie wissen, daß wir keine Welteroberungsträume haben, ... sondern bereit sind, mit ihnen allen einen gerechten **Frieden** zu schließen, der durch **internationale Rechtsgarantien** gesichert ist. Mögen sie ihr Ohr den Kriegshetzern verschließen, die ... immer neue Zeichen auf der Gegenseite erkennen wollen, daß es „drüben" mit der Kraft zu Ende gehe und daß es nur noch einer letzten Schlußanstrengung bedürfe, um den Gegner zu Boden zu strecken ..."

Prinz zu Schoenaich-Carolath (Nationalliberal):

„... Nach drei schweren Kriegsjahren steht das deutsche Volk mit seinen Verbündeten in ungebrochener Kraft einer Welt von Feinden gegenüber. Unauslöschlich ist der Dank für die militärischen und wirtschaftlichen Leistungen unseres Volkes ...

Unsere Heere stehen nach wie vor in Feindesland. An ihrer Tapferkeit zerschellt jeder Ansturm ... Die Leistungen unserer U-Boote haben alle in sie gesetzten Erwartungen nicht nur erfüllt, sondern weit übertroffen ...

Aber auch heute noch bekennen wir uns zu dem Satz der Thronrede vom 4. August 1914, daß uns nicht **Eroberungslust** treibt. Wir sind einverstanden, daß auf dieser Grundlage mit unseren Feinden ... über den Abschluß eines Friedens verhandelt wird, der dem deutschen Volk und seinen Verbündeten Dasein und volle Entwicklungsfreiheit gewährleistet und durch einen Ausgleich der Interessen eine dauernde Versöhnung der Völker ermöglicht ..."

▶ **Quelle:** Parlamentsdebatten 1, S. 242 und 250 f.

Arbeitsaufgaben	denkbare Formulierungen
1. Beide Redner nehmen zu der Resolution Stellung, in der der Friede der Verständigung und Versöhnung gefordert wird. Wie sind ihre Positionen gekennzeichnet?	

Nationalliberale Partei lehnt die Resolution ab, weil

– Deutschland nach drei Jahren Krieg ungebrochen und erfolgreich einer Welt von Feinden widerstehen kann,
– Heer und U-Boote neue militärische Erfolge bringen,
– die Feinde weiterhin durch Eroberungen den Entfaltungsspielraum Deutschlands einzuengen versuchen und nicht zu einem Interessenausgleich bereit seien.

Sozialdemokratische Partei akzeptiert die Resolution, weil

– das ganze deutsche Volk die Resolution unterstützt,
– auch eine letzte Kraftanstrengung Deutschlands den gewünschten Erfolg nicht bringen würde,
– das Parlament als Volksvertretung damit nachdrücklich seine Machtstellung demonstrieren kann.

2. Der Reichstag nahm mit 221 Stimmen bei 126 Neinstimmen, 17 Enthaltungen und 2 ungültigen Stimmen die Resolution an. Sie blieb jedoch wirkungslos, weil einmal der Reichskanzler und das Auswärtige Amt sie nur halbherzig vertraten, zum andern weil der Streit um die Kriegsziele in der Öffentlichkeit unvermindert heftig fortgeführt wurde. Wo liegen die Gründe?

– Zwar hatte der Reichstag mit seiner Resolution einen in der Reichsverfassung nicht vorgesehenen Einfluß auf die Führung der Außenpolitik genommen, konnte sich aber mit seiner Mehrheitsentschließung nicht endgültig durchsetzen.
– In der OHL und bei der Reichsleitung überwog weiterhin der Wille zur Fortsetzung des Krieges bis zu einem günstigeren Friedensschluß.

Gruppe 4: Soll der Friede mit Streiks erzwungen werden?

Resolution streikender Arbeiter in Berlin vom 19. 4. 1917:

„In der heutigen Versammlung wurden ... folgende Forderungen gestellt: 1. Freilassung Liebknechts, 2. Freilassung der in Schutzhaft befindlichen Personen, 3. Aufhebung des Vereinsgesetzes, 4. Völlige Freiheit in der politischen Entwicklung, 5. ausreichende Ernährung durch Sicherstellung von Lebensmitteln, 6. Aufhebung des Belagerungszustandes und 7. Beendigung des Krieges ohne Anspruch auf Entschädigungen und Eroberungen."

▶ **Quelle:** Der I. Weltkrieg 1914–1918 in Wort und Bild, Bd. 2, S. 116

Aufruf einer Spartakusgruppe vom April 1917:

„Deutschland mit seinen großen Organisationen und seinen 4,5 Millionen sozialdemokratischen Wählern kann demgegenüber (der russischen Februar-Revolution) nichts wie ohnmächtiges Stöhnen und Jammern über die Hungersnot und die anderen Begleiterscheinungen des Krieges aufweisen. In demselben Deutschland, wo die Arbeiterklasse die überwiegende Mehrheit der Bevölkerung ausmacht, ist die bestorganisierte Arbeiterschaft nichts weiter als der Gefangene der Regierung . . . Deutsche Arbeiter und Arbeiterinnen! Laßt uns dasselbe tun! Mit einem Bruchteil der Opfer, die jetzt alltäglich im Westen in diesem mörderischen Krieg fallen, . . . können wir . . . das gleiche wie die Russen erlangen . . ."

▶ **Quelle:** Der I. Weltkrieg 1914–1918 in Wort und Bild, a. a. O., S. 118

Arbeitsaufgaben	denkbare Formulierungen
1. Worin bestehen die Hauptforderungen der Arbeitergruppen?	politische Forderungen, Sicherung der Ernährung, Verständigungsfrieden, Revolution wie in Rußland
2. Wie begründet die Spartakus-Gruppe ihre Forderung?	Aufgrund der besonderen Gegebenheiten müßte in Deutschland eine Revolution leichter möglich und sogar erfolgreicher als in Rußland sein. Im Verhältnis zu den vielen Kriegsverlusten wird sie nur ein Bruchteil an Opfern kosten.

Zur Integration der Arbeitsergebnisse ist es erforderlich, die Position der in Deutschland wichtigen Gruppierungen zusammenzufassen.

Es ist denkbar, daß nun erneut die eingangs erwähnten Dias besprochen werden. Mit dem breiteren Informationsangebot können die Schüler sie nunmehr nochmals erläutern und offengebliebene Fragen klären.

Die politische und militärische Führung des Reiches hatte also die Friedensresolution des Reichstages nicht zur Grundlage ihrer Politik gemacht, sondern sich entschieden, den Krieg mit dem Ziel seiner siegreichen Beendigung („Siegfrieden") fortzusetzen. Obgleich auch in der Öffentlichkeit immer deutlicher wurde, wie sehr sich die allgemeine Lage zuungunsten Deutschlands verschlechtert hatte, wurde diese Entscheidung immer noch von weiten Kreisen der Bevölkerung gebilligt. Zugleich war es in der Frage der Beendigung des Krieges und damit in der Frage des Einsatzes von Massenstreiks als eines politischen Mittels endgültig zu der seit längerem angelegten Abspaltung der USPD von der SPD gekommen.

Die zur Diskussion stehenden Möglichkeiten zur Beendigung des Krieges und die hinter den einzelnen Alternativen stehenden Gruppen sollten noch einmal skizziert werden:

	Ziele:	Gruppen:
Siegfrieden	– totaler Kriegseinsatz – Gebietserweiterungen, – Vormachtstellung	OHL, Regierung
Verständigungsfrieden	– Versöhnung zwischen den kriegführenden Staaten – keine Annexionen – keine Unterdrückung – Demokratisierung	Parteien der Reichstagsmehrheit (SPD, Zentrum, Linksliberale)
Massenstreiks, Revolution	Abschaffung der kapitalistischen Gesellschaft	Spartakus, USPD

T Wie soll Deutschland den Krieg beenden?

Innenpolitische Entwicklung

Dezember 1916: „Hindenburgprogramm": totale Mobilisierung aller verfügbaren Kräfte für den Kriegseinsatz

April 1917: erste Aufrufe zum Streik als Weg zur Beendigung des Krieges

Juli 1917: Reichstagsdebatte um die Friedensresolution: Annahme durch die Mehrheit des Reichstages („Verständigungsfrieden, kein Siegfrieden")

Außenpolitische Entwicklung

Jahreswende 1916/17: Deutsches Friedensangebot wird von den Alliierten abgelehnt.

Februar 1917: Beginn des uneingeschränkten U-Boot-Krieges April 1917: USA erklären Deutschland den Krieg.

Militärs: Kriegsziel „Siegfrieden" beibehalten

Um den so gewonnenen Überblick zu vertiefen, empfiehlt es sich, jetzt den Film „1917 – Jahr der Entscheidung" in voller Länge einzusetzen. Er vermittelt in den ersten drei Sequenzen (Materialschlachten, Durchhalteparolen, Eintritt der USA in den Krieg) unmittelbare Einblicke in das Zeitgeschehen und zugleich einen Eindruck von den größeren Zusammenhängen, in denen der geschichtliche Ablauf gesehen werden muß.

Bei der Interpretation dieses Films im Unterricht muß darauf geachtet werden, daß nicht vordergründige Beobachtungen der dargestellten Kriegsszenen zu einer falschen Heroisierung des Krieges führen. Dabei ist anzuknüpfen an das, was zu Beginn der UR über die Fragwürdigkeit jeder Kriegsbegeisterung erarbeitet wurde.

Insgesamt hatte diese UR nicht zuletzt die Aufgabe, am Beispiel des Ersten Weltkrieges den Problemkreis „Krieg" überhaupt kritisch und unter Verzicht auf überkommene Vorstellungen zu behandeln. Damit sollte eine Einstellung gewonnen werden, die auch der Behandlung späterer Kriege zugrunde gelegt werden kann.

37. Die USA nach dem Ersten Weltkrieg

37.0.1. Literaturangaben

Handbuch: dtv 4007, Fischer FWG 30, Schieder Bd. 7, Weltwirtschaft dtv 4123, 4124.

Spezialliteratur:
Guggisberg, Hans Rudolf, Geschichte der USA. Kohlhammer, Stuttgart 1976 (auch als Urban TB 209, 210).
Jaeger, Hans, Geschichte der amerikanischen Wirtschaft im 20. Jahrhundert. Steiner, Wiesbaden 1973.
Riege, Helmut, Nordamerika. Band 1: Geographie, Geschichte, Politisches System, Recht. Band 2: Wirtschaft, Gesellschaft, Religion, Erziehung. Beck, München 1978.
Sautter, Udo, Geschichte der Vereinigten Staaten von Amerika. Kröner TA 443, Stuttgart 1976.
Winckler, Heinrich August, Die große Krise in Amerika. Vandenhoeck und Ruprecht, Göttingen 1973.
Die Vereinigten Staaten von Amerika. Geschichte, Probleme, Perspektiven (USA-Ploetz). Ploetz, Würzburg 1976.

Zeitschriften:

GWU 12/77: Literaturbericht Nordamerikanische Geschichte.

37.0.2. UR-Ziele

(1) Die politische und wirtschaftliche Bedeutung des Kriegseintritts der USA
(2) Die finanziellen, wirtschaftlichen und politischen Folgen für das Verhältnis USA–Europa nach dem Krieg
(3) Die Ursachen der Weltwirtschaftskrise
(4) Die Folgen der Weltwirtschaftskrise vor allem in den USA

37.0.3. Medien

Wandkarte: Westermann, Der Erste Weltkrieg und seine Folgen.
Atlas: Westermann 148 Die Welt im Herbst 1918, 153. Der Völkerbund (1920–1937) – dtv II 128 Die Mächtegruppierungen im Ersten Weltkrieg, 136 Der Völkerbund, 144 Die Wahlsiege der Republikaner (1920, 1924, 1928), 184 Weltwirtschaft und Weltwirtschaftskriege.
Karten: Informationen zur politischen Bildung 156, Karten I bis III.
Filme: Institut 320870 Die USA auf dem Weg zur Weltmacht II (13 Min.), 320910 Die USA auf dem Weg zur Weltmacht III (17 Min.).

37.0.4. Vorbemerkungen

Die USA hatten mit ihrem Eintritt in den Ersten Weltkrieg im Jahre 1917 dessen bis dahin durchaus offenen Ausgang zugunsten der Alliierten entschieden. Hans Rothfels hat deshalb in einem grundlegenden Aufsatz von 1953 das Jahr 1917 als Epochenscheide bezeichnet, mit der die jüngste Phase der Geschichte, die „Zeitgeschichte", beginnt. Er fügte hinzu, daß die im gleichen Jahre erfolgende Russische Revolution das andere diese Epochenscheide bestimmende Ereignis sei; denn mit 1917 seien die beiden, mittlerweile als „Supermächte" erkannten Hauptkontrahenten der gegenwärtigen Weltpolitik und des alles überwölbenden Weltgegensatzes, in diese dominierende Stellung eingerückt. Bemerkenswert ist dabei, daß diese Wendung von den Zeitgenossen zunächst nicht registriert wurde, daß vielmehr der Krieg in Europa und sein Ausgang, der Frankreich noch einmal zur Vormacht zu machen schien, im Mittelpunkt des Interesses standen.

Im Falle der USA erklärt sich dieses Verkennen auch daraus, daß in den Vereinigten Staaten deren veränderte Position nicht begriffen wurde und daß alle denkbaren Konsequenzen daraus, die sich für eine aktive und verantwortungsbewußte internationale Politik hätten ergeben müssen, rigoros abgelehnt wurden. Das galt für die Regierung ebenso wie für die öffentliche Meinung. Das in den Pariser Friedensverträgen, vor allem in dem von Versailles mit Deutschland, fixierte Ergebnis des Krieges, in den die USA mit so viel Enthusiasmus eingetreten waren, hatte bitter enttäuscht. Die USA wandten sich nach Möglichkeit von allen Welthändeln ab, in die sie hätten hineingezogen werden können. Sie kehrten zum **Isolationismus** zurück, einer außenpolitisch abstinenten Haltung, die sich letztlich auf die Abschiedsbotschaft Washingtons von 1796 berufen konnte und die bis zum Ende des 19. Jahrhunderts mit offensichtlichem Erfolg praktiziert worden war. Wichtigste Folge dieser isolationistischen Haltung war, daß der Senat die Ratifizierung des Vertrages von Versailles verweigerte, was sich vornehmlich gegen den in diesem Instrument mitenthaltenen Völkerbundpakt richtete. Die USA sollten die darin beschlossenen Verpflichtungen, Mitverantwortung in internationalen Fragen zu übernehmen und eventuell aktiv in sich daraus ergebende Auseinandersetzungen eingreifen zu müssen, nicht akzeptieren. Unmittelbare Folge war, daß die Beendigung des Krieges mit Deutschland und die Wiederaufnahme normaler Beziehungen 1921 in einem separaten Friedensvertrag geregelt werden mußten. Eine Folge war auch, daß die USA längere Zeit alle Mitwirkung bei der Regelung des Reparationsproblems ablehnten und alle Verbindung zwischen ihm und der

Frage der Rückzahlung der den Alliierten während des Krieges gewährten Anleihen bestritten.

Die wenigen außenpolitischen Aktivitäten, die die USA im ersten Jahrzehnt nach dem Kriege unternahmen, galten dem **Pazifik** und dessen **ostasiatischer Gegenküste**, wo Japans wirtschaftliches und politisches Vordringen mit den Interessen der USA kollidierte. Die von den USA einberufene Konferenz von Washington im Winter 1921/22 versuchte, zwischen den dort rivalisierenden Mächten (USA, Japan, Großbritannien und Frankreich) den Status quo festzuschreiben. Dem gleichen Ziel diente das auf dieser Konferenz abgeschlossene **Flottenabkommen** zwischen den wichtigsten Seemächten, das die Flottenstärken festlegen und maritimes Wettrüsten verhindern sollte.

Im Inneren der USA vollzog sich der Übergang von der Kriegs- zur Friedenswirtschaft erfolgreich und brachte einen wirtschaftlichen Aufschwung, der bis zum „Schwarzen Freitag" 1929 anhielt und als das Jahrzehnt der **„Prosperity"** bezeichnet wird.

Er beruhte auf einer gewaltigen Produktionssteigerung. Die Industrieproduktion verdoppelte sich zwischen 1922 und 1929. Voraussetzungen dafür waren die Einführung der **Massengüterproduktion** und des **Fließbandes** sowie die Elektrifizierung der Industrie. Der Durchschnittsamerikaner erreichte einen Lebensstandard, wie er noch ein Jahrzehnt zuvor undenkbar schien. Im Leben der Menschen vollzog sich ein revolutionärer Wandel. Vor allem das **Auto** übte einen kaum zu überschätzenden Einfluß aus. 1929 gab es 26 Millionen Automobile, eins auf fünf Einwohner, ein Verhältnis, das in der Bundesrepublik Deutschland erst 1965 erreicht wurde. Das berühmte Model T von Ford kostete 1920 nur noch 295 Dollar (gegen 950 Dollar im Jahre 1909), das waren 10 % des durchschnittlichen Jahreseinkommens einer Familie.

Auf der anderen Seite gab es Bereiche, die von der Konjunktur ausgespart blieben. In strukturelle Krisen geriet der Kohlebergbau (durch das Öl), die Eisenbahnen (durch das Auto), der Einzelhandel (durch die Warenhäuser und Kettenläden). Besonders schwer getroffen war die **Landwirtschaft**, die während des Krieges ihre Produktionskapazität sehr stark ausgeweitet hatte. Sie war nun durch die protektionistische Zollpolitik von den Auslandsmärkten abgeschnitten und konnte ihre Überproduktion auf dem amerikanischen Markt nicht absetzen. So sank ihr Anteil am Bruttosozialprodukt in den zwanziger Jahren auf die Hälfte.

Trotz der mit der Politik des Isolationismus korrespondierenden **protektionistischen Wirtschaftspolitik**, die hohe Zollmauern errichtete und auf die Binnenkonjunktur setzte, blieb die amerikanische Wirtschaft mit der europäischen verbunden, nicht zuletzt dadurch, daß die ehemaligen Alliierten in den USA hohe **Schulden** hatten. Die USA hatten während des Krieges 7 Mrd. Dollar und kurz danach weitere 3,3 Mrd. geliehen. Die Zins- und Rückzahlungen wurden dadurch erschwert, daß die protektionistische Wirtschaftspolitik es den Schuldnern außerordentlich schwer machte, auf dem amerikanischen Markt die erforderlichen Dollars zu verdienen. Vor allem Frankreich und Belgien waren bemüht, einen Zusammenhang zwischen der Schuldentilgung und den von Deutschland zu zahlenden **Reparationen** herzustellen. Die USA weigerten sich, einen solchen Zusammenhang anzuerkennen, unternahmen aber mit dem Dawes-Plan (1924) und dem Young-Plan (1929) dennoch Versuche, die deutschen Reparationsleistungen auf eine realistische Basis zu stellen, allerdings nur mit kurzfristigen Erfolgen, die durch die hereinbrechende Wirtschaftskrise vollends zunichte gemacht wurden.

Obwohl sich ein Rückgang der Hochkonjunktur schon abzeichnete, erreichte das **Spekulationsfieber** an den Börsen im Laufe des Jahres 1929 einen Höhepunkt. Die Kredite für den Wertpapierkauf, Ende 1928 auf 5 Mrd. Dollar angewachsen, vergrößerten sich monatlich um 400 Millionen und erreichten im Sommer 1929 7 Mrd. Dollar. Am 24. Oktober 1929 brachen die Börsenkurse zusammen. Der Index der Industriewerte, im September 1929 bei 452, sank bis Mitte November auf 224 und bis zum absoluten Tiefpunkt 1932 auf 58. Die Industrieproduktion schrumpfte bis 1932 auf 54 %, das Sozialprodukt sogar auf 43,5 %. Die Zahl der Arbeitslosen stieg auf 14 Millionen, als Franklin Delano Roosevelt 1933 das Präsidentenamt übernahm.

Inzwischen hatte sich die amerikanische Krise zur **Weltwirtschaftskrise** ausgeweitet, nicht zuletzt durch den überstürzten Abzug kurzfristig geliehener amerikanischer Gelder. Dadurch war im Mai 1930 als erste europäische Großbank die Österreichische Kreditanstalt zusammengebrochen. In Deutschland stellte im Juli 1931 die zweitgrößte deutsche Bank, die Darmstädter- und Nationalbank (Danat-Bank), ihre Zahlungen ein.

Überall waren die Folgen gleich. Die Zurückziehung von Krediten führte zu Firmenzusammenbrüchen, die Menschen wurden arbeitslos, die Kaufkraft der Bevölkerung sank, die Absatzmöglichkeiten verschlechterten sich weiter, weitere Firmen gingen bankrott.

Der 1933 gewählte **Präsident Roosevelt** setzte sofort ein umfangreiches Programm von Notstandsmaßnahmen und Reformen (**New Deal**) in Gang. So wurden Maßnahmen zur Wiederbelebung der Industrie getroffen (National Industrial Recovery Act); ein Gesetz (Agricultural Adjustment Act) sollte die landwirtschaftliche Produktion und die Preise für landwirtschaftliche Produkte regulieren und so die Lage der

Farmer verbessern; um die arbeitslose Jugend von der Straße wegzubringen, wurde eine Art freiwilliger Arbeitsdienst (Civilian Conservation Corps) geschaffen. Das spektakuläre **Tennesseetal-Projekt** diente zugleich der Arbeitsbeschaffung, der Strukturpolitik in einer besonders armen Region und der staatlichen Energiepolitik. Im ganzen Tal des Tennessee wurde ein gewaltiges Energieversorgungsprojekt mit zahlreichen Stauseen, Kraftwerken und anderen Anlagen errichtet, das sich über das Territorium von sieben Bundesstaaten erstreckte. Eine eigene Behörde, die **Tennessee Valley Authority** (TVA), übernahm die Administration.

Im zweiten Teil des New-Deal-Programms dienten eine Reihe von Maßnahmen vor allem der **sozialen Sicherung**. Die Beziehungen zwischen Arbeitgebern und Arbeitnehmern wurden durch Gesetz geregelt und durch eine Bundesbehörde überwacht. Dies führte zu einem starken Anstieg der Macht der Gewerkschaften mit einem Mitgliederanstieg von 3 Millionen 1933 auf 9 Millionen 1939. Ein Sozialversicherungsgesetz (Social Security Act) schuf eine Altersversicherung und eine Arbeitslosenversicherung.

Insgesamt bedeutete die Rooseveltsche New Deal-Politik eine Abkehr von der bisherigen Zurückhaltung des Staates in der Wirtschaftspolitik und eine gewaltige Ausdehnung staatlicher Einflußnahme auf alle Bereiche der Wirtschaft, ohne jedoch in eine alles reglementierende Planwirtschaft nach dem Muster totalitärer Staaten abzugleiten.

Gegen ihren Willen wurden die USA nach 1930 wieder stärker in die **internationale Politik** einbezogen. Das war einmal eine Folge des aggressiven Vorgehens Japans gegen China seit seinem Einmarsch in die Mandschurei 1931. Zum anderen war es bedingt durch die von Hitlers Politik ausgehende zunehmende Beunruhigung in Europa, die die Gefahr eines großen Krieges barg. Bei grundsätzlicher Entschlossenheit, sich aus kommenden kriegerischen Auseinandersetzungen herauszuhalten, bemühten sich die USA, durch ihre Außenpolitik diese Kriegsgefahr einzudämmen und zugleich für die eigene Sicherheit vorzusorgen. In Anknüpfung an die Monroe-Doktrin von 1923 intensivierten die USA die Zusammenarbeit mit den Staaten Mittel- und Südamerikas (u. a. Panamerikanische Konferenz in Lima 1938). In die europäische Krise der Jahre 1938/39 griff Roosevelt wiederholt durch Stellungnahmen und Botschaften ein, die zum Frieden mahnten und vermitteln sollten. Zugleich veranlaßte er Anfang 1939 eine Intensivierung der eigenen Verteidigungsvorbereitungen. Beim Ausbruch des Zweiten Weltkrieges im Herbst 1939 waren die USA zunächst fest entschlossen, ihre Neutralität zu behaupten. Aber es bestand kein Zweifel daran, daß die Sympathie weitester Kreise der amerikanischen Bevölkerung und die Hilfsbereitschaft der Regierung Großbritanniens und Frankreichs sowie deren Verbündeten galten.

37.1.1. Wissensziele

Die Wirtschaft der USA verdiente im Ersten Weltkrieg durch Rüstungslieferungen an die Alliierten (Großbritannien, Frankreich, Rußland, Italien) und durch Exporte in die Länder, die vorher von Europa beliefert worden waren. Nach dem Kriege trieben die USA eine isolationistische Politik. Der Senat verweigerte die Ratifizierung des Versailler Vertrages und damit den Beitritt der USA zum Völkerbund. Durch Einführung moderner Produktionsmethoden stieg die Produktion derart an, daß es infolge mangelnder Massenkaufkraft zu Absatzschwierigkeiten kam. Die europäischen Märkte konnten angesichts ihrer eigenen Nachkriegsprobleme ebenfalls nicht genügend abnehmen. Letzten Endes hatte eine zu großzügige Kreditpolitik zu einer ungeregelten Ausdehnung von Spekulationen und zu Abzahlungsgeschäften geführt. Es kam zum Zusammenbruch der amerikanischen Wirtschaft, der zu einer Weltwirtschaftskrise führte. Präsident Roosevelt versuchte, durch seine Wirtschafts- und Sozialpolitik die Wirtschaftskrise zu beheben und die amerikanische Wirtschaft zu sanieren.

37.1.2. UR-Ziele

(1) Die Interessen der kriegführenden Nationen und der Vereinigten Staaten vor 1917
(2) Die Gründe der Vereinigten Staaten an der Seite der Alliierten in den Krieg einzutreten
(3) Folgen und Auswirkungen des Kriegseintritts der USA für die USA selbst und für die anderen kriegführenden Staaten
(4) Motive für den Wandel in der Politik der USA gegenüber Europa
(5) Die Verkettung der amerikanischen und der europäischen Wirtschaft
(6) Die auslösenden Momente und die Auswirkungen der Weltwirtschaftskrise

37.1.3. Einstieg

● **Film:** Institut 32 2477 1917 – Jahr der Entscheidung (3. Sequenz)

37.1.4. Schwerpunkte

In dieser UR sollen die Schüler Gründe für den Aufstieg der USA und seine Auswirkungen erarbeiten. Gegenstand der UR 38 sollen dann Ursachen und Verlauf der Russischen Revolution und deren Folgen sein.

1917 war der europäische Krieg zum Weltkrieg geworden, da die USA ihren jahrzehntelang eingehaltenen außenpolitischen Grundsatz, sich von europäischen Angelegenheiten fernzuhalten, aufgaben und mit politischem, wirtschaftlichem und militärischem Engagement in den Krieg eintraten.

Welches waren die Motive der Vereinigten Staaten für diesen Schritt? Zur Beantwortung dieser Frage müssen wir zurückblenden.

Die Sequenz 3 des Films „1917 – Jahr der Entscheidung" beginnt mit Originalaufnahmen vom U-Boot-Krieg. Aus dem Zusammenhang des Films läßt sich allerdings die Bedeutung des U-Boot-Krieges nur unzulänglich erschließen.

Sie muß mit anderen Mitteln verdeutlicht werden. Anhand des Quellenmaterials auf dem Beilageblatt zur Begleitkarte des Films sollen die Schüler zunächst herausfinden, wie die deutsche Seite den U-Boot-Krieg motivierte.

▶ **Quelle:** Beilageblatt zum Film 32 2477

Arbeitsaufgaben	denkbare Formulierungen
1. Wie begründet der Chef des deutschen Admiralstabs die Forderung nach dem uneingeschränkten U-Boot-Krieg?	– Durch den uneingeschränkten U-Boot-Krieg könne England binnen 5 Monaten zum Frieden gezwungen werden.
	– Da die Kriegsgegner Frankreich und Italien von England abhängig seien, würden dann auch sie aufgeben müssen.
2. Warum maß die deutsche Führung dem uneingeschränkten U-Boot-Krieg eine so hervorragende Bedeutung bei, daß sie sogar das Risiko eines Kriegseintritts der USA in Kauf nahm?	– Deutschland litt unter dem Würgegriff der britischen Blockade; Großbritannien wurde daher als der Hauptgegner angesehen.
	– Da es wegen der Überlegenheit seiner Flotte nicht zu schlagen war, sollte es mit den gleichen Mitteln in die Knie gezwungen werden, die es selbst anwandte: mit der Abschnürung von den überseeischen Zufuhren.
	– Auf deutscher Seite hoffte man, Großbritannien zur Aufgabe zwingen zu können, bevor die USA wirkungsvoll in den Krieg eingreifen konnten.

Arbeitsaufgaben	denkbare Formulierungen
3. Welche Motive veranlaßten die USA zum Kriegseintritt?	– Wirtschaftliche Motive: Die USA konnten Kriegsmaterial und Nahrungsmittel nur für die Alliierten liefern, die Mittelmächte konnten wegen der britischen Blockade nicht beliefert werden, zudem waren die Wirtschaftsinteressen der USA und der Alliierten besser aufeinander abgestimmt.
	– „Ideologisches" Motiv: der uneingeschränkte U-Boot-Krieg war nach Wilsons Auffassung ein Angriff auf die Menschheit. Der Krieg richtete sich gegen die autokratische deutsche Führung, nicht gegen das deutsche Volk, denn der Krieg werde auf deutscher Seite im Interesse der „Dynastien und Ehrgeizigen" geführt. Die USA traten in den Krieg ein, weil sie in der ganzen Welt den Gedanken der Demokratie verwirklicht sehen wollten.
4. Welche Vorgänge führten zum Kriegseintritt der Vereinigten Staaten?	– Die kriegführenden Mächte hatten seit Kriegsbeginn die Rechte der Neutralen verletzt: Großbritannien verletzte die Regeln des Völkerrechts, indem es im Zuge der Blockade Deutschlands auf hoher See neutrale Schiffe durchsuchen ließ und neutrale Schiffe zwang, zur Durchsuchung britische Häfen anzulaufen.
	– Deutschland war verloren, wenn es die Blockade Großbritanniens nicht durchbrechen und den Zugang zu den überseeischen Zufuhren erreichen konnte. Im Zuge der Gegenblockade wurden seit 1915 Handelsschiffe ohne Warnung versenkt, wobei amerikanische und andere neutrale Staatsbürger den Tod fanden.
	– 1917 waren die Kriegsgegner mehr denn je davon überzeugt, den Krieg bis zum siegreichen Ende fortsetzen zu müssen. Deutschland nahm nun den Kriegseintritt der USA an der Seite der Alliierten in Kauf.
	– Die USA hatten von Anfang an mehr Sympathien für die Alliierten, und die Propaganda tat ein übriges, um die öffentliche Meinung gegen die Mittelmächte zu beeinflussen.

Arbeitsaufgaben	denkbare Formulierungen
5. Weshalb sind die USA im ersten Weltkrieg vom Schuldner- zum Gläubigerland geworden? Welcher Zusammenhang besteht zwischen der Rückzahlung der Kriegsschulden und den deutschen Reparationsverpflichtungen?	– Die USA hatten riesige Mengen an Kriegsmaterial, industriellen Rohstoffen und Lebensmitteln an die europäischen Alliierten geliefert. – Diese bezahlten mit ihrem Auslandsguthaben und Goldbeständen, danach erhielten sie die Lieferungen auf Kredit. – Auch Großbritannien hatte seinen Alliierten riesige Kredite gewährt, hatte jedoch Schwierigkeiten, da Rußland die Rückzahlung total verweigerte und die anderen Gläubiger weitgehend zahlungsunfähig waren. – Die alliierten Gläubiger hofften, von Deutschland so viele Reparationen zu erhalten, daß sie damit die Kriegskredite zurückzahlen konnten. – Deutschland war jedoch zahlungsunfähig, es nahm seinerseits Kredite in den USA auf.

Die politische und wirtschaftliche Entwicklung der Vereinigten Staaten hängt eng mit den Folgen zusammen, die sich aus dem Friedensschluß von Versailles ergaben.

Einige Sequenzen des Films 320910 „Die USA auf dem Wege zur Weltmacht" geben den Schülern einen Einblick in die innere und äußere Entwicklung der Vereinigten Staaten. In Verbindung mit dem Text „Der Weg zur Weltmacht (1890–1945)", Informationen 156, S. 12 f., sollen die Schüler erkennen, wie sich das Verhältnis von Wirtschaft und Staat wandelte und wie sich die Wirtschaftskrise von 1929 entwickelte.

Arbeitsaufgaben	denkbare Formulierungen
1. Wie ist es zu erklären, daß die USA nach dem Ersten Weltkrieg zu einer Politik des „Isolationismus" zurückkehrten?	– Da der Versailler Vertrag nicht auf der Grundlage der 14 Punkte Wilsons geschlossen wurde, sondern harte Friedensbedingungen vorsah, lehnte der Senat die Ratifizierung ab. – Auch den Beitritt zum Völkerbund lehnte der Senat ab, weil die Gründung des Völkerbundes Bestandteil des Versailler Vertrages war. – Weite Kreise waren von Europa enttäuscht, viele Amerikaner bereuten, daß ihr Land sich an dem „Kreuzzug für die Demokratie" beteiligt hatte, der doch letztlich erfolglos geblieben war.
2. Was sollen die beiden Fotos „Amerikanischer Farmer 1900" und „Deutscher Bauer 1930" (Gfm) ausdrücken?	– Sie zeigen den unterschiedlichen Grad der Technisierung in der Landwirtschaft: In den USA wird in der Landwirtschaft mehr und mehr mechanisiert (Informationen 156, Graphik S. VIII: 1930 gab es in der US-Landwirtschaft 1,1 Mill. Traktoren), während in Deutschland um 1930 die Mechanisierung erst in den Anfängen steckte.
3. Wie ist es zu erklären, daß in den USA die wirtschaftliche und technische Entwicklung im Gegensatz zu der Entwicklung in Europa nach dem Krieg große Fortschritte machte?	– Amerika marschierte an der Spitze des technischen Fortschritts, zahlreiche Erfindungen wurden in Amerika gemacht oder dort zuerst im großen Stil ausgewertet (Schreibmaschine, Grammophon, Kinematograph, Radio, Glühbirne, Auto, Flugzeug). – Die amerikanische Wirtschaft ging zur Massenproduktion (Fließband) über. – Die Produktionskapazitäten der USA waren für die Kriegslieferungen enorm ausgeweitet worden, die Vollbeschäftigung während des Krieges hatte die Massenkaufkraft erhöht. – In Europa dagegen behinderten Kriegszerstörungen (Frankreich, Belgien), die Niederlage (Deutschland, Österreich), veraltete Wirtschafts- und Sozialstrukturen (Italien) sowie in allen ehemals kriegführenden Ländern Verluste an Menschen und Kapital (Verlust der Auslandsvermögen) den Aufschwung.

In einem Tafelbild sollen die Schüler versuchen, die Auswirkungen des ersten Weltkrieges auf die Wirtschafts-, Innen- und Außenpolitik zusammenhängend zu entwickeln.

T   Die USA und die Wirkungen des Ersten Weltkrieges

	USA	Alliierte	Deutschland (Mittelmächte)
1914	neutral	Kriegsbeginn	
		Großbritannien blockiert Nordsee; Zufuhr nach Deutschland wird unterbunden ⟶	Versenkung von Handelsschiffen durch U-Boot-Krieg ↓
	drohen Mittelmächten mit Krieg ⟵		Stopp des U-Boot-Krieges
1917		Kriegführende erstreben unbedingten Sieg	
			Wiederaufnahme des U-Boot-Krieges
	Kriegserklärung an Deutschland (wirtschaftliche und ideologische Motive) ⟵		
1918	Alliierte und USA beenden den Krieg siegreich		
1919	Wilson und die USA mißbilligen den Friedensvertrag ⟶ Rückzug in Isolationismus wirtschaftliche Blüte	Alliierte fordern hohe Reparationszahlungen von Deutschland, um ihre Kriegsschulden zu bezahlen	Inflation

Die Ereignisse des „Schwarzen Freitags" (eigentlich Donnerstag, der 25. 10. 1929) lassen sich vordergründig unschwer aus dem Filmmaterial rekonstruieren. Darüber hinaus wird herauszufinden sein, wie und warum es an der New Yorker Börse zum „Bankkrach" kommen konnte und welche Folgen dieser „Bankkrach" für die USA hatte (Gfm).

Arbeitsaufgaben	denkbare Formulierungen
1. Was geschah am 24./25. 10. 1929 an der New Yorker Börse?	Zusammenbruch der Börse an der Wallstreet in New York, die Aktien rutschen in ihrem Wert rapide ab.
2. Welche wirtschaftliche Entwicklung hat dazu geführt?	– 1923–1929: enormer wirtschaftlicher Aufschwung in den USA – Weite Bevölkerungskreise ließen sich in Spekulationen ein. – Überhöhte Produktion, die in keinem Verhältnis zur Kaufkraft stand, so daß ein Überschuß an Wirtschaftsgütern und Produktionsmitteln entstand.

Arbeitsaufgaben	denkbare Formulierungen
	– Folgen: Absatzschwierigkeiten, Kurzarbeit, Arbeitslosigkeit, Stillegung von Betrieben – Sparer und Aktionäre ziehen Geld ab, Sturz der Aktienkurse, Konkurs von Banken und Fabriken.
3. Warum griff die amerikanische Wirtschaftskrise rasch auf die Welt über?	– Zahlreiche Länder waren mit der Wirtschaft der USA eng verflochten, und zwar auf Grund der Kriegskredite und Reparationszahlungen. Insbesondere Deutschland hatte zum industriellen Aufbau nach dem Krieg kurzfristige Kredite in den USA aufgenommen, die jetzt zurückgefordert wurden. Auch in Deutschland und anderen Ländern kam es zu überstürzten Aktienverkäufen, zu „Bankkrachs", zu Fabrikstillegungen, zu Arbeitslosigkeit.

Arbeitsaufgaben	denkbare Formulierungen
4. Worin bestanden die Maßnahmen, die Präsident Roosevelt nach 1933 in den USA durchführte?	Grundgedanke: Die Regierung griff mit neuen gesetzgeberischen Maßnahmen stärker als bisher in das wirtschaftliche Leben der USA ein: a) Neuordnung der Landwirtschaft: Beseitigung des Überschusses an landwirtschaftlichen Erzeugnissen, Preiserhöhungen, Entschuldung des Grund und Bodens, Sicherstellung des Hypothekenbesitzes b) Währung und Finanzen: Preisregelung, Bankreform, wirksame Aufsicht über Wertpapier- und Warenbörsen c) Industrie: Programm zur Arbeitsbeschaffung und Belebung der Industrie (Staudämme und Kraftwerke)

T **Die Wirtschaftskrise in den USA**

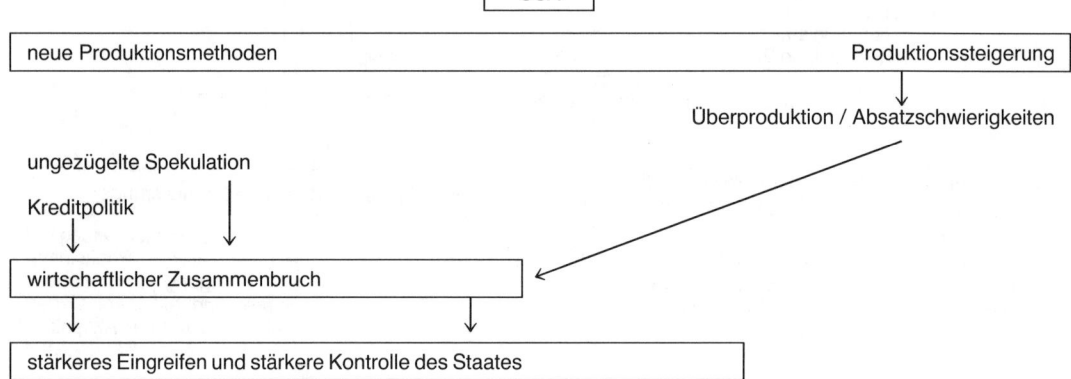

38. Die Russische Revolution

38.0.1. Literaturangaben

Handbuch: Schieder Bd. 7, dtv 4002, 4008, Fischer FWG 31

Spezialliteratur:
Altrichter, H., Staat und Revolution in Sowjetrußland 1917–1922/23. Wiss. Buchgesellschaft, Darmstadt 1981.
Fischer, Louis, Das Leben Lenins. Kiepenheuer & Witsch, Köln 1965.
Geyer, Dietrich, Die Russische Revolution. Historische Probleme und Perspektiven. Kleine Vandenhoeck-Reihe 1433, Göttingen[2] 1977 (TB).
Gitermann, Valentin, Geschichte Rußlands, 3 Bände. Europäische Verlagsanstalt. Frankfurt 1965.
Heller, Michael, Nekrich, Alexander, Geschichte der Sowjetunion, Bd. 1. Athenäum. Königstein 1982.
Hellmann, M., Die Russische Revolution 1917. dtv-Dokumente 2903, München 1978.
Lorenz, R., Sozialgeschichte der Sowjetunion I 1917–1945, edition suhrkamp 654, Frankfurt 1976.
Meissner, B. (Hrsg.), Sowjetgesellschaft im Wandel. Rußlands Weg zur Industriegesellschaft. Kohlhammer, Stuttgart 1966.
Oberländer, Erwin u. a. (Hrsg.), Rußlands Aufbruch ins 20. Jahrhundert. Politik, Gesellschaft, Kultur 1894–1917. Walter, Olten 1970.
Rauch, Georg v., Geschichte der Sowjetunion. Kröners TA 394, Stuttgart[6] 1977.
Raupach, Hans, Wirtschaft und Gesellschaft Sowjetrußlands 1917–1977.
Franz Steiner, Wiesbaden 1979.
Stökl, Günther, Russische Geschichte von den Anfängen bis zur Gegenwart. Kröners TA 244, Stuttgart [3]1973.
Thalheim, Karl C., Grundzüge des sowjetischen Wirtschaftssystems. Verlag Wissenschaft und Politik, Köln 1962.
Ulam, Adam Bruno, Die Bolschewiki. Vorgeschichte und Verlauf der kommunistischen Revolution in Rußland. Kiepenheuer & Witsch, Köln 1965. ders., Stalin, Koloß der Macht. Bechtle, Esslingen 1977.

Jugendbuch:
Karelin, Victor, Aufstand der Matrosen. Bericht über eine verratene Revolution, Kronstadt 1922. Herder, Freiburg 1972.

Zeitschriften:
GWU 9/76, 2/80: Literaturbericht Geschichte Rußlands und der UdSSR.

38.0.2. UR-Ziele

(1) Das zaristische Rußland bis zum Revolutionsjahr 1917: ungelöste politische, wirtschaftliche und soziale Probleme.
(2) Voraussetzungen und Gründe der Februarrevolution und der Oktoberrevolution 1917
(3) Die verschiedenen Aspekte des Friedens von Brest-Litowsk
(4) Bürgerkrieg und Sieg der Bolschewiki

Eine **Schwierigkeit im Umgang mit der russischen Geschichte** bis 1918 bildet die Tatsache, daß bis dahin in Rußland nicht der Gregorianische Kalender, sondern der Julianische Kalender galt. In 38.0.4. ist diese Diskrepanz mit ihrer Entstehung und den Folgen dargestellt.
Im nachstehenden Text werden für 1917 die Daten sowohl nach dem Julianischen (alter Stil) als auch nach dem Gregorianischen Kalender (neuer Stil) angegeben. Für die Schüler wird diese Kalenderproblematik bei den Termini „Februarrevolution" und „Oktoberrevolution" sichtbar, weil diese beiden Ereignisse noch nach dem „alten Stil" benannt sind.

38.0.3. Medien

Wandkarte: Westermann, Der Erste Weltkrieg 1914–1918, Der Erste Weltkrieg und die bolschewistische Revolution
Atlas: Westermann, 149 Auswirkungen des Ersten Weltkrieges, Der bolschewistische Umsturz, Gegenrevolution und Intervention in Rußland 1917–1921, 150 Europa nach dem 1. Weltkrieg (1918–1937), 151 Nationalitäten im zwischeneuropäischen Grenzraum, 152 Rußland/UdSSR: Erschließung des asiatischen Machtbereichs – dtv II 68 Die Bauernbefreiung in Rußland 1861, 86 Westasien im 19. Jahrhundert, 98 Die koloniale Aufteilung der Welt 1914, 112 Rußland vor 1914, 124 Der östliche Kriegsschauplatz 1914–1917, 130 Das Kriegsjahr 1918, 142 Bürgerkrieg und Intervention, Das Ende des Bürgerkrieges 1920/21, 188 Die Staatsstruktur der UdSSR 1936 – Informationen Nr. 151, Karten VIII–XIII.
Fotos: Informationen Nr. 113/115, S. 2 ff.
Filme: Institut 32 2477 1917 – Jahr der Entscheidung (15 Min.), 32 2080 Zur Geschichte der UdSSR: Der Untergang des Zarenreiches 1900–1917 (21 Min.), 32 2081 Zur Geschichte der UdSSR: Rußland unter Lenin und Trotzki 1917–1924 (22 Min.), 32 2784 Zur Geschichte der UdSSR von 1924–1941 (22 Min.).

38.0.4. Vorbemerkungen

38.0.4.1. Die Voraussetzungen der Russischen Revolution

Zum Verständnis der Russischen Revolution ist es erforderlich, nicht nur ihre unmittelbare Vorgeschichte während des Ersten Weltkrieges einzubeziehen, sondern weiter in die Vergangenheit zurückzugehen, um die schon im 19. Jahrhundert angelegten Ursachen der Erschütterungen von 1917 zu begreifen. Eine solche Betrachtungsweise ist nicht im Sinne einer Monokausalität zu verstehen, so als ob – wie die marxistische Geschichtsschreibung unterstellt – alle Vorgänge der russischen Geschichte mit unbedingter Zielstrebigkeit auf den Oktober 1917 und die Machtergreifung durch Lenin und seine Bolschewiki hingearbeitet hätten. Die Oktoberrevolution war als eine Möglichkeit neben anderen in der russischen Geschichte angelegt und hat sich in deren Ablauf in einer Kette von wechelnden Konstellationen, von Vorgängen der Innen- und Außenpolitik, auch von Irrtümern, Zufällen und nicht zuletzt vom Auftreten bestimmter Persönlichkeiten zu bestimmten Zeitpunkten verwirklicht. Dramatik und Spannung geschichtlicher Abläufe liegen für den späteren Betrachter gerade in dem bis zuletzt offenen Ausgang; das nimmt dem, was dann am Ende tatsächlich eingetreten ist, nichts von seiner historischen Bedeutung.

Rußland als Groß- und Weltmacht vor 1914
Rußland unter der zunächst unangefochtenen und unbestrittenen Herrschaft der Zaren war seit 1815, d. h. nach dem Abschluß der Napoleonischen Kriege und dem Wiener Kongreß, endgültig **eine der fünf** führenden **Großmächte** (des „Konzerts der Mächte") in Europa. Politisch war es, nicht zuletzt auf Grund seiner militärischen Stärke, bis 1914 an allen Auseinandersetzungen der europäischen Mächte beteiligt und spielte eine wichtige, bisweilen ausschlaggebende Rolle in allen Entscheidungen, die in Europa getroffen wurden.
Aber Rußland hatte sich im 19. Jahrhundert, und dabei auf älteren Ansätzen aufbauend, über seine Stellung in Europa hinaus auch zu dem entwickelt, was der Sprachgebrauch des ausgehenden 19. und des frühen 20. Jahrhunderts als **Weltmacht** bezeichnete. Ähnlich wie Großbritannien und Frankreich, in geringerem Maße Deutschland nach 1871 und Italien sowie nach später Japan und die USA, hatte Rußland außerhalb Europas riesige Gebiete erworben, unterworfen und damit ein Reich aufgebaut, das dem der anderen großen Mächte in nichts nachstand. Das Besondere am Beispiel Rußlands war nun, daß es diese Expansion, ohne über das Meer zu gehen und auf eine Flottenmacht angewiesen zu sein, wie seit eh

und je nur zu Lande nach Osten und Südosten bis an den Stillen Ozean und bis an die Grenzen Britisch-Indiens betreiben konnte. Obgleich diese in verschiedenen Teilen Asiens neuerworbenen Gebiete unmittelbar zum russischen Reich gehörten und entsprechend verwaltet wurden (Einteilung in Gouvernements), handelte es sich dabei um ein **Kolonialreich**, wenn auch nicht aus überseeischen, so doch aus außereuropäischen Besitzungen. Trotzdem sollte man auch in diesem Falle das ressentimentgeladene Schlagwort „Kolonialismus" vermeiden.
Auch Rußland gehört also in jenen historischen Komplex, der als **Imperialismus** bezeichnet wird. Imperialismus aber meint in diesem Zusammenhang das politisch, wirtschaftlich und auch ideologisch begründete Streben der führenden Mächte, die Welt außerhalb Europas unter sich aufzuteilen, um damit zunächst von Europa aus, später in gewisser Konkurrenz zu Japan und den USA, die Welt gemeinsam, wenn auch in einer spannungsgeladenen Rivalität, zu beherrschen. Der viel engere von Lenin bestimmte Imperialismusbegriff des Marxismus-Leninismus, der das Klassenkampfschema kurzschlüssig auf die Weltpolitik anzuwenden versucht, um eigene Ansprüche und die daraus resultierende Politik zu rechtfertigen, ist ausdrücklich nicht gemeint, wenn hier von russischem Imperialismus vor 1914 die Rede ist. Seine Ergebnisse sind schon auf der Landkarte betrachtet imponierend.
Die europäische Öffentlichkeit und die europäischen Mächte haben, wieder bis 1914, dabei meist übersehen, daß dieses in der Tat mächtige russische Reich in seinem Inneren vor einer Fülle ungelöster Probleme stand, von deren Bewältigung oder Nicht-Bewältigung es abhing, ob Rußland seine Macht und die auf ihr beruhende internationale Position auf die Dauer behaupten konnte. Diese ungelösten und sich auf 1914 hin zuspitzenden Probleme gehören in den weiteren Ursachenkatalog der Russischen Revolution und müssen deshalb wenigstens skizziert werden, wenn die Revolution nicht nur oberflächlich aus ihren unmittelbaren Anlässen verstanden werden soll.

Innere Schwierigkeiten Rußlands vor 1914
Das konstitutionelle Problem. Rußland wurde nach 1815 unvermindert nach den Grundsätzen des reinen, wenn auch teilweise aufgeklärten Absolutismus regiert. Die Verfassungsentwicklung, wie sie in West- und Mitteleuropa durch die Französische Revolution ausgelöst und unterschiedlich weit vorangetrieben wurde, um in geschriebenen Verfassungen mit Grundrechtskatalogen, Gewaltenteilung, Parlamentarisierung ihren Niederschlag zu finden, fehlte in Rußland die längste Zeit völlig. Ansätze zu regionaler, auf die führenden Schichten beschränkter **Selbstverwaltung** in Provinzkörperschaften (**Semstwo**) mit

	Arme Bauern	Mittelbauern	Großbauern	Großgrundbesitzer
Anzahl	10,5 Millionen	1,0 Millionen	1,5 Millionen	0,03 Millionen
Ø Bodenfläche in Dessjatinen (1 D = 1,09 ha)	7 D	15 D	47 D	2333 D
Gesamtfläche	75 Millionen D	15 Millionen D	70 Millionen D	70 Millionen D

beschränkten Aufgaben auf den Gebieten der Gesundheit, Erziehung, Wirtschaft etc. wurden nicht weiter ausgebaut. Die Errichtung der **Duma,** einer nach Zensuswahlrecht gewählten Volksvertretung, blieb unter dem Druck der Revolution von 1905 weit hinter den Erwartungen und Forderungen der mittlerweile erregten Öffentlichkeit zurück. In ihren Gesetzgebungsbefugnissen von Anbeginn beschränkt, wurde die Duma durch wiederholte Auflösungen und Einengung des Wahlrechts diskreditiert. Das autokratische, auf den Zaren fixierte Regierungs- und Verwaltungssystem war den Anforderungen, die sich aus der Rückständigkeit der Verhältnisse ergaben, ebensowenig gewachsen, wie den politischen, wirtschaftlichen und sozialen Anforderungen, die sich aus der zunehmenden Industrialisierung ergaben.

Soziale und wirtschaftliche Probleme
Rußland war nach 1815 noch fast ausschließlich ein Agrarland, wobei die **Landwirtschaft** vom Großgrundbesitz mit Hilfe von weiterhin leibeigenen Bauern betrieben wurde. Daraus resultierte die wachsende Unzufriedenheit der zumeist auch unter materieller Not leidenden Bauernschaft, die sich in häufigen Unruhen und Aufständen entlud. Die Reformen von 1861 mit der „Bauernbefreiung" erweisen sich wirtschaftlich und sozial als nur halbe Maßnahmen, die die Bauern nicht zufriedenstellen konnten. Bis zur Aufhebung der Leibeigenschaft hatten die Bauern **Frondienst** (Barschtschina) zu leisten (in der Regel mußte der Bauer drei Tage in der Woche auf dem Feld des Gutsherrn arbeiten), oder sie mußten einen **Leibzins** (Obrok) zahlen. Die Barschtschina war in den fruchtbaren Schwarzerdegebieten Südrußlands verbreitet, wo auf großen Flächen Getreide für den Export angebaut wurde. In den weniger fruchtbaren Gebieten Nordrußlands war es für die Grundherren vorteilhafter, Bargeld einzuziehen. Den Bauern blieb es überlassen, wie sie das nötige Geld beschafften. Häufig verdingten sie sich als Lohnarbeiter oder übten irgendein Gewerbe aus.

Die **bäuerliche Dorfgemeinschaft,** der **Mir,** verteilte das Gemeindeland in periodischen Abständen immer wieder neu an die Bauernfamilien, und zwar nach der Kopfzahl ihrer männlichen Mitglieder, durchschnittlich 10 Hektar pro Familie. Der Mir **haftete gemeinschaftlich** für Steuern, Schulden und alle übrigen Leistungen der ihm angehörenden Bauernhöfe. Nach der Bauernbefreiung blieb dieses System bestehen. Das unter die Bauern aufzuteilende Land wurde um ein bis zwei Fünftel verringert, die die Grundbesitzer ihrem Land zuschlugen. Das den Bauern zugeteilte Land mußten diese innerhalb 49 Jahren abzahlen.

Die Tabelle (oben) gibt Aufschluß über die **Besitzverhältnisse** im europäischen Rußland zur Zeit der Revolution von 1905. Außerdem besaßen Staat, Kirche und Behörden 155 Millionen Dessjatinen Ackerland und Wald.

▶ **Quelle:** Suniza, Leo, Die Landwirtschaft der Sowjetunion. Europaverlag, Wien 1981, S. 12.

1906 wurden die restlichen Abzahlungsbeträge gestrichen und eine einschneidende **Agrarreform** eingeleitet. Sie sah vor, die Gemeinwirtschaft des Mir aufzulösen und den Bauern ihr Land als Privateigentum zu überlassen. Die Bauern konnten auch gegen Kredit weiteren Boden erwerben. Ziel war die Schaffung einer starken Schicht von Mittelbauern, auf der der Zar sich stützen konnte. Bis 1913 war ein Fünftel des bäuerlichen Besitzes in Privateigentum. Millionen weiterer Bauern hatten entsprechende Anträge gestellt, die aber wegen des Kriegsausbruches nicht mehr bearbeitet werden konnten. Die Reform kam zu spät, um noch wirksam zu werden.

Die **Industrialisierung** setzte in Rußland viel später ein als im übrigen Europa und erfolgte in Formen, die mit der Bildung eines in den Industriezentren zusammengedrängten, verelendeten Industrieproletariats an die schlimmen Zustände der frühen Industrialisierung in Großbritannien seit dem ausgehenden 18. Jahrhundert erinnerten. Die Industrie konzentrierte sich an kostengünstigen Standorten, z. B. im ukrainischen Donez-Gebiet wegen der Eisenerz- und Kohlevorkommen und in St. Petersburg wegen der Seetransportverbindung für englische Kohle. Diese Großbetriebe der Schwerindustrie waren wegen der importierten Technologie auf dem modernsten Stand. Es fehlte aber ein Unterbau an Klein- und Mittelbetrieben. Die Industrie war unvermittelt auf dem altertümlichen bäuerlich-geprägten Gewerbe aufgebaut. Im wesentlichen produzierte die Industrie für den Staatsbedarf, insbesondere für die **Rüstung** und den **Eisenbahnbau.** Die **Lage der russischen Arbeiter** bis 1914 entsprach der der Arbeiter in England, Frankreich und Deutschland im Frühkapitalismus der ersten Hälfte des 19. Jahrhunderts.

In Rußland gab es zu Beginn des 19. Jahrhunderts kein selbständiges städtisches **Bürgertum** im europäischen Sinne, das politisch und gesellschaftlich eine eigene Rolle spielen konnte. Es entstand erst allmählich und umfaßte neben den Angehörigen der akademischen Berufe, Kaufleute und industrielle Unternehmer, die beide mit der Industrialisierung an wirtschaftlicher Macht und politischem Selbstbewußtsein zunahmen, ohne daß letzterem durch Verfassungsreformen entsprochen worden wäre. Zu diesem sich bildenden Bürgertum gehörte am Rande auch die spezifisch russische Erscheinung der **„Intelligenzija"**, in der bei materieller Armut ideologisch fundierte radikale Vorstellungen gekoppelt mit Anteilnahme am Geschick der Massen (Bauern und Arbeiter) zu utopischen Programmen und revolutionärer Aktivität führten.

Das Problem der Nationalitäten und Minderheiten

Rußland war schon 1815 kein Nationalstaat im Sinne der von der Französischen Revolution entwickelten Vorstellung, daß eine in sich geschlossene Nation – ganz gleich wie sie sich selbst versteht oder von außen her definiert werden kann – einen eigenen Staat bildet. Seit langem standen neben den Großrussen, die sich als das eigentliche Staatsvolk fühlten, die Ukrainer und Weißrussen mit einem allmählich wachsenden **eigenen Nationalbewußtsein**. In den baltischen Provinzen saß neben Esten, Letten und Litauern eine selbstbewußte deutsche Oberschicht, die zudem in Verwaltung und Armee eine wichtige Rolle spielte. Finnland, seit 1809 unter russischer Herrschaft, und der 1814/15 als „Kongreßpolen" endgültig an Rußland gekommene Anteil an den polnischen Teilungen waren Völker mit eigener Geschichte und eigener Kultur, die sich der russischen überlegen fühlten. Im Prozeß der Ausweitung des Reiches nach Asien hinein kamen Völkerschaften mit außereuropäischen Sprachen und entsprechender Kultur unter die Herrschaft der Zaren.

Diese nationalen Gegensätze waren zumeist mit **religiösen** oder doch konfessionellen gekoppelt: der Orthodoxie der Groß- und Weißrussen sowie der Ukrainer standen in den Randgebieten Katholiken (Polen) oder Protestanten (Baltikum) gegenüber; die Völker im Südosten des Reiches waren Mohammedaner. Dazu kam ein starker jüdischer Bevölkerungsanteil, der überwiegend im „Ansiedlungsrayon" in den polnischen, weißrussischen und ukrainischen Provinzen konzentriert war. Mit unterschiedlicher Intensität betrieb St. Petersburg bis 1914 gegenüber all diesen Minderheiten eine Politik der sprachlichen und kulturellen Russifizierung – selbst in der Ukraine – und der meist gewaltsamen Hinführung zur Orthodoxie. Die hier entstehenden Spannungen, verstärkt bisweilen durch wirtschaftliche und soziale Momente, lösten immer wieder Unruhen und Erhebungen aus. Erinnert sei an die beiden polnischen Revolutionen von 1830/31 und 1863.

Einflüsse westlichen politischen Denkens

Aus dem Gedankenaustausch auf allen Gebieten zwischen Rußland und dem übrigen Europa im 19. Jahrhundert können hier nur jene drei primär politischen Strömungen genannt werden, die, von der Französischen Revolution ausgelöst, auch Rußland erreichten: Liberalismus, Nationalismus, Sozialismus und in deren Gefolge später das demokratische Prinzip.

Der **Liberalismus** mit seiner Forderung nach einer geschriebenen Verfassung (Grundrechte, Gewaltenteilung, Parlamentarisierung) hatte im Protest gegen den Absolutismus des Zaren schon bald nach 1815 selbst in Teilen der russischen Oberschicht Fuß gefaßt. Er bestimmte später die politischen Vorstellungen und Forderungen, die im Bürgertum aufkamen. Er erfaßte mehr oder weniger stark auch die anderen Völker in Rußland, insbesondere die Polen, und verstärkte deren Kritik am russischen Zentralismus.

Der **Nationalismus,** der vornehmlich in der deutschen Version (Herder) nach Ost- und Ostmitteleuropa ausstrahlte, betonte das sprachlich-kulturelle Moment bei der Konstituierung einer Nation, um daraus die politische Forderung nach einem Nationalstaat abzuleiten. Erklärlicherweise griffen die nichtrussischen Völker in Rußland diese Vorstellungen auf, um sie, meist in Verbündung mit liberalen Gedanken, ihren Forderungen nach Autonomie oder Selbständigkeit zugrunde zu legen. Bei den Russen selbst diente diese Form des Nationalismus zur Verstärkung des eigenen Selbstbewußtseins als des tragenden Staatsvolkes mit entsprechendem Überlegenheitsanspruch gegen die nicht-russischen Völker des Reiches.

Der **Panslawismus** beruhte auf einer Ausweitung des Nation-Begriffes auf das Slawentum insgesamt, das unter der Führung Rußlands politisch geschlossen auftreten und handeln sollte. Die russische Außenpolitik vor 1914 und unmittelbar bei Kriegsausbruch war in ihren aggressiven Zügen oft auch vom panslawistischen Programm mitbestimmt worden. Auch nach 1917 ist der Panslawismus keineswegs völlig erloschen.

Der **Sozialismus** in der von Marx und Engels geprägten Form kam frühzeitig auch nach Rußland, wo es bereits autochthone Formen eines russischen Sozialismus gegeben hatte (z. B. Bakunin). Der Marxismus fand Aufnahme bei den Russen in der Arbeiterschaft und in der Intelligenzija; er gelangte auch in die Oppositionsbewegungen nationaler Prägung bei den nichtrussischen Völkern, so etwa in Kongreßpolen. Die Auseinandersetzungen innerhalb des russischen

Sozialismus marxistischer Richtung haben 1903 auf dem Parteikongreß in London zur Spaltung geführt. Die radikalere von Lenin angeführte Partei der **Bolschewiki** trennte sich von der gemäßigteren Partei der **Menschewiki,** die die Vorstellungen der II. Internationale vertrat. Dieser Gegensatz bestand nach der Februarrevolution weiter und gipfelte in der blutigen Ausrottung der Menschewiki.

Schließlich kommt aus dem Westen auch das **demokratische Prinzip,** das nicht einfach unter dem Liberalismus subsummiert werden darf. Die Forderung nach Einführung des allgemeinen und gleichen Wahlrechts und eines auf ihm basierenden allmächtigen Parlaments, die in den Revolutionen von 1848 erstmals in voller Schärfe artikuliert worden war, erschien alsbald auch in Rußland. Sie ging in die politischen Programme des linken Flügels im russischen Bürgertum ebenso ein, wie in die nationalen Bewegungen der Nichtrussen. Auch der russische Sozialismus, soweit er der II. Internationale angehörte, übernahm sie.

Revolutionäre Strömungen, Terrorismus

Rußland ist seit dem Ende der napoleonischen Epoche im Innern immer wieder durch **revolutionäre Unruhen** von unterschiedlicher Stärke erschüttert worden. Die Träger dieser Unruhen und die sie bewegenden Motive waren unterschiedlich. Aber die Übergänge zwischen den revolutionären Gruppen sind fließend, insgesamt schufen diese Bewegungen und ihre oft blutigen Aktionen ein **Klima permanenter Spannung und Unsicherheit** im Lande. Von den aus der Bauernschaft kommenden Erhebungen war schon die Rede. Das Industrieproletariat in den großen Städten löste Streiks aus, die oft in blutige Auseinandersetzungen übergingen und in ihrem Verlauf und Scheitern dem terroristischen Untergrund neue Kräfte zuführte. Nationale Erhebungen der nichtrussischen Völker, oft mit wirtschaftlichen und sozialen Forderungen verbunden, waren häufig. Auch die an sich gemäßigten, im Bürgertum wurzelnden politischen Gruppierungen, die an westliche Vorstellungen von Liberalismus, Parlamentarisierung und Demokratie anknüpften und entsprechende Verfassungsprogramme aufstellten, wurden zumindest in Teilen in die Illegalität und zu Geheimbündelei gedrängt.

Für Rußland und seine Geschichte ist charakteristisch, daß sich diese vielfältige und weitverbreitete Unzufriedenheit zu einem Radikalimus steigerte, der in zahlreichen Geheimbünden seinen Ausdruck fand, die mit planmäßigem Terrorismus und einer nie abreißenden Serie von **Attentaten** ihre Ziele verfolgten. Aus der Vielzahl dieser revolutionär-terroristischen Richtungen und Organisationen können hier nur zwei, im Großrussentum selbst entstandene genannt werden. Das ist einmal die ältere Bewegung der **Narodni-**ki (Volksfreunde), die, von Teilen der Intelligenzija getragen, ein verklärtes Bild vom russischen Bauerntum entwarf und den Versuch unternahm, dieses Bauerntum im Sinne eines diffusen, vormarxistischen Sozialismus zu revolutionieren. Die Narodniki blieben ohne größeres Echo bei den Bauern.

Zu nennen ist zum anderen die in der Nachfolge der Narodniki um 1900 entstandene Bewegung der **Sozialrevolutionäre,** die einen Agrar-Sozialismus anstrebten und mit großem Rückhalt bei der Bauernschaft die Landfrage in deren Sinne auf revolutionär-terroristischem Wege lösen wollten.

Schließlich haben auch der **Sozialismus marxistischer Prägung** und seine Organisationen, die in die Illegalität abgedrängt worden waren, an dieser Radikalisierung Anteil. Das gilt für die gemäßigteren **Menschewiki,** vor allem aber für die seit 1903 von Lenin geführte Richtung der **Bolschewiki.** Als aus Berufsrevolutionären bestehende „Kaderpartei" organisiert, verstanden sich Lenins Bolschewiki als Avantgarde der sozialistischen Revolution mit der Aufgabe, die Masse der Arbeiter und angesichts der russischen Verhältnisse auch der Bauern beim Ausbruch der Revolution mitzureißen. Neben der von anderen Gruppen übernommenen Taktik des Geheimbundes besaßen die Bolschewiki eine von Marx und Engels begründete, von Lenin systematisch ausgebaute geschlossene **Ideologie,** die – später als **Marxismus-Leninismus** bezeichnet – zugleich Welterklärung, Programm und Anleitung zu praktisch-revolutionärem Handeln war. Im Gegensatz zu Marx und Engels, die die sozialistische Revolution als Werk ausschließlich des Industrieproletariats konzipiert hatten, wußte Lenin, daß in Rußland auch die Bauern, allerdings unter Führung seiner Partei, für die Revolution aktiviert werden mußten. Aber anders als bei den Sozialrevolutionären, die die Bauern in den Mittelpunkt ihres Interesses gestellt hatten, blieben auch für die Bolschewiki die Industriearbeiter die Kerntruppe der kommenden Revolution.

38.0.4.2.   Die Ereignisse von 1905 bis 1925

Kriegsausbruch, Kriegsverlauf, Februarrevolution

Der verlustreiche Krieg gegen Japan 1904/05 und die in ihm erlittene Niederlage löste die **Revolution von 1905/06** aus. Die von ihr erzwungenen, halbherzigen politischen Reformen (Duma-Verfassung) konnten ebensowenig wie Teilmaßnahmen zur Verbesserung der Lage der Bauern und der allgemeine wirtschaftliche Aufschwung nach Kriegsende Rußland im Inneren wirklich befrieden. Die politischen, nationalen und sozialen Spannungen hielten an und schlugen sich in weiteren terroristischen Attentaten nieder.

In den **Ersten Weltkrieg** trat Rußland mit weitgespannten expansionistischen Kriegszielen. Die von der breiten Öffentlichkeit geteilte Auffassung, von den Mittelmächten angegriffen worden zu sein, löste zunächst – wie bei allen am Kriege beteiligten Nationen – jene Kriegsbegeisterung aus, die die inneren Gegensätze und Spannungen zugunsten gemeinsamer Kriegsanstrengungen zurücktreten ließ. Das alsbaldige Scheitern eigener Offensiven und die Siege der Mittelmächte mit großen territorialen Einbußen für Rußland, die schweren Menschenverluste an den Fronten und dazu die rapide Verschlechterung der Versorgungslage, vor allem in den großen Städten, ließen diese Hochstimmung rasch abklingen. Die allgemeine Enttäuschung wurde verstärkt durch den Eindruck des Versagens des Zaren, der Regierung und der Verwaltung, die unfähig schienen, erfolgreich Krieg zu führen und der Nöte im Inneren Herr zu werden.

Bemühungen des linken Flügels der Duma, innere Reformen zu erreichen, blieben vergeblich. Als der Zar am 26. Februar 1917 die Duma auflöste, widersetzte sich diese der Auflösungsorder und tagte weiter. Am 27. Februar, als Unruhen mit nachfolgenden Straßenkämpfen in Petrograd (bei Kriegsausbruch 1914 war St. Petersburg so umbenannt worden) ausbrachen und die meisten Truppen in der Hauptstadt der bisherigen Regierung die Gefolgschaft verweigerten, übernahm das Exekutivkomitee der Duma die Regierungsgewalt und setzte nach einigen Tagen eine Provisorische Regierung ein **(Februarrevolution)**. Rußland war damit de facto Republik geworden, auch wenn der Zar offiziell erst am 2. März abdankte. Die Revolution breitete sich innerhalb weniger Tage über ganz Rußland aus und erfaßte auch den Großteil der im Felde stehenden Truppen.

Am gleichen Tage, an dem das Exekutivkomitee der Duma die Regierungsgewalt übernahm und die Regierung des Zaren ablöste, bildeten sich jedoch in Petrograd die **Arbeiter- und Soldatenräte (Sowjets)** nach dem Muster von 1905 und setzten ebenfalls aus ihrer Mitte ein Exekutivkomitee ein. Von einer Mehrheit aus den Sozialisten der verschiedenen Richtungen angeführt, trat es sofort in Konkurrenz zum Komitee der Duma und später zur Provisorischen Regierung. Daß überall im Lande und bei den Truppen Arbeiter- und Soldatenräte entstanden und mit der Petrograder Zentrale der A.- und S.-Räte in Verbindung traten, verstärkte deren Macht und Einfluß. Deshalb sprach Lenin für die folgenden Monate von der **„Doppelherrschaft"**.

Die **Provisorische Regierung,** von der Duma eingesetzt, vertrat den „progressiven Block" innerhalb der Duma, der sich während des Krieges gebildet hatte. Aber an dieser Regierung selbst war die eigentliche „Linke" zunächst nur mit Kerenski (Sozialrevolutio-

när) als Minister beteiligt. Das Gros der „Linken" sah in den Arbeiter- und Soldatenräten und deren Spitzengremium ihre Repräsentation. Die vom Fürsten Lwow geleitete Provisorische Regierung verfolgte primär politisch-konstitutionelle Ziele und wollte Rußland in ein **liberales und parlamentarisch-demokratisches Staatswesen** umwandeln. Zugleich war sie entschlossen, den Krieg an der Seite der bisherigen Alliierten fortzusetzen. Eine Verfassunggebende Versammlung (Konstituante) sollte die neue Ordnung endgültig festlegen; erst sie sollte auch das drängende Problem der Landreform durch Verteilung des Bodens an die Bauern regeln. In der Wirtschaft insgesamt wäre das Privateigentum Rechtsgrundlage geblieben. Daß die Provisorische Regierung die Landreform nicht sofort in Angriff nahm, um sie definitiv im Sinne der Bauern durchzuführen, sondern an die Konstituante abschob, und daß sie die Wahlen zur Konstituante erst für den Herbst ansetzte, schwächte alsbald ihr Ansehen in der revolutionären Öffentlichkeit. Die gleiche Wirkung hatte ihre Absicht, den Krieg fortzusetzen. All dies trieb die Massen mehr und mehr zu den Sowjets und anderen revolutionären Gruppen, auch zu den Bolschewiki. Mit ihrem Zögern und dem Hinausschieben eigentlich sofort zu treffender Entscheidungen, was im Grunde auch für die unerläßliche Beendigung des Krieges galt, hatte die Provisorische Regierung ihr späteres Scheitern selbst vorprogrammiert.

Die **Arbeiter- und Soldatenräte (Sowjets)** in Petrograd traten zu den sich überall im Lande und bei der Truppe bildenden Sowjets in Verbindung, sie übernahmen die Führung dieser Bewegung und ihre Vertretung in der Hauptstadt. Im zentralen Exekutivkomitee besaßen sie ein machtvolles Instrument, das als eine Art von Gegenregierung gegen die Provisorische Regierung auftreten konnte. Dieses Gremium gewann wachsenden Rückhalt bei den aufgewühlten Massen, es konnte deren Verhalten steuern und somit revolutionäre Aktionen einleiten. Es war, wie auch die lokalen Unterorganisationen, eindeutig sozialistisch orientiert. Stärkste Fraktion in den Sowjets waren überall die **Sozialrevolutionäre** mit großem Rückhalt bei den Bauern; dementsprechend traten sie für eine sofortige, rigorose Landreform und Bodenverteilung ein. Daneben saßen in den Sowjets die Menschewiki und zunächst nur wenige Anhänger der bolschewistischen Richtung. Die Sowjets forderten nicht nur eine politisch-konstitutionelle, sondern von Anbeginn an auch eine **soziale Revolution**, die Wirtschaft und Gesellschaft insgesamt im sozialistischen Sinne umformen sollte. Die Mehrheit in den Sowjets billigte jedoch die geplante Wahl und Einberufung der Konstituante, die durch ihre Beschlüsse dieses revolutionäre Programm vollenden und legitimieren sollte. Die Fortsetzung des Krieges lehnten sie entschieden ab.

Die Bolschewiki waren innerhalb der revolutionären Bewegung zunächst nur eine kleine Minderheit. Sie vertraten ihr von **Lenin** entwickeltes Programm einer **extrem radikalen, politischen und gesellschaftlichen Revolution,** die unter ihrer Führung durchgeführt werden sollte. Daß Lenin im April mit Hilfe der deutschen Regierung aus seinem Schweizer Exil nach Petrograd zurückkehren und die Leitung der Partei übernehmen konnte, wobei er sich gegen divergierende Vorstellungen in ihr schnell durchzusetzen wußte, hat den Fortgang der Russischen Revolution entschieden. Lenin hielt an seinem in den „Aprilthesen" verkündeten Maximalprogramm fest, wobei er zugleich aber mit taktischer Raffinesse gegenüber der Provisorischen Regierung und der Mehrheit in den Sowjets die jeweilige Lage ausnutzte.

Die Wahl zur Konstituante erschien Lenin angesichts der dort zu erwartenden Mehrheitsverhältnisse für seine eigenen Pläne gefährlich. In Ablehnung der aus dem Westen kommenden Demokratievorstellungen wußte Lenin, daß die ihm vorschwebende kommunistische Staats- und Gesellschaftsordnung nur mit Gewalt und gegen den Willen aller anderen Revolutionsparteien errichtet werden konnte. Erst im zweiten Anlauf sollte ihm das im Oktober gelingen. Inzwischen steigerte die unbedingte Ablehnung der Fortsetzung des Krieges die Popularität der Bolschewiki bei den Massen, die deren eigentliche und letzte Pläne nicht durchschauten.

Die militärische Lage Rußlands verschlechterte sich im Laufe des Jahres 1917 weiter. Eine auf Drängen der Alliierten von der Provisorischen Regierung befohlene große **Offensive** im Juni 1917, wieder unter dem Oberbefehl von **Brussilow,** scheiterte vollkommen. Die demoralisierende Wirkung dieser Niederlage verstärkte die **Auflösungserscheinungen im Heer,** die durch revolutionäre Maßnahmen (gewählte Soldatenräte bei jeder Einheit, Beschränkung der Befehlsgewalt der Offiziere) eingeleitet worden war. Daß die Neuverteilung des Bodens an die Bauern unmittelbar bevorzustehen schien, veranlaßte immer mehr Soldaten bäuerlicher Herkunft, auf eigene Faust in die Heimat zu gehen.

Die russischen Truppen waren nunmehr zu keinem militärischen Widerstand an den Fronten fähig. Der nüchtern denkende Lenin leitete daraufhin Verhandlungen in Brest-Litowsk ein, um den Krieg um jeden Preis zu beenden.

Der Machtverfall der Provisorischen Regierung, der am Ende des Sommers unübersehbar geworden war, hatte mehrere Ursachen. Einmal war es ihre Unfähigkeit, die wachsende wirtschaftliche Not der Bevölkerung zu beheben, zum anderen die trostlose militärische Lage. Hinzu kamen die Verzögerung der Wahl zur Konstituante und das Versäumnis einer sofortigen Landreform. Mit Rücksicht auf die immer

unruhiger werdende revolutionäre Öffentlichkeit wurde die Provisorische Regierung nach links hin umgebildet; ihre gemäßigten Mitglieder mußten nach und nach ausscheiden und wurden durch solche aus dem sozialistischen Lager ersetzt.

Kerenski trat mit scheinbar diktatorischen Vollmachten an ihre Spitze. Aber er konnte sich nur noch kurze Zeit gegen die allgemeine Mißstimmung sowie gegen die immer stärker werdenden Bolschewiki und das taktische Geschick Lenins behaupten. Das Scheitern der Provisorischen Regierung ist zu einem Teil auch aus der Persönlichkeit ihrer Mitglieder, nicht zuletzt des sich selbst maßlos überschätzenden Kerenski zu erklären. Für den Sieg der Bolschewiki gilt diese Beobachtung mit umgekehrten Vorzeichen im Hinblick auf Lenin und Trotzki.

Die Oktoberrevolution und ihre Vorgeschichte, sowie die ersten Maßnahmen nach der Machtergreifung der Bolschewiki, werden nachstehend in einer chronologischen Tabelle wiedergegeben. Die Daten werden sowohl nach dem alten als auch nach dem neuen russischen Kalender aufgelistet. In Rußland galt noch 1917 der von Julius Caesar 59 v. Chr. eingeführte Julianische Kalender, weil es die Kalenderreform Papst Gregors VIII. v. 1582 nicht mitgemacht hatte. 1917 lag die Datierung gegenüber der übrigen europäisch geprägten Welt um 13 Tage zurück.

27.2./12.3.1917	Bildung der Provisorischen Regierung und von Arbeiter- und Soldatenräten (Sowjets), Februarrevolution
2. 3./15. 3.	Abdankung des Zaren
3. 4./16. 4.	Rückkehr Lenins aus der Schweiz
4. 4./17. 4.	Lenins Aprilthesen
8. 7./21. 7.	Kerenski Ministerpräsident
1. 9./14. 9.	Kerenski proklamiert Rußland offiziell als Republik. Trotzki zum Präsidenten des Petrograder Sowjets gewählt (Bolschewiki, linker Flügel der Sozialrevolutionäre und Menschewiki)
10. 10./23. 10.	Das Zentralkomitee der Bolschewiki beschließt den bewaffneten Aufstand, Trotzki mit der Vorbereitung beauftragt.
12. 10./25. 10.	Bildung des Militärrevolutionären Komitees durch den Petrograder Sowjet, Trotzki Vorsitzender, damit der Provisorischen Regierung die Verfügung über die Truppen entzogen.

22. 10./4. 11.	Alle Truppen in Petrograd unterstellen sich ausdrücklich den Befehlen des Militärrevolutionären Komitees.
24. 10./6. 11.	Provisorische Regierung plant militärischen Gegenschlag. Dagegen besetzen aufständige Truppen unter Befehl Trotzkis alle wichtigen Gebäude in Petrograd.
25. 10./7. 11.	Verhaftung der Mitglieder der Provisorischen Regierung, Flucht Kerenskis, damit Sieg der Bolschewiki, Oktoberrevolution. Am Abend dieses Tages: Zusammentritt des 2. Allrussischen Sowjetkongresses: Bolschewiki zwingen die Vertreter der Sozialrevolutionäre und der Menschewiki zum Verlassen des Kongresses, haben damit die Mehrheit.
26. 10./8. 11.	Der Rumpfkongreß setzt als neue Regierung den „Rat der Volkskommissare" unter Führung Lenins ein, weitere Beschlüsse: „Dekret über den Frieden", „Dekret über den Grund und Boden"
2. 11./15. 11.	„Deklaration über die Rechte der Völker Rußlands".
25. 11./8. 12.	Wahl zur Verfassunggebenden Nationalversammlung. Sitzverteilung:

Sozialrevolutionäre	370
Bolschewiki	175
sonstige Linksparteien	58
Mittelparteien	17
nationale Minderheiten	86
Unabhängige	1

11. 12./24. 12.	Das ZK billigt Lenins Plan, die Verfassunggebende Nationalversammlung zu sprengen.
5.1./18.1.1918	Zusammentritt der Nationalversammlung. Die Mehrheit deklariert gegen bolschewistische Obstruktion Rußland als „demokratische föderative Republik."
6. 1./19. 1.	Truppen verhindern den erneuten Zusammentritt der Nationalversammlung. Ihre Auflösung durch Dekret des Rats der Volkskommissare.
24. 2./9. 3.	Moskau anstatt Petrograd (1924 in Leningrad umbenannt) wird Hauptstadt Rußlands. Verlegung der Regierung dorthin. Gregorianischer Kalender eingeführt.

Der Frieden von Brest-Litowsk

Der Frieden von Brest-Litowsk kann unter **verschiedenen Gesichtspunkten** betrachtet und dementsprechend an verschiedenen Stellen in die historische Darstellung und Erörterung eingeordnet werden. Er gehört einmal in die Geschichte des Ersten Weltkrieges überhaupt als ein Teilfrieden, der immerhin an einer der beiden Hauptfronten den Krieg zwischen den Mittelmächten und einer der wichtigsten Ententemächten beendete. Damit hatte er tiefgreifende Auswirkungen auch auf die andere Hauptfront im Westen.

Der Friedensvertrag gehört zweitens in den Rahmen der deutschen Geschichte, nicht nur weil er Deutschlands Krieg mit Rußland beendete, sondern auch weil er innenpolitisch die Öffentlichkeit beschäftigte und heftige Kontroversen auslöste, damit zugleich die seit langem bestehenden Spannungen und Differenzen zwischen Reichsleitung und OHL, sowie dieser beiden mit dem Reichstag und seiner Mehrheit, verschärfte und verdeutlichte.

Drittens gehört der Frieden von Brest-Litowsk mit seiner Entstehungsgeschichte in die Geschichte des soeben kommunistisch gewordenen Rußlands und muß neben den anderen erwähnten Aspekten auch von daher erläutert und verstanden werden. Die Frage der Fortsetzung oder der Beendigung des Krieges stand seit dem Ausbruch der Februarrevolution im Mittelpunkt aller öffentlichen Erörterungen in Rußland. Die gemäßigte, liberal und demokratisch-parlamentarisch orientierte Provisorische Regierung war zunächst fest entschlossen, auf seiten der bisherigen Alliierten energisch weiterzukämpfen. Von den Westalliierten wurde sie mit allen Mitteln in dieser Absicht bestärkt.

Dagegen lehnten die Bolschewiki, obgleich zunächst in der Minderheit gegenüber allen anderen revolutionären Gruppen, von Anbeginn an die Fortführung des Krieges ab und forderten sofortigen Friedensschluß. Nur von ihnen konnte die deutsche Politik die erwünschte Beendigung des Krieges im Osten erwarten. Daraus erklärt sich, daß Reichsleitung und OHL übereinkamen, dem **in der Schweiz im Exil lebenden Lenin** und seiner Gruppe die **Rückreise nach Rußland** zu ermöglichen. Die damit verknüpfte Rechnung ist zwar vordergründig, wie Brest-Litowsk zeigt, aufgegangen, brachte aber als Langzeitwirkung Ergebnisse, die nicht vorausgesehen wurden, wohl auch nicht vorauszusehen waren.

Für Lenin, als er in Petrograd eingetroffen war, hatte sein unbedingtes Eintreten für einen raschen **Friedensschluß** doppelten Grund. Einmal mußte diese Propaganda ihm in der enttäuschten und kriegsmüden Öffentlichkeit wachsende Popularität verschaffen und die Hinwendung zu den Bolschewiki verstärken. Zum anderen war seinem nüchternen Blick klar, daß Rußland – vor allem nach dem Scheitern der Sommer-

offensive – gar nicht in der Lage war, den Krieg fortzusetzen. Die Behauptung des bisher in der Revolution Erreichten und deren Vollendung im bolschewistischen Sinne hing vielmehr davon ab, daß die Feindseligkeiten alsbald eingestellt wurden. Diese Notwendigkeit erschien ihm noch dringender, als er sich und seine Partei mit der Oktoberrevolution an die Macht gebracht hatte, weil nunmehr alles darauf ankam, seine zunächst noch labile Herrschaft zu festigen und gegen konterrevolutionäre Strömungen und den Widerstand der anderen Revolutionsgruppen zu behaupten. Lenin erkannte überdies bald, daß der zunächst auch von ihm erwartete Ausbruch der „Weltrevolution" in allen kriegführenden Staaten, der auch Deutschland in die Knie gezwungen hätte, noch für längere Zeit ausbleiben mußte. All diese Überlegungen kulminierten in Lenins Forderung nach der „Atempause". In harten Auseinandersetzungen innerhalb seiner Partei und der Revolutionsregierung setzte Lenin seine Ansicht durch und erzwang zuletzt die Zustimmung zur Annahme des Friedensvertrages unter den von den Mittelmächten gestellten Bedingungen.

Unmittelbar nach der Machtergreifung schlug die neue bolschewistische Regierung am 26. Oktober/ 8. November im **Dekret über den Frieden** allen Kriegführenden auf beiden Seiten sofortigen Waffenstillstand und darauffolgenden Friedensschluß vor. Grundlage dieses Friedens sollten der allseitige Verzicht auf Annexionen und Kontributionen sowie die Wahrung des Selbstbestimmungsrechts der Völker sein. Zugleich erwarteten die neuen Machthaber in Petrograd von ihrem Friedensappell, der zunächst als Funkspruch „An alle" veröffentlicht wurde, eine direkt revolutionierende Wirkung auf die Völker der kriegführenden Staaten als einen weiteren Schritt zu der von ihnen geplanten „Weltrevolution". Eine Hoffnung, die jedoch alsbald enttäuscht wurde.

Während die Westalliierten auf diesen Friedensappell, der ihnen auch offiziell in diplomatischer Form übermittelt wurde – ebenso wie die späteren Wiederholungen – nicht eingingen, zeigten sich die **Mittelmächte** gesprächsbereit. Sie nahmen am 14./27. November einen an Deutschland gerichteten russischen Vorschlag vom 7./20. November zur Aufnahme von Verhandlungen an. Die Gespräche begannen am 20. November/3. Dezember in Brest-Litowsk: zunächst über **Waffenruhe**, dann über einen **Waffenstillstand** und vom 12./25. Dezember an über den endgültigen **Friedensschluß**. Der russische Versuch, diese Verhandlungen aus propagandistischen Gründen und um ihre Verhandlungsposition zu verbessern, von Brest-Litowsk weg nach einem Ort im neutralen Ausland zu verlegen, scheiterte jedoch ebenso wie das aus denselben Überlegungen fortgesetzte Bemühen, die Westalliierten doch noch hinzu-

zuziehen. Rußland mußte auf sich allein gestellt mit seinen Kriegsgegnern verhandeln.

Trotz der für Deutschland und seine Verbündeten günstigen Ausgangsposition und obgleich die Notlage Rußlands, die die Beendigung des Krieges unerbittlich forderte, bekannt war, stand die deutsche Regierung hinsichtlich dessen, was sie im Friedensvertrag fordern sollte, vor einem schweren Dilemma. (Auf ähnliche Probleme bei den drei anderen Verbündeten kann hier nicht eingegangen werden.) Das russische Programm eines Friedens ohne Annexionen und Kontributionen und mit Wahrung des Selbstbestimmungsrechts der Völker war überall und auch in Deutschland populär; seine Ablehnung hätte die öffentliche Meinung erregt. Hinzu kommt, daß sich auch der Reichstag in seiner mit Mehrheit angenommenen Friedensresolution vom 19. Juli 1917, wenn auch mit vagen Formulierungen, ähnlich geäußert hatte.

Die OHL forderte unter dem bestimmenden Einfluß Ludendorffs mit strategischen, aber auch mit wirtschaftlichen und anderen politischen Begründungen erhebliche Gebietserwerbungen. Dagegen war die Reichsleitung unter dem Reichskanzler Graf Hertling nur zu wesentlich geringeren Ansprüchen bereit; denn sie befürchtete mit Recht den Widerspruch der Reichstagsmehrheit und weiter Teile der Öffentlichkeit gegen das Programm der Militärs. Erst nach heftigen Auseinandersetzungen zwischen politischer und militärischer Führung des Reiches, die während der gesamten Verhandlungszeit anhielten, konnten die deutschen Forderungen endgültig formuliert werden. Ihre Annahme, der sich Trotzki ebenso energisch wie mit taktischer Raffinesse widersetzt hatte, wurde schließlich von Lenin um der „Atempause" willen zugestanden. Auch der Reichstag, der sich vorher wiederholt kritisch zu den Verhandlungen geäußert hatte, ratifizierte schließlich mit großer Mehrheit den Vertrag.

Der Frieden von Brest-Litowsk wird wegen der Härte der Bedingungen, die er dem Besiegten auferlegte, und wegen des „Ultimatums" vom 22. Februar 1918, mit dem Rußland zur Unterzeichnung gezwungen wurde, oft mit dem Frieden von Versailles und seiner Entstehung verglichen. Daran ist manches Richtige. Auch die von deutscher Seite vertretene, arg manipulierte Auslegung des „Selbstbestimmungrechts der Völker", mit deren Hilfe die Rußland auferlegten Landabtretungen nicht als Annexionen erscheinen sollten, gab zu Kritik Anlaß. Demgegenüber muß aber im Vergleich mit Versailles festgestellt werden, daß in Brest-Litowsk trotz der offensichtlich unterlegenen Position der russischen Delegation in herkömmlichen und diplomatisch korrekten Formen verhandelt wurde. Dies gab den Besiegten hier im Gegensatz zu Versailles die Möglichkeit, eigene Vorstellungen einzubringen und die Ergebnisse zumindest im Detail zu beeinflussen.

Die von deutscher Seite in den Friedensschluß gesetzten großen Erwartungen sind jedoch nicht erfüllt worden. Es war nicht möglich, Truppen im ursprünglich geplanten Umfang aus dem Osten für die Frühjahrsoffensive in den Westen zu verlegen, da die weiterhin unstabile Lage in Rußland erhebliche militärische Anstrengungen erforderte. Auch die wirtschaftliche Entlastung, vor allem in der Lebensmittelversorgung, blieb weit hinter den in sie gesetzten Hoffnungen zurück. Mit dem Zusammenbruch der Mittelmächte im Herbst 1918 und der ausdrücklichen Aufhebung des Vertrages im Waffenstillstandsabkommen mit Deutschland wurde dieser gegenstandslos. Die diplomatischen Beziehungen zwischen Deutschland und Rußland, im Anschluß an Brest-Litowsk aufgenommen, wurden im Herbst 1918 abgebrochen und erst 1920 stufenweise wieder aufgenommen. Unbestreitbar ist aber, daß Lenin die in Brest-Litowsk erlangte „Atempause" ebenso klug wie rücksichtslos im Innern zur Festigung der kommunistischen Herrschaft ausnutzte.

Kämpfe zwischen „Weiß" und „Rot"

Die Wahlen zur Verfassunggebenden Nationalversammlung hatten gezeigt, daß die Bolschewiki nur auf ein knappes Viertel der Bevölkerung zählen konnten. In den ersten Monaten nach der Oktoberrevolution gab es wegen der allgemeinen Kriegsmüdigkeit keinen organisierten militärischen Widerstand, doch schon im Frühjahr 1918 geriet die Sowjetmacht in eine zunehmend kritischer werdende Situation. Vier Kräfte mit ganz unterschiedlichen Zielen wirkten hierbei zusammen:
- der Abfall der nicht-russischen Völker,
- die Besetzung Weißrußlands und der Ukraine durch die Mittelmächte,
- antibolschewistische „weiße" Kräfte,
- die Intervention alliierter Truppen.

Durch den Frieden von Brest-Litowsk waren Finnland, Estland, Kurland, Lettland, Litauen, Polen, die Ukraine und Weißrußland selbständig geworden, oder sie schieden von sich aus dem russischen Staatsverband aus. Wenig später erklärten im Kaukasus Georgien, Armenien und Aserbaidschan ihre Unabhängigkeit.

Die nicht-russischen Völker nahmen damit das von den Bolschewiki in der „Deklaration über die Rechte der Völker Rußlands" proklamierte **Selbstbestimmungsrecht** für sich in Anspruch. Darin war das Recht auf freie Selbstbestimmung bis zur Abtrennung und Bildung eines eigenen Staates zugesichert worden.

Die **Okkupation Weißrußlands und der Ukraine** durch deutsche und österreich-ungarische Truppen von Februar bis November 1918 stellte eine zusätzliche Bedrohung der Sowjetmacht dar.

Der eigentliche **Bürgerkrieg zwischen „Weiß" und „Rot"** begann mit der Aufstellung einer weißen Kosakenarmee, die zum Kern der weißen Kräfte in Südrußland wurde. Ein zweites Zentrum der weißen gegenrevolutionären Kräfte entstand in Sibirien. Eine außerordentlich kritische Situation für die Sowjetmacht entstand, als im Sommer 1918 die südrussischen und sibirischen Kräfte zu einer gleichzeitigen Offensive ansetzten und zugleich ein Aufstand der Sozialrevolutionäre in Moskau ausbrach. Der Roten Armee gelang es, den Zusammenschluß der beiden weißen Armeen durch die Behauptung Zarizyns (später Stalingrad) zu verhindern.

Seit dem Winter 1918/19 wurden die gegenrevolutionären Kräfte durch die **alliierte Intervenion** im Norden (Archangelsk, Murmansk), im Süden (Krim, Sewastopol, Baku) und im Osten (Wladiwostok) unterstützt, vor allem durch Nachschublieferungen, kaum durch militärischen Einsatz. Schon im April 1919 begann der Rückzug der Interventionstruppen. Eine zweite ernste Krise für die Sowjetmacht entwickelte sich im Herbst 1919, als weiße Offensiven vom Osten, vom Süden und vom Baltikum her sogar Moskau und Petrograd bedrohten. Jedoch schon im Winter 1919/20 endeten diese mit einer vollständigen Niederlage der Weißen.

Gründe für den Sieg der Bolschewiki

● Die antibolschewistischen Kräfte waren in ihren politischen Zielsetzungen uneinig, ja zerrissen. Ihre ideologische Spannweite reichte von den Sozialrevolutionären bis zur extremen Rechten. Sie hatten daher kein gemeinsames konstruktives gesellschaftspolitisches Programm. Sie konnten die bäuerlichen Massen nicht für sich gewinnen, weil diese die Rückkehr der Großgrundbesitzer und ihre Herrschaft befürchten mußten. Die Bauern erblickten daher im Sowjetregime das geringere von zwei Übeln. Die großrussisch-nationalistische Grundeinstellung der führenden Offiziere verhinderte ein Zusammengehen mit den Nationalitäten.

● Die Bolschewisten hingegen verfügten über eine einheitliche, geschlossene **Ideologie** und über eine **Partei,** die bedingungslos ihrer Führung gehorchte (Politbüro, das die Politik festlegte, Organisationsbüro, das die Entscheidungen organisatorisch durchführte, und Sekretariat für die technische Durchführung unter der Kontrolle des Politbüros und des Organisationsbüros). Sie verfügten ferner über eine straff organisierte **Armee,** die „Rote Arbeiter- und Bauernarmee", ein Massenheer mit allgemeiner Wehrpflicht unter zwangsweise eingezogenen ehemals zaristischen Offizieren, die von Politischen Kommissaren überwacht wurden.

Schließlich schufen Lenin und die Führungsgruppe schon im Dezember 1917 eine **Geheimpolizei,** die

„Außerordentliche Kommission" (russ. ÇK = Tscheka), zur Bekämpfung „konterrevolutionärer Bestrebungen". Anfangs durfte die Tscheka nur die Voruntersuchungen führen und mußte die Verdächtigen vor die Revolutionstribunale bringen, schon im September 1918 erhielt sie auch die Vollmacht, Urteile zu fällen und zu vollstrecken. Die Tscheka wurde zum Instrument eines sich über das ganze Land erstreckenden Terrorregimes.

Die Wirtschaftspolitik der Bolschewiki

Die marxistische Ideologie der Bolschewiki sah als ersten Schritt des Übergangs zum Kommunismus die Sozialisierung der Produktionsmittel vor. Nach der Enteignung des Bodens im November 1917 wurden im Laufe des Jahres 1918 die gesamte Industrie, die Banken und der Außenhandel verstaatlicht. Zwei überdimensionale zentralistische Organisationen, der „Oberste Volkswirtschaftsrat" und das „Volkskommissiat für Versorgung", übernahmen mit diktatorischen Vollmachten die Planung und Lenkung der gesamten Volkswirtschaft. Unter den Verhältnissen des Krieges und des Bürgerkrieges (daher wird diese Phase auch als **Kriegskommunismus** bezeichnet) zerfiel jedoch der Wirtschaftsorganismus des Landes und machte einer anarchischen Naturalwirtschaft Platz. In den Betrieben wurden die Vorräte verschleudert, die Arbeiter wanderten ab. 1920 war die Industrieproduktion gegenüber dem letzten Vorkriegsjahr 1913 auf ein Siebentel, die Zahl der Arbeiter auf unter 40 % gesunken.

Die Umstrukturierung der Besitzverhältnisse auf dem Lande hatte dort ähnlich chaotische Zustände herbeigeführt. Überdies erhielten die Bauern für ihre Produkte keine Gegenleistung und gingen zur Selbstversorgungswirtschaft über. Die befohlenen Requisitionen mit terroristischen Mitteln hatten nur einen zeitlich begrenzten Erfolg. 1921 war die Anbaufläche auf 77 %, die Produktion auf knapp die Hälfte des Standes von 1913 abgesunken. Eine katastrophale Wirtschaftskrise war die Folge.

Als im Februar 1921 die 64 größten Petrograder Industriebetriebe wegen Brennstoffmangels geschlossen werden mußten, kam es zu einer Streikwelle, die brutal unterdrückt wurde. Die Unruhen griffen auf die Seefestung Kronstadt über, wo die Matrosen – einst die Speerspitze der bolschewistischen Revolution – freie und geheime Neuwahlen der Sowjets, die Wiederherstellung der Grundfreiheiten für Arbeiter und Bauern und die Freilassung der politischen Gefangenen forderten **(Kronstädter Aufstand)**.

Lenin und die Partei verdammten den Aufstand, bei dem es um die Wiederherstellung der Errungenschaften der Revolution ging, als eine konterrevolutionäre Verschwörung und ließen Kronstadt regelrecht erstürmen.

Unter dem Eindruck dieser Vorgänge leitete Lenin im März 1921 die Wende vom Kriegskommunismus zur **Neuen Ökonomischen Politik** (russ. Abkürzung **NEP**) ein. Die willkürlichen Requisitionen von Agrarprodukten wurden eingestellt und durch eine gesetzlich festgelegte Naturalabgabe ersetzt. Was die Bauern darüber hinaus erzeugten, durften sie auf freien Märkten in den Städten anbieten. Außerdem wurde der private Kleinhandel wieder zugelassen. Schließlich erhielten private Unternehmer Konzessionen, vor allem ausländische Investoren wurden ermutigt, in der Sowjetunion Unternehmen zu gründen. Lediglich die Grundstoff- und Schwerindustrie, das Verkehrswesen und die Banken blieben Staatseigentum.

Der Erfolg stellte sich unverzüglich ein. Die Ernährungslage besserte sich zusehends, die Produktion in der Leichtindustrie und im Kleingewerbe näherte sich alsbald dem Vorkriegsstand. Die Lage in der sozialisierten Schwerindustrie hingegen blieb kritisch, denn die Strukturschwächen der alten Wirtschaft blieben erhalten. Eine Erneuerung der Anlagen fand nicht statt. Es gab eine ausgedehnte versteckte Arbeitslosigkeit. Auf dem Lande herrschte eine unproduktive Klein- und Kleinstproduktion vor, die zur Selbstversorgung tendierte und nicht genügend Überschüsse für den Markt produzierte. Die zentrale Frage war, wie auf dem Lande die Mittel erwirtschaftet werden konnten, um die **Industrialisierung** zu finanzieren.

Das Herrschaftssystem der Sowjetunion

Nach dem Sieg im Bürgerkrieg beherrschte das Sowjetregime, abgesehen von den westlichen Randgebieten, das gesamte Territorium des Zarenreiches. Den Kern bildete die im Juli 1918 gebildete **Russische Föderative Sozialistische Sowjetrepublik (RSFSR)**. Durch den Zusammenschluß der RSFSR mit den Sowjetrepubliken Ukraine, Weißrußland und Transkaukasus wurde im Dezember 1922 die **Union der Sozialistischen Sowjetrepubliken (UdSSR)** geschaffen. Stalin sprach von einem besonderen sowjetischen Typ der Föderation, den er als „zentralisierte Föderation" bezeichnete. Tatsächlich war (und ist) die UdSSR ein „zentralistisch regierter großrussischer Einheitsstaat" (Stökl).

Die „führende und lenkende Kraft der Sowjetgesellschaft, der Kern ihres politischen Systems" (Verfassung der SU von 1977) ist die **Kommunistische Partei der Sowjetunion (KPdSU)**. Sie ist nach den Leninschen Prinzipien eine „Kaderpartei" aufgebaut. Der Parteiapparat setzt sich aus etwa 300 000 hauptamtlichen Funktionären zusammen und ist nach dem Prinzip des „demokratischen Zentralismus" organisiert, d. h. die Beschlüsse der höheren Parteiorgane sind für die niederen Organe unbedingt verbindlich.

Die Entscheidungen der Partei bzw. ihrer Führungsgremien (Zentralkomitee, Politbüro, Sekretariat) sind

für alle Einrichtungen des Staates und der Gesellschaft verpflichtend. Ihre Durchführung obliegt den staatlichen und gesellschaftlichen Organen, diese unterliegen wiederum der Kontrolle der Partei. Die Partei ist die „lenkende Kraft", die übrigen Organisationen fungieren als „Transmissionen" der Partei. (Diese Willensübertragung ließe sich auch mit der Funktion eines Zahnrades vergleichen, das alle anderen Zahnräder bewegt.)

Die Komintern
Die bolschewistischen Führer waren der festen Überzeugung, daß die Revolution in Rußland das Signal für die Weltrevolution sein werde, in der sich die Völker für die kommunistische Gesellschaft nach sowjetischem Muster entscheiden würden. Instrument der Forcierung der Weltrevolution sollte die 1919 von Lenin gegründete **Kommunistische Internationale** (Komintern) sein. Sie unterstand der Führung durch die KPdSU, ihre Mitgliedsparteien mußten ihre Eigenständigkeit aufgeben und hatten sich als Sektionen der Komintern zu verstehen.
Schon unter Lenin stand die Komintern auch im Dienste der Machtergreifung des Sowjetstaates. Diese Funktion wurde verstärkt, als Stalin gegen Trotzki die Theorie vom **„Sozialismus in einem Land"** verkündete. Während bis dahin selbstverständlich war, daß die Revolution in Rußland nur gesichert sei, wenn sie sich vorher in den westeuropäischen Industriestaaten durchgesetzt habe, eine Theorie, die Trotzki nach wie vor vertrat, erklärte Stalin, der Sieg des Sozialismus in einem Land – der Sowjetunion – sei möglich. Von da an war die Komintern in erster Linie ein Instrument der sowjetischen Außenpolitik.

38.1. Die Voraussetzungen der Russischen Revolution

38.1.1. Wissensziele

Im 19. Jahrhundert lebten die russischen Bauern zunächst in Leibeigenschaft und äußerster Armut. Über dieser Masse der Bauern stand eine zahlenmäßig kleine Oberschicht aus adligen Großgrundbesitzern, Großbürgern sowie hohen Beamten und Militärs. Gegner des Regimes wurden nach Sibirien verbannt. 1861 wurden die Bauern aus der Leibeigenschaft entlassen, mußten aber für das ihnen abgetretene Land hohe Abgaben bezahlen und blieben deshalb meist in Armut. Die Gegner der Zarenherrschaft

und der bestehenden demokratischen Ordnung kamen aus dem Bürgertum, der Intelligenzschicht und der Arbeiterschaft. Unter ihnen gab es drei Richtungen: Anhänger bürgerlich-liberaler Reformvorstellungen, Sozialdemokraten und die von Lenin begründete radikal-marxistische Bewegung der Bolschewiki, die sich später Kommunisten nannten.
Die russische Revolution von 1905 veranlaßte den Zaren und die Regierung zu Zugeständnissen. Die Auflösung des Mir sollte den Bauern den Erwerb des von ihnen bearbeiteten Bodens ermöglichen. Ein gewähltes Parlament, die Duma, sollte an der Gesetzgebung teilnehmen.

38.1.2. UE-Ziele

(1) Das politische System des zaristischen Rußlands und seine Widersprüche
(2) Die Lage der Bauern
(3) Vorgeschichte und Ursachen der Revolutionen von 1905 und 1917

38.1.3. Einstieg

● **Film:** Institut 32 2080, Zur Geschichte der UdSSR: Untergang des Zarenreichs
● **Film:** Institut 32 2477, 1917 – Jahr der Entscheidung (4. Sequenz)
● **Karikatur:** „Die russische Gesellschaft" in einer Karikatur, Informationen 178, S. 21 und Gfm
● **Augenzeugenberichte:** Die Stimmung 1914 und 1917. in: Die Russische Revolution 1917. dtv-Dokumente 2903, S. 47 und 113.
● **Aufsatz:** „Was ist Leibeigenschaft?" in: V. Gitermann, „Geschichte Rußlands", a. a. O., S. 560 f. und Gfm

38.1.4. Schwerpunkte

Die Russische Revolution von 1917 in ihrer Abfolge und vor allem die Oktoberrevolution begründeten politisch und durch wirtschaftliche und soziale Umwälzungen ein neues Herrschaftssystem, das sich selbst im Sinne der Lehre von Karl Marx als eine „neue" Gesellschaftsordnung begreift. Dieses System und die Revolution als sein Ursprung gilt es zu erkennen. Dies geschieht durch Behandlung der Revolution samt ihren Voraussetzungen und Ergebnissen.
Kenntnisse, die die Schüler dazu bereits mitbringen, sollen dabei trotz ihrer Lückenhaftigkeit und Vorläufigkeit herangezogen werden. In diesem Zusammenhang ist zu bedenken, daß die Vorstellungen der Schüler weithin orientiert sind an ihrem Standort in

einem parlamentarisch-demokratischen Rechtsstaat wie der Bundesrepublik Deutschland, sowie an dem nach 1945 angesammelten Wissen über die Vorgänge in der SBZ und später der DDR.

Der Unterricht in politischer Geschichte soll zunächst den historischen Ablauf darstellen und zu erklären versuchen, warum die Entwicklung in Rußland so verlaufen konnte und ob sie gerade so verlaufen mußte. Hierbei ist die konkrete russische Situation im Jahre 1917 mit ihren aktuellen Problemen (wirtschaftlich-soziale Notlage, Frage der Beendigung des Krieges) besonders zu behandeln.

Die Einordnung der Russischen Revolution an diese Stelle des Unterrichtsablaufs, d. h. im Anschluß an den Ersten Weltkrieg, ist didaktisch gerechtfertigt. Allerdings muß dabei auf die innere Entwicklung Rußlands von 1861 zurückgegriffen werden.

Die Gegenüberstellung zweier Augenzeugenberichte zeigt in Verbindung mit der Gegenüberstellung zweier Fotos (Informationen, 151, S. 13), wie sehr sich die Stimmung im russischen Volk zwischen 1914 und 1917 gewandelt hatte:

Schilderung des Duma-Präsidenten Rodsjanko:

„An dem Tage, an dem das Manifest über den Kriegsausbruch mit Deutschland erschien, hatte sich vor dem Winterpalais eine riesige Volksmenge versammelt. Der Kaiser sprach . . . einige Worte und schloß mit dem feierlichen Versprechen, den Krieg nicht eher beenden zu wollen, als auch nur eine einzige Spanne russischer Erde vom Feind besetzt sei. Ein donnerndes Hurra dröhnte durch die Säle des Palais, und die Menge draußen auf dem Platze stimmte begeistert ein . . . Als das Volk . . . seinen Kaiser erblickte, ging es wie ein elektrischer Funke durch alle Herzen . . . Die Fahnen, die Tafeln mit Aufschriften: ,Es lebe Rußland und das Slawentum!' senkten sich zur Erde, und die Menge beugte das Knie vor dem Zaren . . . Ich gesellte mich zu einem Trupp Arbeiter und erinnerte sie daran, daß sie doch vor kurzem erst noch gestreikt und beinahe mit der Waffe in der Hand ihre politischen und wirtschaftlichen Forderungen gestellt hätten. Sie sagten: ,Das waren unsere Privatangelegenheiten, . . . jetzt aber handelt es sich um ganz Rußland. Wir haben uns um unseren Zaren wie um unsere Fahne geschart und werden ihm folgen und über die Deutschen siegen!'"

▶ **Quelle:** M. Hellmann, Die Russische Revolution 1917, a. a. O., S. 47

Bericht der Petrograder Abteilung der Ochrana (13. Februar 1917)

„Ungefähr um 2 Uhr mittags begannen an vielen Stellen Unruhen, die von heute einberufenen Soldaten angezettelt wurden. Haufen von bis zu 500 Menschen zogen unter Absingen der Marseillaise durch die Straßen und schrien: ,Nieder mit dem Krieg!'"

▶ **Quelle:** M. Hellmann, Die Russische Revolution 1917, a. a. O., S. 113.

Der Meinungsumschwung ist augenfällig: Kriegsbegeisterung und Identifikation der Bevölkerung mit dem Zaren (Bevölkerung und Soldaten „sinken in die Knie") auf der einen, Protest, Aufruhr, Forderung nach Beendigung des Krieges auf der anderen Seite. Daß die Gründe für diesen tiefgreifenden Meinungsumschwung in den unmittelbaren Auswirkungen des Krieges zu suchen sind, legt auch für die Schüler den Vergleich mit einer ähnlichen Wandlung der Stimmung in Deutschland nahe. Im Anschluß daran muß aber deutlich gemacht werden, daß dieser in revolutionären Forderungen ausmündende Stimmungsumschwung in Rußland auch ältere und allgemeinere Ursachen hat. In ihrem Lichte muß daher auch das stürmische Verlangen nach sofortiger Beendigung des Krieges gesehen werden.

Deshalb sind im Fortgang des Unterrichts zwei Fragenkreise nebeneinander zu erörtern:

– Welche seit langem ungelösten Probleme politischer, wirtschaftlicher und sozialer Natur bestimmten schon vor 1914 die Haltung weiter Teile der Bevölkerung und bestimmter revolutionär gesonnener Gruppen?

– Welche Rolle spielte der Krieg, um diese seit langem bestehende Unzufriedenheit in politische (revolutionäre) Aktion umzuwandeln, was zum Sturz des Zarentums und zur Errichtung der bolschewistischen (kommunistischen) Herrschaft führte?

Im Rahmen des ersten Problemkreises werden drei gewichtige Schwerpunkte herausgegriffen:

– Rußland unter der Herrschaft des Zaren vor 1861, politische und soziale Ordnung

– Die Reformen von 1861 und ihre Auswirkungen

– Die Revolution von 1905, ihre Ursachen und Auswirkungen

▶ **Material:** „Die russische Gesellschaft" in einer Karikatur in: Informationen 178, S. 21 und Gfm Viele Menschen (Bauern, Arbeiter), die auf dem Boden stehen, tragen eine Art Etagère mit nach oben kleiner werdenden Platten. Auf der untersten Platte sind (wohlhabende) Bürger zu sehen, auf der Platte darüber Soldaten, weiter Geistliche, Adlige und in der Spitze die Zarenfamilie.

Arbeitsaufgaben	denkbare Formulierungen
1. Welche Personen sind auf dem Bild zu sehen und was tun sie?	– Es sind Personen verschiedener sozialer Gruppen zu sehen: Bauern und Arbeiter tragen das Bürgertum. Darüber stehen die Militär, die geistlichen Würdenträger, der Adel sowie die Zarenfamilie.
	– Die Arbeiter und Bauern leiden unter der schweren Last, sie drohen z. T. mit den Fäusten und schwenken Fahnen.

Arbeitsaufgaben	denkbare Formulierungen
2. Es wird darüber informiert, daß die Herstellung und Verbreitung einer solchen Darstellung nur unter Lebensgefahr möglich war. Warum?	Der Zeichner kritisiert die Ausbeutung der Arbeiter und Bauern durch die darüberstehenden Gruppen und deutet an, daß sich die Arbeiter und Bauern dagegen zu wehren wissen.
3. Diese Zeichnung fordert dazu auf, weitere Fragen zu formulieren.	– Inwieweit treffen die auf dem Bild dargestellten Zustände zu? – Wie waren die Lebens- und Arbeitsverhältnisse im 19. Jahrhundert in Rußland? – Welche Anstrengungen und Versuche gab es, mit den politischen und wirtschaftlich-sozialen Problemen fertig zu werden? – Welche Erfolge hatten sie?

Im anschließenden Unterrichtsgespräch ist zu berücksichtigen, daß diese Karikatur keine sachlich-neutrale Wiedergabe bestehender Verhältnisse gewesen ist, sondern aus dem Willen zur Veränderung heraus den Zustand der Gesellschaft kritisch schildert. Deswegen kommt der Arbeitsaufgabe 3 eine besondere Bedeutung zu. Sie veranlaßt die Schüler, aus der Betrachtung der Karikatur den Fortgang und die Perspektiven des weiteren Unterrichts zu entwickeln.

Um auf diese und ähnliche Fragen eine Antwort zu finden, sollen die Schüler in drei Gruppen Informationen aufarbeiten, die sie den ihnen vorgelegten Texten entnehmen können.

Gruppe 1: Die wirtschaftliche und soziale Lage der Bauern vor den Reformen von 1861

Der auf das wesentliche gekürzte Text entstammt dem 1816–1824 entstandenen Tagebuch N. I. Turgenjews:

„Unter dem Wort Knechtschaft oder Sklaverei versteht man bei uns gewöhnlich die Leibeigenschaft der Bauern. Aber dieser Zustand wird eingeteilt in zwei verschiedene und sogar sehr entgegengesetzte Arten. Leibeigen können die Bauern sein mit Zins oder auf Ackerland . . .

. . . Betrachten wir den Zustand des Zinsbauern . . . Gewöhnlich wird der Zins von den Gutsbauern gerecht festgesetzt, ohne Bedrückung des Bauern und ohne Verlust von seiten des Herrn . . . Die Zinsbauern verwalten ihre Angelegenheiten selbst . . . Aus dem Gesagten geht hervor, daß man die Zinsbauern überhaupt nicht Sklaven de facto nennen kann, obwohl sie de jure keine freien Leute sind.

Betrachten wir jetzt die Lage der Fronbauern. Ihre Hauptverpflichtung ist es, drei Tage in der Woche für den Herrn zu arbeiten, vom 1. Januar bis zum 31. Dezember . . . Zu der Fronarbeit liefert der Bauer dem Herrn jährlich einen Hammel, manchmal eine Gans oder ein Huhn. Die Bauersfrau webt, außer der dreitägigen Arbeit im Sommer, im Winter für den Herrn Linnen . . . Obendrein sind je Haushalt in festgesetzter Menge Pilze, Beeren, manchmal auch Nüsse beizubringen. Die Bauernkinder beiderlei Geschlechts arbeiten ebenfalls drei Tage in der Woche für den Herrn . . . Die Gutsherrn gründeten sogar in den Getreidegebieten Fabriken, in denen Bauern, insonderheit Minderjährige, arbeiten . . . Dementsprechend begnügen sich einige Gutsbesitzer nicht mit den drei Wochentagen und zwingen ihre Bauern, manchmal während der Erntezeit mehrere Tage pro Kopf zu arbeiten . . . Andere beschränken den Bauern auf die Feiertage und geben ihm . . . nur ein Monatsdeputat an Lebensmitteln, so daß sie unablässig für den Herrn schaffen und außer der monatlichen Lebensmittelration nichts besitzen.“

▶ **Quelle:** B. Krapp, Bauernnot in Rußland und die bolschewistische Revolution. Stuttgart o. J., S. 10 f.

Arbeitsaufgaben	denkbare Formulierungen
1. Wie ist das Verhältnis zwischen Gutsherren und leibeigenen Bauern im Hinblick auf die wirtschaftliche und rechtliche Situation zu bezeichnen?	– Die Bauern lebten in ärmlichen Verhältnissen und waren wirtschaftlich und persönlich vom Gutsherrn abhängig. – Die Bauern hatten überdies keine politischen Rechte. Sie waren zum großen Teil leibeigen und gehörten dem Gutsherrn.
2. Ein russischer Emigrant kennzeichnete 1845 die Herrschaft des Zaren mit folgenden Charakterisierungen: – Willkür und Raubsucht – der Zar als Feind der Freiheit – Sklaverei und Erniedrigung der Untertanen Welche Zusammenhänge bestehen zwischen dem sozialen System und der politischen Ordnung?	Die politische Verfassung Rußlands diente der Erhaltung der bestehenden Sozialordnung. Reformen wurden verweigert.
3. In den Jahren 1826 bis 1861 gab es in Rußland insgesamt fast 1200 Bauernerhebungen. Welche Motive werden dazu nach den bisherigen Informationen maßgebend gewesen sein?	Die Bauern wehrten sich gegen die Ausbeutung und Rechtlosigkeit. Sie forderten wirtschaftliche Besserstellung und Aufhebung der Leibeigenschaft.

Arbeitsaufgaben	denkbare Formulierungen
4. Welche Möglichkeiten gab es für die Regierung, mit diesen Problemen fertig zu werden?	– Unterdrückung der Aufstände mit Gewalt, Beibehaltung der alten Zustände – Durchführung von Reformen

Gruppe 2: Die Bauernbefreiung von 1861 und ihre Auswirkungen

„Die Leibeigenschaft, obgleich sonst überall in Europa aufgehoben, war noch das allgemeine Los der russischen Bauern. Die Befreiung der Leibeigenen auf Kronland gelang dem Zaren verhältnismäßig leicht. Die übrigen Leibeigenen wurden auf Grund einer Reihe von Gesetzen befreit, die zusammen das Emanzipationsedikt von 1861 ergaben. Von diesem Zeitpunkt an war jeder Leibeigene ein freier Mann und nicht länger der Autorität und oft der Knute oder Kette seines Grundherrn unterworfen. Insgesamt wurden mehr als 20 Millionen Leibeigene befreit. Aber Freiheit ohne die Mittel zum Lebensunterhalt ist bloßer Schein. Die russische Regierung stand nun vor der schweren Aufgabe, die Landfrage so zu regeln, daß Grundbesitzer und Bauern gleichermaßen zufriedengestellt wurden. Bisher hatten die Leibeigenen in jedem Mir, in jeder Dorfgemeinschaft, einige Tage in der Woche für ihren Herrn gearbeitet, der ihnen als Lohn dafür große Pachtländer für ihren eigenen Bedarf zur Verfügung stellte. Was sollte aber geschehen, nachdem die Leibeigenen aller Dienstleistungen und sonstigen Verpflichtungen ledig waren? Die Grundbesitzer beanspruchten alles Land für sich. Wenn jedoch die Bauern ihre Freiheit ohne Land dazu bekämen, war ihre Lage offensichtlich schlechter als bisher. Schließlich kam man zu einem Kompromiß. Der Grundherr behielt mehr als die Hälfte des Bodens, der Rest ging auf den Mir über und war zur Nutzung durch die Bauern bestimmt. Aber die im Mir zusammengeschlossenen Bauern mußten ihren Anteil kaufen, weil die Grundherren behaupteten, daß der Boden ursprünglich ihnen gehört habe. In der Praxis zahlte die Regierung den Grundherren den Kaufpreis aus, den die Bauern im Verlauf von 49 Jahren in Raten der Regierung zurückerstatten mußten. Diese Bestimmung rief allgemeine Unzufriedenheit hervor."

▶ **Quelle:** H. A. Clement, Die Geschichte Europas seit 1870. Braunschweig 1965, S. 34/35.

„Hauptaufgabe und Mittelpunkt der Reform bleibt das Problem der Bauernbefreiung in einer Nation, von der 78,7 Prozent (47,2 Mill.) dem Bauerntum angehören. Der Ukas über die Bauernbefreiung vom 3. 3. 1861 lehnte schließlich den Anspruch des Adels auf Herrschaft über die Dorfverwaltung ab und gewährte die persönliche Freiheit des Bauern mit Abzugsrecht und

Ende der Schollenbindung. Dagegen knüpfte er die Überweisung des Bodens mit wechselnder, vielfach nicht ausreichender Größe der Anteile an eine in 49 Jahresrenten bis zur Höhe des sechsfachen Bodenwertes abzutragende Entschädigung des Gutsherrn. Die Reform enttäuschte schon dadurch die Bauern, die großenteils übertriebene Erwartung auf freie Überlassung des gesamten Herrenbesitzes gehegt hatten. Sie ließ weiter die traditionelle Bindung des Bauern an die Gesamtwirtschaft des Dorfes in der Form der Mirgemeinde bestehen . . . Wirtschaftlich hat sich diese Mirbindung aber doch als Fessel erwiesen; sie hat die Umstellung des russischen Dorfes auf moderne Wirtschaftsformen folgenreich erschwert, während die ständige starke Bevölkerungszunahme die Begrenztheit des bäuerlichen Bodenbesitzes immer drückender erscheinen ließ . . ."

▶ **Quelle:** Herzfeld, Hans, Die moderne Welt 1789–1945, Band 1. Westermann, Braunschweig [6]1969, S. 161.

Arbeitsaufgaben	denkbare Formulierungen
1. Stellt die Vor- und Nachteile, die sich für die Bauern nach den Bestimmungen von 1861 ergaben, gegenüber.	**Vorteile:** – Die Bauern wurden persönlich frei. – Die Bauern erhielten die Hälfte des Grundbesitzes zu gemeinschaftlichem Eigentum („Mir"). **Nachteile:** – Die Bauern konnten nicht individuell über den ihnen zugewiesenen Grundbesitz verfügen. – Sie mußten die vom Staat vorfinanzierte Entschädigung der Grundbesitzer in langjährigen Darlehen abbezahlen.
2. Diskutiert die Behauptung: „An der Bauernbefreiung verdiente in erster Linie der Adel."	– Der Adel erhielt für das von ihm abgetretene Land großzügige finanzielle Entschädigungen. – An seiner politischen und gesellschaftlichen Vorrangstellung hatte sich nichts geändert.
3. Wie hätten die Reformen aussehen müssen, damit die Bauern wirkliche Vorteile erzielt hätten.	– Den Bauern hätte mehr und besseres Land zu individuellem Eigentum übertragen werden müssen. – Die so bedrückenden Entschädigungssummen hätten niedriger sein müssen. – Ihre politische Rechtsstellung (Beteiligung an der lokalen Selbstverwaltung) hätte gehoben werden müssen.

Gruppe 3: Die Revolution von 1905

Vorgelegt werden hier eine Statistik der Streikbewegungen in Rußland zwischen 1900 und 1909, die auf russischen Quellen beruhen, und der Bericht eines modernen Historikers, der unter Auswertung von vielen Augenzeugenberichten, Memoiren und amtlichen Akten ein lebendiges Bild vom „blutigen Sonntag" entwirft. Auch dieser Bericht ist gekürzt. Der im Text erwähnte Pope Gabon ist ein junger Geistlicher, der entscheidenden Anteil an der Demonstration hatte und sie dann anführte.

Streikbewegung 1900–1909

	Zahl der Streiks		Zahl der streikenden Arbeiter	
absolut	in Prozent der Zahl der Fabriken		absolut	in Prozent der ganzen Arbeiterzahl
1900	125	0,73	29389	1,73
1901	164	0,96	32218	1,89
1902	123	0,72	36671	2,15
1903	550	3,21	86832	5,10
1904	68	0,40	24904	1,46
1905	13995	93,2	2863173	163,8
1906	6114	42,2	1108406	65,8
1907	3573	23,8	740074	41,9
1908	892	5,9	176101	9,7
1909	340	2,3	64166	3,5

„... In gemeinsamen Beratungen wurde eine Petition entworfen, die dem Zaren am 9. (22.) Januar 1905 – einem Sonntag – überreicht werden sollte. Der Wortlaut der Petition wurde in Arbeiterversammlungen diskutiert und nach Annahme einiger Änderungen endgültig festgelegt. Es traten freilich auch sozialistische Redner auf, die erklärten, daß man die Freiheit nicht durch Bittschriften, sondern nur durch bewaffneten Aufstand erlangen könne, und die davor warnten, daß die Regierung auf das Volk werde schießen lassen.

Die Petition, welche von etwa 135000 Personen unterschrieben wurde, begann mit den Worten:

Wir, die Arbeiter der Stadt St. Petersburg, unsere Frauen, Kinder und hilflosen greisen Eltern, sind zu Dir, Gossudar, gekommen, um Gerechtigkeit und Schutz zu suchen. Wir sind verelendet, wir werden unterdrückt, über unsere Kraft mit Arbeit belastet, man verhöhnt uns, man läßt uns nicht als Menschen gelten. Man behandelt uns wie Sklaven, die ihr bitteres Schicksal schweigend tragen müssen. Wir duldeten all dies, aber man stößt uns immer weiter und weiter in den Pfuhl der Armut, der Rechtlosigkeit und der Unwissenheit. Despotismus und Willkür würgen uns, und wir ersticken. Unsere Kräfte versagen, Gossudar, unsere Geduld ist erschöpft. Wir sind bei dem furchtbaren Augenblick angelangt, in dem der Tod willkommener ist als die Fortsetzung der unerträglichen Qualen.

Auf diese Einleitung folgten Postulate, deren Erfüllung als unbedingt erforderlich bezeichnet wurde: Freiheit und Sicherheit der Person, Freiheit des Wortes und der Presse, Versammlungs- und Gewissensfreiheit; Einberufung einer allrussischen Konstituierenden Versammlung zwecks Einführung einer Verfassung; Verantwortlichkeit der Minister vor dem Volk und Garantie einer gesetzmäßigen Verwaltung; Gleichheit aller vor dem Gesetz, ohne Ausnahme; Freiheit der Arbeiterverbände und des Kampfes der Arbeit gegen das Kapital; Achtstundentag und gesetzliche Normierung der Überstunden; Arbeiterschutzgesetzgebung und staatliche Arbeiterversicherung; Einstellung der Zahlungsverpflichtungen für das seinerzeit an die Bauern abgetretene Land; allmähliche Übergabe des Bodens an das Volk; Verbilligung des Kredits; Abschaffung aller indirekten Steuern und Einführung einer direkten, progressiven Einkommenssteuer; Amnestie für alle Verbannten und Gefangenen, die für ihre Überzeugung litten; allgemeine obligatorische Volksbildung auf Staatskosten; Trennung von Kirche und Staat; Beendigung des Krieges ...

... Der Monarch hatte Petersburg bereits verlassen; er befand sich in Zarskoje Sjelo. Es wurde beschlossen, um das Palais eine Demarkationslinie zu ziehen, das Volk zur Umkehr auffordern zu lassen und, wenn es nicht gehorchte, das bereitstehende Militär einzusetzen.

Am 9. Januar zogen schon am Vormittag große Menschenmengen durch die Straßen der Hauptstadt. Insgesamt nahmen an der Kundgebung etwa 140000 Personen teil: Arbeiter, Frauen, Kinder, auch viele Neugierige. Die Demonstranten waren unbewaffnet; sie trugen Porträts des Zaren, Kirchenfahnen, Heiligenbilder. Während des Marsches wurden Choräle gesungen. ... Während das Volk dem Schloßplatz zuströmte, ereigneten sich bereits kleinere Zusammenstöße mit den Truppen. Aber erst als die Menge ihren Aufmarsch beendet und sich vor dem Winterpalais angestaut hatte, ertönte ein Hornsignal, worauf die Offiziere ein mörderisches Feuer eröffnen ließen. Während der Panik, die bei den ersten Schüssen entstand, wurde Gapon zu Boden geworfen und von seinen Freunden in Sicherheit gebracht. Die Salven auf das fliehende Volk dauerten an. Es gab mehr als tausend Tote und annähernd zweitausend Verwundete. Bis in die Nacht hinein setzte das Militär seine „Säuberungsaktion" mit unbeschreiblicher Grausamkeit fort. ...

Der „blutige Sonntag" hat die naiven Hoffnungen, die das Volk auf den Zaren gesetzt hatte, gründlich zerstört. Unzählige Arbeiter vernichteten das Zarenporträt in ihrer Stube und sagten: „Wir haben keinen Zaren mehr." Das Ansehen der Sozialisten, welche den Ausgang der von Gapon organisierten Prozession richtig vorausgesagt hatten, nahm überall zu. Die Empörung über das vor dem Winterpalais angerichtete Blutbad rief

eine Welle von Proteststreiks hervor; die Zahl der Streikenden überschritt Ende Januar eine halbe Million. Die Losung vieler Arbeiter lautete jetzt: „Nieder mit der Selbstherrschaft!" Damit begann die Revolution des Jahres 1905 . . .

. . . Am 18. Februar (3. März) 1905, sagte Nikolaus II. vorwurfsvoll zu Minister Bulygin: „Es sieht ja aus, als befürchteten Sie den Ausbruch einer Revolution!" – „Majestät", replizierte Bulygin, „die Revolution ist bereits im Gange."

▶ **Quelle:** V. Gitermann, Geschichte Rußlands, Bd. 3, a. a. O., S. 389 ff.

Arbeitsaufgaben	denkbare Formulierungen
1. Mit welchen Erwartungen zogen die Massen vor das Winterpalais? Wie war dementsprechend ihre Haltung? 2. Erörtert die Frage, ob der gewaltsame Zusammenstoß zwischen den Truppen und den Demonstranten unvermeidbar war. Beachtet die unterschiedlichen Handlungsmotive der Truppen und der Demonstranten.	– Vertrauen in die Einsicht und Hilfsbereitschaft des Zaren und der Regierung – Die friedliche Demonstration soll dieses Vertrauen ausdrücken. – Zar und Regierung sahen in der Demonstration einen gegen die Person des Zaren gerichteten gewaltsamen Aufstand und erkannten nicht die friedliche Absicht der Demonstranten. – Die Truppen hatten den Auftrag, das Winterpalais und die Person des Zaren zu schützen.

Arbeitsaufgaben	denkbare Formulierungen
3. Wie wirkten sich die Vorkommnisse des 9. Januar 1905 („Blutsonntag") auf das Verhältnis zwischen Zar und Bevölkerung aus? 4. Warum weigert sich der Zar, die Beschwerden und Wünsche der Demonstranten anzuhören?	– Das bisher allgemeine Vertrauen in den Zaren und seine Politik war erschüttert. – Weite Bevölkerungskreise in Bauern- und Arbeiterschaft lehnten die Herrschaft des Zaren ab und erhofften von einem Umsturz Besserung ihrer Lage. – Weitere gewaltsame Unruhen waren deswegen zu befürchten. – Der Zar begreift die Nöte der Demonstranten, die sie vor das Winterpalais geführt hatten, nicht. – Er sieht in der Demonstration nur den Versuch, die bestehende Ordnung gewaltsam umzustürzen.

Anschließend können die drei Gruppen ihre Arbeitsergebnisse in Form von Tafelbildern vorstellen. Damit sollen diese Ergebnisse allen zugänglich gemacht werden. Der so entstehende Gesamteindruck ermöglicht es, die Eingangsfrage nach den Vorbedingungen der Ereignisse von 1917 wieder aufzunehmen.

Tafelbilder

Gruppe 1:

T **Rußland unter der Herrschaft der Zaren vor 1861**

die Lage der Bauern	die Lage der Grundherren
● leibeigen ● unfrei ● ohne politische Rechte ● wirtschaftlich abhängig	● verfügen über den gesamten Landbesitz ● konnten über ihre Leibeigenen nach Gutdünken bestimmen ● besaßen allein politische Rechte

⟵⟶

GEGENSÄTZE

● Bauernaufstände
● deren gewaltsame Niederwerfung

MÖGLICHKEITEN

● weitere gewaltsame Unterdrückung der Bauern
● Reformen, die mehr persönliche Freiheit und wirtschaftliche Selbständigkeit bringen

Gruppe 2:

T   **Bauernbefreiung 1881 und ihre Auswirkungen**

	Adel	Bauern
Vorteile	– behielt die Hälfte des Grundbesitzes – bekam Entschädigung für das abgetretene Land – politisch weiterhin führend	– wurden persönlich frei – erhielten Land in Gemeinschaftseigentum
Nachteile		– hatten auf größere Landzuteilung gehofft – mußten das erworbene Land abbezahlen – politisch weiterhin ohne Rechte

Folgen
– keine Änderung der politischen Ordnung
– die Bauern bleiben unzufrieden und leben weiter unter schlechten wirtschaftlichen Bedingungen

Gruppe 3:

T   **Die Revolution von 1905**

Hintergrund: allgemeine Unruhe ausgelöst durch
– Niederlage im Russisch-Japanischen Krieg (1904-05)
– Attentate
– Forderung nach einer Verfassung

Auslösung der Revolution:

Der blutige Sonntag 9. (22.) Januar 1905

– Demonstration vor dem Winterpalais:
– dem Zaren soll eine Bittschrift übergeben werden
– Vertrauen in den Zaren als Helfer

– Truppen sollen den Zaren beschützen
– Truppen sollen die Ordnung aufrechterhalten
– Regierung verkennt die friedlichen Absichten der Demonstranten

Zusammenstoß:
Tote und Verwundete
unter den Demonstranten

– weitere Unruhe in der Bevölkerung
– Schwinden des unbedingten Vertrauens in den Zaren

weitere harte Gegenmaßnahmen der Regierung

– Generalstreik in St. Petersburg
– Aufstand in Moskau
– Bildung der ersten Sowjets (Räte)

– Der Zar erläßt eine Verfassung für Rußland
– Beteiligung der Duma (eines nach eingeschränktem Wahlrecht gewählten Parlaments) an der Gesetzgebung

Am Ende dieses weitausholenden und bis ins 19. Jahrhundert zurückreichenden Überblicks soll den Schülern deutlich geworden sein, daß der Ausbruch der Revolution 1917 nicht allein aus dem Ersten Weltkrieg und seinen unmittelbaren Auswirkungen erklärt werden kann. Ebensowenig würde es genügen, nur und ausschließlich die Verschwörertätigkeit einer kleinen, aber zu allem entschlossenen Gruppe von Berufsrevolutionären dafür heranzuziehen. Vielmehr haben politische, wirtschaftliche und soziale Elemente lange vor dem Ersten Weltkrieg Voraussetzungen für den Ausbruch der Revolution geschaffen. Die Kette sozial und politisch bedingter Unruhen und revolutionärer Erhebungen lange vor dem Ersten Weltkrieg und bis unmittelbar vor seinen Beginn zeigen das. Vor diesem Hintergrund muß nun nach den besonderen Ursachen gefragt werden, die, durch den Krieg bedingt, gerade Anfang 1917 zum Ausbruch der Revolution führten.

Als zeitgenössisches Dokument zur Beantwortung dieser Frage bietet sich ein Bericht an, den der Direktor des Polizeidepartements im Innenministerium im Januar 1917 für seinen Minister erstellt hat. Er wird nachstehend in gekürzter Form wiedergegeben:
„Die im Reich eingetretenen Schwierigkeiten der Lebensmittelversorgung, eine Folge der Zerrüttung des Transportwesens und anderer Kriegsfolgen, haben sich mehr und mehr erhöht und drohen eine recht ernste Situation im Lande zu schaffen.

In dieser Beziehung droht besondere Gefahr durch die infolge unzureichender Lebensmittelversorgung in Petrograd eingetretene Lage ... In diesem Jahr sind allein im Monat Januar die Preise für Lebensmittel in Petrograd so stark erhöht worden, daß das Leben in der Hauptstadt sogar für die wohlhabenden Schichten der Bevölkerung schwierig geworden ist ...

... Was speziell die Verteuerung ... in der Hauptstadt ... anlangt, so ist sie hauptsächlich auf die jetzt überall in Rußland zu beobachtenden Versuche der Gutsbesitzer und der Bauern zurückzuführen ..., möglichst hohe Preise für die Erzeugnisse des Landes zu erzielen. Endlich ist ... die Preissteigerung in der Hauptstadt auch das Ergebnis der schädlichen Tätigkeit von Marodeuren unter den Kaufleuten, die ... nicht selten zu verschiedenen unerlaubten Maßnahmen greifen. ... Außerdem ist das Publikum, das die aufgeführten Gründe für die Erhöhung der Lebenshaltungskosten ... nicht kennt, geneigt, den Zusammenbruch der Versorgung insgesamt der Unfähigkeit der Behörden zuzuschreiben ...
Die Bemühungen der linksradikalen Gruppen (haben) ... unter der hauptstädtischen Bevölkerung eine so nervöse Stimmung erzeugt, daß es ... in der Tat zu Massenausschreitungen kommen kann.

Vorsorge gegen derartige Unruhen ... ist ... um so mehr geboten, als die kleinsten Exzesse in dieser Richtung ... zum Ausbruch von gegen die Regierung gerichteten Unruhen im ganzen Reich führen können."
▶ **Quelle:** M. Hellmann, Die Russische Revolution 1917, a. a. O., S. 107/108

Zu den in diesem Bericht geschilderten inneren Schwierigkeiten treten militärische und allgemeinpolitische Aspekte. In gemeinsamer Arbeit läßt sich dieser spezielle Ursachenkatalog aus der Zeit der Jahreswende 1916/17 erstellen. Hierzu kann auch der Text „Was ist Leibeigenschaft?" in: Gitermann, Bd. II, a. a. O., S. 560 f. und Gfm verwandt werden.

Unmittelbare Ursachen des Revolutionsausbruchs 1917

Arbeitsaufgaben	denkbare Formulierungen
1. Welche ungünstigen und deprimierenden Eindrücke hat die russische Öffentlichkeit vom Kriegsverlauf?	– Serie militärischer Niederlagen – Verlust weiterer Gebiete im Westen des Reiches – riesige Gefallenen- und Gefangenenzahlen – drohender weiterer Vormarsch der Mittelmächte
2. Welche kriegsbedingten Mißstände im Inneren werden beklagt?	– Preissteigerung – Verknappung der Lebensmittel – schlechte Organisation der Warenverteilung – Verelendung der Familien von Soldaten, Gefallenen und Gefangenen
3. Wen macht die russische Öffentlichkeit für all diese Mißstände verantwortlich?	– den Zaren und seine Regierung – die militärische Führung und die Offiziere allgemein – die unfähige Bürokratie – Wucherer und Schieber
4. Welche verschiedenen Maßnahmen können zur Behebung dieser Mißstände gefordert oder vorgeschlagen werden?	– Reorganisation der Bürokratie – Neuorganisation der Lebensmittel- und Warenverteilung – Verfassungsreform durch Stärkung der Rechte der Duma und Änderung des Wahlrechts – Absetzung des Zaren und Übergang zur Republik – Demonstrationen und Streiks – Revolution

Nachdem die Schüler einen Einblick sowohl in die seit längerem wirksamen als auch in die speziell kriegsbedingten Ursachen der Revolution erarbeitet haben, sollen ihnen die folgenden generellen Schlußfolgerungen einsichtig geworden sein:

- Der Wunsch oder die Forderung nach einer Veränderung der bestehenden politischen und sozialen Ordnung in Rußland war weitverbreitet.
- Die Mißstände, die diese Forderungen veranlaßten, waren unterschiedlicher Natur und wurden in unterschiedlichem Maße als drückend empfunden.
- Die Forderungen, die dementsprechend aufgestellt wurden, gingen in ihrem Inhalt unterschiedlich weit, sie reichten von maßvollen Reformen bis zum totalen Umbruch durch eine Revolution.
- Der tatsächliche Ablauf der Revolution und ihre Vollendung in der unumschränkten Herrschaft der Bolschewiki unter Lenin entsprach keineswegs den Vorstellungen all derer, die Veränderungen forderten, und bot nicht die einzige denkbare Form einer Umwandlung Rußlands.

38.2. Die Revolutionen im Februar und Oktober 1917

38.2.1. Wissensziele

Die Mißerfolge Rußlands im Ersten Weltkrieg begünstigten den Ausbruch der Februarrevolution 1917 mit dem gemäßigten Ziel einer parlamentarisch-demokratischen Republik. In der Oktoberrevolution 1917 errangen die Bolschewiki unter Lenin die Macht. Lenin verkündete als Ziel der Revolution die Errichtung der Diktatur des Proletariats im Sinne des von ihm entwickelten Marxismus. In Wirklichkeit errichtete er die Herrschaft der von ihm straff geführten kommunistischen Partei.

38.2.2. UE-Ziele

(1) Die Februarrevolution mit gemäßigter parlamentarisch-demokratischer Zielsetzung
(2) Die „Doppelherrschaft" von Provisorischer Regierung und Räten (Sowjets)
(3) Die Oktoberrevolution mit radikaler kommunistischer (bolschewistischer) Zielsetzung
(4) Ursachen des Sieges der Bolschewiken

38.2.3. Einstieg

● Film 32 2477, 1917 – Jahr der Entscheidung (4. Sequenz)

● Bilder, die die gravierenden sozialen Unterschiede in der russischen Gesellschaft zeigen (Gfm)
● Film 32 2080, Untergang des Zarenreiches 1900–1917

38.2.4. Schwerpunkte

In der vorangegangenen UE 38.1. waren die Ursachen der Russischen Revolution unter doppeltem Aspekt herausgestellt worden:
Zum einen wurden die unmittelbar kriegsbedingten Anstöße zur Sprache gebracht, zum anderen wurden die seit langem wirksamen Spannungen politischer, sozialer und wirtschaftlicher Natur, die in der Revolution von 1905 ihren ersten Höhepunkt fanden, und ihre Ursachen untersucht.
Bei der nun folgenden Behandlung des eigentlichen Revolutionsablaufes besteht das Problem, sich auf einige Schwerpunkte konzentrieren zu müssen.

38.2.4.1. Schwerpunkt: Die Februarrevolution und die anschließende „Doppelherrschaft"

Die Schüler sollen erkennen, daß seit Februar 1917 sich in Petrograd zwei miteinander konkurrierende Machtträger gegenüberstanden:
a) Die „Provisorische Regierung". Sie wurde von der Duma (Parlament) eingesetzt und gestützt von deren Mittelparteien sowie von den Sozialrevolutionären.
b) Der Petrograder „Arbeiter- und Soldatenrat", der sich spontan gebildet hatte. Ähnliche Räte bildeten sich überall im Lande und versuchten, dort ebenfalls die Arbeit der Behörden zu bestimmen.
Die von beiden Gremien eingeschlagene Politik kann in der Unterschiedlichkeit der Art ihres Vorgehens, aber auch ihrer grundsätzlichen Zielsetzung in einer Tabelle erarbeitet werden.
„Manifest der Provisorischen Regierung an das Volk"
„. . . Die Regierung . . . wird ihr möglichstes tun, um der Armee alles Notwendige zu sichern, damit sie den Krieg zu einem siegreichen Ende führen kann . . . Indem die Regierung die unumgänglich notwendigen Maßregeln für die Verteidigung des Landes gegen den auswärtigen Feind ergriff, sah sie es als erste Pflicht an, dem Volke den Ausdruck des Willens hinsichtlich der politischen Regierungsform in jeder Weise zu erleichtern. Sie wird baldmöglichst eine konstituierende Versammlung auf Grund des allgemeinen Wahlrechts berufen . . . Die Konstituierende Versammlung wird auch ein Grundgesetz veröffentlichen, welches dem Lande die unantastbaren Rechte der Freiheit und Gleichheit sichern wird . . ."
▶ **Quelle:** M. Hellmann, Die Russische Revolution 1917. a. a. O., S. 154

Aufruf des Arbeitersowjets an die Bevölkerung vom 28. 2. (13. 3.) 1917:

„...Das alte Regime muß vollständig beseitigt und der Weg für eine Volksregierung frei gemacht werden... Um in diesem Kampf um die Demokratie erfolgreich zu sein, muß das Volk sein eigenes Regierungsorgan wählen. Gestern, am 27. Februar (12. März), wurde in der Hauptstadt ein Sowjet der Arbeiter-Deputierten gebildet, der aus Vertretern der Fabriken, der Werkstätten, der meuternden Truppen und aus demokratischen und sozialistischen Gruppen besteht. Der Sowjet, der seinen Sitz in der Duma hat, hat sich selbst zur Aufgabe gemacht, die Volkskräfte zu organisieren und für die Sicherstellung der politischen Freiheit und eine Volksregierung zu kämpfen...
Wir fordern die gesamte Bevölkerung der Hauptstadt auf, sich um den Sowjet zu scharen... und die Verwaltung der lokalen Angelegenheiten in die eigene Hand zu nehmen.
Alle zusammen wollen wir vereint mit unseren Truppen die alte Regierung vollständig vernichten und eine Konstituierende Versammlung auf der Grundlage allgemeiner, gleicher, direkter und geheimer Wahlen einberufen."
▶ **Quelle:** M. Hellmann, Die Russische Revolution 1917, a. a. O., S. 128

Die Gegenüberstellung macht den von Anfang an bestehenden und sich im Verlauf der Revolution verstärkenden Gegensatz zwischen der „Provisorischen Regierung" und dem Petrograder Sowjet deutlich. Dieser Gegensatz übertrug sich alsbald auf das ganze Land, da überall örtliche Sowjets entstanden, die zu den dortigen Behörden in Rivalität traten.

Es erscheint jetzt notwendig, die Schüler mit einer weiteren politischen Kraft, die letztlich den Sieg davontragen wird, bekannt zu machen: den Bolschewiki mit ihrem Führer Lenin.
Die Schüler informieren sich über seinen Werdegang und analysieren seine in den „Aprilthesen" veröffentlichten Vorstellungen von Ablauf und Ziel der Revolution sowie sein Vorgehen in der folgenden Zeit.
▶ **Quelle:** Informationen 178, S. 20 ff. und Gfm
Die Analyse soll so vorgenommen werden, daß die Schüler nach den Arbeitsaufgaben unten eine weitere Sparte anfügen:

zu 2) ... „Beendigung des imperialistischen Raubkrieges"

zu 3) ... die Revolution befindet sich in einer Übergangsphase von der „bürgerlichen" zur „sozialistischen" Revolution; die Provisorische Regierung muß mit allen Mitteln bekämpft werden

zu 4) ... völlige Neugestaltung der sozialen und politischen Verhältnisse: Abschaffung der Polizei, der Armee und Beamten; Überführung des Landbesitzes in die Hand der Räte; die Räte kontrollieren die Banken, die Produktion und die Verteilung der Erzeugnisse

Arbeitsaufgaben	denkbare Formulierungen	
	Duma und „Provisorische Regierung"	*Sowjet*
1. Ermittelt aus den Quellen und anderen Materialien (Informationen Nr. 113/115, S. 1, und Gfm), wer in der von der Duma eingesetzten „Provisorischen Regierung" und im „Petrograder Sowjet" saß?	Mitglieder der Duma	Gewählte Vertreter der Fabriken, Werkstätten, der Soldaten und anderer demokratischer und sozialistischer Gruppen.
2. Wie standen beide Seiten zur Weiterführung des Krieges?	Fortsetzung des Krieges auf der Seite der Alliierten bis zum siegreichen Ende.	sofortige Beendigung des Krieges
3. Wie standen beide Seiten zu den Wahlen und zur Einberufung einer verfassunggebenden Versammlung?	„baldmöglichst" Berufung einer verfassunggebenden Versammlung aufgrund des allgemeinen Wahlrechts	vollständige Vernichtung der alten Regierung, verfassunggebende Versammlung aufgrund allgemeiner, gleicher, direkter und geheimer Wahlen
4. Worin besteht der Sinn und die letzte Zielsetzung der Revolution?	Errichtung einer parlamentarisch-demokratischen Republik nach westeuropäischem Muster (politische Revolution)	Sturz der bestehenden Gesellschafts- und Wirtschaftsordnung (politische **und** soziale Revolution)

38.2.4.2. Schwerpunkt: Die Entwicklung zur Oktoberrevolution

Ein weiterer Aspekt ist die Entwicklung der Revolution im Zeitraum vom April 1917 bis Oktober 1917. Nachdem die Schüler die wesentlichsten Ziele und die Methoden der verschiedenen politischen Gruppen kennengelernt und verglichen haben, sollen sie nun herauszufinden versuchen, welche Faktoren die Machtverhältnisse in Rußland beeinflußten. Dazu soll die folgende Datenliste, die in der ersten Spalte die Entwicklung auf „Regierungsebene" und in der zweiten Spalte die Reaktionen und Aktionen der Bevölkerung aufweist, dienen.

Mit Hilfe dieses „Informationskerns" sollen die Schüler versuchen, Beziehungen und Zusammenhänge aufzudecken. Es ist auch denkbar, diesen „Informationskern" durch Quellen- und Zahlenmaterial oder durch die Vorführung der 4. Sequenz des Films 32 2477 „1917 – Jahr der Entscheidung" bzw. durch den Film 32 2080 „Untergang des Zarenreiches 1900–1917" auszuweiten.
- Die Provisorische Regierung verliert zunehmend das Vertrauen der Bevölkerung.
- Die wichtigsten Fehler der Provisorischen Regierung sind: Fortsetzung des Krieges, Unfähigkeit, die wirtschaftliche Not zu beheben.

Zeit (in Klammern: Daten der alten Zeitrechnung)	Entwicklung auf der Regierungsebene	Aktion und Reaktion der Bevölkerung
27. 2. (14. 2.)	Erste Sitzung der Sowjets von Petrograd	
2. 3. (17. 2.)		Streiks in Petrograd, ausgelöst durch die Kriegsmüdigkeit eines Großteils der Bevölkerung; Demonstrationen, Verbrüderung Arbeiter – Soldaten
12. 3. (27. 2.)	Bildung der Provisorischen Regierung	
15. 3. (2. 3.)	Abdankung des Zaren	
16. 4. (3. 4.)	Rückkehr Lenins aus der Schweiz nach Petrograd	
17. 4. (4. 4.)	Lenins „Aprilthesen"	
30. 6. (17. 6.)	Beginn der „Kerenski-Offensive"	
Juni/Juli	Die „Kerenski-Offensive" scheitert, deutsch-österreichische Gegenoffensive	Demonstration gegen den Krieg („Nieder mit dem Krieg!") in Petrograd und in anderen russischen Städten
16./17. 7. (3./4. 7.)		Erneute Demonstrationen von Arbeitern und Soldaten, Forderungen: Sturz der Regierung. Demonstrationen werden durch regierungstreue Truppen zerschlagen.
17. 7. (4. 7.)	Flucht Lenins nach Finnland	
21. 7. (8. 7.)	Kerenski wird Ministerpräsident	
26. 9. (24. 8.)	Putschversuch des Generals Kornilow scheitert.	Zahlreiche Bolschewiken kämpfen gegen die Soldaten Kornilows.
16. 9. (3. 9.)	Kerenski ruft die Republik aus.	
Sommer		Hunger, Streiks in den Industriezentren, Bauernerhebungen, wachsende Kriegsmüdigkeit
20. 10. (3. 10.)	Rückkehr Lenins nach Petrograd	Bolschewiken bekommen Zulauf (ca. 350 000 Parteimitglieder)
6. 11. (24. 10.)	Beginn der bolschewistischen Oktoberrevolution	Sowjets, bewaffnete Arbeiter, Garnisonen unterstützen den Aufstand gegen die Regierung.
7. 11. (25. 10.)	Flucht und Sturz Kerenskis	

- In demselben Maß, wie das Ansehen der Regierung sinkt, steigt trotz einiger Rückschläge das Ansehen und der Einfluß der Bolschewiki.
- Die Regierung versucht, innenpolitische Schwierigkeiten durch militärische Erfolge wettzumachen, scheitert aber dabei.
- Innerhalb der Partei der Bolschewiki gibt es Uneinigkeiten hinsichtlich des zu erringenden Endziels und über den Zeitpunkt des Losschlagens.

Der Ablauf der Russischen Revolution bedarf nunmehr einer vertiefenden Betrachtung, denn sonst bestünde die Gefahr, daß die Schüler Ablauf und Ereignisse zu einseitig in der Optik der bolschewistischen Sieger sähen und diesen Prozeß in seinem tatsächlichen Verlauf für unabwendbar hielten. Natürlich darf der Geschichtsunterricht auch an dieser Stelle nicht moralisieren oder voreilige Werturteile fällen, aber der radikale Terror und die unzähligen Opfer der Revolutionskämpfe müssen ebenso gesehen werden, wie die bestehenden Möglichkeiten einer anderen Lösung der russischen Probleme. Dabei sollte im Gespräch auf die Bedeutung, die einzelnen entschlossenen Persönlichkeiten und ihrem Handeln zukommt, eingegangen werden. Lenin und daneben Trotzki in diesem Licht zu sehen und ihre weltgeschichtliche Bedeutung anzuerkennen, heißt weder, sich mit der Russischen Revolution zu identifizieren, noch die Revolutionsführer menschlich und moralisch zu glorifizieren. Die Behandlung Lenins in diesem Sinne kann zugleich als Paradigma dienen, da sich bei anderen Figuren der jüngsten Geschichte dieses Problem in ähnlicher Form stellen wird.

Die Schüler müssen vornehmlich an zwei Fragenkomplexe herangeführt werden:
- Welche verschiedenen Faktoren wirkten zusammen, um bei keineswegs günstiger Ausgangslage am Ende doch den Sieg Lenins und seiner Partei zu erbringen?

Mit dieser Fragestellung soll einer monokausalen Betrachtungsweise ebenso entgegengewirkt werden, wie der Auffassung von der Unvermeidbarkeit und quasi schicksalhaften Notwendigkeit dessen, was am Ende erreicht wurde.
- Welche ersten und unmittelbaren Maßnahmen sollten den Sieg der Bolschewiki und die Errichtung ihrer Herrschaft sichern?

In der Beantwortung dieser Frage ergibt sich ein Rückgriff auf die „Aprilthesen" (Gfm) und zugleich ein Ausblick auf die später zu behandelnde Geschichte Sowjetrußlands und der Sowjetunion unter Stalin.

38.2.4.3. Schwerpunkt: Der Sieg der Bolschewiki unter Lenin und seine Ursachen

Arbeitsaufgaben	denkbare Formulierungen
1. Inwiefern begünstigte die allgemeine Lage die Bolschewiki?	- Überkommene wirtschaftliche Notlage der Bauern und Arbeiter - politische Unzufriedenheit mit der bisherigen Staats- und Regierungsform - Kriegsmüdigkeit und kriegsbedingte Verschärfung der Notlage - militärische Niederlagen an der Front - Schon die Februarrevolution hatte die bisherige Führungselite entmachtet. - der Entschluß Deutschlands, Lenin die Rückkehr aus der Schweiz zu ermöglichen *Gegenargumente:* Kritik an den verschiedenen Mißständen und Forderungen nach Abhilfe finden sich ebenso bei den anderen revolutionären Parteien und Gruppen.
2. Mit welchen speziellen Forderungen warben die Bolschewiki nach der Februarrevolution für ihre radikalen Ziele?	- sofortige Beendigung des Krieges - das Land den Bauern - Zustimmung zum Räte-(Sowjet-)System - radikaler Umsturz aller bisherigen politischen und gesellschaftlichen Ordnung; - „Sozialismus" als Fernziel, ohne klare Definition - „antikapitalistische" Erklärungen - allgemein gehaltene Anerkennung der Forderungen der nichtrussischen Nationalitäten nach Selbstbestimmung *Gegenargumente:* Alle diese Forderungen werden jeweils auch von den anderen revolutionären Parteien erhoben, wobei diese zunächst eine viel größere Anhängerschaft bei den revolutionären Massen haben.

Arbeitsaufgaben	denkbare Formulierungen
3. Mit welchen Fehlern arbeitet die Provisorische Regierung und ihre Mehrheit in der Duma den Bolschewiki in die Hände?	– allgemein: Uneinigkeit und Unentschlossenheit – Halbherzigkeit in der Frage des Kriegsendes und der Landreform – Spannungen und deswegen oft Ministerwechsel in der Provisorischen Regierung – keine wirksame Behebung der allgemeinen wirtschaftlichen Notlage – kein energisches Vorgehen gegen die Bolschewiki, auch nicht nach dem Juliputsch – Kornilowputsch nur mit Hilfe der Bolschewiki niedergeschlagen – Verschiebung der Wahlen zur Konstituante – damit Verzicht auf sofortige Verfassungsneuordnung als parlamentarische Demokratie – keine energische Führung der Armee – Festhalten an der zentralistischen Staatsführung russischer Prägung – damit kein Eingehen auf die Forderungen der anderen Nationalitäten *Gegenargumente:* Diese Führungsschwächen und Halbheiten sind typisch für die Anfangsphasen der meisten Revolutionen, keine Besonderheit der Februarrevolution in Rußland.
4. Worin bestanden die Fehler der beiden führenden Parteien der Februarrevolution: Sozialrevolutionäre und Menschewiki?	– keine straffe Führung – nur lose Parteiorganisation – innere Aufspaltung in linke und rechte Flügel – schwankende Haltung gegenüber den Bolschewiki – anfängliche Mehrheit in den Sowjets nicht gegen die bolschewistische Minderheit ausgenutzt und verteidigt – Verlust des Rückhalts bei den revolutionären Mannschaften der Armee zugunsten der Bolschewiki.

Wie hat sich die Revolutionsregierung unter Lenin einzurichten und zu festigen versucht?
In tabellarischer Form sollen die Schüler über die wichtigsten Maßnahmen informiert werden. Danach sollen sie versuchen, im Unterrichtsgespräch die Hintergründe und Zielsetzungen der Maßnahmen kritisch zu reflektieren (Tabelle S. 69).
Eine der Russischen Revolution gewidmete UE, die mit den Ereignissen Ende 1917/Anfang 1918 zu Ende geht, um anschließend mit der Behandlung des Friedens von Brest-Litowsk zugleich zur deutschen Geschichte 1918 überzuleiten, erfaßt mit dem Ausklingen der Oktoberrevolution im engeren Sinne noch nicht das Ende der Revolution überhaupt. Davon kann man erst sprechen nach der Beendigung des Bürgerkrieges und der Ablösung des „Kriegskommunismus" mit dem Übergang zur NEP 1921 und mit der nach außenhin föderalistischen Verfassung der UdSSR von 1923. Deshalb liegt an der hiesigen Stelle die Gefahr nahe, daß in einer solch abschließenden Betrachtung für 1918 aus dem seitherigen Geschichtsverlauf und aus Kenntnissen, über die die Gegenwart verfügt, Feststellungen einfließen, die erst für später zutreffen. Diese vorschnelle Verhärtung historischer Urteile gilt es zu vermeiden. Das ist wichtig nicht nur um der sachgerechten Behandlung des vorliegenden Themas willen, sondern auch als eine den Schülern zu vermittelnde generelle Einsicht in den Umgang mit der Geschichte.
Von der Unfertigkeit des sowjetischen Systems und den ihm von verschiedenen Seiten drohenden Gefahren soll im folgenden Abschnitt bei Behandlung des Friedens von Brest-Litowsk kurz die Rede sein. Es genügt, einleitend zu den den Schülern jetzt zu stellenden Arbeitsaufgaben, der Hinweis auf den Übergangscharakter des in Rußland zu diesem Zeitpunkt Erreichten und ein entsprechendes Herangehen an die Einzelfragen. Dabei bleibt selbstverständlich der Ausblick auf kommende, mittlerweile bekannte Weiterentwicklungen zulässig.
Die Bearbeitung der einzelnen Fragenkomplexe kann wieder mehreren Gruppen übertragen werden.

Zeit:	Inhalt	Beurteilung der Maßnahme
8. 11.	**Dekret über den Frieden** – Vorschlag eines Waffenstillstandes an die Alliierten und Mittelmächte – Einstellung der eigenen Kriegshandlungen – künftiger Friedensschluß ohne Annexionen und Kontributionen	– Einlösung eines immer wiederholten Versprechens – Fortsetzung des Krieges nach außen mit den demoralisierten Truppen sowieso unmöglich – drohende innere Auseinandersetzungen (Bürgerkrieg, Revolution) erfordern alle noch vorhandenen militärischen Kräfte – propagandistische Wirkung zugunsten der Kommunisten bei den revolutionär gesonnenen Massen außerhalb Rußlands und bei den Truppen der Kriegsführenden – dient damit der Vorbereitung der von Lenin geplanten „Weltrevolution"
8. 11.	**Dekret über Grund und Boden** – Aufhebung des Privatbesitzes an Grund und Boden – sofortige Verteilung an Arbeiter und Bauern – Durchführung durch die von den Bauern gebildeten Dorfsowjets	– Soll die russischen Bauern für die Bolschewiki gewinnen – soll damit der Partei der Sozialrevolutionäre ihren Anhang bei den Bauern nehmen – soll entsprechend der wahren Absichten Lenins nur ein erster Schritt auf dem Wege zum sozialistischen Eigentum auf dem Lande sein – propagandistische Wirkung außerhalb Rußlands
15. 11.	**Deklaration an die Völker Rußlands** – Gleichberechtigung aller Nationen in Rußland – Selbstbestimmungsrecht aller Nationen bis hin zur Freiheit, aus dem russischen Staatsverband auszuscheiden, – Sicherung und Förderung der Sprache und Kultur aller Rußland bewohnenden Nationen	– Soll den Gegensatz zu dem von der Provisorischen Regierung vertretenen russisch-orientierten Zentralismus betonen – soll entsprechende Autonomie der nichtrussischen Völker in einem föderalistischen Rußland in Aussicht stellen – soll bei diesen „Randvölkern" die Massen für den Kommunismus einnehmen – soll nationale Minderheiten außerhalbs Rußlands für den Kommunismus und für Zusammenarbeit mit Sowjetrußland gewinnen.
20. 12.	**Gründung der „Tscheka"** – Organisation einer Geheimpolizei mit unbeschränkten Vollmachten – brutales Vorgehen gegen alle Gegner des Systems – Aufhebung der Pressefreiheit – Massenhinrichtungen – Verhaftungen ohne Gerichtsverfahren – Zwangseintreibung von Lebensmitteln – Ermordung des Zaren und seiner Familie	– Beweist die Schwäche des soeben errichteten Systems – Furcht und Schrecken sollen die inneren Gegner von weiterem Widerstand abhalten – Die von Lenin entwickelte Revolutionstheorie sieht diese Anwendung nackter Gewalt als gerechtfertigt und notwendig an. – Ablehnung der westlichen Vorstellungen vom „Rechtsstaat". – Mit dem Verbot aller nichtkommunistischen Zeitungen ist allen anderen Parteien Wirkungsmöglichkeit in der Öffentlichkeit genommen.

38.2.4.4. Schwerpunkt: Ursachen und Ziele der russischen Revolution im Vergleich zu den Ergebnissen der bolschewistischen (kommunistischen) Oktoberrevolution

Arbeitsaufgaben	denkbare Formulierungen
1. Worin entsprechen die wirtschaftlichen und gesellschaftlichen Maßnahmen der Kommunisten den allgemeinen revolutionären Erwartungen des Jahres 1917?	– Aufhebung aller Standesunterschiede – Gleichberechtigung der Frauen – Verkündung des 8-Stunden-Tages – Enteignung von Grund und Boden – Enteignung des Privatbesitzes in Industrie, Handel und Verkehr
2. Worin enttäuschen die wirtschaftlichen und gesellschaftlichen Maßnahmen der Kommunisten die allgemeinen revolutionären Erwartungen des Jahres 1917?	– Fortbestand der wirtschaftlichen Notlage, insbesondere bei der Ernährung – Zwangsmaßnahmen gegen die Bauern beim Eintreiben von Lebensmitteln – Staatsverwaltung in Industrie und Handel anstatt Arbeiterselbstverwaltung – Dienstverpflichtungen in der Industrie – einschneidender Rückgang der Industrieproduktion
3. Worin entsprachen die politischen Maßnahmen der Kommunisten den allgemeinen Revolutionserwartungen des Jahres 1917?	– Beendigung des Krieges – völliger Umsturz der alten Staats- und Verwaltungsordnung – Verkündung „demokratischer" Prinzipien für die politische Neuordnung – scheinbare Verwirklichung des Räteprinzips

Arbeitsaufgaben	denkbare Formulierungen
4. Worin enttäuschten die politischen Maßnahmen der Kommunisten die allgemeinen Revolutionserwartungen des Jahres 1917?	– Absage an die Errichtung einer demokratisch-parlamentarischen Republik – deshalb keine freien Wahlen mit konkurrierenden Parteien – Aufhebung der Pressefreiheit und damit Unterdrückung aller politischen Diskussion in der Öffentlichkeit – Verweigerung individueller Grundrechte überhaupt – Aushöhlung des Räteprinzips der Machtbildung von unten nach oben – Herrschaft einer Partei, innerhalb deren alle Entschlüsse in einer kleinen Führungsgruppe fallen – rücksichtsloser Zwang zur Unterordnung durch Polizei- und anderen Terror
5. Vergleicht die Ergebnisse der Oktoberrevolution mit den Aprilthesen.	– Nach der Machtergreifung fallen die taktisch bedingten Rücksichtnahmen auf die abweichenden Vorstellungen der anderen revolutionären Parteien weg; – der in den Thesen nur undeutlich angekündigte Anspruch auf die Alleinherrschaft der Bolschewiki ist nun verwirklicht; – die radikale Umwälzung aller politischen, wirtschaftlichen und gesellschaftlichen Verhältnisse ist im Sinne der Vorstellungen Lenins auf allen Gebieten zumindest eingeleitet.

T

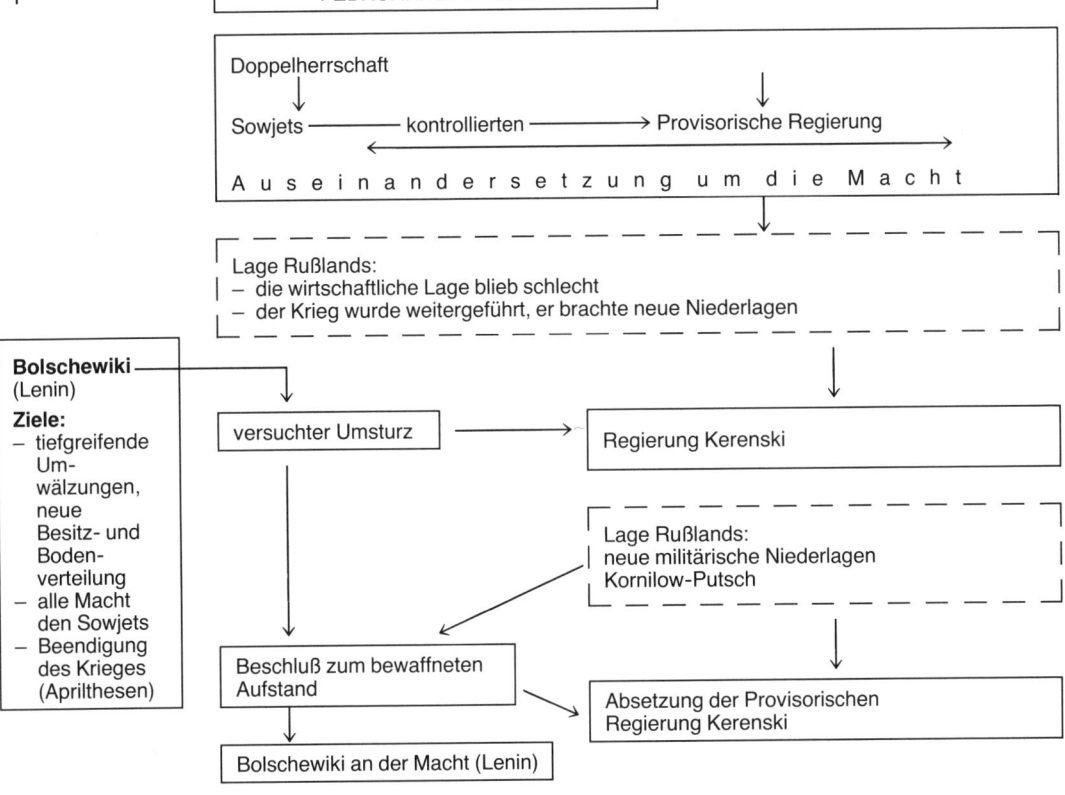

FEBRUARREVOLUTION

Doppelherrschaft

Sowjets ——— kontrollierten ——→ Provisorische Regierung

A u s e i n a n d e r s e t z u n g   u m   d i e   M a c h t

Lage Rußlands:
– die wirtschaftliche Lage blieb schlecht
– der Krieg wurde weitergeführt, er brachte neue Niederlagen

Bolschewiki
(Lenin)

Ziele:
– tiefgreifende Um-
wälzungen,
neue
Besitz- und
Boden-
verteilung
– alle Macht
den Sowjets
– Beendigung
des Krieges
(Aprilthesen)

versuchter Umsturz ——→ Regierung Kerenski

Lage Rußlands:
neue militärische Niederlagen
Kornilow-Putsch

Beschluß zum bewaffneten Aufstand

Absetzung der Provisorischen Regierung Kerenski

Bolschewiki an der Macht (Lenin)

OKTOBERREVOLUTION

38.3. Die Auswirkungen des Friedens von Brest-Litowsk

38.3.1. Wissensziele

Nach mehrmonatigen harten Verhandlungen wird in Brest-Litowsk zwischen den Mittelmächten und Rußland Frieden geschlossen. In den Randgebieten des Russischen Reiches bilden die nicht-russischen Völker eigene Staaten. Die Gegner der Revolution gehen zum Angriff gegen das bolschewistische Regime über, die Alliierten landen Truppen.

38.3.2. UE-Ziele

(1) Verlauf der Friedensverhandlungen zwischen den Mittelmächten und Rußland in Brest-Litowsk, mit unterschiedlichen Interessen und Zielen der beteiligten Mächte.
(2) Motive und Ziele der Gegner der Bolschewiki (Weiße Armee, Alliierte Interventionstruppen, nicht-russische Randvölker).
(3) Die Bedeutung Lenins.

38.3.3. Einstieg

● Flugblatt: Rat der Volkskommissare an die deutschen Soldaten vom 5. 12. 1917 (Informationen 113/115, S. 5)
● Film Institut 32 2081: Zur Geschichte der UdSSR: Rußland unter Lenin und Trotzki (1917–1924)

38.3.4. Schwerpunkte

Im Mittelpunkt dieser Unterrichtseinheit soll die wechselseitige Abhängigkeit und Beeinflussung der innen- und außenpolitischen Abläufe stehen.
- Mit welchen Kräften mußte sich die neue bolschewistische Regierung im Inneren auseinandersetzen?
- Wie konnte die neue Regierung mit dem Gegner zu einem Frieden, den sie seit Monaten gefordert hatte, gelangen?

Der Friedensschluß von Brest-Litowsk ist aus mehreren Gründen von großer Bedeutung. Zum einen stellt er die vertragliche Beendigung des Kriegszustandes zwischen den Mittelmächten und einem ihrer Hauptgegner dar. Damit wird die in der UE 36.3. aufgeworfene Problematik erneut angesprochen. Zum anderen empfiehlt sich das Eingehen auf die Bestimmungen des Vertrages auch deswegen, weil der heftigen deutschen Kritik am Versailler Vertrag von alliierter Seite mit dem Hinweis begegnet worden ist, Brest-Litowsk sei in seinen Bestimmungen ebenso hart und brutal gewesen, wie das deutscherseits von Versailles behauptet wurde.

Zunächst sollen die Hintergründe der Verhandlungen und des Vertragsabschlusses erarbeitet werden, danach kommen die Bestimmungen selbst zur Sprache:

38.3.4.1. Schwerpunkt: Die Hintergründe der Verhandlungen

Zu Beginn sollen die Schüler sich mit dem Text eines Flugblattes befassen, das vom „Rat der Volkskommissare" in Petrograd an die deutschen Soldaten gerichtet wurde.
▶ **Quelle:** Informationen 113/115, S. 5

Arbeitsaufgaben	denkbare Formulierungen
1. Welche Forderung erhoben die Verfasser des Flugblattes an die deutschen Soldaten am 5. 12. 1917?	Beistand im „Kampf für Frieden und Sozialismus"
2. Woran appellieren die Verfasser des Flugblattes?	– Die deutschen Soldaten sollen sich solidarisch mit allen Arbeitern erklären. – Sie sollen sich an das Vorbild Liebknechts halten. – Es wird an „revolutionäre Ereignisse in der deutschen Flotte" erinnert.

Arbeitsaufgaben	denkbare Formulierungen
3. Bringt dieses Flugblatt in Verbindung mit der Situation, wie sie in Deutschland im Jahre 1917 herrschte (UE 36.2. und 36.3.).	In Deutschland stand die Frage im Mittelpunkt, wie man den Krieg beenden könnte („Siegfrieden" oder „Verständigungsfrieden"). Die Militärs waren nach wie vor für den „Siegfrieden", die SPD z. B. war für den Verständigungsfrieden. Sie lehnte jedoch im Gegensatz zu den Spartakisten Streiks zur Herbeiführung des Friedens ab.
4. Wir werden die deutschen Soldaten auf ein solches Flugblatt reagiert haben?	Vermutungen: Auch sie waren nach mehr als drei Jahren mörderischen Krieges sicher für den Frieden, allerdings sollte der Frieden „etwas bringen".

Dieses Flugblatt eröffnet die Einsicht in die Problematik eines Friedensvertrages aus der Sicht des kämpfenden Soldaten. Gleichzeitig wird aber auch der Handlungsablauf auf Regierungsebene angesprochen. Dieses soll in der folgenden Phase des Unterrichts durch ausgewählte Quellen, die in Gruppen bearbeitet werden sollen, ermittelt werden. Im einzelnen sollen die Schüler in der Lage sein, nach der Quellenanalyse zu beurteilen und abzuschätzen,
- wie stark die Friedensbereitschaft zu verschiedenen Zeitpunkten war,
- von welchen Faktoren die Bereitschaft zum Friedensschluß abhing,
- welche Kriegsziele die Verhandlungspartner anstrebten,
- welche Taktik in der Verhandlungsführung sichtbar wurde.

Damit die Schüler einen Eindruck von der Lage auf dem östlichen Kriegsschauplatz in den Jahren 1917/18 erhalten, empfiehlt sich der Einsatz von Kartenmaterial.
▶ **Material:** dtv II 124 Der östliche Kriegsschauplatz 1914–1917, 130 Das Kriegsjahr 1918 – Informationen 151, Karte XI Rußland im Ersten Weltkrieg, während der Revolution und zu Beginn des Bürgerkrieges (1914–März 1919)

Als weiteres Hilfsmittel zur Quellenanalyse wird den Schülern eine ausführliche Chronologie der Verhandlungen von Brest-Litowsk zur Verfügung gestellt. Sie soll dazu beitragen, daß die einzelnen Quellentexte auf dem Hintergrund des jeweiligen Entwicklungsstandes der Friedensverhandlungen gesehen werden.

T   Die Friedensverhandlungen im Osten im Winter 1917/18 und ihre Ergebnisse

8. 11. 17 Dekret über den Frieden seitens Sowjetrußlands

20. 11. 17 Russisches Oberkommando schlägt den Mittelmächten sofortigen Waffenstillstand vor

21. 11. 17 Note Trotzkis an die Westalliierten: sofortiger Waffenstillstand an allen Fronten und Beginn von Friedensverhandlungen aller Kriegsgegner,
die Westalliierten gehen darauf nicht ein

27. 11. 17 Antwort der Mittelmächte: Bereitschaft zu Waffenstillstandsverhandlungen

28. 11. 17 Nochmaliger Vorschlag Lenins und Trotzkis an die Westalliierten: Beginn allgemeiner Friedensverhandlungen aller kriegführenden Staaten am 1. 12. 17, Westalliierte lehnen Teilnahme ab

3. 12. 17 Beginn der Waffenstillstandsverhandlungen zwischen den Mittelmächten und Rußland in Brest-Litowsk

5. 12. 17 Abschluß einer zehntägigen Waffenruhe

9. 12. 17 Waffenstillstand Mittelmächte – Rumänien

12. 12. 17 Beginn der Waffenstillstandsverhandlungen Mittelmächte – Rußland in Brest-Litowsk

15. 12. 17 Waffenstillstandsvertrag Mittelmächte – Rußland:
– für 28 Tage mit automatischer Verlängerung bei Nichtkündigung
– für beide Seiten 7tägige Kündigungsfrist
– umgehender Eintritt in Friedensverhandlungen

1. Phase der Friedensverhandlungen in Brest-Litowsk, 22. – 28. 12. 1917

22. 12. 17 Förmliche Eröffnung der Verhandlungen

28. 12. 17 Vertagung der Verhandlungen auf russischen Wunsch, um den Westalliierten noch einmal die Möglichkeit zur Teilnahme zu geben; diese lehnen ab.

2. Phase der Friedensverhandlungen in Brest-Litowsk, 9. – 26. 1. 1918

9. 1. 18 Wiederaufnahme der Verhandlungen, Trotzki als russischer Delegationsführer

18. 1. 18 Auf Antrag Trotzkis Vertagung der Verhandlungen auf den 29. 1., da er zur Berichterstattung und weiterer Meinungsbildung nach Petrograd reisen muß.

3. Phase der Friedensverhandlungen in Brest-Litowsk, 30. 1. – 10. 2. 1918

1. 2. 18 Anerkennung der Ukraine seitens der Mittelmächte als selbständiger Staat. Beginn gesonderter Friedensverhandlungen mit der Ukraine.

9. 2. 18 Friedensvertrag Mittelmächte – Ukraine in Brest-Litowsk abgeschlossen.

9. 2. 18 Mittelmächte fordern ultimativ sofortige Unterzeichnung des Vertragsentwurfes durch Rußland.

10. 2. 18 Trotzki lehnt Unterzeichnung ab, leugnet ebenso Fortsetzung des Krieges: „Weder Krieg noch Frieden", Abreise der russischen Delegation. Mittelmächte sehen darin Kündigung des Waffenstillstandes.

18. 2. 18 Wiederaufnahme der Feindseligkeiten; Vormarsch deutscher Truppen; kein russischer Widerstand.

19. 2. 18 Russische Regierung erklärt grundsätzliche Bereitschaft zum Vertragsabschluß.

21. 2. 18 Deutsches Ultimatum an Rußland: Sofortige Rückkehr der russischen Delegation nach Brest-Litowsk und Unterzeichnung des Friedensvertrages zu den von den Mittelmächten gestellten Bedingungen.

24. 2. 18 Beginn der Friedensverhandlungen Mittelmächte – Rumänien

4. Phase der Friedensverhandlungen in Brest-Litowsk, 25. 2. – 3. 3. 1918
Sokolnikow an Stelle von Trotzki russischer Delegationsführer

3. 3. 18 Unterzeichnung des Friedensvertrages von Brest-Litowsk

7. 3. 18 Friedensvertrag Deutschland – Finnland. Zusage militärischer Hilfe Deutschlands an Finnland.

15. 3. 18 Ratifizierung des Friedensvertrages von Brest-Litowsk durch den Allrussischen Sowjetkongreß

17./22. 3. 18 Ratifizierung durch Bundesrat und Reichstag.

29. 3. 18 Austausch der Ratifikationsurkunden, Friedensvertrag von Brest-Litowsk tritt in Kraft

7. 5. 18 Unterzeichnung des Friedensvertrages von Bukarest zwischen den Mittelmächten und Rumänien

27. 8. 18 Ergänzungsverträge Deutschland – Rußland zum Frieden von Brest-Litowsk (Ratifizierung am 6. 9. 18):
– Rußland verzichtet endgültig auf Estland und Lettland.
– Regelung wechselseitiger privater Finanzansprüche ergibt für Deutschland ein Plus von 6 Milliarden Mark

11. 11. 18 Waffenstillstand Deutschlands mit den Westalliierten in Compiègne (s. S. 131 ff.). Die Friedensverträge von Brest-Litowsk und Bukarest werden außer Kraft gesetzt.

Gruppe 1:
Bericht des österreichisch-ungarischen Gesandten in München, Graf Thurn, an seinen Außenminister, Graf Czernin, vom 12. 11. 1917:

„Reichskanzler [Graf Hertling] sagte mir, ... daß ein von russischer Seite kommendes Friedensangebot unsererseits angenommen werden müsse ... Das einzige Bedenken, welches er ausdrückte, bildete die Frage, ob man damit hervortreten soll, ehe die Entente die erwartete Ablehnung ausgesprochen habe ... Es bestehe nämlich vielleicht ein gewisses Risiko, daß die Entente entgegen unserer Voraussetzung etwa doch die russischen Vorschläge [gemeint sind allgemeine Friedensverhandlungen aller Kriegführenden] annehmen könnte. In diesem Falle wären wir auch den übrigen Ententeländern gegenüber auf das Schlagwort ,ohne Annexionen etc.' festgelegt, was wohl gegenüber den Russen möglich sei, ganz allgemein genommen aber doch nicht unseren Absichten entspreche."

▶ **Quelle:** Der Friede von Brest-Litowsk, Hrsg. W. Hahlweg. Droste, Düsseldorf 1971, S. 22.

Staatssekretär von Kühlmann (Auswärtiges Amt) vor dem Bundesratsausschuß für Auswärtige Angelegenheiten am 2. 1. 1918, nach dem Bericht des sächsischen Gesandten:

„Die schwierige Territorialfrage sei im Rahmen des Möglichen gelöst worden ... Diese Richtlinien [gemeint ist die Friedensresolution des Reichstages] und die Stimmung unserer Gegner hätten es vollkommen ausgeschlossen, in die Friedensverhandlungen einzutreten ... Es mußte und konnte nur der Versuch gemacht werden, ... den Zweck auf einem Wege zu erreichen, der die Zustimmung Rußlands und des Reichstags fand. Das war die Formel vom Selbstbestimmungsrecht der Völker, wobei uns die Tatsache half, daß die Völker den Wunsch hatten, von Rußland loszukommen ... Die Schwierigkeit der Territorialfrage kann man sich nur klar machen, wenn man sich vergegenwärtigt, welch außerordentlich großes Opfer dem russischen Reich auferlegt wird."

▶ **Quelle:** Brest-Litowsk, Hrsg. W. Baumgart, K. Repgen. Historische Texte/Neuzeit Band 6. Vandenhoeck und Ruprecht, Göttingen 1969, S. 34 f.

Arbeitsaufgaben	denkbare Formulierungen
1. Wie verhielt sich die Reichsregierung angesichts des „Dekrets über den Frieden" der Sowjets?	Sie nahm das Friedensangebot an.
2. Welche Bedenken hatte die Reichsregierung allerdings noch?	Die Reichsregierung war sich nicht darüber im klaren, ob die Entente den russischen Vorschlag annehmen würde. Akzeptierte die Entente diesen Vorschlag,

Arbeitsaufgaben	denkbare Formulierungen
	so wären die Mittelmächte auf den Verzicht von Annexionen festgelegt. Sollen die Mittelmächte mit der Annahme vorangehen, ehe die Entente die Ablehnung des russischen Vorschlags ausgesprochen hat?
3. Welche Rücksichtnahme auf die öffentliche Meinung im eigenen Land spiegeln die beiden Äußerungen wider?	Der Hinweis auf den Reichstag und seine Friedensresolution (s. UE 36.3.) weist auf den allgemeinen Wunsch nach Frieden hin.
4. Welche Ziele werden in den beiden Äußerungen angesprochen?	– Die Reichsregierung verfolgt einen maßvollen „Siegfrieden".
	– Sie will Territorialgewinne und spricht sie in verschleierter Form auch an. Sie spricht vom „Selbstbestimmungsrecht" und beschränkt sich auf Gebiete mit nicht-russischer Bevölkerung.

Gruppe 2: Die Anhänger des „Siegfriedens" und General Ludendorff

a) aus dem Gründungsaufruf der „Deutschen Vaterlandspartei" vom 2. 9. 1917:

„Wir wollen keinen Hungerfrieden! Um einen Frieden blad zu erreichen, müssen wir nach Hindenburgs Gebot die Nerven behalten. Tragen wir willig Not und Entbehrungen, so wird dem deutschen Volk ein Hindenburg-Friede zuteil werden, der den Siegespreis ungeheurer Opfer und Anstrengungen heimbringt. Jeder andere Friede bedeutet einen vernichtenden Schlag für unsere Zukunftsentwicklung. Die Verkümmerung unserer Weltstellung und unerträgliche Lasten würden unsere wirtschaftliche Lage und vor allem die Aussichten unserer Arbeiterschaft vernichten. Statt hochwertige Waren auszuführen, wird Deutschland dann wieder seine Söhne in Scharen auswandern sehen!"

▶ **Quelle:** Dokumente der Deutschen Politik und Geschichte von 1848 bis zur Gegenwart, Hrsg. Johannes Hohlfeld. Bd. II: Das Zeitalter Wilhelms II. 1890–1918. Dokumente Verlag, Dr. Herbert Wendler, Berlin u. München, o. J., S. 359.

b) Zwei Stellungnahmen General Ludendorffs vom 5. 2. 1918 und 13. 2. 1918:

„Ein Friede, der nur den territorialen Status quo gewährleistet, würde bedeuten, daß wir den Krieg verloren hätten. Im Osten ist ein solcher Friede nie zur Diskussion gestanden. Im Westen besteht noch Unklarheit. Behalten wir aber dort die alten Grenzen, so

stehen wir nach dem Krieg militärisch ungünstiger da als vor ihm."

▶ **Quelle:** Fritz Fischer, Griff nach der Weltmacht. Droste, Düsseldorf ⁴1971, S. 659.

„Handeln wir, so stärken wir unsere Machtstellung der Entente gegenüber, ... erreichen den Frieden mit Rumänien, ..., verbessern unsere militärische Lage, ... vielleicht versetzen wir den Bolschewiki den Todesstoß, bessern damit unsere Verhältnisse im Innern und zu den besseren Schichten Rußlands und können starke Kräfte im Osten freimachen, unsere ganze militärische und sittliche Kraft zu dem großen Schlag einsetzen, den Seine Majestät jetzt im Westen befohlen hat."

▶ **Quelle:** F. Fischer, Griff nach der Weltmacht, a. a. O., S. 666.

Arbeitsaufgaben	denkbare Formulierungen
1. Was beabsichtigte General Ludendorff am 5. 2. und am 13. 2. 1918? Vergleicht seine Forderungen mit denen, die im Gründungsaufruf der „Deutschen Vaterlandspartei" vom 2. 9. 1917 ausgesprochen wurden! Achtet auf den Stand der Friedensverhandlungen mit der russischen Regierung im Zeitraum vom 5. 2. bis 13. 2. 1918!	– Hier wird ein unbedingter „Siegfrieden" gefordert mit möglichst weitreichenden Territorialgewinnen im Osten. – Die Kriegsführung im Westen soll verstärkt werden. – Die deutsche Position verstärkt sich durch den Friedensvertrag mit der Ukraine, der die Lebensmittel- und Rohstoffversorgung der Mittelmächte verbessert; Friedensverhandlungen mit Rußland sind in eine Sackgasse geraten: Abreise der russischen Delegation am 20. 2.
2. Welche Bedenken bzw. Rücksichtnahmen werden angesprochen?	Keinerlei Bedenken oder Rücksichtnahmen.
3. Beurteilt, für wie dringlich der Friedensschluß gehalten wird.	Friedensschluß nur bei Erfüllung der Maximalforderungen.
4. Welche Rücksichtnahme auf die öffentliche Meinung im eigenen Land spiegelt sich wider?	Entweder keine Rücksichtnahme oder völlige Fehleinschätzung.
5. Welche weiterreichenden Ziele werden angesprochen?	Durch die gleichzeitigen Friedensverhandlungen der Mittelmächte mit der Ukraine, mit Rumänien und Finnland soll Rußland isoliert und unter Druck gesetzt werden; antikommunistische Bewegungen sollen in Finnland und der Ukraine unterstützt werden.

Gruppe 3: Stellungnahmen des österreichisch-ungarischen Außenministers

a) Graf Czernin an den österreichisch-ungarischen Botschafter in Berlin, 12. 11. 1917:

„Ich glaube, ... daß die russische Regierung – falls sie am Ruder bleibt – tatsächlich in der allernächsten Zeit einen Vorschlag auf sofortigen Waffenstillstand und Frieden nach Muster der Sovjets (sic) machen wird. In diesem Falle ist gar kein Zweifel, daß wir die Basis derselben ohne Annexion und Kontribution annehmen müssen, wenn wir nicht eine Katastrophe des Hinterlandes heraufbeschwören wollen ..."

▶ **Quelle:** Der Friede von Brest-Litowsk, a. a. O., S. 16.

b) Graf Czernin in einem Privatbrief an einen Freund, 17. 11. 1917:

„... So rasch wie möglich in Rußland fertig werden, dann den Vernichtungswillen der Entente brechen und einen Frieden – wenn auch mit Verlusten – schließen: das ist mein Plan und die Hoffnung, von der ich lebe ..."

▶ **Quelle:** Der Friede von Brest-Litowsk, a. a. O., S. 23.

c) „Verehrter Freund! In Fortsetzung unseres gestrigen Gespräches muß ich Ihnen pflichtgemäß mitteilten, daß ich den positiven Befehl meines Kaisers (Kaiser Karl I.) habe, die Verhandlungen mit Rußland nicht an unseren Forderungen scheitern zu lassen. Ich würde daher im Falle des Scheiterns Ihrer Bemühungen mit den russischen Unterhändlern in Separatverhandlungen eintreten ..."

▶ **Quelle:** Der Friede von Brest-Litowsk, a. a. O., S. 171/172.

Arbeitsaufgaben	denkbare Formulierungen
1. Welche Ziele verfolgte die österreichische Regierung?	Sie ist für einen „Verständigungsfrieden" mit der Bereitschaft zu eigenen Zugeständnissen ohne territoriale Forderungen.
2. Welche Bedenken macht sie geltend?	Bedenken werden vor allem gegen die zu hohen deutschen Forderungen vorgebracht (Separatvertrag!)
3. Beurteilt, für wie dringlich der Friedensschluß gehalten wird.	Mit Rücksicht auf die Lage im eigenen Land ist man sehr interessiert.
4. Welche Rücksichtnahme auf die öffentliche Meinung im eigenen Land wird deutlich?	Die Situation im Hinterland wird in Betracht gezogen.
5. Welche weiterreichenden Ziele werden angesprochen?	Die Entente soll zu einem maßvollen Frieden veranlaßt werden, der durch eigene Zugeständnisse verwirklicht werden kann.

Gruppe 4: Stellungnahme Lenins zu den Verhandlungen von Brest-Litowsk und zur Annahme der harten von den Mittelmächten gestellten Bedingungen

a) Lenin vor dem ZK der Partei am 23. 2. 1918 nach Einigung des deutschen Ultimatums vom 21. 1. 1918:
„Die Antwort der Deutschen stellt uns ... noch schwerere Friedensbedingungen als in Brest-Litowsk. Und nichtsdestoweniger bin ich absolut überzeugt davon, daß nur die völlige Berauschung an revolutionären Phrasen imstande ist, irgend jemand zur Ablehnung dieser Bedingungen zu treiben ... Die Friedensbedingungen, die uns die Vertreter des deutschen Imperialismus angeboten haben, sind unerhört schwere, unendliche drückende, räuberische Bedingungen. Die deutschen Imperialisten machen sich die Schwäche Rußlands zunutze ... Und in dieser Situation muß ich, um euch nicht die bittere Wahrheit vorzuenthalten, von der ich tief überzeugt bin, sagen, daß wir keinen anderen Ausweg haben ... Jeder andere Vorschlag ist eine freiwillige oder unfreiwillige Heraufbeschwörung noch größerer Übel ... Aber es ist nicht erlaubt, in Verzweiflung zu geraten ... Die Friedensbedingungen sind unerträglich schwer. Trotzdem wird sich die Geschichte durchsetzen. Die unaufhörlich heranreifende sozialistische Revolution in den anderen Ländern wird uns zu Hilfe kommen ..."
▶ **Quelle:** Der Friede von Brest-Litowsk, a. a. O., S. 590 f.

b) Lenin in seiner Rede „Über Krieg und Frieden" auf dem VII. Parteitag am 7. 3. 1918 nach der Unterzeichnung des Friedensvertrages von Brest-Litowsk:
„... Hier haben wir die größte Schwierigkeit der russischen Revolution ...: die Notwendigkeit, die internationale Revolution auszulösen, den Übergang zu vollziehen von unserer Revolution als einer eng nationalen zur Weltrevolution ... Wir müssen verstehen, damit zu rechnen, daß die sozialistische Weltrevolution in den fortgeschrittenen Ländern nicht so leicht beginnen kann wie in Rußland ... Wir unterzeichnen jetzt den Frieden, wir haben eine Atempause, wir benutzen sie zur Verteidigung des Vaterlandes besser aus, als wenn wir Krieg führten ... Diese Atempause aber werden wir benutzen, um das Volk zu überzeugen, daß es sich zusammenschließen und kämpfen muß ... Ich bin gezwungen, auch den drückendsten Frieden anzunehmen, weil ich jetzt noch nicht sagen kann, daß diese Zeit gekommen ist ..."
▶ **Quelle:** Lenin Studienausgabe, Bd. 2. Fischer TB 6013, Frankfurt 1970, S. 164 ff.

Arbeitsaufgaben	denkbare Formulierungen
1. Was beabsichtigte Lenin am 23. 2. und am 7. 3. 1918, nachdem am 21. 2. ein Ultimatum der Mittelmächte erfolgt war?	Sofortige Einstellung aller Feindseligkeiten, auch mit großen Opfern, um den am 18. 2. erneuerten deutschen Vormarsch zu beenden, „Atempause".
2. Beurteilt, für wie dringlich Lenin den Friedensschluß hält.	Lenin will einen sofortigen Friedensschluß, auch zu den härtesten Bedingungen.
3. Welche weiterreichenden Ziele werden sichtbar?	„Weltrevolution", für deren Durchführung sich Rußland in der „Atempause" rüsten soll.

Gruppe 5 bekommt die Aufgabe übertragen, anhand der folgenden Auszüge aus dem Text des **Friedensvertrages vom 3. 3. 1918** die anderen Schüler in angemessener Form über **die wesentlichen Bestimmungen** zu informieren.

... Die Bevollmächtigten sind in Brest-Litowsk zu den Friedensverhandlungen zusammengetreten und haben sich nach Vorlegung ihrer in guter und gehöriger Form befundenen Vollmachten über folgende Bestimmungen geeinigt:

Artikel I.
Deutschland, Österreich-Ungarn, Bulgarien und die Türkei einerseits und Rußland andererseits erklären, daß der Kriegszustand zwischen ihnen beendet ist. Sie sind entschlossen, fortan in Frieden und Freundschaft miteinander zu leben.

Artikel II.
Die vertragschließenden Teile werden jede Agitation oder Propaganda gegen die Regierung oder die Staats- und Heereseinrichtungen des anderen Teiles unterlassen. Die Verpflichtung gilt, soweit sie Rußland obliegt, auch für die von den Mächten des Vierbundes besetzten Gebiete.

Artikel III.
Die Gebiete, die westlich der zwischen den vertragschließenden Teilen vereinbarten Linie liegen und zu Rußland gehört haben, werden der russischen Staatshoheit nicht mehr unterstehen; die vereinbarte Linie ergibt sich aus der diesem Friedensvertrag als wesentlicher Bestandteil beigefügten Karte (Anlage 1).

Artikel IV.
Deutschland ist bereit, sobald der allgemeine Friede geschlossen und die russische Demobilmachung vollkommen durchgeführt ist, das Gebiet östlich der in Artikel III Absatz 1 bezeichneten Linie zu räumen, soweit nicht Artikel VI anders bestimmt. Rußland wird alles in seinen Kräften Stehende tun, um die alsbaldige Räumung der ostanatolischen Provinzen und ihre ordnungsmäßige Rückgabe an die Türkei sicherzustellen.
. . .

Artikel V.

Rußland wird die völlige Demobilmachung seines Heeres einschließlich der von der jetzigen Regierung neugebildeten Heeresteile unverzüglich durchführen.

Ferner wird Rußland seine Kriegsschiffe entweder in russische Häfen überführen und dort bis zum allgemeinen Friedensschluß belassen oder sofort desarmieren. . . . .

Artikel VI.

Rußland verpflichtet sich, sofort Frieden mit der ukrainischen Volksrepublik zu schließen und den Friedensvertrag zwischen diesem Staate und den Mächten des Vierbundes anzuerkennen. Das ukrainische Gebiet wird unverzüglich von den russischen Truppen und der russischen Roten Garde geräumt. Rußland stellt jede Agitation oder Propaganda gegen die Regierung oder die öffentlichen Einrichtungen der ukrainischen Volksrepublik ein. Estland und Livland werden gleichfalls ohne Verzug von den russischen Truppen und der russischen Roten Garde geräumt. . . . Estland und Livland werden von einer deutschen Polizeimacht besetzt, bis dort die Sicherheit durch eigene Landeseinrichtungen gewährleistet und die staatliche Ordnung hergestellt ist. . . .

Auch Finnland und die Åland-Inseln werden alsbald von den russischen Truppen und der russischen Roten Garde, die finnischen Häfen von der russischen Flotte und den russischen Seestreitkräften geräumt . . .

Artikel VII.

Von der Tatsache ausgehend, daß Persien und Afghanistan freie und unabhängige Staaten sind, verpflichten sich die vertragschließenden Teile, die politische und wirtschaftliche Unabhängigkeit und die territoriale Unversehrtheit dieser Staaten zu achten.

Artikel VIII.

Die beiderseitigen Kriegsgefangenen werden in ihre Heimat entlassen. Die Regelung der hiermit zusammenhängenden Fragen erfolgt durch die im Artikel XII vorgesehenen Einzelverträge.

Artikel IX.

Die vertragschließenden Teile verzichten gegenseitig auf den Ersatz ihrer Kriegskosten, das heißt der staatlichen Aufwendungen für die Kriegführung sowie auf den Ersatz der Kriegsschäden, das heißt derjenigen Schäden, die ihnen und ihren Angehörigen in den Kriegsgebieten durch militärische Maßnahmen mit Einschluß aller in Feindesland vorgenommenen Requisitionen entstanden sind.

Artikel X.

Die diplomatischen und konsularischen Beziehungen zwischen den vertragschließenden Teilen werden sofort nach der Ratifikation des Friedensvertrages wiederaufgenommen . . .

Artikel XIII.

Bei der Auslegung dieses Vertrages sind für die Beziehungen zwischen Deutschland und Rußland der deutsche und der russische Text, für die Beziehungen zwischen Österreich-Ungarn und Rußland der deutsche, der ungarische und der russische Text, für die Beziehungen zwischen Bulgarien und Rußland der bulgarische und der russische Text und für die Beziehungen zwischen der Türkei und Rußland der türkische und der russische Text maßgebend.

Artikel XIV.

Der gegenwärtige Friedensvertrag wird ratifiziert werden. Die Ratifikationsurkunden sollen möglichst bald in Berlin ausgetauscht werden . . .

Der Friedensvertrag tritt, soweit nicht seine Artikel, seine Anlagen oder die Zusatzverträge anders bestimmen, mit seiner Ratifikation in Kraft.

Ausgefertigt in fünffacher Urschrift in Brest-Litowsk am 3. März 1918. – (Folgen Unterschriften).

▶ **Quelle:** Der Friede von Brest-Litowsk, a. a. O., S. 656 ff.

Die Gruppe könnte mit Hilfe der Karte „Rußland im Ersten Weltkrieg, während der Revolution und zu Beginn des Bürgerkrieges (1914–März 1919)" eine Skizze entwerfen, die die im Frieden von Brest-Litowsk festgelegte Westgrenze Rußlands zeigt.

▶ **Material:** Informationen 151, Karte XI.

Eine dritte Aufgabe besteht darin, die einzelnen Friedensbedingungen einzuordnen:

Rußland verpflichtet sich, . . .	Deutschland verpflichtet sich, . . .	Beide verpflichten sich, . . .
– auf Polen, Litauen und Kurland zu verzichten, – die vorläufige Besetzung von Livland und Estland durch deutsche Truppen anzuerkennen, – seine Armee völlig zu demobilisieren, – die Selbständigkeit der Ukraine anzuerkennen und einen Friedensschluß mit ihr herbeizuführen, – die Selbständigkeit Finnlands anzuerkennen und die russischen Truppen von dort abzuziehen.	erst nach einem allgemeinen Friedensschluß Livland, Estland sowie alle weiteren von ihm besetzten russischen Gebiete zu räumen.	– alle Kriegsgefangenen sofort zu entlassen, – auf Ersatz der Kriegskosten und auf Kriegsentschädigung zu verzichten, – die diplomatischen Beziehungen nach der Ratifikation wiederaufzunehmen.

38.3.4.2. Schwerpunkt: Rußland nach der Revolution

Die Schwierigkeiten, denen sich die Sowjetregierung unter Lenin im Lande selbst gegenübersah, machen den Schülern deutlich, unter welchem Druck die Führer der russischen Politik standen und weshalb Lenin so strikt auf der Erlangung der „Atempause" bestand. Um den Schülern einen möglichst anschaulichen Eindruck von der Situation zu vermitteln, sollten einige Szenen aus dem Film „Zur Geschichte der UdSSR: Rußland unter Lenin und Trotzki" gezeigt werden. In Verbindung mit der Betrachtung von Fotos und Karten vermögen die Schüler einige der wichtigsten Bedrohungen zu erkennen:

- Ententetruppen landen in Rußland
- Im Inneren Rußland gibt es erbitterte Gegner der Revolution, die sich zum Ansturm auf die neue Regierung sammeln.
- Russische Randvölker bilden eigene Staaten.

▶ **Material:** Film Institut 32 2081, Informationen 113/115, S. 5 ff., dtv II 142 Bürgerkrieg und Intervention sowie Das Ende des Bürgerkrieges 1920/21.

Damit die Betrachtung und Analyse des Bild- und Kartenmaterials vertieft wird, sollen schriftliche Quellen eingesetzt werden.

Gruppe 1: Die Ziele der „Weißen"

„Der Nutzen des russischen Staates erfordert gebieterisch die Neubelebung und Verbesserung der Landwirtschaft . . . Ich erachte es für notwendig, die Prinzipien anzuzeigen, die der gesetzlichen Regelung als Grundlage dienen müssen:

1. Vorsorge für die Interessen der arbeitenden Bevölkerung.
2. Schaffung und Stärkung solider Klein- und Mittelgüter auf Kosten von staatlichem und privatem Boden.
3. Wahrung der Besitzrechte der Eigentümer. In jedem Gebiet muß die Bodenfläche, die im Besitz der früheren Eigentümer verbleiben darf, und die Art und Weise, auf die der übrigen landwirtschaftlichen Boden in den Besitz der Bauern mit wenig Boden übergeht, festgelegt werden.

Die russische Industrie ist völlig zerstört, so daß die russische Staatsmacht ruiniert ist, die Unternehmen verarmt und Millionen arbeitender Menschen der Arbeit und des Brotes beraubt sind. (Es werden daher folgende Maßnahmen durchzuführen sein):

- Die Wiederherstellung der Rechte der Fabrikeigentümer und zusammen damit die Wahrung der gewerkschaftlichen Interesse der Arbeiterklasse.
- Die Einrichtung staatlicher Kontrolle über die Produktion.
- Die Erhöhung der Arbeitsproduktivität mit allen Mitteln.
- Die Einrichtung des achtstündigen Arbeitstages in allen Fabriken."

▶ **Quelle:** Die russische Revolution 1905–1921, Hrsg. O. Anweiler. Klett, Stuttgart 1971, S. 63.

Gruppe 2: Abfall der nichtrussischen Randvölker

„In einer Situation, da zwischen dem proletarischen Rußland und der imperialistischen Entente ein Kampf auf Leben und Tod entbrennt, gibt es für die Randgebiete nur zwei Wege: entweder zusammen mit Rußland, und dann – Befreiung der schaffenden Massen der Randgebiete von der imperialistischen Unterdrückung; oder zusammen mit der Entente, und dann – unvermeidlich das imperialistische Joch. Einen dritten Weg gibt es nicht. Die sogenannte Unabhängigkeit der sogenannten unabhängigen Länder Georgien, Armenien, Polen, Finnland usw. ist nur ein trügerischer Schein, der die vollständige Abhängigkeit dieser . . . Staaten von der einen oder anderen Imperialistengruppe bemäntelt.

Natürlich haben die Randgebiete Rußlands . . . das unveräußerliche Recht auf Lostrennung von Rußland . . . Aber hier geht es nicht um die Rechte der Nationen . . ., sondern um die Interessen der Volksmassen . . . der Randgebiete . . . Nun, die Interssen der Volksmassen besagen aber, daß die Forderung nach Lostrennung eine . . . konterrevolutionäre Forderung ist."

▶ **Quelle:** Stalin über „Die Politik der Sowjetmacht in der nationalen Frage in Rußland" (Oktober 1920) in: Die russische Revolution, a. a. O., S. 67 f.

Arbeitsaufgaben	denkbare Formulierungen
1. Warum kann es nach der Ansicht Stalins keine unabhängigen Länder in den Randgebieten geben?	Diese Länder sind nach Stalins Meinung gar nicht unabhängig, sondern abhängig von den „imperialistischen" Staaten, die die proletarische Revolution bekämpfen wollen.
2. Nehmt kritisch zu der Behauptung Stalins Stellung, die Forderung nach Lostrennung sei eine konterrevolutionäre Forderung.	Das Selbstbestimmungsrecht der Völker ist ein Kernstück der Leninschen Lehre und seines Programms. Stalin wendet einen Trick an: Das Selbstbestimmungsrecht ist gegenüber dem Anspruch der Revolution, d. h. dem Machtanspruch der Bolschewiki, nichtig.
3. Welche Gebiete wollten sich von Rußland lösen?	Ukraine, Nord- und Transkaukasien, Finnland, die baltischen Staaten

Gruppe 3: Eingreifen der Westalliierten

Note des Obersten Rates der Alliierten an Admiral Koltschak vom 26. 5. 1919:

„Es war stets ein Hauptgrundsatz der . . . alliierten Mächte, eine Einmischung in die inneren Angelegenheiten Rußlands zu vermeiden. Ihre ursprüngliche Intervention (im Sommer 1918) wurde zu dem einzigen Zweck unternommen, denjenigen Elementen in Rußland zu helfen, die den Kampf gegen die deutsche Autokratie fortsetzen und ihr Land von der deutschen Herrschaft befreien wollten . . . Seit der Unterzeichnung des Waffenstillstandes am 11. November 1918 haben die Alliierten ihre Truppen in verschiedenen Teilen Rußlands beibehalten . . . Sobald jedoch die Friedenskonferenz zusammentrat, versuchten sie Frieden und Ordnung in Rußland wiederherzustellen . . . Die . . . alliierten Mächte wünschen . . . zu erklären, daß das Ziel ihrer Politik die Wiederherstellung des Friedens innerhalb Rußlands ist, indem das russische Volk instandgesetzt wird, seine eigenen Angelegenheiten durch eine frei gewählte Konstituierende Versammlung zu regeln . . .
Sie sind aufgrund der Erfahrung der letzten zwölf Monate zu der Überzeugung gelangt, daß es unmöglich ist, diese Ziele durch Verhandlungen mit der Sowjetregierung in Moskau zu erreichen. Sie sind deswegen bereit, der Regierung des Admiral Koltschak . . . mit Kriegsmaterial . . . bei der Aufrichtung ihrer Regierungsgewalt über ganz Rußland zu helfen, vorausgesetzt, daß sie bestimmte Garantien über die Übereinstimmung der politischen Ziele erhalten."
(Diese Ziele betrafen die Errichtung demokratischer Einrichtungen und die friedliche Regelung der Grenzfragen.)

▶ **Quelle:** Die russische Revolution. a. a. O., S. 64.

Arbeitsaufgaben	denkbare Formulierungen
1. Warum wollen die Alliierten die Regierung Koltschak unterstützen?	Sie wollen ein demokratisch-republikanisches Rußland, dem sie die Wiederherstellung des Friedens innerhalb Rußlands zutrauen.
2. Warum und wann haben die alliierten Truppen überhaupt in Rußland interveniert?	Im Sommer 1918 wollten sie im Kampf gegen die Deutschen helfen. Nach dem Waffenstillstand mit Deutschland sind sie geblieben, weil es durch die Weigerung der Sowjetregierung nicht gelungen ist, alle Gruppierungen an einen Tisch zu bringen.
3. An welchen Stellen Rußlands griffen die alliierten Truppen ein?	– Ukraine, Landung in Schwarzmeerhäfen (50 000 Mann unter französischem Oberkommando) – Einmarsch britischer Truppen im Süden aus Persien zu Lande und über das Kaspische Meer – Landung britischer, französischer, japanischer und amerikanischer Truppen in Fernost (Wladiwostok) zur Unterstützung Koltschaks – Landung britischer Truppen Murmansk.

T **Schwierigkeiten, denen sich die Sowjetregierung unter Lenin im Lande selbst gegenübersah**

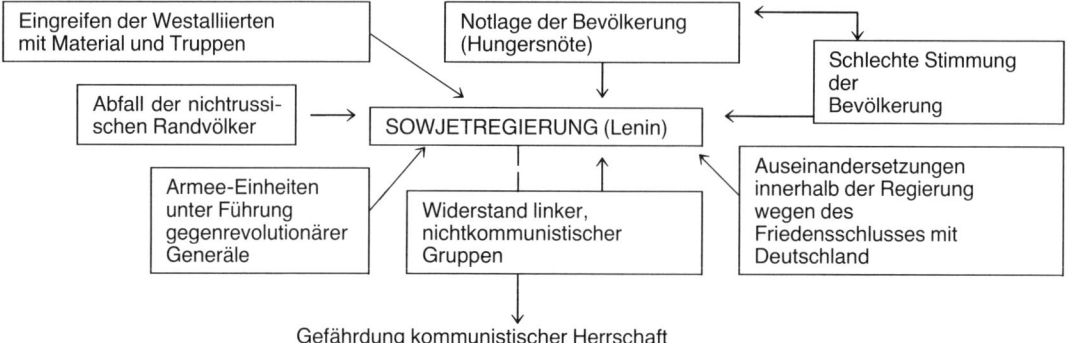

Gefährdung kommunistischer Herrschaft

Angesichts der vielseitigen Bedrohungen Sowjetrußlands wird die Frage auftauchen, wie es den neuen Machthabern gelang, sich dennoch zu behaupten. Als Impuls dient eine russische Karikatur mit dem Titel „Genosse Lenin säubert die Welt von Unrat" (Gfm). Sie scheint auf den ersten Blick in krassem Widerspruch zu den Behauptungen zu stehen, wie sie in obigem Tafelbild herausgestellt worden sind: Lenin – auf einer Weltkugel stehend – fegt die Feinde der Revolution (Monarchisten, Kapitalisten) vom Erdball. Die Bildunterschrift stützt lapidar die optische Nachricht. Zur Interpretation dieser Karikatur ist festzuhalten, daß sich hier die positiven und negativen Figuren unversöhnlich gegenüberstehen. Die positive Figur (Lenin) beherrscht die Szene und soll die Unüberwindlichkeit der Sowjetmacht symbolisieren. Die Karikatur richtet sich an Menschen, die sich für die Sowjetmacht entschieden hatten. Sie suggeriert, daß Rücksichtslosigkeit und Gradlinigkeit angesichts der Situation die Tugenden des Revolutionärs sein müssen. Es gibt keinen „dritten Weg", sondern nur das Bekenntnis für oder gegen die Revolution. Wofür steht das Symbol des „Kehrenden Besens"?

Als Grundlage für die Besprechung dieser Frage verwenden wir:

▶ **Material:** Informationen 113/115, S. 6 ff, „Gründe für den Sieg der Bolschewisten".

a) Die Gegner der Revolution scheiterten, weil sie sich nur in der Ablehnung des kommunistischen Regimes einig waren, ansonsten durch politische, soziale und nationale Gegensätze zerrissen waren.

b) Die Gegner der Revolution litten unter der mangelnden Koordination der militärischen Aktionen.

c) Die Rote Armee war durch Trotzki straff organisiert.

d) Der Zusammenbruch der Mittelmächte (November 1918) brachte die Aufhebung des Friedens von Brest-Litowsk mit seinen harten Einzelbestimmungen. Die Mittelmächte räumten die besetzten Gebiete, damit fiel die Unterstützung für die einheimischen Gegner der Sowjets aus.

e) Es wurde auf die Rückeroberung einiger abgefallener Territorien (Finnland, baltische Staaten, Polen) verzichtet und Friedensverträge mit diesen Staaten geschlossen, damit Kräfte frei wurden für andere Kriegsschauplätze.

Damit können sich die Schüler mit der o. a. Karikatur erneut auseinandersetzen. Sie erkennen, daß hier die Person Lenins in unzulässiger Weise als alleiniger Retter der Revolution dargestellt wird, obwohl eine ganze Reihe von anderen Gründen für den Sieg der bolschewistischen Revolution maßgebend waren.

Wie unterschiedlich Lenin beurteilt wird, zeigen Stellungnahmen zu Lenin.

▶ **Material:** Redaktion des ZK der KPdSU. Verlag der sowjetischen Militärverwaltung in Deutschland. Berlin 1946, S. 324 (Gfm) – Maxim Gorki, In: Süddeutsche Monatshefte. Oktober 1918, S. 86 (Gfm) – H. Herzfeld, Geschichte in Gestalten, Bd. 3. Frankfurt o. J., S. 29 (Gfm) – Informationen 113/115.

Diese Stellungnahmen veranlassen die Schüler, die Bedeutung Lenins zu untersuchen:

– Verstaatlichung von Verteilung und Produktion (Außenhandel, Industriebetriebe, Binnenhandel) im Einklang mit marxistischen Grundsätzen, Landaufteilung;

– nach dem Krieg und Bürgerkrieg erhebliche Schwierigkeiten: Rückgang der industriellen Produktion, weitgehende Zerstörung der Produktionsanlagen, aber auch zu radikales Vorgehen in der „ökonomischen Offensive".

Die Schüler sollen erkennen, daß das Grundproblem der Sowjetunion nach 1921 darin bestand, die wirtschaftlichen und sozialen Probleme in den Griff zu bekommen. Dazu müssen sie über die beiden Konzeptionen des wirtschaftlichen Aufbaus informiert werden:

39. Diktaturen und Demokratien in Europa

39.0.1. Literaturangaben

Handbuch: dtv 4004, 4005, 4008, Fischer FWG 31, 34, Schieder Bd. 7
Spezialliteratur:
Zur *Geschichte der Sowjetunion* in den dreißiger Jahren siehe die Literaturangaben zur UR 38
Italien, italienischer Faschismus:
De Felice, Renzo, Die Interpretation des Faschismus, Musterschmidt, Göttingen 1980.
Lill, Rudolf, Geschichte Italiens vom 16. Jahrhundert bis zu den Anfängen des Faschismus. Wiss. Buchgesellschaft, Darmstadt 1980.
Nolte, Ernst, Der Faschismus in seiner Epoche. Piper, München 5 1972.
Nolte, Ernst, Theorien über den Faschismus. Kiepenheuer & Witsch, Köln 2 1972.
Spanischer Bürgerkrieg:
Broué, Pierre, Temime, Emile, Revolution und Bürgerkrieg in Spanien. Suhrkamp, Frankfurt 1975.
Dahms, Helmut Günther, Der Spanische Bürgerkrieg 1936–1939. Wunderlich, Tübingen 1962.
Elstob, Peter, Legion Condor. Molden TB 151, Wien 1978.
Thomas, Hugh, Der Spanische Bürgerkrieg. Ullstein, Berlin 1962.

39.0.2. UR-Ziele

(1) Die unterschiedliche Entwicklung in den europäischen Ländern nach dem Ersten Weltkrieg
(2) Die Beziehungen und Konflikte zwischen einzelnen europäischen Staaten in den 30er Jahren
(3) Die Bedeutung des sowjetischen Kommunismus und des Faschismus für die Entwicklung in Europa

39.0.3. Medien

Wandkarte: Westermann, Der Erste Weltkrieg und seine Folgen
Atlas: Westermann, 150/151 Europa nach dem Ersten Weltkrieg (1918–1937), 153 Völkerverständigung/Bedrohung des Weltfriedens – dtv II 138 Die Demokratie in der Defensive 1919–1933, 138 Totalitäre und autoritäre Regime und Diktaturen 1933–1939, 158 der faschistische Imperialismus 1922–1939, 160 Das „alzamiento nacional" 1936, Der spanische Bürgerkrieg, 164 Das europäische Bündnissystem nach 1920, das europäische Bündnissystem 1933–1939, 188 Die Staatsstruktur der UdSSR 1936, Der Moskauer Ostpakt 1929, Die Nichtangriffspakte der UdSSR 1932.
Film: Institut 32 2784: Zur Geschichte der UdSSR von 1924 bis 1941 (22 Min.)

39.04. Vorbemerkungen

Die USA waren in den Ersten Weltkrieg mit dem erklärten Ziel eingetreten, durch Niederwerfung der Mittelmächte, vor allem Deutschlands, ein Regierungssystem durchzusetzen, das der in den USA verwirklichten Vorstellung von „Demokratie" entsprach. Deshalb wurde die Februarrevolution in Rußland von Amerika begrüßt, weil damit im eigenen Bündnislager die mit Mißtrauen betrachtete Herrschaft des Zaren durch eine zunächst hoffnungsvoll erscheinende neue Ordnung abgelöst wurde. Die Oktoberrevolution mit dem Machtantritt Lenins und seiner bolschewistischen Partei machte diese Erwartungen alsbald zunichte.

Unmittelbar nach Beendigung des Krieges schien es – von Rußland abgesehen –, als ob tatsächlich die amerikanischen Erwartungen, das heißt der **Übergang zur parlamentarischen Demokratie,** überall in Europa erfüllt würden. Das galt für Deutschland und die Republik Österreich, das galt ebenso für die Kette der „Nachfolgestaaten", die in einer Zwischenzone auf ehemalig deutschem, österreichisch-ungarischem und russischem Gebiet errichtet wurden. Es galt ebenso für Jugoslawien und Rumänien, die ihr Staatsgebiet erheblich erweitert hatten. Doch in allen diesen Staaten setzte nach und nach eine andere Entwicklung ein.

Die Siegermächte und einige neutrale Länder, die seit langem parlamentarische Demokratien waren, wurden schließlich ebenfalls von den wirtschaftlichen und politischen Krisen der 20er und 30er Jahre erschüttert und mußten sich gegen totalitäre oder zumindest autoritäre Veränderungsversuche zur Wehr setzen – mit unterschiedlichem Erfolg, wie das italienische Beispiel zeigt. In den Nachfolgestaaten der Zwischenzone bis hinunter nach Griechenland wurde das westliche Verfassungsmodell überall – mit Ausnahme Finnlands und der Tschechoslowakei – abgelöst durch **Diktaturen autoritären Musters** mit im einzelnen recht unterschiedlichen Ausprägungen. Die Ursache dieses Wandels lag in wirtschaftlichen Schwierigkeiten und sozialen Spannungen, die oft durch ethnische Konflikte (Minderheitenprobleme) verschärft wurden, generell aber war sie begründet durch die politische Unerfahrenheit der Regierenden ebenso wie der Regierten. Aus diesen Gründen läßt sich erklären, daß das parlamentarische Verfahren nicht funktionierte.

Bedeutsam war, daß große Staaten von dieser Ordnung abwichen oder im Falle der Sowjetunion sie von Anbeginn an ablehnten. Diese **Abkehr vom parlamentarisch-demokratischen Rechtsstaat** wurde aus zwei verschiedenen Ideologien abgeleitet, die auf den ersten Blick hin einander zu widersprechen schie-

nen. Die eine war der **Kommunismus,** wie er in Rußland zur Macht gekommen war. Seine Realisierung in der inneren Neuordnung Rußlands und der tatsächlich betriebenen Politik führte schon unter Lenin, verstärkt unter Stalin, zur unumschränkt diktatorischen Herrschaft der Kommunistischen Partei und ihrer Führer. Außerhalb Rußlands ist es nur in zwei Fällen zu kurzlebiger Errichtung einer kommunistischen Herrschaft gekommen: 1919 in Bayern, zumindest in und um München, und ebenfalls 1919 in Ungarn. Entsprechende Ansätze in Spanien während des Bürgerkrieges 1936/39 wurden durch den Sieg der Gegenseite aufgehoben.

Die andere der Ideologien, die die „Demokratie" nach westeuropäisch-amerikanischen Vorstellungen ablehnte und bekämpfte, setzte sich in Italien (1922) und Deutschland (1933) durch. Sie wird in nicht ganz präziser Weise weithin nach dem italienischen Beispiel als **Faschismus** bezeichnet. Ihr scharfer Antikommunismus, zugleich aber die Ablehnung all dessen, was von ihr als „Liberalismus" im Sinne der „Ideen von 1789" verstanden wurde, ließ sie im Gegensatz zu dem als „links" eingestuften Kommunismus als „rechts" erscheinen. Tatsächlich aber war diese Ideologie, vor allem in ihrer schärferen Ausprägung im deutschen Nationalsozialismus, radikal revolutionär und lehnte bei äußerlicher Übernahme einzelner konservativer Vorstellungen und Begriffe auch diese politische Denkrichtung ab. Beide Bewegungen gaben sich ausgesprochen nationalistisch, als nur an der Größe der eigenen Nation und ihres Staates interessiert. Trotzdem fanden sie fast überall Nachahmer, die sich zu radikalen, weithin bedeutungslos bleibenden Organisationen zusammenschlossen.

Beide Ideologien, Kommunismus und Faschismus/Nationalsozialismus, und die von ihnen errichteten Herrschaften werden auch unter dem Oberbegriff des **Totalitarismus** zusammengefaßt. Damit soll angezeigt werden, daß hinter allen äußerlichen Unterschieden und der Feindschaft zwischen ihnen die wesentlichen, konstitutiven Elemente beider gleich oder zumindest recht ähnlich sind: eine Ideologie mit Absolutheitsanspruch, uneingeschränkte Beherrschung von Staat und Gesellschaft durch die allein zugelassene hierarchisch aufgebaute Partei (Führerprinzip, demokratischer Zentralismus), terroristisches Polizeisystem als Herrschaftsmittel, ein allmächtiger und allgegenwärtiger Propagandaapparat, uneingeschränkte Verfügung über das militärische Potential, zentral gelenkte Planwirtschaft.

Das Ergebnis einer dergestalt bestimmten totalitären Despotie und der von ihr betriebenen Politik sind u. a. die Umwandlung des Rechtsstaates in einen Polizeistaat ohne Grundrechtsgarantie für den einzelnen und die Aufhebung der Gewaltenteilung zugunsten uneingeschränkter Befehlsgewalt der Führungsspitze

im Einparteienstaat. Diese Zusammenfassung verschiedener politisch-ideologischer Systeme unter dem Oberbegriff des Totalitarismus sollte allerdings nicht übersehen, daß in der Wirklichkeit auch graduelle Unterschiede bestehen; Italien blieb am weitesten hinter ihrer vollen Realisierung zurück. Ebenso muß gesehen werden, daß der Totalitarismus-Begriff mit seiner prinzipiellen Gleichsetzung von Kommunismus und Faschismus/Nationalsozialismus von einer anderen Denkschule in seiner Berechtigung bestritten wird. (Siehe zu dieser Thematik den Abschnitt „Nationalsozialismus – Faschismus – Totalitarismus" in der Vorbemerkung zu UR 42, S. 206 ff.)

Vom totalitären Typus zu unterscheiden ist auch für die Zeit von 1919 bis 1939/45 eine andere Form der Diktatur, die als **„autoritär"** bezeichnet wird. Diese Diktaturen, oft als **„Notstandsdiktaturen"** durch politische, wirtschaftliche und soziale Schwierigkeiten zumindest mitbedingt, waren zwar auch gekennzeichnet durch Einschränkung oder Aufhebung demokratischer Prinzipien (Volkssouveränität, Parlamentarisches System auf Grund des allgemeinen Wahlrechts) und Einschränkung der Grundrechte zugunsten des Diktators und seiner Vollmachten. Ihnen fehlte aber die aus dem Absolutheitsanspruch einer alles erklärenden und bestimmenden Ideologie abgeleitete terroristische Reglementierung des gesamten öffentlichen und privaten Lebens bis zum Versuch, auch das private Denken des einzelnen zu erfassen. Beispiele solch autoritärer Diktaturen sind für diesen Zeitraum die **Türkei Kemal Atatürks,** das **Polen Pilsudskis** und das **Spanien Francos.**

Die Häufigkeit autoritärer und totalitärer Systeme in Europa der Zwischenkriegszeit und die Krisen, die auch die älteren und in sich gefestigten Demokratien erschütterten, lassen jedoch nicht übersehen, daß es eben den letzteren gelang, der Krisen Herr zu werden und ihre Verfassungsordnung zu behaupten. Gerade **Großbritannien** und die **USA** waren auch während des Zweiten Weltkrieges in der Lage, im Rahmen dieser Ordnung die ungeheuren Anforderungen, die der Krieg stellte, zu meistern, ohne Rechtsstaatlichkeit und parlamentarisch-demokratisches Prinzip aufzugeben.

39.0.4.1. Die Sowjetunion in den dreißiger Jahren

Lenin war schon seit dem Frühjahr 1922 schwer erkrankt und nur noch sporadisch in der Lage, Amtsgeschäfte zu führen. Am 24. Januar 1924 starb er. Während Lenins Krankheit führte eine Troika, bestehend aus Kamenew, Sinowjew und dem Generalsekretär der Partei ‚Stalin, die Partei. Die Nachfolge war nicht genau geregelt. Lenins sogenanntes Testament sah eine kollektive Führung vor, ein 1923 ange-

fügter Nachsatz hatte die Entfernung Stalins vom Posten des Generalsekretärs empfohlen.

Nach **Lenins Tod** setzte sehr schnell der **Machtkampf um die Nachfolge** ein. Gestützt auf eine Mehrheit treu ergebener Anhänger im Parteiapparat und durch eine geschickte Taktik wechselnder Bündnisse gelang es **Stalin**, alle potentiellen Rivalen, die ihm ursprünglich an Bedeutung und Ansehen überlegen gewesen waren, auszuschalten. Angefangen mit Trotzki, der schon ein Jahr nach Lenins Tod als Verteidigungskommissar abgesetzt worden war, über Sinowjew, Kamenew, Rykow und Bucharin und viele andere. Zwischen 1927 und 1930 wurden sie alle aus der Partei ausgeschlossen und verbannt.

Sie alle (außer Trotzki, den Stalin 1940 in Mexiko ermorden ließ) wurden in der 1934 beginnenden und 1936–1938 ihren Höhepunkt erreichenden **Großen Säuberung** (russ. Tschistka) liquidiert. Das Prinzip der Säuberung von Abweichlern ist ein schon von Lenin entwickeltes charakteristisches Element kommunistischen Parteilebens. Stalin benutzte es als ein Mittel zur endgültigen Sicherung seiner Machtstellung. Ihren Vollzug sicherte er dadurch, daß er die Sicherheitsorgane (Tscheka, seit 1922 GPU) der Parteikontrolle entzog und seinem persönlichen Sekretariat unterstellte.

In großen **Schauprozessen** wurden zahlreiche prominente Angeklagte verurteilt und hingerichtet. Darüber hinaus wurden auf administrativem Wege, d. h. ohne förmliches Verfahren, große Teile der politischen, militärischen, wirtschaftlichen und geistigen Elite des Landes und Millionen Menschen jeder sozialen Herkunft, jeden Geschlechts, Berufs und Alters verhaftet, sofort liquidiert oder in Lager (Solschenizyns „Archipel GULAG") eingeliefert, wo sie zumeist umkamen.

Die Große Säuberung stellte einen gesellschaftlichen Umschichtungsprozeß größten Ausmaßes dar.

„Er bedeutete die Ablösung der früheren Elite, der alten Garde Lenins, durch die neuen Gefolgsleute Stalins. Anstelle des **Katorznik**, des rhetorisch und publizistisch versierten **Berufsrevolutionärs**, dem Stalin als Exponenten der Intelligenzia stets mißtraut hatte, trat der **Apparatschik**, der wortkarge **Parteibürokrat**. In den breiten Massen legte die Tschistka der neuen technischen und bürokratischen Intelligenzschicht den Aufstieg bis zu den höchsten Stellen frei."

(Georg von Rauch, Sowjetrußland von der Oktoberrevolution bis zum Sturz Chruschtschows 1917–1964, In: Schieder a. a. O., S. 504).

39.0.4.2. Industrialisierung und Kollektivierung

Auf dem XV. Parteitag 1927 verkündete Stalin sein Programm der **Umgestaltung der Sowjetunion in einen Industriestaat**. Ideologische und machtpolitische Motive gingen bei diesem Entschluß Hand in Hand. Die kommunistische Gesellschaftsordnung, in der jeder nach seinen Bedürfnissen mit Gütern versorgt werden würde, setzte die Produktion eines Überflusses voraus, den nur ein Industrieland zu erzeugen vermochte. Lenin hatte das Ziel auf die Formel gebracht: „Kommunismus ist Sowjetmacht plus Elektrifizierung des Landes." Für Stalin hatte die Schaffung eines Industriepotentials, als Basis für eine mächtige Sowjetunion, Vorrang. Die Leitsätze des XV. Parteitages forderten folgerecht, daß „insbesondere die Zweige der Volkswirtschaft entwickelt werden sollten . . ., von denen die Hauptrolle bei der Sicherung von Wehrkraft in Kriegszeiten abhängt".

In einer epochalen Kraftanstrengung und unter Entbehrungen, die denen der Epoche des Frühkapitalismus in West- und Mitteleuropa in der ersten Hälfte des 19. Jahrhunderts in nichts nachstanden, wurde in der Tat eine **Grundstoff- und Schwerindustrie** aus dem Boden gestampft und in kurzer Zeit die industrielle Produktion vervielfacht.

1928 lief der **erste Fünfjahresplan** an. Die Summe für Kapitalinvestitionen in der Industrie wurde von 650 Millionen Rubel im Jahr 1927 auf 3400 Milliarden Rubel im Jahr 1929 erhöht.

Im ersten Fünfjahresplan (1928–1932/33) wuchs die Schwerindustrie um 285 %, die völlig vernachlässigte Konsumgüterproduktion dagegen nur um 64 %. Die Tabelle zeigt den Anstieg der Produktion der wichtigsten Grundstoffe und einiger Industrieerzeugnisse zwischen 1928 und 1940:

Erzeugung ausgewählter Rohstoffe und Industrieprodukte

		1928	1940
Elektroenergie	Mrd. kW	5	49
Erdöl	Mill. t	12	31
Erdgas	Mrd. m³	0,3	3
Stein- u. Braunkohle	Mill. t	36	166
Roheisen	Mill. t	3	15
Stahl	Mill. t	4	18
Metallschneidemaschinen	1000 Stck.	2	58
Turbinen	Mill. kW	0,0	1
Traktoren	1000 Stck.	1	32
Kraftfahrzeuge	1000 Stck.	1	145

Die Kollektivierung der Landwirtschaft

Die Kollektivierung hatte schon zum Programm Lenins gehört, war aber der wirtschaftlichen Schwierigkeiten wegen aufgeschoben worden. Stalin setzte sie zugleich mit dem Industrialisierungsprogramm überstürzt in die Tat um. Damit verfolgte er zwei Ziele: Einmal sollte die letzte Gruppe von Selbständigen ausgeschaltet werden, zum anderen tendierten die bäuerlichen Klein- und Mittelbetriebe, wie sie seit 1917 geschaffen worden waren, zur Selbstversorgung und waren in der Tat weit weniger geeignet, Überschüsse für den Markt (also für die Versorgung der rasch wachsenden Industriebevölkerung) und für den Export zu produzieren, als Großbetriebe.

Stalin propagierte die **„Liquidierung des Kulakentums als Klasse“,** d. h. er ordnete die Enteignung (und später de facto auch die physische Vernichtung) derjenigen Bauernschicht an, die es durch Tüchtigkeit und Aufgeschlossenheit zu einem bescheidenen Besitz gebracht hatte. GPU und sogenannte Arbeiterbrigaden entfesselten einen Bauernkrieg mit umgekehrten Vorzeichen. Innerhalb von einem halben Jahr waren 58 % des Landes kollektiviert (gegenüber 4 % vor Beginn der Zwangskollektivierung 1929). Die Bauern beantworteten den Terror mit Einschränkungen der Produktion und der Abschlachtung des Viehs. 1933 war die Zahl der Pferde, Rinder und Schweine auf die Hälfte, die der Schafe und Ziegen auf ein Drittel abgesunken. Verluste, die bei Beginn des Zweiten Weltkrieges noch nicht wettgemacht worden waren. Eine erneute **Hungerkatastrophe** war die Folge, der etwa 10 Millionen Menschen zum Opfer fielen.

39.0.4.3. Der Faschismus in Italien

Am Ende des Ersten Weltkrieges war Italien eine der Siegermächte. Die Teilhabe am Sieg der Alliierten war mit 680 000 Gefallenen, einem bankrotten Staat (1918 konnten nur 30 % der Staatsausgaben aus Einnahmen bestritten werden) und einer Wirtschaftskrise teuer erkauft. Andererseits hatte Italien überall seine ethnischen Grenzen erreicht, teilweise sogar überschritten (Südtirol, Istrien), nur noch verstreute Minderheiten lebten in anderen Staaten.

Dies alles erfüllte jedoch nicht die überspannten Erwartungen der Nationalisten, die unter anderem ganz Dalmatien und einen Anteil an den ehemals deutschen Kolonien gefordert hatten. Sie sprachen von einem **„verstümmelten Sieg“** und entwickelten ein heftiges Ressentiment gegen die ehemaligen Alliierten, die sie dafür verantwortlich machten.

Die Wirtschaftskrise mit ihrer horrenden Teuerung führte zu zahllosen Streiks, zu Tumulten, zu Landbesetzungen durch die Bauern. Diese anarchistischen, **bürgerkriegsähnlichen Zustände,** deren die Regierung nicht Herr wurde, lösten beim Bürgertum ein

tiefes Erschrecken aus. Der sich entwickelnden akuten Systemkrise war die liberale Führungsschicht nicht gewachsen.

Mussolini und seine faschistische Bewegung sicherten den Bürgern Schutz vor der Revolution zu. Mussolini war ein ehemals sozialistischer Journalist (Chefredakteur des Parteiblattes „Avanti“), der sich wegen seines Eintretens für Italiens Kriegsteilnahme von der Sozialistischen Partei getrennt hatte. 1919 gründete er die faschistische Bewegung. Sie trat in die Lücke zwischen den Massenparteien (Sozialisten, Katholiken) und der liberalen Führungsschicht, die sich gegenseitig lähmten. Faschistische Kampfgruppen (squadre) gingen zum Gegenterror über, übernahmen „Strafaktionen“ gegen die Sozialisten und die Gewerkschaften und präsentierten sich als einzige „Ordnungsmacht“.

Am 28. Oktober 1922 befahl Mussolini den **Marsch der Faschisten auf Rom.** Die Regierung war unentschlossen, der König beauftragte Mussolini mit der Regierungsbildung. Dieser gab sich zunächst gemäßigt und berief in sein Kabinett auch Vertreter des „alten Staates“. So konnte sich Mussolini auf die maßgeblichen staatstragenden Kräfte stützen: die Krone, die Armee und die Bürokratie. Sie alle glaubten, sich mit dem Faschismus arrangieren zu können. Sicherlich gelang es dem faschistischen Regime auch, die Mehrheit des Volkes für sich zu gewinnen, weil es nach den Jahren des Chaos einen starken Staat begrüßte.

Konnte man zunächst noch vom autoritären Staat sprechen, so wurde die Grenze zum totalitären Regime überschritten, als 1926 durch ein **„Staatsschutzgesetz“** alle Parteien aufgelöst, alle Oppositionszeitungen verboten und eine administrative Haftstrafe eingeführt wurden. 1928 wurde schließlich ein neues Wahlgesetz eingebracht, das eine nationale faschistische Einheitsliste vorsah.

Zwischen 1922 und 1929 verzeichnete Italien einen außerordentlichen wirtschaftlichen Aufstieg. Dabei spielte die Erholung der Weltwirtschaft nach 1923 eine wesentliche Rolle, doch erntete die faschistische Regierung die Früchte. Außenpolitisch gab sich Mussolini zunächst gemäßigt. Das Ansehen des Faschismus und seines **Duce** (Führer) vor allem auch in der katholischen Welt, stieg außerordentich, als Mussolini 1929 die **Lateranverträge** mit der römischen Kurie schloß und damit den seit mehr als einem halben Jahrhundert schwelenden Streit des Staates mit der Kirche endgültig beendete, und zwar zu Bedingungen, die der liberale Staat nie zugestanden hätte.

Im Zusammenhang mit der vom faschistischen Staat monopolisierten Erziehung der Jugend kam es jedoch bald wieder zu scharfen Gegensätzen zwischen Staat und Kirche. Der Papst verdammte die „heidnische Staatsvergötzung“. Mussolinis Staatsanschauung

kommt in der 1925 formulierten Maxime zum Ausdruck: „Alles im Staat, nichts außerhalb des Staates, nichts gegen den Staat."

Theodor Schieder unternimmt eine Einordnung des italienischen Faschismus in die totalitären Systeme:

„Es charakterisiert das faschistische System etwa gegenüber dem Regime Hitlers, daß es die Diktatur institutionell festzulegen und auszubauen suchte und darin auch eine gewisse formale Erfindungskraft entwickelte. Dies galt vor allem für das Verhältnis zwischen dem Staat und dem monokratischen Anspruch der einen herrschenden Partei, das bisher nur im kommunistischen System Rußlands als Problem bestand.

Je mehr sich die Einparteienherrschaft im faschistischen System vollendet, desto mehr wird das Verhältnis der herrschenden Partei zum Staat zu der zentralen politischen Frage, auf die der italienische Faschismus für die nicht-kommunistischen totalitären Systeme die erste Antwort erteilt hat. Die faschistische Lehre deutete dieses Verhältnis einseitig von dem ideellen Vorrang des Staates her . . .

Hier wird allerdings schon das totalitäre Prinzip in seiner ganzen Schärfe formuliert und der Faschismus als totalitär insofern bezeichnet, als es für den Faschisten außerhalb des Staates nichts Menschliches oder Geistiges geben darf, das irgendwelchen Wert hätte. Dies traf die Wirklichkeit und die Tradition des italienischen Lebens in keiner Weise und kann nur als der mißglückte Sprung aus einer im ganzen staatsfernen Geschichte in einen ideologischen Staatsabsolutismus verstanden werden.

. . .

Entscheidend bleibt, daß der faschistische Staat in einer Zusammenfassung aller frühen geistigen und politischen Antriebe der faschistischen Revolution jetzt seine Kennzeichnung als autoritärer, totalitärer, hierarchischer und korporativer Staat erhält. Wie er autoritär ist in der bedingungslosen Durchsetzung der diktatorischen Führungsgewalt, so auch totalitär in der Ausschließlichkeit seines Anspruchs an den Einzelnen wie an die Nation, in der völligen Verneinung jeglicher Toleranz für jede andere als die faschistische Bewegung. . . .

Alles in allem erfüllte der Faschismus die Bedingungen, um ihn als totalitär zu kennzeichnen, wenn auch zuzugeben ist, daß vieles in ihm nur Anspruch und nicht Realität gewesen ist. Der durch das System ausgeübte Terror läßt sich doch nicht mit dem des nationalsozialistischen oder stalinistischen System vergleichen, seine Formen (Sondergerichte, Verschickung) sind bei aller Brutalität im ganzen milder, die Zahl seiner Opfer bleibt geringer, doch sind die Intentionen des Systems nicht weniger radikal."

▶ **Quelle:** Schieder, Theodor, Italien vom Ersten zum Zweiten Weltkrieg 1915–1945, in: Sedlmayer, Michael, Geschichte Italiens, a. a. O., S. 465 ff.

Die Weltwirtschaftskrise zog auch Italien in Mitleidenschaft, wenn es der Regierung auch gelang, innenpolitische Auswirkungen, wie sie in anderen Ländern auftraten, weitgehend zu vermeiden. Um von der Krise abzulenken und unter Ausnutzung der Gunst der außenpolitischen Lage, stürzte sich Mussolini 1935 in ein außenpolitisches Abenteuer, die **Eroberung Äthiopiens,** den letzten Kolonialkrieg überhaupt. Die vom Völkerbund verhängten Sanktionen wurden nicht konsequent angewandt und durch deutsche Lieferungen unterlaufen. Dies führte zu einer Annäherung Mussolinis an Hitler, die ihm später zum Verhängnis werden sollte. Zunächst aber sah sich Mussolini auf dem Höhepunkt seiner Erfolge. Das Mittelmeer war zum italienischen Meer (mare nostro) proklamiert worden, nach dem Sieg über Äthiopien verkündete Mussolini das „Wiedererstehen des (römischen) Imperiums".

Sowohl Hitler wie Mussolini griffen in den Spanischen Bürgerkrieg ein. Zu der machtpolitischen Interessengleichheit kam nun auch ein ideologischer Gleichklang. Seither setzte Mussolini allein auf das Bündnis mit Deutschland, und zwar auch noch, als die ideologisch motivierte Übereinstimmung nicht mehr mit den realen Interessen des italienischen Staates zusammenfiel.

39.0.4.4. Bürgerkrieg in Spanien

Das Königreich Spanien war 1931 **Republik** geworden. Die Republik hatte mit schweren Problemen zu kämpfen. Die sozialen Gegensätze schienen unüberbrückbar, eine Agrarreform war dringend notwendig, Regionen wie Katalonien und das Baskenland strebten nach Autonomie. Starke radikale Gruppen auf der Rechten und der Linken bekämpften die Republik. Schon kurze Zeit nach der Ausrufung der Republik kam es zu schweren Ausschreitungen gegen die Kirche, zahlreiche Kirchen und Klöster wurden in Brand gesteckt, Arbeiteraufstände weiteten sich zu sozialer Revolution aus, in Asturien wurde 1934 eine Räterepublik ausgerufen, zugleich erklärte sich Katalonien für unabhängig. Beide Revolten wurden durch das Militär niedergeschlagen.

1936 siegten bei Parlamentswahlen die in einer **Volksfront** vereinigten Linksparteien. Das Land zerfiel nun endgültig in zwei Lager, die inneren Unruhen dauerten an, politische Morde waren an der Tagesordnung. Die Ermordung eines führenden monarchistischen Abgeordneten, Calvo Sotelo, durch uniformierte Angehörige der Polizei löste schließlich den seit Monaten vorbereiteten **Militärputsch** aus, an dessen Spitze sich **General Franco** stellte. Entgegen den Erwartungen kam es nicht zu einem sofortigen Machtwechsel, sondern zu einem dreijährigen, mit

großer Erbitterung und schweren Verlusten auf beiden Seiten geführten Bürgerkrieg.

Auf der Seite der Rebellen (**Nationalspanien**) entstand ein autoritärer, nationalsyndikalistischer, jedoch nicht ein faschistischer Staat. Die **Falange** hatte 1936 nicht mehr als 8000 Mitglieder und gehörte nicht zu den Initiatoren des Putsches, schloß sich ihnen jedoch sofort an. Später geriet sie in Konflikt mit Franco, der sie 1937 zum Zusammenschluß mit verschiedenen auf seiner Seite stehenden Gruppierungen mit unterschiedlichsten politischen Zielsetzungen unter seiner Führung zwang.

„Die Entstehung eines spanischen Faschismus ist gerade durch Franco verhindert worden, als er verschiedene heterogene Rechtsgruppen zur Einheitspartei der Falange zusammenfaßte und sich selbst zu deren Führer machte. Franco ist damit kein faschistischer Diktator geworden, sondern er verhinderte auf diese Weise, daß neben ihm eine politische Partei aufkam." (Richard Konetzke)

Auf seiten der **Republik** erwies sich die legale Staatsgewalt als weitgehend machtlos gegen die revolutionären Kräfte unterschiedlichster Provenienz (Linkssozialisten, Anarchisten, Syndikalisten, Kommunisten), die die parlamentarische Demokratie beseitigen und den Staat revolutionär umgestalten oder, wie die Anarchisten, überhaupt abschaffen wollten. So war das republikanische Lager in sich gespalten und geschwächt.

In den Bürgerkrieg griffen von Anfang an massiv **ausländische** Mächte ein. Franco wandte sich an Deutschland und Italien um Hilfe. Die **deutsche Intervention** begann mit der Entsendung von Transportflugzeugen, die in den Anfangstagen des Bürgerkrieges die Marokko-Armee nach Spanien überführten. Die deutschen Kräfte (**Legion Condor**) umfaßten schließlich vor allem Luftwaffeneinheiten und Ausbilder, deren numerische Stärke maximal 5500 Mann erreichte, die jedoch in den Kämpfen oftmals eine entscheidende Rolle spielten. Die Stärke der **Italiener,** die ganze Divisionen einsetzten, betrug bis zu 50000 Mann; ihr Beitrag zur Kriegsführung war gleichwohl weniger bedeutend.

Die Republik wurde anfänglich von **Frankreich,** vor allem aber von der **Sowjetunion** mit Kriegsmaterial und „Beratern" unterstützt. Die Kommunistische Internationale (Komintern) organisierte eine Streitmacht aus ausländischen Freiwilligen, die **Internationalen Brigaden.** Die Gesamtzahl ihrer Mitglieder betrug 40000 Mann, die größtenteils jedoch nur zeitweise dienten. Ihr militärischer Beitrag für die Sache der Republik war bedeutend. Sowjetische Agenten nahmen im Zuge der gleichzeitigen Moskauer Schauprozesse in den Internationalen Brigaden Säuberungen mit zahlreichen Verhaftungen und Exekutionen vor.

Großbritannien und Frankreich bemühten sich seit Herbst 1936, die europäischen Mächte auf das Prinzip der **Nichteinmischung** festzulegen, vermochten jedoch die Unterstützung beider Bürgerkriegsparteien nicht zu verhindern. Außer der ideologischen Motivation und außer ökonomischen Interessen (Deutschland: Sicherung der Zufuhr spanischen Erzes; Sowjetunion: Bezahlung der Lieferungen durch den spanischen Goldschatz) diente der Einsatz auch der Erprobung neuen Kriegsmaterials und neuer Kampftaktiken.

39.1.1. Wissensziele

In der Sowjetunion wurde nach Lenins Tod unter der harten Führung Stalins die Umwandlung aus einem Agrar- in einen Industriestaat verstärkt fortgesetzt. Der Bevölkerung wurden schwere Opfer abverlangt. Widerstand wurde rücksichtslos gebrochen. Millionen Menschen wurden in Arbeits- und Straflager eingeliefert. In Italien entstand die faschistische Diktatur. Mussolini betrieb eine imperialistische Außenpolitik. In Spanien errichtete Franco ein autoritäres Regime. Deutschland und Italien auf der einen, Frankreich und vor allem die Sowjetunion auf der anderen Seite, griffen in den Spanischen Bürgerkrieg ein. In den klassischen Demokratien Großbritannien und Frankreich gab es Anzeichen für zunehmende wirtschaftliche Schwierigkeiten, die durch Unruhen in den Kolonialreichen verstärkt wurden.

39.1.2. UE-Ziele

(1) Das Herrschafts- und Gesellschaftssystem in der Sowjetunion nach 1924, Vergleich von Leninismus und Stalinismus
(2) Leitlinien und Motive sowjetischer Außenpolitik von 1924–1941
(3) Ursprünge und Merkmale des Faschismus in Italien
(4) Ursachen und Verlauf des Spanischen Bürgerkriegs von 1936–1939 und der ausländischen Interessen

39.1.3. Einstieg

● **Film** Institut 32 2784, Zur Geschichte der UdSSR von 1924–1941
● **Karten:** dtv II 138 „Die Demokratie in der Defensive" und „Totalitäre und autoritäre Regime und Diktaturen"

39.1.4. Schwerpunkte

Nachdem in der vorangegangenen Unterrichtsreihe die Folgen des Ersten Weltkrieges für Deutschland herausgearbeitet worden sind, ist innerhalb dieser Unterrichtsreihe das Hauptaugenmerk auf die Frage gerichtet, welche Auswirkungen dieser Krieg auf die Entwicklung in anderen europäischen Ländern hatte. Es wird dabei sowohl um eine Analyse der inneren Entwicklung in diesen Ländern, als auch um die Beziehungen zwischen den einzelnen Ländern gehen. Stellvertretend für die Länder, in denen sich eine demokratische Entwicklung vollzog, stehen Frankreich und Großbritannien. In einer anderen Reihe von Ländern entstanden faschistische oder autoritäre Regime oder Militärdiktaturen. Hierfür stehen als Beispiele Italien und Spanien.

Einen besonders hohen Stellenwert innerhalb dieser Unterrichtsreihe hat die Entwicklung der Sowjetunion nach dem Ersten Weltkrieg. Ihre Entwicklung hob sich von der übrigen europäischen Entwicklung deswegen ab, weil hier zum ersten Mal ein kommunistisches System praktiziert wurde. Es ist daher sinnvoll, unmittelbar an die UR 38 („Die Russische Revolution") anzuknüpfen.

Die zweite Sequenz des Films 32 2784 „Zur Geschichte der UdSSR von 1924 bis 1941" erinnert die Schüler an die Probleme und Schwierigkeiten, mit denen sich die neue Regierung auseinandersetzen mußte. Dabei erfüllt der obengenannte Film die Funktion der Motivierung und Problematisierung. Darüber hinaus gibt er einen Einblick in die Maßnahmen und die Funktion des neuen Systems. Der Teil, der sich mit der Außenpolitik befaßt, läßt die Konzeption der sowjetischen Außenpolitik in Ansätzen deutlich werden, während der erste Filmteil die Bedeutung Stalins herausstellt.

Durch diese Schwerpunkte ist der nachfolgende Unterricht strukturiert.

39.1.4.1. Schwerpunkt: Die neue Wirtschafts- und Gesellschaftsordnung in der Sowjetunion.

▶ **Material:** Informationen 113/115, S. 8 ff. und Gfm

Arbeitsaufgaben	denkbare Formulierungen
1. Welche Maßnahmen wurden 1917–1921 getroffen, um den Sozialismus aufzubauen?	– Sozialisierung sämtlicher Produktionsmittel – zentrale Steuerung und Planung aller Wirtschaftsvorgänge – Enteignung sämtlicher Handelsbetriebe, Bildung staatlicher Verteilerorganisationen

Arbeitsaufgaben	denkbare Formulierungen
2. Warum kam es zu einer Wirtschaftskrise?	– Überführung von Grund und Boden in Staatseigentum – Es fehlten qualifizierte Kräfte bei der Organisation der sozialistischen Wirtschaft. – Die Bauern wollten keine Lebensmittel ohne Gegenleistung liefern. – Dies führte zu einem starken Rückgang der Agrar- und Industrieproduktion.
3. Welche Maßnahmen sollten das wirtschaftliche Chaos beseitigen?	– Einstellung der willkürlichen Zwangseintreibungen von Agrarprodukten – genau vorgeschriebene Naturalabgaben, die aber den Verkauf von Überschüssen auf dem freien Markt erlaubten – Zulassung eines freien Binnenhandels, eines privaten Unternehmertums und ausländischer Kapitalinvestitionen, um die Erschließung der russischen Rohstoffe zu ermöglichen – Grundstoff- und Schwerindustrie bleiben dagegen Staatseigentum.
4. Wodurch ist das leninistische Herrschaftssystem gekennzeichnet?	– Errichtung der Einparteidiktatur – Kontrolle der Masse der Parteimitglieder durch eine kleine Führungsgruppe – Verbot der Fraktionsbildung – Verbot nichtkommunistischer Parteien – Gewerkschaften ohne Macht und Kontrollfunktion – Verfolgung Oppositioneller
5. Welche Maßnahmen wurden unter Stalin vorgenommen, die den „großen Umschwung" bringen sollten?	– Zwangskollektivierung der Landwirtschaft: Vernichtung des Kulakentums als soziale Schicht – forcierte Industrialisierung (erster Fünfjahresplan) – Massenimport von Maschinen

Arbeitsaufgaben	denkbare Formulierungen
	– rasche Steigerung der Schwerindustrie, Vernachlässigung der Verbrauchsgüterindustrie – enormer Druck auf die Arbeiter: Leistungssteigerung durch Wettbewerb, Repressalien für geringfügige Vergehen
6. Warum betrieb Stalin die Zwangskollektivierung mit allen Mitteln?	– Landwirtschaftliche Großbetriebe sollten zu einer Steigerung der Nahrungsmittelproduktion beitragen. – Die frei werdenden Arbeitskräfte sollten der Industrie zugeführt werden.
7. Welche Ziele verfolgte Stalin mit der „Säuberungswelle" in den 30er Jahren?	– Stalin erstrebte eine Ein-Mann-Diktatur, wobei er jegliche Opposition im Keime erstickte. – Er schaltete seine Rivalen beim Kampf um die Macht aus.

Nach dieser Erarbeitung kann das Filmmaterial erneut ins Gespräch kommen. Zusammenhänge, die bei der ersten Darbietung noch unklar blieben, können jetzt von den Schülern erkannt werden (siehe Tafelbild unten):

39.1.4.2. Schwerpunkt: Die Außenpolitik

Der oben erwähnte Film bringt Aussagen zu den wesentlichen außenpolitischen Marksteinen nach 1924. Er beginnt mit der Unterzeichnung des Berliner Vertrages (1926) zwischen Deutschland und der Sowjetunion und wirft die Frage nach den Motiven für die zeitweilige Zusammenarbeit der beiden Staaten auf. In einem weiteren Komplex wird das Verhältnis zwischen der Sowjetunion und Deutschland nách der Machtergreifung durch die Nationalsozialisten problematisiert.

Der Film kann naturgemäß nur oberflächliche optische Eindrücke vermitteln, die es zu vertiefen gilt. Das kann durch folgende Fragestellungen geschehen:
a) Welchen Kurs nimmt die sowjetische Außenpolitik?
b) Welche Motive sind hinter den einzelnen Maßnahmen (Verträge, Zusammenarbeit) zu erkennen?
c) Welches sind die Ergebnisse und Auswirkungen der sowjetischen Außenpolitik?
d) Welche Wandlungen sind zu verzeichnen? Aus welchen Motiven werden sie vorgenommen?
▶ **Material:** dtv II 164 Das europäische Bündnissystem nach 1920, Das europäische Bündnissystem 1933–1939, 188 Der Moskauer Ostpakt 1929, Der Nichtangriffpakt der UdSSR 1932
Informationen 113/115, S. 19 ff.

T **Der Aufbau des Sozialismus unter Lenin und Stalin**

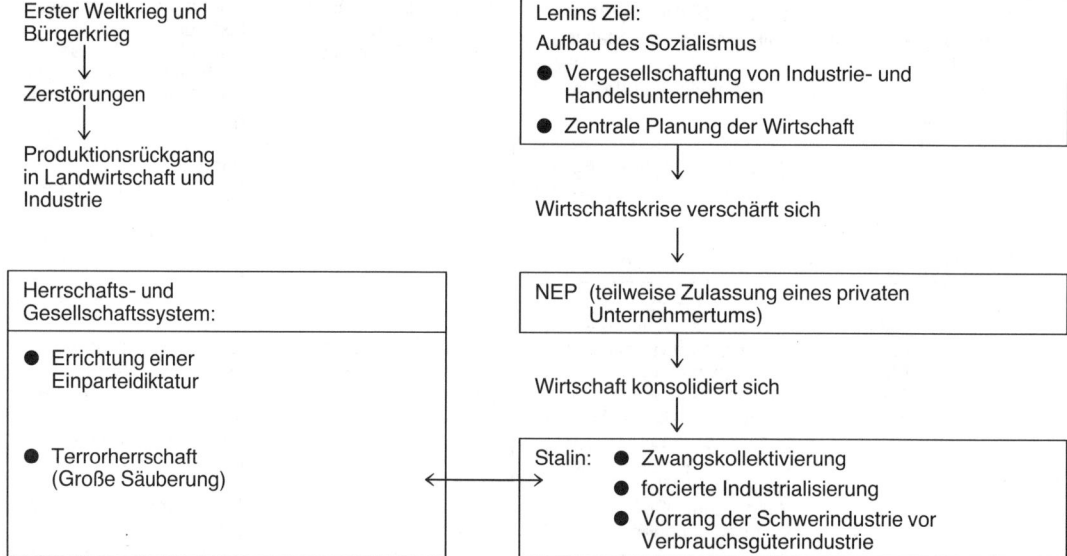

Erster Weltkrieg und Bürgerkrieg
↓
Zerstörungen
↓
Produktionsrückgang in Landwirtschaft und Industrie

Herrschafts- und Gesellschaftssystem:
● Errichtung einer Einparteidiktatur
● Terrorherrschaft (Große Säuberung)

Lenins Ziel:
Aufbau des Sozialismus
● Vergesellschaftung von Industrie- und Handelsunternehmen
● Zentrale Planung der Wirtschaft
↓
Wirtschaftskrise verschärft sich
↓
NEP (teilweise Zulassung eines privaten Unternehmertums)
↓
Wirtschaft konsolidiert sich
↓
Stalin: ● Zwangskollektivierung
● forcierte Industrialisierung
● Vorrang der Schwerindustrie vor Verbrauchsgüterindustrie

Arbeitsaufgaben	denkbare Formulierungen	Arbeitsaufgaben	denkbare Formulierungen
1. Welche Bündnissysteme prägen von 1920 bis 1933 das Bild in Europa? Welche Interessenlagen lassen sich daraus ableiten?	– Frankreichs Bündnisse mit Belgien, Polen, Tschechoslowakei, Jugoslawien, Rumänien (Französisches Sicherheitsbedürfnis) – Baltische Entente: Nichtangriffspakt zwischen Estland, Lettland und Polen (Schutz vor der Sowjetunion) – Deutsch-russische Annäherung: Vertrag von Rapallo, Berliner Vertrag (Verständigung und wirtschaftliche Fragen)		– Die deutsch-russische Annäherung demonstrierte, daß die russische Politik gesellschaftliche und ideologische Unterschiede zunächst ignorierte.
2. Arbeitet die Interessenlagen der Sowjetunion und Deutschlands von 1922 bis 1926 heraus, die zur deutsch-sowjetischen Annäherung führten.	– Vertrag von Rapallo: Die Konferenz von Genua (April 1922), auf der die Frage der Vorkriegs- und Kriegsschulden geregelt werden sollte, scheiterte. – Deutschland und Rußland beschlossen daraufhin: keine Kriegsentschädigung, Aufnahme diplomatischer Beziehungen und Handelsbeziehungen, geheime Kontakte zwischen Roter Armee und Reichswehr. – Beide Staaten verschafften sich außenpolitische Bewegungsfreiheit und gegenseitige Rückendeckung. – Rapallopolitik wird mit dem Berliner Vertrag fortgesetzt.	4. Wie gestaltete sich die sowjetische Außenpolitik nach 1933 gegenüber Deutschland?	– Zunächst Verlängerung des Berliner Vertrages, nach dem deutsch-polnischen Nichtangriffspakt Annäherung der Sowjetunion an die Westmächte: Aus Furcht vor der „faschistischen Gefahr" erfolgte eine Außenpolitik der „kollektiven Sicherheit". – Die Zusammenarbeit mit den Westmächten war jedoch von folgenden Problemen gekennzeichnet: a) Der Terror in der Sowjetunion („Säuberungen") ließ das Ansehen und die Vertrauenswürdigkeit der Sowjetunion auf den Tiefpunkt sinken. b) Das Mißtrauen der Anrainer der Sowjetunion (Polen, Rumänien, baltische Staaten) war unüberwindlich.
3. Erläutert die Auswirkungen der Lehre vom „Sozialismus in einem Land" auf die sowjetische Außenpolitik in den 20er Jahren.	– Das ursprüngliche Ziel, alle kapitalistischen Mächte zu bekämpfen, wurde aufgegeben. Statt dessen wollte man mit den nichtkommunistischen Staaten normale Beziehungen pflegen, während man langfristig den Sieg der kommunistischen Weltrevolution anstrebte.	5. Warum entschied sich Stalin 1939 für ein Zusammengehen mit Hitler?	Da die Westmächte sich einer Einbeziehung Finnlands, Estlands und Lettlands und eines Teils von Polen in die sowjetische Macht- und Einflußsphäre widersetzten, schloß Stalin mit Hitler den deutsch-sowjetischen Nichtangriffspakt, in dem Hitler in einem geheimen Zusatzprotokoll Stalin die Zugeständnisse machte, die die Westmächte verweigert hatten.

T Sowjetische Außenpolitik von 1920 bis 1939

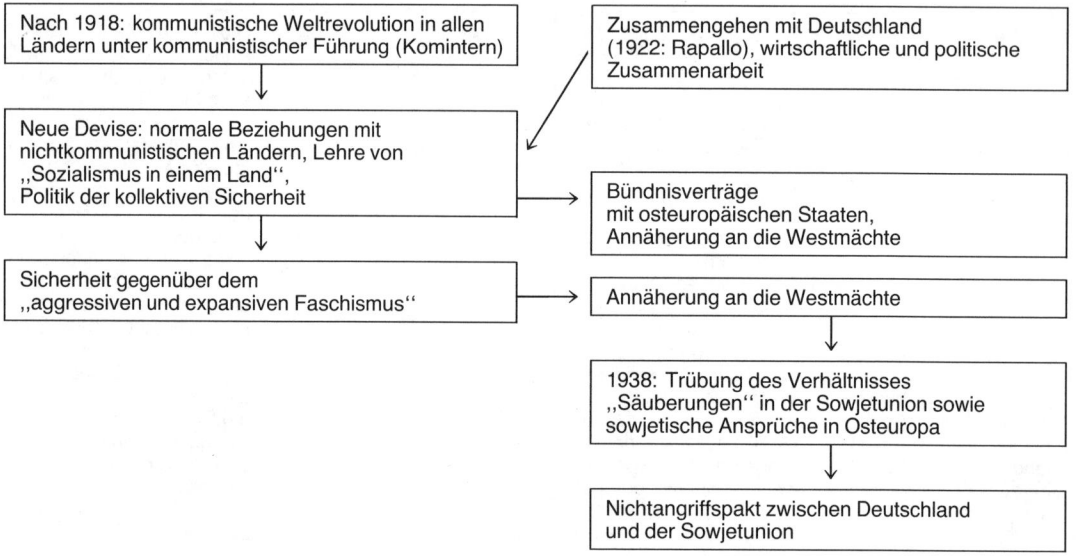

Nach 1918: kommunistische Weltrevolution in allen Ländern unter kommunistischer Führung (Komintern)

↓

Neue Devise: normale Beziehungen mit nichtkommunistischen Ländern, Lehre von „Sozialismus in einem Land", Politik der kollektiven Sicherheit

↓

Sicherheit gegenüber dem „aggressiven und expansiven Faschismus"

Zusammengehen mit Deutschland (1922: Rapallo), wirtschaftliche und politische Zusammenarbeit

Bündnisverträge mit osteuropäischen Staaten, Annäherung an die Westmächte

Annäherung an die Westmächte

↓

1938: Trübung des Verhältnisses „Säuberungen" in der Sowjetunion sowie sowjetische Ansprüche in Osteuropa

↓

Nichtangriffspakt zwischen Deutschland und der Sowjetunion

39.1.4.3. Schwerpunkt: Der Stalinismus

In einer Reihe von Aufnahmen wird der Personenkult um Stalin deutlich (Informationen 113/115 und 178 und Gfm, Film 32 2477).
In Verbindung mit den nachfolgend aufgeführten Materialien sollen die Schüler Kennzeichen und Merkmale der stalinistischen Herrschaft erarbeiten.
► **Material:** Informationen 113/115, S. 24 ff., 178, S. 30 ff. (Gfm)

Arbeitsaufgaben	denkbare Formulierungen
1. Wie äußert sich der Personenkult um Stalin?	– Kolossalstatuen, Plakatdarstellungen, Zeitungsartikel mit zahlreichen Nennungen von Stalins Namen. Stalin ist danach der „väterliche Führer", „Führer des Sowjetvolks", „Klassiker des Marxismus-Leninismus", „Koryphäe der Wissenschaften" u. a.
2. Welche Voraussetzungen mußten nach Stalin geschaffen werden, um den „Kampf für den Sieg des Sozialistischen Aufbaus" zu vollziehen?	– Der sozialistische Aufbau vollzieht sich unter den Bedingungen einer „kapitalistischen Umkreisung".

Arbeitsaufgaben	denkbare Formulierungen
	– Daher sind die „Organe der Unterdrückung, die Armee und andere Organisationen" notwendig. – Die „kapitalistische Umkreisung" macht eine Verstärkung der Staatsmacht notwendig.
3. Was verstand Stalin konkret unter der Stärkung der Staatsmacht?	– Beseitigung jeglicher Opposition – Ausschaltung hoher Partei-, Staats- und Wirtschaftsfunktionäre – Ausschaltung ehemaliger Mitkämpfer Lenins
4. Welche Motive führten zu diesen Maßnahmen?	– Es sollten alle Kräfte ausgeschaltet werden, die eine neue Führungsschicht bilden könnten. – Massenverhaftungen, Hinrichtungen und Deportationen sollten ein Klima der Angst erzeugen, Mißtrauen aller gegen alle hervorrufen und dadurch Solidarität verhindern.

Arbeitsaufgaben	denkbare Formulierungen
5. Worin bestanden die wesentlichen Merkmale stalinistischer Herrschaft?	a) als politische Methode (Fragen 1–4): – Personenkult, – Terrormaßnahmen, – Bürokratismus, Herrschaft der Apparate. b) als politische Theorie: – Doktrin vom „Sozialismus in einem Land" (in der Sowjetunion ist eine sozialistische Gesellschaft errichtet worden, ohne daß vorher die proletarische Revolution in anderen Ländern durchgeführt worden ist). – Doktrin vom Aufbau des Sozialismus (nachträgliche Schaffung eines hohen wirtschaftlich-technischen Entwicklungsstandes unter den Bedingungen einer „kapitalistischen Umkreisung"). – „Führende Rolle der Partei" (Partei soll Elitecharakter haben, Partei soll die „lenkende Kraft" in Staat und Gesellschaft sein. Abweichungen von den Parteibeschlüssen können zu einer staatsgefährdenden Erscheinung werden und müssen deshalb mit aller Schärfe bekämpft werden). – Führende Rolle der Sowjetunion in der kommunistischen Weltbewegung.

Nachfolgend sollen die Schüler die Arbeitsergebnisse in einem Tafelbild zusammenfassen:

T Merkmale stalinistischer Herrschaft

Theorien	Maßnahmen (Außenpolitik) Grundsätze	Maßnahmen (Innenpolitik) Grundsätze
– Sozialismus in einem Land – Aufbau des Sozialismus – führende Rolle der kommunistischen Partei – führende Rolle der Sowjetunion in der kommunistischen Weltbewegung	– zeitweiliges Auskommen mit nichtkommunistischen Staaten – Politik des gegenseitigen Ausspielens – Prinzip des Gleichgewichts der Mächte – Unterordnung und Anpassung der kommunistischen Parteien in anderen Staaten – Sicherheitspolitik – Partnerschaften/Bündnisse mit Staaten, die sich aus der aktuellen Interessenlage ergeben	– Industrialisierung, vorrangige Entwicklung der Schwerindustrie – Sozialisierung, Kollektivierung – Planwirtschaft (Koordinierung des Wirtschaftsprozesses durch staatliche Behörden) – Bürokratisierung – privilegierte Funktionärsschicht – Arbeiter und Bauern: straffe Arbeitsdisziplin, Erschwerung des Arbeitsplatzwechsels, kein Streikrecht, Überwachung
Methoden: übersteigerter Personenkult, Terror gegen alle, Herrschaft des Parteiapparats		

39.1.4.4. Schwerpunkt: Faschismus in Italien

Der Begriff des Faschismus ist den Schülern wahrscheinlich geläufig. Sie kennen ihn als Reizwort in der gegenwärtigen politischen Diskussion. Unter Politologen und Historikern ist umstritten, wie der Begriff zu definieren ist.

Unter den historischen Spielarten faschistischer Bewegungen soll im Unterricht der italienische behandelt werden. Er ist der Faschismus der ersten Stunde gewesen. Zudem war er Modell für ähnliche europäische Gruppierungen.

Folgende Arbeitsaufgaben können unter Verwendung von Auszügen aus Mussolinis Schriften bearbeitet werden:

▶ **Material:** GiQ V, 163 (Gfm)

Arbeitsaufgaben	denkbare Formulierungen
1. Durch welche Elemente ist der Faschismus nach Mussolinis Aussagen gekennzeichnet?	– Ablehnung von liberalen und demokratischen Prinzipien – Verherrlichung von Kampf und Gewalt – Führerprinzip – Absolutsetzung des Staates – Verfolgung politischer Gegner
2. Untersucht, inwieweit Mussolinis politische Vorstellungen und Ziele im Ersten Weltkrieg und der Nachkriegszeit wurzeln. (dtv II 123, 132, 133, insbesondere 158/159)	– Hoffnung auf die Bildung eines italienischen Reiches einschließlich Balkan und Nordafrika – Hoffnung darauf, daß der Krieg zu einer inneren Umgestaltung Italiens führen würde

Arbeitsaufgaben	denkbare Formulierungen
	– Bei den Friedensschlüssen von 1919 wurden Italiens Ansprüche und Forderungen kaum berücksichtigt, was in Italien große Empörung auslöste.
	– Arbeitslosigkeit, Fabrikbesetzungen und Streiks waren Ausdruck einer inneren Krise Italiens, die das Ende der bürgerlich-demokratischen Herrschaft herbeiführte.
3. Welche Politik verfolgte Mussolini?	Innenpolitik:
	– Gewährung unbeschränkter Vollmachten durch das Parlament
	– Kampf gegen die Opposition: Verhaftungen und Verbannungen
	– Unbeschränkte Verfügungsgewalt des „Duce"
	Außenpolitik:
	– Herrschaft über die Adria, Beherrschung des Mittelmeerraumes
	– Eroberung Abessiniens, Besetzung Albaniens, Pakt mit Deutschland („Achse Berlin–Rom")

39.1.4.5. Schwerpunkt: Spanischer Bürgerkrieg 1936–1937

In Verbindung mit dem Kartenmaterial in dtv II 160 und einigen Quellen soll versucht werden, die Bedeutung des Spanischen Bürgerkrieges, insbesondere auch als „Truppenübungsplatz der europäischen Militärmächte", einzuschätzen.

Göring als Zeuge im Nürnberger Prozess:

„Als in Spanien der Bürgerkrieg ausgebrochen war, sandte Franco einen Hilferuf an Deutschland um Unterstützung, besonders in der Luft. Der Führer überlegte sich, ich drängte lebhaft, die Unterstützung unter allen Umständen zu geben. Einmal, um der Ausweitung des Kommunismus an dieser Stelle entgegenzutreten, zum zweiten aber, um meine junge Luftwaffe bei dieser Gelegenheit in diesem oder jenem technischen Punkt zu erproben. Ich sandte mit Genehmigung des Führers einen großen Teil meiner Transportflotte und sandte eine Reihe von Erprobungskommandos meiner Jäger, Bomber und Flakgeschütze hinunter und hatte auf diese Weise Gelegenheit, im scharfen Schuß zu erproben, ob das Material zweckentsprechend entwickelt wurde. Damit auch das Personal eine gewisse

Erfahrung bekam, sorgte ich für einen starken Umlauf, das heißt, immer wieder neue hin und die anderen zurück."

▶ **Quelle:** Bilanz der tausend Jahre – Die Geschichte des III. Reiches im Spiegel des Nürnberger Prozesses. Hrsg.: J. Heydecker, J. Leeb. Heyne TB 7012, München 1975, S. 222.

Hitler anläßlich der Parade der „Legion Condor", 6.6.1939:

. . . Franco begann sein Ringen um die Rettung Spaniens. Ihm trat gegenüber eine aus aller Welt gespeiste Verschwörung.

Im Juli 1936 hatte ich mich nun kurz entschlossen, die Bitte um Hilfe, die dieser Mann an mich richtete, zu erfüllen und ihm in eben dem Ausmaß und so lange zu helfen, als die übrige Welt den inneren Feinden Spaniens ihre Unterstützung geben würde. Damit begann das nationalsozialistische Deutschland, am Kampf für die Wiederaufrichtung eines nationalen und unabhängigen Spaniens unter der Führung dieses Mannes aktiv teilzunehmen. Ich habe dies befohlen in der Erkenntnis, damit nicht nur Europa, sondern auch unser eigenes Vaterland vor einer späteren ähnlichen Katastrophe bewahren zu können . . .

Dies geschah weiter in voller Übereinstimmung mit Italien. Denn Mussolini hatte, von denselben idealen Erwägungen inspiriert, ebenfalls den Entschluß gefaßt, dem Retter Spaniens in seinem Kampf gegen die international organisierte Vernichtung seines Landes die italienische Hilfe zukommen zu lassen. Es ergab sich damit zum erstenmal eine gemeinsame praktische Demonstration der weltanschaulichen Verbundenheit unserer beiden Länder . . .

Es war für uns alle schmerzlich, durch Jahre hindurch über euren Kampf schweigen zu müssen. Ich habe aber damals den Gedanken gefaßt, euch nach Beendigung dieses Krieges in der Heimat den Empfang zu geben, den tapfere siegreiche Soldaten verdienen.

▶ **Quelle:** Ursachen und Folgen – Vom deutschen Zusammenbruch 1918 und 1945 bis zur staatlichen Neuordnung Deutschlands in der Gegenwart. Hrsg.: H. Michaelis/E. Schraepler. Bd. XI, Berlin o. J., S. 496 f.

Zur Bedeutung des spanischen Bürgerkrieges für Italien aus dem „Politischen Bericht" des deutschen Botschafters, von Hassell, an das Auswärtige Amt vom 18.12.1936:

. . . Deutschland hat m.E. im Zusammenhang der oben angedeuteten allgemeinen Politik allen Anlaß, es zu begrüßen, wenn Italien sich in der spanischen Sache weiter intensiv interessiert. Der spanische Konflikt kann für die Beziehungen Italiens zu Frankreich und England eine ähnliche Rolle spielen wie der abessinische insofern, als er die sich gegenüberstehenden wirklichen Interessen der Mächte klar herausstellt und damit ein Eingefangenwerden Italiens für westmächtliche

Machenschaften verhindert. Der Kampf um den vorherrschenden politischen Einfluß in Spanien läßt den natürlichen Gegensatz zwischen Italien und Frankreich erkennbar werden, zugleich tritt die italienische Machtstellung im westlichen Mittelmeer in Wettbewerb zur englischen. Um so schärfer wird Italien die Zweckmäßigkeit erkennen, den Westmächten Rücken an Rücken mit Deutschland gegenüberzustehen . . .

▶ **Quelle:** GiQ V, Nr. 430

Arbeitsaufgaben	denkbare Formulierungen
1. Welche beide großen Blöcke stehen sich am Vorabend des Spanischen Bürgerkrieges gegenüber?	– Volksfront: Sozialisten, Republikaner, Kommunisten, Anarchisten – Nationale: Rechtsparteien (Konservative, Monarchisten, Rechtsrepublikaner), faschistische Falange
2. Wo liegen die inneren Ursachen für den Ausbruch des Spanischen Bürgerkrieges?	– Nach dem Sieg der Volksfront 1936 kommt es zu Streiks und Unruhen. – General Franco inszeniert von Marokko aus einen Militärputsch; die Volksfrontregierung kann sich zunächst behaupten.
3. Welche Motive hatten Deutschland und Italien für ihr Eingreifen in den Spanischen Bürgerkrieg?	– Göring: Erprobung der neuen Luftwaffe (Material und Personal) – Hitler: Rettung Spaniens vor einer „internationalen Verschwörung", vor der „international organisierten Vernichtung des Landes"

Arbeitsaufgaben	denkbare Formulierungen
	– Deutschland: wirtschaftliche Interessen (spanisches Erz) – Italien: volle (ideologische) Übereinstimmung mit Deutschland – Italien und Deutschland: Kampf um den vorherrschenden politischen Einfluß in Spanien
4. Warum sollte die deutsche Öffentlichkeit nicht vom Einsatz deutscher Truppen in Spanien informiert werden?	– Die wahren Ziele des Nationalsozialismus sollten vorerst noch verschleiert werden („Friedensreden und geheime Kriegsvorbereitungen"). – Es mußten materielle Opfer und Opfer an Menschenleben einkalkuliert werden. – Vorfälle wie der von deutschen Fliegern unternommene Luftangriff auf Guernica, der in der Weltöffentlichkeit ob seiner Brutalität Entsetzen auslöste, wurden in Deutschland verschwiegen.

In diesem Zusammenhang sollen die Schüler die Stellungnahme des Journalisten Fritz Sternberg über das Verhältnis zwischen Großbritannien, Frankreich und Deutschland interpretieren.

▶ **Material:** Fritz Sternberg, Kapitalismus und Sozialismus vor dem Weltgericht. Rowohlt, Reinbek o. J., S. 155, und Gfm.

Großbritannien	**Frankreich**	**Deutschland**
Siegermacht	Siegermacht	Verlierer
war kein Kriegsschauplatz gewesen, deshalb keine direkten Schäden der Industrie	Kriegsschauplatz, schwere Kriegsschäden	Verlust an Industriekapazität durch Versailler Vertrag (Reparationen und Gebietsabtretungen)
Erhaltung der im Ausland angelegten Kapitalien	beträchtlicher Verlust an Auslandskapitalien	vollständiger Verlust der Auslandskapitalien
Finanzierung der Kriegsausgaben im Ersten Weltkrieg durch Steuern	Finanzierung der Kriegsausgaben durch Kriegsanleihen (im Vertrauen darauf, daß der Feind alles zahlen werde)	Finanzierung der Kriegsausgaben durch Kriegsanleihen
keine größere Inflation	starke Geldentwertung	völlige Geldentwertung und Inflation
Mittelschicht und Arbeiter blieben zum großen Teil im Besitz ihres Vermögens und ihrer Ersparnisse.	Vermögen bleibt weitgehend erhalten.	Inflation und Wirtschaftskrisen brachten den Mittelstand und die Arbeiter um den größten Teil ihrer Ersparnisse.
insgesamt: Erhaltung der sozialen Stabilität	soziale Probleme	schwere soziale Spannungen

T   **Der Spanische Bürgerkrieg**

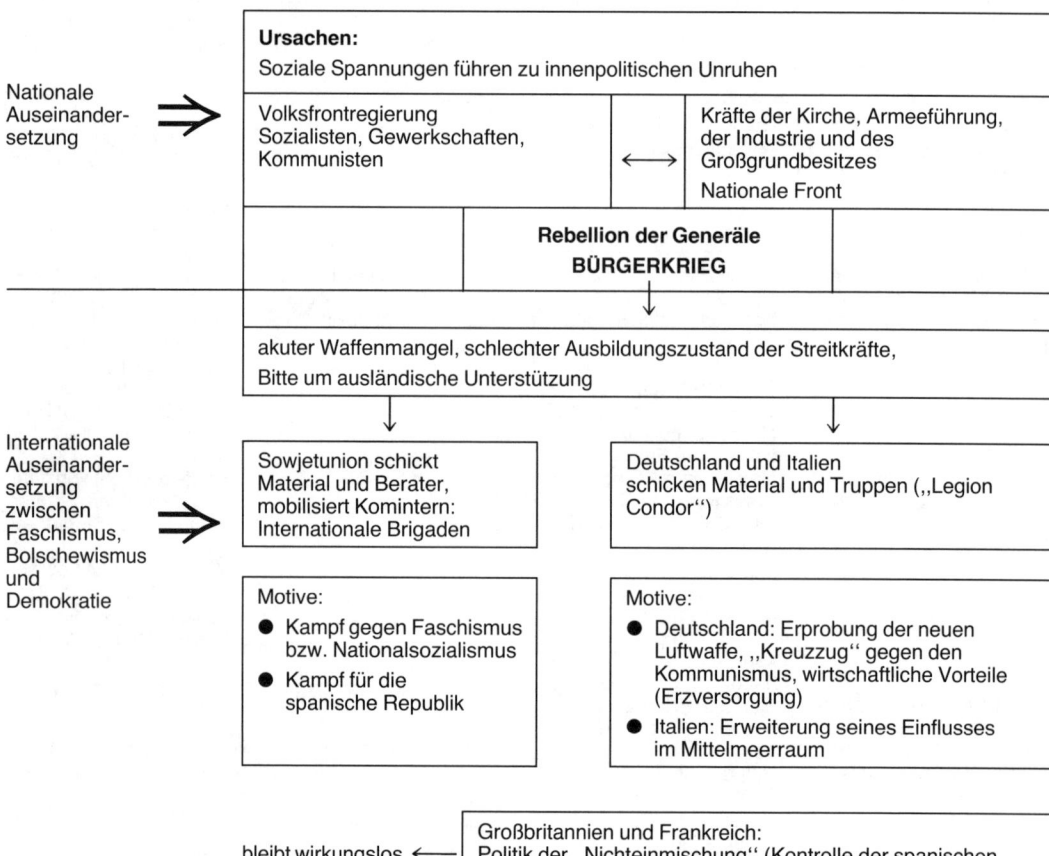

Nationale Auseinandersetzung ⟹

Ursachen:
Soziale Spannungen führen zu innenpolitischen Unruhen

| Volksfrontregierung Sozialisten, Gewerkschaften, Kommunisten | ⟷ | Kräfte der Kirche, Armeeführung, der Industrie und des Großgrundbesitzes Nationale Front |

Rebellion der Generäle
BÜRGERKRIEG

akuter Waffenmangel, schlechter Ausbildungszustand der Streitkräfte, Bitte um ausländische Unterstützung

Internationale Auseinandersetzung zwischen Faschismus, Bolschewismus und Demokratie ⟹

Sowjetunion schickt Material und Berater, mobilisiert Komintern: Internationale Brigaden

Deutschland und Italien schicken Material und Truppen (,,Legion Condor")

Motive:
● Kampf gegen Faschismus bzw. Nationalsozialismus
● Kampf für die spanische Republik

Motive:
● Deutschland: Erprobung der neuen Luftwaffe, ,,Kreuzzug" gegen den Kommunismus, wirtschaftliche Vorteile (Erzversorgung)
● Italien: Erweiterung seines Einflusses im Mittelmeerraum

bleibt wirkungslos ⟵— Großbritannien und Frankreich: Politik der ,,Nichteinmischung" (Kontrolle der spanischen Grenzen und Häfen, Freiwilligenkontrolle)

40. Die Weimarer Republik

40.0.1. Literaturangaben

Handbuch: Bracher 166 ff., dtv 4219, Gebhard 145 ff. und TB 4219, Institut Schieder Bd. 7 138 ff. und 523 ff., Ullstein DG 6, GD 13, Weltwirtschaft 4123, 4124.

Spezialliteratur:
Bracher, Karl Dietrich, Die Auflösung der Weimarer Republik. Ring Verlag, Villingen 1960 (auch Athenäum/Droste TB 7216, Düsseldorf 1978).
Buchheim, Karl, Die Weimarer Republik. Kösel, München 1960 (auch Heyne, Geschichte Nr. 5 TB).
Dederke, Karlheinz, Reich und Republik. Deutschland 1917–1933. Klett, Stuttgart [4]1981.
Eyck, Erich, Geschichte der Weimarer Republik, 2 Bde. Rentsch, Erlenbach-Zürich [4]1974.
Fischer, Wolfram, Deutsche Wirtschaftspolitik 1918–1945. Leske, Opladen [3]1968.
Flemming, Jens u. a., Die Republik von Weimar. Bd. 1: Das politische System, Bd. 2: Das sozialökonomische System. Athenäum/Droste TB 7224/5, Düsseldorf 1979.
Köhler, Henning, Geschichte der Weimarer Republik. Colloquium, Berlin 1981.
Michalka, Wolfgang, Niedhart, Gottfried, Die ungeliebte Republik. Dokumente zur Innen- und Außenpolitik der Weimarer Republik. dtv 2918, München 1980.
Mommsen, Petzina, Weisbrod (Hrsg.), Industrielles System und politische Entwicklung in der Weimarer Republik. Droste, Düsseldorf [2]1977.
Preller, Ludwig, Sozialpolitik in der Weimarer Republik. Athenäum/Droste, Düsseldorf [2]1978.
Schwarz, Albert, Die Weimarer Republik, in: Handbuch der deutschen Geschichte, Hrsg. Leo Just, Bd. IV. Akademische Verlagsanstalt Athenaion, Frankfurt 1968.
Sontheimer, Kurt, Antidemokratisches Denken in der Weimarer Republik. Die politischen Ideen des deutschen Nationalsozialismus zwischen 1918 und 1933. Nymphenburger, München 1968 (auch dtv WR 4312).
Tormin, Walter (Hrsg.), Die Weimarer Republik, mit Beiträgen von F. A. Krummacher, Walter Tormin, Richard Freyh und Andreas Hillgruber. Verlag für Literatur und Zeitgeschehen, Hannover [2]1977.

Sachbuch:
Hentschel, Volker, So kam Hitler. Schicksalsjahre 1932–1933. Droste, Düsseldorf 1981.
Hernand, Josef, Trommler, Frank, Die Kultur der Weimarer Republik. Nymphenburger, München 1978.
Treue, Wilhelm (Hrsg.), Deutschland in der Weltwirtschaftskrise in Augenzeugenberichten. dtv 1161, München 1976.

40.0.2. UR-Ziele

(1) Die Neuordnung Deutschlands nach Krieg und Revolution: Entscheidung für die parlamentarisch-demokratische Verfassungsordnung
(2) Der Versailler Vertrag und sein Einfluß auf die innere Verfassung der Weimarer Republik
(3) Die Republik in der Zerreißprobe: Das Krisenjahr 1923
(4) Die goldenen Jahre der Weimarer Republik
(5) Weltwirtschaftskrise und Staatskrise
(6) Die Zerstörung der Republik

40.0.3. Medien

Wandkarte: Westermann, Der Erste Weltkrieg und seine Folgen, Nebenkarte: Europa nach dem Ersten Weltkrieg 1918–1933.
Atlas: Westermann 148/149 Auswirkungen des Ersten Weltkrieges, 150/151 Europa nach dem Ersten Weltkrieg (1918–1937) – dtv II 130 Das Kriegsjahr 1918, Die Revolution in Deutschland, 132 Das Deutsche Reich nach dem Frieden von Versailles, 136 Der Völkerbund, 138 Die Demokratie in der Defensive 1919–1933, 148 Die „Weimarer Verfassung" 1919, Sitzverteilung in der Nationalversammlung und im ersten Reichstag, 150 Ergebnisse der Reichstagswahlen 1924–1930, Die Reichspräsidentenwahl 1925, 162 Die osteuropäische Schütterzone, 164 Das europäische Bündnissystem nach 1920, 184 Die Entwicklung der Arbeitslosigkeit in Deutschland 1918–1933, Konkurse und Vergleichsverfahren in Deutschland, Die Entwicklung der Arbeitslosigkeit in der Welt 1929–1938, Produktionsrückgang der Weltwirtschaft, 192 Die Auflösung der Weimarer Republik, Die Reichspräsidentenwahl 1932.
Dias: Institut 100421, Neueste Geschichte in Plakaten (1914–1925) 18 B, 100608, Deutschland 1918–1933 in der Karikatur 22 B, 100437 Verfassungsgeschichte der neueren und neusten Zeit 8 B f, 100452 Die Konstituierung der Weimarer Republik 15 B, 100453 Krisenjahre der jungen Republik 1919–1923 19 B.
Filme (16 mm): Institut 320669 Die Weimarer Republik von 1918–1925 (18 min sw), 320670 Die Weimarer Republik 1925–1930 (14 min sw), 320671 Die Weimarer Republik 1930–1933 (15 min sw), 322000 Menschen in Deutschland von 1932 (26 min), 320521 Politische Reden 1930–1932 (9 min sw).
Filme (8 mm): Institut 360640 Rückkehr der Truppen und Polizeiaktionen gegen Schieber (4 min sw), 360641/0642 Filmdokumente zur Geschichte: Die Revolution in Berlin 1918/19 (Teil I und Teil II, je 5 min sw), 360643 Filmdokumente zur Geschichte: München zur Zeit der Räterepublik (5,5 min sw).

Tonbänder: Institut 20/220140 Vom Kaiserreich zur Republik (28 min), 20/222301 Die Versammlung der Berliner Arbeiter- und Soldatenräte im Zirkus Busch am 10. November 1918 (25 min), 20/220146 Der Kampf um die junge Weimarer Republik (28 min), 20/220154 Der Wille zur Völkerverständigung (26 min).

40.0.4. Vorbemerkungen

40.0.4.1. Kriegsende und Revolution 1918

Das Jahr 1918 brachte militärisch und politisch die Entscheidung im Ersten Weltkrieg, die 1917 noch durchaus zuungunsten Deutschlands und seiner Verbündeten offen gewesen war. Die wirtschaftliche Notlage, vor allem auch in der Ernährung weitester Kreise der Bevölkerung, führte in Deutschland zu allgemeiner Unzufriedenheit, zu Unruhen und zu Massenstreiks („Januarstreik" 1918), die auch die der Kriegführung dienende Industrie lahmzulegen drohten. Diese Unruhen konnten noch einmal beigelegt werden, zeigten aber der deutschen Führung die Notwendigkeit, mit letzter militärischer Anstrengung ein für Deutschland günstiges Ende des Krieges zu erzwingen. Begünstigt durch die Entlastung, die im Osten der Frieden von Brest-Litowsk gebracht hatte, begann die OHL am 18. März 1918 an der Westfront eine Serie aufeinander folgender **Offensiven**. Sie sollten die ihrerseits ebenfalls vor militärischen, wirtschaftlichen und politischen Schwierigkeiten stehenden Alliierten friedensbereit machen.

Nach anfänglichen beträchtlichen Erfolgen blieben diese deutschen Offensiven jedoch stecken; seit Mitte Juli konnten die Alliierten zur **Gegenoffensive** übergehen und die deutsche Front weit zurückdrängen. Der wachsende Einsatz amerikanischer Truppen, die über unerschöpfliches Kriegsmaterial verfügten, trug zu dieser Wendung ebenso bei, wie der auf deutscher Seite immer stärker werdende Mangel an Reserven und Nachschub. Um der drohenden Niederlage vorzubeugen, forderte die OHL seit Ende September von der Reichsregierung, einen Waffenstillstand auf der Basis der den 14 Punkten Wilsons enthaltenen Vorschläge zu schließen. Eine entsprechende Note der Reichsregierung an Wilson ging am 3. Oktober ab; ihr folgte ein längerer Notenwechsel, in dem vor allem Wilsons Forderung nach einer Änderung der Reichsverfassung in parlamentarisch-demokratischem Sinne und zumindest andeutungsweise nach Abdankung des Kaisers eine Rolle spielte.

Durch Wilsons Forderung und den Zwang, alsbald einen Waffenstillstand zu erreichen, kamen seit längerem zwischen Regierung und den Parteien geführte Verhandlungen um eine solche **Verfassungsrevision** rasch zum Abschluß. Am 28. Oktober trat das Revisionsgesetz in Kraft. Die konstitutionelle wurde in eine **parlamentarische Monarchie** umgewandelt, in der die höchste politische Gewalt beim Reichstag lag, dem jetzt der Reichskanzler und die übrige Reichsregierung verantwortlich waren. Schon am 3. Oktober hatte der neuernannte **Reichskanzler Prinz Max von Baden** ein Kabinett gebildet, das das Vertrauen der Reichstagsmehrheit besaß und dem zum ersten Male Abgeordnete dieser Reichstagsmehrheit angehörten. Die Verfassungsrevision brachte, von der Frage der Staatsform abgesehen, wesentliche Neuerungen, in denen sich dann die Weimarer Reichsverfassung von der von 1871 unterscheiden sollte. Auch das **Reichstagswahlrecht** war kurz vorher (24. August) dahingehend geändert worden, daß wenigstens in mehreren neugebildeten Großwahlkreisen künftighin nach „Grundsätzen des Verhältniswahlrechts" gewählt werden sollte. Die seit langem erörterte Ablösung des „Dreiklassenwahlrechts" zum preußischen Abgeordnetenhaus durch das gleiche Wahlrecht stand Ende Oktober zumindest kurz vor dem Abschluß. Aber die in letzter Minute vollzogene Revision der Reichsverfassung im Sinne der Parlamentarisierung und Demokratisierung konnte den sich seit längerem anbahnenden **revolutionären Umsturz** nicht mehr aufhalten. Die wachsende Unzufriedenheit der Bevölkerung war verstärkt worden durch den Schock, den das plötzliche Eingeständnis der drohenden Niederlage bewirkt hatte, nachdem noch während des Sommers die Öffentlichkeit nur Siegesmeldungen gehört hatte. Auslösendes Moment wurde Ende Oktober eine **Meuterei auf der Hochseeflotte**, zunächst in Wilhelmshaven, woraus sich seit dem 1. November ein offener Aufstand in Kiel entwickelte. Die militärischen und zivilen Behörden in Kiel wurden entmachtet, die tatsächliche Gewalt lag in den Händen eines revolutionären „Soldatenrates". Diese Kieler Vorgänge lösten in vielen Großstädten des Reiches ähnliche Bewegungen aus; in München wurde schon am 7. November die Republik ausgerufen.

In **Berlin** stand für den **9. November** ein **revolutionärer** Aufstand bevor, der – von einer Massenbewegungen getragen – in einem Generalstreik gipfeln sollte. Die Führung lag bei links von der Mehrheits-SPD stehenden radikalen Gruppen (USPD, Spartakusbund, „Revolutionäre Obleute"). Damit drohte die Entwicklung der Mehrheits-SPD und ihren Führern zu entgleiten. Erschwert wurde die Lage in Berlin durch die immer wieder hinausgezögerte Entscheidung über die Abdankung des Kaisers. Am 9. November selbst überstürzten sich die Ereignisse in Berlin. Der Reichskanzler Prinz Max von Baden gab gegen Mittag die **Abdankung des Kaisers** bekannt, während im Großen Hauptquartier in Spa, wo sich der Kaiser aufhielt, hierüber noch verhandelt wurde. Anschließend übertrug Prinz Max von Baden dem Vorsitzenden der SPD, **Friedrich Ebert,** „die Wahrnehmung

der Geschäfte des Reichskanzlers". Kurze Zeit danach **proklamierte Scheidemann,** Reichstagsabgeordneter der SPD, vom Reichstagsgebäude aus die **Republik.** Durch diese Maßnahme, die mit Ebert nicht abgesprochen war und von diesem zunächst mißbilligt wurde, wollte Scheidemann einem entsprechenden Schritt der USPD, die eine sozialistische Republik nach russischem Muster anstrebte, zuvorkommen. Tatsächlich rief **Karl Liebknecht** von der USPD am Nachmittag vor dem Schloß die „sozialistische Republik" aus.

Der Waffenstillstand vom 11. November

Während sich in Berlin der Übergang zur Republik vollzog, verhandelte in **Compiègne** die noch von der alten Reichsregierung bevollmächtigte deutsche Delegation unter der Führung von **Erzberger,** seit dem 8. November um einen Waffenstillstandsvertrag. Der französische **Marschall Foch** leitete die Delegation der Gegenseite. Da Foch namens der Alliierten ultimativ auf Annahme der von ihnen vorgelegten Bedingungen bestand und alle Änderungsvorschläge von deutscher Seite ablehnte, unterzeichnete die deutsche Delegation am 11. November den Waffenstillstandsvertrag. Die neue Reichsregierung unter Ebert hatte dazu am 10. November ihre Zustimmung gegeben.

Der **Waffenstillstand** sah unter anderem die alsbaldige Räumung aller von deutschen Truppen besetzten fremden Gebiete und ebenso des linksrheinischen Deutschlands vor, in das alliierte Truppen einrücken sollten. Ferner mußten große Mengen an Kriegsmaterial, aber auch Lokomotiven, Eisenbahn- und Lastwagen übergeben werden. Die Hochseeflotte und die gesamte U-Boot-Flotte wurden den Alliierten ausgeliefert. Die alliierten Kriegsgefangenen in deutschem Gewahrsam mußten sofort entlassen werden, während umgekehrt die deutschen Kriegsgefangenen weiter zurückgehalten wurden.

Die ersten Monate der Republik: Neuordnung des Reiches

Die neue, in sich noch völlig ungefestigte Reichsregierung unter der Führung Eberts stand vor drei Aufgaben von besonderer Dringlichkeit: Neuordnung des Reiches, dem eine **neue Verfassung** gegeben werden mußte, **Friedensverhandlungen** mit den Alliierten, um den Waffenstillstand durch einen Friedensvertrag abzulösen, und schließlich **Rückführung des Feldheeres** in die Heimat und seine möglichst geordnete Auflösung.

Die Aufnahme von Friedensverhandlungen hing allerdings vom Willen der Alliierten ab. Da der Waffenstill-

stand nur befristet galt und jeweils nur um kurze Zeit verlängert wurde, bestand auf deutscher Seite großes Interesse an einer definitiven Regelung.

Eine Lösung der mit dem Feldheer und seiner Führung verknüpften Probleme wurde noch in der Nacht vom 9. zum 10. November eingeleitet. In einem Telefongespräch zwischen Ebert und General Groener, dem Ersten Generalquartiermeister, wurde loyale Zusammenarbeit vereinbart, womit das Militär ausdrücklich auf alle gegenrevolutionären Aktionen verzichtete. Hindenburg, der diese Vereinbarung akzeptierte, blieb Chef der OHL und brachte die Rückführung des Heeres erfolgreich zum Abschluß.

Das dringendste dieser drei Probleme, die Frage der Neuordnung Deutschlands, hatte sich noch am 9. November mit aller Deutlichkeit gestellt. Es hatte sich zu einer **Alternative** zugespitzt: Errichtung einer **parlamentarisch-demokratischen Verfassungsordnung** in Anknüpfung an die Verfassungsrevision vom Oktober und die Angleichung an das westeuropäisch-amerikanische Modell, oder Übergang zu einem **Rätesystem** nach dem Muster der russischen Oktoberrevolution. Zunächst schien es, als ob die zweite, radikale Lösung, die von Teilen der USPD, dem Spartakusbund und anderen extremen Gruppen gefordert wurde, vermittels weiterer revolutionärer gewaltsamer Aktionen realisierbar sei. Deshalb bemühte sich Ebert, die USPD in den bereits am 10. November gebildeten **„Rat der Volksbeauftragten"** einzubeziehen. Daß die Unabhängigen das Angebot annahmen und diesem derzeit höchsten Regierungsorgan beitraten, ließ in den Augen ihrer Partner von der SPD eine gemäßigte Haltung und den Verzicht auf weitere revolutionäre Gewalt erwarten.

Aber es kam alsbald zum **Konflikt zwischen SPD und USPD,** der sich an vielen Einzelfragen entzündete und im Streit um Wahl, Einberufung und Verfassungsauftrag einer Nationalversammlung kulminierte. Die Nationalversammlung sollte nach der Absicht Eberts und seiner Partei aus allgemeinen und freien Wahlen hervorgehen und in der Ausarbeitung einer Verfassung an keinerlei Auflagen oder Einschränkungen gebunden sein. Demgegenüber wollte die USPD die Wahlen zur Nationalversammlung ganz verhindern oder doch so weit hinausschieben, daß sie ihre Vorstellungen, die am russischen Beispiel orientiert waren, durchsetzen konnte. Ende 1918 kam es zum Bruch, und die USPD-Mitglieder schieden aus dem Rat der Volksbeauftragten aus. Bürgerkriegsähnliche Unruhen in Berlin und anderwärts im Reich („Januaraufstand") wurden von regierungstreuen Truppen gewaltsam niedergeschlagen.

Forschungskontroverse: Rätesystem – Parlamentarische Demokratie

In der Forschung ist umstritten, welche alternativen Möglichkeiten in den Revolutionsmonaten 1918/19 im Hinblick auf die künftige innere Ordnung Deutschlands bestanden. Die Literatur über die Revolution 1918/19 ist inzwischen nahezu unübersehbar geworden, eine 1977 erschienene Bibliographie verzeichnet 2500 Titel.

Bis in die sechziger Jahre war unbestritten, daß 1918/19 nur die **Alternative** zwischen einer **parlamentarischen Demokratie** und der **bolschewistischen Diktatur** bestanden habe. So hat Karl-Dietrich Erdmann die These formuliert, daß es sich um ein Entweder–oder gehandelt habe, nämlich um „die soziale Revolution im Bund mit den auf eine proletarische Diktatur hindrängenden Kräften oder die parlamentarische Republik im Bund mit konservativen Elementen wie dem alten Offizierskorps". Die Sozialdemokraten, denen in den ersten Novembertagen des Jahres 1918 die Macht zugefallen war, entschieden sich für das Bündnis mit den bisherigen Machteliten (Bürokratie, Militär) und damit gegen einen radikalen Bruch mit der Kontinuität, dessen Folgen unübersehbar gewesen wären.

Die in den sechziger Jahren entwickelte Gegenposition knüpft an die schon in den zwanziger Jahren entwickelten Thesen Arthur Rosenbergs an, daß die Weimarer Republik zugrunde gehen mußte, weil man die Machtbasis der herrschenden Schichten (Großgrundbesitz, Schwerindustrie) unangetastet ließ. Es habe einen **dritten Weg** zwischen der parlamentarischen Republik und sozialer Revolution gegeben. Dieser habe in der Nutzung des demokratischen Potentials der Arbeiter- und Soldatenräte bestanden. Diese Position wird von Eberhard Kolb so umrissen: Vor allem die Untersuchung der Rätebewegung rückte in den sechziger Jahren in den Mittelpunkt des Interesses und brachte eine Diskussion in Gang, inwieweit in den Revolutionsmonaten eine reale Möglichkeit bestand, eine tiefergreifende Umgestaltung im politischen wie im sozioökonomischen Bereich vorzunehmen, eine Neuordnung, die keineswegs in die Nähe einer „bolschewistischen" Lösung führen mußte, die aber die erste deutsche Republik auf ein solideres demokratisches Fundament gestellt hätte. Aufgrund der Quellen ergab sich nämlich, daß der Revolutionsregierung in den Arbeiter- und Soldatenräten ein beträchtliches demokratisches Potential zur Verfügung stand, denn entgegen den landläufigen Vorstellungen wurden die meisten Arbeiter- und Soldatenräte nicht von den Kommunisten beherrscht, sondern von Sozialdemokraten und Gewerkschaftlern, die eine Politik entschieden demokratischer und sozialer Reformen zu unterstützen gewillt waren, eine „Diktatur des Proletariats" jedoch ablehnten. Hingegen waren – wie im einzelnen

nachgewiesen werden konnte – die Spartakisten bzw. Kommunisten in den entscheidenden Monaten zwischen November 1918 und Januar 1919 zahlenmäßig außerordentlich schwach und verfügten nur über bescheidene Organisationsansätze, so daß sie schon aus diesem Grunde kaum in der Lage waren, gut koordinierte und effektive Aktionen zu unternehmen. In den Wintermonaten stellte daher die bolschewistische Revolution bestenfalls eine fiktive, aber keine reale Alternative dar – entgegen den subjektiven Eindrücken und Meinungen zahlreicher Zeitgenossen . . .

Wenn man das Spektrum der innenpolitischen Gestaltungsmöglichkeiten überhaupt auf eine einfache Alternative eingrenzen will – was gewiß problematisch ist –, dann bestand in der realen Situation der Winter- und Frühjahrsmonate nicht jene von vielen Zeitgenossen behauptete und von der früheren Forschung angenommene Alternative: Rätediktatur oder parlamentarische Demokratie, Bolscheswismus oder Bündnis der SPD mit Bürokratie und Offizierskorps. Nach der überwiegenden Auffassung der neueren Revolutionsforschung hatte die sozialdemokratische Revolutionsregierung vielmehr zu wählen zwischen einem Bündnis mit der konservativen Machtelite und damit der konservativen Republik – kurzfristig gesehen die risikolosere und bequemere Lösung, längerfristig gesehen aber eine höchst problematische Entscheidung – und einer Politik einschneidender Veränderungen der bestehenden Machtstrukturen des wilhelminischen Obrigkeitsstaates zugunsten einer in den breiten Massen mit den eigenen Anhängerschaft zuverlässig verankerten demokratischen und sozialen Republik, ein fürs erste gewiß risikoreicher, aber auf längere Sicht zukunftsträchtigerer Weg der staatlichen Neuordnung.

▶ **Quelle:** E. Kolb, Vom Kaiserreich zur Weimarer Republik (Einleitung). Kiepenheuer & Witsch, Köln 1978, S. 24 ff.

In der **kritischen Auseinandersetzung** mit der Theorie vom dritten Weg zwischen reinem Rätesystem und parlamentarischer Demokratie werden eine Reihe von Einwänden vorgebracht: Vor allem wird die **demokratische Legitimation der Räte** bestritten. Die Arbeiterräte seien im allgemeinen von den beiden sozialistischen Parteien (SPD und USPD) bestellt worden und vertraten mithin nur eine, wenn auch starke Minderheit der Bevölkerung, wie die späteren Wahlen zur Nationalversammlung zeigten. Die Soldatenräte seien ähnlich zusammengesetzt gewesen, durch die Entlassung der Soldaten sei obendrein die Basis so zusammengeschrumpft, daß sie rotten boroughs glichen (Heinz Hürten in GWU 30 [1970]), den entvölkerten Wahlkreisen im England des 18./19. Jahrhunderts, die dennoch Abgeordnete ins Unterhaus entsandten.

Angenommen, so die weitere Argumentation, die gesamte Arbeiterbewegung hätte sich für den „dritten

Weg" entschieden, wofür nichts spreche, wäre es bei einer Ausweitung der Revolution zu einer „Gegenbewegung" aus dem Bürgertum gekommen. Das Ergebnis wäre ein Bürgerkrieg mit unabsehbaren Folgen gewesen.

Im übrigen könne man überhaupt nicht von einer einheitlichen Rätebewegung sprechen. Es habe nirgendwo nennenswerte Aktivitäten im Sinne einer Demokratisierung von unten nach oben gegeben.

Die Bedrohung durch eine **Radikalisierung** werde unterschätzt oder heruntergespielt. Es habe durchaus revolutionäre Kräfte gegeben, die sich keinesfalls mit einer „sozialen Demokratie" zufriedengegeben hätten.

Schließlich werde die möglichte **Reaktion des Auslands,** also der Siegermächte, völlig außer acht gelassen. Die Alliierten seien kaum bereit gewesen, ein radikalsozialistisches System in Deutschland zu dulden.

Eckhard Jesse und Henning Köhler führen in einem kritischen Forschungsüberblick dazu im einzelnen aus:

Die demokratische Rätebewegung, von deren Existenz man bereits im Dezember 1918 auszugehen pflegt, ist in ihrer Eigenständigkeit und ihrer effektiven Rolle als Vertretung eines neuen demokratischen Potentials keineswegs nachgewiesen. Kann denn eine amorphe Vielzahl einzelner Räte mit sehr unterschiedlichen politischen Vorstellungen und einem „systemlosen Charakter" in der Summierung zu einer geschlossenen „Bewegung" hochstilisiert werden? . . .

Die These von der Möglichkeit des „dritten Weges" kann erst dann überzeugen, wenn die Forschung die Räte aus ihrer schemenhaften Rolle herausholt und deutlich macht, wie sie die – behaupteten – verpaßten Chancen hätten verwirklichen sollen. . . .

In Berlin . . . herrschte ein erbitterter Kampf um die Macht zwischen den Mehrheitssozialdemokraten und der radikalen Linken, der seit dem Umsturz die Verhaltnisse prägte, auch wenn er nicht ständig zu spektakulären Auseinandersetzungen führte. Die radikale Seite verfügte dabei über ein beträchtliches Potential an z. T. bewaffneten Kräften, dem die Volksbeauftragten bis zum Jahresende, wie die Enttäuschung mit dem Kommando Lequis zeigte, kaum Gleichwertiges entgegenzusetzen hatten. Diese Situation veranlaßte schließlich auch die Spartakisten dazu, die Machtfrage zu stellen, wobei sie freilich ihre tatsächliche Kraft überbewerteten. . . .

Die verbreitete Auffassung, es habe sich bei dem Entschluß zur resoluten Gegenwehr um eine isolierte, von mangelndem Überblick Eberts und seiner mehrheitssozialdemokratischen Kollegen getragene Entscheidung gehandelt, trifft daher keineswegs zu. Gewiß erwies sich der Rückgriff auf das alte Heer und die Freikorps als höchst problematisch. Doch dafür verantwortlich

sind in erster Linie die Provokationen linksradikaler Kräfte, deren Aktivitäten die Vertreter des „dritten Weges" häufig verharmlosen . . .

Gewiß, die bolschewistische Diktatur war nur eine entfernte Möglichkeit, aber aus der fehlenden akuten Bedrohung von dieser Seite kann nicht auf die Chance des dritten Weges einer demokratischen Rätebewegung geschlossen werden. Die Alternative zur schnellen Wahl der Konstituante und der Wiederherstellung der Staatsautorität lag vielmehr in der Entwicklung zu chaotischen Verhältnissen, zu denen es im Winter 1918/19 jederzeit kommen konnte.

Aber wäre ein „dritter Weg" überhaupt legitim gewesen? Auch diese Frage ist zu verneinen. Denn wie sieht es eigentlich mit der demokratischen Legitimation der Räte aus? Die „oft unter Zufallsbedingungen entstandenen" Räte spiegelten keineswegs die unterschiedlichen Auffassungen der Bürger wider. So bezeichneten sich beispielsweise von den 488 Delegierten auf dem Kongreß der Arbeiter- und Soldatenräte 90 als Anhänger der USPD und lediglich 25 zählten sich zur DDP. Mitglieder des Zentrums fehlten ganz. Dies braucht nicht zu verwundern, da sehr häufig die örtlichen Instanzen der SPD und der USPD ihre Vertreter in die Räte entsandten. Die SPD hatte sich im Kaiserreich stets für ein demokratisches Wahlsystem augesprochen (Beseitigung des preußischen Dreiklassenwahlrechts; Einführung des Frauenwahlrechts). Sollte sie sich jetzt plötzlich für die Räte stark machen und damit die umgekehrte Klassenprivilegierung einführen? Rätedemokratie und parlamentarisch-demokratisches System ließen sich wegen der unterschiedlichen Strukturprinzipien nicht miteinander vereinbaren.

▶ **Quelle:** Jesse, Eckhard/Köhler, Henning, Die deutsche Revolution 1918/19 im Wandel der historischen Forschung. Aus Politik und Zeitgeschichte B 45/78, S. 18 ff.

Wahl zur Nationalversammlung

Die Wahl zur Nationalversammlung fand am 19. Januar 1919 statt. Das dazu verordnete Wahlrecht und das auf ihm beruhende Wahlverfahren hatten Bestimmungen des bisherigen Reichstagswahlrechts beibehalten (allgemein, gleich, geheim), brachten als Neuerung aber das **reine Verhältniswahlrecht** und das **Frauenwahlrecht.** Zugelassen zur Wahl waren alle Parteien, die sich wieder oder neugebildet hatten; ihnen war zu ihrer inneren Organisation, zur Ausarbeitung ihrer Programme und zur Wahlpropaganda freie Hand gelassen worden. Nur die im Januar 1919 aus dem Spartakusbund und anderen radikalen Gruppen gebildete KPD war von sich aus nicht zur Wahl angetreten.

Das **Wahlergebnis** machte die SPD zur stärksten Partei (36 %), ohne ihr jedoch die absolute Mehrheit zu bringen. Die USPD war mit 7 % der abgegebenen

Stimmen weit hinter ihren Erwartungen zurückgeblieben; das Gros der Wähler hatte ihr Programm und die Versuche zu seiner gewaltsamen Verwirklichung abgelehnt. Am 6. Februar 1919 trat die Nationalversammlung, aus Sicherheitsgründen nach Weimar einberufen, zu ihrer ersten Sitzung zusammen. Die SPD bildete mit dem Zentrum (19,7 %) und der Deutschen Demokratischen Partei (DDP; 18,6 %) die **„Weimarer Koalition"**, die in der Nationalversammlung über die Mehrheit verfügte. Die beiden Parteien der Rechten (DNVP; 10,3 %; DVP; 4,1 %) blieben zusammen mit einigen kleineren Gruppen und der USPD in der Opposition.

Bevor die Nationalversammlung an ihre eigentliche Aufgabe, die Ausarbeitung der neuen Reichsverfassung, ging, erließ sie im „Gesetz über die vorläufige Reichsgewalt" (10. Februar) eine Notverfassung. Ihr zufolge wurde **Ebert** zum **Reichspräsidenten** gewählt, und **Scheidemann** (SPD) bildete mit den Parteien der Weimarer Koalition die erste **Reichsregierung.** Die dann einsetzenden Beratungen über die **Reichsverfassung** beruhten auf einem Entwurf, den Hugo Preuß, nunmehr Reichsinnenminister, seit Ende 1918 ausgearbeitet hatte. Die nach vielen Änderungen an diesem Entwurf am 31. Juli von der Nationalversammlung verabschiedete Verfassung („Weimarer Reichsverfassung") trat am 11. August 1919 in Kraft.

Obgleich an die Reichsverfassung von 1871 anknüpfend, brachte die Weimarer Reichsverfassung wesentliche Änderungen und Ergänzungen. Dazu gehörte im „Zweiten Hauptteil" ein ausführlicher Katalog der **„Grundrechte und Grundpflichten der Deutschen".** Der bundesstaatliche Aufbau des Reiches wurde beibehalten, aber die Stellung des Reiches in Gesetzgebung und Verwaltung gegenüber den Ländern erheblich verstärkt. In Anknüpfung an die Verfassungsrevision vom 28. Oktober 1918 wurde das Prinzip der Volkssouveränität („Alle Staatsgewalt geht vom Volke aus", Art. 1) voll verwirklicht.

Weimarer Verfassung und Grundgesetz

Ein Vergleich der Weimarer Verfassung mit dem Grundgesetz zeigt, daß die beiden Verfassungen sich in einigen wichtigen Punkten deutlich unterscheiden. Der Parlamentarische Rat hatte bei seinen Beratungen ständig die Erfahrungen der Weimarer Republik vor Augen und war peinlich bemüht, die Fehler der Weimarer Verfassung zu vermeiden.

In der Weimarer Verfassung war – anders als in der Verfassung des Deutschen Reiches von 1871, wo Bundestag (die Vertretung der Bundesstaaten) und Reichstag gleichberechtigt die Gesetzgebung ausübten (Art. 5) – die Mitwirkung des **Reichsrates,** der Ländervertretung, weitgehend eingeschränkt. Art. 68

WRV besagt: „Die Reichsgesetze werden vom Reichstag beschlossen."

Art. 13 legte fest, daß Reichsrecht Landesrecht breche. Art 31 GG stimmt mit seinem Gebot: „Bundesrecht bricht Landesrecht" damit überein. Dennoch ist die Weimarer Verfassung zentralistischer als das Grundgesetz. Dort sind die Befugnisse der Länder, bei der Gesetzgebung durch den Bundesrat wahrgenommen worden, weitgehender als in der Weimarer Verfassung (Art. 77 GG), das politische Gewicht des Bundesrates ist größer als das des Reichsrates.

Dem **Reichspräsidenten** gab die Weimarer Verfassung eine unabhängige und starke Stellung; seine Befugnisse waren viel umfassender als die des Bundespräsidenten. Der Reichspräsident wurde vom Volke direkt gewählt (Art. 41 WRV), dagegen wird der Bundespräsident von der Bundesversammlung gewählt, einem Gremium aus den Mitgliedern des Bundestages und ebenso vielen Abgeordneten, die von den Länderparlamenten bestimmt werden (Art. 54 GG). Die Schöpfer des Grundgesetzes wollten damit verhindern, daß dem Staatsoberhaupt schon aufgrund seiner Direktwahl durch das Volk, eine unabhängige eigene Gewalt neben dem Parlament zukommt. Bei der Volkswahl bestand überdies die Gefahr, daß (in unerwünschter Weise) populäre, unter Umständen sogar demagogisch begabte Kandidaten die größeren Chancen hatten.

Die Weimarer Verfassung stattete den Reichspräsidenten mit einer außerordentlichen Machtfülle aus: Er konnte den **Reichstag auflösen** (Art. 25 WRV), er besaß den **Oberbefehl über die Reichswehr** (Art. 47 WRV), und ihm fielen in Notzeiten besondere Vollmachten zu, das sogenannte **Notverordnungsrecht** nach Art. 48 WRV.

Nach den Erfahrungen der Weimarer Zeit haben die Väter des Grundgesetzes dem Bundespräsidenten weit weniger Macht gegeben. Er kann den Bundestag nur auf Vorschlag des Bundeskanzlers auflösen (Art. 68 GG), und auch dieser Vollmacht kommt wegen des Instituts des „konstruktiven Mißtrauensvotums" (Art. 67 GG) de facto kaum Bedeutung zu. Der Oberbefehl über die Streitkräfte liegt beim Bundesverteidigungsminister (Art. 65 a GG), im Verteidigungsfall beim Bundeskanzler (Art. 115 b GG). Vollmachten für einen Notstandsfall ähnlich dem Art. 48 WRV besitzt der Bundespräsident überhaupt nicht.

Auf die bei den Schöpfern des Grundgesetzes den Weimarer Erfahrungen verständliche Reserve gegenüber allen plebiszitären Elementen ist es auch zurückzuführen, daß in der Weimarer Verfassung vorgesehene direkte Befragung des Volkes **(Volksbegehren** und **Volksentscheid** nach Art. 73) im Grundgesetz auf den Sonderfall Neugliederung des Bundesgebietes (Art. 29 und 118 GG) beschränkt wurde.

In einem Punkt ist gegenüber der Weimarer Verfas-

sung im Grundgesetz die Stellung des Regierungschefs und der Regierung insgesamt auch gegenüber
dem Parlament gestärkt worden. Während der
Reichstag jedem einzelnen Minister das Vertrauen
entziehen konnte (Art. 54 WRV), fehlt eine solche
Bestimmung im Grundgesetz. Aus Art. 67 und 68
ergibt sich sinngemäß, daß der Bundestag nur dem
Bundeskanzler (und damit der Regierung insgesamt)
das Mißtrauen aussprechen kann.

Der Friedensvertrag von Versailles

Noch ehe die Nationalversammlung ihre Arbeit an der
Verfassung abschließen konnte, mußte sie sich mit
dem Friedensvertrag und seinen Bedingungen sowie
mit der Frage seiner Annahme oder Ablehnung auseinandersetzen. Schon der Waffenstillstand vom
11. 11. 1918 war in einer vom bisherigen diplomatischen Brauch abweichenden Form zustande gekommen. Denn so selbstverständlich es ist, daß dem
Unterlegenen bei einem Waffenstillstand und beim
anschließenden Friedensvertrag harte Bedingungen
auferlegt werden, so war es doch bisher üblich, daß
über diese Bedingungen im einzelnen verhandelt
wurde, wobei der Unterlegene die Möglichkeit hatte,
seine Vorstellungen und Vorschläge einzubringen.
Noch der Friedensvertrag von Brest-Litowsk und seine Vorgeschichte zeigten bei aller Härte der an Rußland gerichteten Forderungen diese überkommene
Verfahrensweise. Jetzt aber verfuhren die Alliierten
ähnlich wie schon beim Waffenstillstand.
Verhandlungen über den Friedensvertrag, die der
Festlegung der Einzelbestimmungen und der endgültigen Fixierung des Textes dienten, fanden in Paris
nur zwischen den Alliierten statt. Erst nach Abschluß
dieser interalliierten Arbeiten wurde der fertige Vertragstext ultimativ und mit kurzer Fristsetzung den
deutschen Vertretern vorgelegt. Das deutsche Verlangen, zunächst über diesen Text zu verhandeln,
wurde zurückgewiesen. Ein wesentlicher Grund für
dieses Verfahren lag in der Schwierigkeit innerhalb
des alliierten Lagers, sich bei recht unterschiedlichen
Absichten und Interessen auf ein gemeinsames Konzept für den Friedensvertrag zu einigen. Das nochma-
lige Aushandeln aller Bestimmungen mit den Vertretern Deutschlands hätte das mühsam erreichte Einvernehmen innerhalb des alliierten Lagers wahrscheinlich wieder aufgehoben.
Der wesentliche, im Vertragstext ausgehandelte
Kompromiß unter den Alliierten bestand darin, daß
Präsident Wilson die französische Zustimmung zu
seinem Völkerbundplan und die Aufnahme der Völ-
kerbundsatzung in den Vertrag nur dadurch erreicht
hatte, daß er anderweitig massiven französischen
Forderungen nachgab. Die dadurch Deutschland auf-
zuerlegenden harten Bedingungen politischer, militärischer, wirtschaftlicher und finanzieller Natur wider-

sprachen dem von Wilson proklamierten Prinzip eines
maßvollen und allseits akzeptablen Friedens. Auch
daß Deutschland nicht in den neugegründeten Völkerbund aufgenommen wurde, gehört zu diesen Härten.
Großbritannien hatte während der alliierten Verhandlungen in Paris zwar eine weniger rigorose Haltung
eingenommen, insgesamt aber doch die französischen Forderungen unterstützt.
Am 7. Mai 1919 übergab Clemenceau im Namen der
Alliierten in Versailles einer deutschen Delegation den
Vertragstext, wobei er jegliche mündliche Verhandlung über seinen Inhalt ablehnte. Auch schriftliche
Gegenvorschläge von deutscher Seite blieben unberücksichtigt. Reichsregierung und Nationalversammlung standen angesichts dieser starren Haltung der
Alliierten vor der Entscheidung, den Vertrag in der
vorgelegten Form anzunehmen oder sich bei Ablehnung einem Vormarsch alliierter Truppen weiter nach
Deutschland hinein auszusetzen. Da militärischer Widerstand aussichtslos erschien und da die Alliierten
zuletzt ein kurzfristiges Ultimatum zur Annahme des
Vertrages gestellt hatten, billigte die Nationalversammlung am 23. Juni die bedingungslose Annahme
des Vertrages, der am 28. Juni im Spiegelsaal des
Schlosses von Versailles unterzeichnet und am 9. Juli
von der Nationalversammlung ratifiziert wurde.

Innenpolitische Belastungen

Als im Laufe des Jahres 1919 das Ausmaß der
Niederlage und die Härte des Versailler Vertrages
deutlich wurden, breitete sich tiefe Niedergeschlagen-
heit aus. Weite Teile, wenn nicht die überwiegende
Mehrheit, weigerten sich, die Niederlage als Niederlage zu akzeptieren. Sie liehen bereitwillig der Behauptung ihr Ohr, der Krieg sei durch absichtsvolle Sabotage in der Heimat und schließlich durch die Revolution
verloren worden. Diese **Dolchstoßlegende** wurde
von dem ehemaligen Chef der Obersten Heeresleitung, Generalfeldmarschall von Hindenburg, in einer
Aussage vor dem parlamentarischen Untersuchungs-
ausschuß, der die Ursachen des Zusammenbruchs
klären sollte, so formuliert: „Die deutsche Armee ist
weit von hinten erdolcht worden."
Als **Legende** wird diese Behauptung durch den Brief
der Obersten Heeresleitung vom 3. 10. 1918 entlarvt,
in dem Hindenburg und Ludendorff einen sofortigen
Waffenstillstand gefordert hatten. In der Tat hätte die
Fortführung des Krieges bedeutet, daß Deutschland
Kriegsschauplatz geworden, das deutsche Heer zerschlagen und zur Kapitulation gezwungen worden
wäre.
Die hemmungslose Agitation, die mit der Dolchstoßlegende getrieben wurde, vergiftete das politische Klima in der Weimarer Republik. Sie richtete sich zunehmend gegen alle Kräfte, die sich für einen Verständigungsfrieden ausgesprochen hatten, d. h. die Partei-

en der Weimarer Koalition (SPD, Zentrum, DDP), die als **Novemberverbrecher** beschimpft wurden.

Reparationen

Im Vertrag von Versailles war die Höhe der Reparationen wegen der unübersichtlichen wirtschaftlichen Situation Deutschlands noch nicht festgelegt worden. Mit dem Art. 231, dem **„Kriegsschuldartikel"**, waren die Forderungen nach Wiedergutmachung politisch und moralisch begründet worden. Sie gingen über die bisher übliche „Kriegsentschädigung", die Erstattung der unmittelbaren Kriegskosten durch die Besiegten, weit hinaus. Einmal wurden sie nicht nur vom besiegten Staat erhoben, sondern betrafen auch Privateigentum, zum anderen wurde der Ersatz aller entstandenen Schäden im zivilen Bereich sowie Leistungen wie die Zahlung von Pensionen für Kriegsopfer verlangt.

Die erste Gesamtforderung lautete auf 269 Mrd. Goldmark. (Zum Vergleich: 1871 betrugen die von Frankreich zu leistenden Kriegsentschädigungen 5 Mrd. Goldfrancs, die innerhalb von drei Jahren gezahlt wurden.) Schließlich wurden die Forderungen auf 132 Mrd. Goldmark reduziert, die in 37 Jahren in Jahresraten von 2 Mrd. zuzüglich einer Zahlung von 26 % der Exporterlöse aufgebracht werden sollten.

Die Reichsregierung versuchte, die Forderungen soweit wie möglich zu erfüllen. Bei Nichterfüllung hatten die Alliierten mit Sanktionen gedroht, so mit der militärischen Besetzung des Ruhrgebietes. Trotzdem wurden die Verantwortlichen als **Erfüllungspolitiker** diffamiert. Die Reparationen trugen entscheidend zum Zusammenbruch der deutschen Volkswirtschaft und zur Inflation bei.

Innere Unruhen

Die ersten Jahre der Weimarer Republik bis 1923 sind gekennzeichnet durch eine Radikalisierung auf der Rechten und auf der Linken, die sich in immer neuen Unruhen, Putschen und bürgerkriegsähnlichen Zusammenstößen manifestierte.

Im Gefolge des Spartakusaufstandes im Januar 1919 war es in weiten Teilen des Reiches zu schweren Unruhen gekommen, in deren Verlauf an mehreren Orten **Räterepubliken** ausgerufen wurden, so im Ruhrgebiet, in den Hafenstädten an der Nordsee, in Braunschweig und an anderen Orten. Alle diese Putschversuche wurden von Regierungstruppen und Freikorps niedergeschlagen.

Am längsten hielt sich die **Räterepublik in Bayern.** Dort war der Vorsitzende der bayerischen USPD, **Kurt Eisner,** an die Spitze einer Bayerischen Revolutionsregierung gelangt, wollte jedoch nach der vernichtenden Niederlage der USPD bei den Wahlen zur Nationalversammlung zurücktreten. Unmittelbar davor wurde er von einem nationalistischen Fanatiker

ermordet. In den dadurch ausgelösten Wirren wurde am 7. 4. 1919 die Räterepublik ausgerufen. Die verfassungsmäßige, vom Landtag gewählte Regierung unter Ministerpräsident Hoffmann (SPD) zog sich nach Bamberg zurück und rief die Reichsregierung um Hilfe an. Nach heftigen Kämpfen stellten Regierungstruppen und Freikorps die Ordnung wieder her. Dabei kam es zu schweren Kämpfen mit Ausschreitungen auf beiden Seiten.

Der Kapp-Putsch

Auf Grund der Entwaffnungsbestimmungen des Versailler Vertrages mußte das noch 400 000 Mann zählende Heer auf 100 000 Mann verkleinert werden. Die zu entlassenden Soldaten, zu einem großen Teil im Freikorps organisiert, hatten keine Aussicht, Arbeit in der Wirtschaft zu finden. So in ihrer Existenz bedroht, breitete sich unter ihnen eine gefährliche Mißstimmung aus, die von aktivistischen Rechtskreisen unter der Führung des Generallandwirtschaftsdirektors **Wolfgang Kapp,** von Freikorpsführern und Reichswehrkommandeuren für eine Verschwörung genutzt wurde.

Ein von der Auflösung bedrohtes Freikorps, die **Marinebrigade Ehrhardt,** marschierte nach Berlin. Die Reichswehrführung erklärte der Regierung und dem Reichspräsidenten, daß die Putschisten nicht aufgehalten werden könnten („Reichswehr schießt nicht auf Reichswehr!"). Die Regierung zog sich daher nach Stuttgart zurück. Die Brigade Ehrhardt zog in Berlin ein, Kapp ernannte sich zum Reichskanzler und den General von Lüttwitz zum Oberbefehlshaber der Reichswehr.

Der Putsch lief buchstäblich ins Leere. Die Gewerkschaften hatten zum Generalstreik ausgerufen, der strikt befolgt wurde. Auch die Beamten, nicht zuletzt die Ministerialbürokratie, folgten den Anordnungen der Putschregierung nicht. Nach wenigen Tagen flohen Kapp und Lüttwitz, die Brigade Ehrhardt marschierte aus Berlin ab. Das Strafgericht über die Putschisten blieb aus. Nur Kapps Innenminister, der frühere Polizeipräsident von Berlin, wurde zu fünf Jahren Festung verurteilt, Kapp starb in Untersuchungshaft.

Das Krisenjahr 1923

Die unversöhnliche französische Politik war entschlossen, sich in den Besitz eines Faustpfandes zu setzen, um die Zahlung der Reparationen sicherzustellen. So wurde ein Rückstand bei der Lieferung von Holz für Telegrafenstangen und Kohlen im Wert von 24 Mill. Goldmark (bei einer Gesamtleistung von 1478 Mill. im Jahre 1922) als Vorwand benutzt, um im Januar 1923 eine französisch-belgische Armee von fünf Divisionen in das **Ruhrgebiet** einrücken zu lassen.

Die Reichsregierung antwortete mit der Einstellung aller Reparationslieferungen und dem Aufruf zum **passiven Widerstand.** Der **Ruhrkampf** begann. Die Behörden verweigerten die Zusammenarbeit mit den Besatzungstruppen, die Arbeiter stellten die Produktion ein. Die Besatzungstruppen übernahmen daraufhin die Betriebe in eigener Regie, sperrten die Grenze zwischen dem Ruhrgebiet und dem übrigen Reich und wiesen die streikenden Beamten (140 000 mit Angehörigen) aus. Der passive Widerstand ging an verschiedenen Stellen in aktive Sabotage über. Dies wiederum führt zu Terrormaßnahmen der Besatzungstruppen.

Im Herbst 1923 mußte der passive Widerstand abgebrochen werden. Die Unterstützung der streikenden Bevölkerung des Ruhrgebietes verschlang ungeheure Mittel, während die Steuereinnahmen aus dem Ruhrgebiet ausblieben. Der Wert der Mark sank ins Bodenlose. Andererseits konnten die Besatzungsbehörden die Wirtschaft des Ruhrgebietes langsam wieder in Gang setzen, die Zeit arbeitete für sie. Am 24. September 1923 verkündete die neue Regierung Stresemann den Abbruch des Ruhrkampfes.

Der Höhepunkt der Krise war noch nicht erreicht, weitere schwere Gefahren bedrohten das Reich. Mit Duldung oder offener Unterstützung durch die französischen Besatzungsbehörden strebten **Separatisten** im Rheinland und in der Pfalz die Errichtung von Pufferstaaten unter französischem Protektorat an. Im Oktober 1923 erhoben sie sich gegen die deutschen Behörden und proklamierten in Aachen und Koblenz die „Rheinische Republik", im November in Speyer die "Pfälzische Republik". Sie stießen auf einhellige Ablehnung bei der Bevölkerung, die zur Selbsthilfe griff, weil die Polizei von den Franzosen am Einschreiten gehindert wurde. Die rheinischen Separatisten wurden im November in einer offenen Schlacht im Siebengebirge von Selbstschutzverbänden geschlagen, auch in der Pfalz wurden sie Anfang 1924 verjagt.

Der Separatismus hatte keine Chancen, weil er sich auf die Bajonette der verhaßten Besatzungstruppen stützte. In seinen Reihen gab es auch keine seriösen Persönlichkeiten, die führenden Separatisten konnten eher als ehrgeizige, eigensüchtige Abenteurer gelten, denen sich überdies allerlei zwielichtiges Gesindel anschloß. Ihre Methoden – Putsche, Schießereien, Plünderungen – stießen die Bevölkerung vollends ab.

Der Hitler-Putsch in Bayern

In Bayern amtierten seit der Niederschlagung der Räteherrschaft Regierungen, die rechtsradikalen Kräften aus dem ganzen Reich Zuflucht boten. „Völkisch-vaterländische" Kampfgruppen, Bünde, Freikorps, Einwohnerwehren konnten sich ungehindert entfalten. Der Abbruch des Ruhrkampfes und kommunistische Aktivitäten in Sachsen und Thüringen sowie in Norddeutschland, wo es in Hamburg sogar zu einem Aufstand kam, ließen die bei diesen Kräften schon lange bestehenden Putschabsichten in ein akutes Stadium treten. Um diesem zuvorzukommen, verkündete die bayerische Regierung den Ausnahmezustand und setze den Regierungspräsidenten von Oberbayern, Ritter **von Kahr,** als Staatskommissar mit diktatorischen Befugnissen ein. Daraufhin erklärte die Reichsregierung den Ausnahmezustand im ganzen Reich.

Die aktivste und radikalste Kraft unter den völkisch-vaterländischen Gruppierungen war seit einiger Zeit die **„Nationalsozialistische Deutsche Arbeiterpartei"** unter Führung Hitlers. Sie stand in Opposition auch zu den herrschenden Kräften in Bayern, deren blau-weißen Monarchismus und Föderalismus sie ablehnten. Als der Reichswehrminister Geßler in Anwendung des Ausnahmezustandes den Kommandeur der Reichwehr in Bayern, General von Lossow, anwies, das Organ der Nationalsozialisten, den „Völkischen Beobachter", zu verbieten, weigerte sich dieser den Befehl auszuführen. Kahr deckte diese Befehlsverweigerung. Der Konflikt zwischen Bayern und dem Reich war da.

In Berlin rechnete man mit einem Putsch. Kahr und Lossow zögerten jedoch mit dem Losschlagen, weil der Chef der Heeresleitung, General von Seeckt, zu verstehen gegeben hatte, daß er von dem Abgehen von „verfassungsmäßigen Formen", also einem Putsch, nichts hielt.

Am Abend des 8. November 1923 fand im Münchner **Bürgerbräukeller** eine große Kundgebung der nationalen Verbände statt, an dem auch Staatskommissar von Kahr und fast das gesamte bayerische Kabinett teilnahm. Hitler drang mit bewaffneten Anhängern in die Versammlung ein, proklamierte die nationale Revolution und erklärte die Reichsregierung für abgesetzt. Er nötigte Kahr, Lossow und den Landespolizeichef von Seißer mit vorgehaltener Pistole, sich der Erhebung anzuschließen. Eine nationale Revolution unter Führung des Demagogen Hitler hatten sie allerdings schwerlich beabsichtigt. Als sie wieder frei waren, widerriefen sie ihre Zustimmung, alarmierten Reichswehr und Landespolizei und riefen die Reichsregierung um Hilfe an.

Als Hitler und seine Anhänger, denen sich schon am Abend Ludendorff angeschlossen hatte, merkten, daß sie überspielt worden waren, versuchten sie, zu retten, was zu retten war. Sie veranstalteten am Morgen des 9. November einen Demonstrationszug durch die Innenstadt, der bei der **Feldherrnhalle** durch die Landespolizei aufgehalten wurde. Nach einem Schußwechsel lagen 19 Tote auf dem Pflaster, der Zug löste sich auf. Hitler wurde zur Mindeststrafe von

5 Jahren Festungshaft verurteilt, von denen er nur 6 Monate absitzen mußte.

Die Inflation

Das Deutsche Reich hatte die **Kosten des Krieges,** insgesamt 164,3 Mrd. Mark, weitgehend durch Geldschöpfung (Druck von Papiergeld) und durch Anleihen gedeckt. Schon 1917 hatte sich die Menge des umlaufenden Geldes gegenüber dem Stand bei Kriegsausbruch verachtfacht. Ein großer Teil des neugedruckten Geldes wurde durch die Anleihen wieder absorbiert, ein anderer Teil blieb jedoch im Umlauf und verstärkte die Kaufkraft, der kaum ein Warenangebot gegenüberstand.

Auch nach Kriegsende setzte die Reichsregierung diese Finanzpolitik fort. Die Steuereinnahmen reichten für die laufenden Ausgaben oder gar für die Bezahlung der Folgekosten des Krieges (Kriegsopferfürsorge, Flüchtlingsfürsorge, Rückzahlung der Kriegsanleihen) nicht annähernd aus. Schon in den Haushaltsjahren 1920/21 und 1921/22 waren die Ausgaben mehr als doppelt so hoch wie die Einnahmen, 1922/23 waren sie dreimal und 1923/24 zehnmal so hoch. Das Defizit wurde durch Papiergeld „gedeckt". Die deutsche Währung war also schon zerrüttet, als ihr Wert durch die Reparationszahlungen und insbesondere die Kosten des Ruhrkampfes ins Bodenlose sank.

Die **Folgen** der Inflation waren **katastrophal.** Während der Inflation waren alle Lohnempfänger benachteiligt gewesen, weil die Preise schneller stiegen als die Löhne. Nach dem Ende der Geldentwertung erwies sich, daß vor allem der Mittelstand sein Vermögen, und damit seine materielle Unabhängigkeit, verloren hatte. Große Teile dieser Schicht waren nun für die radikalen Parolen der Rechten und der Linken anfällig.

Gewinner der Inflation waren alle Schuldner, da nach dem Grundsatz „Mark gleich Mark" die Schulden (etwa auch Hypotheken) in dem Maße sich verminderten, wie das Geld entwertet wurde. Zu den Schuldnern zählten nicht zuletzt Reich, Länder und Gemeinden. Die Kriegsschuld löste sich in nichts auf. Gewinner waren auch eine Reihe von geschickten und skrupellosen Spekulanten, Geschäftemachern und Unternehmern, die mit Krediten Sachwerte aufkauften und zum Teil riesige Vermögen anhäuften. Zu den Kriegsgewinnern trat eine weitere Schicht von neureichen Emporkömmlingen, auch dies wurde Zielscheibe der Agitation von rechts und links.

Rapallo

Eine kleine Sensation stellte der im April 1922 in Rapallo geschlossene **Vertrag zwischen Deutschland und dem bolschewistischen Rußland** dar. Zu Verhandlungen darüber war es am Rande einer gro-

ßen Wirtschaftskonferenz in Genua gekommen, die sich vor allem mit der Frage der Reparationen beschäftigte. Der Vertrag wurde in aller Eile geschlossen, wobei der Antrieb wohl aus der beiderseitigen Furcht kam, ein Partner könne sich auf Kosten des anderen mit den Westalliierten verständigen.

Die Vertragspartner kamen überein, diplomatische Beziehungen aufzunehmen und auf den Ersatz aller Kriegs- und zivilen Schäden zu verzichten.

Bei den Westalliierten war die Empörung groß, aber auch die Furcht, hinter den offenen Vereinbarungen könnte noch mehr stecken. In der Tat hegten in Deutschland Kreise der Rechten und der Reichswehr Hoffnungen, im Bündnis mit Rußland die Fesseln des Versailler Vertrages abstreifen zu können.

Schon seit 1921 gab es auf Intiative Seeckts eine **Zusammenarbeit von Reichswehr und Roter Armee,** in deren Rahmen vor allem deutsche Mannschaften auf sowjetischen Panzer- und Fliegerschulen ausgebildet wurden. Mit deutschem Geld wurde in der Sowjetunion eine gemeinsame Produktion von Rüstungsgütern wie Flugzeugen, Giftgas und Geschützmunition aufgebaut.

Gegen die Befürworter einer einseitigen deutschen Ostorientierung wandten sich insbesondere Reichspräsident Ebert, Außenminister Rathenau und auch der erste Botschafter in Moskau, von Brockdorff-Rantzau. Alles in allem erfüllten sich weder die Hoffnungen noch die Befürchtungen, die an den Vertrag geknüpft worden waren. Beide Partner waren wirtschaftlich zu geschwächt, um sich gegenseitig wirksam unterstützen zu können, wenn auch der Handel über eine Reihe von Jahren bedeutend war, ein militärisches Zusammengehen war de facto unmöglich, und die ideologischen Gegensätze blieben bestehen.

40.0.4.2. Die Weimarer Republik von 1924 bis 1932

Der Dawesplan

Die Überwindung der Krisen des Jahres 1923, insbesondere die Konsolidierung der deutschen Währung, hatten das Vertrauen des Auslands in die deutschen Verhältnisse wieder gestärkt. Nicht zuletzt auch die amerikanische Politik und amerikanische Finanzkreise begannen sich für Deutschland zu interessieren.

Zur **Regelung des Reparationsproblems** wurde eine Kommission unter Leitung des amerikanischen Generals Dawes eingesetzt, die im April 1924 ihre Vorschläge, den sogenannten Dawesplan, vorlegte. Der Plan sah ansteigende Reparationsleistungen vor, die 1924 eine Mrd. Mark betragen und bis 1928 1,75 Mrd. erreichen sollten. Von da an sollten dann jährlich 2,5 Mrd. gezahlt werden, ohne daß eine Endsumme festgelegt wurde.

Voraussetzung dafür war natürlich die Genesung der deutschen Wirtschaft. Deutschland erhielt im ersten Jahr eine internationale Anleihe von 800 Mill. Mark. Der Plan griff sehr stark in die deutsche Staatshoheit ein (Verpfändung von Steuern und Zöllen, Umwandlung der Reichsbahn aus einem Staatsunternehmen in eine selbständige Gesellschaft unter Kontrolle eines „Reparationsagenten"), außerdem nannte er noch immer keine Endsumme.

Die **Opposition** auf der Rechten und auf der Linken hatte es daher einfach, Parolen zu finden, mit dem sie **gegen den Plan** Sturm lief. Der Wahlkampf für die Reichstagswahlen am 4. Mai 1924 wurde fast ausschließlich mit Argumenten für und wider den Dawesplan bestritten. Ihr Ergebnis war ein starkes Anwachsen der beiden Flügel (DNVP und Völkische erhielten 128 Sitze statt bisher 68, Kommunisten 62, bisher 17). Gegen diese 190 Sitze erhielten gemäßigte Rechte (DVP), Mitte (Zentrum, Bayerische-VP, DDP u. a.) und gemäßigte Linke (SPD) insgesamt nur noch 282 Sitze.

Der Dawesplan wurde im Reichstag angenommen, das dazugehörige Eisenbahngesetz, für das eine Zweidrittelmehrheit erforderlich war, sogar mit Hilfe der Hälfte der DNVP-Abgeordneten, auf die, wegen der wirtschaftlichen Vorteile des Plans, von Industrie und Landwirtschaft Druck ausgeübt worden war.

Der Vertrag von Locarno

Gustav Stresemann, dem Vorsitzenden der Deutschen Volkspartei, zeitweiligem Reichskanzler und von 1923–1929 Reichsaußenminister, kommt das Verdienst zu, das Steuer der deutschen Außenpolitik herumgerissen und einen konstruktiven Kurs gewählt zu haben. Angelpunkt dieses neuen Kurses war die **Aussöhnung mit Frankreich**. In dem französischen Außenminister **Aristide Briand** fand er einen kongenialen Partner.

Grundbedingungen der französischen Politik nach dem Kriege waren die **Wiedergutmachung der Kriegsschäden** und das **Sicherheitsbedürfnis.** Nach der vorläufigen Regelung der Reparationsfrage war das Sicherheitsproblem noch offen. Stresemann ergriff die Initiative und ließ den Regierungen der Westmächte ein Sicherheitsmemorandum überreichen, das schließlich in den Vertrag von Locarno mündete. Darin wurden die Grenzen zwischen Deutschland und Belgien/Frankreich für unverletzlich erklärt. Die drei Länder sowie Großbritannien und Italien garantierten den territorialen Status quo. Damit hatte Deutschland endgültig auf Elsaß-Lothringen und Eupen-Malmedy verzichtet. Andererseits hatte Frankreich sein Streben nach der Rheingrenze aufgegeben. Die Entente von 1914 gab es nicht mehr. Großbritannien und Italien garantierten nun auch die deutsche Westgrenze.

Zwischen Deutschland und Polen sowie der Tschechoslowakei wurde vereinbart, daß Streitigkeiten künftig durch ein Schiedsgericht geregelt werden sollten, doch lehnte Stresemann ab, eine gleichartige Garantie auch für die Grenze zwischen Deutschland und Polen zu geben („Ost-Locarno").

Eine erste Frucht dieser neuen Politik war **Deutschlands Aufnahme in den Völkerbund.** In Deutschland war der Aufnahmeantrag umstritten. Weite Kreise sahen im Völkerbund ein Instrument von Versailles, auch war die vom Völkerbund getroffene Regelung der Oberschlesienfrage als Unrecht empfunden worden.

Großbritannien und nun auch Frankreich waren für den deutschen Beitritt, weil sie Deutschland in das Sicherheitssystem des Völkerbundes einbinden wollten. Als man dem deutschen Verlangen nach einem ständigen Ratssitz durch Schaffung eines neuen Sitzes nachgekommen war, stellte die Reichsregierung den Aufnahmeantrag. Die feierliche Sitzung, in der Deutschland aufgenommen wurde, geriet zu einer bewegenden Stunde. Die Freude über Deutschlands Heimkehr in die Völkerfamilie war bei den Delegierten allgemein und echt. Die Ansprachen Briands und Stresemanns entsprachen der Bedeutung dieses Aktes. Sie gaben der Hoffnung Ausdruck, daß Deutschland auf der Grundlage der Gleichberechtigung in Frieden mit seinen Nachbarn zusammenleben könne und daß es vor allem keinen Krieg mehr zwischen Deutschland und Frankreich geben werde.

Die „goldenen Jahre" der Weimarer Republik

Nach dem Ende der Inflation und der Einführung der neuen Rentenmark begann eine Phase der Konsolidierung, die schon 1925 in eine **Wirtschaftsblüte** mündete, die bis 1930, bis hinein in die Weltwirtschaftskrise anhielt. Diese verhältnismäßig kurze Zeitspanne wird als „die goldenen Jahre" der Weimarer Republik bezeichnet. Der Produktionsindex erreichte 115 % des Standes von 1913, des Jahres mit dem höchsten Stand vor dem Krieg. Dabei ist zu berücksichtigen, daß diese Leistung von einem an Menschen und Industriekapazität beträchtlich reduzierten Land erbracht worden ist. Zu dem Aufschwung trug nicht zuletzt der Zustrom hoher Summen an **ausländischem Kapital** bei. 1931 hatte der Auslandskredit die Höhe von 20 Mrd. Mark erreicht. Vier Fünftel davon flossen in die Wirtschaft, die das Kapital für die Modernisierung nutzte. Ein Fünftel nahm die öffentliche Hand auf, die damit gemeinnützige Einrichtungen finanzierte (Ausbau des Verkehrsnetzes, von Reichsbahn und Reichspost, für Gas-, Wasser- und Elektrizitätswirtschaft etc.). Man schätzt, daß die einheimische Kapitalbildung nochmals doppelt so hoch war wie die Auslandskredite.

Im **sozialen Bereich** hatte schon die Kriegszeit be-

deutende Veränderungen mit sich gebracht, die in der unmittelbaren Nachkriegszeit noch ausgebaut wurden; die **Koalitionsfreiheit** (Anerkennung der Gewerkschaften als Vertreter der Arbeitnehmer), Mitwirkungsrechte der Betriebsräte, der **Achtstundentag,** die **Arbeitslosenversicherung** (1926 eingeführt). Besonders gefördert wurde der **Wohnungsbau.** Vor dem Kriege waren durchschnittlich pro Jahr 200 000 Wohnungen gebaut worden. Nach dem Niedergang in der Kriegszeit stieg der Wohnungsbau bis 1927 auf 300 000 Einheiten an und hielt sich auf dieser Höhe bis 1930.

Die Auswirkungen der Weltwirtschaftskrise

Es mußte in Deutschlands Interesse liegen, die immer noch schwebende **Reparationsfrage** endgültig zu regeln, insbesondere eine Gesamtsumme festzulegen. Vor einer solchen Regelung war auch die Räumung des besetzten Rheinlandes nicht zu erreichen. Der von einer Kommission unter Vorsitz des amerikanischen Bankiers Owen Young ausgearbeitete Plan, der **Young-Plan,** sah die Zahlung von 59 Jahresraten (bis 1988) von durchschnittlich 2 Mrd. Mark, insgesamt 116 Mrd. Mark, vor. Alle Kontrollen der deutschen Wirtschaft sollten entfallen, die Reparationskommission ihre Tätigkeit einstellen. Die Räumung des Rheinlandes wurde auf den 30. Juni 1930 festgelegt und auch durchgeführt.

Gegen die Annahme des Young-Plans durch Deutschland stellte sich eine Opposition, die mit hemmungsloser Agitation arbeitete. Ein „Reichsausschuß gegen den Young-Plan" aus führenden Politikern der DNVP und der NSDAP startete einen **Propaganda-Feldzug für ein Volksbegehren** gegen das Young-Abkommen. Ende Dezember 1929 wurde ein Volksentscheid über das „Freiheitsgesetz" durchgeführt, das den für den Abschluß des Abkommens Verantwortlichen Zuchthausstrafen androhte. Nur 5,8 Millionen Wähler (13,8 % der Wahlberechtigten) stimmten zu.

Die von den USA ausgehende **Weltwirtschaftskrise** (siehe Seite 39) griff mit kurzer Verzögerung auch auf Deutschland über und wirkte sich dort besonders katastrophal aus, weil seine hochindustrialisierte, auf den Export angewiesene Wirtschaft von Konjunktureinbrüchen besonders hart getroffen wurde. Die kritische Situation von Industrie und Handel wurde noch von der Krise der Landwirtschaft übertroffen, die schon vor dem „Schwarzen Freitag" an der New Yorker Börse eingesetzt hatte.

Die **politischen Folgen der Wirtschaftskrise** waren verhängnisvoll. Schon 1928 war es in den Landwirtschaftsgebieten in Norddeutschland zu **Unruhen unter der bäuerlichen Bevölkerung** gekommen. Die von Pfändungen und Zwangsvollstreckungen bedrohten Bauern griffen zu den Mitteln der gewalttätigen

Massendemonstration unter schwarzen Fahnen, des Bombenlegens und des Steuerstreikes, um ihrer Erbitterung Ausdruck zu verleihen. Die Nutzlosigkeit ihrer Aktionen verstärkte ihren Zorn noch. Eine geschlossene Gruppe der Bevölkerung, die Bauernschaft, wandte sich gegen das „System" und verwarf den Staat insgesamt. In Schleswig-Holstein erhielten die Nationalsozialisten bei den Wahlen vom 31. Juli 1932 eine Mehrheit von 51 %.

Von den Strukturveränderungen in der Wirtschaft und von der Krise besonders schwer getroffen war auch der **Mittelstand,** der dem Weimarer Staat ohnehin nicht besonders geneigt war.

Auch in der **Arbeiterschaft** griff eine Radikalisierung um sich. Wer hier eine Änderung der Verhältnisse wollte, ging eher zur KPD über, während unter den Arbeitslosen der Trend zur NSDAP stark war.

Das politische Klima

In weiten Teilen der Bevölkerung griff die **Ablehnung der Republik** immer mehr um sich. Sie drückte sich in der Endphase des Staates von Weimar in einem dramatischen Anwachsen der radikalen Parteien an den Rändern des politischen Spektrums aus. In der öffentlichen Meinung wurde die Kritik immer maßloser. Man hat später das Wort geprägt, der Staat von Weimar sei eine **Republik ohne Republikaner** gewesen.

Die Regierung Brüning

Im Frühjahr 1930 zerbrach die Große Koalition (aus SPD, Zentrum, DDP und DVP), die das Kabinett des **Reichskanzlers Müller** (SPD) trug, an der politisch zweitrangigen Frage einer geringfügigen Anhebung der Beiträge zur Arbeitslosenversicherung, letztlich aber an der zunehmenden Unfähigkeit, eine gemeinsame Politik zu formulieren und zu tragen. Daher erwies es sich auch als unmöglich, eine neue Regierung auf parlamentarischer Basis zu bilden. Der Sturz des Kabinetts Müller war der **Anfang vom Ende der parlamentarischen Republik.**

Schon einen Tag nach dem Rücktritt des Reichskanzlers Müller beauftragte Reichspräsident Hindenburg den Fraktionsvorsitzenden der Zentrumspartei, Dr. Heinrich Brüning, mit der Bildung eines Kabinetts ohne feste Bindung an eine Koalition im Reichstag. An die Stelle des von der Verfassung geforderten Vertrauens der Reichstagsmehrheit trat nunmehr das Vertrauen des Reichspräsidenten. Brüning stand einem Präsidialkabinett vor.

Das zentrale Problem der Regierung Brüning war der **Ausgleich der Staatsfinanzen.** Alle Ausgaben sollten künftig durch Einnahmen gedeckt sein. Bei Deckungslücken mußten die Ausgaben gekürzt bzw. die Steuern erhöht werden. Diese Politik der **Deflation** (Erhöhung des Geldwertes der Mark durch Veringe-

rung des Geldumlaufs, Gegenteil von Inflation) war auch unter außenpolitischen Gesichtspunkten geboten. Durch das Dawes- und das Young-Abkommen war die Regierung verpflichtet, die Währung stabil zu halten. Nur bei strikter Einhaltung der Verpflichtungen bestand Aussicht, die vorgesehene Überprüfung der deutschen Leistungsfähigkeit und damit eine Revision der Reparationsleistungen in Gang zu setzen.

Die ständige Verschlimmerung der Wirtschaftskrise und die daraus folgende sprunghafte Steigerung der Ausgaben für die Arbeitslosenunterstützung bei sinkenden Steuereinnahmen zwang Brüning, ein Programm drastischer Steuererhöhungen einzubringen. Als es abgelehnt wurde, griff Brüning auf den Art. 48 WRV zurück und erließ die gesetzgeberischen Maßnahmen als **Notverordnungen.** Der Reichstag hob die Notverordnungen wieder auf, daraufhin wurde der Reichstag aufgelöst.

Die **Auflösung des Reichstages** war schon nach dem Urteil der Zeitgenossen ein schwerer politischer Fehler. Der Wahltermin war angesichts der unpopulären Sparmaßnahmen und Steuererhöhungen sowie der vier Millionen Arbeitslosen und der Agitation von Rechts und Links denkbar ungünstig. Die **Wahlen vom 14. September 1930** brachten dann auch einen enormen Stimmenzuwachs für die Nationalsozialisten (von bisher 3 auf über 18 %) und auch einen Zuwachs für die Kommunisten (von 11 auf über 14 %). Zusammen mit den Deutschnationalen (7 %), die durch eine Abspaltung des gemäßigten Flügels starke Einbußen erlitten hatten, bekannten sich nun 39 % der Abgeordneten im Reichstag als Gegner des „Systems von Weimar".

Das Ausland war nach dem Wahlergebnis alarmiert; ein Kurssturz der Mark und Zurückziehung von Krediten war die Folge. Die Wirtschaftskrise verschärfte sich weiter.

Brüning setzte seinen Kurs der deflationistischen Finanzpolitik fort. Alle seine Maßnahmen führte er auf dem Weg über Notverordnungen durch, eine Mehrheit des Reichstages stimmte gegen die Aufhebung der Notverordnungen und „tolerierte" so den Kanzler, der als das kleinere Übel gegenüber einer Herrschaft der Nationalsozialisten galt.

Angesichts der offenkundigen Zahlungsunfähigkeit Deutschlands schlug der amerikanische Präsident Hoover einen einjährigen Zahlungsaufschub für die Reparationen vor.

Das **Hoover-Moratorium** trat trotz französischen Widerstandes am 7. Juli 1931 in Kraft. Dies war der Auftakt für das **Ende der Reparationen.**

Eine internationale Konferenz in Lausanne im Juni 1932 legte fest, daß Deutschland eine Abschlußzah-lung von 3 Mrd. Goldmark in Form von Schuldverschreibungen zu zahlen habe. Brüning kam allerdings nicht mehr in den Genuß dieses Erfolges; zu diesem Zeitpunkt war er bereits gestürzt, „hundert Meter vor dem Ziel", wie er sagte.

Im Frühjahr 1932 stand die **Wahl des Reichspräsidenten** an. Die Nationalsozialisten stellten Hitler als ihren Kandidaten auf, die Kommunisten Thälmann. In seltsamer Verkehrung der Fronten unterstützten alle staatstragenden Parteien der alten Weimarer Koalition von der DVP bis zur SPD Hindenburg, in dem sie den einzigen Kandidaten sahen, der Hitler noch verhindern konnte. Hindenburg wurde im 2. Wahlgang gewählt (53 %). Immerhin hatte Hitler in diesem Wahlgang fast 37 % der Stimmen erhalten.

Nach der Wiederwahl Hindenburgs, die dieser nicht zuletzt dem Einsatz Brünings verdankte, verschlechterte sich das Verhältnis der beiden Männer. Zu Meinungsverschiedenheiten kam es über das Verbot von SA und SS und insbesondere über das Siedlungsprogramm der Regierung, das vorsah, verschuldete Güter aufzukaufen und auf Siedler aufzuteilen. Das wurde von Großagrariern als „Agrarbolschewismus" bezeichnet. Am 29. Mai 1932 trat Brüning zurück.

Die beiden folgenden Präsidialkabinette der Reichskanzler **von Papen** (1. Juni bis 17. November 1932) und **von Schleicher** (2. Dezember 1932 bis 28. Januar 1933) fanden keinen Rückhalt in einer Reichstagsmehrheit. Es gelang ihnen deswegen nicht, die zahlreichen politischen und wirtschaftlichen Schwierigkeiten zu meistern und vor allem der wachsenden Unruhe, die sich in blutigen Zusammenstößen manifestierte, Herr zu werden.

Versuche, die Nationalsozialisten in eine große Koalition einzubinden, um sie so an der Regierungsverantwortung zu beteiligen, scheiterten, da Hitler auf dem Amt des Reichskanzlers bestand, was Hindenburg damals ablehnte. Die nach dem Amtsantritt Papens alsbald erfolgte Auflösung des Reichstages führte zur **Wahl am 31. Juli 1932:** Sie brachte ein weiteres Ansteigen der Mandatszahl für die NSDAP auf 230. Eine zweite **Reichstagswahl am 6. November** ließ zwar diese Zahl auf 196 zurückgehen und löste innerhalb der NSDP vorübergehend eine Krise aus; eine Mehrheit für die derzeitige Regierung erbrachte sie nicht. Da Hindenburg den ihm in dieser Situation nahegelegten Plan eines Staatsstreiches entschieden ablehnte, schien ihm und seinen Beratern zuletzt die **Berufung Hitlers zum Reichskanzler** die einzige Möglichkeit zu bieten, eine Regierung zu bilden, die im Reichstag eine Mehrheit finden würde. Am 30. Juni 1933 ernannte Hindenburg Hitler zum Reichskanzler.

40.1. Der Zusammenbruch Deutschlands

40.1.1. Wissensziele

Die immer aussichtsloser werdende Lage an der Front und die wachsende Not in der Heimat zwangen die Reichsregierung, eine rasche Beendigung des Krieges anzustreben. Diese versuchte, auf der Grundlage der Vierzehn Punkte des amerikanischen Präsidenten Wilson einen Waffenstillstand zu erreichen. Die Front brach schließlich zusammen. In Deutschland brach die Revolution aus. Es kam zu einem Machtkampf zwischen den Befürwortern eines demokratisch-parlamentarischen Systems (SPD) und den Anhängern eines Rätesystems (Spartakus, USPD).

40.1.2. UE-Ziele

(1) Die Lage zu Beginn des Jahres 1918: Not in der Bevölkerung, Unzufriedenheit, Kriegsmüdigkeit
(2) Revolutionärer Auftakt: „Munitionsarbeiterstreik" Januar 1918, Forderungen der Streikenden
(3) Kriegsende und Waffenstillstand, Verhältnis: militärische Lage – politische Entwicklung
(4) „Vierzehn Punkte" und Waffenstillstandsbedingungen
(5) Die Revolution vom 9. November 1918. Kontroverse SPD – USPD: Rätesystem oder Nationalversammlung

40.1.3. Einstieg

● **Dias** aus der Diareihe Institut 10 0421 Neueste Geschichte in Plakaten (Bild 4: „Durch Arbeit zum Sieg", Bild 6: „Wir starben für euch! Und ihr wollt uns verraten?" Bild 7: „Parole Frieden! Wir erreichen ihn durch Ordnung!" Bild 8: „An den heimkehrenden Soldaten" Bild 9: „Arbeiter, Bürger, Bauern, Soldaten aller Stämme Deutschlands vereinigt Euch zur Nationalversammlung!")
● **Film** Institut 32 0670 Die Weimarer Republik von 1918–1925

40.1.4. Schwerpunkte

Ausgehend von der allgemeinen Notlage der Bevölkerung wird die sich zuspitzende revolutionäre Spannung und ihr erster Ausbruch im „Januarstreik", dem „Munitionsarbeiterstreik" zu Beginn des Jahres 1918,

ebenso zu behandeln sein wie die militärische Entwicklung im Jahre 1918. Vor allem muß versucht werden, die Auswirkungen der Waffenstillstandsverhandlungen auf die innere Entwicklung Deutschlands verständlich zu machen. Den Hauptschwerpunkt bildet die Umwandlung Deutschlands in eine Republik, wobei die Auseinandersetzungen zwischen der Mehrheits-SPD und dem radikalen Flügel der Sozialisten im Mittelpunkt stehen sollen. Die durch das Ende der Monarchie aufgeworfene Problematik einer Verfassungs-Neuordnung des republikanisch gewordenen Deutschland wurde nach heftigen Auseinandersetzungen im sozialistischen Lager dahingehend entschieden, daß eine demokratisch zu wählende Nationalversammlung mit der Ausarbeitung einer neuen Verfassung beauftragt wurde.
Dieser für die künftige Entwicklung Deutschlands maßgebende und bis in die Gegenwart nachwirkende Entscheidungsprozeß kann nur verstanden werden, wenn die Schüler nicht nur den äußeren Ablauf der Ereignisse, sondern die ihn bestimmenden Kräfte und Gruppierungen in ihrem Wollen und Handeln erfahren.

40.1.4.1. Schwerpunkt: Erste Streiks

Dokument 1: Streikaufruf der Spartakusgruppe:
Arbeiterinnen! Arbeiter!
Auf zum Massenstreik! Auf zum Kampf! Soeben hat das österreichisch-ungarische Proletariat ein mächtiges Wort gesprochen. Fünf Tage lang ruhte die Arbeit in allen Betrieben in Wien, Budapest usw., im ganzen Reiche . . .
Arbeiterinnen und Arbeiter! Was unsere österreichisch-ungarischen Brüder angefangen haben, das müssen wir vollenden!
Die Entscheidung der Friedensfrage liegt bei dem deutschen Proletariat!
Unser Massenstreik soll kein kraftloser „Protest" und kein von vornherein auf diese bestimmte Frist beschränkter hohler Demonstrationsstreik, sondern ein Machtkampf sein. Wir kämpfen so lange, bis unsere Mindestforderungen unverkürzt verwirklicht worden sind: Aufhebung des Belagerungszustandes, der Zensur, aller Beschränkungen der Koalitions-, Streik-, Vereins- und Versammlungsfreiheit, Freilassung aller politischen Inhaftierten – das sind die Bedingungen, die uns notwendig sind, um unseren Kampf um die Macht, um die Volksrepublik in Deutschland und einen sofortigen allgemeinen Frieden frei zu entfalten.
Jeder Separatfriede führt nur zu Verlängerung und Verschärfung des Völkermordens. Es gilt um jeden Preis den Separatfrieden in einen allgemeinen Frieden zu verwandeln. Das ist unser Ziel . . . Nieder mit dem

Krieg! Nieder mit der Regierung! Hoch der Massenstreik!

► **Quelle:** GiQ V, Nr. 105a

Dokument 2: Streikprogramm der Berliner Arbeiterräte vom 28. 1. 1918:

„1. Schleunige Herbeiführung des Friedens ohne Annexionen, ohne Kriegsentschädigung aufgrund des Selbstbestimmungsrechts der Völker entsprechend den Ausführungsbestimmungen, die dafür von den russischen Volksbeauftragten in Brest-Litowsk formuliert wurden.

2. Zuziehung von Arbeitervertretern aller Länder zu den Friedensverhandlungen.

3. Ausgiebigere Nahrungsversorgung durch Erfassung der Lebensmittelbestände in den Produktionsbetrieben wie in den Handelslagern zwecks gleichmäßiger Zuführung an alle Bevölkerungskreise.

4. Der Belagerungszustand ist sofort aufzuheben; das Vereinsrecht tritt vollständig wieder in Kraft, ebenso das Recht der freien Meinungsäußerung in der Presse und in Versammlungen; die Schutzgesetze für Arbeiterinnen und Jugendliche sind schleunigst wieder in Kraft zu setzen; alle Eingriffe der Militärverwaltung in die gewerkschaftliche Tätigkeit sind rückgängig zu machen und neue zu verhindern.

5. Die Militarisierung der Betriebe ist gleichfalls aufzuheben.

6. Alle wegen politischer Handlungen Verurteilten und Verhafteten sind sofort freizulassen.

7. Durchgehende Demokratisierung der gesamten Staatseinrichtungen in Deutschland, und zwar zunächst die Einführung des allgemeinen, gleichen, direkten und geheimen Wahlrechts für alle Männer und Frauen im Alter von mehr als 20 Jahren für den preußischen Landtag."

► **Quelle:** Ernst Rudolf Huber, Deutsche Verfassungsgeschichte seit 1789, Bd. 5. Kohlhammer, Stuttgart 1978, S. 436

Dokument 3: Resolution des Parteiausschusses der SPD vom 30. 1. 1918 zum Streik der Rüstungsarbeiter:

„Der Parteiausschuß fordert die Reichsregierung auf, sich in eindeutiger Weise zu erklären:

1. für die ausgiebigere Lebensmittelversorgung durch Erfassung der Lebensmittelbestände bei den Erzeugern und in den Handelslagern zur gleichmäßigen Zuführung an alle Bevölkerungsklassen;

2. für ihre Bereitwilligkeit, schleunigst den Belagerungszustand aufzuheben; sofort aber alle, das Vereins- und Versammlungsrecht sowie die freie Meinungsäußerung durch die Presse einschränkenden Bestimmungen zu beseitigen;

3. für die Aufhebung der Militarisierung der Betriebe;

4. daß sie entschlossen ist, die schnellste Durchführung des allgemeinen, gleichen, direkten und geheimen Wahlrechts für Preußen mit allen ihr zu Gebote stehenden Mitteln zu sichern;

5. daß sie bereit ist zu einem allgemeinen Frieden ohne offene oder verschleierte Annexionen und Kontributionen auf Grund des nach demokratischen Grundsätzen durchzuführenden Selbstbestimmungsrechts der Völker."

► **Quelle:** GiQ V, Nr. 105 b

Dokument 4: Stellungnahmen der Reichsleitung und der Militärbehörden zum „Januarstreik":

Aus dem Aufruf der Reichsleitung vom 29. 1. 1918

„Jeder, der in der Heimat seine Arbeit vernachlässigt oder gar niederlegt, versündigt sich an unseren Brüdern im Feld, die mit ihrem Blut unter den größten Anstrengungen und Gefahren den Feind abwehren, der es auf die Niederwerfung Deutschlands, auf die Vernichtung seiner wirtschaftlichen Stellung und damit auf die Verarmung des deutschen Volkes, also auch der deutschen Arbeiterschaft, abgesehen hat. Das Pflichtbewußtsein, mit dem unsere Arbeiter sich bisher um das Volkswohl verdient gemacht haben und das sie in ihrer erdrückenden Mehrheit auch heute noch dem Vaterland beweisen, wird das Seinige dazu beitragen, um die Streikbewegung baldigst zu Ende zu bringen."

► **Quelle:** Huber, Verfassungsgeschichte, a. a. O., S. 439

Dokument 5: Proklamation des Generalobersten v. Kessel vom 1. 11. 1918:

„Die Aufstandsbewegung, in der ein Teil der Arbeiterschaft von Groß-Berlin noch verharrt, beeinträchtigt die Versorgung des Heeres und der Marine mit Waffen und Munition. Ich habe daher zunächst folgende Betriebe: [Es folgt die Aufzählung von 7 Berliner Großbetrieben] . . . unter militärische Leitung gestellt und den Arbeitern dieser Betriebe aufgegeben, die Arbeit spätestens Montag, den 4. Februar 1918, bis morgens 7 Uhr wieder aufzunehmen. Zuwiderhandelnde setzen sich schweren Bestrafungen nach den Vorschriften des Belagerungsgesetzes aus; die Wehrpflichtigen unter ihnen werden außerdem militärisch eingezogen werden."

► **Quelle:** GiQ V, Nr. 105 c

Anm.: Generaloberst von Kessel war als „Oberbefehlshaber in den Marken und Gouverneur von Berlin" nach dem Recht des am 31. Juli 1914 verkündeten „Kriegszustandes" der für die Provinz Brandenburg und Berlin für die Aufrechterhaltung von Ruhe und Ordnung zuständige Militärbefehlshaber.

Auf dem Hintergrund dieser Berichte sollen sich die Schüler mit dem Streik der Rüstungsarbeiter vom Januar 1918 befassen und dessen Hintergründe und Auswirkungen erörtern.

Dazu können drei Arbeitsgruppen gebildet werden. Die erste Gruppe untersucht die drei Streikdokumente auf die Forderung nach Besserung der Lebens- und Arbeitsbedingungen und achtet dabei insbesondere

auf die unterschiedlichen Formulierungen. Die zweite Arbeitsgruppe untersucht die Dokumente auf die in ihnen enthaltenen politischen Forderungen, die über den eigentlichen Arbeitskampf weit hinausgingen, während die dritte Arbeitsgruppe das Verhalten der Regierung und der Militärbehörden angesichts des Streiks und die Gründe für das rasche Zusammenbrechen des Streiks untersucht.

Gruppe 1:

Arbeitsaufgaben	denkbare Formulierungen
1. Welche materiellen Forderungen werden von allen gestellt?	Verbesserung der Lebensmittelversorgung
2. Worin bestehen Unterschiede in der Formulierung?	– Dokument 2 und 3 fordern organisatorische Maßnahmen: staatliche Ordnung der Erfassung und Verteilung der Lebensmittel – Dokument 1 erwähnt diese Forderung nur beiläufig, ohne auf Einzelheiten einzugehen.
3. Welche Forderung zur Verbesserung der Arbeitsbedingungen wird von allen erhoben?	– Aufhebung der „Militarisierung der Betriebe" – Beseitigung der Unterstellung der gesamten Rüstungsindustrie unter die Aufsicht und Anordnungsgewalt der Militärbehörden mit Dienstverpflichtungen und Kündigungsverbot für Arbeiter
4. Wie sind die unterschiedlichen Formulierungen zu erklären?	– Der Spartakusgruppe ging es um die Auslösung einer allgemeinen Revolution nach russischem Muster, wobei die Forderung nach Verbesserung der Lebens- und Arbeitsbedingungen vor allem der revolutionären Aktivierung der Streikenden zu dienen scheint – Die Träger der beiden anderen Aufrufe waren nicht an einer Revolution, sondern an der tatsächlichen Verbesserung der Lage der Arbeiterschaft interessiert.

Gruppe 2:

Arbeitsaufgaben	denkbare Formulierungen
1. Welche innenpolitischen Forderungen wurden gestellt?	– Alle Dokumente forderten die Aufhebung des Belagerungszustandes. – Die Spartakusgruppe forderte eine „Volksrepublik Deutschland" und den Sturz der Regierung. Sie wollte in dieser „Volksrepublik" die Macht ausüben. Alle politischen Forderungen dienten diesem Ziel. – Dokumente 2 und 3 forderten keinen revolutionären Umsturz, sondern Reformen: Wahlrechtsreform in Preußen und „Demokratisierung aller Staatseinrichtungen".
2. Welche außenpolitischen Forderungen wurden gestellt?	– Die Spartakusgruppe lehnte einen Separatfrieden ausdrücklich ab, womit sie die gerade laufenden Friedensverhandlungen in Brest-Litowsk meinte. – Die beiden anderen Dokumente forderten letztlich den allgemeinen Frieden, ohne aber den Separatfrieden in Brest-Litowsk abzulehnen. – Alle Dokumente lehnten Annexionen und Kontributionen ab. – Dokumente 2 und 3 erwähnten das „Selbstbestimmungsrecht der Völker" als Friedensgrundlage. – Dokument 2 forderte außerdem „Zuziehung von Arbeitervertretern aller Länder zu den Friedensverhandlungen".
3. Wo finden sich in den Dokumenten ausdrückliche Hinweise auf die russische Revolution und die in ihr verwirklichten Prinzipien als Vorbild und Muster für politische Maßnahmen in Deutschland?	– Dokument 1: Hier wird die russische Revolution als Muster ausdrücklich genannt. – Es wird auf die Rolle des Proletariats verwiesen. – Der Massenstreik wird nicht als „Demonstrationsstreik", sondern als Machtkampf gesehen. – Dokument 2: „Zuziehung von Arbeitervertretern" zu den Friedensverhandlungen. – Billigung der von der russischen Delegation in Brest-Litowsk vorgelegten allgemeinen Friedensbedingungen. – Dokument 3: kein Hinweis.

Gruppe 3:

Arbeitsaufgaben	denkbare Formulierungen
1. Wie reagierten Regierung und Militär auf den Streik?	– durch Appelle an den Patriotismus der Streikenden – durch Zwangsmaßnahmen und Strafandrohungen
2. Welche Argumente enthielt der Appell an die Streikenden?	– Der Streik schwächt die im Felde stehende Armee. – Das kann zur Niederlage Deutschlands führen. – Eine Niederlage würde wirtschaftliche Not für alle und damit auch für die Arbeiterschaft bringen. – Die Arbeiterschaft hat bisher im Kriege Verantwortungsbewußtsein und Pflichttreue bewiesen.
3. Welche Maßnahmen zur Beendigung des Streiks wurden getroffen oder angedroht?	– Unterstellung der bestreikten Betriebe unter militärische Leitung – Anordnung, die Arbeit wiederaufzunehmen – Drohung mit strenger Strafe für die Streikenden und Einziehung der für die Rüstungsindustrie freigestellten Arbeiter zum Militär
4. Welche Besorgnisse stehen hinter dem Appell und den sonstigen Maßnahmen?	– Die für das Frühjahr 1918 geplante militärische Offensive im Westen war gefährdet, wenn der benötigte Nachschub infolge des Streiks ausbliebe. – Die deutsche Position in Brest-Litowsk gegenüber der russischen Delegation würde geschwächt.

Arbeitsaufgaben	denkbare Formulierungen
	– Wenn der Streik sich nach den Plänen der Spartakusgruppe auf die gesamte Wirtschaft ausdehnte, drohte der sofortige Zusammenbruch. – Der Streik und etwaige von ihm ausgelöste Unruhen gefährdeten das Bemühen der Regierung, in Zusammenarbeit mit den Parteien die Reform der Reichsverfassung und des preußischen Wahlrechts durchzuführen.
5. Welche Vorgänge trugen dazu bei, daß der Streik beendet wurde oder zusammenbrach?	– Die Bemühungen der Mehrheits-SPD um friedliche Beendigung des Streiks – Ablehnung des Streiks durch die drei großen Gewerkschaftsverbände – Furcht der streikenden Arbeiter vor den angedrohten Strafmaßnahmen – Verhaftung von radikalen Anführern der Streikenden, die dadurch ihre zentrale Leitung verloren. – Das Gros der Streikenden war nicht willens, sich mit dem radikalen, revolutionären Programm der Spartakusgruppe zu identifizieren und für dessen politische Zielsetzungen den Streik fortzuführen.

Im anschließenden Unterrichtsgespräch stellen die Arbeitsgruppen ihre Ergebnisse vor, die dann mit Hilfe eines Tafelbildes zusammengefaßt werden können:

T **Einflüsse des Krieges:**

– erhebliche Verschlechterung der Ernährung und Versorgung
– materielle Notlage der Bevölkerung, vor allem der Arbeiterschaft
– harte Arbeitsbedingungen, insbesondere in der Rüstungsindustrie

Streiks im Januar 1918

Streikforderungen:
– Verbesserung der materiellen Lage, insbesondere der Ernährungssituation
– schnelle Beendigung des Krieges
– politische Reformen im Sinne einer Demokratisierung und Parlamentarisierung
– Minderheit: Revolution nach russischem Vorbild

Gründe für den Streikabbruch:

– SPD, Gewerkschaften und die Masse der Streikenden stellen soziale und politische Forderungen, lehnen Revolution ab.
– Regierung und Militär waren bereit, den Streik notfalls mit äußerster Härte zu beenden, um eine militärische Niederlage zu vermeiden.

Die Analyse des Januarstreiks kann generell als Lehrbeispiel dafür dienen, wie sehr in einem modernen Krieg die Kriegführung vom Funktionieren der Wirtschaft, vor allem der Rüstungsindustrie, und vom Verhalten der gesamten Bevölkerung abhängt. Überdies kann am Beispiel des Januarstreiks der Begriff „Streik" diskutiert werden. Dabei läßt sich der eigentliche Streik als legitimer Kampf um bessere Arbeitsbedingungen im weitesten Sinne abgrenzen vom „politischen" Streik, der zur Erlangung von Zielen geführt wird, die jenseits bloß wirtschaftlich-sozialer Belange liegen, also allgemeinpolitischer Natur sind. (Hinweis auf Art. 9.3 GG und entsprechende Diskussionen in der Bundesrepublik Deutschland.)

Arbeitsaufgaben	denkbare Formulierungen
4. Welche Schlüsse lassen sich daraus ableiten, daß dieses Plakat 6 Jahre nach 1918 anläßlich der Landtags- und Reichstagswahlen von 1924 verwendet wurde?	– Die Frage nach der „Schuld" und Verantwortung der deutschen Niederlage ist zu einem innenpolitischen Wahlkampfthema geworden. – Weite Kreise der deutschen Bevölkerung sind der Überzeugung, die Heimat sei der kämpfenden Front in den Rücken gefallen, und die Sozialdemokraten hätten das deutsche Volk verraten.

40.1.4.2. Schwerpunkt: Kriegsende – militärischer Zusammenbruch und Waffenstillstand

Nach dem Scheitern der deutschen Offensiven im Frühjahr und Sommer 1918 werden die deutschen Truppen durch die Gegenoffensive der nun weit überlegenen Alliierten zum Rückzug gezwungen. Die militärische Lage war aussichtslos. In der Heimat bricht die Revolution aus.

Die zentrale Fragestellung ist, ob die Revolution die militärische Niederlage oder ob umgekehrt die militärische Niederlage die Revolution verursacht hat. Eine Frage, die in den nachfolgenden Jahren der Weimarer Republik zum erbitterten Streit führte. Dazu wird ein Wahlplakat aus dem Jahre 1924 vorgelegt.

▶ **Material:** Plakat der deutsch-nationalen Volkspartei: Dolchstoß in den Rücken des deutschen Heeres. in: Anschläge – Deutsche Plakate als Dokumente der Zeit 1900–1960. Langewiesche-Brandt, Ebenhausen bei München 1963, S. II/22 (Gfm)

Arbeitsaufgaben	denkbare Formulierungen
1. Worin besteht die zentrale Bildaussage?	Das deutsche Heer sei im Krieg von den Sozialdemokraten und der Heimat verraten worden; ihm sei der Dolch in den Rücken gestoßen worden.
2. Worin besteht die Funktion der Textaussage auf diesem Plakat?	Sie unterstützt die Bildaussage. Es wird eine Äußerung eines Handelnden von 1918 zitiert, die der Bildaussage Authentizität verleihen soll.
3. Welche Wirkung sollte diese Darstellung bei den Betrachtern hervorrufen?	Die einprägsame zeichnerische Darstellung, die einfachen Formen, die Verwendung der Farben Schwarz und Rot wirken suggestiv. Die Aussage eines „gegnerischen" Zeugen erzielt wirkungsvolle Beweiskraft.

Den Schülern fällt die Aufgabe zu, die Aussage des Plakats zu überprüfen. Dazu werden ihnen folgende Dokumente vorgelegt:

Dokument 1: Die Stimmung bei den Soldaten an der Westfront im Spätsommer 1918

Aus einem Bericht der Postüberwachungsstelle der 6. Armee vom 4. 9. 1918:

„... Kriegsmüdigkeit und Gedrücktheit ist allgemein. Die Briefschreiber haben sich mit der für sie nackten Tatsache: ‚Wir können nicht siegen', abgefunden und knüpfen daran sogar zum Teil die Anschauung, daß Deutschland unterliegen müsse. Eine gewisse Anzahl mahnt wohl zum Durchhalten, ...

Die Ziffer der Briefschreiber, die dem Vaterlande offen den Tod wünschen, ist indes nicht viel geringer. Sie sagen: ‚Durch etwaige weitere Erfolge Deutschlands könne der Krieg nur verlängert werden, durch eine Niederlage hätten wir den ersehnten Frieden' ...

... Das Interesse des einzelnen am Kriege ist in den Hintergrund getreten; der Mann steht fast durchgehend auf dem Standpunkt: ‚Ich drücke mich von der Front, so gut ich kann.'. ...

... fallen oft die Worte: ‚Da seht ihr, es geht bald zu Ende mit uns; Ersatz ist nicht mehr vorhanden.'. ...

Verpflegung ... Das Fehlen von Kartoffeln im Essen und der angebliche Mangel an Fleisch wird als sehr unangenehm empfunden ...

Die Klage, daß das gelieferte Brot leicht schimmele und dadurch ein beträchtlicher Teil verlorenginge, sind außerordentlich häufig ..."

▶ **Quelle:** GiQ V, Nr. 109

Dokument 2: Sinneswandel von General Ludendorff nach dem 8. 8., dem „Schwarzen Tag" des deutschen Heeres

Aufzeichnung des Staatssekretärs des Auswärtigen, von Hintze, über Besprechungen mit General Ludendorff im Juli und August 1918:

„Mitte Juli 1918, vor Antritt des Postens des Staatssekretärs, hatte ich in Avesnes General Ludendorff die förmliche und bestimmt gefaßte Frage vorgelegt, ob er

sicher wäre, mit der jetzigen Offensive den Feind endgültig und entscheidend zu besiegen. General Ludendorff hatte meine Frage wiederholt und darauf erklärt: ‚Darauf antworte ich mit einem bestimmten Ja . . .'

Vor der Besprechung zu vieren zwischen dem Reichskanzler, dem Generalfeldmarschall, General Ludendorff und mir – ich glaube am 13. August – hat mich General Ludendorff allein beiseite genommen und mir eröffnet, er habe mir im Juli gesagt: er sei sicher, mit der in Gang befindlichen Offensive den Kriegswillen des Feindes zu brechen und ihn zum Frieden zu nötigen; diese Sicherheit habe er jetzt nicht mehr . . .“

▶ **Quelle:** GiQ V, Nr. 107

Dokument 3: Zwei Tage, nachdem der Kronrat am 29. 9. grundsätzlich die alsbaldige Einleitung von Waffenstillstands- und Friedensverhandlungen beschlossen hatte, telegraphierte ein Vertreter des Auswärtigen Amtes im Großen Hauptquartier am 1. Oktober an Staatssekretär von Hintze:

„General Ludendorff sagte mir . . ., E. Exz. seine dringende Bitte zu übermitteln, das Friedensangebot sofort hinausgehen zu lassen . . .

Heute hielte die Truppe noch, und wir seien noch in einer würdigen Lage, es könne aber jeden Augenblick ein Durchbruch erfolgen, und dann käme unser Angebot in allerungünstigsten Moment. Er käme sich vor wie ein Hasardspieler, und es könne jederzeit irgendwo eine Division versagen.

Ich habe den Eindruck, daß man hier völlig die Nerven verloren hat . . .“

▶ **Quelle:** GiQ V, Nr. 111

Dokument 4: Einen Tag später, am 2. Oktober, eröffnete im Auftrag der OHL der Major i. G. v. d. Bussche den Führern der im Reichstag vertretenen Parteien die wirkliche militärische Lage.

„Anwesend waren: die Abgeordneten Graf Westarp (konservativ), v. Gamp (Reichspartei), Stresemann (nationalliberal), Gröber (Zentrum), Seyda (Pole), Fischbeck (Fortschrittspartei), Ebert (SPD) und Haase (USPD).

. . . Unsere Truppen haben sich in überwiegender Zahl vortrefflich geschlagen und Übermenschliches geleistet . . .

Trotzdem mußte die Oberste Heeresleitung den ungeheuer schweren Entschluß fassen, zu erklären, daß nach menschlichem Ermessen keine Aussicht mehr besteht, dem Feinde den Frieden abzuzwingen.

Entscheidend für diesen Ausgang sind vor allem zwei Tatsachen: der Tanks. Der Gegner setzt sie in unerwartet großen Mengen ein . . .

Restlos entscheidend ist die Ersatzlage geworden. Das Heer ist in die große Schlacht mit schwachen Beständen gegangen. Trotz aller Maßnahmen sanken die Stärken unserer Bataillone von rund 800 im April auf rund 540 Ende September . . .

Die bulgarische Niederlage fraß weitere sieben Divisionen . . .

Nun gehen unsere Reserven zu Ende. Greift der Gegner weiter an, so kann es die Lage fordern, daß wir auf großen Frontstrecken kämpfend ausweichen. Wir können auf diese Art den Krieg noch auf absehbare Zeit weiterführen . . ., gewinnen können wir damit nicht mehr.

Diese Erkenntnisse und Ereignisse ließen in dem Herrn Generalfeldmarschall und General Ludendorff den Entschluß reifen, Seiner Majestät dem Kaiser vorzuschlagen, zu versuchen, den Kampf abzubrechen, um dem deutschen Volke und seinen Verbündeten weitere Opfer zu ersparen . . . Noch ist hierzu Zeit . . .

Aber jeder Tag weiter bringt den Gegner seinem Ziele näher und wird ihn weniger geneigt machen, mit uns einen für uns erträglichen Frieden zu schließen. Deshalb darf keine Zeit verlorengehen . . .“

▶ **Quelle:** GiQ V, Nr. 112

Dokument 5: Am 3. Oktober forderte die OHL den neuernannten Reichskanzler Prinz Max von Baden offiziell auf, unverzüglich das Friedensangebot abzusenden, da die bedrohliche militärische Lage keinen weiteren Aufschub zulasse:

„Berlin, den 3. Oktober 1918.

Die Oberste Heeresleitung bleibt auf ihrer am Sonntag, dem 29. September d. J., gestellten Forderung der sofortigen Herausgabe des Friedensangebotes an unsere Feinde bestehen.

Infolge des Zusammenbruchs der mazedonischen Front, der dadurch notwendig gewordenen Schwächung unserer Westreserven und infolge der Unmöglichkeit, die in den Schlachten der letzten Tage eingetretenen sehr erheblichen Verluste zu ergänzen, besteht nach menschlichem Ermessen keine Aussicht mehr, dem Feinde den Frieden aufzuzwingen.

Der Gegner seinerseits führt ständig neue, frische Reserven in die Schlacht.

Noch steht das deutsche Heer festgefügt und wehrt siegreich alle Angriffe ab. Die Lage verschärft sich aber täglich und kann die Oberste Heeresleitung zu schwerwiegenden Entschlüssen zwingen.

Unter diesen Umständen ist es geboten, den Kampf abzubrechen, um dem deutschen Volke und seinen Verbündeten nutzlose Opfer zu ersparen. Jeder versäumte Tag kostet Tausenden von tapferen Soldaten das Leben.   v. Hindenburg, Generalfeldmarschall.“

▶ **Quelle:** GiQ V, Nr. 113

Dokument 6: Noch am gleichen 3. Oktober sandte die deutsche Regierung ihre Note an den amerikanischen Präsidenten ab, in der um sofortigen Waffenstillstand und nachfolgende Friedensverhandlungen „ersucht“ wurde.

„Die deutsche Regierung ersucht den Präsidenten der Vereinigten Staaten von Amerika, die Herstellung des

Friedens in die Hand zu nehmen, alle kriegführenden Staaten von diesem Ersuchen in Kenntnis zu setzen und sie zur Entsendung von Bevollmächtigten zwecks Anbahnung von Verhandlungen einzuladen. Sie nimmt das von dem Präsidenten der Vereinigten Staaten von Amerika in der Kongreßbotschaft vom 8. Januar 1918 und in seinen späteren Kundgebungen, namentlich der Rede vom 27. September, aufgestellte Programm als Grundlage für die Friedensverhandlungen an.

Um weiteres Blutvergießen zu vermeiden, ersucht die deutsche Regierung, den sofortigen Abschluß eines Waffenstillstandes zu Lande, zu Wasser und in der Luft herbeizuführen.

gez. Max, Prinz von Baden, Reichskanzler"

▶ **Quelle:** GiQ V, Nr. 115

Der Komplex „Militärischer Zusammenbruch und Waffenstillstand" kann in zwei Arbeitsgruppen analysiert werden.

Die erste Arbeitsgruppe untersucht die Planung der OHL für 1918, ihre Fehleinschätzung der militärischen Lage und die sich daraus ergebenden Folgen.

Arbeitsaufgaben	denkbare Formulierungen
1. Welche Überlegungen veranlaßten die deutsche OHL zu der im März begonnenen großen Offensive?	– Die Lage Deutschlands und seiner Verbündeten erforderte eine möglichst schnelle Beendigung des Krieges. – Das Ende des Krieges im Osten machte Truppen zur Verstärkung der Westfront frei. – Damit wurde zumindest vorübergehend eine deutsche Überlegenheit in der Truppenstärke erreicht. Sie sollte ausgenutzt werden, um einer durch das Eintreffen amerikanischer Truppen zu erwartenden Verschiebung des Kräfteverhältnisses zugunsten der Alliierten zuvorzukommen. – Entscheidende deutsche Siege würden die Alliierten zu einem Verständigungsfrieden bereit machen.
2. Warum waren die deutschen Offensiven trotz ihrer anfänglichen Erfolge schließlich zum Scheitern verurteilt?	– Die großen Verluste der Truppen konnten nicht mehr ersetzt werden. – Wegen des Fehlens von ausreichenden Reserven wurden die Truppen überfordert und büßten ihre Kampfkraft ein.

Arbeitsaufgaben	denkbare Formulierungen
	– Der Nachschub an Waffen und Munition war unzureichend, während die Alliierten ihre materiellen Verluste ersetzen konnten (unzureichende Wirkung des deutschen U-Boot-Krieges). – Gegen den massiven Einsatz der alliierten Tankwaffe gab es keine wirksame Abwehr. – Der immer stärkere Einsatz amerikanischer Truppen mit ungebrochener Kampfkraft und moderner Ausrüstung begründete die Überlegenheit der Alliierten.
3. Welche Folgen hatte das Scheitern der deutschen Offensive?	– Das Ziel der deutschen Offensive, Aufspaltung der alliierten Front und Durchbruch zum Meer, wurde nicht erreicht. – Damit war die letzte Chance gescheitert, den Krieg wenigstens durch einen Verständigungsfrieden zu beenden. – Die deutschen Truppen mußten sich zurückziehen. – Das Scheitern der Offensive, der beginnende Rückzug und die Erschöpfung durch die anhaltenden Kämpfe löste bei den deutschen Truppen Niedergeschlagenheit und den Wunsch nach schneller Beendigung des Krieges aus (vgl. Dok. 1).

Die zweite Arbeitsgruppe untersucht den Sinneswandel der OHL nach dem Scheitern der Offensive und dessen Auswirkung auf die politische Führung und die Öffentlichkeit.

Arbeitsaufgaben	denkbare Formulierungen
1. Zeigt mit Hilfe der Dokumente 1–6 den zeitlichen Ablauf dieses Sinneswandels und beurteilt ihn.	– Noch Mitte Juli 1918 hielt Ludendorff den deutschen Sieg für gewiß. Mitte August nach dem Durchbruch bei Amiens („Schwarzer Tag") besaß er diese Gewißheit nicht mehr.

Arbeitsaufgaben	denkbare Formulierungen
	– Am 1. Oktober 1918 hielt er ein sofortiges Friedensangebot für unerläßlich, weil jederzeit die militärische Katastrophe eintreten könne.
	– Nach Ansicht eines Diplomaten hatte man zu diesem Zeitpunkt bei der OHL „die Nerven verloren".
	– Am 2. Oktober 1918 eröffnete ein Vertreter der OHL den Parteiführern die Hoffnungslosigkeit der Lage.
	– Am 3. Oktober 1918 forderte Hindenburg namens der OHL ein sofortiges Friedensangebot, um das Schlimmste zu verhindern.
	– Die Siegesgewißheit der OHL war unter dem Eindruck der beginnenden Niederlage in panikartige Hoffnungslosigkeit umgeschlagen. Die OHL forderte jetzt in ultimativer Form von der politischen Führung sofortiges Handeln.
2. Welche Auswirkungen mußte dieser Sinneswandel der OHL haben?	– Die Reichsregierung, der bisher die siegreiche Beendigung des Krieges als erreichbar in Aussicht gestellt war, mußte sich überstürzt um Beendigung des Krieges bemühen;
	– Die deutsche Öffentlichkeit war noch während des Sommers nur über Erfolge der deutschen Westoffensive informiert worden. Die plötzliche Eröffnung der drohenden Niederlage mit ihren Konsequenzen löste einen allgemeinen Schock aus.
	– Die dadurch ausgelöste Niedergeschlagenheit entmutigte die unter der Not des Krieges leidende Bevölkerung endgültig.

Arbeitsaufgaben	denkbare Formulierungen
	– Kritik an der politischen und militärischen Führung des Reiches breitete sich aus. Die Forderung nach einschneidenden Reformen, selbst nach revolutionärer Änderung der politischen und sozialen Ordnung, wurde lauter.
	– Der Schock wirkte sich auch auf die Soldaten an der Front aus.

Im gemeinsamen Gespräch kann jetzt erneut zu dem eingangs erwähnten Wahlplakat aus dem Jahre 1924 Stellung bezogen werden. Die Schüler vermögen nun die bildlichen und textlichen Aussagen des Wahlplakats zu relativieren. Sie wissen, daß unmittelbar nach Kriegsende in Deutschland die „Dolchstoßlegende" aufkam, die besagte, das im Westen unbesiegte Heer sei durch Versagen der Heimat und durch politische Umtriebe zur Aufgabe des Kampfes gezwungen worden. Das Wahlplakat und der Zeitpunkt seiner Veröffentlichung bezeugen, daß diese vor allem in Rechtskreisen vertretene Behauptung, in der Zeit der Weimarer Republik und insbesondere bei Wahlkämpfen, eine große Rolle gespielt hat und viel zur Vergiftung der politischen Atmosphäre beigetragen hat.

Bei der kritischen Stellungnahme zur Plakataussage können folgende Gesichtspunkte zur Geltung kommen:

– Die drohende vollständige Niederlage, deren schlimmste Folgen nur durch den Abschluß des Waffenstillstandes abgewandt werden konnten, erklärt sich:

a) aus der personellen und materiellen Überlegenheit der Alliierten,

b) aus der zunehmenden Erschöpfung der deutschen Truppen.

– Der seit Mitte August 1918 unaufhaltsame Rückzug der deutschen Truppen im Westen zeigte, daß diese Niederlage nicht plötzlich eintrat, sondern sich allmählich ankündigte.

– Die OHL selbst hat in ihren Forderungen nach Beendigung des Krieges diese sich immer mehr verschlechternde militärische Lage zugegeben und als Begründung angeführt.

– Der Bericht von der Stimmung bei der Truppe (Dok. 1) zeigt, daß auch die Soldaten ihre Siegeszuversicht und den Willen, weiterzukämpfen, verloren hatten.

Die „Dolchstoßlegende" entspricht nicht der historischen Wahrheit. Die durch diesen Vorwurf an führende Politiker entstandenen Spannungen mußten die Zusammenarbeit aller politischen Kräfte bei der Überwindung der Kriegsfolgen und der politischen Neuordnung schwer belasten.

Die „Vierzehn Punkte Wilsons" (Kurzfassung)

1. Öffentlichkeit der Friedensverträge, keine geheimen internationalen Vereinbarungen
2. Freiheit der Meere
3. Gleichheit der Handelsbeziehungen unter den Nationen
4. Abrüstung aller auf ein Mindestmaß
5. unparteiische Neuregelung der Kolonialfragen
6. Räumung Rußlands
7. Räumung und Wiederherstellung Belgiens
8. Räumung Frankreichs, Wiederherstellung der besetzten Gebiete, Abtretung Elsaß-Lothringens
9. Berichtigung der Grenzen Italiens „nach klar erkennbaren nationalen Linien"
10. für die Völker Österreichs-Ungarns autonome Entwicklung
11. Räumung und Wiederherstellung Rumäniens, Serbiens und Montenegros, für Serbien freier Zugang zum Meer
12. autonome Entwicklung für die nichttürkischen Völker des Osmanischen Reiches
13. unabhängiger polnischer Staat, „der die von zweifellos polnischer Bevölkerung bewohnten Gebiete einschließen müßte" mit freiem Zugang zum Meer
14. Errichtung eines Völkerbundes

Erzberger schildert den Vorgang des Waffenstillstandes in seinen „Erinnerungen":

„. . . Marschall Foch . . . fragte in französischer Sprache: ‚Was führt die Herren hierher? Was wünschen Sie von mir?' Ich erwiderte, daß ich den Vorschlägen zur Herbeiführung eines Waffenstillstandes zu Wasser, zu Lande, in der Luft und an allen Fronten entgegensehe, worauf Marschall Foch bestimmt antwortete: ‚Ich habe keine Vorschläge zu machen.' Ich wies darauf hin, daß wir gekommen seien auf Grund der letzten Note von Wilson, die der Gesandte Graf Oberndorff im englischen Urtext verlas, und fügte bei, daß ich um Mitteilung dieser Vorschläge bitte. Nunmehr erteilte Marschall Foch seinem Generalstabschef den Befehl, die Bedingungen des Waffenstillstandes in französischer Sprache vorzulesen; von den beiderseitigen Dolmetschern wurde die Übersetzung sofort vollzogen . . . Ich bat um eine Verlängerung der vorgeschlagenen Bedenkfrist von 72 Stunden für Annahme oder Ablehnung auf 96 Stunden . . . Die Fristverlängerung wurde abgelehnt, gleichfalls mein Ersuchen, wenigstens eine vorläufige Waffenruhe für die Zeit der Prüfung der Bedingungen gewähren zu wollen. Foch fügte bei, daß er in allem durch Verabredung mit den alliierten Heeresleitungen und alliierten Regierungen gebunden sei; er erklärte ganz bestimmt, daß Verhandlungen über die Bedingungen unter gar keinen Umständen zugelassen würden; Deutschland könne sie annehmen oder ablehnen, ein Drittes gebe es nicht . . ."

▶ **Quelle:** GiQ V, Nr. 123

Nach Rückfrage bei der neuen Reichsregierung in Berlin und deren Zustimmung wurde der Waffenstillstandsvertrag in der von den Alliierten vorgelegten Form am 11. November in Compiègne von den deutschen Bevollmächtigten unterzeichnet.

Seine wichtigsten Bestimmungen:

- Räumung aller besetzten Gebiete im Westen (Frankreich, Belgien, Luxemburg) innerhalb von 15 Tagen
- Räumung von Elsaß-Lothringen
- Ablieferung von Kriegsmaterial an die Alliierten (5000 Geschütze, 25000 Maschinengewehre, 1700 Flugzeuge)
- Ablieferung anderer Materialien (u. a. 5000 Lokomotiven, 150000 Eisenbahnwagen)
- Internierung der Hochseeflotte und aller U-Boote in alliierten Häfen
- Entlassung aller alliierten Kriegsgefangenen aus deutschem Gewahrsam, die deutschen Kriegsgefangenen bleiben in alliiertem Gewahrsam
- Räumung des linksrheinischen Gebietes Deutschlands, Brückenköpfe rechts des Rheins bei Mainz, Koblenz und Köln werden von alliierten Truppen besetzt
- Annullierung der Friedensverträge von Brest-Litowsk und Bukarest
- Fortbestand der Blockade der deutschen Häfen durch die Alliierten

▶ **Quelle:** nach: Huber, Verfassungsgeschichte, a. a. O., S. 762 f.

Arbeitsaufgaben	denkbare Formulierungen
1. Was veranlaßte die Führung des Reiches und die deutsche Öffentlichkeit, aus den „Vierzehn Punkten Wilsons" ihre Hoffnung auf maßvolle Friedensbedingungen abzuleiten?	– Die „Öffentlichkeit" der Verhandlungen über die Friedensverträge würde maßvolle und erträgliche Bedingungen bringen und vorangegangene geheime Abmachungen unter den Alliierten aufheben (Punkt 1). – Die „absolute Freiheit der Schiffahrt" würde alsbald den deutschen Überseehandel wieder zulassen und die Wirtschaft entsprechend beleben (Punkt 2).

Arbeitsaufgaben	denkbare Formulierungen	Arbeitsaufgaben	denkbare Formulierungen

– Die „Aufhebung sämtlicher wirtschaftlicher Schranken" würde die Beendigung der Blockade Deutschlands bedeuten, damit wäre die Hungersnot beendet, aber auch andere wirtschaftliche Schwierigkeiten behoben (Punkt 3).
– Die allgemeine Abrüstung würde Deutschland nicht benachteiligen und zugleich seine bisherigen drückenden Militärlasten verringern (Punkt 4).
– Die „absolut unparteiische Regelung" aller kolonialen Ansprüche mußte für die deutschen Kolonien ebenso gelten wie für die der Alliierten (Punkt 5).
– Die „allgemeine Gesellschaft der Nationen" („Völkerbund") würde Deutschland nach dem Friedensschluß als gleichberechtigtes Mitglied aufnehmen und ihm die damit verbundenen „gegenseitigen Garantien" einräumen (Punkt 14).
– Die an Deutschland gestellte Forderung nach Räumung der im Krieg besetzten Gebiete war inzwischen auch in Deutschland als unabwendbar anerkannt worden (Punkte 6, 7, 8 und 11).
– Selbst mit der Rückgabe Elsaß-Lothringens hatte man sich in Deutschland weithin abgefunden (Punkt 8).
– Die Polen betreffenden Vorschläge waren so allgemein formuliert, daß eine für die deutschen Ostgebiete annehmbare Lösung möglich schien (Punkt 13).

– Die mehrfach, wenn auch in allgemeinen Wendungen angekündigte Regelung, daß in strittigen Fällen die jeweils betroffene Bevölkerung gehört werden und damit selbst entscheiden sollte („Selbstbestimmungsrecht der Völker"), ließ Willkür auch gegen Deutschland und Deutsche ausgeschlossen erscheinen (Punkt 5, 9, 10 und 12).

2. Erklärt die deutsche Enttäuschung über den Ablauf der Begegnung in Compiègne.

– Über den abzuschließenden Waffenstillstand wurde nicht verhandelt, wie es die deutsche Delegation erwartet hatte und wie es bisherigem völkerrechtlichen Brauch entsprach. Stattdessen forderte Marschall Foch wiederholt in ultimativer Form die Annahme der von den Alliierten vorher festgelegten Bedingungen.
– Der Hinweis der deutschen Delegation auf den Notenwechsel mit Präsident Wilson auf der Grundlage der „Vierzehn Punkte" wurde nicht beachtet.
– Die Ablehnung der vorgelegten Bedingungen hätte die Fortsetzung des Krieges bedeutet.
– Die Frist zur Annahme dieser Bedingungen war angesichts der Lage in Deutschland nach dem 9. November äußerst knapp.
– Eine sofortige Waffenruhe vor Abschluß des Waffenstillstandes wurde gleichfalls abgelehnt. Die Alliierten würden ihren Vormarsch bis zur Unterzeichnung fortsetzen.
– Die deutsche Delegation mußte das von den Alliierten bestimmte Verfahren akzeptieren und unterzeichnen.

Arbeitsaufgaben	denkbare Formulierungen
3. Worin bestand die unerwartete Härte der Waffenstillstandsbedingungen?	– Die alliierte Blockade wurde nicht aufgehoben, so daß die Hungersnot fortbestand. – Die deutschen Kriegsgefangenen im Gewahrsam der Alliierten wurden nicht gleichfalls freigelassen. – Die sofortige Ablieferung einer großen Zahl von Lokomotiven und Güterwagen mußte die deutsche Wirtschaft belasten und vor allem die Versorgung der Bevölkerung weiter erschweren. – Die für die Räumung der besetzten Gebiete angesetzte Frist war so knapp, daß die Erfüllung dieser Bedingung fast unmöglich erschien.

Arbeitsaufgaben	denkbare Formulierungen
	– Die Besetzung des linksrheinischen Deutschlands erschien als Willkürmaßnahme der Sieger. – Die Ablieferung riesiger Mengen an Kriegsmaterial und die Internierung der Hochsee- und U-Boot-Flotte sollte Deutschland jede Möglichkeit nehmen, der zu erwartenden Härte des Friedens mit Wiederaufnahme des Krieges zu begegnen. – Mit der Unterzeichnung des Waffenstillstandes und der Annahme der vorgelegten Bedingungen waren die wichtigsten Entscheidungen bereits gefallen.

T Kriegsende und Waffenstillstand

Planung der OHL im Frühjahr 1918 → siegreiche Beendigung des Krieges durch Offensive

Fehleinschätzung der OHL:
- Überforderung der Truppe
- unzureichender Nachschub
- massiver materieller und personeller Einsatz der Alliierten (Amerikaner)

AUSWIRKUNGEN Offensive scheitert

OHL:
- Siegesgewißheit schwindet
- drängt auf Friedensangebot
- fordert ultimativ von der politischen Führung sofortiges Handeln

Regierung:
- muß überstürzt handeln
- versucht, Waffenstillstand auf der Basis der 14 Punkte Wilsons herbeizuführen

Öffentlichkeit:
- Eingeständnis der Niederlage löst Schock aus
- vollständige Entmutigung
- Forderung nach einschneidenden Reformen

Soldaten:
- Entmutigung auch bei den Soldaten

Ziel der deutschen Regierung:

Auswirkungen der Niederlage durch Abschluß eines Waffenstillstandes auf der Grundlage der 14 Punkte abzuwenden

Waffenstillstandsverhandlungen:
- keine Verhandlungen, sondern ultimative Forderungen
- keine Berücksichtigung der 14 Punkte
- harte Bedingungen für Deutschland (Fortsetzung der Blockade, keine Freilassung der Kriegsgefangenen, Ablieferung riesiger Mengen von Kriegsmaterial, knappe Fristen für die Räumung besetzter Gebiete)

40.1.4.3. Schwerpunkt: Der 9. November und seine Folgen

Die Ereignisse des 9. November 1918 in Berlin brachten als wichtigstes Ergebnis die Umwandlung Deutschlands in eine Republik, womit ein neuer Abschnitt der deutschen Geschichte eingeleitet wurde. Dabei ist der zunächst als auslösendes Moment wirkende Kieler Matrosenaufstand zu betrachten.

▶ **Material:** Informationen 109/110 „Die Weimarer Republik", S. 1 ff.

▶ **Karte:** dtv II 130, Die Revolution in Deutschland

Arbeitsaufgaben	denkbare Formulierungen
1. Worin bestand die Bedeutung des Kieler Aufstandes?	Der Kieler Aufstand war die Initialzündung, die während der nächsten Tage überall im Reichsgebiet und auch in Berlin ähnliche Erhebungen auslöste.
2. Vergleicht die Erhebungen in Kiel und dem Reichsgebiet mit der Russischen Revolution.	– Die Matrosen verbündeten sich in ihren Aktionen mit den Arbeitern, vor allem auf den Werften. – Gemeinsam bildeten sie Arbeiter- und Soldatenräte, die die gesamte zivile und militärische Gewalt für sich beanspruchten. – Die Anführer des Aufstandes in Kiel erstrebten ein Rätesystem nach russischem Muster. – Es gelang dem Reichstagsabgeordneten Noske, der als Vertrauensmann der SPD und mit Autorisierung der Reichsregierung nach Kiel gereist war, die gemäßigteren Auffassungen seiner Partei nach Verhandlungen mit den Aufständischen durchzusetzen.

Vor dem Hintergrund der Kieler Ereignisse und ihrer Auswirkungen im übrigen Reichsgebiet müssen Lage und Vorgänge in Berlin Anfang November gesehen werden. Einen ersten optischen Eindruck können die beiden Filme „Die Revolution in Berlin 1918/19" (Teil I und II) vermitteln.

▶ **Material:** Institut 36 0641/0642 Filmdokumente zur Geschichte

Die Bilder zeigen Szenen von Demonstrationen, Streiks und bewaffneten Auseinandersetzungen und vermitteln den Schülern zunächst einmal den Eindruck, daß die vom Reichskanzler Prinz Max von Baden geleitete und von der Reichstagsmehrheit getragene Regierung vor einer Reihe von Problemen und Schwierigkeiten stand. Dazu gehörten vornehmlich:

– Die verzögerte Aufnahme von Waffenstillstandsverhandlungen.
– Die durch diese Verzögerung gesteigerte Ungeduld der Öffentlichkeit, die seit Anfang Oktober 1918 von den Bemühungen um den Waffenstillstand wußte.
– Die Radikalisierung politischer Gruppen, die die Errichtung einer Räteherrschaft forderte.
– Die Parteien der Reichstagsmehrheit waren zwar noch willens, an der Monarchie in parlamentarischer Form festzuhalten, hielten aber die Abdankung des Kaisers und den Thronverzicht des Kronprinzen für unabdingbar.
– Demgegenüber widersetzten sich der Kaiser und die OHL der Forderung nach Abdankung des Kaisers.
– Alarmierende Nachrichten aus dem Reichsgebiet: Streiks, Meutereien in der Truppe, Bildung von Arbeiter- und Soldatenräten, beginnende Entmachtung der Landesregierungen und kommunalen Behörden, am 8. 11. Ausrufung der Republik in München.
– Ausrufung des Generalstreiks am 9. 11. in Berlin, Unruhen in den Kasernen, Massendemonstrationen ließen den Ausbruch eines Bürgerkriegs erwarten.

Der sich überstürzende Gang der Ereignisse, der in seiner tatsächlichen Komplexität nicht behandelt werden kann, soll anhand einiger Dokumente in seinen wichtigsten Stationen nachvollzogen werden:

– Ausrufung der Republik durch Scheidemann
– Proklamation Karl Liebknechts vor dem Schloß

▶ **Quellen:** Philipp Scheidemann, Memoiren eines Sozialdemokraten. Dresden 1930.
GiQ V, Nr. 135, und Gfm

Arbeitsaufgaben	denkbare Formulierungen	
	Scheidemann	Liebknecht
1. Beide Redner geben ihren Eindruck vom gegenwärtigen Stand der Entwicklung wieder. Welche Ziele glauben sie erreicht zu haben?		
Beseitigung der Monarchie	erreicht	erreicht
Beendigung des Krieges	erreicht	erreicht
Errichtung der Republik	erreicht	sozialistische Republik noch nicht erreicht
Umgestaltung der Gesellschaftsordnung	erreicht	nicht erreicht
demokratische und soziale Rechte	erreicht	nicht voll erreicht
2. Warum hat Ebert das eigenmächtige Vorgehen Scheidemanns kritisiert?	Ebert argumentiert, daß Scheidemann mit dem Ausrufen der Republik der Entscheidung der einzuberufenden Nationalversammlung vorgegriffen hat. Letztlich akzeptieren Ebert und die übrige Parteiführung jedoch die in Scheidemanns Proklamation getroffene Entscheidung.	

3. Welche Motive veranlaßten die beiden Redner, die deutsche Republik fast gleichzeitig auszurufen?	– **Scheidemann** wollte der drohenden Proklamation einer „Räterepublik" durch Liebknecht zuvorkommen.
	– Nach Ausrufung der Republik durch Scheidemann „proklamierte" **Liebknecht** bei einer Massendemonstration vor dem Schloß einen Staat nach seinen Vorstellungen:
	  – freie sozialistische Republik
	  – Regierung der Arbeiter und Soldaten
	  – staatliche Ordnung des Proletariats
	  – Weltrevolution	

Nachdem der bisherige Reichskanzler Prinz Max von Baden dem Reichstagsabgeordneten und Vorsitzenden der SPD, Friedrich Ebert, am 9. 11. 1918 um 13 Uhr seine Befugnisse als Reichskanzler übertragen hatte, veröffentlichte Ebert noch am gleichen Tag die Ziele seiner Regierung.

▶ **Quelle:** Presseerklärung „Aufruf an das deutsche Volk" in: Informationen 109/110, S. 4

Arbeitsaufgaben	denkbare Formulierungen
1. Welche Sorgen und Befürchtungen Eberts kamen im „Aufruf an das deutsche Volk" zur Geltung?	Eberts vordringliche Sorge galt neben der Sicherstellung der Ernährung der Verhinderung weiterer Unruhen und Gewalttätigkeiten.
2. Woran appellierte Ebert insbesondere?	Er appellierte an die Mitverantwortung aller Deutschen.
3. Welche politischen Kräftegruppierungen konkurrierten miteinander?	Da die Reichsregierung mit Ebert als Reichskanzler nur eine kurzfristige Übergangslösung unmittelbar nach dem Umbruch sein konnte, bemühten sich Ebert und die SPD, die USPD zur gemeinsamen Bildung einer von beiden Parteien getragenen Regierung zu bewegen. Gleichzeitig gab es Bemühungen des Arbeiter- und Soldatenrates, sich an die Spitze der Republik zu stellen.

Die Verhandlungen der SPD und USPD wegen der Bildung einer gemeinsamen Regierung fanden in einem Briefwechsel ihren Niederschlag.

„An den Vorstand der Unabhängigen Sozialdemokratischen Partei.

Von dem aufrichtigen Wunsch geleitet, zu einer Einigung zu gelangen, müssen wir Ihnen unsere grundsätzliche Stellung zu Ihren Forderungen klarlegen. Sie fordern:

1. Deutschland soll eine sozialistische Republik sein.

Antwort: Diese Forderung ist das Ziel unserer eigenen Politik. Indessen hat darüber das Volk und die konstituierende Versammlung zu entscheiden.

2. In dieser Republik soll die gesamte exekutive, legislative und jurisdiktionelle Macht ausschließlich in den Händen von gewählten Vertrauensmännern der gesamten werktätigen Bevölkerung und der Soldaten sein.

Antwort: Ist mit diesem Verlangen die Diktatur eines Teils einer Klasse gemeint, hinter der nicht die Volksmehrheit steht, so müssen wir diese Forderung ablehnen, weil sie unsern demokratischen Grundsätzen widerspricht.

3. Ausschluß aller bürgerlichen Mitglieder aus der Regierung.

Antwort: Diese Forderung müssen wir ablehnen, weil ihre Erfüllung die Volksernährung erheblich gefährden, wenn nicht unmöglich machen würde.

4. Die Beteiligung der Unabhängigen gilt nur für drei Tage als ein Provisorium, um eine für den Abschluß des Waffenstillstandes fähige Regierung zu schaffen.

Antwort: Wir halten ein Zusammenwirken der sozialistischen Richtungen mindestens bis zum Zusammentritt der konstituierenden Versammlung für erforderlich ...
... 6. Gleichberechtigung der beiden Leiter des Kabinetts.
Antwort: Wir sind für die Gleichberechtigung aller Kabinettsmitglieder. Indessen hat die konstituierende Versammlung darüber zu entscheiden.
Es ist von der Einsicht der Unabhängigen Sozialdemokratischen Partei zu erhoffen, daß sie mit der Sozialdemokratischen Partei noch zu einer Verständigung gelangt.
Der Vorstand der Sozialdemokratischen Partei Deutschlands.“
▶ **Quelle:** GiQ V, Nr. 136
Antwortschreiben der USPD:
„An den Vorstand der Sozialdemokratischen Partei Deutschlands.
Auf Ihr Schreiben vom 9. November 1918 erwidern wir folgendes:
Die Unabhängige Sozialdemokratische Partei ist bereit, um die revolutionären sozialistischen Errungenschaften zu befestigen, in das Kabinett unter folgenden Bedingungen einzutreten:
Das Kabinett darf nur aus Sozialdemokraten zusammengesetzt sein, die als Volkskommissare gleichberechtigt nebeneinanderstehen ...
... Eine Fristbestimmung wird an den Eintritt der Unabhängigen Sozialdemokraten in das Kabinett (in das jede Partei drei Mitglieder entsendet) nicht geknüpft.
Die politische Gewalt liegt in den Händen der Arbeiter- und Soldatenräte, die zu einer Vollversammlung aus dem ganzen Reiche alsbald zusammenzuberufen sind.
Die Frage der Konstituierenden Versammlung wird erst nach einer Konsolidierung der durch die Revolution geschaffenen Zustände aktuell und soll deshalb späteren Erörterungen vorbehalten bleiben.
Für den Fall der Annahme dieser Bedingungen, die von dem Wunsche eines geschlossenen Auftretens des Proletariats diktiert sind, haben wir unsere Mitglieder Haase, Dittmann und Barth in das Kabinett delegiert.
Der Vorstand der Unabhängigen Sozialdemokratischen Partei: Haase.“
▶ **Quelle:** GiQ V, Nr. 137

Arbeitsaufgabe

Vergleicht die Auffassungen der SPD und der USPD in wichtigen politischen Positionen miteinander.

denkbare Formulierungen

SPD
– Über die künftige Staatsform hat das Volk und die von ihm gewählte konstituierende Versammlung zu entscheiden.
– Keine Diktatur „eines Teils einer Klasse“, die Regierung muß entsprechend den demokratischen Grundsätzen von der Mehrheit des Volkes getragen sein.
– lehnt den Ausschluß der „bürgerlichen“ Mitglieder der Regierung ab.
USPD
– Deutschland soll sozialistische Republik werden. Zunächst sollen die „revolutionären sozialistischen Errungenschaften“ konsolidiert werden, erst dann soll die Frage der konstituierenden Versammlung „erörtert“ werden.
– alle Macht bei einer Vollversammlung der Arbeiter- und Soldatenräte (Rätediktatur)
– fordert die Ausschließung der „bürgerlichen“ Mitglieder (gemeint sind die im Amt verbliebenen Staatssekretäre der bisherigen Reichsregierung)

Die SPD fand sich mit Rücksicht auf die bedrohliche Lage, die eine sofortige Regierungsbildung durch beide Parteien erforderlich machte, zunächst damit ab, daß nicht in allen Fragen Übereinstimmung erzielt werden konnte.

12. 11. 1918: Rat der Volksbeauftragten (SPD und USPD) kündigt Wahl zur Nationalversammlung an.

18. 11. 1918: Anhänger des Rätesystems rufen die Massen zu gewaltsamem Widerstand gegen diese Wahl auf.

29. 11. 1918: Rat der Volksbeauftragten beschließt mit Stimmenmehrheit die Wahl zur Nationalversammlung und setzte als Wahltermin den 16. 2. 1919 fest. USPD-Mitglieder im Rat der Volksbeauftragten wollen einen späteren Termin, um die Wahl weiter hinausschieben zu können. SPD-Mitglieder waren für den 19. Januar 1919.

16. 12. 1918: Zusammentreten des „Allgemeinen Kongresses der Arbeiter- und Soldatenräte Deutschlands“: Die Delegiertenwahlen machten in ihren Ergebnissen deutlich, daß die große Mehrzahl der Delegierten den gemäßigten Vorstellungen der SPD anhingen und die Rätedoktrin ablehnten. Es wurde beschlossen, den Wahltermin

	auf den 19. 1. 1919 zu legen. Der Bruch SPD–USPD wurde damit eingeleitet.
23./26. 12. 1918:	Putschversuch einzelner radikal revolutionärer Truppenteile in Berlin, Einsatz von Regierungstruppen gegen die Aufständischen entgegen dem Willen der USPD-Mitglieder im Rat der Volksbeauftragten.
19. 12. 1918:	Bruch der Regierungskoalition: die drei USPD-Beauftragten im Rat der Volksbeauftragten scheiden aus.
29. 12. 1918:	Eintritt Noskes und Wissells (SPD) in Rat der Volksbeauftragten.
29. 12. 1918:	Gründung der KPD: Umwandlung des Spartakusbundes, der seine Verbindung zur USPD löst, in eine politische Partei.
5.–14. 1. 1919:	„Januaraufstand" in Berlin: vom Spartakusbund bzw. von der KPD angeführter Umsturzversuch, der mit Hilfe revolutionärer Soldatenformationen die Wahl zur Nationalversammlung verhindern, die Regierung stürzen und den Rätestaat errichten soll.
10.–14. 1. 1919:	Niederschlagung des Aufstandes durch Regierungstruppen unter dem Oberbefehl Noskes.
15. 1. 1919:	Ermordung von Karl Liebknecht und Rosa Luxemburg.
19. 1. 1919:	Wahl zur Nationalversammlung.

Am 10. 11. 1918 erfolgte die Bildung des „Rates der Volksbeauftragten", dessen Aufruf analysiert werden sollte:

„Die aus der Revolution hervorgegangene Regierung, deren politische Leitung rein sozialistisch ist, setzt sich die Aufgabe, das sozialistische Programm zu verwirklichen. Sie verkündet schon jetzt mit Gesetzeskraft folgendes:

1. Der Belagerungszustand wird aufgehoben.
2. Das Vereins- und Versammlungrecht unterliegt keiner Beschränkung, auch nicht für Beamte und Staatsarbeiter.
3. Eine Zensur findet nicht statt. Die Theaterzensur wird aufgehoben.
4. Meinungsäußerung in Wort und Schrift ist frei.
5. Die Freiheit der Religionsausübung wird gewährleistet. Niemand darf zu einer religiösen Handlungen gezwungen werden.
6. Für alle politischen Straftaten wird Amnestie gewährt. Die wegen solcher Straftaten anhängigen Verfahren werden niedergeschlagen . . .

Weitere sozialpolitische Verordnungen werden binnen kurzem veröffentlicht werden. Spätestens am 1. Januar 1919 wird der achtstündige Maximalarbeitstag in Kraft treten. Die Regierung wird alles tun, um für ausreichende Arbeitsgelegenheit zu sorgen. Eine Verordnung über die Unterstützung von Erwerbslosen ist fertiggestellt. Sie verteilt die Lasten auf Reich, Staat und Gemeinde . . .

Die Regierung wird die geordnete Produktion aufrechterhalten, das Eigentum gegen Eingriffe Privater sowie die Freiheit und Sicherheit der Person schützen.

Alle Wahlen zu öffentlichen Körperschaften sind fortan nach dem gleichen, geheimen, direkten, allgemeinen Wahlrecht auf Grund des proportionalen Wahlsystems für alle mindestens 20 Jahre alten männlichen und weiblichen Personen zu vollziehen.

Auch für die Konstituierende Versammlung, über die nähere Bestimmung noch erfolgen wird, gilt dieses Wahlrecht.

Ebert. Haase. Scheidemann. Landsberg. Dittmann. Barth."

▶ **Quelle:** GiQ V, Nr. 164

Arbeitsaufgabe	denkbare Formulierungen
Welche Veränderung brachten die Anordnungen mit Gesetzeskraft für die Bevölkerung?	– Gewährung von Grundrechten (später in den Grundrechtskatalog der Weimarer Verfassung aufgenommen)
	– „Garantie des Eigentums" gegen Eingriffe Privater (soll spontane Maßnahmen einzelner revolutionärer Gruppen verhindern)
	– Garantie der „Freiheit und Sicherheit der Person" (Gewährleistung der öffentlichen Sicherheit angesichts der Unruhen)
	– Einführung des Achtstundentages (eine seit langem von der SPD und den Gewerkschaften erhobene Forderung)
	– Erwerbslosenunterstützung (in der Phase der Umstellung von der Kriegs- auf die Friedenswirtschaft und der Wiedereingliederung der entlassenen Soldaten von höchster sozialer und politischer Bedeutung)

Arbeitsaufgabe	denkbare Formulierungen
	– Einführung des „gleichen, geheimen, direkten, allgemeinen Wahlrechts" mit Verhältniswahl (eine ebenfalls seit langem von der SPD erhobene Forderung wie auch die Einführung des Frauenwahlrechts und die Herabsetzung des Wahlalters auf 20 Jahre)

Es folgt weiterhin der ausdrückliche Hinweise auf die „Konstituierende Versammlung", deren Wahl und Einberufung demnach als selbstverständlich zu gelten schien. Im Unterricht soll nunmehr das Ringen um die Wahl und Einberufung der Nationalversammlung (wie die „konstituierende Versammlung" endgültig genannt wurde) im Mittelpunkt stehen.

Der Ausgang dieser Kontroverse war zunächst durchaus offen, von ihm aber hing die konstitutionelle Neuordnung Deutschlands ab. Trotz dieser Schwerpunktsetzung dürfen die bürgerkriegsartigen blutigen Kämpfe zwischen Aufständischen und Regierungstruppen nicht unerwähnt bleiben. Ziel des Unterrichts muß es sein, den Schülern einen Eindruck davon zu vermitteln, wie schwer es war, gegen harten Widerstand, der aus dem linkssozialistischen Lager kam, die Wahl zur Nationalversammlung als eines unabhängigen Organs der Verfassungsgebung durchzusetzen.

Die nachfolgenden Texte können von den Schülern daraufhin untersucht werden, welche Argumente für die Ablehnung der Nationalversammlung vorgebracht wurden. Dabei sollten die Texte mit ihrem zum Teil maßlosen Ansprüchen auch von den Wahlergebnissen des 19. 1. 1919 und der darin beschlossenen Willenskundgebung der Wähler her beurteilt werden.

a) Kundgebung der Groß-Berliner Arbeiter- und Soldatenräte am 18. 12. 1918 im Zirkus Busch:

„[. . .] Wir wollen alle Schichten des werktätigen Volkes, Kopf- und Handarbeiter, mitraten und mittaten lassen. Wer arbeitet, soll auch Rechte haben, aber niemand kann von uns verlangen, daß wir die von den Arbeitern und Soldaten erkämpften Freiheiten und Rechte konterrevolutionären Elementen überlassen. Etwas Derartiges kann und darf man nicht von uns verlangen . . .

Und was steckt hinter dem Schrei nach der Nationalversammlung, der jetzt alle Blätter der bürgerlichen Gesellschaft durchläuft? Warum verlangt man jetzt die Nationalversammlung? Man will auf diesem Wege die politische Gewalt in die Hände der Bourgeoisie zurückgeben! Aber da werden die Herrschaften kein Glück haben! Wir wollen keine bürgerliche Republik, sondern eine proletarische Republik. Wir wollen die sozialistische Republik im vollsten Maße. Die Machtmittel liegen heute in den Händen der Arbeiter und Soldaten. Sie dürfen diese Gewalt nicht aus der Hand geben . . . . . . Wir müssen unsere Macht behaupten, wenn nicht anders, dann mit Gewalt. Wer die Nationalversammlung will, zwingt uns den Kampf auf. Ich erkläre Ihnen offen: . . . der Weg zur Nationalversammlung geht über meine Leiche. Der Vollzugsrat ist mit den ihm jetzt zustehenden Befugnissen ein Provisorium. Er muß bald ersetzt werden durch einen Zentralkongreß aller Arbeiter- und Soldatenräte Deutschlands, der eine Körperschaft einsetzt, auf die die Befugnisse des Vollzugsrats übergehen."

▶ **Quelle:** Dokumente zur deutschen Verfassungsgeschichte, Bd. I–III, Hrsg. E. R. Huber. Kohlhammer, Stuttgart 1965. Bd. III, S. 24 f.

b) Auszug aus der Resolution:

. . . Arbeiter und Soldaten haben das alte Regierungssystem beseitigt. In der revolutionären Organisation der Arbeiter- und Soldatenräte hat sich die neue Staatsgewalt verkörpert. Diese Gewalt muß gesichert und ausgebaut werden, damit die Errungenschaften der Revolution der gesamten Arbeiterklasse zugute kommen. Diese Sicherung kann nicht erfolgen durch Umwandlung des deutschen Staatswesens in eine bürgerlich demokratische Republik, sondern in eine proletarische Republik auf sozialistischer Wirtschaftsgrundlage, in der das arbeitende Volk. d. h. nur die Hand- und Kopfarbeiter öffentliche Rechte ausüben. Das Bestreben der bürgerlichen Kreise, so schnell als möglich eine Nationalversammlung einzuberufen, soll die Arbeiter um die Früchte der Revolution bringen . . ."

▶ **Quelle:** Huber, Dokumente, Bd. III. a.a.O., S. 25

Arbeitsaufgaben	denkbare Formulierungen
1. Warum lehnte der Vorsitzende des Vollzugsrates den Plan, eine Nationalversammlung wählen zu lassen, ab?	– Die Groß-Berliner Arbeiter- und Soldatenräte hatten sich im „Vollzugsrat" ein Leitungsgremium gegeben, das beanspruchte, so lange für alle Arbeiter- und Soldatenräte in Deutschland zu sprechen, bis ein Allgemeiner Deutscher Rätekongreß zusammentreten konnte. – In der Berliner Organisation forderten die Anhänger der USPD und des Spartakus-Bundes die Errichtung eines Rätesystems. Sie bekämpften den Plan, eine Nationalversammlung wählen zu lassen und mit der

Arbeitsaufgaben	denkbare Formulierungen
	Ausarbeitung einer Verfassung zu beauftragen, weil damit die von ihnen beanspruchte oberste Regierungsgewalt an ein von der gesamten Bevölkerung gewähltes Parlament übergangen wäre.
2. Wie lauten die konkreten Vorwürfe, die gegen die Regierung Ebert erhoben wurden?	– Verrat am Proletariat – Arbeiterblut klebe an ihren Händen. – Sie habe die Arbeiterräte an die Nationalversammlung verraten.
3. Welche Forderungen wurden auf der Kundgebung der Arbeiter- und Soldatenräte erhoben?	– „Hand- und Kopfarbeiter" sollen öffentliche Rechte ausüben. – Schaffung einer „sozialistischen Wirtschaftsgrundlage" als Umschreibung der völligen Änderung der Besitz- und Eigentumsverhältnisse nach dem Muster der Oktoberrevolution.

Neben der SPD und der USPD trat als weitere Gruppe der Spartakusbund in Erscheinung. In der folgenden Erklärung, die von Rosa Luxemburg stammt und in der „Roten Fahne" veröffentlicht wurde (20. 11. 1918), kommen die politischen Vorstellungen und Forderungen dieser Gruppe zum Ausdruck:

„[. . .] Die Nationalversammlung ist ein überlebtes Erbstück bürgerlicher Revolutionen, eine Hülse ohne Inhalt, ein Requisit aus den Zeiten kleinbürgerlicher Illusionen . . .

. . . Wer heute zur Nationalversammlung greift, schraubt die Revolution bewußt oder unbewußt auf das historische Stadium bürgerlicher Revolutionen zurück; er ist ein verkappter Agent der Bourgeoisie oder ein unbewußter Ideologe des Kleinbürgertums . . . Auch diese Parole der gegenrevolutionären Demagogie übernehmen gehorsam sozialistische Führer, ohne zu merken, daß die Alternative eine demagogische Fälschung ist. Nicht darum handelt es sich heute, ob Demokratie oder Diktatur. Die von der Geschichte auf die Tagesordnung gestellte Frage lautet: bürgerliche Demokratie oder sozialistische Demokratie. Denn die Diktatur des Proletariats, das ist die Demokratie im sozialistischen Sinne. Diktatur des Proletariats . . . das ist der Gebrauch aller politischen Machtmittel zur Verwirklichung des Sozialismus, zur Expropriation der Kapitalistenklasse – im Sinne und durch den Willen der revolutionären Mehrheit des Proletariats, also im Geiste sozialistischer Demokratie.

Ohne den bewußten Willen und die bewußte Tat der Mehrheit des Proletariats kein Sozialismus. Um dieses Bewußtsein zu schärfen, diesen Willen zu stählen, diese Tat zu organisieren, ist ein Klassenorgan nötig: das Reichsparlament der Proletarier in Stadt und Land.

Die Einberufung einer solchen Arbeitervertretung an Stelle der traditionellen Nationalversammlung der bürgerlichen Revolution ist an sich schon ein Akt des Klassenkampfes, ein Bruch mit der geschichtlichen Vergangenheit der bürgerlichen Gesellschaft, ein mächtiges Mittel zur Aufrüttelung der proletarischen Volksmassen, eine erste offene schroffe Kriegserklärung an den Kapitalismus."

▶ **Quelle:** Huber, Dokumente, Bd. III, a. a. O., S. 26

Bedeutsam ist in der Fülle der Aufrufe und Proklamationen, die die Anführer des „Januar-Aufstandes" in Berlin veröffentlichten, jene Proklamation, mit der der vornehmlich aus Kommunisten gebildete „Revolutionsausschuß" den Aufstand einleitete und als ersten Akt revolutionärer Umwandlung die oberste Gewalt „vorläufig für sich selbst beanspruchte".

Proklamation des Revolutionsausschusses vom 6. 1. 1919:

„Kameraden! Arbeiter!
Die Regierung Ebert-Scheidemann hat sich unmöglich gemacht. Sie ist von dem unterzeichneten Revolutionsausschuß, der Vertretung der revolutionären sozialistischen Arbeiter und Soldaten (Unabhängige sozialdemokratische Partei und Kommunistische Partei), für abgesetzt erklärt.

Der unterzeichnete Revolutionsausschuß hat die Regierungsgeschäfte vorläufig übernommen.

Kameraden! Arbeiter!
Schließt Euch den Maßnahmen des Revolutionsausschusses an. Der Revolutionsausschuß
Ledebour, Liebknecht, Scholze."

▶ **Quelle:** Huber, Dokumente, Bd. III, a. a. O., S. 51

Besonders deutlich wird die Alternative „Rätesystem oder parlamentarisch-demokratischer Rechtsstaat", vor der die Republik seit dem 9. 11. 1918 stand, im Aufruf der Zentrale der Kommunistischen Partei Deutschlands (Spartakusbund) vom 7. 2. 1919:

„Der Verrat der Ebert–Scheidemann an dem Proletariat wird von Tag zu Tag offenkundiger. Das Blut, das sie in diesen Wochen vergossen haben, kommt über ihr schuldiges Haupt.

Das Proletariat erwacht. Es durchschaut die Lüge. Ihre eigenen irregeführten Anhänger fallen von den Verrätern ab.

Arbeiter! Parteigenossen! Tretet sofort zusammen in den Betrieben!

Wählt sofort neue Arbeiterräte!

Kein Verräter, kein Anhänger von Ebert–Scheidemann darf in den Räten sitzen. Es klebt Arbeiterblut an ihren Händen. Alle Arbeiterräte müssen die örtliche Gewalt

wieder anstreben, die ihnen seit dem 9. November gestohlen wurde.

Arbeiterräte, tretet provisorisch zusammen, vereinigt Euch nach zusammenhängenden Wirtschaftsgebieten! Nehmt die Leitung der Bewegung in die Hand. Tretet sofort für das Reich zusammen! Der Zentralrat hat Euch an die Nationalversammlung verraten: Schafft eine neue Zentralinstanz.

Die Ebert–Scheidemann wollten Euch in den Staub drücken; sie wollten die Nationalversammlung als Stein aufs Grab der Revolution setzen.

Mit doppelter Kraft erhebt Ihr Euch! Die proletarische Revolution muß siegen.

Nieder mit der Nationalversammlung!

Alle Macht den Arbeiter- und Soldatenräten!"

▶ **Quelle:** Huber, Dokumente, Bd. III, a. a. O., S. 62

Arbeitsaufgaben	denkbare Formulierungen
1. Welche Vorwürfe richteten die Kommunisten bzw. Spartakisten gegen die Regierung Ebert?	– Sie stehe im Dienste der „Gegenrevolution". – Im Aufruf vom 7. 2. 1919 wurde die Verachtung und strikte Ablehnung der sich anbahnenden, vom Gros der Wählerschaft getragenen politischen Neuordnung deutlich.
2. Wie wurden die Wahlen zur Nationalversammlung bzw. die Nationalversammlung selbst beurteilt?	Die Nationalversammlung bzw. die Wahlen dazu wurden abgelehnt, man wollte ein „Reichsparlament der Proletarier" (Aufruf vom 20. 11. 1918).
3. Worin bestanden die politischen Zielvorstellungen der Kommunisten bzw. Spartakisten?	– Sie wollten keine „bürgerliche", sondern eine „sozialistische" Demokratie. – Der „Revolutionsausschuß" beanspruchte, im „Namen der revolutionären sozialistischen Arbeiter und Soldaten" zu sprechen und die „Regierungsgeschäfte" zu übernehmen. – Errichtung eines „Rätesystems", in dem nur das „Proletariat" unter Ausschluß aller anderen Bevölkerungskreise politische Rechte haben sollte. – Die Aussage „Proletarier in Stadt und Land" (20. 11. 1918) verwies wiederum auf Erfahrungen der Russischen Revolution: Das revolutionäre Proletariat, das auf dem Lande erwartet wurde, sollte einbezogen werden. Ursprünglich galt nur das Industrieproletariat als Träger der Revolution. – Schlüsselbegriffe (mit teils positiver, teils negativer Sinngebung) aus der revolutionären Doktrin, mit deutlichen Anklängen an das „Kommunistische Manifest": Klassenkampf, Expropriation der Kapitalistenklasse, Diktatur des Proletariats, Bourgeoisie, kleinbürgerlich, bürgerliche Gesellschaft, Kapitalismus.

Die Serie von Aufständen und Terrorhandlungen vom Dezember 1918 bis in den Sommer 1919 in vielen Teilen Deutschlands kann nicht behandelt werden. Sie sollten immerhin erwähnt werden. Die nachrevolutionären Unruhen, die 1919/20 die Arbeit der Nationalversammlung zeitlich begleiteten, kündeten sich hier an.

Die Zeit nach der Konstituierung des Rats der Volksbeauftragten bis über den Jahreswechsel 1918/1919 hinaus brachte in einer verwirrenden Fülle von Ereignissen immer neu auftauchende Schwierigkeiten. Es kam zu Auseinandersetzungen und blutigen Aufständen. Die Ernährung der Bevölkerung war, bedingt durch die Fortdauer der Blockade, noch immer gefährdet. Die Umstellung der bisherigen Kriegswirtschaft auf Friedensbedingungen lief nur zögernd an. Der Lehrer sollte anhand des zur Verfügung stehenden Film- und Tonmaterials (s. 40.0.3.) versuchen, den Schülern einen Eindruck von den bürgerkriegsartigen blutigen Kämpfen zu vermitteln, weil dadurch erst der Ernst der Lage und das Gewicht der Entscheidungen zu würdigen sind. An dieser Stelle sei auf die bereits erwähnten Super-8-Filme „Revolution in Berlin" (Teil I und II) hingewiesen. Am Ringen um Wahl und Einberufung der Nationalversammlung sollte den Schülern vermittelt werden, wie schwierig es war, die Wahl zur Nationalversammlung durchzusetzen.

T   Der Kampf um die Nationalversammlung

Regierung: Rat der Volksbeauftragten
(3 SPD, 3 USPD-Mitglieder)

Anhänger des „Rätesystems"
(USPD und Spartakus-Bund)

Regierungserklärung vom 12. 11. 1918:	Kundgebung der Groß-Berliner Arbeiter- und Soldatenräte am 18. 11. 1918

Regierungserklärung vom 12. 11. 1918:

- Grundrechte
- Einführung des Achtstundentages, der Erwerbslosenunterstützung, des Frauenwahlrechts, Herabsetzung des Wahlalters auf 20 Jahre
- Einführung des gleichen, geheimen, direkten, allgemeinen Wahlrechts
- Hinweis auf Wahl der „Konstituierenden Versammlung"

Kundgebung der Groß-Berliner Arbeiter- und Soldatenräte am 18. 11. 1918

- Widerstand gegen die Regierung Ebert, Vorwurf der Konterrevolution
- die zu wählende Nationalversammlung als Instrument der „Bourgeosie" bezeichnet, Widerstand gegen die Wahl
- Forderung nach sozialistischer Wirtschaftsgrundlage

---

16. 12. 1918 Allgemeiner Kongreß der Arbeiter- und Soldatenräte in Deutschland

Abstimmungsniederlagen der USPD und der Radikalen leiten den Bruch der Koalition USPD / SPD ein.

↓

23. / 26. 12. Einsatz von Regierungstruppen gegen Aufständische gegen den Willen der USPD-Mitglieder im Rat der Volksbeauftragten

↓

29. 12. Bruch der Regierungskoalition

Gründung der KPD (Umwandlung des Spartakus-Bundes in eine Partei)

Januaraufstand ↓

Proklamation des vornehmlich aus Kommunisten bestehenden „Revolutionsausschusses"

- Regierung für abgesetzt erklärt
- Revolutionsausschuß beansprucht, im Namen der sozialistischen Arbeiter und Soldaten zu sprechen
- fordert die Übernahme der Regierungsgeschäfte

↑

Niederschlagung des Aufstandes durch Regierungstruppen unter Noske

Ermordung Karl Liebknechts und Rosa Luxemburgs

40.2. Die Auseinandersetzung um eine neue Verfassung

40.2.1. Wissensziele

Die Anhänger der parlamentarischen Demokratie setzten sich durch. Es wurden Wahlen zu einer Nationalversammlung ausgeschrieben, die über die künftige politische Gestalt Deutschlands entscheiden sollten. In der Nationalversammlung hatten die demokratischen Parteien eine überwältigende Mehrheit.

40.2.2. UE-Ziele

(1) Die Wahlprogramme und -aufrufe der Parteien
(2) Das Ergebnis der Wahl zur Nationalversammlung
– Sieg der „Weimarer Koalition"

40.2.3. Einstieg

● **Film:** Institut 32 0669 „Die Weimarer Republik von 1918–1925"
● **Dias:** Institut 10 0421 „Neueste Geschichte in Plakaten", Bilder 9 und 10
● **Fotos:** Informationen 109/110, S. 7/8 „Wahlpropaganda in Berlin, Nationalversammlung in Weimar"

40.2.4. Schwerpunkte

Einen Überblick über die politischen Kräfte und ihre Ziele vermitteln die Wahlaufrufe der politischen Parteien, die sich um die Stimmen der Wähler bei der Nationalversammlung bewarben.
Programm des Spartakusbundes (14. 12. 1918)
Was will der Spartakusbund?
II. Auf politischem und sozialem Gebiete
1. Abschaffung aller Einzelstaaten; einheitliche deutsche sozialistische Republik.
2. Beseitigung aller Parlamente und Gemeinderäte und Übernahme ihrer Funktionen durch A.- und S.-Räte sowie deren Ausschüsse und Organe.
3. Wahl von Arbeiterräten über ganz Deutschland durch die gesamte erwachsene Arbeiterschaft beider Geschlechter in Stadt und Land nach Betrieben sowie von Soldatenräten durch die Mannschaften, unter Ausschluß der Offiziere und Kapitulanten. Recht der Arbeiter und Soldaten zur jederzeitigen Rückberufung ihrer Vertreter.
4. Wahl von Delegierten der A.- und S.-Räte im ganzen Reich für den Zentralrat der A.- und S.-Räte, der den Vollzugsrat als das oberste Organ der gesetzgebenden und vollziehenden Gewalt zu wählen hat.

III. Nächste wirtschaftliche Forderungen
3. Enteignung des Grund und Bodens aller landwirtschaftlichen Groß- und Mittelbetriebe; Bildung sozialistischer landwirtschaftlicher Genossenschaften unter einheitlicher zentraler Leitung im ganzen Reiche; bäuerliche Kleinbetriebe bleiben im Besitz ihrer Inhaber bis zu deren freiwilligem Anschluß an die sozialistischen Genossenschaften.
4. Enteignung aller Banken, Bergwerke, Hütten sowie aller Großbetriebe in Industrie und Handel durch die Räterepublik.
5. Konfiskation aller Vermögen von einer bestimmten Höhe an, die durch den Zentralrat festzusetzen ist.
6. Übernahme des gesamten öffentlichen Verkehrswesens durch die Räterepublik.
▶ **Quelle:** Karl Mielke, Dokumente zur Geschichte der Weimarer Republik. Limbach Verlag, Braunschweig 1959, Nr. 14, S. 28 ff.

Aufruf der Parteileitung der Unabhängigen Sozialdemokratischen Partei Deutschlands vom 9. 12. 1918:
Die Nationalversammlung ist vorbehaltlich der Zustimmung der Reichsversammlung der Arbeiter- und Soldatenräte, die am 16. Dezember d. J. zusammentritt, auf den 16. Februar einberufen worden . . .
Wir müssen uns jedoch schon jetzt politisch so einrichten, als ob der Termin bereits feststünde.
Stolz geht die Partei in den Wahlkampf. Unbefleckt hat sie das rote Banner erhalten . . .
Als die Politik der alten Sozialdemokratie immer weiter abwich von den Pflichten, deren Erfüllung das Klasseninteresse des Proletariats gebieterisch fordert, als uns durch Gewalt und List das Wirken für den Sozialismus unmöglich gemacht wurde, da haben wir die alte Partei, an deren Größe wir unablässig mitgearbeitet hatten, verlassen. Höher als die Partei stand uns der Sozialismus, das Sache des deutschen und des internationalen Proletariats.
Der 9. November hat unser Werk gekrönt. Deutschland ist eine sozialistische Republik. Sie gilt es zu sichern. Ihrem Ausbau gilt nun unsere Arbeit.
Noch sind die Mächte des Alten nicht völlig gebrochen. Die Konterrevolution erhebt ihr Haupt und versucht ihre ersten Schritte. Ihr gilt der erste Kampf. Die Träger des gestürzten Systems müssen sofort beseitigt werden, alle Mittel ergriffen werden, um die Errungenschaften der Revolution zu sichern und zur Vollendung der sozialistischen Republik zu steigern.
In unerschütterlichem Festhalten an unseren sozialistischen Prinzipien, deren Richtigkeit der Verlauf der historischen Entwicklung immer von neuem bestätigt, fordern wir den Neuaufbau der Gesellschaft.
Wir fordern den unverzüglichen Beginn der Sozialisierung, damit die kapitalistischen Herrschaftsverhältnisse gebrochen, die Produktion auf das höchste Maß

gesteigert, die Verteilung zugunsten der Gesamtheit der Volksgenossen umgestaltet werde.
Wir treten ein für die möglichst schnelle Umwandlung des kapitalistischen Klassenstaats in die sozialistische Gesellschaft, auf daß das Reich der Freiheit an Stelle des Reiches der Knechtschaft und der Ausbeutung errichtet werde.
▶ **Quelle:** Mielke, a. a. O., Nr. 23, S. 27

Resolution des Parteiausschusses der SPD vom 28. 11. 1918:
Für die politische Gleichberechtigung aller Volksgenossen hat die deutsche Sozialdemokratie seit einem halben Jahrhundert gekämpft. Sie erblickt in dem allgemeinen, gleichen, direkten und geheimen Wahlrecht aller erwachsenen Männer und Frauen . . . die wichtigste politische Errungenschaft der Revolution und zugleich das Mittel, die kapitalistische Gesellschaftsordnung nach dem Willen des Volkes in planmäßiger Arbeit zur sozialistischen umzuwandeln.
Indem die Partei ihre Entschlossenheit ausspricht, die Errungenschaften der Revolution gegen alle gegenrevolutionären Bestrebungen bis aufs Letzte zu verteidigen, wendet sie sich zugleich mit Entschiedenheit gegen alle, die dem deutschen Volke das Selbstbestimmungsrecht vorenthalten wollen, sei es auch unter dem Vorwand, es durch die Diktatur gegen seinen eigenen Willen beglücken zu wollen.
Die Sozialdemokratische Partei fordert die schleunigste Einberufung der Nationalversammlung; sie ist jeden Tag bereit, dem Volke über ihre bisherige Tätigkeit Rechenschaft zu geben und erwartet mit Zuversicht sein Urteil.
▶ **Quelle:** Huber, Verfassungsgeschichte V, a. a. O., S. 992

Aufruf des Reichsausschusses der Zentrumspartei vom 30. 12. 1918:
Leitsätze für die Politik . . .
1. Schleunige Schaffung einer neuen Verfassung für Reich und Bundesstaaten auf demokratischer, alle politischen Bevorzugungen ausschließender Grundlage. Schutz der Deutschen Nationalversammlung, die nicht in Berlin tagen kann, und Schutz der Durchführung ihrer Beschlüsse durch Truppen Freiwilliger.
2. Wahrung der Reichseinheit, Stärkung des Reichsgedankens. Erhaltung des bundesstaatlichen Charakters des Reiches . . . Reichseinheit und Zusammenschluß mit allen anschlußbereiten deutschen Stämmen.
3. Gleiches Wahlrecht mit Verhältniswahl, Frauenwahlrecht und Wahlpflicht in Reich, Bundesstaaten und Gemeinden.
4. Volksregierungen, die des Vertrauens der Volksvertretung für ihre Amtsführung bedürfen, mit starker Vollzugsgewalt in Reich und Bundesstaaten . . .
6. Erhaltung eines selbständigen Berufsbeamtentums . . .

7. Grundrechte, welche allen Staatsbürgern ohne Unterschied des politischen und religiösen Bekenntnisses . . . den ungehinderten Ausdruck ihrer Überzeugung . . . sowie deren unbeschränkte Betätigung . . . gewährleisten . . .
17. Gewissensfreiheit und Freiheit der Religionsausübung. Freiheit der Religionsgesellschaften . . . Verständnisvolles Zusammenarbeiten von Kirche und Staat . . .
24. Geordneter Aufbau der Volkswirtschaft im Dienste der sozialen Gerechtigkeit und des Gemeinwohls auf Grundlage der produktiven Arbeit. Grundsätzliche Erhaltung der auf persönlichem Eigentum beruhenden, nach dem Solidaritätsprinzip dem Gesamtwohl der Gesellschaft untergeordneten Privatwirtschaft . . .
27. Schutz und ausgleichende Förderung der einzelnen Berufsstände . . . insbesondere Aufrichtung eines lebenskräftigen Mittelstandes, Erhaltung eines leistungsfähigen Bauernstandes, Hebung des durch den Krieg schwergeschädigten Handwerkerstandes . . .
▶ **Quelle:** Mielke, a. a. O., Nr. 10, S. 18 ff.

Wahlaufruf der Deutschen Demokratischen Partei vom 15. 12. 1918:
In der Deutschen Demokratischen Partei haben sich alle zusammengeschlossen, die, auf dem Boden der Republik stehend, bei den Wahlen zur Nationalversammlung das Schicksal Deutschlands weder der Reaktion ausliefern, noch der Sozialdemokratie allein überlassen wollen.
Wir verlangen, daß die Wahlen zur Nationalversammlung mit größter Beschleunigung anberaumt werden.
Wir wollen die errungenen politischen Freiheiten nicht wieder preisgeben. Wir treten deshalb bei den Wahlen ein für die Errichtung einer deutschen Republik, in der alle öffentliche Macht allein auf dem Willen des souveränen Volkes beruht. In ihr sollen die einzelnen deutschen Stämme ihre Eigenart selbständig und frei entwickeln können. Wir fordern die völlige Gleichheit aller Staatsbürger und Staatsbürgerinnen vor dem Gesetz . . . und verlangen die Freiheit des Gewissens und der Religionsausübung. Eine Trennung von Staat und Kirche ist nur denkbar unter voller Wahrung der Würde und unter Sicherung der finanziellen Selbständigkeit der Kirche . . .
Solche Lasten aber können nur getragen werden bei Aufrechterhaltung des Privateigentums und einer Wirtschaftsordnung, die das Interesse des einzelnen am Erwerb lebendig erhält und ihn zu höchster Tätigkeit anspornt . . . Darum verwerfen wir die von der Sozialdemokratie angestrebte Überführung aller Produktionsmittel in das Eigentum der Gesellschaft . . . Keineswegs dürfen Staatseingriffe in der Form der Bürokratisierung des Wirtschaftslebens erfolgen . . .
Im Gegensatz zum Parteiprogramm der Sozialdemokratie sind wir von dem Wert und der Unentbehrlich-

keit des Handwerks und des Kleinhandels überzeugt ... Die politische und wirtschaftliche Stellung der Beamten muß auf zeitgemäßer Grundlage gesetzlich aufgebaut werden ... Auch die Bauern sind nicht untergegangen, wie die Sozialdemokratie prophezeit hat ...

Wir verlangen bei den Friedensverhandlungen auch für uns das volle freie Selbstbestimmungsrecht, das wir den anderen Völkern zugestehen ... Gegen jede Verletzung dieses Selbstbestimmungsrechts, das auch den Deutsch-Österreichern gebührt, werden wir uns dauernd wehren. Wir treten ein für den gesetzlichen Schutz fremdsprachlicher Minderheiten in Deutschland und verlangen das gleiche Recht für die deutschen Minderheiten im Ausland ...

Die Welt soll wissen, daß die Kraft der deutschen Nation in aller Zukunft nicht ausgeschaltet werden kann ...

▶ **Quelle:** Mielke, a. a. O., Nr. 11, S. 22 ff.

Wahlaufruf der Deutschen Volkspartei vom 15. 12. 1919:

Krieg und Umsturz haben Staatsverfassung und Parteiformen gesprengt, neue Parteigebilde treten auf. Wir bekennen uns zu einer nationalen und wahrhaft demokratischen Politik ... Die Reichseinheit ist uns Grundlage unseres politischen Wirkens, innerhalb der Reichseinheit soll kulturelle Stammesart, unter Ablehnung sowohl zentralistischer Bevormundung wie partikularistischer Sonderbestrebungen, sich frei entfalten können. Wir begrüßen mit voller Zustimmung die von den Deutschen Österreichs gewünschte Vereinigung mit dem Reich ... Wir beharren auf unserem Recht auf kolonisatorische Betätigung ...

Wir bekennen uns zu dem demokratischen allgemeinen, gleichen und geheimen Wahlrecht nach der Verhältniswahl für beide Geschlechter ... Weiteste Selbstverwaltung auf demokratischer Grundlage in Gemeinde, Kreis und Provinz. Volle Gleichberechtigung aller deutschen Bürger auf allen Gebieten des öffentlichen Lebens ... Erhaltung und Kräftigung eines breiten Mittelstandes in Industrie, Handel und Handwerk, umfassende Fürsorgeeinrichtungen für den Mittelstand ...

Wir halten fest an dem Grundsatz des Privateigentums und des Erbrechts, wir halten fest an der leitenden Stellung des Unternehmers in seinem Betrieb wie in der Volkswirtschaft, jedoch unter angemessener Mitwirkung der Arbeiter und Angestellten durch ihre Ausschüsse und ihre Vertretungen. Wir stellen uns in bewußten Gegensatz zu denjenigen, welche in der Vergesellschaftung aller Produktionsmittel und in der Aufhebung des Privateigentums ihr politisches und wirtschaftliches Ziel sehen ...

... Die geschichtlich überkommene Verbindung von Staat und Kirche darf nicht aufgelöst werden. Volle Gewissensfreiheit. Der Religionsunterricht gehört nach wie vor in die Schule ...

Die Umwälzung hat der Frau die Gleichberechtigung im politischen Leben gebracht. Dieses Recht muß der Frau erhalten bleiben ... Von der derzeitigen Regierung verlangen wir, daß sie endlich energisch für Ruhe und Ordnung sorgt. Wir sind bereit, dafür unter der jetzigen Regierungsform mitzuarbeiten und alle Bestrebungen der tatsächlichen Regierung nach diesem Ziele zu unterstützen.

▶ **Quelle:** Mielke, a. a. O., Nr. 9, S. 16/18

Wahlaufruf der Deutschnationalen Volkspartei vom 17. 12. 1918:

Gegenüber den Gefahren und Nöten des Augenblicks verlangen wir: Reichseinheit aller deutschen Stämme und Gebiete auf föderalistischer Grundlage ... Schutz der persönlichen und politischen Freiheit und des Privateigentums, wirksame Sicherung gegen bolschewistische Umtriebe: sofortige Beseitigung jeder Willkürherrschaft ...; Unterlassung jeder weiteren Eingriffe in unseren politischen, kulturellen und wirtschaftlichen Rechtszustand während der Dauer der provisorischen Regierung ...

Unbedingte Freiheit der Wahlen zur Nationalversammlung und ihrer Vorbereitung ...

Wir sind überzeugt, daß auch in der neuen demokratischen Verfassung Deutschlands eine monarchische Spitze als ein über den Parteien stehender persönlicher Faktor der Stetigkeit des politischen Lebens der geschichtlich gewordenen Eigenart unseres Volkes wie der politischen Zweckmäßigkeit entspricht. Wir werden aber in jeder durch die Nationalversammlung geschaffenen Staatsform für das Wohl des Vaterlandes mitarbeiten ...

Richtlinien für unsere politische Arbeit:

... Die gegebene Verfassung für den deutschen Staat ist nunmehr die parlamentarische Regierungsform, getragen von der Mehrheit seiner Bürger und beruhend auf dem gleichen Wahlrecht. Wir begrüßen die deutsche Frau als ein in jeder Beziehung zur Mitarbeit am öffentlichen Leben gleichberechtigtes Mitglied ...

Die starke Lebenskraft des Christentums muß unserem Staats- und Volksleben erhalten bleiben und es durchdringen ...

Das Privateigentum, die Privatwirtschaft, Erwerbssinn und Unternehmungsgeist müssen grundsätzlich die Grundlagen unserer wirtschaftlichen Arbeit bleiben, die wir gegen jeden offenen und versteckten Kommunismus verteidigen ...

▶ **Quelle:** Mielke, a. a. O., Nr. 8, S. 12 ff.

In der folgenden Tabelle werden die Aussagen in den Wahlaufrufen der verschiedenen Gruppierungen und Parteien zur Staatsform, zum politischen System und zur Wirtschafts- und Gesellschaftsordnung zusammengestellt:

Wahlaufruf/ Programm des/ der ...	Nationalversammlung: allg. gleiches Wahlrecht	parlamentarisch demokratisches System	republikanische Staatsform	Wirtschafts- und Gesellschaftsordnung
Spartakusbund	abgelehnt (Forderung: Vollzugsrat der Arbeiter- und Soldatenräte oberstes Organ der gesetzgebenden und vollziehenden Gewalt)	abgelehnt (Forderung: Beseitigung aller Parlamente und Gemeinderäte)	bejaht als „einheitliche sozialistische Republik"	Sozialistische Wirtschaft, Enteignung von Grund und Boden und Bildung sozialistischer Genossenschaften, Enteignung von Banken, Industrie und Handel sowie privater Vermögen
USPD	als beschlossene Tatsache akzeptiert (ursprünglich abgelehnt)	abgelehnt: Forderung der sozialistischen Gesellschaft	bejaht als „sozialistische Republik"	Sozialisierung, Umwandlung des kapitalistischen Klassenstaats in eine sozialistische Gesellschaft
SPD	bejaht	bejaht	bejaht	Kapitalistische Gesellschaftsordnung soll zur sozialistischen umgewandelt werden, jedoch nur „nach dem Willen des Volkes".
Zentrum	bejaht	bejaht	bejaht	Volkswirtschaft soll sozialer Gerechtigkeit und Gemeinwohl dienen, Erhaltung von Eigentum und Privatwirtschaft, Solidaritätsprinzip, Förderung von Mittelstand und Bauernstand
DDP	bejaht	bejaht	bejaht	Wirtschaftsordnung auf der Grundlage des Privateigentums gegen Sozialisierung und Bürokratisierung der Wirtschaft
DVP	bejaht	bejaht	bejaht	Privateigentum und Erbrecht, gegen Vergesellschaftung, Kräftigung des Mittelstandes Schutz des Privateigentums
DNVP	bejaht	bejaht	Monarchie angestrebt, jedoch soll jede von der Nationalversammlung geschaffene Staatsform akzeptiert werden.	

Die Vorstellungen der Parteien zeigen:
- Das deutsche Parteiensystem zur Zeit vor dem Ersten Weltkrieg war, mit gewissen Verschiebungen und einigen Namensänderungen, intakt geblieben.
- Der Veröffentlichung der Wahlaufrufe waren längere orgnisatorische und sachliche Beratungen vorangegangen. Daran kann man ablesen, wie rasch die Parteien nach dem 9. 11. 1918 die Möglichkeit hatten, sich zu formieren, zu artikulieren und vor die Öffentlichkeit zu treten.

- Die sozialistische Bewegung war gespalten. Seit 1916/17 gab es die USPD. In den Dokumenten wird das Bemühen der SPD deutlich, sich nach links und rechts abzugrenzen.
- Die USPD und der ihr zunächst eng verbundene Spartakus-Bund lehnten die Nationalversammlung und ihren Verfassungsauftrag ab. Da die Wahl der Nationalversammlung jedoch immer wahrscheinlicher wurde, beschloß die USPD, sich an der Wahl zu beteiligen.

- Das Zentrum verband seine Zustimmung zur Republik und seine Bereitschaft zur Mitarbeit mit der Betonung seiner bisherigen politischen Vorstellungen (Reichseinheit, bundesstaatlicher Charakter, Freiheit der Religionsgesellschaften, am Gemeinwohl und Solidaritätsprinzip orientierte Wirtschaftsordnung).
- Die Deutsche Demokratische Partei erkannte den Übergang zur Republik vorbehaltlos an und war bereit, im neuen Staat aktiv mitzuarbeiten. Sie lehnte jedoch alle Sozialisierungspläne strikt ab und hielt am Privateigentum und an der freien Unternehmerschaft in der Wirtschaft fest.
- Der rechte Flügel des Liberalismus konstituierte sich als Deutsche Volkspartei. Eine gewisse Skepsis gegenüber der republikanischen Staatsform ist spürbar. Sie lehnte alle Sozialisierungspolitik unbedingt ab. Sie vertrat eine an liberalen Grundsätzen orientierte Politik des nationalen Interesses.
- Die konservativen Parteien und kleine Rechtsgruppen schlossen sich zur DNVP zusammen. Sie vertrat eine Rechtsposition im nationalen und konservativen Sinne. Sie hielt an der Monarchie fest und lehnte den Kommunismus, aber auch die weit gemäßigteren Sozialisierungsvorstellungen, wie sie etwa die SPD vertrat, ab.

Das Wahlergebnis ist abgedruckt in:
▶ **Material:** Informationen 109/110, S. 6
- Die SPD war als stärkste Fraktion aus der Wahl hervorgegangen, hatte aber nicht die absolute Mehrheit erlangt. Gegenüber 1912 hatte sie ihre Stellung verstärkt.
- Die aus dem Spartakus-Bund hervorgegangene KPD hatte sich nicht an den Wahlen beteiligt.
- Das Zentrum hatte seinen Stimmenanteil gegenüber 1912 erhöht.
- Die in der DDP zusammengeschlossenen Anhänger des linken Liberalismus hatten einen später nie wieder erlangten Höchststand an Stimmen gewonnen, während die DVP als Nachfolgeorganisation der Nationalliberalen einen erheblichen Verlust hinnehmen mußte.
- Auch die DNVP erhielt so viele Stimmen, wie ihre „Vorläufer" im konservativen und rechten Lager zusammen erreicht hatten. Es kam zur Bildung der „Weimarer Koalition".
- Die Nationalversammlung trat am 6. 2. 1919 in Weimar zusammen, weil
a) die in Berlin fortbestehende Unsicherheit der Lage die Arbeit der Nationalversammlung gestört oder gar verhindert hätte,
b) das Reichstagsgebäude infolge der Revolutionswirren in so schlechtem Zustand war, daß es als Tagungsstätte zunächst ausfiel,
c) in Thüringen zuverlässige Truppen die Sicherheit der Nationalversammlung gewährleisteten.

40.3. Der Versailler Vertrag

40.3.1. Wissensziele

Die Reichsregierung mußte den Versailler Vertrag unterschreiben, der von den Vertretern der Siegermächte ausgearbeitet worden war. Seine harten Bestimmungen gründeten sich auf die These von der Kriegsschuld Deutschlands. Das Reich mußte abrüsten, sich zur Wiedergutmachung der in Frankreich und Belgien verursachten Schäden verpflichten und ausgedehnte Gebiete abtreten. In der Nationalversammlung kam es zu Auseinandersetzungen darüber, ob der Vertrag angenommen oder abgelehnt werden sollte.

40.3.2. UE-Ziele

(1) Die wichtigsten Bestimmungen des Versailler Vertrages
(2) Vergleich des Versailler Vertrages und seiner Bestimmungen mit den „Vierzehn Punkten" Wilsons
(3) Die Reaktion der deutschen Öffentlichkeit auf den Inhalt des Vertrages und die Art seines Zustandekommens
(4) Die Debatte der Nationalversammlung für und gegen die Annahme des Vertrages

40.3.3. Einstieg

● **Film:** Institut 32 0669 „Die Weimarer Republik von 1918–1925"
● **Karten:** dtv II 132 „Das Deutsche Reich nach dem Frieden von Versailles" und Gfm

40.3.4. Schwerpunkte

40.3.4.1. Schwerpunkt: Der Versailler Vertrag

Der Vertrag kann auszugsweise in seinen wichtigsten Bestimmungen behandelt werden.
▶ **Material:** Informationen 109/110, S. 10 und Gfm

Arbeitsaufgaben	denkbare Formulierungen
1. Faßt stichpunktartig die wichtigsten Bestimmungen des Versailler Vertrages zusammen.	

Gruppe 1	Gruppe 2	Gruppe 3:	Gruppe 4:
Territoriale Bestimmungen	**Rüstungsbeschränkungen**	**Reparationen**	**Kriegsschuldfrage**
– Gebietsabtretungen Elsaß-Lothringen an Frankreich, Eupen-Malmedy an Belgien, Posen und Westpreußen, Teile Oberschlesiens an Polen, Danzig wird freie Stadt, Nordschleswig an Dänemark, Hultschiner Ländchen (Schlesien) an die Tschechoslowakei, Kolonien an England, Frankreich, Belgien, Japan – Abtrennung Ostpreußens durch den „Korridor"	– Heeresstärke: 100 000 Soldaten – Abschaffung der allgemeinen Wehrpflicht – Auslieferung des meisten Kriegsmaterials	– materielle Wiedergutmachung aller durch den Krieg entstandenen Schäden, Abschlagszahlung bis zum 1. 5. 1921: 20 Mrd. Goldmark – Ablieferung aller Handelsschiffe mit mehr als 1600 BRT, von 5000 Lokomotiven, 150 000 Eisenbahnwaggons, 5000 Lastwagen – Auslieferung deutschen Auslandseigentums etc.	Deutschland erkennt an, daß Deutschland und seine Verbündeten als Urheber aller Verluste anzusehen sind, die die Alliierten infolge des von Deutschland begonnenen Krieges erlitten haben.

Absichten und Konsequenzen:

strategische Motive: Frankreich will in einer künftigen Auseinandersetzung im Vorteil sein. Deutschland büßt ca. 10 % der Bevölkerung und 13 % an Fläche ein.	Ziel ist die wirkungsvolle militärische Schwächung Deutschlands, so daß es in Zukunft als ernst zu nehmender militärischer Gegner nicht in Erscheinung treten kann.	Ersatz der riesigen Kriegskosten und weitere wirtschaftliche Schwächung Deutschlands	Um die Forderungen zu rechtfertigen, wird Deutschland als Alleinschuldiger des Krieges hingestellt.

Arbeitsaufgaben	denkbare Formulierungen
2. Die „14 Punkte" Wilsons veranlaßten die deutsche Regierung zum Eintritt in Friedensverhandlungen mit den Alliierten. Welches waren die Vertragsbedingungen, die eine allgemeine Enttäuschung in Deutschland auslösten und in der Nationalversammlung die Gedanken der Ablehnung ernsthaft aufkommen ließen?	– Es waren keine wirklichen Friedensverhandlungen beabsichtigt, sondern es wurde ultimativ die Forderung gestellt, den Vertrag insgesamt und ohne Änderungen zu akzeptieren. – Es wurde die einseitige Abrüstung Deutschlands ohne entsprechende Zusagen der Alliierten gefordert. – Besetzung Deutschlands, westlich des Rheins – Harte materielle Bedingungen (Ablieferungen), die die Normalisierung der deutschen Wirtschaft in Frage stellen mußten. – Die endgültige Höhe der finanziellen Leistungen (Reparationen) sollte erst später festgelegt werden.

Arbeitsaufgaben	denkbare Formulierungen
	– Verbot des Anschlusses „Deutsch-Österreichs" – Volksabstimmungen sollten nur in einigen der abzutretenden Gebiete stattfinden. – Deutschland wurde nicht in den Völkerbund aufgenommen. – Deutschland mußte die Alleinschuld am Kriegsausbruch zusammen mit seinen Verbündeten anerkennen.

Zusammenfassend lassen sich die ursprünglichen Absichten Wilsons, so wie sie vor allem in Deutschland von Regierung und Öffentlichkeit interpretiert worden waren, und die im Friedensvertrag verwirklichten Absichten der Alliierten in der folgenden Tabelle gegenüberstellen:

Ziele Wilsons	**Absichten des Versailler Vertrages**
– Schaffung einer Ordnung des Rechts zwischen den Völkern – Schaffung einer Weltfriedensorganisation – friedliche Beilegung aller Streitfragen zwischen den Nationen – Verhinderung von Gewalt gegen kleinere Völker – Selbstbestimmungsrecht der Völker	– Sicherung gegen einen erneuten militärischen Angriff – Schwächung des Gegners in militärischer und wirtschaftlicher Hinsicht – Schwächung des Gegners durch Landabtretungen – Diffamierung des Gegners durch ein erzwungenes Schuldbekenntnis

40.3.4.2. Schwerpunkt: Die Auseinandersetzung um Annahme oder Ablehnung des Vertragswerkes in der Nationalversammlung

Die Rede des Ministerpräsidenten Scheidemann am 12. 5. 1919 vor der Nationalversammlung, die sich in einer Protestkundgebung an die Weltöffentlichkeit wandte, gibt nicht nur die Auffassung der Nationalversammlung wieder, sondern drückt das aus, was die überwältigende Mehrheit der Deutschen damals empfand, nachdem am 7. 5. der deutschen Friedensdelegation der Vertragstext vorgelegt worden war.

▶ **Quelle:** GiQ V, Nr. 146 und Gfm

Die Schüler sollen sich in die Lage der deutschen Regierung und der der deutschen Öffentlichkeit hineinversetzen und überlegen, was eine Vertragsunterzeichnung bzw. eine Nichtunterzeichnung für Deutschland bedeutet hätte. Sie müssen sich deshalb zunächst über die damalige Situation im klaren sein:
– Es herrschte nur ein Waffenstillstand, kein Friede.
– Die Blockade dauerte an.
– Es gab separatistische Bestrebungen sowie bürgerkriegsähnliche Zustände im Ruhrgebiet, in Nord- und Mitteldeutschland und in Bayern.

Wird der Vertrag unterzeichnet, dann . . .
– herrscht endlich Frieden,
– kann die Regierung den wirtschaftlichen Wiederaufbau in Angriff nehmen,
– wird die Blockade in absehbarer Zeit aufgehoben,
– kann versucht werden, innenpolitisch stabile Zustände zu schaffen.
Wird der Vertrag nicht unterzeichnet, dann . . .
– werden die Alliierten wahrscheinlich in Deutschland einmarschieren, ohne daß es sich wehren kann,
– wird die angespannte wirtschaftliche Lage noch schlimmer,
– vergrößert sich die Gefahr eines Bürgerkrieges.

Tatsächlich ließ sich die am 12. Mai gezeigte einmütige Ablehnung des Vertrages nicht aufrechterhalten, nachdem die Alliierten am 16. Juni ultimativ die Annahme des Vertrages innerhalb von fünf Tagen gefordert hatten.

Aus der Debatte im Reichstag vom 22. 6. 1919:
Reichskanzler Gustav Bauer:
„. . . Wenn (die Regierung) unter Vorbehalt unterzeichnet, so betont sie, daß sie der Gewalt weicht, in dem Entschluß, dem unsagbar leidenden deutschen Volk einen neuen Krieg, die Zerreißung seiner nationalen Einheit durch weitere Besetzung deutschen Gebietes, entsetzliche Hungersnot für Frauen und Kinder und unbarmherzige längere Zurückhaltung der Kriegsgefangenen zu ersparen . . .
Wir legen . . . größten Nachdruck auf die Erklärung, daß wir den Artikel 231 des Friedensvertrages, der von Deutschland fordert, sich als alleiniger Urheber des Krieges zu bekennen, nicht annehmen können . . .“
Gröber (Zentrum):
„. . . Erstens. Der Frieden bringt Hunderttausende von Gefangenen in die deutschen Familien alsbald zurück . . . Zweitens. Durch den Frieden wird die Hungersnot beendigt . . . Drittens. Der Friede kann uns allein die Möglichkeit eines wirtschaftlichen Wiederaufbaus für Deutschland bringen . . . Viertens bietet der Frieden auch die Möglichkeit, unsere deutsche Einheit . . . aufrechtzuerhalten . . .“
Schiffer (DDP):
„Im Gegensatz zu den beiden Herren Vorrednern habe ich dem Hohen Haus mitzuteilen, daß die weitaus überwiegende Mehrheit meiner politischen Freunde sich entschlossen hat, dem vorliegenden Friedensvorschlag . . . ihre Zustimmung zu versagen . . . Wenn wir uns daran erinnern, wie der Sturm ausbrach . . ., als der Ministerpräsident davon sprach, daß die Hand verdorren müsse, die einen solchen Vertrag unterzeichne, da wußten wir, das war ein echter Ton, der aus der Seele des Volkes kam . . .“
Dr. Graf von Posadowsky-Wehner (DNVP):
„. . . Für uns ist dieser Vertrag aus vielen Gründen unannehmbar. Zunächst aus militärischen Gründen. England, Amerika, die im Kriege die allgemeine Wehrpflicht eingeführt haben, wollen uns jetzt . . . zwingen, in Deutschland die allgemeine Wehrpflicht abzuschaffen . . .
An die Seite unserer Wehrlosmachung stellt sich der Landraub. Wir sollen ein Gebiet verlieren in der Größe von etwa drei Viertel der Größe Großbritanniens, mit einer Einwohnerzahl von etwa 8 Millionen. Vor allen Dingen kommt hier Elsaß-Lothringen in Betracht . . .“
▶ **Quelle:** Deutsche Parlamentsdebatten, Hrsg. D. Junker, Band 2. Fischer TB 6065, Frankfurt 1971, S. 35 ff.

Argumente für die Annahme des Vertrages.

– Verhinderung eines neuen Krieges;
– Aufrechterhaltung der deutschen Einheit;
– Fortdauer der Hungersnot;
– Keine Rückkehr der Kriegsgefangenen;
– Kein Wiederaufbau der Wirtschaft.

Argumente gegen die Annahme des Vertrages.

– Gründe für die bisherige einhellige Ablehnung bestehen fort;
– Deutschland wird wehrlos;
– riesige Gebietsverluste (Landraub).

Der Abschluß des Friedensvertrages

22. Juni: Die Nationalversammlung ermächtigte die Regierung zur Unterzeichnung des Vertrages. Sie billigte deren Absicht,
- die Erfüllung der Artikel 227–230 zu verweigern (Auslieferung des Kaisers und der sogenannten Kriegsverbrecher),
- die Schuld des deutschen Volkes am Krieg nicht anzuerkennen (Artikel 231).

Abstimmungsergebnis: 238 Ja-Stimmen, 138 Nein-Stimmen, 6 Enthaltungen. 42 Abgeordnete nahmen an der Abstimmung nicht teil.

23. Juni: Die Alliierten lehnten die Vorbehalte sofort ab.

Die Nationalversammlung billigte die uneingeschränkte Unterzeichnung des Vertrages.

28. Juni: Unterzeichnung des Vertrages in Versailles.

16. Juli: Die Nationalversammlung ratifizierte den Vertrag mit 208 gegen 115 Stimmen.

40.4. Die „kritischen Jahre" der Weimarer Republik

40.4.1. Wissensziele

Die Anfänge der Weimarer Republik waren von Aufruhr und Umsturzversuchen überschattet. Die deutsche Wirtschaft konnte nur mit äußerster Anstrengung die Reparationsforderungen der Siegermächte und der anderen Alliierten erfüllen. Als Frankreich das Ruhrgebiet militärisch besetzte, wurde die durch Krieg und Inflation bereits geschwächte Wirtschaft infolge des passiven Widerstandes völlig ruiniert. In der Inflation kam es zu einem Verfall der Währung. Viele Menschen verloren alle ihre Ersparnisse. 1922 führte der Vertrag von Rapallo zu einer deutsch-russischen Zusammenarbeit.

40.4.2. UE-Ziele

(1) Ursachen und Auswirkungen der Inflation
(2) Ruhrbesetzung und Ruhrkampf – Auswirkungen auf die wirtschaftliche und politische Situation Deutschlands
(3) Der Hitlerputsch als Beispiel für die Versuche, die Republik zu zerstören
(4) Der Vertrag von Rapallo als Ausbruch aus der diplomatischen Isolierung

40.4.3. Einstieg

● **Fotos:** Informationen 109/110, S. 21 „Wahlplakate", und Gfm

40.4.4. Schwerpunkte

Es erscheint zunächst notwendig, die Probleme, denen Deutschland nach der Unterzeichnung des Versailler Vertrages gegenüberstand, zu nennen:
- Wie sollten die durch die Reparationszahlungen verstärkten wirtschaftlichen Probleme gelöst werden?
- Welche Kräfte unterstützen den Staat bei der Erfüllung seiner schwierigen Aufgaben, welche bekämpfen ihn dabei?
- Wie „funktionierte" das erstmals in Deutschland zum Zuge gekommene parlamentarische System angesichts der enormen Schwierigkeiten?

Damit sind die didaktischen Schwerpunkte genannt. Es geht darum, die Krisenmomente innenpolitischer, wirtschaftlicher und sozialer Art aufzuzeigen sowie die Motive der politisch Handelnden zu nennen. Weiterhin soll gefragt werden, inwieweit die Krisensituation aus spezifischen Grundvoraussetzungen der Weimarer Zeit erklärbar sind. Dabei wird bereits die Frage nach den Gründen für ihr Scheitern und damit die „Machtergreifung" der Nationalsozialisten ins Visier genommen.

40.4.4.1. Schwerpunkt: Wie es zur Geldentwertung kam

Im Jahre 1923 erreichte die Krise ihren Höhepunkt und bedrohte die Weimarer Republik in ihrer Existenz. Im Gang des Unterrichts ist es bei der Behandlung dieser Krise und ihres Heraufkommens erforderlich, die einzelnen sie begründenden Motive nacheinander zu analysieren. Es muß gesehen werden, daß diese aufeinander einwirkten und sich wechselseitig verschärften.

Die bedrohliche Situation ist zu einem erheblichen Teil durch die Inflation bedingt gewesen. Ruhrbesetzung und Ruhrkampf trieben die Inflation entscheidend voran.

Zunächst sollen die Schüler das Ausmaß der Geldentwertung kennenlernen.

▶ **Material:** Informationen 109/110, S. 16 ff.

Zur weiteren Vertiefung dessen, was Inflation bedeutet, bieten sich die Fotos in den Informationen 109/110, S. 18 und Gfm an.

Arbeitsaufgaben	denkbare Formulierungen
1. Erläutert, was man unter „Inflation" versteht	Wenn die Nachfrage nach Waren das Angebot übersteigt, kommt es zu einer Geldentwertung, die Preise steigen immer schneller.
2. Wie mag sich die Inflation auf das Verhältnis der betroffenen Bürger zum Staat ausgewirkt haben?	Vertrauensschwund gegenüber dem Staat und System, weil man das Massenelend auf ihre Unfähigkeit zurückführte.
3. Welche Ursachen waren für die Inflation verantwortlich?	

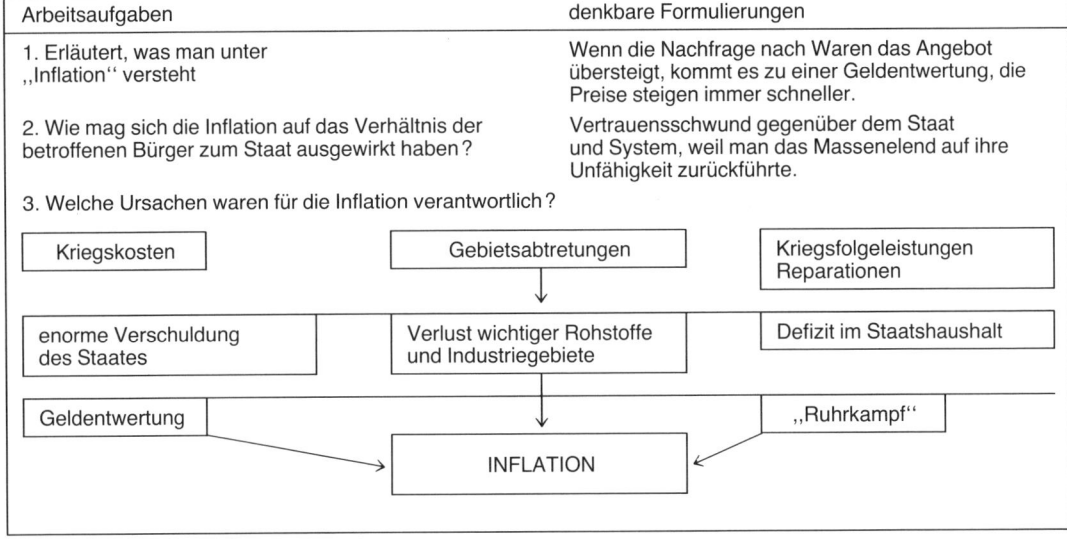

40.4.4.2. Schwerpunkt: Der Ruhrkampf

Arbeitsaufgaben	denkbare Formulierungen
1. Welches waren die Gründe für die Ruhrbesetzung?	– Wegen eines Rückstandes an Reparationslieferungen von Kohle und Holz rückten französische und belgische Truppen ins Ruhrgebiet ein. – Frankreich (und Belgien) wollten das Ruhrgebiet als Pfand für die Erfüllung der deutschen Reparationsverpflichtungen in die Hand bekommen.
2. Wie reagierte die deutsche Regierung und die Bevölkerung des Ruhrgebiets?	– Die Reichsregierung rief zum passiven Widerstand auf. – Die arbeitende Bevölkerung trat in den Generalstreik. In-

Arbeitsaufgaben	denkbare Formulierungen
	dustrie, Bergbau und Verkehr wurden lahmgelegt. – Beginn aktiven Widerstands (Sabotage)
3. Welche Gegenmaßnahmen ergriffen die Besatzungsbehörden?	– Ausweisung der deutschen Beamten, Übernahme des Verkehrswesens etc. in eigener Regie – Gewaltsame Unterdrückung des aktiven Widerstands (Erschießungen)
4. Weshalb mußte die Reichsregierung den Ruhrkampf abbrechen?	– Zustände im Ruhrgebiet wurden immer unerträglicher (Versorgungsmangel, Rückgang der Produktion). – Die Inflation steigerte sich rapide, der Wert der Mark sank ins Bodenlose.

T Der „Ruhrkampf"

Militärische Besetzung des Ruhrgebietes durch französische und belgische Truppen	begründet mit →	Nichterfüllung der Reparationen durch Deutschland

Maßnahmen:
– Besetzung von Gruben und Industriewerken
– Ausweisung von deutschen Beamten
– Verhaftungen

RUHRKAMPF

Gegenmaßnahmen:
– passiver Widerstand
– Generalstreik
– Sabotageakte

Folgen:
– Produktionsrückgang, Geldentwertung, Preissteigerungen, Inflation

40.4.4.3. Schwerpunkt: Der Hitler-Putsch

Von den weiteren Unruhen, die Deutschland in der zweiten Hälfte des Jahres 1923 erschütterten (kommunistische Umsturzversuche in Hamburg, Sachsen, Thüringen, Separatistenaufstände im Westen) soll nur auf den Hitler-Putsch in München eingegangen werden. Die von Hitler am 8. 11. 1923 unterzeichnete „Proklamation an das deutsche Volk" (Gfm) nennt ein zentrales Ziel Hitlers, nämlich die „Abrechnung mit den Novemberverbrechern". Dasselbe Ziel verkündete Hitler in seiner Rede vom 18. 9. 1922. Anknüpfend an die Schlagworte „Novemberverbrecher" und „Hochverrat" von 1918 soll noch einmal auf die Bedeutung der „Dolchstoßlegende" hingewiesen werden, um die verhängnisvolle Rolle, die sie in der von rechts kommenden Propaganda gespielt hat, herauszuarbeiten.

Aus der Rede Hitlers vom 18. 9. 1922:

„. . . 1. Abrechnung mit den Novemberverbrechern von 1918. (Minutenlanger Beifall.) Es kann nicht sein, daß zwei Millionen Deutsche umsonst gefallen sind und man sich mit Verrätern an einem Tisch freundschaftlich zusammensetzt. Nein, wir verzeihen nicht, sondern fordern – Vergeltung!

2. Die nationale Entehrung hat ein Ende zu nehmen. Vaterlandsverräter und Denunzianten gehören an den Galgen. Unsere Straßen und Plätze sollen wieder die Namen unserer Helden tragen und nicht nach Juden benannt werden. In der Schuldfrage muß verkündet werden, wie es sich in Wahrheit verhält.

3. Der Staatsbetrieb muß von dem Pöbel gereinigt werden, der sich nur an der Parteikrippe mästet.

4. Die heutige läppische Wucherbekämpfung ist aufzugeben. Hier ist dieselbe Strafe am Platz wie bei den Verrätern am Vaterlande.

5. Eine große Aufklärung über den Friedensvertrag muß gefordert werden. Im Gedanken der Liebe? Nein, sondern im heiligen Haß gegen unsere Verderber!

6. Es hat das lügenhafte Verschleiern unseres Unglücks aufzuhören. Der Betrug des heutigen Geldwahnes muß aufgedeckt werden. Das wird uns allen den Nacken steifen.

7. Als Grundlage für eine neue Währung hat das Vermögen derjenigen zu dienen, die nicht unseres Blutes sind. Wenn man deutsche Geschlechter, die seit 1000 Jahren in Deutschland wohnen, enteignet, dann muß man es auch den jüdischen Wucherern gegenüber tun.

8. Sofortige Ausweisung sämtlicher seit 1914 eingewanderten Juden. Ferner aller übrigen, die sich durch Börsenspiel oder andere unsaubere Geschäfte ihr Vermögen erworben haben.

9. Die Wohnungsnot muß durch energische Mittel behoben werden, indem man Wohnungen denen zuteilt, die es verdienen. Eisner sagte 1918, wir hätten kein Recht, unsere Gefangenen zurückzuverlangen. Ein Volk, das so denkt (Eisner sprach hier nur offen aus, was alle Juden dachten), muß fühlen, wie es schmeckt, im Konzentrationslager zu leben!

Extreme müssen durch Extreme bekämpft werden. Der materialistischen Verseuchung, der jüdischen Pest müssen wir ein flammendes Ideal entgegenhalten. Und wenn die anderen von Welt und Menschheit sprechen, so sagen wir: Das Vaterland ganz allein!"

▶ **Quelle:** GiQ V, Nr. 211

Arbeitsaufgaben	denkbare Formulierungen
1. Gegen wen richtet sich der Haß Hitlers?	– Die „Novemberverbrecher von 1918", die Politiker der demokratischen Parteien, die er für die Revolution vom November 1918 und für die Unterzeichnung des Versailler Vertrages verantwortlich macht. – gegen die Juden
2. Welche Maßnahmen fordert er, und welche „Strafen" droht er an?	– Vergeltung an den Verrätern – den Galgen für Vaterlandsverräter und Denunzianten – Einweisung in KZ
3. Welche Maßnahmen fordert er gegen die Juden?	– Ausweisung aller nach 1914 eingewanderten Juden und aller „Geschäftemacher" – Enteignung aller jüdischen „Wucherer"

T Krisenjahr 1923

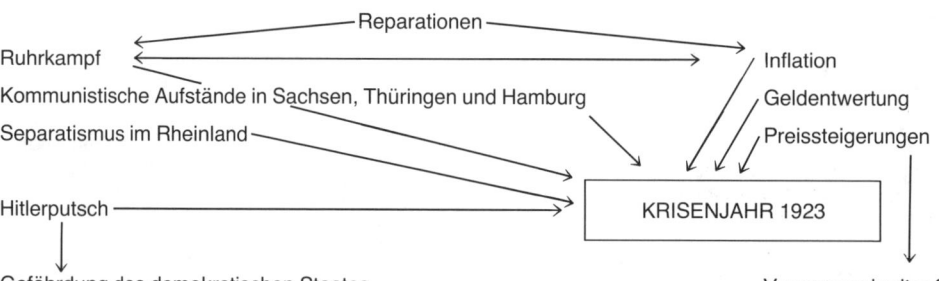

Arbeitsaufgaben	denkbare Formulierungen
1. Zwischen wem wird der Vertrag von Rapallo abgeschlossen?	zwischen Deutschland und der Sowjetunion
2. Worauf verzichten beide Vertragspartner?	– Ersatz der Kriegskosten – Ersatz der Kriegsschäden – Ersatz der zivilen Schäden – Erstattung der beiderseitigen Aufwendungen für Kriegsgefangene – Verzicht Deutschlands auf Entschädigung für die Enteignungen des Reiches oder privater Vermögen von Deutschen durch die Sowjetunion
3. Worauf einigen sich die beiden Partner?	– Aufnahme konsularischer und diplomatischer Beziehungen – Wirtschaftliche Zusammenarbeit wird in Aussicht genommen.
4. Welche Vor- und Nachteile ergaben sich für die beiden Vertragspartner?	

Sowjetunion		Deutschland	
Vorteile	**Nachteile**	**Vorteile**	**Nachteile**
– Der Vertrag von Brest-Litowsk wurde aufgehoben. – Deutschland verzichtet auf Entschädigungen. – Zusammenarbeit beim Aufbau der Industrie	keine Reparationen	– Die außenpolitische Isolierung durch die Westmächte wurde aufgebrochen. – neue Exportmöglichkeiten für die deutsche Industrie	– Die Alliierten wurden Deutschland gegenüber mißtrauisch. – Einfluß auf die deutsche Innenpolitik durch die Sowjetunion

40.4.4.4. Schwerpunkt: Der Vertrag von Rapallo

Der 1922 geschlossene Vertrag von Rapallo war ein erster Schritt Deutschlands und der Sowjetunion, aus der politischen Isolation auszubrechen. Aus der Kenntnis der wichtigsten Bestimmungen des Vertrages sollen die Schüler dessen Bedeutung für die Beziehungen zwischen der Sowjetunion und Deutschland und für ihre Stellung in der internationalen Politik ableiten (Tabelle oben).
▶ **Material:** J. Hohlfeld, Dokumente der deutschen Politik, a. a. O., Bd. III, Nr. 21 und Gfm

40.5. Das Jahrfünft 1924–1929: Außenpolitische Normalisierung und innenpolitische Konsolidierung

40.5.1. Wissensziele

Erstmalig wurden die Reparationen Deutschlands an die Siegermächte durch den Dawesplan 1924 umgrenzt. Der deutsche Außenminister Gustav Stresemann garantierte im Pakt von Locarno 1925 die Ostgrenze Frankreichs. Die Ostgrenze Deutschlands wurde von dem Vertrag nicht berührt. Mit Unterstützung des französischen Außenministers Aristide Briand wurde Deutschland 1926 als gleichberechtigte Nation in den Völkerbund aufgenommen.
In den „goldenen Jahren der Republik" von 1924 bis 1929 stieg die deutsche Produktion in fast allen Produktionszweigen über den Vorkriegsstand an. Wichtige soziale Errungenschaften stammen aus der Zeit der Weimarer Republik.

40.5.2. UE-Ziele

(1) Locarno – die Ablösung der Mächtekonstellation des Weltkrieges durch eine gemeinsam getragene Friedensordnung
(2) Deutschlands Eintritt in den Völkerbund – die Wiedereingliederung Deutschlands als gleichberechtigtes Mitglied in die Völkergemeinschaft
(3) Die innere Verfassung der Weimarer Republik 1924–1929

40.5.3. Einstieg

● **Plakat:** „Locarno? – Wählt deutsch-national!" aus: Anschläge – Deutsche Plakate als Dokumente der Zeit 1900–1960, a. a. O., S. III/4 und Gfm
● **Wahlplakate** zu den Reichstagswahlen 1924 in: Informationen 109/110, S. 21

40.5.4. Schwerpunkte

In dieser Unterrichtseinheit werden Probleme und Vorgänge der Außenpolitik mit besonderem Gewicht behandelt. In den Jahren nach der Krise von 1923 stand mit der Frage einer endgültigen Bereinigung der Weltkriegsfolgen auf internationalem Feld auch für die deutsche Politik die Aufhebung der bisherigen Isolation und die gleichberechtigte Eingliederung in die Völkergemeinschaft im Mittelpunkt des Interesses. Diese Außenpolitik wurde bis zu seinem Tod 1929 kontinuierlich von Stresemann geleitet, so daß die Ergebnisse eng mit seinem Namen verknüpft sind. Ein Einblick in die Verhandlungen und Vertragsabschlüsse läßt sichtbar werden, was für diesen sehr kurzen Zeitraum charakteristisch ist: die weitverbreitete Erwartung, daß Europa und die übrige Welt nunmehr befriedet sind und an einer gemeinsamen Zukunft arbeiten können. Es ist offensichtlich, daß auch die innenpolitische Entwicklung Deutschlands von dieser außenpolitischen Entkrampfung weitgehend mitbestimmt war.

Die Behandlung der Außenpolitik bietet die Gelegenheit, den Schülern die Bedeutung außenpolitischen Handelns klar zu machen. Dabei müssen all die Faktoren, die auf die Außenpolitik einwirken, und die wechselseitige Beeinflussung von Innen- und Außenpolitik deutlich werden. Zu dieser Verquickung beider Bereiche gehören in parlamentarisch-demokratischen Systemen zudem stets die Anteilnahme der öffentlichen Meinung sowie die Mitwirkung der Parlamente.

Gerade aus dieser Überlegung ist es sinnvoll, die innere Geschichte Deutschlands miteinzubeziehen, denn die Auseinandersetzungen um die Außenpolitik Stresemanns sind ein wichtiger Aspekt des permanenten Meinungskampfes der verschiedenen politischen Richtungen. Die politischen Gegensätze bestanden trotz der eingetretenen Beruhigung weiter und bestimmten die tagespolitischen Auseinandersetzungen. In den Wahlkämpfen der Zeit fanden diese Meinungsunterschiede immer einen schrillen Widerhall.

40.5.4.1. Schwerpunkt: Außenpolitische Ereignisse

Die unter 40.5.3. vorgeschlagenen Wahlplakate sind geeignet, die Wahlkämpfe und die in ihnen benutzten Argumente samt ihren das politische Klima vergiftenden Auswirkungen zu illustrieren. Dabei gilt es zu bedenken, daß Wahlplakate für einen bestimmten Zweck entworfen werden. Zur sachgerechten Interpretation derartiger Wahlplakate ist eine Analyse des zeitgeschichtlichen Umfeldes erforderlich.

Zunächst soll die Analyse eines Wahlplakates der DNVP aus dem Jahr 1928 erfolgen, das sich scharf gegen „Locarno" und damit gegen die Politik der Reichsregierung richtete. Das Plakat greift eine Äußerung Stresemanns auf, in der außenpolitischen Entwicklung wurde ein „Silberstreifen am Horizont" sichtbar.

▶ **Material:** Anschläge, S. III/4, und Gfm

Arbeitsaufgaben	denkbare Formulierungen
1. Wie wird die Äußerung Stresemanns auf dem Plakat bildlich dargestellt?	Der „Silberstreif", ein Symbol der Hoffnung, wird hier umgewandelt in einen dunklen Horizont, ein Phantom der Bedrohung. Ein französisch-marokkanischer Soldat symbolisiert sie. Gleichzeitig wird hier ein Element der Rassendiskriminierung deutlich.
2. Im Vordergrund befindet sich eine Landschaft. Um welche Landschaft könnte es sich handeln?	Fluß, Burgruinen und Trauben deuten auf das Rheinland hin.
3. Wie ist diese Landschaft dargestellt?	Sie liegt in Trümmern.
4. Auf welche politische Entscheidung nimmt das Plakat Bezug und wie beurteilt es diese Entscheidung?	Der Vertrag von Locarno wird als verhängnisvoll dargestellt. Die Vision einer französischen Bedrohung und eines zerstörten Rheinlandes wird entworfen.
5. Vergleicht dieses Plakat mit der historischen Realität.	Zugeständnisse wurden von allen Beteiligten gemacht. Der Vertrag weist Zukunftsperspektiven für einen europäischen Frieden auf.
6. Es handelt sich um ein Wahlplakat der DNVP aus dem Jahre 1928. Welche Emotionen sollen im Betrachter geweckt werden?	– Furcht und Angst vor dem Gegner – Mißtrauen gegen die Regierung, die für diesen Vertrag verantwortlich ist.

Als nächstes sollte der Inhalt des Vertragswerkes in Umrissen festgestellt werden.

▶ **Quelle:** GiQ V, Nr. 219

Arbeitsaufgaben	denkbare Formulierungen
1. Wer sind die Vertragspartner?	die deutsche, belgische, britische, französische, italienische, polnische und tschechoslowakische Regierung
2. Worin erblickten die Verhandlungspartner ihr Hauptziel?	– Verhinderung eines neuen Krieges – Friedliche Regelung von Streitigkeiten, die entstehen könnten.
3. Welche Garantien geben die vertragschließenden Parteien?	– Sie garantieren die Grenzen zwischen Deutschland, Frankreich und Belgien, wie sie im Versailler Vertrag festgelegt wurden. – Deutschland, Frankreich und Belgien verpflichten sich, keinen Krieg gegeneinander zu führen. – Im Streitfall soll ein Schiedsspruch entscheiden. – Deutschland verpflichtet sich, Mitglied des Völkerbundes zu werden, erst dann tritt der Vertrag in Kraft. – Werden diese Bestimmungen durch einen der Vertragspartner verletzt, sind die anderen verpflichtet, dem Bedrängten Beistand zu leisten. – Deutschland verpflichtet sich, seine Ostgrenze nicht mit Gewalt zu verändern und erkennt die Verträge dieser beiden Länder mit Frankreich an.
4. Was bedeutet der Vertrag von Locarno für die beteiligten Nationen?	für Deutschland: – Verzicht auf Elsaß-Lothringen, Eupen und Malmedy – Entmilitarisierung des Rheinlandes für Frankreich: – Räumung des Ruhrgebietes – Räumung der 1. Zone des Rheinlandes für die Tschechoslowakei und Polen: Verzicht Deutschlands auf gewaltsame Grenzveränderungen
5. Welche Probleme wurden mit dem Vertrag von Locarno noch nicht gelöst?	– die allgemeine Abrüstung – endgültige Regelung der Reparationen

Deutschlands Beitritt zum Völkerbund

Das in den Augen der Zeitgenossen und noch für heutige Betrachter wichtigste Ergebnis der Locarno-Verträge war, daß Deutschland nunmehr in den Völkerbund aufgenommen wurde. Die „Versammlung" des Völkerbundes, in der alle Mitgliedstaaten je eine Stimme hatten, faßte diesen Beschluß am 8. September 1926 einstimmig. Die Aufnahme Deutschlands ist deshalb besonders bemerkenswert, weil Deutschland sofort einen ständigen Sitz im „Rat" des Völkerbundes erhielt. Nach dem Muster des Rates wurde der Weltsicherheitsrat der UN gebildet. Nicht unerwähnt bleiben sollte, daß Briand und Stresemann, deren Zusammenarbeit diese Entwicklung in erheblichem Maße zu verdanken war, 1926 gemeinsam den Friedensnobelpreis erhielten.

Der Chefdolmetscher des Auswärtigen Amtes, Dr. Paul Schmidt, beschreibt in lebendiger Form die Zeremonie der Aufnahme am 10. September 1926. Diese Darstellung und Auszüge der anläßlich der Aufnahme gehaltenen Reden Stresemanns und Briands können Grundlage für die Behandlung der Ereignisse im Unterricht sein.

▶ **Quelle:** MA V, S. 194 ff. und Gfm

Arbeitsaufgaben	denkbare Formulierungen
1. Warum zeigten die Delegierten eine solche Begeisterung über die Aufnahme Deutschlands in den Völkerbund?	– Sie freuten sich darüber, daß Deutschland in die Gemeinschaft der Völker zurückgekehrt war. – Sie hofften, daß die Gegensätze zwischen den Kriegsgegnern nun endgültig der Vergangenheit angehörten.
2. Wie bewertete Stresemann Deutschlands Aufnahme?	– Er hebt hervor, daß alle Staaten in der Gemeinschaft der Völker gleichberechtigt sein müssen. – Er will darauf hinweisen, daß die Diskriminierung Deutschlands durch den Versailler Vertrag beendet sei.
3. Welche Hoffnung knüpft Briand an diesen Tag?	Dies sei das Ende der jahrhundertelangen blutigen Auseinandersetzungen zwischen Deutschland und Frankreich. Von nun an herrsche zwischen den beiden Ländern Friede und Versöhnung.

40.5.4.2. Schwerpunkt: Innenpolitische Konsolidierung

Bei der Behandlung der inneren Geschichte der Weimarer Republik müssen zwei extreme, einander widersprechende Eindrücke in gleichem Maße vermieden werden:

– Die Auffassung, daß sich die Weimarer Republik in diesem Jahrfünf im Zustand innenpolitischer Idylle ohne Spannungen und Konflikte befunden habe.
– Die gegenteilige Auffassung, daß die Republik von Anbeginn zum Untergang verurteilt gewesen sei, der sich mit unabwendbarer Konsequenz vollzogen habe.

Im Unterricht sollte sowohl auf die tragenden Kräfte mit ihren positiven Aspekten und mit ihren immanenten Schwächen als auch auf die entschiedenen Gegner der Republik, auf ihre Vorstellungen und Zielsetzungen eingegangen werden.

▶ **Material:** Informationen 109/110, S. 42 f. und S. 45 und Gfm

Arbeitsaufgaben	denkbare Formulierungen
1. Analysiert das Ergebnis der Reichstagswahlen 1924–1928.	– Bei der Wahl vom 4. 5. 1924 stimmten 20 % der Wähler für die radikale Rechte und Linke (KPD, NSDAP). – Bei den folgenden Wahlen (7. 12. 1924 und 20. 5. 1928) entfielen auf diese beiden Parteien nur noch insgesamt 13 % der Stimmen. Damit konnten sie die Arbeit des Reichstages nicht ernsthaft gefährden. Der Reichstag war durchaus handlungsfähig und in der Lage, Koalitionen zu bilden. Fast sämtliche Parteien, außer KPD und NSDAP, beteiligten sich zeitweilig an den oft wechselnden Regierungen.
2. Welche Unterschiede bestehen zwischen diesen Parteien und den anderen?	NSDAP und KPD proklamierten offen den Umsturz und lehnten die bestehende Ordnung ab. Alle anderen Parteien waren, mit allerdings recht unterschiedlicher Loyalität gegenüber der Republik und ihren Prinzipien, zur Mitarbeit und zu fallweiser Beteiligung an der Regierung bereit. Das trug zur relativen inneren Ruhe bei.
3. Skizziert die wichtigsten Parteien in ihren Grundsätzen und Standpunkten.	– SPD: bejahte diesen Staat und seine Ordnung, hatte aber einen linken Flügel, der diese Ordnung am Maßstab eines rigorosen Marxismus maß und eine stärkere Verwirklichung sozialistischer Prinzipien forderte. – Zentrum und DVP (Deutsche Volkspartei): gehörten allen Kabinetten dieser Zeit an, auch hier gab es Gruppen, die die Republik zumindest mit Skepsis betrachteten. – DDP (Deutsche Demokratische Partei): stand geschlossen und uneingeschränkt auf dem Boden der Weimarer Republik und ihrer Verfassungsordnung. – DNVP (Deutschnationale Volkspartei) forderte grundsätzlich die Rückkehr zur Monarchie. Teile waren zu loyaler Mitarbeit bereit, die Mehrheit lehnte die Republik jedoch ab.

Arbeitsaufgaben	denkbare Formulierungen
	– KPD (Kommunistische Partei Deutschlands): aus dem Spartakusbund hervorgegangen und später um den linken Flügel der USPD erweitert, lehnte die Weimarer Republik und ihre politische und soziale Ordnung ab und erstrebte den gewaltsamen Umsturz. – NSDAP (Nationalsozialistische Deutsche Arbeiterpartei): lehnte ebenfalls die Weimarer Republik ab und erstrebte deren gewaltsamen Umsturz, allerdings mit anderen Zielsetzungen als die KPD.
4. Welche Konsequenzen ergaben sich aus dem Wahlverfahren?	– Die Zahl der Mitglieder des Reichstages war nicht festgelegt, sondern hing von der Wahlbeteiligung ab. – Durch dieses Verfahren (für je 60 000 Stimmen ein Mandat) wurde erreicht, daß die Zusammensetzung des Reichstages und damit die Stärke der einzelnen Fraktionen sehr genau dem Wählerwillen entsprach. – Dieses Verfahren bewirkte andererseits, daß auch kleine Parteien die Möglichkeit hatten, Mandate zu erlangen. – Damit waren im Reichstag auch sehr kleine Splittergruppen vertreten. – Bei Koalitionsbildungen mit knappen Mehrheiten konnte es vorkommen, daß solche winzigen Splittergruppen unverhältnismäßig große Vorteile erzielen konnten, etwa Ministerposten erhielten.
5. Was läßt sich über die Stabilität der Regierungen aussagen?	– Die Regierungen wechselten sehr häufig. – Innerhalb der Wahlperioden kam es meist zu mehrfachen Umbildungen der Kabinette unter wechselnden Reichskanzlern, wobei sich oft auch die Zusammensetzung der Koalitionen änderte (17 Kabinette von 1919–1930). – Der Grund für die Fluktuation lag nur zum Teil in sachlichen Momenten. Eine wesentliche Ursache war die Vielzahl der Parteien, die im Reichstag vertreten waren, aber auch die inneren Spannungen, denen die größeren Parteien ausgesetzt waren.

Arbeitsaufgaben	denkbare Formulierungen
	– Aus dieser Instabilität der Regierungen ergab sich, daß der Reichspräsident, der den Reichskanzler ernannte (Art. 53), bei der Bildung der Regierungskoalitionen erhebliches Gewicht erlangte.
6. Welche Rückwirkungen hatten die häufigen Wahlen auf das politische Klima?	– Obgleich der Reichstag nach Art. 23 auf vier Jahre gewählt wurde, erreichten die nach 1924 gewählten Reichstage nicht das Ende der vorgeschriebenen Legislaturperiode. Sie wurden vorzeitig vom Reichspräsidenten aufgelöst (Art. 25).
	– Daneben gab es regelmäßig Landtags- und Kommunalwahlen, deren Wahlkämpfe den Reichstagswahlkämpfen an Heftigkeit oft nicht nachstanden.
	– Schließlich gab es drei „Volksentscheide": 1926 über einen Gesetzentwurf zur entschädigungslosen Enteignung der bis 1918 regierenden Fürstenhäuser, 1929 über einen Gesetzentwurf zur Ablehnung des Young-Planes, 1931 über einen Gesetzentwurf zur vorzeitigen Auflösung des Preußischen Landtages mit Neuwahlen.
	– Die Wahlkämpfe waren zumeist durch eine hemmungslose Wahlpropaganda gekennzeichnet mit der Absicht, die politischen Gegner als Konkurrenten um die Gunst der Wähler in der Öffentlichkeit zu diffamieren.
	– Diese Heftigkeit erklärt sich nur zum Teil aus der wahltaktischen Überlegung, die eigene Sache vereinfacht und möglichst einpragsam darzustellen, in ihr kommen vielmehr die schwelenden Gegensätze zwischen den Parteien zum Ausbruch.
	– In der Wahlpropaganda der Rechten wurde mit Stichworten wie „Dolchstoß", „Novemberverrat" die Republik grundsätzlich und mit „Erfüllungspolitik" die von Stresemann bestimmte Außenpolitik angegriffen.

40.6. Weltwirtschaftskrise und beginnende „Auflösung" der Weimarer Republik

40.6.1. Wissensziele

Die Wirtschaftskrise nach 1929 führte zu Massenarbeitslosigkeit und Massenelend und damit wieder zu einer Radikalisierung des politischen Lebens. Die Regierungen fanden keine parlamentarische Mehrheit. Die Reichskanzler mußten mit Notverordnungen regieren. Am 30. Januar 1933 ernannte Reichspräsident von Hindenburg den Führer der NSDAP, Adolf Hitler, zum Reichskanzler.

40.6.2. UE-Ziele

(1) Die Auswirkungen der Weltwirtschaftskrise auf die innenpolitische Entwicklung in Deutschland
(2) Der Sturz der Regierung des Reichskanzlers Müller – Ende des parlamentarisch-demokratischen Systems der Weimarer Republik
(3) Präsidialkabinette und Notverordnungen nach Art. 48 der Weimarer Verfassung
(4) Hitler auf dem Wege zur Macht

40.6.3. Einstieg

● **Wahlplakat:** „Unsere letzte Hoffnung – Hitler" (1932) in: Anschläge – Deutsche Plakate als Dokumente der Zeit 1900–1960, a. a. O., S. IV/16 und Gfm
● **Film:** Institut 320671 „Die Weimarer Republik 1930–1933"

40.6.4. Schwerpunkte

Von den unter 40.6.3. genannten methodischen Zugriffsmöglichkeiten wählen wir die Analyse des Wahlplakats „Unsere letzte Hoffnung – Hitler" aus dem Jahre 1932.
▶ **Material:** Anschläge, S. IV/16 und Gfm

Arbeitsaufgaben	denkbare Formulierungen
1. Was wird auf diesem Plakat dargestellt? Achtet auf die Kleidung und die Mienen der Menschen.	– Es werden verschiedene Bevölkerungsgruppen dargestellt: Angestellte (mit Anzug und Krawatte), Arbeiter (mit Schirmmütze), eine junge Mutter mit ihrem Kind auf dem Arm, eine ältere Frau, ein Bauer mit Hut und Mantel.

Arbeitsaufgaben	denkbare Formulierungen
	– Die Mienen der Menschen erscheinen hoffnungslos, bedrückt.
2. Was stellt diese Zeichnung insgesamt dar?	Es soll gezeigt werden, daß ein Großteil der arbeitenden Bevölkerung arbeitslos und ohne Hoffnung ist.
3. Beachtet die Menschen im Vordergrund und im Hintergrund. Was fällt euch dabei auf?	Die Menschen im Vordergrund sind deutlich zu erkennen, während die im Hintergrund zu einer gestaltlosen Menge werden.
4. Welche Farben herrschen in der Darstellung vor? Welche Funktion haben sie?	Das Bild ist in einem schwachen Gelbbraun vermischt mit Grau gehalten. Die Farben vertiefen den tristen, verzweifelten Eindruck, der durch die Darstellung der Menschen hervorgerufen wird.
5. Eine wichtige Aufgabe haben die Textnachrichten. Achtet darauf, welche Position sie im Bildaufbau, in der Bildkomposition einnehmen.	Die Menschen scheinen direkt auf „Hitler" zuzumarschieren. Im Gegensatz zu dem verschwommenen, verwaschenen Charakter der Bildnachricht steht der Name „Hitler" klar abgegrenzt. Er wirkt vertrauenerweckend. Der Satz „Unsere letzte Hoffnung" scheint den Köpfen der Menschen zu entspringen.

Um das Seriöse und Vertrauenerweckende, das entgegen der sonstigen Gepflogenheit der Propaganda der Nationalsozialisten hier vorherrscht, besonders herauszustellen, könnte zunächst der Name „Hitler" beim Betrachten verdeckt werden. Die Schüler sollen dann vermuten, von welcher politischen Seite dieses Plakat stammen könnte. Es steht zu erwarten, daß sie nur den anderen Parteien, vor allem denen der Mitte, eine solche Zurückhaltung zutrauen, nicht aber den Nationalsozialisten.

40.6.4.1. Schwerpunkt: Die Auswirkungen der Weltwirtschaftskrise

Die Ursachen der Weltwirtschaftskrise und ihre Auswirkungen vor allem in den Vereinigten Staaten sind in UR 37 erarbeitet worden. Daran kann angeknüpft werden, die Schüler reaktivieren ihre Kenntnisse.
Besonders verheerend wirkte sich die Krise in Deutschland aus, da die deutsche Industrie kaum über Eigenkapital verfügte und hoch an das Ausland verschuldet war. Als diese Kredite abgezogen wurden, mußten immer mehr Unternehmen Konkurs anmelden.
Ein realistisches Bild von der Not der Bevölkerung zeigt der Film „Die Weimarer Republik 1930–33". Der Film beginnt mit der Darstellung der Weltwirtschaftskrise und schildert ihre Auswirkungen auf die Bevölkerung.

Das bei weitem ernsteste Problem war die Arbeitslosigkeit, die auf ihrem Höhepunkt sechs Millionen Menschen, mit Angehörigen etwa ein Drittel der Bevölkerung, betraf. Auch heute sind viele Schüler in ihrem Familien- und Bekanntenkreis mit dem Problem der Arbeitslosigkeit, vor allem auch mit der Jugendarbeitslosigkeit, konfrontiert. Solche Schüler können die Auswirkungen von Arbeitslosigkeit heute schildern, so u. a.:
– Man fühlt sich zu nichts nütze,
– man hat Angst vor der Zukunft,
– man wird diskriminiert,
– man verliert den Kontakt zur Umwelt.
Die Arbeitslosen der dreißiger Jahre litten darüber hinaus bittere Not. Die Arbeitslosenunterstützung deckte kaum das Existenzminimum im wahrsten Sinne dieses Wortes, vor allem die Kinder hungerten.
Arbeitslosenunterstützung im Juni 1932:
Beispiel für eine Familie mit 2 Erwachsenen und einem Kind: Unterstützung monatlich 51 RM, davon 32,50 RM für Miete, Beleuchtung, Heizung, blieben 18,50 RM für Ernährung. Nahrungsmittel für 18,50 RM nach den damaligen Preisen: 45 Pfd. Brot für 6 RM, 1 Ztr. Kartoffeln für 2,50 RM, 9 Pfd. Margarine für 3 RM, 15 l Milch für 4,50 RM, 20 Pfd. Kohl für 2 RM, 10 Heringe, Salz und Zucker für 1 RM. Tägliche Ration pro Kopf: ½ Brot, ca. 1 Pfd. Kartoffeln, 100 g Kohl, 50 g Margarine, dreimal im Monat 1 Hering, für das Kind extra 1 Hering und täglich ½ l Milch.
▶ **Quelle:** K. Dederke, Reich und Republik Deutschland 1917–1933, Ernst Klett Verlag, Stuttgart 1969, S. 196

Die beiden folgenden Quellen vermitteln ein eindringliches Bild von der Not in Deutschland.
Bericht des preußischen Wohlfahrtsministeriums über die Not der Kinder, August 1931:
„Die Arbeitslosigkeit der Eltern verursacht bei den jungen Kindern Unterernährung, Häufung von Krankheiten . . . Die Kinderkrankheiten und Erkältungskrankheiten häufen sich, da der Arzt sehr oft zu spät oder gar nicht aufgesucht wird, weil für Arztschein und Medizin die notwendigen Gebühren nicht aufzubringen sind oder kein Fahrgeld vorhanden ist . . .
Sehr deutlich sind die häufigen Erkrankungen der Kinder in den Schulen infolge Blutarmut und Hunger. Schwindel- und Ohnmachtsanfälle treten stark auf . . . (Es) hat sich herausgestellt, daß die Ernährung völlig unzureichend ist, Vitamine (Obst, Gemüse) ganz fehlen . . . Skorbutanzeichen machen sich schon bemerkbar in gewissen Elendsquartieren der Großstädte."
Der amerikanische Schriftsteller Knickerbocker schildert, wie eine Arbeiterfamilie mit der Arbeitslosenunterstützung lebte:

„. . . (Sie) bemühte sich, uns zu erklären, wie sie es zuwege brachte, ihren Mann, fünf Kinder . . . und sich selbst von der Arbeitslosenunterstützung ihres Mannes, 15 RM 85 Pf in der Woche, zu erhalten . . . „Zuallererst . . . muß ich 85 Pfennig vorne wegnehmen, die Max in der Woche für Tabak kriegt. Für die Miete müssen wir 3 Mark wöchentlich zahlen; Gas 70 Pfennig; 50 Pfennig . . . Ratenzahlung für den Sweater (Pullover) von Max und 30 Pfennig in der Woche Handtuchmiete; 1 Mark 30 für Zeitungen und 1 Mark Parteibeitrag."

„Aber warum", rief ich aus, „warum denn 1 Mark 30 für Zeitungen?"

„Wir haben die ‚Rote Fahne', die ‚Rote Post' und die ‚Arbeiter-Illustrierte'. Als gute Kommunisten müssen wir die Parteiorgane lesen."

„Und wie kaufen Sie für 8 Mark 20 in der Woche Essen für sieben Menschen?"

„Brot und Kartoffeln", antwortete sie . . .

„An dem Tag, an dem wir das Geld kriegen, kaufen wir uns Wurst. Einmal in der Woche will doch der Mensch ein bißchen Fleisch haben . . ."

▶ **Quelle:** W. Treue, Deutschland in der Weltwirtschaftskrise in Augenzeugenberichten, Rauch-Verlag, Düsseldorf 1967, S. 248 und 349 f.

40.6.4.2. Schwerpunkt: Die Krise des parlamentarischen Systems

Nachdem die wirtschaftlichen und sozialen Auswirkungen der Weltwirtschaftskrise deutlich geworden sind, muß gefragt werden, warum es der Weimarer Republik nicht gelang, der Krise Herr zu werden, während andere, kaum weniger hart betroffene Industriestaaten mit der Krise fertig wurden.

Zunächst können die Schüler darauf verweisen, daß Deutschland durch seine Niederlage im Weltkrieg und die sich daraus ergebenden Folgen (Inflation, Reparationen, Gebietsverluste) wirtschaftlich besonders geschwächt war.

Daneben erhebt sich aber die Frage nach den besonderen politischen Bedingungen in Deutschland, die das Scheitern wirtschaftlicher Bemühungen und den Zusammenbruch des Systems verständlicher zu machen vermögen. Nunmehr traten die Schwächen des Systems so stark in Erscheinung, daß sie sich als unüberwindlich erwiesen.

Am Beispiel der Parlaments- und Regierungskrise von 1930 sollen die Anfänge des Zerfalls der Weimarer Republik erfaßt und behandelt werden.

▶ **Material:** Informationen 109/110, S. 27 ff.

Arbeitsaufgaben	denkbare Formulierungen
1. Stellt einen Zusammenhang her zwischen dem Bild von Käthe Kollwitz „Deutschlands Kinder hungern" (Gfm) und dem Bericht vom August 1931.	Käthe Kollwitz drückt mit künstlerischen Mitteln die Not der Kinder aus, wie sie der Bericht in nüchternen Worten beschreibt. Die Kinder halten stumm ihre leeren Schüsseln hoch in der Hoffnung, daß ihnen jemand etwas zu essen gibt.
2. Wie macht sich die Not bei den Kindern der Arbeitslosen bemerkbar?	Die Not ist so groß, daß die Kinder in einen Teufelskreis geraten: sie hungern, bzw. ihre Ernährung ist völlig einseitig, sie werden dadurch anfällig für Krankheiten. Diese werden nicht behandelt, weil die Kosten für die Behandlung nicht aufzubringen sind. Die Kinder sind so geschwächt, daß sie in der Schule nicht mitarbeiten können.
3. Was läßt sich aus dem Interview des amerikanischen Schriftstellers über die Lebensweise und Einstellung der Arbeiterfamilie entnehmen?	Die Familie lebt von Hungerrationen wie alle Arbeitslosen. Als überzeugte Kommunisten zweigen sie von ihrer Arbeitslosenunterstützung etwa 15 % für Parteibeitrag und Parteizeitungen ab.

Arbeitsaufgaben	denkbare Formulierungen
1. Über welche politische Frage kam es in der Regierungskoalition zum Konflikt?	Als die Beiträge für die Arbeitslosenversicherung um je 0,25 % für Arbeitnehmer und Arbeitgeber erhöht werden sollen, verweigert die DVP, die in der Regierung sitzt, auf Drängen von Unternehmern ihre Zustimmung. Sie spricht sich für Einschränkungen der Sozialleistungen aus.
2. Wie lautete der ins Auge gefaßte Kompromiß?	Der Beitrag bleibt vorläufig unverändert, bei Defiziten sollen zunächst Einsparungen im Haushalt vorgenommen werden. Die Angelegenheit soll im Herbst neu verhandelt werden.
3. Warum stimmte die SPD dem Kompromißvorschlag nicht zu?	Die SPD stand unter dem Druck der Gewerkschaften, die Einschränkungen der Leistungen für Arbeitslose nicht hinnehmen wollten.
4. Weshalb wurde der Tag des Sturzes der Regierung zum „schwarzen Tag der Sozialdemokratie und der deutschen Demokratie überhaupt"	– Die Regierung des sozialdemokratischen Kanzlers Müller stürzte über eine verhältnismäßig unbedeutende Frage. – Die Interessen der von den beteiligten Parteien vertretenen Gruppen wurden höher gesetzt als das Ganze.

Arbeitsaufgaben	denkbare Formulierungen
(der SPD-Reichstagsabgeordnete und spätere Widerstandskämpfer Julius Leber)?	– Damit war die letzte demokratisch zustande gekommene Regierung der Weimarer Republik gestürzt.
5. Analysiert das Ergebnis der Wahlen vom 14. 9. 1930.	– Stimmengewinne bei den Kommunisten – Der eigentliche Gewinner der Wahl war die NSDAP. – Die Parteien der Mitte und die SPD mußten Verluste hinnehmen. – Die Regierung Brüning kann sich nur auf eine Minderheit stützen. – Die Wähler setzen ihre Hoffnungen hinsichtlich der Behebung der Krise auf die Parteien, die das System abschaffen wollten. Dies ist ein Votum gegen die parlamentarische Demokratie.

40.6.4.3. Schwerpunkt: Das Ende des parlamentarischen Systems

Wie erfolgte die Regierungsbildung seit dem Sommer 1930? Zur Klärung dieser Frage erhalten die Schüler ein Arbeitsblatt, auf dem folgende Materialien angeordnet sind:

▶ **Material:** Art. 48, 53 und 54 der Weimarer Verfassung, Schema der „Staatsorgane der Weimarer Republik", Zahlenbild 50070, E. Schmidt Verlag, Berlin (Gfm)
Ergebnisse der Wahlen zum Deutschen Reichstag von 1930 und 1932 in: Informationen 109/110, dtv II 150 und Gfm

Artikel 48, 53 und 54 der Weimarer Verfassung:

„**Art. 48 [Maßnahmen bei Störung von Sicherheit und Ordnung]** Wenn ein Land die ihm nach der Reichsverfassung oder den Reichsgesetzen obliegenden Pflichten nicht erfüllt, kann der Reichspräsident es dazu mit Hilfe der bewaffneten Macht anhalten.
Der Reichspräsident kann, wenn im Deutschen Reich die öffentliche Sicherheit und Ordnung erheblich gestört oder gefährdet wird, die zur Wiederherstellung der öffentlichen Sicherheit und Ordnung nötigen Maßnahmen treffen, erforderlichenfalls mit Hilfe der bewaffneten Macht einschreiten. Zu diesem Zwecke darf er vorübergehend die in den Artikeln 114, 115, 117, 118, 123, 124 und 153 festgesetzten Grundrechte ganz oder zum Teil außer Kraft setzen.
Von allen gemäß Abs. 1 oder Abs. 2 dieses Artikels getroffenen Maßnahmen hat der Reichspräsident unverzüglich dem Reichstag Kenntnis zu geben. Die Maßnahmen sind auf Verlangen des Reichstags außer Kraft zu setzen . . .
Art. 53 [Ernennung und Entlassung] Der Reichskanzler und auf seinen Vorschlag die Reichsminister werden vom Reichspräsidenten ernannt und entlassen.
Art. 54 [Entzug des Vertrauens] Der Reichskanzler und die Reichsminister bedürfen zu ihrer Amtsführung des Vertrauens des Reichstags. Jeder von ihnen muß zurücktreten, wenn ihm der Reichstag durch ausdrücklichen Beschluß sein Vertrauen entzieht."

Arbeitsaufgaben	denkbare Formulierungen
1. Was sagen die Art. 53 und 54 der Weimarer Verfassung über die Regierungsbildung?	– Der Reichskanzler wird vom Reichspräsidenten ernannt. – Reichskanzler und seine Regierung bedürfen des Vertrauens des Reichstags.
2. Wie hätte nach den Reichstagswahlen von 1930 eine parlamentarische Regierung gebildet werden können?	– Die demokratischen Parteien von SPD bis zur DVP hätten eine Koalition eingehen können, die über die Mehrheit verfügt hätte. – Wegen der Gegensätze zwischen ihnen kam sie nicht zustande.
3. Gab es diese Möglichkeit auch nach den Reichstagswahlen von 1932?	Die demokratischen Parteien hatten keine Mehrheit mehr. Die radikalen Parteien NSDAP und KPD waren zusammen stärker als die anderen Parteien.
4. Welcher Artikel der Verfassung gab dem Reichspräsidenten die Möglichkeit, einen Kanzler zu ernennen, der nicht die Mehrheit hinter sich hatte? Für welche Fälle war dieser Artikel eigentlich gedacht?	Aufgrund des Artikels 48, der Notmaßnahmen vorsah bei einer schweren Gefährdung von Sicherheit und Ordnung oder für den Fall, daß ein Land seine verfassungsrechtlichen Pflichten nicht erfüllte. '
5. Welche Vollmachten enthielt der Art. 48?	– die Außerkraftsetzung der Grundrechte – sonstige Maßnahmen zur Wiederherstellung von Sicherheit und Ordnung
6. Welche Bedeutung erlangte der Art. 48 nach 1930?	Aufgrund dieses Artikels gab es seitdem Reichsregierungen, die sich nicht auf eine Reichstagsmehrheit stützen konnten, sondern vom Vertrauen des Reichspräsidenten abhängig waren (Präsidialkabinette) und mit „Notverordnungen" regierten.

40.6.4.4. Schwerpunkt: Hitler auf dem Weg zur Macht

Die Schüler haben erfahren, daß es bei den Reichstagswahlen 1930 zu einem politischen „Erdrutsch" kam, dessen Ursachen in der durch die Weltwirtschaftskrise hervorgerufenen Massenarbeitslosigkeit, in Mängeln der Verfassung und im Versagen der demokratischen Parteien lagen. Drei Jahre später war Hitler Reichskanzler. Auf welchem Wege gelangte Hitler in dieses Amt?

Die Schüler sollen dazu die Ziele der nationalsozialistischen Bewegung aus dem Parteiprogramm der NSDAP von 1920 entnehmen, aber auch weiter fragen, was sich die Menschen von Hitler erhofften und welche Versprechungen ihnen Hitler machte.

▶ **Quelle:** Guggenbühl, Huber, Quellen zur Geschichte der Neuzeit. Schulthess, Zürich 1958, S. 339 und Gfm

Einen zusammenfassenden Überblick gibt das Tafelbild unten, das als Ergebnis der abschließenden Analyse und Beurteilung fixiert werden kann.

Das Programm von 1920 blieb über ein Jahrzehnt fast völlig ohne Resonanz. Warum aber fanden die politischen Zielvorstellungen der NSDAP und Hitlers in der Zeit nach 1930 in weiten Kreisen der Bevölkerung Anklang?

Eine Antwort vermag die in Bild und Ton festgehaltene Rede vom 27. Juli 1932 zu geben, die Hitler im Wahlkampf vor der Reichstagswahl vom 31. Juli 1932 in Eberswalde gehalten hat.

▶ **Material:** Institut 320521, Politische Reden 1930–1932

Zum didaktischen Einsatz und zur methodischen Aufarbeitung seien einige grundsätzliche Bemerkungen vorangestellt:

Häufig bewirken die Reden Hitlers, wenn sie unvorbereitet einer Lerngruppe präsentiert werden, gerade das Gegenteil des vom Lehrer anvisierten Ziels: Sie üben entweder eine geheime Faszination aus oder werden als Klamauk empfunden, wobei Hitler den Jugendlichen von heute als eine Art Polit-Clown erscheint.

Ein zweites: Die Filme enthalten mehrere Reden verschiedener Redner. Dies verführt dazu, sie nacheinander vorzuführen. So sinnvoll ein Vergleich der Reden später auch sein kann, am Anfang sollte sich der Lehrer auf die Analyse **einer** Rede beschränken.

Es ist zudem zu empfehlen, die Schüler zuerst mit dem historisch-politischen Kontext vertraut zu machen. Folgende Leitfragen sollten im Mittelpunkt stehen:
– Aus welchem Anlaß spricht der Redner?
– Was will der Redner mit seinen Ausführungen bei den Zuhörern erreichen?
– Welche Erwartungen haben die Zuhörer in ihrer Situation?

Im zweiten Schritt soll die Binnenstruktur der Rede analysiert werden.

Um den Kontext der Rede deutlich zu machen, kann der Lehrer auf die Ausführungen im Filmbeiheft zurückgreifen (S. 20 ff.).

Die Schüler können sich über die Gefühle, Hoffnungen und Wünsche der Zuhörer äußern, die die Wahlrede hörten. Diese, wie auch die Kinobesucher, die den Film in der Wochenschau sahen, sind unmittelbar von den Geschehnissen betroffen.
– Die Zuschauer und Zuhörer hofften darauf, daß die Arbeitslosigkeit und ihre dadurch verursachte wirtschaftliche Notlage beendet würde.
– Zuschauer und Zuhörer waren verunsichert, weil sie nicht wußten, wie es in Deutschland weitergehen sollte.
– Die Zuschauer und Zuhörer brauchten einen „Sündenbock", dem sie ihre verzweifelte Lage anlasten konnten.

Diese oder ähnliche Äußerungen können auch durch den Hinweis auf das oben erwähnte Wahlplakat oder die Augenzeugenberichte über die wirtschaftliche und soziale Not provoziert werden.

T Das Parteiprogramm der NSDAP von 1920

Teilgebiet	Punkte	Inhalt in Stichworten	gerichtet an . . .	. . . gegen
Außenpolitik	1–3	Großdeutschland, Nationalismus	alle Schichten des deutschen Volkes	
Gesellschafts- und Herrschaftssystem	4–6, 7, 9, 18, 19, 25	zentralistisch, Führerprinzip, antisemitisch, national	alle Deutschen	Juden, Ausländer
Wirtschaft	11–14,16–18	antikapitalistisch, sozialistisch (Verstaatlichung)	Arbeiter, Mittelstand	Großindustrie, Großgrundbesitz
soziale Maßnahmen	10, 15, 20, 21	soziale Leistungen, Volksgesundheit	Arbeiter, Mittelstand	
Bildung und Erziehung	20, 21, 23	Bildungschancen	Arbeiter, Mittelstand	
Militär	22	allgemeine Wehrpflicht	Offiziere	
Weltanschauung	24	Antisemitismus, „positives Christentum"		Juden

Sodann kann die Rede in bezug auf die Binnenstruktur anhand folgender Arbeitsaufgaben analysiert werden:

Arbeitsaufgaben	denkbare Formulierungen
1. Wie kann man das äußere Erscheinungsbild und das Auftreten des Redners kennzeichnen?	Hitler trägt die Parteiuniform, Braunhemd mit Schulterriemen.
2. In welchem äußeren Rahmen wird die Rede gehalten?	Fahnen, Standarte, Sprechchöre, marschierende Kolonnen, Hitlergruß
3. Was ist zur Lautstärke, zum Sprechtempo, zur Gestik und Mimik des Redners festzustellen?	– Gleich zu Beginn der Rede kommen sich überschlagende Worte und Sätze, später treten Ironie und Verachtung hinzu. – Die Gestik und Mimik ist übertrieben und paßt sich dem Redeton an. – Überbetonung einzelner Wörter (z. B. „fanatisch")
4. Welchen Eindruck vermittelt der Film von den Zuschauern? Nennt eure Meinung.	Die Zuhörer spenden lautstark Beifall, und zwar an Stellen, an denen Hitler die Schuldigen an der Misere nennt und klar sagt, was er mit ihnen vorhat.
5. Analysiert jetzt den Redetext, indem ihr die Wörter und den Satzbau untersucht. a) Hitler verwendet das Wort „sie", um die Schuldigen an der jetzigen Misere zu kennzeichnen. Wessen beschuldigt er sie?	Sie haben . . . eine Nation wirtschaftlich zerstört, den Bauernstand ruiniert, den Mittelstand verelendet, die Finanzen zerrüttet.
b) Wer ist mit „sie" gemeint?	Die Politiker und Anhänger des demokratischen Systems.
c) Im nächsten Teil läßt er sich auf eine Diskussion mit dem gegnerischen Standpunkt ein. Was wirft man den Nationalsozialisten vor?	– Sie seien intolerante und unverträgliche Menschen. – Sie wollten nicht mit anderen Parteien zusammenarbeiten.

Arbeitsaufgaben	denkbare Formulierungen
d) Im darauffolgenden Abschnitt enthüllt Hitler seine wahren Absichten. Welche sind dies?	– Hitler will dreißig Parteien aus Deutschland hinausfegen, und zwar fanatisch und rücksichtslos. – Er will die Schuldigen bald und gründlich bestraft wissen. – Er will das demokratische System beseitigen.
6. Versucht die inhaltlichen Ausführungen Hitlers, die Art und Weise seines Auftretens sowie die Reaktion der Zuhörer zu beurteilen.	– Es findet keine echte Auseinandersetzung mit den Argumenten des politischen Gegners statt. – Es wird nicht an Vernunft und Einsicht appelliert. – Es werden keine konkreten Maßnahmen zur Lösung der Probleme vorgeschlagen. – Der Redner will die Zuhörer aufpeitschen. Er kündigt an, den politischen Gegner zu bestrafen und zu vernichten. Dieses Ziel findet Beifall.

Es muß bei einer kritischen Würdigung der Rede allerdings bedacht werden, daß es sich um eine Wahlrede handelt. Das vorrangige Ziel des Redners ist es, Wählerstimmen zu gewinnen. Gleichwohl sollten die Schüler herausfinden, welche inhaltlichen Ausführungen falsch oder übertrieben sind. So gab es in den 13 Jahren nach 1919 durchaus Zeiten des wirtschaftlichen Aufschwungs.

Das scheinbare Aufgreifen des gegnerischen Standpunkts ist besonders geschickt. Es wird dazu benutzt, um das gesamte demokratische System als „undeutsch" zu diskreditieren und seine gewaltsame Abschaffung zu fordern. Hitlers Vorschläge und Willenskundgebungen fallen bei einem Publikum, das von den Auswirkungen der Weltwirtschaftskrise hart betroffen war, auf fruchtbaren Boden (T Seite 147 oben).

Wenige Tage später fanden Reichstagswahlen statt. Die NSDAP erhielt mehr als das Doppelte ihres bisherigen Stimmenanteils (37 % statt 18 %). Ein halbes Jahr später war Hitler Reichskanzler.

Die Schüler können nun wesentliche Faktoren der Weimarer Republik in einem Schema darstellen (T Seite 147 unten).

Folgendes Tafelbild kann entwickelt werden:

T **Struktur der Hitler-Rede vom 27. 7. 1932 in Eberswalde**

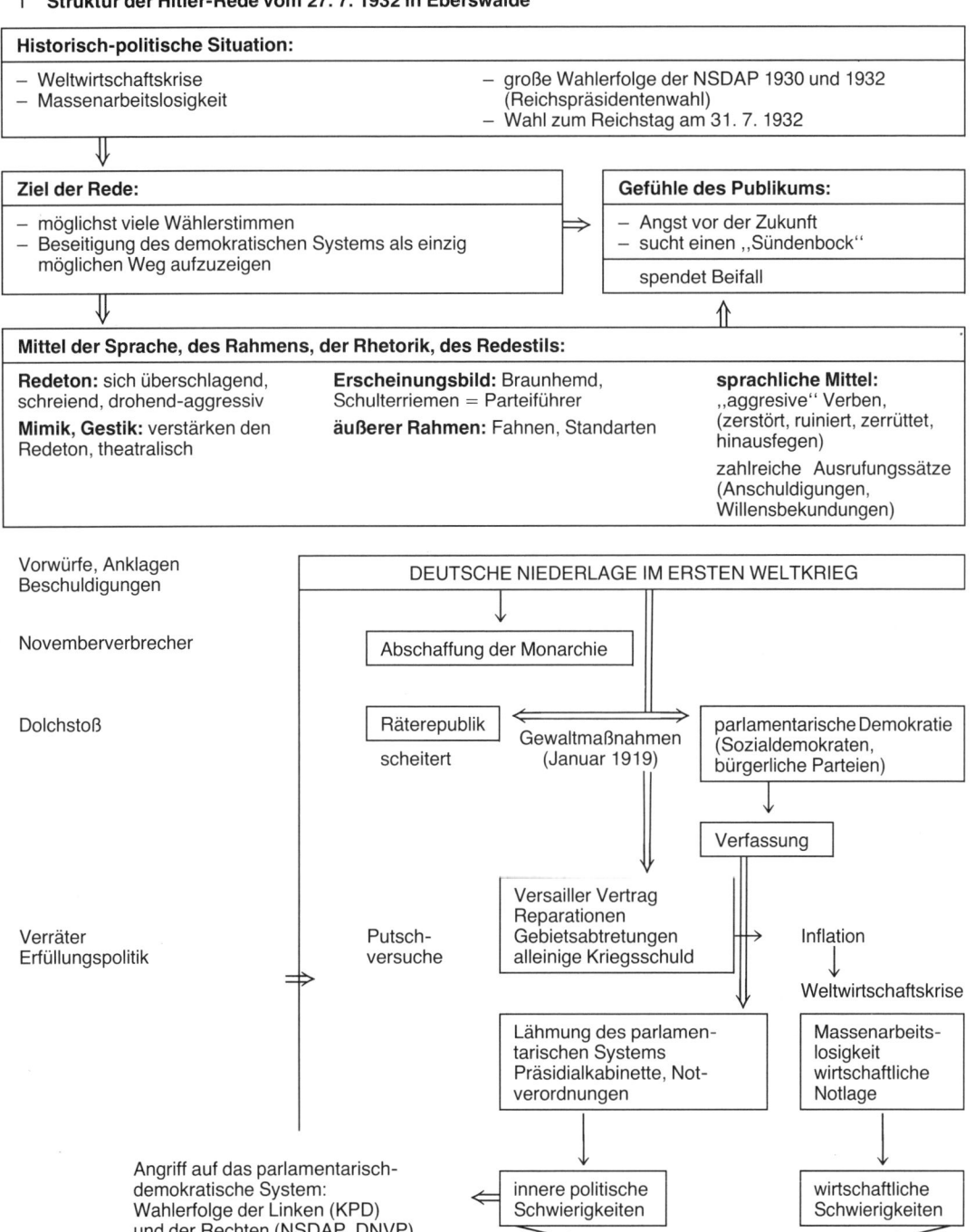

Historisch-politische Situation:

– Weltwirtschaftskrise
– Massenarbeitslosigkeit

– große Wahlerfolge der NSDAP 1930 und 1932 (Reichspräsidentenwahl)
– Wahl zum Reichstag am 31. 7. 1932

⇩

Ziel der Rede:

– möglichst viele Wählerstimmen
– Beseitigung des demokratischen Systems als einzig möglichen Weg aufzuzeigen

Gefühle des Publikums:

– Angst vor der Zukunft
– sucht einen „Sündenbock"

spendet Beifall

⇩

Mittel der Sprache, des Rahmens, der Rhetorik, des Redestils:

Redeton: sich überschlagend, schreiend, drohend-aggressiv

Mimik, Gestik: verstärken den Redeton, theatralisch

Erscheinungsbild: Braunhemd, Schulterriemen = Parteiführer

äußerer Rahmen: Fahnen, Standarten

sprachliche Mittel: „aggresive" Verben, (zerstört, ruiniert, zerrüttet, hinausfegen)

zahlreiche Ausrufungssätze (Anschuldigungen, Willensbekundungen)

Vorwürfe, Anklagen
Beschuldigungen

Novemberverbrecher

Dolchstoß

Verräter
Erfüllungspolitik

Angriff auf das parlamentarisch-demokratische System:
Wahlerfolge der Linken (KPD) und der Rechten (NSDAP, DNVP)

DEUTSCHE NIEDERLAGE IM ERSTEN WELTKRIEG

Abschaffung der Monarchie

Räterepublik
scheitert

Gewaltmaßnahmen
(Januar 1919)

parlamentarische Demokratie
(Sozialdemokraten,
bürgerliche Parteien)

Verfassung

Putsch-
versuche

Versailler Vertrag
Reparationen
Gebietsabtretungen
alleinige Kriegsschuld

Inflation

Weltwirtschaftskrise

Lähmung des parlamen-
tarischen Systems
Präsidialkabinette, Not-
verordnungen

Massenarbeits-
losigkeit
wirtschaftliche
Notlage

innere politische
Schwierigkeiten

wirtschaftliche
Schwierigkeiten

ENDE DER WEIMARER REPUBLIK

147

41. Der Nationalsozialismus

41.0.1. Literaturangaben

Handbuch: Bracher 166 ff., 198 ff.; Droege DG 13; dtv 4009; Fischer FWG 34; Gebhardt 331 ff. und TB 4020; Oldenbourg Bd. 17; Schieder 171 ff., 549 ff.; Ullstein DG 6,7.

Spezialliteratur
Dokumentationen:
Anatomie des SS-Staates, Bd. I: Hans Buchheim, Die SS, das Herrschaftsinstrument; Bd. II: Martin Broszat, Die Konzentrationslager; Hans-Adolf Jacobsen, Kommissarbefehl; Helmut Krausnick, Judenverfolgung. dtv TB 2915/6.
Boberach, Heinz, Meldungen aus dem Reich. Auswahl aus den geheimen Lageberichten des Sicherheitsdienstes der SS 1939–1944. Luchterhand, Neuwied 1968.
Broszat, Martin, u. a. (Hrsg.), Bayern in der NS-Zeit. Soziale Lage und politisches Verhalten der Bevölkerung im Spiegel vertraulicher Berichte. Oldenbourg, München 1977.
ders., Bayern in der NS-Zeit II. Herrschaft und Gesellschaft im Konflikt. Oldenbourg, München 1979.
Demokratie und Diktatur 1918–1945. Quellenheft für den Geschichtsunterricht. Hirschgraben, Frankfurt.
Dokumente und Berichte aus dem Dritten Reich. Texte für die politische Bildung in der Schule. Dazu Lehrerausgabe: Das Dritte Reich im Unterricht. Handbuch mit Quellenmaterial. Hirschgraben, Frankfurt.
Praktiken der politischen Verführung. Agitation, Demagogie, Manipulation, Propaganda. Texte für die politische Bildung in der Schule. Hirschgraben, Frankfurt.
Deuerlein, Ernst, Der Aufstieg der NSDAP in Augenzeugenberichten. dtv TB 2701.
Focke, Harald/Reimer, Uwe, Alltag unterm Hakenkreuz. Wie die Nazis das Leben der Deutschen veränderten. rororo aktuell 4431.
dies., Alltag der Entrechteten. Wie die Nazis mit ihren Gegnern umgingen. rororo TB 4625.
Hofer, Walther, Der Nationalsozialismus – Dokumente 1933–1945. Fischer TB 6084, Frankfurt/Main 1970.
Maser, Werner, Hitlers Mein Kampf. Bechtle, München 1966; auch Heyne TB 122.
Michaelis, Hermann/Schraepler, Ernst, Ursachen und Folgen. Vom deutschen Zusammenbruch 1918 und 1945 bis zur staatlichen Neuordnung Deutschlands in der Gegenwart. Eine Urkunden- und Dokumentensammlung zur Zeitgeschichte. Bde. 9–22, Berlin 1964–1975.
Michalka, Wolfgang, Das Dritte Reich. Dokumente zur Innen- und Außenpolitik. Bd. 1: Volksgemeinschaft und Revisionspolitik, Bd. 2: Weltmachtanspruch und nationaler Zusammenbruch. Fischer TB 2925/6.

Hitler-Biographien:
Bullock, Alan, Hitler. Eine Studie über die Tyrannei. Droste, Neuausgabe Düsseldorf 1974.
Fest, Joachim C., Hitler. Eine Biographie. Propyläen, Frankfurt/Berlin 1973; auch Ullstein TB 3275.
Haffner, Sebastian, Anmerkungen zu Hitler. Kindler, München 1978; auch Fischer TB 3489.
Toland, John, Adolf Hitler. Lübbe, Berg. Gladbach 1977.

Gesamtdarstellungen, Grundsätzliches:
Aleff, Eberhard, Das Dritte Reich. Fackelträger, Hannover [9]1980.
Bracher, Karl Dietrich, Die deutsche Diktatur. Entstehung, Struktur, Folgen des Nationalsozialismus. Kiepenheuer & Witsch, Köln [5]1976; auch Ullstein TB 35002.
Bracher, Karl Dietrich/Schulz, Gerhard/Sauer, Wolfgang, Die nationalsozialistische Machtergreifung. Kiepenheuer & Witsch, Köln 1962; auch Ullstein TB 2992 – 4.
Fest, Joachim C., Das Gesicht des Dritten Reiches. Profile einer totalitären Herrschaft. Piper, München [3]1975.
Hofer, Walther, Die Diktatur Hitlers bis zum Beginn des Zweiten Weltkrieges 1933–39. Akad. Verlagsgesellschaft Athenaion, Konstanz 1960.

Innenpolitik:
Adam, Uwe Dietrich, Judenpolitik im Dritten Reich. Athenäum-Droste TB 7223, Königstein 1979.
Dawidowicz, Lucy S., Der Krieg gegen die Juden 1938. Kindler, München 1978.
Gamm, Hans-Jochen, Führung und Verführung. Pädagogik des Nationalsozialismus. List, München 1964.
Gotto, Klaus/Repgen,Kurt, Kirche, Katholiken und Nationalsozialismus. Topos TB 96.
Klönne, Arno, Hitlerjugend. Die Jugend und ihre Organisation im Dritten Reich. Goedel, Hannover 1957.
Kogon, Eugen, Der SS-Staat. Das System der deutschen Konzentrationslager. Kindler, Frankfurt [2]/1974.
Mason, Timothy W., Sozialpolitik im Dritten Reich. Westdeutscher Verlag, Opladen 1977.
Nyssen, Elke, Schule im Nationalsozialismus. Dudle & Meyer, Heidelberg 1979.
Schoenbaum, David, Die braune Revolution. Eine Sozialgeschichte des Dritten Reiches. Kiepenheuer & Witsch, Köln 1968, auch dtv TB 1590.
Scholder, Klaus, Die Kirchen und das Dritte Reich. Bd. 1. Ullstein, Berlin 1977.
Ueberhorst, Horst, Elite für die Diktatur. Die Nationalpolitischen Erziehungsanstalten 1933–1945. Athenäum-Droste TB 7232, Königstein 1980.
Zipfel, Friedrich, Kirchenkampf in Deutschland. Religionsverfolgung und Selbstbehauptung der Kirchen in der nationalsozialistischen Zeit. de Gruyter, Berlin 1965.

Außenpolitik:
Funke, Manfred (Hrsg.), Hitler, Deutschland und die Mächte. Materialien zur Außenpolitik des Dritten Reiches. Athenäum-Droste TB 7213, Königstein 1978.
Michalka, Wolfgang (Hrsg.), Nationalsozialistische Außenpolitik. Wiss. Buchgesellschaft, Darmstadt 1978.

Zur Faschismus-Totalitarismus-Diskussion:
Arendt, Hannah, Elemente und Ursprünge totaler Herrschaft. Europäische Verlagsanstalt, Frankfurt 1958; auch Ullstein TB 35084, 3182, 3183.
Bracher, Karl Dietrich, Zeitgeschichtliche Kontroversen. Um Faschismus, Totalitarismus, Demokratie. Piper, München ³1979.
Erdmann, Karl Dietrich, Nationalsozialismus – Faschismus – Totalitarismus. in: GWU 27 (1976), S. 457–469.
Greiffenhagen, Martin/Kühnl, Reinhard/Müller, Johann Baptist, Totalitarismus – zur Problematik eines politischen Begriffs. List, München 1972.
Nolte, Ernst, Der Faschismus in seiner Epoche. Piper, München ²1965.
Seidel, Bruno/Jenker, Siegfried, Wege der Totalitarismus-Forschung. Wiss. Buchgesellschaft, Darmstadt 1968.
Totalitarismus und Faschismus. Eine wissenschaftliche und politische Begriffskontroverse. Oldenbourg, München 1980.
Wippermann, Wolfgang, Faschismus – Theorien. Zum Stand der gegenwärtigen Diskussion. Wiss. Buchgesellschaft, Darmstadt ³1976.

Sachbücher:
Rühl, Klaus-Jörg, Brauner Alltag 1933–1939 in Deutschland. Droste, Düsseldorf 1981.
Kiersel, Gerhard, u. a., Berliner Alltag im Dritten Reich. Droste, Düsseldorf 1981.

Zeitschriften: GWU 8/76, 3/78, 3/79, 4/80, 12/80: Literaturbericht Innen- und Außenpolitik Deutschland 1933–1945; 11/77: Literaturbericht Rückblick auf die sogenannte Hitlerwelle; 5/80: Aufsatz Nationalsozialismus ohne Hitler. Geschichte und Gesellschaft 1/1976: Außenwirtschaft und Außenpolitik im „Dritten Reich"; 4/1976: Das nationalsozialistische Herrschaftssystem.
Geschichtsdidaktik **Propaganda im Nationalsozialismus.**
3/78, S. 226 Dietmar Waterkamp, „Die Deutsche Wochenschau" Nr. 10/1945 im Unterricht.
1/81, S. 39 Horst Hesse, Hitler spricht. Eine Quellenauswahl aus Hitlerreden für den Unterricht.
2/81, S. 143 Hannah Vogt, Rechtsradikale Propaganda in der Bundesrepublik – Themen und Chancen.
2/80, S. 109 Bodo von Borries, Unkenntnis des Nationalsozialismus – Versagen des Geschichtsunterrichts?
Holocaust
2/79, S. 113 Wilhelm van Kampen, HOLOCAUST – eine Herausforderung für die Geschichtsdidaktik?
4/79, S. 319 Bernd Otte, Unterrichtseinheit zu „Holocaust".

2/80, S. 183 Elisabeth Broich/Rudolf Tschirbs, Eine Ruhrgebietsstadt in der NS-Zeit – Lehren aus der Vergangenheit?

Jugendbücher
Bayer, Ingeborg (Hrsg.), Ehe alles Legende wird. Das 3. Reich in Erzählungen, Berichten, Dokumenten. Signal, Baden-Baden 1979.
Castillo, Michel del, Elegie der Nacht. rororo TB 4482.
Fährmann, Willi, Es geschah im Nachbarhaus. Arena TB 1242.
Frank, Anne, Das Tagebuch der Anne Frank. Fischer TB 77.
Finckh, Renate, Mit uns zieht die neue Zeit. Signal, Baden-Baden.
Grün, Max von der, Wie war das eigentlich? Kindheit und Jugend im Dritten Reich. Luchterhand, Darmstadt/Neuwied 1979.
Hardey, Evelyn, Damals war ich fünfzehn. Ensslin & Laiblin, Reutlingen.
Kerr, Judith, Als Hitler das rosa Kaninchen stahl. Otto Maier, Ravensburger TB 600.
Koehn, Ilse, Mischling zweiten Grades. rororo Rotfuchs Nr. 226.
Maschmann, Melitta, Fazit. Mein Weg in die Hitlerjugend. dtv TB 1427.
Ossowski, Leonie, Stern ohne Himmel. Beltz, Weinheim 1978.
Richter, Hans Peter, Damals war es Friedrich. dtv TB 7800.
Schönfeldt, Sybil Gräfin, Sonderappell 1945 – ein Mädchen berichtet. Ueberreuter, Wien 1979.
Seiffert, Dietrich, Einer war Kisselbach. rororo Rotfuchs Nr. 255.

41.0.2. UR-Ziele

(1) Das Geschichtsbewußtsein über die Zeit des Dritten Reiches
(2) Methoden der „Machtergreifung", d. h. der Umwandlung der parlamentarischen Demokratie in die Diktatur
(3) Mittel und Formen nationalsozialistischer Herrschaft, z. B. Propaganda, Erziehung, Führerprinzip, Rassenideologie, Militarismus
(4) Die besondere Bedeutung des Terrors und der Unterdrückung
(5) Die Formen nationalsozialistischer Herrschaft aus dem Blickwinkel der „einfachen Menschen" und ihres Alltags
(6) Die Rassenideologie und die Ideologie vom „Lebensraum" als bestimmende Wegweiser nationalsozialistischer Innen- und Außenpolitik
(7) Die Verbindungslinien von der außen- und innenpolitischen Entwicklung der Jahre 1933 bis 1939 zum Zweiten Weltkrieg
(8) Die Ursachen des Krieges und seine Auswirkungen

41.0.3. Medien

Wandkarte: Westermann, Der 2. Weltkrieg – Perthes, Deutschland unter der Hitler-Diktatur 1923–1945.
Atlas: Westermann, 150 Europa nach dem 1. Weltkrieg, 154 Europa im 2. Weltkrieg 1939–1945, 156 Der 2. Weltkrieg im Pazifik – dtv II 194 Die Machtergreifung und der Ausbau der Hitlerdiktatur 1930–1945, 196 Die „Erweiterung des Lebensraumes" bis Frühjahr 1939, 198 Die Feldzüge in Polen, Dänemark, Norwegen, Holland, Belgien, Frankreich 1939/40, 200 Die deutsche Flugzeugproduktion 1939–1945, 204 Die Vernichtung der Juden („Endlösung") 1939–1944, 206 Das Unternehmen „Barbarossa", 212 Die alliierte Invasion in Frankreich 1944, Der Krieg im Osten 1943/44, 214 Der Zusammenbruch der deutschen Ostfront Januar bis März 1945, Das Ende des „Großdeutschen Reiches" April/Mai 1945.
Fotos: Informationen 123/126/127 „Der Nationalsozialismus" und 142/143 „Deutsche und Polen".
Dias: Institut 10 0422 Neueste Geschichte in Plakaten (1929 bis 1946) 17 B, 10 0609 Der Nationalsozialismus in der Karikatur 22 B, 10 0429 Das Dritte Reich und sein Erbe im Bilde P. A. Webers 15 B, 10 0456 Hitler erringt die Macht (1933) 18 B, 10 0457 Militarisierung des öffentlichen Lebens (1934–1936) 15 B.
Filme: Institut FT 22 30. Januar (50 Min.), 32 0558 Hitler an der Macht (12 Min.), 32 2093 Hitler spricht (1932–1939) (20 Min.), 32 0559 Hitlers Weg in den Krieg (15 Min.), 32 0766 Wer nicht für uns ist, ist gegen uns (40 Min.), 32 0588 Hitlers Überfall auf Europa (17 Min.), 32 0589 Dem Ende entgegen (23 Min.), FT 295 Mißbraucht (29 Min.), 32 0751 Requiem für 500 000 (30 Min.), 32 0564 Goebbels spricht (5 Min.), 32 1632 Die Brücke (104 Min.).
Tonbänder/Kassetten: Institut 20/22 0138 Aufruf an das deutsche Volk (Regierungserklärung vom 1. 2. 1933) (14 Min.), 20/22 0092 Deutschland wird eine Diktatur (31 Min.), 20/22 0158 Der Tag von Potsdam (20 Min.), 20/22 0159 Das Ermächtigungsgesetz (32 Min.), 20/22 0183 Die Gleichschaltung (23 Min.), 20/22 0184 Der Führerstaat (23 Min.), 20/22 0164 Hitler und die Jugend (9 Min.), 20/22 0141 Judenverfolgung (32 Min.), 20/22 0132 Der Junge mit dem gelben Stern (18 Min.), 20/22 0137 Kardinal Faulhaber-Allerseelen-Predigt.

41.0.4. Vorbemerkungen

Beschluß der KMK zur Behandlung des Nationalsozialismus
Zur Behandlung der nationalsozialistischen Epoche im Unterricht hat die Kultusministerkonferenz am 20. April 1978 einen Beschluß gefaßt, wonach „es eine wichtige Aufgabe der Schule ist, die Schüler zu politischer Urteilsfähigkeit zu führen und diese durch solide Kenntnisse, insbesondere auch der Geschichte unserer jüngeren Vergangenheit zu untermauern. Dies ist eine notwendige Grundlage, um junge Menschen vor der Gefahr beschönigender Vorstellungen der nationalsozialistischen Gewaltherrschaft zu schützen. Diese Aufgabe – von der Kultusministerkonferenz u. a. in den Beschlüssen zur
– Behandlung der jüngsten Vergangenheit in Geschichts- und gemeinschaftskundlichem Unterricht und den
– Richtlinien für die Behandlung des Totalitarismus im Unterricht
niedergelegt und inzwischen von den Ländern in die Lehrpläne umgesetzt – besteht fort. Die Schule muß auch heute der unkritischen Hinnahme von verharmlosenden oder gar verherrlichenden Darstellungen des durch Diktatur, Völkermord und Unmenschlichkeit gekennzeichneten Dritten Reiches und seiner Repräsentanten aktiv entgegenwirken."

41.0.4.1. Auf dem Wege zur Diktatur

Der Aufstieg der NSDAP
Am 5. 1. 1919 war in München die „Deutsche Arbeiterpartei" gegründet worden, eine unter vielen rechts- oder linksradikalen Parteien, Organisationen und Bünden, die in den hektischen Monaten nach Kriegsende an die Öffentlichkeit traten und zumeist bald wieder verschwanden. Hitler trat der Partei im September 1919 bei und wurde wegen seiner organisatorischen und propagandistischen Begabung, vor allem wegen seiner außergewöhnlichen Fähigkeiten als Redner, bald ihr führender Kopf, Mitte 1921 auch der formelle Vorsitzende. Seit März 1920 nannte sich die Partei „Nationalsozialistische deutsche Arbeiterpartei". Sie hatte Anfang 1922 noch 6000, im November 1923 schon 55 000 Mitglieder.
Nach dem **Putschversuch vom 9. November 1923** (siehe S. 103) wurde die NSDAP aufgelöst, ihr Vermögen beschlagnahmt. Die **erste Phase der Geschichte der Partei** war beendet. In der Illegalität und in Abwesenheit Hitlers, der auf der Festung Landsberg in Haft war, zerfiel die Partei rasch. Im Februar 1925 wurde sie neu gegründet. Hitler hatte inzwischen die Lehre aus dem gescheiterten Putsch gezogen. Er wollte die Macht nunmehr auf legalem Wege ergreifen.

Die **zweite Phase** der Parteigeschichte (1925–1929) fällt zusammen mit der politischen und wirtschaftlichen Konsolidierung der Weimarer Republik. Die Chancen einer radikalen Partei waren in dieser Situation nicht eben hoch. Hitler widmete sich intensiv der organisatorischen Parteiarbeit. Von 27000 im Jahre 1925 stieg die Mitgliederzahl bis 1928 auf 109000. Bei den Reichstagswahlen von 1928 erhielt die NSDAP 2,6% der Stimmen und verlor zwei ihrer 14 Mandate.

Die **dritte Phase** der Geschichte der NSDAP (1930–1933) steht im Zeichen der sich ständig verschärfenden Wirtschaftskrise. Am 14. 9. 1930, dem Tage des sensationellen Erfolges der Nationalsozialisten bei der Reichstagswahl, hatte die Partei 129000 Mitglieder, gut zwei Jahre später, am 30. 1. 1933, waren es 849000, sechsmal so viele. Die NSDAP war aus einer straff organisierten kleinen Partei zu einer Massenbewegung geworden. Bemerkenswert ist die hohe Fluktuation der Mitglieder. Bei 129000 Mitgliedern am 14. 9. 1930 gab es schon 293000 Mitgliedsnummern, und am 30. 1. 1933 waren die Mitgliedsnummern bei 1,4 Millionen angelangt. Zahlreiche Mitglieder traten offensichtlich nach kurzer Zeit wieder aus.

Die Mitglieder der NSDAP

Die soziologische Analyse der Mitgliederschaft zeigt, daß es der NSDAP gelungen war, bei einer merklichen Überrepräsentanz von mittelständisch-kleinbürgerlichen Berufsgruppen zu einer alle Schichten umfassenden Volkspartei zu werden. Unter den Mitgliedern gab es erheblich mehr Angestellte und Selbständige, als es dem Reichsdurchschnitt der Bevölkerung entsprach, doch lag der Anteil der Arbeiter (Reichsdurchschnitt 45%) Ende Januar 1933 bei einem knappen Drittel der Mitglieder, mit steigender Tendenz bei den neuen Mitgliedern seit dem 14. 9. 1930. Von allen nichtmarxistischen Parteien hatte die NSDAP den höchsten Anteil an Arbeitern. Die Interprotation des Nationalsozialismus als einer „bloßen Mittelstandsbewegung" ist ein „in der Literatur verbreitetes Mißverständnis" (Karl Dietrich Erdmann).

Das Parteiprogramm von 1920

In einer Großveranstaltung mit 2000 Teilnehmern verkündete Hitler am 24. 2. 1920 im Festsaal des Münchener Hofbräuhauses ein 25-Punkte-Programm, das er zusammen mit dem Parteigründer Drexler und dem Ingenieur Gottfried Feder ausgearbeitet hatte (Gfm). Es stellte ein Konglomerat von allgemeinen nationalen Forderungen, wie sie von anderen Parteien auch erhoben wurden, antidemokratischen und antisemitischen Parolen sowie von wirren wirtschaftspolitischen Theorien sozialistischer Provenienz dar.

Hitler hat auch späterhin an diesem Programm festgehalten. 1926 trat er einer von dem linken Parteiflügel um die Brüder Gregor und Otto Strasser beantragten Revision des Programms sogar entschieden entgegen und untersagte jede weitere Programmdiskussion. So wurde das Programm nie verändert, obwohl es zeitgebundene Forderungen enthielt („Einziehung der Kriegsgewinne") und in seiner Lückenhaftigkeit und intellektuellen Dürftigkeit als Leitlinie einer Partei, die die Führung einer großen Industrienation anstrebte, offensichtlich unbrauchbar war.

Problematisch erwiesen sich im späteren Verlauf die wirtschaftspolitischen Teile. Sie gehen auf Feder zurück, der in der Frühzeit als der Wirtschaftstheoretiker der Partei galt. Vor allem Teile der SA nahmen die sozialrevolutionären Forderungen ernst (Bodenreform, entschädigungslose Enteignung von Grund und Boden, Abschaffung des Zinses („Brechung der Zinsknechtschaft"). Hitler sah sich genötigt, zumindest den Punkt 17 de facto zu widerrufen, indem er 1928 erklärte, die Forderung nach „unentgeltlicher Enteignung von Boden" richte sich in erster Linie gegen die jüdischen Grundstücksspekulationsgesellschaften.

Von zentraler Bedeutung ist die antisemitische Komponente des Programms. Allein acht Punkte (4–8, 18, 23, 24), ein Drittel des Programms, sind offenbar ganz oder teilweise auf die Juden gemünzt. So verworren dies auch teilweise formuliert ist, schon dieses frühe Programm zeigt, daß die Juden für Hitler und seinen Anhang der Feind Nummer eins waren.

„Mein Kampf" – Hitlers Programm

Wichtiger für das Verständnis der Ziele Hitlers als das Parteiprogramm von 1920 ist die Programmschrift „Mein Kampf", die er während seiner Haft in Landsberg 1924 niederschrieb. Von dem Buch waren bis Ende 1932 287000 Exemplare verkauft worden, die Gesamtauflage erreichte 10 Millionen. „Mein Kampf" enthält vor allem seine vom Antisemitismus geprägte **Rassenlehre** und sein **außenpolitisches Programm**

Die **Rassenlehre**. So wie die Marxisten die Geschichte monokausal als eine Geschichte von Klassenkämpfen erklärten, war für Hitler die bewegende Kraft der Geschichte die **Rasse**: „Alles weltgeschichtliche Geschehen ist nur die Äußerung des Selbsterhaltungstriebes der Rassen." Zwischen den Rassen herrscht ein ständiger unerbittlicher Kampf um Lebensraum und Vorherrschaft.

Die wertvollste ist nach Hitler die **nordische** oder **arische** Rasse, im Grunde ist sie allein imstande, schöpferische Leistungen zu vollbringen. Innerhalb der arischen Rasse sind die Germanen der herausragende Bestandteil und innerhalb der Germanen wiederum die Deutschen. Ihnen steht die Weltherrschaft zu. Alle übrigen Rassen sind minderwertig, sie haben der höherwertigen Rasse zu gehorchen und zu dienen.

Eine Sonderstellung nimmt die **jüdische Rasse** ein. Sie ist nicht einfach eine minderwertige Rasse, sondern die eigentliche „Gegenrasse", deren Ziel es ist, die arische Rasse zu zersetzen und zu vernichten. Die Juden sind für Hitler die Inkarnation alles Bösen auf der Welt, das negative Prinzip schlechthin. Alles was Hitler hassenswert war, identifizierte er mit den Juden: Die „Novemberverbrecher", die Republik von Weimar, den Bolschewismus, den amerikanischen Kapitalismus, den Marxismus, die „internationale Hochfinanz". Das „Judentum" wurde zu einem gigantischen Popanz, zu dem einen Gegner, den es zu vernichten galt.

Das außenpolitische Programm. Im Bereich der Außenpolitik bewegten sich die Forderungen des Parteiprogramms von 1920 im Rahmen der Revision des Versailler Vertrages, wie sie mehr oder weniger von allen politischen Kräften Deutschlands angestrebt wurde: Aufhebung des Vertrages und Rückgabe der Kolonien zur „Ernährung unseres Volkes und Ansiedlung unseres Bevölkerungsüberschusses".

Das außenpolitische Programm Hitlers, wie es 1923 in „Mein Kampf" und 1928 im „Zweiten Buch" niedergelegt ist, hat eine völlig andere Zielrichtung. Hitler wendet sich kategorisch gegen die Zielsetzung einer Wiederherstellung der Grenzen von 1914:

„Die Grenzen des Jahres 1914 bedeuten für die Zukunft der deutschen Nation gar nichts. In ihnen lag weder ein Schutz in der Vergangenheit, noch läge in ihnen eine Stärke für die Zukunft. Das deutsche Volk wird durch sie weder seine innere Geschlossenheit erhalten noch wird seine Ernährung durch sie sichergestellt, noch erscheinen diese Grenzen, vom militärischen Gesichtspunkt aus betrachtet, als zweckmäßig oder auch nur befriedigend." (Adolf Hitler, „Mein Kampf", Eher-Verlag, München 1936, S. 738.)

Die Forderung nach den Grenzen von 1914 – meinte Hitler – würde dazu führen, daß Deutschland einer geschlossenen Phalanx seiner ehemaligen Feinde gegenüberstünde. Die Forderung nach Rückgabe der Kolonie müßte auf den Widerstand Englands stoßen. Das große außenpolitische Ziel Hitlers war die Gewinnung von **Lebensraum im Osten** (Gfm).

Die Vergrößerung des Siedlungsgebietes des deutschen Volkes sollte Schutz und Sicherheit gewährleisten.

„Je größer die Raummenge ist, die einem Volk zur Verfügung steht, umso größer ist auch dessen natürlicher Schutz." („Mein Kampf", S. 148) Sie soll die Ernährung und Rohstoffbasis sicherstellen und das Land bereitstellen, „auf dem dereinst deutsche Bauerngeschlechter kraftvolle Söhne zeugen können".

Dieses Programm bestimmte Hitlers Einschätzung der übrigen Mächte in Europa:

Frankreich müsse wegen seiner grundsätzlich deutschfeindlichen Politik und seiner Hegemoniebestrebungen niedergeworfen werden, es sei eine unerläßliche Voraussetzung für die Ausdehnung nach Osten, Deutschland im Westen den Rücken freizuhalten.

Italien sei wegen seiner faschistischen Staatsform ein geeigneter Bundesgenosse, dafür müsse man zum Verzicht auf Südtirol bereit sein.

Den bei weitem wichtigsten Partner für seine Eroberungspolitik gegen Rußland sieht er in **England**: „Nur mit England allein vermochte man, den Rücken gedeckt, den neuen Germanenzug zu beginnen . . . Englands Geneigtheit zu gewinnen, dürfte . . . kein Opfer zu groß sein." („Mein Kampf", S. 154)

Seine Verblendung durch die Rassenideologie führte ihn zu einer Unterschätzung **Rußlands**. Er glaubte, das Slawentum verfüge über keine staatsbildende Kraft, das russische Reich sei vielmehr von einer germanischen Oberschicht geschaffen und geführt worden. Durch die bolschewistische Revolution sei dieser germanische Kern ausgelöscht worden, und Juden seien an ihre Stelle getreten. Sie aber seien unfähig, das Reich auf die Dauer zu erhalten, weil sie ein „Ferment der Dekomposition" seien.

„Das Riesenreich im Osten ist reif zum Zusammenbruch. Und das Ende der Judenherrschaft in Rußland wird auch das Ende Rußlands als Staat sein." („Mein Kampf", S. 743)

Die „Machtergreifung"

Die amtliche Mitteilung über die Einsetzung der Regierung Hitler am 30. Januar 1933 beginnt mit dem Satz: „Der Herr Reichspräsident hat nach dem Rücktritt der Reichsregierung [Kabinett Schleicher] Herrn Adolf Hitler zum Reichskanzler ernannt."

Formal vollzog sich das, was die NS-Propaganda später mit dem eingängigen Schlagwort „Machtergreifung" bezeichnete, nach den Prinzipien der Verfassung: Der Reichspräsident beauftragte den Führer der stärksten Partei mit der Bildung der Regierung.

Die beiden Parteien, auf die sich die Regierung stützte, verfügte nur über 41,9 % der Reichstagsmandate (NSDAP 33,1 %, DNVP 8,8 %). Wie ihre Vorgänger v. Papen, Schleicher war die Regierung Hitler ein Präsidialkabinett, das nur mit Notverordnungen nach Art. 48 der Weimarer Verfassung regieren konnte. In ihr gab es nur drei Nationalsozialisten (Hitler, Göring, Frick); die übrigen Minister waren Deutschnationale oder parteilos.

Dies bestärkte die Partner Hitlers in der Illusion, sie könnten die Nationalsozialisten unter Kontrolle halten. Vizekanzler v. Papen glaubte: „Wir haben ihn uns engagiert", und prophezeite: „In zwei Monaten haben wir Hitler in die Ecke gedrückt, daß er quietscht."

Die Nationalsozialisten wußten es besser: Überall veranstalteten sie Siegeskundgebungen. In Berlin zogen am Abend des 30. Januar SA, SS und Stahl-

helm in einem großen Fackelzug Unter den Linden entlang durch das Brandenburger Tor (Bild Gfm) und in der Wilhelmstraße an der Reichskanzlei vorbei. Hitler und Hindenburg standen am Fenster. Hitler wußte: Das war der Tag des Sieges. Von heute an gehörte ihm Deutschland.

Hitlers Plan stand von Anfang an fest. In kürzester Frist waren alle anderen politischen Kräfte auszuschalten und die Alleinherrschaft der Nationalsozialisten zu etablieren. Gegen den Widerstand seiner Koalitionspartner setzte er die Ausschreibung von Neuwahlen durch, in der Hoffnung, mit den jetzt verfügbaren Machtmitteln und Propagandamöglichkeiten der Regierung eine Mehrheit zu erlangen.

In der Zwischenphase festigten eine Reihe von (verfassungsmäßig legalen) Notverordnungen und ein (illegaler) ungezügelter Terror von SA und SS die Machtbasis der Nationalsozialisten.

Der Reichstagsbrand

Der Reichstagsbrand und die Frage nach der **Urheberschaft** gehört zu den ungeklärten und wahrscheinlich auch nicht mehr aufklärbaren Fällen der Zeitgeschichte. Der – heute mit wissenschaftlichen und publizistischen Mitteln ausgetragene – Streit darüber hat zeitweise den Charakter eines Glaubenskrieges angenommen.

Die Auseinandersetzung begann schon in der Brandnacht. Die Regierung beschuldigte die Kommunisten einer planmäßig inszenierten politischen Provokation. Auch im Prozeß gegen die holländischen Kommunisten Marinus van der Lubbe vor dem Reichsgericht in Leipzig wurde an der Beschuldigung festgehalten; die mitangeklagten kommunistischen Führer Torgler und Dimitroff wurden jedoch freigesprochen. Es ist sicher, daß die kommunistische Führung von dem Brand und der unmittelbar danach einsetzenden Verfolgungswelle völlig überrascht wurde. Die Kommunisten scheiden als Urheber aus.

Die Kommunisten gaben später ein „Braunbuch" heraus und inszenierten einen Gegenprozeß in London, in dem die Nationalsozialisten der Brandstiftung beschuldigt wurden („Geheimkommando auf Befehl Görings"). Diese Version war akzeptiert, bis Anfang der sechziger Jahre der Amateurhistoriker Fritz Tobias die Alleintäterschaft van der Lubbes behauptete und begründete.

In den letzten Jahren ist der Streit erneut entbrannt. Es erscheint schwer vorstellbar, und dies spricht gegen die Urheberschaft der Nationalsozialisten, daß im Unterschied zu all den anderen Taten und Untaten der Nazis sich ausgerechnet für das vergleichsweise mindere Verbrechen der Reichstagsbrandstiftung keine hieb- und stichfesten Zeugen oder Zeugnisse finden lassen. So ist nach wie vor die Alleintäterschaft van der Lubbes wahrscheinlich.

Die Notverordnung vom 28. 2. 1933

Viel wichtiger und ganz unstreitig ist, daß die Nationalsozialisten die **Nutznießer des Reichstagsbrandes** waren. Noch in der Nacht begann eine Verhaftungswelle, die schließlich weit über 10 000 Funktionäre und Mitglieder der KPD erfaßte. Am nächsten Tag wurde eine Notverordnung „Zum Schutz von Volk und Staat" erlassen, die die wichtigsten Grundrechte (Freiheit der Person, Unverletzlichkeit der Wohnung, Meinungs-, Versammlungs- und Vereinigungsfreiheit, Eigentumsgewähr) „bis auf weiteres" außer Kraft setzte. In die Notverordnung war keine „Schutzhaftklausel" aufgenommen worden, die in allen Weimarer Notverordnungen trotz Ausnahmezustand den Verhafteten die Vorführung vor dem Richter innerhalb 24 Stunden, das Recht auf einen Verteidiger sowie auf Berufung und Entschädigung bei ungerechtfertigter Verhaftung garantiert hatte. Nunmehr waren der Willkür keine Schranken gesetzt.

Die Verordnung blieb bis zum Ende des Dritten Reiches in Kraft. Sie diente noch in der Endphase des Krieges als Rechtsgrundlage für Todesurteile wegen Vorbereitung zum Hochverrat. Die Verordnung ist als die „Verfassungsurkunde des Dritten Reiches" bezeichnet worden: „Die nationalsozialistische Verfassung war somit der Ausnahmezustand." (Walther Hofer)

Die Reichstagswahl vom 5. 3. 1933

Die Wahl fand unter den Bedingungen des Ausnahmezustandes in einem Klima von Einschüchterung und Terror gegen alle Andersdenkenden und zugleich in einer Atmosphäre der Begeisterung, des nationalen Aufbruchs bei den Anhängern statt. Sie brachte den Nationalsozialisten dennoch nicht den erhofften überwältigenden Erfolg. Die NSDAP erhielt 43,9 % der Stimmen, die DNVP 8 %, die Regierungskoalition mithin 51,9 %. Die bürgerlichen Mittelparteien verschwanden fast ganz, das Zentrum (11,2 %) gewann etwas, die SPD (18,3 %) hielt sich bei geringem Verlust und die KPD (12,3 %) verlor über eine Million Stimmen.

„Letztere kamen anscheinend zum großen Teil der NSDAP zugute. Hier bestätigte sich erneut die beträchtliche unterschwellige Affinität zwischen Links- und Rechtsradikalismus, wenn es sich auch bei den meisten KPD-Wählern, die zur NSDAP übergingen, um ideologisch weniger festgelegte bzw. unsichere KPD-Anhänger gehandelt haben dürfte, die erst im Laufe der Wirtschaftskrise zur KPD gestoßen waren, aber wieder von ihr abfielen und für die erfolgreichere Radikalpartei optierten, seitdem die KPD praktisch schon mehr oder weniger unterdrückt war." (Martin Broszat, Der Staat Hitlers. in: Deutsche Geschichte seit dem Ersten Weltkrieg. Bd. 2, dva Stuttgart 1971, S. 571)

Der Staatsakt in Potsdam

Der neue Reichstag wurde am 21. März 1933 in einem feierlichen **Staatsakt in der Garnisonskirche von Potsdam** eröffnet, der letzten Ruhestätte Friedrichs des Großen. Voran gingen Gottesdienste, dann begann der Festakt vor dem Altar mit aufgeschlagener Bibel. Später verneigte sich Hitler im Beisein von vielen Generälen des Ersten Weltkrieges, an ihrer Spitze der ehemalige deutsche Kronprinz, vor dem kaiserlichen Generalfeldmarschall und reichte ihm die Hand (Bild Gfm). SA und SS marschierten neben der Reichswehr auf. Die Symbolik war überdeutlich: Die Kräfte des neuen Staates verbanden sich mit den Traditionen des Preußentums und des deutschen Kaiserreiches zu einer neuen Synthese (Reproduktion der Postkarte Gfm).

Es mag erwähnt werden, daß dieselbe Verbindungslinie, oft weiter zurück in die Geschichte bis Martin Luther verlängert, nach 1945 von Gegnern des Nationalsozialismus gezogen wurde, um im Rahmen der „reeducation" als Begründung für die Eliminierung aller jener Traditionen zu dienen, die angeblich dem Nationalsozialismus vorangingen.

Das „Ermächtigungsgesetz"

Schon zwei Tage nach dem „Tag von Potsdam" zeigten die Nationalsozialisten ihr wahres Gesicht. Als der Reichstag in der Krolloper zusammentrat, fehlten die 81 kommunistischen Abgeordneten, denen die Sitze aberkannt worden waren. Auch einige sozialdemokratische Abgeordnete waren verhaftet worden oder hielten sich verborgen. Um das Sitzungsgebäude herum waren SA und SS aufmarschiert und versuchten, die Abgeordneten durch Drohungen einzuschüchtern.

Dem „Gesetz zur Behebung der Not von Volk und Reich" stimmten 444 Abgeordnete zu, nur die 94 SPD-Abgeordneten stimmten dagegen, nachdem der Abgeordnete Wels in seiner berühmten Rede die Ablehnung begründet hatte.

„Es gehört zu den merkwürdigsten, verhängnisvollsten und umstrittensten Geschehnissen der jüngsten deutschen Geschichte, daß es Hitler tatsächlich gelang, über die Deutschnationalen hinaus das Zentrum und die bürgerlichen Mittelparteien zu gewinnen." (Karl Dietrich Erdmann in: Gebhardt, Bd. 4, S. 373)

In der Tat waren die Stimmen des Zentrums für die erforderliche Zweidrittelmehrheit entscheidend. Innerhalb der Zentrumsfraktion waren die Meinungen geteilt. Eine Mehrheit mit dem Parteivorsitzenden Kaas war für Zustimmung, eine Minderheit mit den ehemaligen Reichskanzlern Brüning und Wirth sowie dem Gewerkschaftsführer Stegerwald votierte für Ablehnung.

In Verhandlungen mit Hitler machte die Zentrumsführung ihre Zustimmung von Zusicherungen hinsichtlich der Stellung der Kirche, der Länderkonkordate, der Unabhängigkeit der Justiz, des Fortbestands von Reichstag und Reichsrat und der Rechte des Reichspräsidenten sowie des Schutzes der dem Zentrum angehörenden Beamten abhängig. Hitler stimmte in seiner geschickt formulierten Regierungserklärung bei Vorlage des Gesetzes den Bedingungen zu, die versprochene schriftliche Bestätigung ist nie erfolgt. In einer Aufzeichnung faßte der Abgeordnete Karl Bachem die Meinung der Zentrumsfraktion so zusammen: Im Falle der Ablehnung hätten die Nationalsozialisten die Partei zerschlagen, alle Zentrumsbeamten entlassen und einen neuen Kulturkampf entfesselt, im übrigen ihre Ziele ohnehin durchgesetzt und eine völlig ungehemmte Willkürherrschaft errichtet.

Die auf vier Jahre befristete Generalvollmacht wurde 1937 und nochmals 1939 durch den Reichstag, 1943 durch Führererlaß verlängert, ohne daß die Öffentlichkeit davon Notiz genommen hätte.

41.0.4.2. Der totale Staat

Die zweite Stufe der Machtergreifung

Notverordnung und Ermächtigungsgesetz hatten Hitler zwar alle Vollmachten gegeben, aber noch gab es eine Reihe von Instanzen und Machtfaktoren, die die Nationalsozialisten noch nicht oder noch nicht vollständig kontrollierten: Länder und Gemeinden, Parteien und Gewerkschaften, Reichspräsident und Reichswehr.

Auch die zweite Stufe der Machtergreifung vollzog sich in – äußerlich – legalen Formen; es war eine „Revolution auf dem Verwaltungswege" (Karl Dietrich Bracher).

Die Gleichschaltung

Mit dem aus der Elektrotechnik entlehnten Begriff, zuerst offiziell in dem „Gesetz zur Gleichschaltung der Länder" verwendet, wurde die Übernahme aller wichtigen Positionen und Organisationen in Staat und Gesellschaft durch die Nationalsozialisten, ihre Durchdringung mit der NS-Ideologie und ihre Ausrichtung auf das Führerprinzip verstanden.

Der Vorgang, den man eine „gleitende Revolution" genannt hat, entwickelte sich mit atemberaubender Schnelligkeit und war Ende 1933 praktisch abgeschlossen, endgültig am 1. 8. 1934, als sich Hitler zum Staatsoberhaupt ernannte und damit auch noch die Funktion des Reichspräsidenten übernahm. Das Ganze verlief in mehreren Etappen und auf verschiedenen Ebenen.

Das erste Ziel waren die **Länder** und Gemeinden. In Preußen erhielt die kommissarische Regierung des Reiches, die seit Papens „Staatsstreich gegen Preußen" vom 20. Juli 1932 amtierte, durch eine Notverordnung vom 6. Februar 1933 die vollen Regierungs-

befugnisse. Göring wurde kommissarischer Innenminister und damit Chef des größten Polizeiapparates in Deutschland.

Unmittelbar nach der Reichstagswahl vom 5. März 1933 wurden in den Ländern, die keine nationalsozialistischen Regierungen hatten, Reichskommissare eingesetzt, meist die örtlichen Parteiführer, die als erstes die Polizeigewalt in die Hände von SA- und SS-Führern legten. So wurde Heinrich Himmler kommissarischer Polizeipräsident von München, Reinhard Heydrich Leiter der Münchener politischen Polizei.

Durch das „Gesetz zur Gleichschaltung der Länder mit dem Reich" vom 31. 3. 1934 wurden die Länderparlamente aufgelöst und bildeten sich nach den Ergebnissen der Reichstagswahl neu. Ein weiteres Gesetz institutionalisierte die Reichskommissare als Reichsstatthalter. Der Schlußpunkt wurde Anfang 1934 gesetzt, als die Länderparlamente aufgelöst wurden und die Hoheitsrechte der Länder an das Reich fielen und schließlich der Reichsrat aufgelöst wurde. Die bundesstaatliche Struktur des Reiches war zugunsten eines zentralistischen Staates beseitigt.

In den Gemeinden wurden die Vertretungskörperschaften ebenfalls neu zusammengesetzt. Landräte, Bürgermeister und Kommunalbeamte wurden durch Nationalsozialisten ersetzt, die nach dem „Führerprinzip" durch Partei oder Staat ernannt wurden. Im Sommer 1933 gab es nur noch vier Oberbürgermeister, die vor dem 30. Januar gewählt worden waren.

Das „Gesetz zur Wiederherstellung des Berufsbeamtentums" vom 7. April 1933 sah die Entlassung aller Beamten vor, die nicht die erforderliche „Eignung" besaßen, die „nicht arischer Abstammung" waren und die, wie es hieß, „nach ihrer bisherigen politischen Betätigung nicht die Gewähr dafür bieten, daß sie jederzeit rückhaltlos für den nationalen Staat eintreten". Damit wurden die bisherigen willkürlichen Entlassungen legalisiert und weitere Stellen für Nationalsozialisten freigemacht.

Das Ende der Parteien

Nachdem die KPD schon seit dem Reichstagsbrand in die Illegalität gedrängt worden war (ein formelles Verbot wurde nie erlassen), wurde die SPD am 22. Juni als „staats- und volksfeindliche Organisation" verboten, ihr Vermögen wurde eingezogen. 3000 Funktionäre wurden verhaftet. Innerhalb weniger Tage, vom 27. 6. bis 5. 7., lösten sich, dem politischen Druck nachgebend, zuerst die Deutschnationale Volkspartei (DNVP), die Staatspartei, die Deutsche Volkspartei, die Bayerische Volkspartei und schließlich das Zentrum selbst auf. Am 14. Juli 1933 wurde ein „Gesetz gegen die Neubildung von Parteien" erlassen, in dem die NSDAP zur einzigen legalen Partei in Deutschland erklärt wurde.

Die Zerschlagung der Gewerkschaften

Die Gewerkschaften waren schon vorher zerschlagen worden. Die Aktion war meisterhaft vorbereitet worden. Auf einer riesigen Kundgebung in Berlin am 1. Mai 1933 erklärte Hitler den alten Kampftag der Arbeiterbewegung zum „Tag der nationalen Arbeit" und zum bezahlten Feiertag. Am nächsten Morgen besetzten SA, SS und NSBO (Nationalsozialistische Betriebszellenorganisation), die bei den Betriebsratswahlen im März 1933 kläglich 25 % der Stimmen erhalten hatte, die Gewerkschaftshäuser. Die Funktionäre wurden verhaftet, das Vermögen beschlagnahmt, die Organisation aufgelöst.

Der „Röhm-Putsch"

Die Ausschaltung des einzigen innerparteilichen Rivalen von Bedeutung, des „Staatschefs der SA", Ernst Röhm und seiner *Clique*, bekannt unter der irreführenden Bezeichnung „Röhm-Putsch", setzte den Endpunkt unter diese Phase der Machtergreifung. Hitler hatte nach der Zerschlagung der Parteien erklärt, die Revolution sei beendet. Weite Teile der SA, in der sozialrevolutionäre Forderungen des Strasser-Flügels weiterlebten, forderten dagegen eine zweite Revolution, die Umgestaltung der sozialen Verhältnisse. Röhm hegte überdies den ehrgeizigen Plan, die SA und die Reichswehr zu einem nationalsozialistischen Volksheer unter seiner Führung zu vereinigen.

Hitler entschied sich für die Reichswehr und gegen die SA. Maßgebend waren wohl zwei Überlegungen: 1. Eine SA-Armee unter Röhm als einzige bewaffnete Macht im Staat hätte Hitler gefährlich werden können, während er sich auf die Loyalität der Reichswehr verlassen konnte. 2. Für die Aufrüstung und die außenpolitischen Pläne brauchte er eine disziplinierte Kaderarmee und keine von der SA beherrschte Volksmiliz.

Die Bevölkerung, gerade auch diejenigen Teile, die dem Nationalsozialismus skeptisch bis feindlich gegenüberstanden, hatte das Treiben der SA-Schlägerbanden in den Monaten nach dem 30. Januar mit Abscheu beobachtet. Sie trauten der SA und ihrer Führung auch die unterschobenen Putschpläne zu. Bei allem Entsetzen über das brutale Vorgehen war man doch eher erleichtert über die Vereitelung der SA-Revolte. Die Propaganda stellte heraus, daß die nationalsozialistische Revolution weit unblutiger verlaufen sei als alle anderen historischen Revolutionen. Die Reichswehr nahm es ohne Widerspruch hin, daß der Mordaktion auch zwei Generäle, der ehemalige Reichskanzler v. Schleicher und General v. Bredow, zum Opfer fielen.

Sie war darüber befriedigt, daß die Ausschaltung der SA ihren mächtigsten Rivalen beseitigt hatte. Ihr Anspruch, der alleinige Waffenträger der Nation zu

sein, schien gesichert, ein Irrtum, wie sich bald herausstellen sollte. Die SS-Verfügungstruppe, der Kern der späteren Waffen-SS, war schon geschaffen.

Die SS beglich in der „Nacht der langen Messer" auch andere alte Rechnungen. Ermordet wurden konservative Regimegegner wie die Mitarbeiter Papens, Edgar Jung und v. Bose, der frühere bayerische Staatskommissar v. Kahr, der sich beim Putsch vom 9. November 1923 gegen Hitler gestellt hatte, der Leiter der Katholischen Aktion in Berlin, Ministerialdirektor Klausener, und viele andere.

Die Mordaktion wurde durch ein nachträgliches „Gesetz über Maßnahmen der Staatsnotwehr" für rechtens erklärt, ein für einen Rechtsstaat unerhörter Vorgang.

Einer der bedeutendsten deutschen Staatsrechtslehrer, Carl Schmitt, scheute nicht davor zurück, den Vorgang in einem Aufsatz mit der Überschrift „Der Führer schützt das Recht" zu rechtfertigen:

„In Wahrheit war die Tat des Führers echte Gerichtsbarkeit. Sie untersteht nicht der Justiz, sondern war selbst höchste Justiz ... Das Richtertum des Führers entspringt derselben Rechtsquelle, der alles Recht jedes Volkes entspringt. In der höchsten Not bewährt sich das höchste Recht und erscheint der höchste Grad richterlich rächender Verwirklichung des Rechts. Alles Recht stammt aus dem Lebensrecht des Volkes." (Zit. nach: Eberhard Aleff, Das Dritte Reich, S. 57)

Hitler „Führer und Reichskanzler"

Die „Machtergreifung" fand ihren endgültigen Abschluß, als am 2. August 1934 Reichspräsident v. Hindenburg starb und Hitler durch das „Gesetz über das Staatsoberhaupt des Deutschen Reiches" die Ämter des Regierungschefs und des Staatsoberhauptes in seiner Person vereinigte. Die Reichswehr wurde auf das neue Staatsoberhaupt vereidigt. Die Eidesformel verpflichtete die Soldaten auf die Person des „Führers und Reichskanzlers" und nicht wie bisher auf das Vaterland oder eine Verfassung:

„Ich schwöre bei Gott diesen heiligen Eid, daß ich dem Führer des Deutschen Reiches und Volkes, Adolf Hitler, dem Oberbefehlshaber der Wehrmacht, unbedingten Gehorsam leisten und als tapferer Soldat bereit sein will, jederzeit für diesen Eid mein Leben einzusetzen."

In der Weimarer Republik hatte die Eidesformel gelautet: „Ich schwöre Treue der Reichsverfassung und gelobe, daß ich als tapferer Soldat das Deutsche Reich und seine gesetzmäßigen Einrichtungen jederzeit schützen, dem Reichspräsidenten und meinen Vorgesetzten Gehorsam leisten will."

Damit hatte Hitler die beiden letzten Machtfaktoren, das Amt des Reichspräsidenten und die Reichswehr, an seine Person gebunden. Er verfügte von nun an über die unumschränkte Herrschaft in Deutschland.

Die Durchdringung aller Lebensbereiche

Der Prozeß der „Machtergreifung" und der „Gleichschaltung" blieb bei der Eroberung oder Ausschaltung der staatlichen und gesellschaftlichen Institutionen und Positionen nicht stehen. Der totale Staat, den die Nationalsozialisten zu errichten im Begriff waren, zielte darauf ab, alle Bereiche des Lebens zu durchdringen. Diesem Zweck diente ein Netz von Organisationen, in denen jeder einzelne von früher Jugend an zur Mitarbeit gebracht oder auch gezwungen wurde und in denen er zugleich einer totalen Kontrolle unterlag. Kern der Bewegung war die **NSDAP**. 1939 gliederte sie sich in:

40 Gaue (für 36 Länder und Provinzen des Staates), 808 Kreise (für 1052 Stadt- und Landkreise), 28376 Ortsgruppen und Stützpunkte (für 79375 Gemeinden) mit je höchstens 1500 Haushalten, 89378 Zellen mit je 160 bis 480 Haushalten, 463048 Blocks zu je 40 bis 60 Haushalten (160 bis 240 Personen).

Um sie herum gruppierten sich:
- ihre Gliederungen: SA, SS, HJ, NS-Frauenschaft, NS-Kraftfahrkorps, NS-Fliegerkorps, NS-Studentenbund, NS-Dozentenbund und
- ihre angeschlossenen Verbände: Deutsche Arbeitsfront, NS-Volkswohlfahrt, NS-Ärztebund, NS-Rechtswahrerbund, Reichsbund der Deutschen Beamten, NS-Lehrerbund, NS-Bund Deutscher Technik, NS-Kriegsopferversorgung, NS-Reichsbund für Leibesübungen und viele andere.

Auf das gesamte System der „Erfassung der Volksgemeinschaft" kann weder an dieser Stelle noch auch im Unterricht eingegangen werden. Es kann nur exemplarisch an zwei Beispielen verdeutlicht werden: an der Hitlerjugend, weil ihr eine zentrale Bedeutung für die Erziehungsziele der Bewegung zukommt und weil über einen Vergleich mit der Situation der Jugend von damals die heutige junge Generation noch am leichtesten Zugang zu der fremden Welt des NS-Staates finden kann, und an der SS wegen ihrer einzigartigen Stellung im nationalsozialistischen Staat.

Die Hitlerjugend

In der Weimarer Republik war die Hitlerjugend die Jugendabteilung der nationalsozialistischen Kampfverbände und unterstand der obersten SA-Führung. Zu ihren Aufgaben gehörten politische Propaganda, Demonstrationen, Aufmärsche, kaum Jugendarbeit im eigentlichen Sinne. Nach der Machtübernahme wurde ihr eine neue, ganz andere Funktion zugewiesen: die organisatorische und ideologische „Erfassung" aller Jugendlichen.

Im Oktober 1932 hatte die HJ 100000 Mitglieder, Ende 1934 waren es schon 3,5 Millionen (1939 8 Millionen). In der Zwischenzeit hatte die HJ im Zuge der „Gleichschaltung" die meisten anderen Jugendverbände aufgesaugt. Teils hatten sie sich ihr freiwillig

angeschlossen, teilweise waren sie zwangsweise angegliedert, wieder andere waren verboten worden. Zugleich hatte die HJ die gesamte sozial- und berufspolitische Jugendarbeit übernommen und die Jugendpressearbeit praktisch monopolisiert.

Abschluß dieser Entwicklung war das „Gesetz über die Hitlerjugend" vom 1. Dezember 1936, in dem die HJ **Pflichtorganisation** für die gesamte männliche und weibliche Jugend wurde. Ihr wurde die Aufgabe zugewiesen, „die gesamte deutsche Jugend . . . körperlich, geistig und sittlich im Geiste des Nationalsozialismus zum Dienst am Volk und zu Volksgemeinschaft zu erziehen". Die 10- bis 14jährigen waren im „Deutschen Jungvolk" („Pimpfe") und bei den „Jungmädel", die 14- bis 18jährigen in der eigentlichen „Hitlerjugend" und im „Bund Deutscher Mädel" (BDM) organisiert.

Die Jugenddienstverordnung vom März 1939 dekretierte eine HJ-„Dienstpflicht", die gleichgeordnet neben Arbeitsdienst- und Wehrdienstpflicht trat. Diese HJ-Dienstpflicht konnte durch Strafen (Jugendarrest, Bestrafung der Erziehungsberechtigten) erzwungen werden.

Die Übernahme von Lebensformen der Jugendbewegung (Fahrten mit Zelt und Lagerfeuer, Geländespiele), die Nutzung jugendtypischer Motive (Selbstbehauptung, Wetteifer), die frühzeitige Zuweisung von Befehlsfunktionen („Jugend wird von Jugend geführt") und die Indienstnahme des jugendlichen Idealismus insgesamt bewirkten, daß die überwiegende Mehrheit der Jugendlichen begeistert mitmachte.

Schon lange vor dem Kriege übernahm die HJ zunehmend **paramilitärische Funktionen**, durch vormilitärische Ausbildung (Schießen, Wehrsport) in der allgemeinen HJ und Spezialausbildung in Sondereinheiten (Flieger-, Motor-, Marine-, Nachrichten-HJ), im Kriege durch „Wehrertüchtigungslager", Kriegshilfsdienste (wie Schanz- und Luftwaffenhelferdienst) und schließlich in der Endphase durch die Teilnahme am „Volkssturm" und am kaum noch Realität gewordenen „Werwolf".

Die Erziehungsziele des Regimes traten am deutlichsten in den verschiedenen politischen Ausleseschulen zutage, die der Heranbildung einer politischen Führungselite dienen sollten:
● die 24 „**Nationalpolitischen Erziehungsanstalten**" (Napola),
● die „**Adolf-Hitler-Schulen**" (AHS), die in jedem Gau eingerichtet werden sollten, und
● die 3 „**Ordensburgen**" für AHS-Absolventen.

Das organisatorische Nebeneinander und die inhaltliche Konzeptionslosigkeit, vor allem aber die kurze Dauer der NS-Herrschaft führten dazu, daß diese Versuche der Züchtung einer politischen Elite praktisch ergebnislos blieben.

„Deutlich ist jedoch der Nivellierungseffekt in der sozialpsychologischen Wirkung: das nationalsozialistische Deutschland praktizierte die Überzeugung, daß die ständische oder berufliche Zugehörigkeit zu einer der traditionellen Führungsschichten der deutschen Gesellschaft kein politisches Führungsprivileg bedeutete." (Karl Dietrich Erdmann in: Gebhardt, S. 422)

Die Jugenderziehung spielte in dem **Prozeß der gesellschaftlichen Egalisierung**, den die Nationalsozialisten in Gang setzten, eine hervorragende Rolle. Man hat diesen Prozeß in der neueren Forschung als die „braune Revolution" (David Schoenbaum) bezeichnet. Hitlerjugend und Eliteschulen sollten nicht zuletzt dazu dienen, „überlieferte Werte und Privilegien der traditionellen Elite zu beseitigen und unter dem politischen Vormachtanspruch der Diktatur gesellschaftliche sowie mentalitätsmäßige Unterschiede zwischen den sozialen Schichten verschwinden zu lassen". (Klaus Hildebrand, Das Dritte Reich, S. 52) Noch deutlicher war die Egalisierungsfunktion des „**Reichsarbeitsdienstes**", dessen Hauptaufgabe die „**Erziehung zur Volksgemeinschaft**" durch gemeinsame körperliche Arbeit war.

Hitler hat in einer Rede in Reichenberg am 2. 12. 1938 die **Erziehungsziele des Nationalsozialismus** kurz und klar dargelegt:

„Diese Jugend, die lernt ja nichts anderes als deutsch denken, deutsch handeln, und wenn diese Knaben mit 10 Jahren in unsere Organisation hineinkommen und dort oft zum erstenmal überhaupt eine frische Luft bekommen und fühlen, dann kommen sie vier Jahre später vom Jungvolk in die Hitlerjugend, und dort behalten wir sie wieder vier Jahre. Und dann geben wir sie erst recht nicht zurück in die Hände unserer alten Klassen- und Standeserzeuger, sondern dann nehmen wir sie sofort in die Partei, in die Arbeitsfront, in die SA oder in die SS, in das NSKK und so weiter. Und wenn sie dort zwei Jahre oder anderthalb Jahre sind und noch nicht ganz Nationalsozialisten geworden sein sollten, dann kommen sie in den Arbeitsdienst und werden dort wieder sechs Monate geschliffen, alle mit einem Symbol, dem deutschen Spaten. Und was dann nach sechs oder sieben Monaten noch an Klassen- oder Standesdünkel da oder dort noch vorhanden sein sollte, das übernimmt die Wehrmacht zur weiteren Behandlung auf zwei Jahre. Und wenn sie nach zwei, drei oder vier Jahren zurückkehren, dann nehmen wir sie, damit sie auf keinen Fall rückfällig werden, sofort wieder in die SA, SS und so weiter, und sie werden nicht mehr frei ihr ganzes Leben. Und wenn mir einer sagt, ja, da werden aber immer noch welche überbleiben: Der Nationalsozialismus steht nicht am Ende seiner Tage, sondern erst am Anfang!" (zit. nach: Informationen 123/126/127, S. 28)

Die SS

Die SS (Schutzstaffel) war 1925 zum persönlichen Schutz Hitlers und der Parteiversammlungen gegründet worden. 1929 wurde Heinrich Himmler „Reichsführer" der 280 Mann starken Formation und wandelte sie in eine Art Partei-Polizei mit Ordenscharakter um: bedingungsloses Bekenntnis zu Hitler (Wahlspruch „Meine Ehre heißt Treue"), rassische Auslese (Ariernachweis, Mindestgröße 1,70 m), exzentrische Symbolik (schwarze Uniformen, Totenkopf, germanische Runen).

1933 hatte die SS 50000 Mitglieder. Nach dem „Röhmputsch" wurde sie eine selbständige Gliederung der Partei. Rasch baute Himmler weitere Machtpositionen auf. Der „Sicherheitsdienst" (SD) wurde gegründet und entwickelte sich bald zum alleinigen Nachrichten- und Abwehrorgan der Partei. 1934 wurde Himmler Kommandeur sämtlicher Länderpolizeien und 1936 Chef der deutschen Polizei. Damit waren Parteiorgan (SS) und Staatsorgan (Polizei) verklammert. Zwei neue SS-Hauptämter wurden geschaffen, denen die Ordnungspolizei und die Sicherheitspolizei (gebildet aus Geheimer Staatspolizei – **GESTAPO** – und Kriminalpolizei) unterstanden. 1939 wurden diese (staatlichen) Hauptämter mit dem (parteioffiziellen) SD-Hauptamt zum **„Reichssicherheitshauptamt"** unter Heydrich zusammengeschlossen. Insgesamt gab es schließlich 12 SS-Hauptämter (z. B. Rasse- und Siedlungs-HA, Wirtschaftsverwaltungs-HA u. a.). Neben dieser Verwaltungsstruktur war das Reichsgebiet und später die besetzten Gebiete in SS-Oberabschnitte analog den Wehrkreisen eingeteilt, denen höhere SS- und Polizeiführer vorstanden.

Sofort nach der Machtergreifung bildeten sich überall bewaffnete Bereitschaften als eine Art revolutionärer Kommandotruppen, von denen die wichtigste die „Leibstandarte Adolf Hitler" war. Sie bildeten den Grundstock der **SS-Verfügungstruppe**, die der erste bewaffnete Verband neben der Wehrmacht wurde. Sie war das typische Beispiel einer Sondergewalt, die neben Partei und Staat existierte. Sie unterstand nicht der Aufsicht der Partei, auch keiner staatlichen Dienststelle, sondern ausschließlich dem Reichsführer SS. Im Oktober 1939 wurde sie in **Waffen-SS** umbenannt. Ihr Umfang wuchs ständig. Hatte sie 1938 14000 Mann, so gehörten ihr 1944 um 900000 Mann in 38 Divisionen an (davon 18 aus Nicht-Deutschen gebildet).

1933 wurden zunächst durch SA, SS und Polizei „wilde" **Konzentrationslager** errichtet. 1934 übernahm die SS sämtliche Konzentrationslager mit **SS-Totenkopfverbänden** als Wachmannschaften. Insgesamt befanden sich während der Naziherrschaft ca. 7,2 Mio. Menschen in KZ, von denen die meisten, vor allem Juden, planmäßig ermordet wurden oder auf andere Weise umkamen. Eine Minderheit wurde entlassen, 500000 überlebten das Kriegsende.

Zwangsarbeit von KZ-Häftlingen war die Basis der SS-Wirtschaftsunternehmungen, die in den „Deutschen Wirtschaftsbetrieben" zusammengefaßt waren. Zu ihnen gehörten Rüstungsbetriebe ebenso wie Großbäckereien, eine Porzellanmanufaktur für „Jul-Leuchter", 75 % der deutschen Mineralwasserabfüllung und zahllose weitere Unternehmen.

In der Außenpolitik spielte die SS durch ihre „Volksdeutsche Mittelstelle" eine Rolle, die die deutsche Volksgruppe im Ausland betreute und in den Dienst der deutschen Außenpolitik stellte. Ebenso betätigte sich die SS im Gesundheitswesen („Erb- und Rassenpflege"), in der Landwirtschaft (Siedlungspolitik) und auf vielen anderen Gebieten.

Bei Kriegsende war Himmler der mächtigste Mann nach Hitler. Das SS-Imperium bildete einen Staat im Staate, ohne daß es jedoch den Staat beherrschte. Dazu waren die Rivalen, Wehrmacht, staatliche Bürokratie und Partei, zu mächtig. Der SS-Staat war auch keineswegs eine monolithisch geschlossene Einheit, er war im Gegenteil ein sehr komplexes Gebilde und so unüberschaubar geworden, daß dadurch schon wieder seine reale Macht gemindert wurde.

Das Führerprinzip

Die Herrschaftsform des Dritten Reiches war der „Führerstaat", in dem nur der unbeschränkte Wille des *unfehlbaren Führers"* galt.

Es ist bemerkenswert, daß die Legitimation des Führerprinzips die einzige wichtige Frage war, die in verschiedenen Auflagen von „Mein Kampf" prinzipiell anders beantwortet wurde. In der 2. Auflage 1928 lautete die entsprechende Passage so:

„Die Bewegung vertritt . . . den Grundsatz einer germanischen Demokratie: Wahl des Führers, aber unbedingte Autorität desselben . . . Der erste Vorsitzende einer Ortsgruppe wird gewählt, allein dann ist er der verantwortliche Leiter derselben . . . Der gleiche Grundsatz gilt für die nächst höhere Organisation, den Bezirk, den Kreis oder den Gau. Immer wird der erste Vorsitzende gewählt." (zit. nach: Werner Maser, Hitlers Mein Kampf, S. 68 f.)

In den folgenden Auflagen (seit 1930) ist der Grundsatz der Wahl durch die Einsetzung von oben ausgetauscht worden (siehe Hitler in „Mein Kampf", Gfm). Hinzugekommen ist auch die Betonung der „höchsten Verantwortung" des Führers. In Wahrheit trug Hitler gar keine Verantwortung, denn niemand konnte ihn zur Rechenschaft ziehen.

Der Führer betrachtete sich als den „Vollstrecker des Willens der Nation" (Reichstagsrede vom 13. 7. 1934), als den „wahrhaften Willen des Volkes" (Rede vor Kreisleitern am 29. 4. 1937). Die Herkunft dieser Ideen von Rousseaus „volonté generale", dem objek-

tiv erkennbaren und objektiv wahren allgemeinen Willen, ist deutlich.

Gleichwohl wollte der Führer nicht darauf verzichten, sich und seine Politik von Zeit zu Zeit in **plebiszitären Akten** bestätigen zu lassen. Zwischen 1933 und (zuletzt) 1938 fanden drei Reichstagswahlen und drei Volksabstimmungen statt (Bestätigung des Austritts aus dem Völkerbund, der Zusammenlegung der Ämter des Reichskanzlers und Reichspräsidenten, des Anschlusses Österreichs). Niemals standen Alternativen zur Wahl, immer handelte es sich nur um die Akklamation zu einer vollzogenen Handlung.

Konkurrierende Ämter

Unterhalb der höchsten Führungsebene funktionierte das System des Führerstaates nur sehr bedingt. Von Anfang an gab es ein Nebeneinander und Gegeneinander von Partei und Staat, zwischen der fortbestehenden Verwaltungshierarchie des Staatsapparates und den sich neu bildenden Parteistellen, die Zuständigkeiten für dieselben Bereiche beanspruchten. Auch innerhalb des Parteiapparates waren die Kompetenzen keineswegs eindeutig festgelegt. Auch hier gab es eine Fülle von konkurrierenden Ämtern, Instanzen, Ressorts.

Neben dem Auswärtigen Amt gab es z. B. die „Dienststelle Ribbentrop", Rosenbergs „Außenpolitisches Amt der NSDAP (APA)", die „Auslandsorganisation der NSDAP" und eine Reihe weiterer Ämter, die auf dem Gebiet der Außenpolitik rivalisierten. Für wichtige Aufgaben wurden im Laufe der Zeit durch Führerbefehl Sonderbeauftragte in eigenen Führungsstäben eingesetzt, die auf Kosten der zuständigen Ressorts weitreichende Vollmachten erhielten. So war z. B. Göring als „Beauftragter für den Vierjahresplan" allen Ministerien und Ämtern übergeordnet, die für Rüstungswirtschaft zuständig waren.

„Nach außen wirkte der ... Staat Hitlers als ein monolithisches Gebilde. In Wirklichkeit jedoch war er gekennzeichnet durch chaotische Machtkämpfe innerhalb der Führungsschicht. Der Führerstaat bot das Bild eines institutionellen Darwinismus, der durch den von Hitler begünstigten Kompetenzwirrwarr heraufbeschworen wurde." (Karl Dietrich Erdmann in: Gebhardt, S. 383 f.)

Das **Verhältnis von Führerdiktatur und polykratischen**, von Kompetenzwirrwarr bestimmten **Herrschaftsstrukturen** ist in der Forschung umstritten. Nach dem Zusammenbruch des Dritten Reiches herrschte der Eindruck vor, der NS-Staat sei ein perfekt durchorganisiertes Herrschaftssystem gewesen. Die zeitgeschichtliche Forschung stieß sehr bald auf die Diskrepanz zwischen dem monolithischen Herrschaftsanspruch und der Existenz miteinander rivalisierender Instanzen und Apparate, betonte je-

doch die „omnipotente Schlüsselstellung des Führers" (Karl Dietrich Bracher).

In den letzten Jahren bestreitet eine Gruppe von Historikern gerade dies; sie hebt die institutionelle Anarchie des Herrschaftssystems hervor und verweist Hitler auf die Rolle eines Mediums gesellschaftlicher Verhältnisse.

Dagegen wird argumentiert, der Instanzenwirrwarr sei kein essentieller Zug des NS-Systems, sondern eher eine Unvollkommenheit, durch die die Durchführung des politischen Programms nicht beeinträchtigt würde.

Sebastian Haffner ist der Auffassung, daß Hitler das Chaos bewußt selbst geschaffen habe:

„Hitler hatte . . . absichtlich einen Zustand hergestellt, in dem die verschiedensten eigenständigen Machtträger unabgegrenzt, miteinander konkurrierend und einander überschneidend nebeneinander und gegeneinander standen und nur er selbst an der Spitze von allen. Nur so konnte er sich selbst die vollkommen unbeschränkte Handlungsfreiheit nach allen Seiten sichern, die er haben wollte . . .

Er wollte nicht der erste Diener eines Staates sein, sondern der Führer – ein absoluter Herr; und er erkannte richtig, daß absolute Herrschaft nicht in einem intakten Staatswesen möglich ist, sondern nur in einem gebändigten Chaos – und man muß ihm zugestehen, daß er es, solange er lebte, zu bändigen verstand." (Sebastian Haffner, Anmerkungen zu Hitler, S. 58 f.)

Die Propaganda

Ohne Zweifel verdankt die NSDAP ihren Aufstieg von einer unbedeutenden Splitterpartei zur stärksten politischen Kraft in Deutschland der Fähigkeit Hitlers, durch die Macht des Wortes Massen in seinen Bann zu ziehen.

Seine Vorstellungen von Massenbeeinflussung und Propaganda sind in „Mein Kampf" nachzulesen. Sie basieren auf den wissenschaftlichen Erkenntnissen vor allem des französischen Soziologen Gustave Le Bon („Psychologie der Massen"). Hitler hatte von Le Bon die Einsicht übernommen, daß die Masse leicht zu beeinflussen und zu lenken sei, weil der einzelne in der Masse seine Individualität aufgebe. Die Masse reagiere nicht auf rationale Argumentation, sondern auf den Appell an das Gefühl durch Wiederholung immer gleicher Schlagworte.

Hitler hat das auf folgende einprägsame Formeln gebracht:

„Jede Propaganda hat volkstümlich zu sein und ihr geistiges Niveau einzustellen nach der Aufnahmefähigkeit des Beschränktesten unter denen, an die sie sich zu richten gedenkt. Damit wird ihre rein geistige Höhe um so tiefer zu stellen sein, je größer die zu erfassende Masse der Menschen sein soll. . . . Die Aufnahmefähigkeit der großen Masse ist nur sehr beschränkt, das

Verständnis klein, dafür jedoch die Vergeßlichkeit groß. Aus diesen Tatsachen heraus hat sich jede wirkungsvolle Propaganda auf nur sehr wenige Punkte zu beschränken und diese schlagwortartig so lange zu verwerten, bis auch bestimmt der Letzte unter einem solchen Worte das Gewollte sich vorzustellen vermag.
. . .
Alle Genialität der Aufmachung der Propaganda wird zu keinem Erfolg führen, wenn nicht ein fundamentaler Grundsatz immer gleich scharf berücksichtigt wird. Sie hat sich auf wenig zu beschränken und dieses ewig zu wiederholen. Die Beharrlichkeit ist hier . . . die erste und wichtigste Voraussetzung zum Erfolg." (Mein Kampf, S. 198, 202)

Hitler setzte alle **rhetorischen Mittel** meisterhaft ein, Wechsel der Tonhöhe und der Tempi, plötzlicher Übergang vom Piano zum Fortissimo, skandierende Sprechweise. Dies alles erklärt jedoch noch nicht seine erstaunliche Wirkung als Redner. Hinzu kam etwas, was Martin Broszat als Hitlers Fähigkeit bezeichnet hat, den Eindruck „heiligen Ernstes" zu vermitteln, volkstümliche Demagogie mit dem „feierlichen Gestus des politischen Missionars" zu verbinden. Dies unterscheide Hitler gleichermaßen von gröberen Demagogen wie von effektvollen, aber wenig glaubhaften Rednern. Sebastian Haffner spricht von Hitlers „hypnotischer Fähigkeit", sich jederzeit des kollektiven Unterbewußtseins einer Masse zu bemächtigen.

Meisterhaft beherrschten die Nationalsozialisten auch den Stil der Massenversammlung, die Technik, den Auftritt Hitlers in Szene zu setzen: Aufmarsch uniformierter Marschkolonnen mit Fahnen und Standarten, dröhnende Marschmusik, Vorredner zur Einstimmung, verspäteter Einzug des Redners.

Meisterleistungen der nationalsozialistischen Propagandaregie waren die **Reichsparteitage in Nürnberg** (Bild Gfm). Vor 1933 hielt die NSDAP vier Parteitage ab, davon die beiden letzten, 1927 und 1929, in Anknüpfung an die Stätte der mittelalterlichen Reichstage in Nürnberg, wo seit 1933 sämtliche Reichsparteitage alljährlich im September stattfanden, der letzte überhaupt 1938. Einen geplanten „Reichsparteitag des Friedens" am 1. 9. 1939 verhinderte der Krieg.

Der Zeitgeschichtler Helmut Heiber hat die Nürnberger Parteitage als „Symbol des Dritten Reiches schlechthin" bezeichnet. Schauspiele dieser Art waren bis dahin unbekannt gewesen. Sie glichen mit einem genau geplanten Ritual eher kultischen Feiern als politischen Veranstaltungen. Hunderttausende von Teilnehmern aus ganz Deutschland fuhren schon Tage vorher oder marschierten Wochen vorher nach Nürnberg ab. Dort formierten sie sich auf dem eigens geschaffenen Reichsparteitagsgelände zu Kundgebungen und waren zugleich Objekte wie Subjekte

einer grandiosen Schau, deren Höhepunkt der Auftritt des „Führers" war. Der britische Historiker Allan Bullock schreibt über die Reichsparteitage:
„Wenn man die Filme von den Nürnberger Parteitagen ansieht, wird man selbst heute noch von der hypnotischen Wirkung eingefangen, die von den in vollkommener Ordnung marschierenden Tausenden von Männern ausgeht, von der Musik der zahllosen Kapellen, vom Wald der Standarten und Fahnen, von den brennenden Fackeln, von der Weite des Stadions und dem sich darüber wölbenden Dom der Scheinwerfer. Der Empfindung von Macht, Kraft und Einigkeit vermochte niemand zu widerstehen; jeder wurde hingerissen von der langsam sich steigernden Erregung, die ihren Höhepunkt erreichte, wenn der Führer persönlich auftrat." (Hitler, S. 380)

41.0.4.3. Die Verfolgung der Juden

Der Antisemitismus
Er ist eine Folge der jüdischen Zerstreuung (Diaspora) nach der Zerstörung des jüdischen Staates durch die Römer (70 n. Chr.). Die Juden blieben danach 1900 Jahre ohne eigenen Staat, behielten aber im Exil ihre Religion bei und hielten strenge Regeln für die Gestaltung des Lebens ein. Dies führte zu einer religiösen und gesellschaftlichen Absonderung, die auf Ablehnung in der nichtjüdischen Umwelt stieß. Antijüdische Ausschreitungen sind schon im Altertum bezeugt; sie gehören in den Zusammenhang der durch alle Zeiten und an allen Orten mindestens latent vorhandenen Fremdenfeindlichkeit, die bei religiösen Unterschieden sich noch zu verstärken pflegt.
Im Mittelalter trat die Judenfeindschaft im religiösen Gewande auf – **religiöser „Antisemitismus"** – ein damals natürlich unbekannter Begriff. Diese Judenfeindschaft verschwand, wenn Juden sich taufen ließen.
Ein anderes Motiv für Judenfeindschaft läßt sich auf wirtschaftliche und soziale Gründe zurückführen. Überall wo die Juden, durch die Umwelt dazu gezwungen, in der Rolle des Geldverleihers, Viehhändlers etc. auftraten, schlug ihnen Feindseligkeit entgegen **(wirtschaftlich-sozialer „Antisemitismus")**. Diese Feindschaft schwächte sich ab mit der Emanzipation, sobald nämlich die Juden andere Berufe als die aufgezwungenen ausüben konnten.
Nach der Emanzipation gab es eine andere wirtschaftlich begründete Judenfeindschaft, die sich gegen den überproportional großen Anteil der Juden in den sozial gehobenen Positionen richtete (Ärzte, Anwälte, Kaufleute, Fabrikanten). Haffner bezeichnet ihn als **„Konkurrenzantisemitismus".** Diese Judenfeindschaft gab es 1933 in Deutschland wie in anderen europäischen Ländern.

Vor allem in Deutschland, aber auch in Frankreich (Graf Gobineau) entstand im 19. Jahrhundert eine Judenfeindschaft, die auf biologisch und anthropologisch begründete Unterschiede abhob (**völkischer „Antisemitismus"**). An ihn knüpfte die nationalsozialistische, auf der Rassenlehre basierende Judenfeindschaft an (**rassistischer „Antisemitismus"**).

Sebastian Haffner hat darauf hingewiesen, daß der „Antisemitismus" um 1937 in Westeuropa, eingeschlossen Deutschland, im Abflauen begriffen und Assimilation und Integration der Juden erwünscht waren.

„In Ost- und Südosteuropa, wo die zahlreichen Juden freiwillig oder unfreiwillig als abgesondertes Volk im Volk existierten, war (und ist?) der Antisemitismus endemisch und mörderisch, nicht auf die Assimilation und Integration gerichtet, sondern auf Wegschaffen und Ausrotten. Und nach Wien ... reichte dieser mörderische, den Juden keinen Ausweg gönnende osteuropäische Antisemitismus tief hinein, dort schnappte ihn der junge Hitler auf." (Anmerkungen zu Hitler, S. 16)

(Zur Rassenlehre siehe auch Seite 151 f.)

Phasen der Judenverfolgung

Die Verfolgung der Juden vollzog sich mit wachsender Schärfe in mehreren zeitlich aufeinanderfolgenden Phasen:

1933–1935: Ausschreitungen, Boykottmaßnahmen, einzelne gesetzliche Maßnahmen und Verordnungen
1935–1938: Nürnberger Gesetze als Grundlage für den Ausschluß aus dem öffentlichen Leben
1938–1941: Pogrome und beginnende Massendeportationen nach dem Osten
1941–1945: Massenvernichtung („Endlösung")

Nach einzelnen Ausschreitungen im März 1933 war ein von der Parteileitung der NSDAP organisierter **Boykott** aller jüdischen Geschäfte, Ärzte und Rechtsanwälte am 1. 4. 1933 die erste offizielle Aktion. Am 7. 4. 1933 wurde ein „Gesetz zur Wiederherstellung des Berufsbeamtentums" erlassen, aufgrund dessen Beamte „nichtarischer Abstammung" in den Ruhestand zu versetzen waren. Nach einer Intervention des Reichspräsidenten bei Hitler wurden (vorläufig bis 1935) die jüdischen Kriegsteilnehmer sowie Väter und Söhne von Gefallenen ausgenommen. Der „Arierparagraph" wurde nach und nach auf alle akademischen und freien Berufe ausgedehnt.

Die nächste Phase begann mit den **„Nürnberger Gesetzen"**, so genannt, weil sie auf dem Nürnberger Parteitag am 15. 9. 1935 verkündet wurden. Das „Reichsbürgergesetz" teilte die deutschen Staatsbürger in „Reichsbürger" und „Staatsangehörige". Nur die ersteren verfügten über die vollen politischen Rechte. Die Juden wurden als bloße „Staatsangehörige" politisch rechtlos. Das „Gesetz zum Schutze des

deutschen Blutes und der deutschen Ehre" (Text Gfm) sollte die Juden gesellschaftlich total isolieren. Nun wurden auch die jüdischen Beamten entlassen, die bisher, beispielsweise als Frontkämpfer, noch im Amt hatten bleiben dürfen, die schon 1933 Entlassenen verloren ihre Ruhegehälter. Die Behörden produzierten immer neue Gesetze, Verfügungen, Erlasse, Anordnungen, mit deren Hilfe die Juden aus allen denkbaren Berufssparten *eliminiert,* des rechtlichen Schutzes beraubt oder sonstwie diskriminiert wurden. Von 1935 bis Kriegsbeginn gab es rund 250 solcher Gesetze oder Verordnungen.

Bis 1938 war die Stellung der Juden im deutschen **Wirtschaftsleben** mehr oder weniger unangetastet geblieben. Nunmehr begann auch die Ausschaltung der Juden aus dem Wirtschaftsleben. Jüdische Firmeninhaber wurden zunehmend unter Druck gesetzt, um sie zur Aufgabe oder zum Verkauf (natürlich zu einem Bruchteil des Wertes) ihrer Betriebe zu zwingen. Die Betriebe wurden „arisiert". Im April 1938 gab es in Deutschland 39 500 und in Österreich 25 500 jüdische Firmen. Im Frühjahr 1938 waren von den Firmen in Deutschland knapp 15 000 aufgelöst, 6000 „arisiert" und 11 000 „in Arisierung" begriffen. Es bestanden nur noch 8500 Firmen. In Österreich waren fast 18 000 aufgelöst, 7500 „arisiert" oder „in Arisierung", es gab keine jüdischen Firmen mehr.

Das Signal für die völlige Eliminierung der Juden aus dem Wirtschaftsleben waren die Ereignisse vom 9./10. 11. 1938, die sogenannte **„Reichskristallnacht"**, ein barbarischer **Pogrom,** wie er bis dahin in Mitteleuropa undenkbar schien. Er wurde ausgelöst, als der junge Diplomat von Rath in Paris von einem Juden erschossen wurde.

Schon am 8. 11. war es auf Initiative örtlicher Parteiführer zu ersten Ausschreitungen gekommen. Die eigentliche Aktion wurde am Abend des 9. 11. ausgelöst, als Goebbels vor den aus Anlaß des Gedenkens an den Putsch vom 9. November 1923 im Münchener Bürgerbräukeller versammelten Parteiführern eine scharf antisemitische Rede hielt, die mehrdeutig war und als Aufforderung zu Gewaltmaßnahmen verstanden werden konnte und von der Mehrzahl der Anwesenden auch so aufgefaßt wurde. Goebbels gab bekannt,

„der Führer habe auf seinen Vortrag entschieden, daß Demonstrationen von der Partei weder vorzubereiten noch zu organisieren seien, soweit sie spontan entstünden, sei ihnen aber auch nicht entgegenzutreten. Alle verstanden ihn richtig, daß die Partei nach außen nicht als Urheber der Demonstrationen in Erscheinung treten, sie in Wirklichkeit aber organisieren und durchführen sollte." (Eberhard Aleff, Das Dritte Reich, S. 85)

Die örtlichen Führer gaben sofort telefonisch und telegrafisch die entsprechenden Befehle an ihre Unterführer weiter. Nach Goebbels Plan sollten Partei

und SA nur Initialzündungen geben und die Bevölkerung zu spontanen Aktionen aufputschen. Dies mißlang gründlich, der planmäßige Charakter der Aktion war unübersehbar.

Sofort nach dem Pogrom wurden zahlreiche weitere antijüdische Maßnahmen getroffen. Juden durften keine kulturellen Veranstaltungen besuchen, jüdischen Schülern wurden deutsche Schulen verschlossen, Juden durften keine Kraftwagen halten oder fahren, sie verloren den Mieterschutz und wurden in „Judenhäusern" zusammengepfercht. Wie Aussätzige wurden sie aus dem Leben der Nation verdrängt.

1933 hatten rund 500 000 jüdische Staatsbürger im Deutschen Reich gelebt, bis zum Herbst 1938 waren 160 000 von ihnen emigriert, insgesamt konnten ca. 280 000 der Vernichtung entkommen. Die Auswanderung der Juden wurde vor allem von der SS betrieben, an der Spitze von dem mit der „Lösung der Judenfrage" beauftragten Heydrich. Die Vertreibung der Juden aus Österreich organisierte eine „Zentralstelle für jüdische Auswanderung" in Wien.

Vor ihrer Ausreise wurden die Emigranten fast völlig ausgeplündert. Es wurde immer schwieriger, Aufnahmeländer für die nahezu Mittellosen zu finden. *Konterkariert* wurde die Auswanderungspolitik der SS auch durch das Auswärtige Amt aus außenpolitischen Rücksichten und durch die Wirtschaftsbehörden wegen der Schwierigkeiten, Devisen für die von den Aufnahmeländern geforderte Mindestquote aufzutreiben.

Mit Kriegsbeginn war die systematische Auswanderungspolitik beendet, doch arbeiteten das Reichssicherheitshauptamt und das Auswärtige Amt bis Mitte 1940 an dem Plan, ein Judenreservat auf der Insel Madagaskar zu schaffen.

Der Beginn der Vernichtung

Schon während des Polenfeldzuges begannen SS und vor allem **„Einsatzgruppen"** des SD mit Gewalt- und Mordaktionen gegen die Juden. Alle Juden im „Generalgouvernement" mußten den „gelben Stern" (Davidstern) tragen. Bald begann die Konzentration der Juden in **Ghettos** der großen Städte. Das erste Ghetto entstand in Lodz, wenig später eines in Warschau. Das „Generalgouvernement" sollte Aufnahmegebiet für alle Juden im deutschen Machtbereich werden. Schon 1939 rollten die ersten Transporte aus dem „Altreich", aus Österreich und dem „Protektorat Böhmen und Mähren" nach Polen.

Eine grundlegende Verschlimmerung des Loses der Juden trat mit dem Beginn des Krieges gegen die Sowjetunion ein. Einsatzgruppen liquidierten dort Hunderttausende von Menschen, vornehmlich Juden. Die Juden im ganzen deutschen Machtbereich, seit dem 19. September 1941 zum Tragen des gelben Sterns verpflichtet, wurden nun nach und nach in den Osten deportiert.

Auf der **„Wannseekonferenz"** berieten Vertreter des Justiz-, Außen-, und Innenministeriums, des Ministeriums für die besetzten Ostgebiete, des Beauftragten für den Vierjahresplan, der Reichskanzlei und des SS-Hauptamtes für Rasse und Siedlung sowie des SD über das Programm zur endgültigen Vernichtung der Juden in Europa, die **„Endlösung".** Als geeignetste Tötungsart wurde die Vergasung bezeichnet. Fahrbare Gaskammern gab es schon Ende 1941 im KZ Kulmhof (Chelmno), für die fabrikmäßige Massentötung wurden große **Vernichtungslager** errichtet: Belzec, Sobibor, Treblinka, Majdanek und Auschwitz-Birkenau, das größte unter ihnen (siehe Karte Gfm).

Die **Gesamtzahl der Opfer** der Massenvernichtung ist nicht mehr genau festzustellen. Himmler und Eichmann nannten 1944 die Zahl 6 Millionen. Dann und wann wird diese Zahl bestritten, und es bricht ein makabrer Streit darüber aus, ob es vielleicht eine oder zwei Millionen weniger oder gar, wie vor allem rechtsradikale Kreise behaupten, nur ein Bruchteil davon gewesen sind. Nach sorgfältigen, wissenschaftlich abgesicherten Berechnungen kam Martin Broszat zu folgendem Ergebnis:

„Die technisch-fabrikmäßige Tötung von wohl mindestens 3 Millionen jüdischen Menschen durch Gas in diesen Lagern (Chelmno, Sobibor, Belzec, Treblinka, Majdanek und Auschwitz-Birkenau) stellt innerhalb des Gesamtkomplexes der nationalsozialistischen Judenvernichtung den quantitativ größten Teilvorgang dar. Daneben fanden systematische Massenerschießungen von Juden statt, exekutiert vor allem durch die mobilen Einsatzgruppen und spätere stationäre Kommandos der Sicherheitspolizei sowie allgemeiner Polizeieinheiten in den besetzten sowjetischen Gebieten (die Zahl der jüdischen Opfer überschritt hier sicher die Millionengrenze) und durch örtliche Einheiten der Sicherheitspolizei und der Polizei im Generalgouvernement. Als dritter Großkomplex der Endlösung der Judenfrage kommt hinzu die zahlenmäßig besonders schwer abzuschätzende, aber hoch anzusetzende Zahl von Juden aus dem gesamten europäischen Machtbereich des NS-Regimes, die zwar nicht direkt getötet, aber mittelbar Opfer nationalsozialistischer Verfolgung wurden, weil sie in den Deportationstransporten, den Auffang- und Zwangsarbeitslagern, Zwangs-Ghettos (auch durch Epidemien) und noch in den letzten Kriegsmonaten als Folge überstürzter Evakuierungen und zusammengebrochener Versorgung auf den Landstraßen, in Eisenbahnzügen oder in den überfüllten Konzentrationslagern des Altreiches zu Tausenden dahinstarben." (Martin Broszat, „Zur Kritik der Publizistik des antisemitischen Rechtsextremismus", „Aus Politik und Zeitgeschichte", Beilage zur Wochenzeitung „Das Parlament", B 19/76 vom 8. Mai 1976)

In der historischen Forschung ist umstritten, ob die nationalsozialistische Judenpolitik von vornherein auf die physische Vernichtung hinzielte oder ob das Regime durch die Umstände zur „Endlösung" getrieben oder gar gezwungen wurde. In diesem Zusammenhang ist auch die Rolle Hitlers strittig. Bisher ist kein Befehl Hitlers zur Vernichtung der Juden gefunden worden, man nimmt aber an, daß er noch vor dem Rußlandfeldzug ergangen ist. Neuerdings vertritt Martin Broszat in der Auseinandersetzung mit dem britischen Schriftsteller David Irving (der die absurde und von der Geschichtsschreibung einhellig zurückgewiesene These vertritt, Hitler habe bis 1943 von den Judenmorden gar nichts gewußt) die Auffassung, die Dynamik des NS-Regimes und seine daraus resultierende Radikalisierung habe auch die Judenpolitik bestimmt:

„Sicher ist, daß der dogmatische ideologische Antisemitismus Hitlers nicht zeit- und aktualitätsunabhängig war. Er entfaltete sich nicht einfach ‚programmatisch', sondern pathologisch, wurde mehr oder weniger aufgeladen und diese ‚Aufladungen' waren als Motiv der Entschlüsse und Handlungen mindestens ebenso wichtig wie das feststehende Dogma. Dem entspricht auch der Grundzug der nicht gleichmäßig und planvoll, sondern eher improvisiert und sprunghaft, durch jeweils forcierte Ad-hoc-Aktionen, vorangetriebenen Judenpolitik und -vernichtung." (Martin Broszat, Hitler und die Genesis der „Endlösung", Vierteljahrshefte für Zeitgeschichte [VfZG] 25 [1977], S. 770)

Gegen diese Auffassung wird eingewandt:

„Selbst wenn man dazu bereit ist, der historischen Situation einen vergleichsweise hohen ‚Stellenwert' für die Verwirklichung der nationalsozialistischen ‚Judenpolitik' einzuräumen, so ist doch nicht zu übersehen, daß die Genesis der ‚Endlösung' lange vorher in Hitlers programmatischen Überlegungen angelegt war und die Vernichtung der europäischen Juden auf das Vorhandensein des rassenideologischen Dogmas in der nationalsozialistischen Weltanschauung zurückgeht. Ohne deren Existenz hätte auch die angeblich so geschichtsmächtige Improvisation keinen Orientierungspunkt gehabt. Grundlegend für das nationalsozialistische Genozid war Hitlers Rassendogma." (Klaus Hildebrand, Das Dritte Reich, Oldenbourg, München 1978, S. 178)

Haben die Deutschen davon gewußt?

Das ist eine Frage, die nach 1945 im Ausland gestellt worden ist und die heute auch von der nachwachsenden Generation, verstärkt unter dem Eindruck der Fernsehserie „Holocaust", immer wieder gestellt wird.

Fest steht zunächst einmal, daß die nationalsozialistische Führung sorgfältig bemüht war, den Mord an den Juden vor der eigenen Bevölkerung geheimzuhalten.

„Wie sehr Hitler bemüht war, die letzte Wahrheit über das Schicksal der Juden auch der deutschen Öffentlichkeit vorzuenthalten bzw. von der Frage nach deren endgültigem Schicksal abzusehen, ergibt sich auch aus Bormanns vertraulichem Parteirundschreiben an die Reichs- und Gauleiter der NSDAP vom 11. 7. 1943, in dem er ‚im Auftrag des Führers' jede Erwähnung einer ‚künftigen Gesamtlösung' bei der öffentlichen Behandlung der Judenfrage verbot und nahelegte, nur davon zu sprechen, daß die Juden geschlossen zu zweckentsprechendem Arbeitseinsatz herangezogen werden." (Martin Broszat, Hitler und die Genesis der „Endlösung", VfZG 25 [1977], S. 765)

Die Vernichtungslager wurden im Osten errichtet, einem Gebiet, das unter Ausnahmerecht stand und das für die überwiegende Mehrheit der Bevölkerung unzugänglich und so fern wie ein anderer Stern war. Trotzdem sickerten natürlich Informationen durch:

„Wenn auch die meisten erst nach 1945 den vollen Umfang und die Einzelheiten des Verbrechens erfuhren, so war der Kreis der Mitwisser doch größer als die kleine Zahl der unmittelbaren Täter an Schreibtischen der SS-Bürokratie, in SS-Einsatzgruppen, Ghetto-Verwaltungen und an Gaskammern. Beamte verschiedener Ministerien (vor allem des Außenamtes) führten Schriftwechsel, Gerichte, Finanz- und Arbeitsämter, Lokalbehörden und Wirtschaftsbetriebe verbuchten Evakuierungen, die Reichsbahn führte Transporte durch... Viele sahen, wie Juden aus ihren Wohnungen abgeholt, auf Sammelplätze getrieben, in Güterwagen verladen wurden, viele auch, wie sie im Osten umgebracht wurden. Die Partei-Kanzlei: Im Zuge der Arbeiten an der Endlösung der Judenfrage werden neuerdings innerhalb der Bevölkerung in verschiedenen Teilen des Reichsgebiets Erörterungen über ‚sehr scharfe Maßnahmen' gegen die Juden besonders in den Ostgebieten angestellt. Die Feststellungen ergaben, daß solche Ausführungen – meist in entstellter und übertriebener Form – von Urlaubern der verschiedenen im Osten eingesetzten Verbände weitergegeben werden, die jede Gelegenheit hatten, solche Maßnahmen zu beobachten. Es ist denkbar, daß nicht alle Volksgenossen für die Notwendigkeit solcher Maßnahmen das genügende Verständnis aufzubringen vermögen." (Eberhard Aleff, Das Dritte Reich, S. 217)

Wie viele Deutsche auch immer davon gewußt haben und wieviel immer sie gewußt haben, selbst wenn alle alles gewußt hätten, stellt sich natürlich die Frage, was sie hätten tun können, um die Verbrechen zu verhindern. Sebastian Haffner beantwortet diese Frage so:

„Natürlich sickerte von dem, was dort geschah, vieles trotzdem nach Deutschland durch. Aber wer durchaus wollte, konnte unwissend bleiben oder sich wenigstens unwissend stellen, auch vor sich selbst; und das taten die meisten Deutschen, wie übrigens auch die meisten

Bürger der anderen europäischen Länder, aus denen die Juden ‚ausgekämmt' wurden. Etwas dagegen zu unternehmen, wäre für sie alle lebensgefährlich gewesen, und außerdem hatte man ja auch einen Krieg am Halse und reichlich eigene Sorgen. Das Äußerste, was der einzelne riskieren konnte, war Nothilfe zum Untertauchen für persönliche jüdische Freunde, und die kam auch in Deutschland vor, wenn auch nicht so häufig wie etwa in Holland und Dänemark. Das Verbrechen im ganzen zu verhindern, hätte eines Aufstands bedurft – und wie wollte man den unter Verhältnissen von Krieg und Diktatur zuwege bringen? Immerhin haben Hitlers Massenmorde bei den Verschwörern des 20. Juli als Antrieb eine ehrenrettende Rolle gespielt." (Haffner, Anmerkungen zu Hitler, S. 176 f.)

41.1. Auf dem Wege zur Diktatur

41.1.1. Wissenziele

Der Aufstieg der NSDAP wurde durch die wirtschaftliche und politische Entwicklung Deutschlands begünstigt. Hitler wurde durch Reichspräsident von Hindenburg als Reichskanzler berufen. Er nutzte den Brand des Reichstagsgebäudes, um die Grundrechte der Bürger durch die „Notverordnungen zum Schutz von Volk und Staat" aufzuheben und die politischen Gegner verfolgen zu lassen. Das „Ermächtigungsgesetz", das die gesetzgebende Gewalt vom Parlament an die Regierung übertrug, vollendete den Weg zur Diktatur.

41.1.2. UE-Ziele

(1) Kenntnisse und Urteile bzw. Unkenntnis und Fehlurteil über die Zeit des Nationalsozialismus bei den Schülern
(2) Strategien der Nationalsozialisten beim Kampf um die Macht
(3) Formen der nationalsozialistischen Propaganda und ihre Wirkung
(4) Die Bedeutung der „Notverordnung" und des „Ermächtigungsgesetzes" für den Prozeß der Machtergreifung

41.1.3. Einstieg

● Schüleraufsätze über Hitler und das „Dritte Reich" (aus: Dieter Boßmann, Was ich über Adolf Hitler gehört habe. Fischer TB 1935, Frankfurt 1979).
● Ermitteln, welche Medien über die NS-Zeit heute informieren; Beschaffung derartiger Medien.
● Film FT 558, Hitler an der Macht.
● Tb 92, Deutschland wird eine Diktatur.

41.1.4. Schwerpunkte

41.1.4.1. Einführung

Wenn im Geschichtsunterricht das Thema „Nationalsozialismus" ansteht, dann ist davon auszugehen, daß die Schüler zuvor außerhalb des Unterrichts eine Fülle von Informationen erhalten haben. Die Jugendlichen verfügen, wie D. Boßmann in seinem Buch „Was ich über Adolf Hitler gehört habe" (41.1.3.) dokumentiert, zumeist über eine Anhäufung von Wissen, Halb- und Unwissen, Vorurteilen und Einstellungen, die von Boßmann als „blanke Katastrophe" bezeichnet wird.

Das Urteil Boßmanns für die unterrichtliche Planung richtig zu bewerten, wird leider dadurch erschwert, daß man den Wortlaut des Fragebogens nicht kennt und nicht weiß, welche befragten Jugendlichen im Geschichtsunterricht bereits bis zum Nationalsozialismus vorgedrungen sind. Nur die Äußerungen dieser Jugendlichen können für ein Urteil der Schule an der „Katastrophe" herangezogen werden.

Innerhalb der ersten Unterrichtseinheit sollte der Kenntnisstand der Schüler zum Thema Nationalsozialismus überprüft werden. Bevor die Schüler eine Auswahl von Zitaten aus dem Buch von Boßmann zur Stellungnahme erhalten, sollten sie selbst zu dem Thema „Was ich über Adolf Hitler gehört habe . . ." kurze schriftliche Stellungnahmen abgeben. Damit erhält man – der Lehrer müßte die „Versuchsbedingungen" bekanntgeben – ein Meinungsspektrum der Lerngruppe.

▶ **Material:** D. Boßmann, a. a. O. (vgl. 41.1.3.)
„Ich persönlich finde Hitler gut, wenn er nur nicht mit dem Krieg begonnen hätte." (Sonderschüler, 16)
„Er brachte das deutsche Volk nach den schlechten Jahren des Weltkrieges wieder zu Wohlstand und Ansehen." (Gymnasiast, 16)
„Er war ein guter Führer, aber er hat zuviel Juden und überhaupt Menschen töten lassen. Das Gute an Hitler war, man hatte Arbeit und brauchte nicht zu hungern." (Sonderschüler, 16)
„Alle Leute haben ihn gewählt, weil er Arbeitsplätze geschaffen hat. So z. B. ließ er Autobahnen bauen, auf vielen fahren wir heute noch, nur daß sie verbessert sind . . ." (Gymnasiast, 16)
„Der Adolf Hitler war hochintelligent, er war befähigt, ein ganzes Volk nach einem verlorenen Krieg moralisch und industriell wieder aufzurichten. Ein Mann mit solchen Fähigkeiten, heute richtig eingesetzt, könnte unseren Staat in die Spitzenmächte der Welt schieben." (Realschüler, 15)
„Ganz am Anfang war Hitler gut, er baute Brücken und Häuser für seine Stadt, aber als der Krieg losging, konnte er nur noch quälen, da war nichts mehr mit ihm los." (Hauptschülerin, 15)

Arbeitsaufgabe

1. Welche Werturteile fällen die hier zitierten Jugendlichen über Hitler?

– Es überwiegen die positiven Bewertungen: Er brachte das deutsche Volk zu Wohlstand und Ansehen; man hatte Arbeit und brauchte nicht zu hungern; er ließ Autobahnen bauen; er half den notleidenden Menschen; er sorgte für Ruhe und Ordnung; er war hochintelligent.

– Einschränkende bis ablehnende Charakterisierung: Er hätte den Krieg nicht beginnen dürfen; er hat zuviel Menschen töten lassen; er konnte nur noch quälen.

Diese und andere Äußerungen von Schülern und Jugendlichen fanden Widerhall in der Öffentlichkeit. Das Magazin „Der Spiegel" brachte in seiner Ausgabe vom 15. August 1977 in der Titelgeschichte „Hitler kam von ganz alleine an die Macht" (S. 38 ff.) folgende Stellungnahme:

„Ein solches Führerbild, bizarr, abstrus, bestenfalls unscharf, rundet sich bei der Lektüre von Schüler-Aufsätzen, die in diesem Jahr geschrieben worden sind. Plattes Unwissen kommt da vor allem zutage, nur gelegentlich versetzt mit annähernd genauen Daten, hinlänglichen Beschreibungen und Interpretationen . . .

Die in den Schüleraufsätzen auffällige Häufung von Unkenntnis, Halb- und Falschwissen, Fehlurteil, Beschönigung und Billigung . . . fand der Diplompädagoge Dieter Boßmann, 32, heraus."

Gleichwohl, in krassem Gegensatz zu den empirischen Boßmann-Erhebungen, meinen junge Leute wiederum von sich, sie wüßten Bescheid. Bei einer Blitzumfrage des Emnid-Institutes für den „Spiegel" unter Jugendlichen zwischen 16 und 24 Jahren beanspruchten 6%, viel zu wissen, 53% hielten sich für „einigermaßen informiert"; 35% gaben zu, „wenig", 4% „so gut wie nichts" zu wissen.

Leserbriefe zu dieser Titelgeschichte:

„Die Erfahrung, die Herr Boßmann gemacht hat, finde ich auf unserem Schulhof wieder, hier einige sinngemäße Zitate:

,Es stimmt nicht, daß Hitler die Juden vergast hat, dieses wird nur gesagt, um die Wahlchancen der NPD zu schwächen. Ich weiß nur, daß Hitler die Arbeitslosigkeit, die vor allem von der SPD geschaffen wurde, durch Straßenbauten abgeschafft hat, und das ist gut.' Bedauerlicherweise muß ich sagen, daß ein großer Teil der Eltern und älteren Bürger sich noch nach dem Dritten Reich sehnen, weil es in ihm keine Rocker, Langhaarige und Demonstranten gab. (A. F., 15 Jahre, Gymnasiumschüler)."

▶ **Quelle:** „Der Spiegel", Nr. 36, vom 14. 9. 1977, S. 7 ff.

Arbeitsaufgaben	denkbare Formulierungen
1. Wie sind die Aussagen der Schüler zu beurteilen?	– Die hier zitierten Aussagen sind entweder sachlich falsch oder sie enthalten Halbwahrheiten.
2. Welchen Widerspruch sieht der Verfasser?	– Trotz Unwissenheit seien die Jugendlichen zum großen Teil von ihrer Informiertheit überzeugt.
3. In einigen Leserbriefen werden die Ursachen des offenkundigen Informationsdefizits zu erklären versucht. Welche Ursachen werden angeführt?	– Die ältere Generation habe es versäumt, die jüngere aufzuklären. – In der Schule werde dieses Thema häufig gar nicht behandelt.

Die bisher erarbeiteten Zusammenhänge können nun systematisiert werden:

Die Öffentlichkeit	Ursachen	Maßnahmen
beklagt sich über: – Unwissen – Halbwissen NS-Vergangenheit – Verherrlichung	– zu wenig im Unterricht behandelt – schiefe Darstellung in manchen Medien – allgemeiner Rückzug des Geschichtsunterrichts – unzureichende Zusammenarbeit von Lehrern, Fachdidaktikern und Wissenschaftlern	– intensivere Behandlung des NS im Unterricht durch KM-Erlaß – neue Unterrichtsmaterialien erarbeiten und bereitstellen
historische Informationen stammen aus: – Erzählungen und Berichten von Verwandten und Bekannten – Zeitungen, Zeitschriften – Schallplatten – Büchern, Filmen – Unterricht		

Von hier aus sollte der Schritt in die Vergangenheit eingeleitet werden. Die Schüler können den Zugang zu der Welt des Nationalsozialismus am leichtesten gewinnen, wenn es gelingt, Denk- und Verhaltensweisen der Menschen, wie sie sich im damaligen alltäglichen Leben widerspiegelten, durchschaubar zu machen.

Die nationalsozialistische Ideologie versuchte, dem Menschen folgende Denk- und Verhaltensmuster anzuerziehen:

a) Alles Schwächliche und Kranke muß vernichtet werden, während alles Starke und Gesunde geschützt werden muß;

b) der einzelne ist nichts für sich, er dient der Rasse, dem Volk;

c) unter den Menschen besteht eine hierarchische Ordnung: Die arische Rasse herrscht über den rassisch minderwertigen Untermenschen;

d) Betonung des Kämpferischen, Brutalen, Unerschrockenen in der Auseinandersetzung mit Andersdenkenden.

Ausgangspunkt für den Unterricht sollten konkrete Alltagserlebnisse in der Zeit des Nationalsozialismus sein, an denen die genannten Denkmuster sichtbar werden (Gfm). An diesen Alltagserlebnissen können die Schüler nachvollziehen, aus welchen Motiven die Menschen damals handelten. Die Schüler erhalten die Chance, Überlegungen darüber anzustellen, wie sie sich in der bestimmten Situation verhalten hätten.

Im Anschluß an die Darstellung derartiger Alltagssituationen müßte nach den politischen, gesetzlichen und verwaltungstechnischen Hintergründen gefragt werden, damit die Alltagssituationen verständlich werden.

Als Materialgrundlage können weiter die in den Literaturangaben aufgeführten Jugendbücher und einige der unter Spezialliteratur angegebenen Titel verwendet werden, vor allem:

▶ **Material:** Martin Broszat u. a. (Hrsg.), Bayern in der NS-Zeit, Wien – München 1977

Die Machtübernahme

„Am Abend des 30. Januar nahmen meine Eltern uns Kinder – meinen Zwillingsbruder und mich – mit in das Stadtzentrum. Dort erlebten wir den Fackelzug, mit dem die Nationalsozialisten ihren Sieg feierten. Etwas Unheimliches ist mir von dieser Nacht her gegenwärtig geblieben.

Das Hämmern der Schritte, die düstere Feierlichkeit roter und schwarzer Fahnen, zuckender Widerschein der Fackeln auf den Gesichtern und Lieder, deren Melodien aufpeitschend und sentimental zugleich klangen.

Stundenlang marschierten die Kolonnen vorüber, unter ihnen immer wieder Gruppen von Jungen und Mäd-

chen, die kaum älter waren als wir. In ihren Gesichtern und in ihrer Haltung lag ein Ernst, der mich beschämte. Was war ich, die ich nur am Straßenrand stehen und zusehen durfte, mit diesem Kältegefühl im Rücken, das von der Reserviertheit der Eltern ausgestrahlt wurde? Aber die Jungen und Mädchen in den Marschkolonnen zählten mit. Sie trugen Fahnen wie die Erwachsenen, auf denen die Namen ihrer Toten standen.

Irgendwann sprang plötzlich jemand aus der Marschkolonne und schlug auf einen Mann ein, der nur wenige Schritte von uns entfernt gestanden hatte. Vielleicht hatte er eine feindselige Bemerkung gemacht. Ich sah ihn mit blutüberströmtem Gesicht zu Boden fallen, und ich hörte ihn schreien. Eilig zogen uns die Eltern fort aus dem Getümmel, aber sie hatten nicht verhindern können, daß wir den Blutenden sahen. Sein Bild verfolgte mich tagelang.

Wenn ich den Gründen nachforsche, die es mir verlockend machten, in die Hitler-Jugend einzutreten, stoße ich auch auf diesen: Ich wollte aus meinem kindlichen, engen Leben heraus und wollte mich an etwas binden, das groß und wesentlich war. Dieses Verlangen teilte ich mit unzähligen Altersgenossen . . .

Meine Eltern lehnten die Weimarer Republik ab. Bewußt und unbewußt lenkten sie das Augenmerk ihrer Kinder auf jene Tatsachen, die geeignet waren, das neue System in Mißkredit zu bringen. Sie selbst starrten nur auf die Fehlschläge und hatten keinen Blick für den verzweifelten Kampf der Männer, die die Republik retten wollten. Auch die ungewöhnlich reiche Entfaltung der geistigen und künstlerischen Schöpfungskraft jener Jahre kam ihnen nicht zu Bewußtsein . . .

Ich glaubte den Versprechungen der Nationalsozialisten, daß sie die Arbeitslosigkeit und damit die Not von sechs Millionen Menschen beseitigen würden. Ich glaubte ihnen, daß sie das deutsche Volk aus der Zersplitterung von mehr als vierzig politischen Parteien zu einer Einheit zusammenführen und daß sie die Folgen des Versailler Diktats überwinden würden." (Bericht Maschmann)

Aus der Zeit vor 1933

„Wo immer die Schalmeienkapelle der Kommunisten die Internationale spielte, tönte gleich Blasmusik mit dem ‚Horst-Wessel-Lied‘ dagegen an. Man rief sich Schimpfworte zu, manchmal gab es auch Schlägereien. Doch die SA hatte eindeutig die Oberhand. Das entsprach dem kleinbürgerlichen Zuschnitt der Gegend. Mit Siegerschritt zog sie durch die Straßen und brüllte im Chor: Deutschland erwache! Juda verrecke!

Das Schwarz-Rot-Gold der Republik war wie weggefegt. Ich bin Anfang Februar mit einem Trupp der dörflichen SA mitgelaufen, der vor dem Schulhaus aufmarschierte und dem Hauptlehrer barsch befahl:

Her mit dem schwarzrotgoldenen Fetzen! Den wollte man öffentlich verbrennen. Das mißlang. Der Sturmführer, unser Nachbar, ein kleiner Bankangestellter, der seine Frau prügelte, warf das Fahnentuch einem SA-Mann zu: ‚Steck's zu Haus in den Ofen!'
Die große Szene war verpatzt. Mich freute das: denn mein Vater war Sozialdemokrat. Kein klassenkämpferischer Proletarier; eher ein verhinderter Bürger, den eine harte Jugend als Kleinbauernsohn im sozial rückständigen Oberschlesien nach links getrieben hatte. Über den schweren Weg der Abendschule mußte er sich den beruflichen Aufstieg erkämpfen.
Sein Vorbild war Ebert, nicht Marx. Er wollte einen sozialeren Staat, aber auch Recht und Ordnung, Privateigentum und Religion. Den Tod Stresemanns wertete er als nationales Unglück. Er wollte ‚ein Sohn des Volkes sein und bleiben', wie es in einem sozialdemokratischen Lied hieß, das er gerne sang. Er lehnte die Nazis ab, weil sie brutale Radaubrüder und geistig primitiv seien. Er achtete jedoch den greisen Feldmarschall von Hindenburg, dessen Fotografie mit Namenszug goldgerahmt neben der von Ebert in unserer ‚guten Stube' hing. Meine Mutter hielt es nur mit Hindenburg. Sie war eine Lehrerstochter aus Westpreußen – politisch uninteressiert, doch den Rangordnungen des Kaiserreichs von ihrer Jugend her verpflichtet geblieben. Aus dieser kleinbürgerlichen, aber auch sozialkritisch

bestimmten Perspektive blickte ich in die neue Zeit, die jetzt anbrach. Ich sah, wie sich das Bild in der Schule wandelte. Das konnte man mit Händen greifen. Immer mehr Schüler und Lehrer hoben die Hand zum Hitlergruß. Im März 1933 waren es nur noch wenige, die diese Geste nicht mitmachten. Ich gehörte dazu und kam mir irgendwie heldisch vor.
Vieles war nicht so schön, wie ich es mir vorgestellt hatte. Aber es gab doch genug, was ansprach: Gemeinschaft, in der man sich bestätigt fühlte; Verantwortung und Führungsaufgaben, die das Selbstbewußtsein und den Ehrgeiz befriedigten. Auch sonst war manches, was nun geschah, ganz unsere Sache. Mit Vergnügen nahmen wir von den Schülermützen Abschied, die bis dahin den Gymnasiasten so auffällig vom Volksschüler abhoben. Mit Begeisterung standen wir am lodernden Holzstoß bei Sonnenwendfeiern, fieberten den Sportfesten entgegen, erlebten die Olympiade von 1936 als einen nationalen Triumph.
Noch in der Weimarer Zeit war uns in der Volksschule die demütigende Lage unserer Nation seit dem ‚Schanddiktat' von Versailles eingeprägt worden. Um so befreiender nun das Gefühl, daß es damit vorbei war. Es ging aufwärts, und wir waren die ‚Garanten der Zukunft'." (Bericht Zmarzlik)
▶ **Quelle:** Focke/Reimer, Alltag unter dem Hakenkreuz, a. a. O., S. 14f.

Arbeitsaufgaben	denkbare Formulierungen	
	Bericht Zmarzlik	Bericht Maschmann
1. In welcher Weise erleben die Jugendlichen die Zeit der „Machtergreifung" und den Nationalsozialismus?	Auftreten von SA und Rotfront in einem Dorf; Umzüge, Schlägereien zwischen Kommunisten und Nationalisten; Veränderungen in der Schule (Hitlergruß)	Die „kleinen Leute" treten zum Nationalsozialismus über; Umzug am Tag der Machtergreifung.
2. Was finden die Kinder nach ihren eigenen Worten attraktiv bzw. negativ am Nationalsozialismus?	In der Gemeinschaft fühlt man sich bestätigt; man hat Verantwortung und Führungsaufgaben; Selbstbewußtsein und Ehrgeiz werden gefördert, Begeisterung bei Sonnenwendfeiern und Sportveranstaltungen.	Besonders eindrucksvoll der Fackelzug am 30. Januar 1933; Faszination der Gemeinschaft.
3. Wie sehen die Erwachsenen den Nationalsozialismus und wie verhalten sie sich ihm gegenüber?	Der Vater lehnt als Sozialdemokrat die Nazis als „brutale Radaubrüder" und „geistig primitiv" ab; die Mutter ist unpolitisch; Vater und Mutter verehren Hindenburg.	Konservative Eltern, die die „kleinen Leute" verachten; dem NS gegenüber reserviert; Ablehnung der Weimarer Republik.
4. Wie bewerten die Verfasser rückblickend ihre Eindrücke und das Verhalten damals?	Man hatte das Gefühl, daß es nach dem „Schanddiktat" von Versailles wieder aufwärtsging.	Heraustreten aus der kindlichen Enge; Protesthaltung gegen Elternhaus; Glaube an Versprechungen.
5. Die Verfasser sehen heute Elemente des Nationalsozialismus, die sie als Jugendliche faszinierten. Versucht, diese Elemente festzuhalten und setzt euch kritisch damit auseinander.	Positiv wird die „Gemeinschaft" gesehen, der sich der einzelne bedingungslos unterzuordnen hat. („Du bist nichts, dein Volk ist alles.") Sie sind fasziniert von dem Aufbruch in die neue Zeit, von dem Aufstieg der Nation. Das Gemeinschaftserlebnis begeisterte sie, die Übertragung von Verantwortung und Führungsaufgaben befriedigte ihren Ehrgeiz.	Der sich der einzelne bedingungslos unterzuordnen hat. Sie sind fasziniert von dem Aufbruch in die neue Zeit, von dem Aufstieg der Nation. Sie glaubten den Versprechungen der Nationalsozialisten.

Arbeitsaufgaben	denkbare Formulierungen
6. Untersucht einige der von D. Boßmann zitierten Äußerungen von Jugendlichen daraufhin, welche Elemente und Denkmuster des Nationalsozialismus auch heute noch auf Sympathie stoßen.	Manche Jugendliche sind unzufrieden mit der Anonymität, die die Gesellschaft heute kennzeichnet (Leistungsdruck, Arbeitslosigkeit, fehlende Zukunftsperspektiven, das Gefühl, verlassen zu sein, abgeschoben zu werden) und sehnen sich nach einer Gemeinschaft, wo man seinen ihm zugewiesenen Platz einnimmt. Toleranz, Argumentation und Diskussion werden als Umweg oder Schwäche empfunden.

Der Unterricht wendet sich nun der übergeordneten, „offiziellen" Ebene zu. Die Erfahrungen und Erlebnisse auf der „Alltagsebene" sind Auswirkungen einer gesellschaftlichen Realität. Nachdem einige Denk- und Verhaltensmuster des Nationalsozialismus sichtbar geworden sind, nachdem deutlich geworden ist, daß sich diese Denk- und Verhaltensmuster zum Teil noch heute erhalten haben, sollte nun gefragt werden, was es mit der „Machtergreifung" Hitlers auf sich hatte und wie sie zustande kam.

Dabei sind folgende Aspekte zu bedenken:
a) Welche Ziele verfolgte Hitler?
b) Welchen Weg und welche Taktik schlug er ein, um diese Ziele zu erreichen?
c) Auf welchen ideologischen Hintergrund sind die Ereignisse und Entwicklungen zu sehen?
d) Wie wirkten sich die Ideologie und die politischen Maßnahmen auf das Bewußtsein der Menschen aus?

41.1.4.2. Schwerpunkt: Regierungserklärung vom 1. 2. 1933

Aus dem Aufruf der Reichsregierung an das deutsche Volk vom 1. 2. 1933

Über 14 Jahre sind vergangen seit dem unseligen Tage, da, von inneren und äußeren Versprechungen verblendet, das deutsche Volk der höchsten Güter unserer Vergangenheit, des Reiches, seiner Ehre und seiner Freiheit vergaß und dabei alles verlor. Seit diesen Tagen des Verrates hat der Allmächtige unserem Volk seinen Segen entzogen. Zwietracht und Haß hielten ihren Einzug ... Das Elend unseres Volkes aber ist entsetzlich! Dem arbeitslos gewordenen, hungernden Millionenproletariat der Industrie folgt die Verelendung des gesamten Mittel- und Handwerksstandes. Wenn sich dieser Zerfall auch im deutschen Bauern endgültig vollendet, stehen wir in einer Katastrophe von unübersehbarem Ausmaße ... 14 Jahre Marxismus haben Deutschland ruiniert. Ein Jahr Bolschewismus würde Deutschland vernichten ...

In diesen Stunden der übermächtig hereinbrechenden Sorgen um das Dasein und die Zukunft der deutschen Nation rief uns Männer nationaler Parteien und Verbände der greise Führer des Weltkrieges auf, noch einmal wie einst an den Fronten, nunmehr in der Heimat in Einigkeit und Treue für des Reiches Rettung unter ihm zu kämpfen. Indem der ehrwürdige Herr Reichspräsident uns in diesem großherzigen Sinne die Hände zum gemeinsamen Bunde schloß, wollen wir als nationale Führer Gott, unserem Gewissen und unserem Volke geloben, die uns damit übertragene Mission als nationale Regierung entschlossen und beharrlich zu erfüllen.

Das Erbe, das wir übernehmen, ist furchtbar. Die Aufgabe, die wir lösen müssen, ist die schwerste, die seit Menschengedenken deutschen Staatsmännern gestellt wurde ... Bauern, Arbeiter und Bürger, sie müssen gemeinsam die Bausteine liefern zum neuen Reich.

So wird es die nationale Regierung als ihre oberste und erste Aufgabe ansehen, die geistige und willensmäßige Einheit unseres Volkes wiederherzustellen. Sie wird die Fundamente wahren und verteidigen, auf denen die Kraft unserer Nation beruht. Sie wird das Christentum als Basis unserer gesamten Moral, die Familie als Keimzelle unseres Volks- und Staatskörpers in ihren festen Schutz nehmen. Sie wird über Stände und Klassen hinweg unser Volk wieder zum Bewußtsein seiner volklichen und politischen Einheit und der daraus entspringenden Pflichten bringen ...

Die nationale Regierung wird das große Werk der Reorganisation der Wirtschaft unseres Volkes mit zwei großen Vierjahresplänen lösen:

Rettung des deutschen Bauern zur Erhaltung der Ernährungs- und damit Lebensgrundlage der Nation.

Rettung des deutschen Arbeiters durch einen gewaltigen und umfassenden Angriff gegen die Arbeitslosigkeit.

In 14 Jahren haben die Novemberparteien den deutschen Bauernstand ruiniert. In 14 Jahren haben sie eine Armee von Millionen Arbeitslosen geschaffen ...

Außenpolitisch wird die nationale Regierung ihre höchste Mission in der Wahrung der Lebensrechte und damit der Wiedererringung der Freiheit unseres Volkes sehen. Indem sie entschlossen ist, den chaotischen Zuständen in Deutschland ein Ende zu bereiten, wird sie mithelfen, in die Gemeinschaft der übrigen Nationen einen Staat gleichen Wertes und damit allerdings auch gleicher Rechte einzufügen. Sie ist dabei erfüllt von der Größe der Pflicht, mit diesem freien, gleichberechtigten Volk für die Erhaltung und Festigung des Friedens einzutreten, dessen die Welt heute mehr bedarf als je zuvor.

▶ **Quelle:** GiQ V, Nr. 307

Arbeitsaufgaben	denkbare Formulierungen
1. Welche politischen Kräfte bzw. Gruppen tragen nach Hitlers Worten Verantwortung für den Niedergang in der Weimarer Zeit?	– „14 Jahre Marxismus haben Deutschland ruiniert."
2. Setzt euch kritisch mit Hitlers Ansicht auseinander!	– „Die Novemberparteien haben den Bauernstand ruiniert" und „eine Armee von Millionen Arbeitslosen geschaffen". – Hitler ignoriert die eigentlichen Ursachen des Scheiterns der Weimarer Republik: die Bürde des Versailler Vertrages, die katastrophale wirtschaftliche Lage bis 1923 und die Weltwirtschaftskrise ab 1930.
3. Welche Ziele setzt er für seine Regierung? Wer soll sie verwirklichen?	– „Männer nationaler Parteien", der Reichspräsident Hindenburg und ich wollen „die geistige und willensmäßige Einheit unseres Volkes wiederherstellen". – Das Christentum ist die „Grundlage der gesamten Moral", die Familie ist „Keimzelle des Volkskörpers". – Reorganisation der Wirtschaft mit Hilfe von zwei Vierjahresplänen – Beseitigung der Arbeitslosigkeit – „Wahrung der Lebensrechte und damit der Wiedererringung der Freiheit unseres Volkes" – Beseitigung der chaotischen Zustände in Deutschland – Einfügung in die Gemeinschaft als gleichberechtigtes Mitglied – Eintreten für die Festigung des Friedens – Eintreten für Rüstungsbeschränkungen
4. Begründet, welche Bevölkerungsschichten Hitler mit welchen Zielen in seiner Regierungserklärung ansprechen will.	– Arbeitslose – Bauern („Rettung des Bauern zur Erhaltung der Ernährungs- und Lebensgrundlage der Nation") – Konservative, monarchistische, bürgerliche und christliche Wähler (Regierung der nationalen Erhebung, Hindenburg, Christentum)

Den Schülern wird der maßvolle, zurückhaltende Grundtenor dieser Rede auffallen. Er wird nachhaltig durch den Tonfall in der Tonbandaufnahme unterstrichen.

41.1.4.3. Schwerpunkt: Wahl am 5. 3. 1933

Wir schlagen vor, am Beispiel der am 10. 2. 1933 von Hitler gehaltenen Rede im Berliner Sportpalast herauszuarbeiten,
– welche Propaganda auf die Bevölkerung wirkt,
– was Hitler über seine weiteren politischen Zielvorstellungen direkt und indirekt enthüllt.

▶ **Film:** 322093, Hitler spricht (1932–1939)

Anmerkung: Dieser Film enthält sechs Reden Hitlers. Es sollte nur der Teil II gezeigt werden, um an dieser einen Rede exemplarisch eine Bild-, Sprech- und Textanalyse durchzuführen.

Die Schüler äußern sich darüber, wie der Film heute auf sie wirkt und wie der Film damals auf die Kinobesucher gewirkt haben mag. Nach den ersten Schüleräußerungen, die einen spontanen Eindruck wiedergeben, sollte eine zweite Filmdarbietung erfolgen.

Arbeitsaufgaben	denkbare Formulierungen
1. Was läßt sich über das Äußere des Redners Hitler (Kleidung, Haltung) sagen?	– Hitler trägt die Parteiuniform der „Kampfzeit". Daraus geht hervor, daß er hier nicht in seiner Eigenschaft als Reichskanzler, sondern als Wahlkämpfer für die NSDAP auftritt.
2. Welche Aussagen kann man über den äußeren Rahmen dieser Wahlkampfveranstaltung machen?	– Ort: Sportpalast (Berlin). – Fahnen, Uniformen, Standarten prägen das Äußere. – Goebbels führt Regie: Er begrüßt und verabschiedet Hitler.
3. Wie wird das Publikum von den Filmemachern in Szene gesetzt?	Hier sollte als Beispiel die Passage „. . . unterdes von 7 Mann zu 12 Millionen emporgewachsenen Bewegung . . ." beachtet werden. Sie wird von einer Einstellung, in der 7 SA-Männer gezeigt werden, begleitet, worauf die Kamera über die Masse der Zuhörer schwenkt. Hier wird nachhaltig demonstriert, wie dem Kinobesucher der Eindruck vermittelt werden sollte, es herrsche zwischen Redner und Publikum Übereinstimmung.
4. Diskutiert darüber, welche Wirkung die Rede auf die bei der Wahlkundgebung Anwesenden und auf die Kinobesucher hatte.	– Die bei der Kundgebung Anwesenden erleben das Fluidum der Veranstaltung. – Die Kinobesucher bekommen ein propagandistisch gestaltetes, effektvolles Bildmaterial vorgesetzt.

In der nun folgenden Phase sollte die Rede angehört werden, wobei das Bild ausgeblendet wird. Der Redetext, der sich im Filmbeiheft (322093) befindet (S. 26/27), kann mitverfolgt werden.

Arbeitsaufgaben	denkbare Formulierungen
1. Wie lassen sich der Redeton, das Sprechtempo und die Lautstärke im Verlauf der Rede kennzeichnen? Welche inhaltlichen Aussagen trifft Hitler an diesen Stellen?	Hitler beginnt die Rede langsam, stockend, fast schüchtern. Zwischen den einzelnen Sätzen pausiert der Redner. Im weiteren Verlauf steigern sich Lautstärke und Sprechtempo bis zur Ekstase am Schluß der Rede. Der anfängliche spürbare „Vorleseton" in dem vorgebliche Fakten über die historische Entwicklung nüchtern aufgereiht werden sollen, wird abgelöst durch lautstarke, hastig vorgebrachte pathetische Redewendungen und Leerformeln. Sie markieren das Feindbild „Marxismus", gegen das es als Rettung nur die nationalsozialistische Bewegung geben soll.
2. Untersucht die von Hitler vorgebrachten Vorschläge, um mit der Misere fertigzuwerden.	„Partei und Volk müssen zusammenarbeiten", „Das deutsche Volk darf sich nicht auf fremde Hilfe verlassen" oder „Wir wollen dem deutschen Volk keine billigen Versprechungen geben" sind Leerformeln und ohne konkrete Zielvorstellungen.

Arbeitsaufgaben	denkbare Formulierungen
3. Was setzt Hitler dem Marxismus und dem „Weimarer System" entgegen?	Nur er selbst könne mit seiner Entschlossenheit und seinem Willen die Misere beseitigen und den verzweifelten Menschen helfen. Das wird besonders deutlich am Schluß der Rede, wo er eine Reihe christlicher Begriffe („Glaube an mein Volk", „auferstehen", „Kraft und Herrlichkeit", „Amen") verwendet. Er suggeriert dem Publikum, er selber sei der Messias, der Retter aus höchster Not.
4. Informiert euch über die Situation, die am 10. 2. 1933 herrschte, und versucht, die Absichten, Motive und Ziele, die Hitler mit seiner Rede verfolgte, zu erkennen.	– Hitler setzt sich mit seinem Wunsch nach Neuwahlen im Kabinett durch. Sein Ziel: Stärkung der NSDAP im Parlament, möglichst absolute Mehrheit, um die politische Macht auch im Kabinett und gegenüber dem Reichspräsidenten zu erweitern. – Hitler erwirkte beim Reichspräsidenten eine „Notverordnung", um im Wahlkampf gegnerische Parteien mundtot zu machen.

Im anschließenden Unterrichtsgespräch sollen die Arbeitsergebnisse systematisiert und integriert werden. Unter Hinweis auf die eingangs formulierten Inhalte läßt sich das folgende Tafelbild erarbeiten:

Lage am 10. 2. 1933
Regierung der „nationalen Konzentration"
Parlamentsauflösung und Neuwahlen

Hitlers Ziel: Verbesserung der politischen Machtstellung

Mittel zur Erreichung dieses Ziels:

Politische Mittel, die im Rahmen der Verfassung liegen:	Wahlkampfpropaganda:	Hitler verspricht:
Notverordnungen – Einschränkung von Grundrechten **außerhalb des Verfassungsrahmens:** – Verfolgung politischer Gegner; – Ausschaltung ihrer wichtigsten Organe; – polizeistaatliche Willkür.	– wirksame Inszenierung der Wahlkampfkundgebungen; – Feindbild: Marxismus; „Weimarer System"; – Beschwörung einer Volksgemeinschaft; – Beschwörung eines Messias, der alle Probleme lösen wird.	– Die wirtschaftliche Lage wird sich verbessern; – Es werden wieder stabile politische Verhältnisse herrschen.
Auswirkungen: Der politische Gegner wird mit Gewalt bekämpft.		Bevölkerung hofft.

41.1.4.4. Schwerpunkt: Reichstagsbrandverordnung und Ermächtigungsgesetz

„Verordnung zum Schutz von Volk und Staat
(Reichstagsbrandverordnung)

Auf Grund des Artikels 48 Absatz 2 der Reichsverfassung wird zur Abwehr kommunistischer staatsgefährdender Gewaltakte folgendes verordnet:

§ 1. Die Artikel 114, 115, 117, 118, 123, 124 und 153 der Verfassung des Deutschen Reiches werden bis auf weiteres außer Kraft gesetzt. Es sind daher Beschränkungen der persönlichen Freiheit, des Rechtes der freien Meinungsäußerung, einschließlich der Pressefreiheit, des Vereins- und Versammlungsrechtes, Eingriffe in das Brief-, Post-, Telegraphen- und Fernsprechgeheimnis, Anordnungen von Haussuchungen und von Beschlagnahme sowie Beschränkungen des Eigentums auch außerhalb der sonst hierfür bestimmten gesetzlichen Grenzen zulässig.

. . .

§ 5. Mit dem Tode sind die Verbrechen zu bestrafen, die das Strafgesetzbuch in den Paragraphen 81 (Hochverrat), 229 (Giftbeibringung), 307 (Brandstiftung), 311 (Explosion), 312 (Überschwemmung), 315 Absatz 2 (Beschädigung von Eisenbahnen), 324 (gemeingefährliche Vergiftung) mit lebenslangem Zuchthaus bedroht.

. . .

§ 6. Diese Verordnung tritt mit dem Tage der Verkündung in Kraft . . .

Berlin, den 28. Februar 1933"

▶ **Quelle:** W. Hofer, Nationalsozialismus, Nr. 24.

Beschluss.

Auf Grund des § 1 der Verordnung des Reichspräsidenten zum Schutze von Volk und Staat vom 28. Februar 1933 – Reichsgesetzblatt I S. 83 – wird der Rektor Erwin **Münchow**, Luckenwalde, Bussestraße 42 bei März, geb. 29. Juni 1888 in Schutzhaft genommen und in das Konzentrationslager Oranienburg überführt.

Gründe:

Münchow war Mitglied der S.P.D. Luckenwalde und hat sich an führender Stelle in der SPD betätigt. Mit Rücksicht darauf, dass die sozialdemokratische Partei Deutschlands als staats- und volksfeindliche Organisation anzusehen ist und die Gefahr besteht, dass Münchow auch nach der Auflösung der SPD weiterhin versuchen wird, staatsfeindliche Massnahmen durchzuführen, ist die Inschutzhaftnahme gerechtfertigt.

Jüterbog, den 21. Juli 1933

Der Landrat des Kreises Jüterbog – Luckenwalde

Siegel (Unterschrift), stellv. Landrat

▶ **Quelle:** Kurt Zentner, Illustrierte Geschichte des Widerstandes in Deutschland und Europa 1933–1945. Südwest-Verlag, München 1966, S. 23.

Arbeitsaufgaben	denkbare Formulierungen
1. Begründet, warum diese Notverordnung vom 28. 2. 1933 ein wichtiger Schritt auf dem Weg zur Zerstörung der parlamentarischen Demokratie in Deutschland war.	– Es werden eine Reihe von Grundrechten außer Kraft gesetzt. – In der Praxis bedeutet die Aufhebung der Grundrechte, daß die politischen Gegner ausgeschaltet werden können (durch willkürliche Verhaftungen, Verbot von Zeitungen und Organisationen).
2. Informiert euch über den Anlaß für diese Maßnahme.	– Am 27. Februar wird der Reichstag in Brand gesetzt. – Die Nationalsozialisten stellen den Reichstagsbrand als Zeichen eines bevorstehenden kommunistischen Aufstandes hin und treffen sofort nach dem Reichstagsbrand Maßnahmen gegen die Kommunisten.
3. Womit wird die Verhaftung des Rektors Erwin Münchow begründet?	– Er war SPD-Mitglied. – Er hat sich an führender Stelle in der SPD betätigt. – Die SPD ist „als staats- und volksfeindliche Organisation" anzusehen. – Es besteht die Gefahr, daß Erwin Münchow „auch nach der Auflösung der SPD weiterhin versuchen wird, staatsfeindliche Maßnahmen durchzuführen".
4. Beurteilt diese Maßnahme. Welchen Zweck hat sie?	– Dem Verhafteten wird keinerlei Vergehen oder Verbrechen zur Last gelegt. – Die Verhaftung wird mit bloßen Vermutungen und Annahmen begründet. – Die Verhaftung ist ein reiner Willkürakt. Sie soll offenbar der Einschüchterung möglicher Gegner dienen.

Ein weiterer entscheidender Schritt auf dem Wege zur „Machtergreifung" ist das „Ermächtigungsgesetz" vom 24. 3. 1933.

▶ **Tonband:** 20/22 0159 Das Ermächtigungsgesetz
▶ **Quelle:** Informationen 123/126/127 und Gfm

Der Lehrer sollte zunächst das Tonband in seiner Gesamtheit vorspielen, damit die Schüler einen Eindruck von der Atmosphäre während der Debatte erhalten. Anschließend könnten die Redetexte einbezogen werden. Während die Schüler ein zweites Mal das Tonband hören, lesen sie den Text mit.

Es empfiehlt sich, in zwei Schritten vorzugehen: im ersten sollen die „Rahmenbedingungen" analysiert werden, während im zweiten Schritt die Textanalyse erfolgen soll.

Arbeitsaufgaben	denkbare Formulierungen
1. Inwieweit gehen die Bestimmungen des Ermächtigungsgesetzes über die bisherigen Notverordnungen hinaus?	– Die Regierung kann nun auch verfassungsändernde Gesetze erlassen. – Die bisher auf wenige Wochen beschränkte Geltungsdauer wird auf vier Jahre ausgedehnt.
2. Welche Bedeutung muß man dem Ermächtigungsgesetz zumessen?	– Da die Legislative entmachtet wird, wird auch die Gewaltenteilung aufgehoben; Hitler wird vom Reichstag und vom Reichspräsidenten unabhängig. – Das Ermächtigungsgesetz ist neben der Notverordnung vom 28. 2. 1933 das zweite „Grundgesetz", das die Diktatur und den Führerstaat vorbereitet.
3. Welche Phasen weist der Ablauf der parlamentarischen Debatte auf?	– Hitler begründet das Ermächtigungsgesetz, – Wels (SPD) begründet die Ablehnung, – Hitler versucht in einer Gegenrede, Wels' Argumentation zu entkräften, – Sprecher der Parteien begründen deren Positionen.
4. Welchen Eindruck von der Sprechweise und von der Reaktion der Zuhörer entsteht beim Hören der Rede?	– Hitler beginnt maßvoll, zuweilen wird ein drohender Unterton spürbar, – Wels' Tonfall ist weiterhin gleichbleibend, einige Passagen werden betont, insgesamt herrscht ein sachlicher Ton. – In seiner Gegenrede geht Hitler mit lauter, sich überschreiender Stimme zu Gewaltdrohungen und Zynismus über. – Die Nationalsozialisten spenden frenetischen Beifall, wenn Hitler ihre Feinde und Gegner verhöhnt und die Ideale des Nationalsozialismus („die Ehre unserer Nation") beschwört.
	– Die Sozialdemokraten spenden Beifall, wenn Wels die Kernpunkte sozialdemokratischen Demokratieverständnisses erwähnt, wobei die Nationalsozialisten mit höhnischem Gelächter antworten.
5. Wie verhält sich Göring als Reichstagspräsident?	Göring ist als Reichstagspräsident zur Unparteilichkeit verpflichtet. Trotzdem kommentiert er Hitlers Äußerungen zustimmend: „Sehr richtig!" – „Jetzt rechnet der Kanzler ab!" – „Reden Sie keine Geschichten und hören Sie sich das jetzt an!"

Im anschließenden Unterrichtsgespräch soll festgehalten werden:
– Organisationsrahmen ist die parlamentarische Debatte.
– Der politische Gegner wird von den Nationalsozialisten unter starken Druck gesetzt, bevor die Debatte überhaupt beginnt.
– Auch während der Debatte werden von seiten der Nationalsozialisten massive Einschüchterungsversuche vorgenommen.
– Wels bringt seine Argumente maßvoll-abwägend vor, er setzt sich auch mit anderen Meinungen auseinander; Hitler hingegen will sich gar nicht mit anderen Meinungen auseinandersetzen.

Arbeitsaufgaben	denkbare Formulierungen
1. Wie lauten Hitlers Hauptargumente, die er zur Einführung des Ermächtigungsgesetzes vorbringt?	– Die gegenwärtige Situation, die er als „düster" bezeichnet, ist auf den Marxismus zurückzuführen. – Es muß wieder eine weltanschauliche Geschlossenheit im deutschen Volk angestrebt werden; der Wille des Volkes muß mit wirklicher Führungsautorität gekoppelt werden. – Ein Teil der Maßnahmen wie Reform des Wirtschafts- und Finanzlebens und die Wahrung der außenpolitischen Interessen erfordert das Ermächtigungsgesetz; es genügt nicht mehr, wenn die Regierung von Fall zu Fall die Genehmigung erbittet.

Arbeitsaufgaben	denkbare Formulierungen
2. Wie beurteilt ihr die Begründung Hitlers für die Einführung des Ermächtigungsgesetzes?	Es gibt keine plausible Begründung dafür, daß er für sein Regierungsprogramm ein Ermächtigungsgesetz benötigt; der Verdacht liegt vielmehr nahe, daß Hitler ein Herrschaftssystem etablieren will, in dem für ein Parlament kein Platz vorhanden ist.
3. Beurteilt die Argumentation von Wels, die er in seiner Antwort vorbringt.	– Wels sucht zunächst eine gemeinsame Basis mit den Zielvorstellungen der Regierung und findet diese auf der außenpolitischen Ebene. – Andererseits kritisiert er die Praktiken, mit denen Hitler Andersdenkende verfolgt. – Er argumentiert, daß die Wahlen vom 5. März 1933 den Regierungsparteien die Mehrheit gebracht hätten, so daß ein Ermächtigungsgesetz gar nicht erforderlich sei.
4. Wie reagiert Hitler in seiner Gegenrede auf die von Wels vorgebrachten Argumente?	Hitler begreift die Situation als Kampfsituation und Herausforderung. Er beginnt seine Rede mit Hohn und Zynismus, er stempelt den Widersacher zum Sündenbock. Der Gegner muß verfolgt werden, da er in seinen Augen eine Gefahr für die Volksgemeinschaft darstellt.
5. Diskutiert darüber, welche Auswirkungen die Annahme (441 Jastimmen, 94 Neinstimmen der SPD) hatte.	– Die Parteien, die dem Gesetz zustimmten, machten zwar Bedenken geltend und hatten von Hitler Zusagen im Hinblick auf die Aufhebung bestimmter Freiheitsbeschränkungen bekommen, aber: – Mit der Annahme des Gesetzes wird die parlamentarisch-demokratische Verantwortlichkeit des Reichskanzlers aufgehoben. – Die Regierung kann Gesetze erlassen, die nicht der Gegenzeichnung durch den Reichspräsidenten bedürfen.

An dieser Stelle innerhalb der Unterrichtsreihe ist es notwendig, ein Resümee zu ziehen, und zwar zunächst in Beantwortung der Frage, in welchen Etappen sich die Machtergreifung Hitlers vollzog:

Etappen von Hitlers Machtergreifung

Maß-nahmen	Anlaß/Vorwand	Folgen
Notverordnung vom 28. 2. 1933	Reichstagsbrand: Die Kommunisten planen angeblich einen Aufstand gegen das Reich.	Wichtige Grundrechte werden außer Kraft gesetzt.
Reichstagswahl am 5. 3. 1933	Breite Basis für das Parlament und die Regierung.	Stimmengewinne für die NSDAP und Prestigeerfolg, jedoch keine absolute Mehrheit der NSDAP bzw. keine Zweidrittelmehrheit der Regierungsparteien.
Ermächtigungsgesetz	Die Regierung benötigt freie Hand zur Durchführung der „lebensnotwendigen Maßnahmen".	Der Reichstag „begeht Selbstmord", er ist fortan ohnmächtig, die Regierung übernimmt die Funktion der Legislative.

Zusätzliche Arbeitsaufgaben	denkbare Formulierungen
Wie könnt ihr euch das Verhalten der Bevölkerung bei Hitlers Machtübernahme erklären?	Die Bevölkerung glaubte, das jetzt alles besser würde. Sie war von den letzten Jahren der Weimarer Republik bitter enttäuscht worden.
Versucht zu beurteilen, wie das Programm der NSDAP auf die Menschen damals gewirkt hat.	Das Programm fand ein positives Echo bei großen Teilen der Bevölkerung. Es entsprach ihren Vorstellungen von einem gleichberechtigten unabhängigen Deutschland. Viele wünschten eine starke Zentralgewalt. Sie sahen in dem Programm eine Abkehr von Parteiengezänk und Mißwirtschaft.
Die Fahne der Nationalsozialisten war Schwarz-Weiß-Rot. Auch die Farben des Bismarck-Reiches waren Schwarz-Weiß-Rot. Welche Stellung in der Geschichte gibt Hitler die Postkarte aus dem Jahr 1933?	Hitler und sein Staat bedeuteten scheinbar keinen Bruch mit der deutschen Vergangenheit, sondern führten die Geschichte geradlinig weiter.

Zusätzliche Arbeitsaufgaben	denkbare Formulierungen
Die Herrschaft der Nationalsozialisten wird „Drittes Reich" genannt. Welches waren die beiden ersten?	1. Heiliges Römisches Reich Deutscher Nation 2. Das deutsche Kaiserreich 1871
Wieso kann man sagen, daß Hitler mit dem Ermächtigungsgesetz die absolute Macht in Händen hatte? Wieso ist damit auch der Schein der Demokratie beseitigt?	Das Ermächtigungsgesetz machte Hitler zum Gesetzgeber. Zusammen mit der Aufhebung der Grundrechte durch die Notverordnung vom 28. 2. 1933 war somit das Ende der parlamentarischen Demokratie gekommen.
Warum haben zwei Drittel der Abgeordneten Hitlers Forderungen erfüllt?	Mit vagen Versprechungen und Androhungen von Gewalt erreichte Hitler die notwendige Zweidrittelmehrheit im Reichstag.
Wie entwickelte sich die Parteienlandschaft vom Juni bis zum November 1933?	Vom Juni bis zum November entwickelte sich Deutschland durch Verbot und Selbstauflösung von Parteien zu einem Einparteienstaat. Der Parlamentarismus war damit abgeschafft.
Was wurde damals der parlamentarischen Demokratie vorgeworfen?	Vielzahl der Parteien, ihr Eigennutz, Intrigen um die Abstimmungen im Reichstag, Verantwortungslosigkeit vieler Abgeordneter, allgemeine Mißwirtschaft auf politischer Ebene.
Wie wurde Hitlers Aufstieg durch die wirtschaftliche und politische Entwicklung seiner Zeit begünstigt?	– *wirtschaftlich:* Arbeitslosigkeit, Lohnkürzungen, Existenznot, Reparationen – *politisch:* Ablehnung von Parteienwirtschaft und Klassenkampf, § 48 der Weimarer Verfassung, Ruf nach dem „starken Mann"
Wieso konnte Hitlers Machtübernahme als legal bezeichnet werden?	– Hitler wurde vom Reichspräsidenten v. Hindenburg zum Reichskanzler berufen (§ 53 der Weimarer Verfassung) – Mit der verfassungsändernden Zweidrittelmehrheit nahm der Reichstag das Ermächtigungsgesetz an. Die Einschüchterung der Abgeordneten bleibt bei diesem formalistischen Urteil außer acht.

41.2.   Der totale Staat

41.2.1.   Wissensziele

Die NS-Regierung schaltete alle Einrichtungen des öffentlichen Lebens gleich, nicht zuletzt auch das kulturelle Leben und das Bildungswesen. Vom Kindergarten bis ins hohe Alter sollte der Mensch durch den Nationalsozialismus beeinflußt und geprägt werden.

Ein Netz von Organisationen, deren Kern die NSDAP und deren Eliteformation die SS war, sollte die totale Kontrolle jedes einzelnen gewährleisten.

Durch eine vielfältige und wirkungsvolle Propaganda gewann Hitler immer mehr Gefolgschaft. Zu den ideologischen Grundlagen des Nationalsozialismus gehörten das Führerprinzip und die Volksgemeinschaft.

41.2.2.   UE-Ziele

(1) Funktion, Organisationsformen, Methoden und Ziele der nationalsozialistischen Erziehung

(2) Die Methoden der Gleichschaltung; die Motive für den Gesinnungsumschwung bei vielen Deutschen

(3) Führerprinzip und Erziehung zur Volksgemeinschaft als Faktoren nationalsozialistischer Herrschaft

41.2.3.   Einstieg

● Fotos: Hitler als Bannerträger, Hitlerjugend, BDM oder Reichsarbeitsdienst, Reichsparteitag in Nürnberg (Gfm)

● Tonbänder: Tb 184, Der Führerstaat
Tb 164, Hitler und die Jugend, Tb 183, Die Gleichschaltung

● Augenzeugenberichte/Memoiren:
Alltag unterm Hakenkreuz, S. 41 ff.
Alltag in der Hitler-Jugend

● Filme: FT 295, Mißbraucht
FT 766, Wer nicht für uns ist, ist gegen uns

● Bericht: Inge Scholl, Die weiße Rose, S. 10 ff.

41.2.4.   Schwerpunkte

41.2.4.1.   Schwerpunkt: Erziehung der Jugend

In dieser Unterrichtseinheit sollen die Schüler sich mit der Frage auseinandersetzen, wie es gelang, die Menschen dem Nationalsozialismus gefügig zu machen. Die Jugendlichen von heute wollen wissen, wie

es kam, daß sich die meisten Deutschen im Dritten Reich „gleichschalten" ließen. Sie wollen wissen, warum sich nur verhältnismäßig wenig Menschen gegen den Nationalsozialismus gewehrt haben.

An drei Komplexen sollen die Schüler untersuchen, inwieweit der Nationalsozialismus in das tägliche Leben, in den Alltag hineinreichte. Wir schlagen vor, zunächst den Komplex „Erziehung und Jugend" zu bearbeiten, weil die Schüler aus ihrer eigenen Erfahrung heraus Vergleiche mit der Erziehung im Dritten Reich anstellen können. Im Anschluß daran kann die Frage nach der Funktion der Erziehung im Nationalsozialismus gestellt werden. Die Erziehung darf nicht isoliert von anderen Faktoren nationalsozialistischer Herrschaft gesehen werden: der Gemeinschaftsideologie, die im „Führerprinzip" gipfelnde Ideologie von der Autorität sowie der „Sündenbockphilosophie", die als wesentliche Grundmotive die nationalsozialistische Weltanschauung bestimmen.

Als Einstieg schlagen wir einen Text vor, in dem in anschaulicher Weise berichtet wird, wie Jugendliche von anfänglicher Begeisterung für die Ideale des Nationalsozialismus zur schroffen Ablehnung gelangen.

▶ **Quelle:** Inge Scholl, Die weiße Rose. Fischer TB 88, Frankfurt.

Arbeitsaufgaben	denkbare Formulierungen
1. Worauf ist die Begeisterung der Geschwister Scholl zurückzuführen?	– Sie stimmen den Zielvorstellungen, wie sie Hitler verkündet, zu: Volksgemeinschaft, Kameradschaft, Wiederherstellung des deutschen Ansehens.
	– Sie sind fasziniert von den „kompakten marschierenden Kolonnen der Jugend", den Fahnen, den „vorwärts gerichteten Augen", dem Trommelschlag und Gesang, von der Gemeinschaft auf Wanderungen, Heimabenden, von dem Gefühl, daß auch die Jugend zum Aufbau eines neuen Deutschland beiträgt und ernstgenommen wird.
2. Wann und bei welchen Vorkommnissen kommen ihnen erste Zweifel, die der Begeisterung mehr und mehr Abbruch tun?	– Ihr Vater vergleicht Hitler mit dem Rattenfänger, der das deutsche Volk ins Verderben führen wird.
	– Die Verfolgung der Juden und die Meinung der Kameraden dazu stimmen die Geschwister nachdenklich.

Arbeitsaufgaben	denkbare Formulierungen
	– Das Verbot, andere als deutsche Lieder zu singen, stört Hans Scholl.
	– Hans Scholls Bild von der Jugend erleidet anläßlich eines Nürnberger Parteitages einen Stoß: Drill, Uniformierung, Schablone.
	– Er ist betroffen über das Verbot, Stefan Zweigs „Sternstunden der Menschheit" zu lesen.
	– Er wehrt sich gegen das Verbot, in seinem „Fähnlein" eine eigene Fahne zu verwenden.

Im Unterrichtsgespräch soll versucht werden, die für die heutige Jugend oftmals unverständliche Begeisterung der damaligen Jugend in Ansätzen zu erklären. Die Schüler müssen wissen, daß der vorliegende Bericht von späteren Regimegegnern stammt, die zu Beginn noch voller Enthusiasmus sind. Die Ursachen dieser Begeisterung für die nationalsozialistische Bewegung klingen bereits an. Es wird auch deutlich, wie die Nationalsozialisten versuchen, die Begeisterung der Jugendlichen zu kontrollieren und für ihre Zwecke einzusetzen.

Vorschläge für Gruppenarbeit:

Im nun folgenden Unterricht werden diese Hintergründe durch weitere Quellen näher beleuchtet. Das Material kann von mehreren Gruppen unter gleichen oder ähnlichen Fragestellungen bearbeitet werden. Sie können lauten:

a) Welche Eigenschaften sollen dem „nationalsozialistischen Menschen" anerzogen werden?

b) Welche Werte werden bevorzugt, welche vernachlässigt?

c) Mit welchen Methoden sollen die Erziehungsziele verwirklicht werden?

d) Welche Rolle spielen Familie und Schule?

e) Welches Endziel hatte die nationalsozialistische Erziehung?

Gruppe 1: Hitler über die Erziehung der Jugend (Rede in Reichenberg)

▶ **Quelle:** Vorbemerkungen 41.0.4.2., Seite ■

Gruppe 2: Erziehung der Jugend, Gesetz über die Hitlerjugend vom 1. 12. 1936

▶ **Quelle:** Hofer, Nationalsozialismus, a. a. O. Nr. 45 und Gfm

Gruppe 3: „Schülerauslese an höheren Schulen"
(27. 3. 1935)

Die höhere Schule hat daher die Pflicht, unter den zu ihr kommenden Jugendlichen eine Auslese zu treffen, welche die Ungeeigneten und Unwürdigen ausscheidet, um die Geeigneten und Würdigen um so mehr fördern zu können. Die ständige Prüfung muß sich auf die körperliche, charakterliche, geistige und völkische Gesamteignung erstrecken.

I. Körperliche Auslese

1. Jugendliche mit schweren Leiden, durch die die Lebenskraft stark herabgesetzt ist und deren Behebung nicht zu erwarten ist, sowie Träger von Erbkrankheiten sind nicht geeignet und werden daher nicht in die höhere Schule aufgenommen. In Zweifelsfällen ist ein amtsärztliches Gutachten zu verlangen.

2. Jugendliche, die eine dauernde Scheu vor Körperpflege zeigen und dieses Verhalten trotz aller Erziehungsversuche nicht ablegen, werden von der höheren Schule verwiesen.

3. Ebenso führt ein dauerndes Versagen bei den Leibesübungen, das sich vor allem in Mangel an Willen zu körperlicher Härte und Einsatzbereitschaft äußert, zur Verweisung, wenn nicht Amtsarzt und Sportlehrer ein Verbleiben befürworten.

II. Charakterliche Auslese

1. Wer durch sein allgemeines Verhalten in und außer der Schule gröblich gegen Sitte und Anstand verstößt, ist von der Schule zu verweisen.

2. Fortgesetzte Verstöße gegen Kameradschaftlichkeit und Gemeinschaftssinn ziehen nach vergeblichen Besserungsversuchen die Verweisung von der Schule nach sich.

3. Dasselbe geschieht bei dauernden Verstößen gegen Zucht und Ordnung und gegen Ehrlichkeit, die auf einen grundsätzlichen Mangel an Einfügungs- und Ordnungssinn und anderseits an Offenheit deuten.

pp.
III. . . .

IV. Völkische Auslese

1. Arische Schüler dürfen hinter nichtarischen nicht zurückgesetzt werden. Es ist daher nicht angängig, an Nichtarier (im Sinne des Reichsgesetzes zur Wiederherstellung des Berufsbeamtentums vom 7. April 1933 und seiner Nachträge) irgendwelche Vergünstigungen zu geben (Schulgelderlaß, freie Lehrmittel, Erziehungsbeihilfen und dergl.), solange sie arischen Schülern versagt werden.

2. Schüler, die durch ihr Verhalten in und außer der Schule die Volksgemeinschaft oder den Staat wiederholt schädigen, sind von der Schule zu verweisen.

▶ **Quelle:** Max Buchheim, Arbeitsmaterial zur Gegenwartskunde. Schroedel, Hannover 1964, S. 127.

Zusammenfassung der Gruppenarbeitsergebnisse: Erziehungsziele und -methoden

Gruppe 1	Gruppe 2	Gruppe 3
a) „Deutsch denken, deutsch handeln".	„Gewalttätig", „herrisch", „unerschrocken", „grausam", „athletisch".	Körperlich gesund, sauber, sportlich, kameradschaftlich, ordnungsliebend, ehrlich.
b)	„Nicht schwach und zärtlich", keine intellektuelle, sondern vornehmlich körperliche Erziehung.	Körperliche, charakterliche, geistige und völkische Eigenschaften; wer sie nicht besitzt, wird ausgeschieden.
c) Permanente Erziehung in nationalsozialistischen Organisationen; „Schleifen", „behandeln" in Arbeitsdienst und Wehrmacht, Austreibung von „Klassenbewußtsein" und „Standesdünkel".	„Ausbildung in allen Leibesübungen", „nur das lernen, was sie ihrem Spieltrieb folgend, sich freiwillig aneignen."	Ständige Kontrolle der Eignung und des Verhaltens.
d) Die Rolle der Familie wird abschätzig beurteilt („rückfällig werden"), wichtig sind allein die NS-Organisationen.	Auch das Elternhaus muß im „Geiste des Nationalsozialismus" erziehen.	
e) Erziehung im nationalsozialistischen Sinn durch lückenlose Erfassung.	Schaffung eines „neuen Menschen" im Zeichen der Rassenlehre.	Auslese der Geeigneten und Würdigen.

Wenn die Schüler ihre Arbeitsergebnisse vorgetragen haben, steht zu erwarten, daß sie diskutieren wollen. Der Lehrer kann zunächst das Gespräch auf den Scholl-Text lenken und fragen, worauf sich die als positiv und die als negativ erfahrenen Erlebnisse begründen.

Als positiv erfahrene Erlebnisse:	Hintergründe:
- Kameradschaft - Gemeinschaftsgefühl - vorwiegend körperlich-sportliche Betätigung - Wanderungen, Zelt-lager - Spielgruppen - Selbstbewußtsein der Jugend - „Jugend muß durch Ju-gend geführt werden".	● Totalanspruch des Staates, Elternhaus und Schule wurden als rück-ständig betrachtet. ● Heranzüchtung kern-gesunder Körper, um als „Stärkerer im Lebens-kampf" zu bestehen ● Konzentration der Er-ziehungsmaßnahmen ● Ausleseprinzip
Als negativ erfahrene oder Zweifel säende Er-lebnisse: - Warnungen vor dem „Rattenfänger" Hitler - Verfolgungen von Ju-den - Verbot von Büchern und Liedern	● Erziehung im Zeichen von Rassenlehre und So-zialdarwinismus ● Nur der Mensch glei-chen Blutes wird ge-schützt, sofern er ein nützliches Mitglied der Rassengemeinschaft bil-det („Du bist nichts, dein Volk ist alles").

▶ **Material:** Informationen 123/126/127, S. 8 (Hitlers Erziehungsziele), S. 33 f. (Aufgaben der Hitlerjugend) Es ist auch denkbar, durch die Analyse von Fotos „Hitlerjugend", „Bund Deutscher Mädel" und „Reichsarbeitsdienst" (Gfm) die Funktion der Ge-meinschaftsideologie herauszustellen.

Arbeitsaufgaben	denkbare Formulierungen
1. Welchen Eindruck vermitteln die Fotos?	Geschlossenheit, Einheit, or-ganisierte Gemeinschaft durch paramilitärische Auf-trittsformen.
2. Wodurch werden diese Eindrücke er-zielt?	Fahnen, Uniformen, Trom-meln, Abzeichen, Symbole wie Spaten.
3. Welche bilderi-schen Elemente ver-mitteln den Eindruck von Geschlossenheit und Einheit?	Bestimmte Einstellungen und Perspektiven suggerieren dies dem Betrachter: Der Blick wird zu den Fahnen nach oben gelenkt. Er geht an einer Marschformation ent-lang oder fällt auf ausgerich-tete uniformierte Männer.

Die Schüler beginnen zu erfassen, daß die Erzie-hungsprinzipien eingebettet waren in die Gesamtkon-zeption des Nationalsozialismus. Wichtige Prinzipien waren: Gemeinschaftsideologie, Rassedenken, Füh-rerprinzip. Sie wurden schon früh im jungen Men-schen verankert.

Ein Beispiel: Musterdiktat für eine dritte Volks-schulklasse:

Wie Jesus die Menschen von der Sünde und Hölle befreite, so rettete Hitler das deutsche Volk vor dem Verderben. Jesus und Hitler wurden verfolgt, aber während Jesus gekreuzigt wurde, wurde Hitler zum Kanzler erhoben. Während die Jünger Jesu ihren Mei-ster verleugneten und ihn im Stich ließen, fielen die 16 Kameraden für ihren Führer. Die Apostel vollendeten das Werk ihres Herrn. Wir hoffen, daß Hitler sein Werk selbst zu Ende führen darf. Jesus baute für den Himmel, Hitler für die deutsche Erde.

▶ **Quelle:** Hofer, Nationalsozialismus, Nr. 646.

Arbeitsaufgaben	denkbare Formulierungen
4. Vergleicht die Er-ziehung der Jugend im NS-Staat mit der in Sparta.	In Sparta und im NS-Staat zielte die Erziehung auf kör-perliche Ertüchtigung, Ertra-gen von Strapazen, Entwick-lung des Willens zum Kampf. Von der Wissenschaft brauchte diese Jugend nur das Nötigste. Das Ideal ist ein fanatischer Kämpfer.
5. Welche Ideale der Jugendlichen nutzte der NS-Staat aus? Welche wahren Ziele verfolgte die NS-Ju-gendpolitik?	Viele Jugendliche brauchen Ideale, um sich begeistern zu können. Hierzu gehören vor allem die Überzeugung, alles neu und besser machen zu können als die Generation vorher. Diese Ziele wurden der Jugend vor Augen ge-stellt. Wanderfahrten und Zeltlager befriedigten die Sehnsucht nach gemein-schaftlichen Erlebnissen. Die wahren Ziele der NS-Jugend-politik aber waren Wehr-ertüchtigung und Erziehung zum Gehorsam.

T   Die Funktion der Erziehung im Nationalsozialismus

Erziehungsziele/-methoden	Organisationsformen	ideologische Prinzipien
- Betonung der körperlichen Erziehung. - Förderung bestimmter Charaktereigen-schaften: Willens- und Entschlußkraft, Op-ferbereitschaft, Verschwiegenheit, Treue. - Vernachlässigung intellektueller Fähig-keiten. - Prinzip der Auslese, Führerprinzip.	- Erfassung aller Jugendlichen in Organisationsformen nach mili-tärischem Vorbild - Vormilitärische Ausbildung; ver-lockende Angebote (Sport, Fahr-ten, Uniformen, Rangabzeichen)	- Volksgemeinschaft - Führerprinzip - Gleichschaltung

41.2.4.2. Schwerpunkt: Gleichschaltung

Die Schüler haben in der Unterrichtseinheit 41.1 erarbeitet, daß Hitler seine politischen Gegner ausgeschaltet und das Parlament weitgehend entmachtet hatte. Die Schüler haben außerdem erfahren, daß ein neuer, ein „nationalsozialistischer" Mensch geformt werden sollte. Nationalsozialistisches Gedankengut sollte dem deutschen Volk in allen Lebensbereichen vermittelt werden: alle sollten das Gleiche denken und tun.

Das Bewußtsein des einzelnen sollte „gleichgeschaltet" werden. Dabei stellt sich die Frage, welche Mittel der Propaganda angewendet wurden und welche Möglichkeiten der einzelne hatte, sich dagegen zu wehren.

▶ **Material:** Institut R 429, Das Dritte Reich und sein Erbe, Bild 6.

Zur Problematisierung des Komplexes eignet sich die Zeichnung „Rückgrat raus!" von A. P. Weber.

– In der Bildmitte schneidet ein Operateur einem auf einem Tisch liegenden Menschen das Rückgrat heraus, wobei er ein Messer zwischen den Zähnen hält.
– Von links kommen durch den Torbogen eines unterirdischen Gewölbes nackte Gestalten, eine nach der anderen, in straffer militärischer Haltung. Auffällig sind die Augen: sie scheinen mit Scheuklappen verdeckt zu sein.
– Die „operierten" Gestalten kriechen zur anderen Seite durch einen anderen Torbogen hinaus.

Arbeitsaufgaben	denkbare Formulierungen
1. Welche bildnerischen Einzelheiten fallen besonders ins Auge?	– Die Opfer setzen sich nicht zur Wehr, ihr Gesichtsausdruck ist eher erwartungsvoll. – Sie lassen auch die „Operation" willenlos über sich ergehen. – Nach der „Operation" haben die Operierten ihren aufrechten Gang eingebüßt, ihr Blickfeld ist eingeengt.
2. Versucht zu deuten, was hinter dieser Bildaussage stecken könnte.	– Den Menschen wird das Rückgrat gebrochen, sie verlieren ihre Identität, sie werden zu Kriechern und Duckmäusern, sie sind keine Menschen mehr, da sie Einsicht und Kritikfähigkeit verloren haben. – Sie nehmen das Entsetzliche ohne zu protestieren einfach hin, erwartungsvoll sogar.

Arbeitsaufgaben	denkbare Formulierungen
	– Das deutsche Volk soll dargestellt werden, dem von dem Nationalsozialismus das Rückgrat gebrochen wird, ohne daß es etwas dagegen unternimmt.

Nach dieser Bildaussage kann der historische Hintergrund, der mit dem Wort „Gleichschaltung" umschrieben wird, analysiert werden.

Gruppe 1 erarbeitet an zwei Austrittserklärungen von SPD-Mitgliedern aus ihrer Partei die Motive.

Gruppe 2 erstellt eine Liste mit den einzelnen Maßnahmen, die zusammenfassend mit dem Begriff „Gleichschaltung" bezeichnet werden. Sie soll ermitteln, welche Organisationen „gleichgeschaltet" wurden.

Gruppe 1

9. März 1933

Gemäß § 9 des Organisationsstatus erkläre ich hiermit meinen sowie auch meiner Frau Austritt mit sofortiger Wirkung . . .

Als Behördenangestellter stehe ich vor einem Scheidewege. Einerseits sehe ich, wie sich mit Sicherheit bei meinem Arbeitgeber, dem Reich, die Tendenz durchsetzt, diejenigen Arbeitskräfte, die regierungsfeindlichen Vereinigungen angehören, nicht mehr zu dulden. Auf der anderen Seite steht die Treue zur Partei. Leider sehe ich keine andere Möglichkeit als meinen Austritt. Steht doch die Existenz meiner Familie auf dem Spiele. Sollte dennoch das Los der Arbeitslosigkeit nicht abzuwenden sein, das aus eigener Anschauung sehr sehr hart sein kann, so brauche ich mir nicht vorzuwerfen, nicht alles getan zu haben im Interesse meiner Frau und meines Kindes.

Hans J.

11. März 1933

Das augenblicklich zu beobachtende, wenig klassenbewußte Verhalten unserer Führer hat mich bitter enttäuscht und zu der Überzeugung gebracht, daß unter ihrer Leitung an ein Weiterkommen zu denken ist. Ich sehe mich unter diesen Umständen außerstande, der Parteileitung auch weiterhin zu folgen, und erkläre daher hiermit meinen Austritt aus der Partei. Mein Mitgliedsbuch ist beigefügt.

H. P.

▶ **Quelle:** Kurt Zentner, Illustrierte Geschichte des Zweiten Weltkriegs. Südwest, München 1966, S. 138 f.

Arbeitsaufgaben	denkbare Formulierungen
Welche Begründungen werden für den Austritt aus der SPD gegeben?	– Die Existenz der Familie steht auf dem Spiel. – Furcht vor Arbeitslosigkeit. – Die Führer der SPD verhalten sich gegenwärtig nicht „klassenbewußt". – Als Beamter im Staatsdienst kann man nicht in der SPD bleiben.

Gruppe 2
▶ **Material:** Informationen 123/126/127, S. 25 f.

Gleichschaltung

Was wird gleichgeschaltet?	das öffentliche und möglichst auch das private Leben
Parteien	nur eine Partei: NSDAP
Gewerkschaften	Deutsche Arbeitsfront, Nationalsozialistische Betriebsorganisation (NSBO)
Bauern	Reichsnährstand
Erziehung	Hitlerjugend, NS-Lehrerbund
Presse	Reichspressekammer
Kunst	Reichsfilm-, Reichstheater-, Reichsschrifttums- und Reichsmusikkammer
Wehrmacht	Hitler Oberbefehlshaber

Propaganda, ständige Überwachung
Bei Widerstand: Berufsverbote/Emigration/„Untergrund"

Im anschließenden Unterrichtsgespräch sollten die Schüler erneut die Aussagen des Bildes „Rückgrat raus!" deuten. Die beiden von der **Gruppe 1** bearbeiteten Texte demonstrieren augenfällig, wie sich die beiden ehemaligen SPD-Mitglieder mit dem neuen Regime zu arrangieren versuchen. Bevor man aus heutiger Sicht damalige Menschen kritisiert, weil sie zu wenig Mut aufbrachten und schnell ihre Gesinnung verrieten, sollten die Schüler versuchen, die Motive der Betroffenen schärfer zu akzentuieren. Die Palette reicht von den echt Begeisterten über die Verängstigten bis zu den in ihrer beruflichen Existenz Bedrohten und den karrierebewußten Opportunisten.
Die Ergebnisse der **Gruppe 2** lassen deutlich werden, wie schwer es gewesen sein muß, sich der Gleichschaltung zu entziehen.
Die Grafik unterstreicht nachhaltig, wie sehr der Staat seinen Einfluß auf alle Bereiche auszudehnen trachtete. Jeder Staatsbürger konnte jederzeit vom Organisationsnetz erfaßt und kontrolliert werden.

41.2.4.3. Schwerpunkt: Führerprinzip und Volksgemeinschaft

Der Frage, warum sehr viele Menschen dem Nationalsozialismus „ins Garn gingen", soll an einem weiteren Grundmuster nationalsozialistischer Herrschafts- und Organisationsstrukturen nachgegangen werden. Eine wichtige Funktion nimmt dabei das „Führerprinzip" ein. Das „Führerprinzip" wird ergänzt durch die Ideologie von der „Volksgemeinschaft".
Wir entscheiden uns diesmal für den Zugang über Fotos, die nicht nur als Anschauungsmaterial dienen sollen, sondern die darüber hinaus als Grundlage der Analyse von Manipulationsmechanismen verwendet werden sollen.
▶ **Fotos:** Hitler als Bannerträger, Redner und Feldherr (Gfm)

Arbeitsaufgaben	denkbare Formulierungen
1. Wie wird Hitler auf den Fotos „ins Bild gerückt"?	– Er wird als Bannerträger, Feldherr und Redner dargestellt. – Er ist wie ein Ritter ausgerüstet. – Auf drei Bildern steht er im Mittelpunkt. – Er steht hinter dem Rednerpult; er grüßt die Gefallenen; er nimmt eine Parade ab.
2. Wie wird das Volk „ins Bild gerückt"?	Es marschiert oder ist in Formationen angetreten (Hitler-Jugend, Bund Deutscher Mädel, Reichsarbeitsdienst, Reichsparteitag, Parade).
3. Welche bildnerischen, film- und fototechnischen Mittel finden Verwendung?	Einstellung: Total- oder Weitaufnahme bei der Darstellung des Volkes; Einstellung „Nah" oder „Groß" bei der Darstellung Hitlers.
4. Was bezwecken die optischen Mittel?	– Hitler steht zumeist im Mittelpunkt, er wird für den Betrachter zum alleinigen Bezugspunkt, andererseits ist er aber auch eingebunden in sein Volk.

– Das Volk wird zumeist in einer geschlossenen Gruppe oder Gemeinschaft dargestellt, häufig in paramilitärischen Formen. Auffallend ist dabei, daß die Ordnung, die in den Gruppen, Fassaden und Fahnen zum Ausdruck kommt, die Ordnung im Bildaufbau bestimmt. Requisiten wie Fahnen, Armbinden, Uniformen, Trommeln symbolisieren die geschlossene Welt, die gemeinsame Stärke, wobei akustische Untermalungen (Marschmusik, Trommelwirbel) diesen Eindruck noch untermauern.

Durch die Analyse der Fotos sind bereits einige Elemente des „Führerprinzips" und der „Volksgemeinschaft" als wichtige Faktoren nationalsozialistischer Herrschaft angedeutet worden. Den Schülern muß vor Augen geführt werden, daß solche Fotos damals einen hohen Verbreitungsgrad hatten und dazu beitrugen, daß die gewünschten Inhalte dem Volke nahegebracht wurden.

Die ausgewählten optischen Beispiele allein reichen nicht aus, um die Auswirkungen von „Führerprinzip" und „Volksgemeinschaft" zu erfassen. Deshalb sollen jetzt Aussagen, die das Führerprinzip und die Volksgemeinschaft, ihre Aufgaben und Funktionen erläutern, eingebracht und analysiert werden.

▶ **Quellen:** Hitler in „Mein Kampf": Hofer, Nationalsozialismus, Nr. 18; Tagebucheintragung von Goebbels, in: GiQ V, Nr. 339; Hitler im Gespräch, in: GiQ V, Nr. 329 (alle Gfm). Außerdem siehe auch Hitler über die Propaganda, 41.0.4.2., Seite 159.

Arbeitsaufgaben	denkbare Formulierungen
1. Wie begründet Hitler den Vorrang des „Führerprinzips" gegenüber dem demokratischen Prinzip?	Er bezeichnet sich als den größten Befreier der Menschheit, als einen „neuen Führergesetzgeber", dessen Handeln die „Masse der Gläubigen von der Last der freien Entscheidung entbindet".
2. Setzt euch mit den von Hitler geäußerten Ansichten auseinander!	– In einem „Führerstaat" wird jede Kritik am Führer und damit am Staat und an der Gesellschaft ausgeschaltet; es gibt keine Opposition und damit keine Kontrolle.
	– Der einzelne hat in einer hierarchisch geordneten Gesellschaft Befehle von oben auszuführen und bedingungslos zu gehorchen. Er kann daher mißbraucht werden.
	– Die Delegation der Verantwortung auf eine Person birgt die Gefahr, daß alle anderen Menschen entmündigt werden und die Entscheidungen dieser Person nicht kritisch untersuchen dürfen.

Arbeitsaufgaben	denkbare Formulierungen
3. Wie ist Hitlers Menschenbild beschaffen?	– Der einzelne Mensch ist unbedeutend, er ist ein Nichts. Er hat nur Bedeutung als Teil der Gemeinschaft, der Nation.
	– Die Mehrzahl der Menschen ist geistig beschränkt. Sie sind leicht zu beeinflussen und zu lenken. Sie reagieren nicht rational, sondern nur gefühlsmäßig.

41.2.4.4. Schwerpunkt: Nationalsozialistische Organisationen

Ein weiterer Faktor der Herrschaft waren die Organisationen wie die NSDAP, die SS und viele andere. Es soll verdeutlicht werden, welche Rolle ihnen bei der Sicherung des Regimes zukam. Dazu können die Schüler an einigen Beispielen die Organisationsstruktur und die Machtmittel, die diesen Organisationen zur Verfügung standen, herausarbeiten.

Der Zugang erfolgt wiederum durch die Betrachtung und Analyse eines Fotos.

▶ **Foto:** Hitler grüßt die Blutfahne von 1923 auf dem Nürnberger Reichsparteitag 1938 (Gfm)

Arbeitsaufgaben	denkbare Formulierungen
1. Welche Kompositionsprinzipien werden auf diesem Foto deutlich?	– Starre, mathematisch exakte Linien und Flächen herrschen vor.
	– Die Linien führen auf die drei Hakenkreuzfahnen im Hintergrund zu.
2. Welchen Eindruck rufen sie im Betrachter hervor?	– Die Menschen werden als unübersehbare Masse dargestellt.
	– Die Architektur dieses Ortes bewirkt den Eindruck der Geschlossenheit.
	– Durch den Bildaufbau und die Wahl des Blickwinkels werden die Fahnen zum Mittelpunkt für den Betrachter. Durch den Aufbau der angetretenen Formationen und die architektonische Anlage des Platzes sind sie aber auch in das Liniengefüge der Veranstaltung eingebunden.
	– Auffällig ist weiter der lange Mittelgang. Er spielt im Ritual des Auftritts des Führers eine wichtige Rolle.

Arbeitsaufgaben	denkbare Formulierungen
3. Was erkennt ihr auf dem Bild über die Organisation eines Parteitages in Nürnberg?	Die Parteitage zeigen eine mustergültige Organisation und Sinn für die Symbolkraft von Veranstaltungen in großer Vollendung.
4. Wie ist das Verhalten der Teilnehmer eines Parteitages zu verstehen?	Das Verhalten der Teilnehmer bei solchen Veranstaltungen zeigt das Aufgehen des Individuums in der Masse, die völlige Ausschaltung des kritischen Denkens.

▶ **Material:** Informationen 123/126/27, S. 28
Diese Grafiken zeigen den Aufbau des Staates und seiner Organisation. Der einzelne mußte sein persönliches Geschick der Partei und der Nation unterordnen. Der Staat nahm ihn total in die Pflicht. Es wird vor allem auch der dominierende Charakter der NSDAP deutlich. Sie prägte die nationalsozialistische Staatsidee dem ganzen Volk auf.
Im abschließenden Gespräch sollen die Schüler versuchen, die Arbeitsergebnisse zusammenzufassen und die Ziele und Organisationen der Erziehung im Nationalsozialismus zu bewerten.

Die Bekundungen Hitlers über die Erziehungsziele und die Organisationsformen zeigen, daß die bis dato gültigen Erziehungsprinzipien über Bord geworfen und überkommene Formen aufgenommen wurden.
Es wird ein Menschenbild vorgestellt, das von Verzicht auf eigenes Denken, Gehorsam, unkritischer Einsatzbereitschaft und rücksichtsloser Härte geprägt ist. Im Gegensatz zu bisher geltenden pädagogischen Maximen sollte die körperliche Ertüchtigung Vorrang haben. Denk- und Kritikfähigkeit, Erziehung zur Toleranz, vom Christentum geprägte Normen waren unerwünscht. Das Gespräch sollte einen zweiten Aspekt aufweisen. Nachdem die Schüler den inhumanen Charakter des Erziehungsprogramms charakterisiert und belegt haben, sollen sie die Institutionen, in denen es verwirklicht wurde, in ihrer Bedeutung einschätzen. In erster Linie war es die Schule, die sich dem organisatorischen und geistigen Einfluß der Partei unterwerfen mußte. In einigen Lerngruppen wird der Wunsch laut werden, diesen Aspekt zu vertiefen. Wir verweisen dazu auf einen Aufsatz, der es durch sein reichhaltiges und instruktives Quellenmaterial ermöglicht, Einblick in Methoden der Herrschaftsdurchsetzung, aber auch in die Formen des Widerstandes zu gewinnen:
▶ **Material:** U. Popplow, Schulalltag im Dritten Reich – Fallstudie über ein Göttinger Gymnasium, in: Aus Politik und Zeitgeschichte, Beilage zur Wochenzeitung ,Das Parlament', B 18/1980, S. 33 ff.

T   Erziehung zur Volksgemeinschaft und Führerprinzip als Faktoren nationalsozialistischer Herrschaft

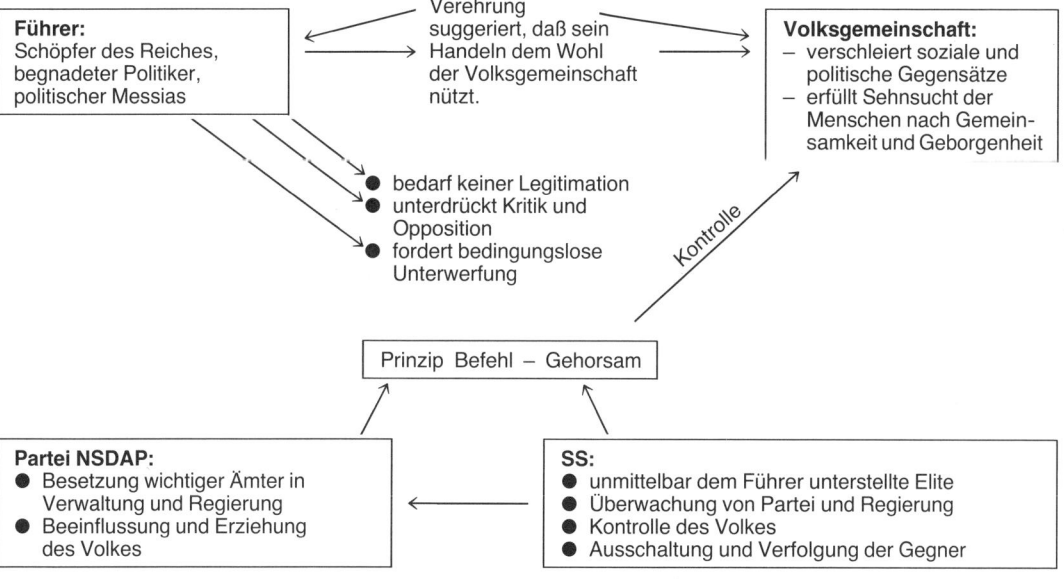

Listet in einer Tabelle Merkmale einer Demokratie und
eines totalitären Staates nach dem Führerprinzip nebeneinander auf. Berücksichtigt folgende Fragen:
1. Wie werden grundsätzlich politische Entscheidungen getroffen.
2. Wer macht die Gesetze?
3. Wer bildet die politische Führungsschicht?
4. Wer gibt auf dem Gebiet der Kultur die Richtung
an?

	Demokratie	NS-Staat
Frage 1	durch Mehrheitsbe- schlüsse;	durch Führerbefehl;
Frage 2	Regierungsvorla- gen werden durch Parlamentsbe- schluß zum Gesetz;	ein Arbeitsstab auf Befehl des Führers;
Frage 3	Angehörige der ver- schiedenen Par- teien;	eine in Ordensbur- gen erzogene Elite;
Frage 4	Künstler gestalten ihre Werke unab- hängig vom Staat.	die nationalsozialisti- sche Weltanschau- ung setzt Maßstäbe für Themen und For- men der Kunst.

Welche Bestimmungen gelten heute für die Festnahme und Inhaftierung eines Bürgers?

Grundgesetzartikel 104
(Gesetzliche Freiheitsentziehung)
1. Die Freiheit der Person kann nur auf Grund eines
förmlichen Gesetzes und nur unter Beachtung der darin
vorgeschriebenen Formen beschränkt werden. Festgehaltene Personen dürfen weder seelisch noch körperlich
mißhandelt werden.
2. Über die Zulässigkeit und Fortdauer einer Freiheitsentziehung hat nur der Richter zu entscheiden. Bei
jeder nicht auf richterliche Anordnung beruhenden
Freiheitsentziehung ist unverzüglich eine richterliche
Entscheidung herbeizuführen. Die Polizei darf aus
eigener Machtvollkommenheit niemanden länger als bis
zum Ende des Tages nach dem Ergreifen in eigenem
Gewahrsam halten. Das Nähere ist gesetzlich zu regeln.
3. Jeder wegen des Verdachtes einer strafbaren Handlung vorläufig Festgenommene ist spätestens am Tage
nach der Festnahme dem Richter vorzuführen, der ihm
die Gründe der Festnahme mitzuteilen, ihn zu vernehmen und ihm Gelegenheit zu Einwendungen zu geben
hat. Der Richter hat unverzüglich entweder einen mit
Gründen versehenen schriftlichen Haftbefehl zu erlassen oder die Freilassung anzuordnen.
4. Von jeder richterlichen Entscheidung über die Anordnung oder Fortdauer einer Freiheitsentziehung ist
unverzüglich ein Angehöriger des Festgehaltenen oder
eine Person seines Vertrauens zu benachrichtigen.

41.3. Die Verfolgung der Juden

41.3.1. Wissensziele

Antisemitismus bedeutet Judenfeindschaft. Hitler behauptete, die Juden wären am Unglück Deutschlands
im Ersten Weltkrieg und in der Weimarer Republik
schuld. Er begann damit, sie durch Gesetze und
behördliche Schikanen aus dem öffentlichen Leben
auszuschalten. Dann ließ er sie in Ghettos und Konzentrationslager einsperren. Nach Beginn des Krieges gegen die Sowjetunion 1941 begann die „Endlösung", d. h. die Ermordung aller im deutschen Machtbereich lebenden Juden.

41.3.2. UE-Ziele

(1) Die gegen die Juden gerichteten Maßnahmen des
nationalsozialistischen Staates als Folge eines rassi-
stischen Antisemitismus
(2) Die Phasen der Judenverfolgung und ihre Auswirkungen auf das Leben der Betroffenen
(3) Radikale Verwirklichung der Rassenideologie

41.3.3. Einstieg

● Tonband: „Judenverfolgung", Institut, Tb 141.

41.3.4. Schwerpunkte

41.3.4.1. Schwerpunkte: Etappen der Juden-
verfolgung

Der nichtjüdische Schriftsteller Jochen Klepper war
mit einer Jüdin verheiratet. Zur Familie gehörten zwei
Töchter seiner Frau, von denen einer die Auswanderung nach England gelang. Ein Auszug aus seinen
Tagebuchaufzeichnungen (1933–1942) vermittelt einen Eindruck davon, wie sich die Situation der Juden
immer weiter verschlechterte.
**Das Schicksal der deutschen Juden von 1933 bis 1938
nach den Tagebuchaufzeichnungen des Dichters Jochen Klepper**
27. III. 1933
Das stille Progrom hat heut in der Legalisierung des
Boykotts gegen jüdische Geschäfte, Richter, Anwälte,
Ärzte, Künstler einen Höhepunkt erreicht. Was damit
in jungen Juden an Haß gesät wird, muß furchtbar
werden . . .
21. VIII. 1933
Den Juden ist das Benutzen der Badeanstalt Wannsee
verboten worden. In Nürnberg erstreckt sich das Verbot sogar auf alle städtischen Badeanstalten. Wie würde

es die Kinder treffen, wenn man ihnen ihr geliebtes Schwimmbad hier draußen nehmen würde ... man ist nahe am Ghetto ...

18./19. VII. 1935
... Antisemitische Ausschreitungen am Kurfürstendamm. Verschärfte Arierparagraphen. In Sachsen und in Breslau 21 arische Mädchen in Schutzhaft, die Verhältnisse mit Juden hatten. Die Männer in Konzentrationslagern. – Die Säuberung Berlins von Juden drohend angekündigt ...

21. VII. 1935
... Hans Nowak hat die antisemitischen Exzesse am Kurfürstendamm miterlebt. Sie haben Jüdinnen ins Gesicht geschlagen; die jüdischen Männer haben sich sehr tapfer gewehrt; zu Hilfe kam ihnen niemand, weil jeder die Verhaftung fürchtet ...

23. VII 1935
... Drohungen aber, die sonst oft theoretisch bleiben, werden an den Juden sofort praktisch ausgeführt. Und daß keiner mehr sein eigenes Geld frei bekommt, um nach Palästina gehen zu können! Diese Grausamkeit, sie hierzuhalten, ist das Schlimmste! Existenzverlust und körperliche Mißhandlung sind den Juden tagtägliche Beängstigung geworden ... Die Juden, denen es in Deutschland materiell noch gutgeht, sind die, deren große Betriebe man für deutsche Angestellte braucht. – Misdroy [Ostseebad] mußte jetzt von Juden geräumt werden; man hat sich auch nicht gescheut, vor ein jüdisches Kinderheim zu ziehen und die Kinder mit dem Absingen antisemitischer Lieder zu ängstigen. Das Heim muß auch geschlossen werden ...

10. XI. 1938
Der junge Gesandtschaftssekretär vom Rath ist an den Folgen des Attentats gestorben (S. 161). Heute sind alle Schaufenster der jüdischen Geschäfte zertrümmert, und in den Synagogen ist Feuer gelegt ... Was wird man an Maßnahmen wieder aus diesem neuen „Aufflackern der Volkswut" ableiten? Es ist ein neuer, furchtbarer Schlag. Viele glauben, daß es bei der wachsenden Wohnungs- und Geschäftsnot nun an die jüdischen Wohnungen und Läden geht, wie bei den Anwälten und Ärzten, und daß der Gedanke eines Barackenghettos immer näherrückt. – Im Reiche mehrere Synagogen niedergebrannt ...

8. Februar 1939
... Reichsleiter Rosenberg, der Kirchenfeind, der „Beauftragte für die gesamte geistige und weltanschauliche Erziehung der NSDAP", Chef des außenpolitischen Amtes der Partei, hat gestern vor der auswärtigen Diplomatie und ausländischen Presse in Berlin gesagt: „Für den Nationalsozialismus wird die Judenfrage in Deutschland erst dann gelöst sein, wenn der letzte Jude das Territorium des Deutschen Reiches verlassen hat."

24. Februar 1939
... Nun schon wieder etwas Neues, von dem man gar nicht weiß, wie man es ansehen soll, ob als neue Schikane, letzte Konsequenz oder ein Eingeständnis latenter deutscher Wirtschaftsnot (nun können die jüdischen Auswanderer nur noch Kleidung und Möbel mitnehmen): „Alle Juden deutscher Staatsangehörigkeit und alle staatenlosen Juden müssen die ihnen gehörenden Gegenstände aus Gold, Silber und Platin sowie Edelsteine und Perlen binnen zwei Wochen an die eingerichteten öffentlichen Ankaufsstellen abliefern. Die Ablieferung erfolgt gegen Entschädigung. Die Richtlinien über die Bewertung und die Festsetzung der Entschädigung hat der Reichswirtschaftsminister erlassen."

12. Dezember 1939
... Mit Hanni bei der Kartenstelle zu der für Juden festgesetzten Zeit. Die beauftragten Unterbeamten freundlich und höflich ... Die Kleiderkarte bleibt Hanni und Reni also versagt. Die Einschränkungen für die Lebensmittelkarte sind folgende: Wegfall von seltenen Lebensmitteln wie Reis; Kürzung der Butter- und der Fleischration; keine Sonderzuteilungen wie Schokolade, Pfefferkuchen zu Weihnachten ...

26. Juli 1940
... Juden haben nur noch eine Stunde Einkaufszeit pro Tag, abendliches Ausgangsverbot, Arbeitspflicht (für oft sehr schwere und sehr niedere Arbeit) ...

4. August 1940
Den Juden werden nun auch die Telefone entzogen. Diese Zermürbung durch Jahre hindurch ist fürchterlich ...

13. Oktober 1941
... Den Juden werden die Wohnungen gekündigt, ohne daß sie neue mieten dürfen. Sie haben Listen ihres restlichen Eigentums einzureichen, ihr – sehr begrenztes – Gepäck bereitzuhalten. Welch fürchterlicher Schwebezustand, welche Quälerei ist wieder entstanden.

18. Oktober 1941
... Immer mehr verdichten sich die Deportationsgerüchte. Gilt es den Wohnungen? Gilt es den Personen überhaupt? Und nichts, nichts läßt sich prophylaktisch tun. Und wenn dies Furchtbare eintritt? ...

18. April 1942
... daß ab 1. Mai das Fahrverbot für Juden auf sämtlichen Verkehrsmitteln in Kraft tritt, lastet furchtbar auf ihnen ...

8. Juli 1942
... Jüdische Krüppel, auch solche, die nur an einem Stock gehen müssen, dürfen sich nicht mehr auf der Straße zeigen, um mit dem Stern nicht Mitleid erregen zu können. – Nachdem den Juden alles genommen ist, müssen sie nun auch als Letztes ihre Aktentaschen und Uhren abgeben ...

28. September 1942
Deportationen, Deportationen – die Alten; die Kranken. Und nichts mehr Gerücht, sondern Menschen, die man kennt ...

▶ **Quelle:** GiQ V, Nr. 392

Arbeitsaufgaben	denkbare Formulierungen
1. Wie spiegelt sich das Schicksal der deutschen Juden in den Tagebuchaufzeichnungen Kleppers?	– 1933 Boykott jüdischer Geschäfte, Anwälte, Ärzte – Verbot, Badeanstalten zu benutzen. – 1935 Überführung von Männern in Konzentrationslager, körperliche Mißhandlungen, Sperrung der Bankkonten. – 1938 Zerstörung der Synagogen, Zutritt zu kulturellen Veranstaltungen verboten. – 1939 Auswanderer können nur noch Kleidung und Möbel mitnehmen. Juden müssen Edelmetalle und Edelsteine abliefern. Sie erhalten keine Kleiderkarten und keine wertvollen Lebensmittel. – 1940 Juden dürfen nur noch eine Stunde pro Tag einkaufen. Für sie besteht Arbeitspflicht. Die Telefone werden ihnen weggenommen. – 1941 Sie müssen ihre Wohnungen verlassen. – 1942 Juden dürfen keine öffentlichen Verkehrsmittel benutzen. Jüdische Behinderte dürfen nicht mehr auf die Straße. Juden müssen Aktentaschen und Uhren abliefern.
2. Welche Befürchtungen vertraut Klepper seinem Tagebuch an?	– 1933 Das NS-Regime wird die Juden wieder ins Ghetto verbannen. – 1935 Er befürchtet Schreckliches für die Juden. Die Durchführungsbestimmungen zum Reichsbürgergesetz kamen ihm daran gemessen milde vor. – 1938 Die Juden könnten in einem Barackenghetto zusammengepfercht werden. – 1939 Alle Juden werden Deutschland verlassen müssen. – 1941 Angst vor Deportation. – 1942 Immer mehr Bekannte sind deportiert worden. Wann trifft es uns?

Am 10. Dezember 1942 schieden in Erwartung der Deportation seiner Stieftochter Jochen Klepper, seine Frau und seine Stieftochter aus dem Leben.
Seine letzte Tagebucheintragung lautet:

10. Dezember 1942
„Wir sterben nun – ach, auch das steht bei Gott –
Wir gehen heute nacht gemeinsam in den Tod.
Über uns steht in den letzten Stunden das Bild
des segnenden Christus, der um uns ringt.
In dessen Anblick endet unser Leben."

Die Schüler erarbeiten nun die nationalsozialistische Rassenlehre als Hintergrund dieser Geschehnisse. Im Anschluß daran lernen sie die Etappen der nationalsozialistischen Judenpolitik, wie sie in Jochen Kleppers Aufzeichnungen schon sichtbar geworden sind, systematischer und in ihren Einzelheiten kennen, um ihre Auswirkungen für die Betroffenen einschätzen zu können.

41.3.4.2. Schwerpunkt: Hitlers Rassenideologie

▶ **Quellen:** Hitler in „Mein Kampf"; Hitlers Rassegedanke, in: W. Maser, Hitlers „Mein Kampf", S. 145 ff. (Gfm)

Arbeitsaufgaben	denkbare Formulierungen
1. Welche Unterschiede gibt es nach Hitlers Auffassung zwischen dem „Arier" und dem Juden?	

der Arier	**der Jude**
– hat die menschliche Kultur geschaffen, – stellt bereitwillig alle seine Fähigkeiten in den Dienst der Gemeinschaft, – bringt der Gemeinschaft, wenn erforderlich, sein Leben zum Opfer, – ist Idealist, kein Intellektueller.	– hat seine Fähigkeiten immer von anderen übernommen, – hat keine idealistische Gesinnung, kennt hauptsächlich den persönlichen Egoismus, – strebt die Weltherrschaft und die Unterdrückung der Arier an.

| 2. Hitler beschreibt „den Juden" als „Parasit im Körper anderer Völker", als „Schmarotzer, der wie ein schädlicher Bazillus sich immer mehr ausbreitet". Was bezweckt er damit? | Hitler setzt menschliche Wesen mit Ungeziefer gleich. Ungeziefer aber ist widerlich und schädlich, es wird von den Menschen verabscheut und ohne Bedenken vernichtet. Wenn Juden gleich Ungeziefer sind, kann, ja muß man sie vernichten. |

T Hitlers Vorstellungen von der Rasse und seine politischen Folgerungen

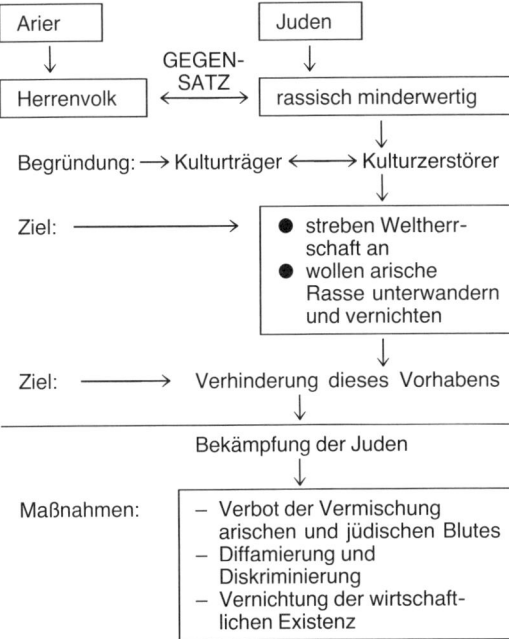

Arier → Herrenvolk

GEGEN-SATZ ←→

Juden → rassisch minderwertig

Begründung: → Kulturträger ←→ Kulturzerstörer
↓

Ziel: ────────→
- streben Weltherrschaft an
- wollen arische Rasse unterwandern und vernichten
↓

Ziel: ──→ Verhinderung dieses Vorhabens
↓

Bekämpfung der Juden
↓

Maßnahmen:
- Verbot der Vermischung arischen und jüdischen Blutes
- Diffamierung und Diskriminierung
- Vernichtung der wirtschaftlichen Existenz

41.3.4.3. Schwerpunkt: Boykott 1933 und Nürnberger Gesetze

Gruppe 1: Boykottmaßnahmen 1933
Anordnung der Parteileitung der NSDAP vom 28. März 1933

1. In jeder Ortsgruppe und Organisationsgliederung der NSDAP sind sofort Aktionskomitees zu bilden zur praktischen, planmäßigen Durchführung des Boykotts jüdischer Geschäfte, jüdischer Waren, jüdischer Ärzte und jüdischer Rechtsanwälte. Die Aktionskomitees sind verantwortlich dafür, daß der Boykott keinen Unschuldigen, um so härter aber die Schuldigen trifft.
2. Die Aktionskomitees sind verantwortlich für den höchsten Schutz aller Ausländer ohne Ansehen ihrer Konfession und Herkunft oder Rasse. Der Boykott ist eine reine Abwehrmaßnahme, die sich ausschließlich gegen das deutsche Judentum wendet.
3. Die Aktionskomitees haben sofort durch Propaganda und Aufklärung den Boykott zu popularisieren. Grundsatz: Kein Deutscher kauft noch bei einem Juden oder läßt von ihm und seinen Hintermännern Waren anpreisen. Der Boykott muß ein allgemeiner sein. Er wird vom ganzen Volk getragen und muß das Judentum an seiner empfindlichsten Stelle treffen.
4. In Zweifelsfällen soll von einer Boykottierung solcher Geschäfte so lange abgesehen werden, bis nicht vom Zentralkomitee in München eine anders bestimmte Anweisung erfolgt. Vorsitzender des Zentralkomitees ist Parteigenosse Streicher.
5. Die Aktionskomitees überwachen auf das schärfste die Zeitungen, inwieweit sie sich an dem Aufklärungsfeldzug gegen die jüdische Greuelhetze im Ausland beteiligen. Tun Zeitungen dies nicht oder nur beschränkt, so ist darauf zu sehen, daß sie aus jedem Haus, in dem Deutsche wohnen, augenblicklich entfernt werden. Kein deutscher Mann und kein deutsches Geschäft soll in solchen Zeitungen noch Annoncen aufgeben. Sie müssen der öffentlichen Verachtung verfallen, geschrieben für die jüdischen Rassegenossen, aber nicht für das deutsche Volk.
8. Der Boykott setzt nicht verzettelt ein, sondern schlagartig; in dem Sinne sind augenblicklich alle Vorarbeiten zu treffen. Es ergehen Anordnungen an die SA und SS, um vom Augenblick des Boykotts ab durch Posten die Bevölkerung vor dem Betreten der jüdischen Geschäfte zu warnen. Der Boykottbeginn ist durch Plakatanschlag und durch die Presse, durch Flugblätter usw. bekanntzugeben. Der Boykott setzt schlagartig Samstag, den 1. April, Punkt 10 Uhr vormittags ein. Er wird fortgesetzt so lange, bis nicht eine Anordnung der Parteileitung die Aufhebung befiehlt.

▶ **Quelle:** Hofer, Nationalsozialismus, Nr. 158.

Arbeitsaufgaben	denkbare Formulierungen
1. Welche Aufgaben haben die von allen Gliederungen der NSDAP zu bildenden „Aktionskomitees"?	– Boykott jüdischer Geschäfte, jüdischer Ärzte und Rechtsanwälte, – Aufklärung aller Bevölkerung, – Überwachung von Zeitungen, ob sie den Boykott propagieren.
2. Wie soll der Boykott im einzelnen vor sich gehen?	– Plakatanschläge, Flugblätter, auf denen vor dem „Betreten jüdischer Geschäfte gewarnt" wird, Posten vor jedem Geschäft; – „Schlagartiger" Boykottbeginn am 1. 4. um 10 Uhr; – Massenversammlungen.
3. Wie wird der Boykott begründet?	Es wird behauptet, die Juden hätten im Ausland Greuelnachrichten gegen das nationalsozialistische Deutschland verbreitet.
4. Stellt Vermutungen darüber an, welche Folgen sich für die Juden aufgrund der befohlenen Maßnahmen ergeben haben.	– Diffamierung; – wirtschaftlicher Schaden – Angst, Einschüchterung (Androhung von Berufsverboten).

Arbeitsaufgaben	denkbare Formulierungen
5. Wie sind diese Maßnahmen auf dem Hintergrund der innenpolitischen Situation in Deutschland im Jahre 1933 zu sehen?	– Die Nationalsozialisten gehen unverzüglich daran, ihr rassenideologisches Programm in die Tat umzusetzen. Sie gehen sofort gegen die Juden vor. – Noch müssen sie Rücksicht auf das Ausland nehmen; die Weltöffentlichkeit steht ihnen skeptisch gegenüber. – Der Boykott richtet sich ausschließlich gegen Juden deutscher Staatsangehörigkeit. Ausländer werden verschont.

Gruppe 2: „Nürnberger Gesetze"
▶ **Quelle:** Hofer, Nationalsozialismus, Nr. 160 und Gfm.

Arbeitsaufgaben	denkbare Formulierungen
1. Welche beiden Gruppen von deutschen Staatsbürgern gab es nach dem „Reichsgesetz", und wodurch unterscheiden sie sich voneinander?	– „Staatsangehörige" und „Reichsbürger"; nur die „Reichsbürger" besitzen die vollen politischen Rechte. – „Reichsbürger" mußten „deutschen oder artverwandten Blutes" sein.
2. Worin bestehen die Konsequenzen für die Stellung der Juden in Deutschland?	– Sie werden zu Bürgern minderen Rechts abgestempelt. – Sie gehen ihrer politischen Rechte verlustig. – Sie werden gesellschaftlich isoliert.
3. Wie greift das „Gesetz zum Schutz des deutschen Blutes und der deutschen Ehre" in private Bereiche ein?	– Persönliche Beziehungen zwischen Juden und Nichtjuden sind verboten. – Sie dürfen keine Ehe schließen. – Auch außereheliche Beziehungen sind verboten. – Bei Zuwiderhandlungen werden strenge Strafen angedroht.

Im nachfolgenden Unterrichtsgespräch sollen die Arbeitsergebnisse der Gruppen vorgestellt und zusammengefaßt werden. Die Schüler stellen fest, daß sich die ersten Verfolgungen in Etappen, gewissermaßen in Schüben vollzogen und sich auf verschiedene Bereiche erstreckten.

Die ersten Boykottmaßnahmen bewirkten (Gruppe 1):
– die Juden werden allmählich aus allen Gebieten des öffentlichen Lebens ausgeschaltet;
– der Boykott jüdischer Geschäfte bzw. die „Berufsverbote" entzogen vielen Juden die Existenzgrundlage;
– daneben vollzog sich eine öffentliche Diffamierung und Brandmarkung.

Die „Nürnberger Gesetze" (Gruppe 2) brachten:
– die völlige Ausschaltung der Juden aus den öffentlichen Arbeitsverhältnissen, da das „Reichsbürgergesetz" die Juden zu „Staatsangehörigen" minderen Rechts degradiert hatte.
– weitere Einschränkungen der Arbeitsmöglichkeiten („Arierparagraph") und wirtschaftliche Sanktionen.

41.3.4.4. Schwerpunkt: „Reichskristallnacht"

„Oj wej, wird das Zores geben!" sagte Mama, als die Nachricht über den Rundfunk kam, ein gewisser Grienspan habe in Paris den deutschen Gesandtschaftssekretär vom Rath erschossen. Der Getötete stammte aus einer alten Frankfurter Familie. Mama nahm die Hände an die Backen und bekam ganz große ängstliche Augen. „Auf so was haben die ja nur gewartet." Nach einer Weile fuhr sie, jedes Wort betonend, fort: „Alles, was wir bisher von den Hitlers erlebt haben, wird ein Dreck sein gegen das, was jetzt kommt."
Mama hatte wie immer recht. Als ich am anderen Morgen auf dem Weg zu meiner Arbeitsstelle in Sachsenhausen war, holte mich auf dem Eisernen Steg eine junge Sekretärin ein. „Haben Sie schon gehört, die Synagoge am Börneplatz brennt, und im Sandweg schlagen sie die Schaufenster von jüdischen Geschäften ein und werfen alles auf die Straße." . . . Und dann stand ich in der Menschenmenge auf dem Platz und sah die Flammen, die aus dem großen Kuppelbau des Gotteshauses schlugen. Etwa hundert Meter von der brennenden Synagoge entfernt bildeten SA-Leute und Hilfspolizisten einen Kordon, so daß niemand näher an die Brandstelle herankonnte. Ganz vorne, noch vor der Absperrung, stand eine Gruppe Hitlerjungen, feixte und lachte und machte eine Gaudi aus dem schrecklichen Geschehen.
Die Menschen hinter der Absperrung waren eher betreten, ich hörte kein Wort der Zustimmung. Neben mir erzählte eine Frau, sie habe gesehen, wie man am Zoologischen Garten Juden mit Lastwagen abtransportiert habe. Ein Mann sagte, er komme gerade von der Friedberger Anlage, die dortige Synagoge brenne ebenfalls und auch die Alte Synagoge an der Allerheiligenstraße."

▶ **Quellen:** Valentin Sänger, Kaiserhofstr. 12. © H. Luchterhand Verlag, Darmstadt und Neuwied 1978. Außerdem: Bericht Heydrich, Rapport einer SA-Brigade. In: Hofer, Nationalsozialismus, Nr. 164 und 166 und Gfm.

Hohenzollerische Blätter, 12. November 1938
Volkszorn zerstört Hechinger Synagoge
Gerechte Vergeltungsmaßnahmen treffen das Juden-
pack
Das Bekanntwerden des Ablebens des durch feige
jüdische Mörderhand niedergestreckten deutschen Diplomaten, Parteigenossen vom Rath, hat, wie im ganzen Reich, so auch in unserer Stadt tiefste Empörung
und gerechten Zorn des Volkes ausgelöst. In der Nacht
vom Mittwoch auf Donnerstag sammelten sich in der
Goldschmiedstraße vor der Synagoge empörte Volksgenossen, die in durchaus verständlicher und berechtigter Erregung diese jüdische Kultstätte zum Zielpunkt
ihres Vergeltungswillens genommen hatten. Binnen
kürzester Zeit waren die Türen erbrochen und die
gesamten Einrichtungsgegenstände zerstört. In ihrem
kaum zu überbietenden Zorn machten die Volksgenossen derart „ganze Arbeit", daß an eine Wiederherstellung der Innenausstattung für den bisherigen Zweck
nicht mehr gedacht werden kann. . . . (Aus Politik und
Zeitgeschichte, Nr. 44/1978, S. 17.)

Arbeitsaufgaben	denkbare Formulierungen
1. Welche Maßnahmen sind im einzelnen gegen die Juden getroffen worden?	– Verbrennung und Zerstörung von Synagogen. – Festnahme, Mißhandlungen, Ermordungen von Juden. – Zerstörung jüdischer Geschäfte.
2. Vergleicht die Aussage im Zeitungsbericht, „der gerechte Volkszorn" habe in ganz Deutschland die Aktion inszeniert, mit dem Bericht der SA-Brigade 50 in Starkenburg.	– Die Aktionen werden auf Befehl einer vorgesetzten Stelle eingeleitet. Der Befehl enthält klare Anordnungen („Durchführung der Aktion in Zivil, Meutereien oder Plünderungen sind zu unterbinden, keine Beschädigung von Häusern, in denen ‚arische Bevölkerung' wohnt"). – Die befohlenen Aktionen werden planmäßig durchgeführt.
3. Wie ist nach dem Bericht v. d. Grün die Reaktion der nichtjüdischen Bevölkerung?	Die Reaktion der Bevölkerung ist nicht einhellig; viele Menschen sind nachdenklich und betroffen; begeistert sind nur einige Hitlerjungen, die die Tragweite des Geschehens nicht erfassen.

In einer Besprechung über die Judenfrage im Reichsluftfahrtministerium unter Leitung Görings am 12.
November 1938 wurden eine Reihe von Maßnahmen
beschlossen, die die Ausschaltung der Juden aus
dem öffentlichen und gesellschaftlichen Leben und
aus dem Wirtschaftsleben bezweckten. Einige Auszüge aus dem Protokoll können einen Einblick in die
Atmosphäre dieser Konferenz geben, auf der hohe
Würdenträger des NS-Staates zahlreiche ebenso
groteske wie bösartige, für die betroffenen Menschen
aber jedenfalls katastrophale Maßnahmen ersinnen.

**Besprechung über die Judenfrage unter Vorsitz von
Göring im Reichsluftfahrtministerium am 12. November 1938 (Auszug)**
Göring: Meine Herren, die heutige Sitzung ist von
entscheidender Bedeutung. Ich habe einen Brief bekommen, den mir der Stabsleiter des Stellvertreters des
Führers, Bormann, im Auftrag des Führers geschrieben
hat, wonach die Judenfrage jetzt einheitlich zusammengefaßt werden soll und so oder so zur Erledigung zu
bringen ist. Durch telefonischen Anruf bin ich gestern
vom Führer noch einmal darauf hingewiesen worden,
jetzt die entscheidenden Schritte zentral zusammenzufassen.
Da das Problem in der Hauptsache ein umfangreiches
wirtschaftliches Problem ist, wird hier der Hebel ange-
setzt werden müssen.
Diese Demonstrationen habe ich satt. Sie schädigen
nicht den Juden, sondern schließlich mich, der ich die
Wirtschaft als letzte Instanz zusammenzufassen habe.
Wenn heute ein jüdisches Geschäft zertrümmert wird,
wenn Waren auf die Straße geschmissen werden, dann
ersetzt die Versicherung dem Juden den Schaden – er
hat ihn gar nicht –, und zweitens sind Konsumgüter,
Volksgüter zerstört worden. Wenn in Zukunft schon
Demonstrationen, die unter Umständen notwendig
sein mögen, stattfinden, dann bitte ich nun endgültig,
sie so zu lenken, daß man sich nicht in das eigene Fleisch
schneidet. . . .
Heydrich: Bei allem Herausnehmen des Juden aus dem
Wirtschaftsleben bleibt das Grundproblem letzten Endes doch immer, daß der Jude aus Deutschland heraus-
kommt. Darf ich dazu einige Vorschläge machen? Wir
haben in Wien auf Weisung des Reichskommissars eine
Judenauswanderungszentrale eingerichtet, durch die
wir in Österreich immerhin 50 000 Juden herausge-
bracht haben. . . .
Das zweite, um die Juden herauszubekommen, müßte
eine Auswanderungsaktion für das Judentum im übrigen Reich sein, die sich auf mindestens 8 bis 10 Jahre
erstreckt. Wir kriegen im Jahr nicht mehr als höchstens
8000 bis 10 000 Juden heraus.
Goebbels: Ich halte es für notwendig, jetzt eine Verordnung herauszugeben, daß den Juden verboten wird,
deutsche Theater, Kinotheater und Zirkusse zu besuchen. Ich habe schon auf Grund des Kulturkammerge-
setzes eine solche Verordnung herausgegeben. Ich glaube, daß wir uns das auf Grund unserer heutigen Thea-
terlage leisten können. Die Theater sind sowieso überfüllt. Wir haben kaum Platz. Ich bin aber der Meinung,

daß es nicht möglich ist, Juden neben Deutsche in Varietés, Kinos oder Theater hineinzusetzen. Man könnte eventuell später überlegen, den Juden hier in Berlin ein oder zwei Kinos zur Verfügung zu stellen, wo sie jüdische Filme vorführen können. Aber in deutschen Theatern haben sie nichts mehr verloren. Weiterhin halte ich es für notwendig, daß die Juden überall da aus der Öffentlichkeit herausgezogen werden, wo sie provokativ wirken. Es ist z. B. heute noch möglich, daß ein Jude mit einem Deutschen ein gemeinsames Schlafwagenabteil benutzt. Es muß also ein Erlaß des Reichsverkehrsministers herauskommen, daß für Juden besondere Abteile eingerichtet werden und daß, wenn dieses Abteil besetzt ist, die Juden keinen Anspruch auf Platz haben, daß die Juden aber nur dann, wenn alle Deutschen sitzen, ein besonderes Abteil bekommen, daß sie dagegen nicht unter die Deutschen gemischt werden und daß, wenn kein Platz ist, die Juden draußen im Flur zu stehen haben.

Göring: Da finde ich es viel vernünftiger, daß man ihnen eigene Abteile gibt.

Goebbels: Aber nicht, wenn der Zug überfüllt ist.

Göring: Einen Moment! Es gibt nur einen jüdischen Wagen. Ist er besetzt, müssen die übrigen zu Hause bleiben.

Goebbels: Aber nehmen wir an: es sind nicht so viele Juden da, die mit dem Fern-D-Zug nach München fahren, sagen wir: es sitzen zwei Juden im Zug, und die anderen Abteile sind überfüllt. Diese beiden Juden haben erst dann Anspruch auf Platz, wenn alle Deutschen sitzen.

Göring: Das würde ich gar nicht extra einzeln fassen, sondern ich würde den Juden einen Wagen oder ein Abteil geben. Und wenn es wirklich jemals so wäre, wie Sie sagen, daß der Zug sonst überfüllt ist, glauben Sie: das machen wir so, da brauche ich kein Gesetz. Da wird er hinausgeschmissen, und wenn er allein auf dem Lokus sitzt während der ganzen Fahrt. . . .

Göring: Noch eine Frage, meine Herren: Wie beurteilen Sie die Lage, wenn ich heute verkünde, daß dem Judentum als Strafe diese 1 Milliarde als Kontribution auferlegt wird?

. . . Ich werde den Wortlaut wählen, daß die deutschen Juden in ihrer Gesamtheit als Strafe für die ruchlosen Verbrechen usw. usw. eine Kontribution von 1 Milliarde auferlegt bekommen. Das wird hinhauen. Die Schweine werden einen zweiten Mord so schnell nicht machen. Im übrigen muß ich noch einmal feststellen: Ich möchte kein Jude in Deutschland sein.

. . . Das zweite ist folgendes. Wenn das Deutsche Reich in irgendeiner absehbaren Zeit in außenpolitischen Konflikt kommt, so ist es selbstverständlich, daß auch wir in Deutschland in allererster Linie daran denken werden, eine große Abrechnung an den Juden zu vollziehen . . .

(IMT, Bd. XXVIII, S. 499 ff., PS-1816)

▶ **Material:** Wolfgang Scheffler, Ausgewählte Dokumente zur Geschichte des Novemberpogroms 1938, „Aus Politik und Zeitgeschichte", Nr. 44/1978.

Arbeitsaufgaben	denkbare Formulierungen
1. Wie beurteilt Göring die Aktion unter wirtschaftlichen Gesichtspunkten?	Die Aktionen haben nicht in erster Linie die Juden, sondern die deutsche Wirtschaft geschädigt, denn deutsche Versicherungen müssen den Schaden ersetzen, zudem sind dringend benötigte Konsumgüter vernichtet worden.
2. Welche Schikanen schlagen die Teilnehmer gegen die Juden vor?	– Die Naziführer überbieten sich in immer neuen Ideen, wie man Juden terrorisieren und schädigen kann: – Göring: Juden zahlen als „Strafe" eine Milliarde Mark. Juden sollen aus dem Wirtschaftsleben entfernt werden. – Goebbels: Juden sollen keine Theater, Kinos und Zirkusse besuchen; sie dürfen nicht mehr mit Nicht-Juden zusammen Zugabteile oder Schlafwagen benutzen.
3. Wie stellen sich die Konferenzteilnehmer die „Lösung der Judenfrage" vor?	Die Juden sollen aus Deutschland abgeschoben werden; für den Fall eines Krieges kündigt Goebbels die „große Abrechnung" an.

Die Schüler sollen nun versuchen, die Arbeitsergebnisse in einem Tafelbild zu integrieren.

T Der Pogrom vom November 1938

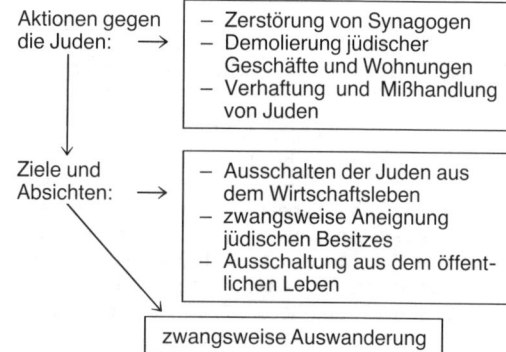

Propaganda suggeriert: | **Realität:**

| Aktionen gegen die Juden sind spontaner Ausdruck der „kochenden Volksseele" | Aktionen sind von oben befohlen |

Aktionen gegen die Juden: ⟶ – Zerstörung von Synagogen – Demolierung jüdischer Geschäfte und Wohnungen – Verhaftung und Mißhandlung von Juden

Ziele und Absichten: ⟶ – Ausschalten der Juden aus dem Wirtschaftsleben – zwangsweise Aneignung jüdischen Besitzes – Ausschaltung aus dem öffentlichen Leben

zwangsweise Auswanderung

Schwerpunkt: „Endlösung der Judenfrage"

Die nationalsozialistische Rassenpolitik endet mit der Vernichtung der Juden im deutschen Herrschaftsbereich. Die organisatorische Vorbereitung der Massenvernichtung erfolgt auf der „**Wannseekonferenz**".

▶ **Quelle:** L. Poliakow, J. Wulf, Das Dritte Reich und die Juden. Berlin 1955, S. 217 (Gfm)

Arbeitsaufgaben	denkbare Formulierungen
1. Worin besteht nach dem Protokoll die „Lösung der Judenfrage" im Jahre 1942?	– Evakuierung der Juden nach dem Osten, ist aber wegen des Krieges nicht mehr möglich. – Letztlich ist die Liquidation der Juden geplant; zunächst wird die Zwangsarbeit für eine „natürliche Verminderung" sorgen.
2. Im weiteren Verlauf beschränkt sich das Protokoll auf Andeutungen; dennoch lassen einige Textstellen Schlüsse auf das zu, was man unter der „Endlösung" zu verstehen hatte.	– Wenn von den arbeitsfähigen Juden ein Großteil durch natürliche Verminderung ausfallen wird, was wird dann mit den arbeitsunfähigen geschehen? – Die Überlebenden werden als gefährlich bezeichnet; sie sollen daher entsprechend behandelt werden (= ermordet).
3. Was sagt ihr zu der Sprache, in der ein so ungeheuerlicher Tatbestand behandelt wird?	Bedeutsam sind die Worte: Endlösung, Evakuierung, Arbeitseinsatz, natürliche Verminderung, entsprechende Behandlung.

Auf dieser für die „Endlösung der Judenfrage" so wichtigen Konferenz wird – laut Protokoll – nicht ausdrücklich von der Ermordung der Juden gesprochen. Dennoch muß allen Beteiligten klar gewesen sein, daß mit der „Endlösung" die Ausrottung der europäischen Juden gemeint gewesen ist. Protokollführer Eichmann gab 1961 bei seinem Prozeß in Israel zu, daß auf der Konferenz auch über die verschiedenen Tötungsmöglichkeiten gesprochen worden sei. Die Liste der Beteiligten und ihrer Funktionen macht deutlich, daß der Judenmord organisatorisch von allen beteiligten Instanzen vorbereitet und diskutiert worden ist. Dies klar herauszustellen, ist um so wichtiger, als die Massenmorde an den Juden vielfach als das Werk einiger Sadisten hingestellt wird, deren geistige Zurechnungsfähigkeit in Zweifel zu ziehen ist.

41.3.4.5. Schwerpunkt: Die Vernichtung der Juden

▶ **Quelle:** Augenzeugenberichte über Judenmassaker, in: Hofer, Nationalsozialismus, Nr. 173, oder: Poliakow/Wulf, Das Dritte Reich und die Juden, a. a. O., S. 127 und Gfm.

Arbeitsaufgaben	denkbare Formulierungen
1. Wie verhalten sich nach dem Augenzeugenbericht Gräbes die Juden und die Männer, die die Aktion durchführen?	– Die Juden wehren sich und weigern sich, die Häuser zu verlassen. – Die SS und die ukrainische Miliz wenden Gewalt an; sie dringen nachts in die Häuser der Juden ein. Nachdem sie sie gewaltsam aufgebrochen haben, treiben sie die Juden nach draußen.
2. Welche Personenkreise sind nach dem Bericht von Höß, dem Kommandanten von Auschwitz, getötet worden?	– russische Kriegsgefangene – deutsche und ausländische Juden
3. Welchen Eindruck machen Fotos aus den Vernichtungslagern auf euch?	– Menschen müssen sich wehrlos ihrem Schicksal ergeben, selbst alte Leute, Frauen und Kinder werden nicht verschont. – Die Todgeweihten mußten ihre Kleidung ablegen; sie ist gesammelt worden und sollte später „verwertet" werden.
4. Worauf mag es zurückzuführen sein, daß die deutsche Öffentlichkeit von der Vernichtung der Juden kaum etwas erfahren hat? Sucht auf einer Karte die Vernichtungslager (Gfm).	– Die Vernichtungslager lagen außerhalb des Reichsgebietes, vorwiegend in Polen.
5. Wofür wurden die Juden von Rechtsradikalen schon in der Weimarer Republik verantwortlich gemacht?	Für die Niederlage im Ersten Weltkrieg, für Entstehung und Untergang der Weimarer Republik, für Inflation und Verelendung des deutschen Volkes.
6. Welches sind die Gründe der Judenfeindschaft im Mittelalter und in der NS-Zeit?	– Im Mittelalter: religiöse Gründe (Juden hatten Christus ans Kreuz geschlagen). – Im NS-Staat: rassische Gründe. Die Juden werden als feindliche Rasse eingestuft, welche die „Arier" vernichten will.
7. Worin liegt der Unterschied zwischen Reichs- und Staatsbürgern?	Reichsbürger: Inhaber der vollen bürgerlichen Rechte Staatsbürger: Bürger minderen Rechts
8. Gegen welche strafrechtlichen Normen verstößt die SA-Brigade 50?	Brandstiftung, Beschädigung fremden Eigentums

41.4. Die Vorbereitung des Krieges

41.4.1. Wissensziele

In der Außenpolitik war es Hitlers Ziel, „Lebensraum" zu gewinnen. Er wußte, daß dies nicht ohne Krieg zu erreichen war, und bereitete ihn systematisch vor. Er rüstete mit allen Kräften auf. Er erreichte den Anschluß Österreichs, des Sudetenlandes und des Memellandes an das Reich, das nun Großdeutsches Reich genannt wurde. Schließlich kam mit Böhmen und Mähren erstmals ein nicht deutsch besiedeltes Gebiet unter deutsche Herrschaft.
Die Westmächte betrieben Hitler gegenüber eine Politik der Beschwichtigung (Appeasement).

41.4.2. UE-Ziele

(1) Die Konzeption der nationalsozialistischen Außenpolitik, nach außen hin Friedenswillen vorzutäuschen und gleichzeitig den Krieg wirtschaftlich und militärisch vorzubereiten
(2) Die Politik der Westmächte

41.4.3. Einstieg

● Karikatur „Zwei Gesichter" (Institut 10 0609, Der Nationalsozialismus in der Karikatur, Bild 9)
● Bild: Hitler in einem Rüstungsbetrieb (Gfm)

41.4.4. Schwerpunkte

Das Hauptziel in dieser Unterrichtseinheit besteht darin, die Konzeption der nationalsozialistischen Politik herauszuarbeiten. Dabei geht es insbesondere darum, die Zusammenhänge zwischen den außenpolitischen Zielsetzungen und Maßnahmen und den Maßnahmen innenpolitischer Natur zu erkennen.
Alle diese Maßnahmen stehen im Zeichen der Kriegsvorbereitung.
Die Schüler sollen die Verflechtungen zwischen den Faktoren, die der Herrschaftsstabilisierung dienten (Erziehung, Führerprinzip, Volksgemeinschaft, Rassenideologie), und den tatsächlich ergriffenen Maßnahmen im Zeitraum von 1933 bis 1939 kennen.
Vor allem soll dem Schüler klarwerden, wie stark der Widerspruch zwischen den „Friedensreden" Hitlers und der versteckten Kriegsvorbereitung war und wie er den Menschen damals mit Erfolg diesen Widerspruch verheimlichen konnte.
Die Unterrichtseinheit ist in drei Schwerpunkte gegliedert. Der erste Schwerpunkt betrifft die Phase der „verdeckten Aggression" (1933 bis 1937/38), in der Hitler versucht, seine eigentliche Absicht zu verschleiern. Der zweite Schwerpunkt befaßt sich mit der Phase der „offenen Expansion mit Gewaltandrohung" (1938/39). Der dritte Schwerpunkt erläutert diese Phase an der Sudetenkrise.

41.4.4.1. Schwerpunkt: Friedensreden und Kriegsvorbereitungen

▶ **Karikatur:** Zwei Gesichter (vgl. 41.4.3.)

Arbeitsaufgabe – denkbare Formulierungen
1. Was will der Zeichner mit dieser Karikatur aussagen?
– Zum einen erscheint Hitler als friedliebender Bürger im Frack, mit der Friedenstaube in der Hand, sein Blick ist salbungsvoll nach oben gerichtet; zum anderen wird er als Militarist dargestellt, ausgerüstet mit Stahlhelm, Gewehr und Säbel, Militärstiefeln.
– Der Karikaturist stellt einen janusköpfigen Hitler dar: Einerseits verkündet er scheinheilig seinen Friedenswillen, andererseits rüstet er auf und droht mit Krieg.
Im folgenden gilt es zu untersuchen, inwieweit die Aussage dieser Karikatur zutrifft. Dazu greifen wir auf zwei Reden Hitlers zurück, in denen die in der Karikatur angesprochene Doppeldeutigkeit zum Ausdruck kommt.

Aus einer Ansprache Hitlers vor Reichswehrgenerälen am 3. 2. 1933
. . . 2. Nach außen. Kampf gegen Versailles. Gleichberechtigung in Genf; aber zwecklos, wenn Volk nicht auf Wehrwillen eingestellt. Sorge für Bundesgenossen . . .
4. Aufbau der Wehrmacht wichtigste Voraussetzung für Erreichung des Ziels: Wiedererringung der pol. Macht. Allg. Wehrpflicht muß wieder kommen . . .
Wie soll pol. Macht, wenn sie gewonnen ist, gebraucht werden? Jetzt noch nicht zu sagen. Vielleicht Erkämpfung neuer Exportmögl., vielleicht – und wohl besser – Eroberung neuen Lebensraumes im Osten u. dessen rücksichtslose Germanisierung. Sicher, daß erst mit pol. Macht und Kampf jetzige wirtschaftliche Zustände geändert werden können. Alles, was jetzt geschehen kann – Siedlung – Aushilfsmittel . . .
▶ **Quelle:** GiQ V, Nr. 402

Erklärung Hitlers vor dem Reichstag am 17. 5. 1933
. . . Indem wir in grenzenloser Liebe und Treue an unserem eigenen Volkstum hängen, respektieren wir die nationalen Rechte auch der anderen Völker aus dieser selben Gesinnung heraus und möchten aus tiefinnerstem Herzen mit ihnen in Frieden und Freundschaft leben . . .

Arbeitsaufgaben	Rede am 3. 2. 1933	Rede am 17. 5. 1933
1. Wer waren die Adressaten der Reden? 2. Welche Ziele stellte Hitler heraus?	Ein verhältnismäßig kleiner Kreis von militärischen Befehlshabern – Kampf gegen Versailles – Gleichberechtigung im Völkerbund – nach der Machtstabilisierung wirtschaftliche Stabilisierung – Erkämpfung neuer Exportmöglichkeiten, Eroberung von Lebensraum – Erziehung zum Kampf und Wehrwillen – Aufbau der Wehrmacht, Einführung der allgemeinen Wehrpflicht	Reichstag, deutsche Öffentlichkeit, Weltöffentlichkeit – Respektierung der nationalen Rechte anderer Völker – Leben in Frieden und Freundschaft – Heilung der Wunden, die Versailles und der Krieg gebracht haben – strittige Fragen müssen auf dem Verhandlungswege gelöst werden – militärische Aktionen werden verworfen

... Wir haben aber keinen sehnlicheren Wunsch als den, beizutragen, daß die Wunden des Krieges und des Versailler Vertrages endgültig geheilt werden, und Deutschland will dabei keinen anderen Weg gehen als den, der durch die Verträge selbst als berechtigt anerkannt wird. Die deutsche Regierung wünscht, sich über alle schwierigen Fragen politischer und wirtschaftlicher Natur mit den anderen Nationen friedlich und vertraglich auseinanderzusetzen. Sie weiß, daß jeder militärische Akt in Europa auch im Falle seines vollständigen Gelingens, gemessen an seinen Opfern, in keinem Verhältnis steht zum möglichen endgültigen Gewinn ...

▶ **Quelle:** GiQ V Nr. 403

Die grundlegenden Unterschiede zwischen beiden Äußerungen treten klar hervor: Die „Friedensrede" vom 17. 5. 1933 schließt den Krieg aus, während die Rede vor den Befehlshabern darauf hinausläuft, daß die existentiellen Fragen Deutschlands nur mit militä-

rischen Mitteln gelöst werden können. Dazu bedarf es der Schaffung wichtiger Voraussetzungen: Eine besonders wichtige Funktion kommt der Erziehung des Volkes im militärischen Sinne zu.

Ein Rückblick auf die UE 41.2. macht deutlich, in welchen Zusammenhang die erzieherischen Maßnahmen eingeordnet werden müssen.

Für den Unterricht stellen sich folgende Fragen:
– Welche außenpolitischen Maßnahmen trifft Hitler im Lauf der ersten Regierungsjahre? (Gruppe 1)
– Wie weit werden die „flankierenden" innenpolitischen Maßnahmen durchgeführt? (Gruppe 2)

Gruppe 1: Außenpolitische Maßnahmen
▶ **Quellen/Materialien:** Hitler in „Mein Kampf": GiQ V, Nr. 336; Goebbels-Rede vom 17. 1. 1936: GiQ V, Nr. 337; Hoßbach-Protokoll, in: Hofer, Nationalsozialismus, a. a. O., Nr. 110 und Gfm.

Arbeitsaufgaben	1. Stellt in einer Liste zusammen, welche außenpolitischen Aktionen im Zeitraum 1933 bis 1936 durchgeführt werden.	2. Versucht, die Hintergründe und Absichten der jeweiligen Schritte zu ermitteln.	3. Wie müssen die einzelnen Maßnahmen im Blick auf die beiden Reden bewertet werden?
denkbare Formulierungen	20. Juli 1933: Konkordat mit dem Vatikan.	Die Katholiken sollen für den neuen Staat gewonnen werden.	Maßnahme, die auf „Friedenskurs" lag, sie schafft Vertrauen im In- und Ausland.
	Oktober 1933: Deutschland verläßt Abrüstungskonferenz und Völkerbund.	Deutschland will die Fesseln des Versailler Vertrages abstreifen, um aufrüsten zu können.	Einerseits wird dieser Schritt vom Ausland mit Mißtrauen betrachtet, andererseits gibt es Verständnis für Deutschland.
	26. Januar 1934: Nichtangriffspakt mit Polen.	Lockerung des französischen Bündnissystems (vgl. Karte dtv II 164).	Maßnahme des „Friedenskurses", denn das deutsch-polnische Verhältnis war bis dahin gespannt gewesen.
	18. August 1935: Deutsch-englisches Flottenabkommen.	Arrangement mit Großbritannien, ein Traumziel Hitlers.	Die Ankündigung Hitlers, strittige Fragen durch Verhandlungen zu regeln, scheint verwirklicht.
	13. Januar 1935: Nach Abstimmung Wiedereingliederung des Saargebietes.	Im Versailler Vertrag vorgesehen.	Vertrauensbeweis der Saarbevölkerung stärkt Hitlers Position.
	16. März 1935: Wiedereinführung der allgemeinen Wehrpflicht.	Klare Verletzung des Versailler Vertrages.	Einleitung der verstärkten militärischen Aufrüstung.
	7. März 1936: Besetzung des Rheinlandes.	Erneute Verletzung des Versailler Vertrages.	Erste militärische Aktionen.

Gruppe 2: Wirtschaftspolitische Maßnahmen
▶ **Quellen:** Proklamation der Reichsregierung zum ersten Vierjahresplan: GiQ V, Nr. 367; Goebbels-Rede vom 17. 1. 1936: GiQ V, Nr. 337.

Arbeitsaufgaben	denkbare Formulierungen
1. Prüft Wirtschafts-statistiken des Dritten Reiches daraufhin, ob Hitler das in seiner Regierungserklärung proklamierte Ziel, die Arbeitslosigkeit zu überwinden, erreicht hat.	Die Zahlen zeigen einen rapiden Rückgang der Arbeitslosigkeit und eine allmähliche Steigerung der industriellen Produktion gegenüber 1928.
2. Stellt die Gründe zusammen, die eine derartige Entwicklung begünstigten.	– Allgemeine Erholung der Weltwirtschaft seit 1932; – Schutzzölle, Staatsaufträge und öffentliche Arbeiten; – Steuerliche Begünstigungen, Verbot des „Doppelverdienertums"; – Aufbau der Rüstung erfordert Arbeitskräfte; – Arbeits- und Wehrdienst verringern die Arbeitslosenzahl.
3. Erläutert das Prinzip der „Autarkie" und arbeitet heraus, welchen Zweck Hitler damit verfolgte.	Möglichst alle Güter im Inland erzeugen, keine Importe, um vom Ausland völlig unabhängig zu bleiben. Die Landwirtschaft sollte die Bevölkerung versorgen können, die Industrie steigerte ihre Produktion erheblich. Entwicklung von „Ersatzstoffen".
4. Hitler forderte in einer geheimen Denkschrift zum Vierjahresplan von 1936, daß a) die deutsche Armee in vier Jahren einsatzfähig sei b) die deutsche Wirtschaft in vier Jahren kriegsfähig sein sollte. Beurteilt die wirtschaftlichen Maßnahmen daraufhin, ob sie eine wirkliche Überwindung der Krise oder nur eine wirtschaftliche Scheinblüte darstellen.	Das Prinzip der Autarkie ist nur durch die Eroberung neuer Lebensräume zu verwirklichen und damit durch Krieg. Alle wirtschaftlichen Maßnahmen dienten der Steigerung des Rüstungspotentials. Die Bedürfnisse der Bevölkerung mußten hintanstehen, wie es die Parole „Kanonen statt Butter" verdeutlicht.

Gruppe 3: Ideologische Untermauerung
▶ **Quelle:** Hoßbach-Protokoll, in: Hofer, Nationalsozialismus, a. a. O., Nr. 110.
Seine Ziele legte Hitler am 5. 11. 1937 dem Reichsaußenminister v. Neurath und den Oberbefehlshabern der drei Wehrmachtsteile vor. Diese Ausführungen hat Oberst **Hoßbach**, der Wehrmachtsadjutant Hitlers, in einer **Niederschrift** festgehalten (Gfm). Sie ist quellenkritisch nicht ganz unproblematisch. Das Original ist verschwunden, es liegt nur eine 1943 gefertigte Abschrift einer nachträglichen handschriftlichen Aufzeichnung Oberst Hoßbachs vor, doch stimmt der Inhalt mit anderen Dokumenten, im Hinblick auf den geplanten Angriff auf die Tschechoslowakei vor allem mit der Weisung an die Wehrmacht vom 21. 12. 1937 (Fall „Grün"), überein.

Arbeitsaufgaben	denkbare Formulierungen
1. Worin erblickt Hitler das außenpolitische Hauptziel?	Eroberung von Land (Grund und Boden), um dem deutschen Volk „Lebensraum" zu sichern.
2. Was ist er bereit, zur Erreichung dieses Ziels in Kauf zu nehmen?	Zur Erreichung dieses Ziels ist auch ein Krieg („Bluteinsatz") gerechtfertigt.
3. Was wendet Hitler gegen einen später möglichen Vorwurf der „Blutschuld" und „Volksopferung" ein?	Hitler glaubt, der Einsatz zur Sicherung von Grund und Boden sei so bedeutsam, daß die „verantwortlichen Staatsmänner" freigesprochen werden.
4. Welche Lehre zieht Hitler aus dem bisherigen Verlauf der Geschichte in bezug auf die Gewinnung von Boden?	Land ist immer nur durch Krieg und Kampf erobert worden.
5. Worin erblickt Hitler das wesentliche Kennzeichen der nationalsozialistischen Außenpolitik? Welches sind die Konsequenzen einer solchen Politik?	– Keine Kolonial- und Handelspolitik mehr, sondern „Bodenpolitik", d. h. Eroberung von Land in den Weiten des Ostens; – weil es keinen unbesiedelten Boden mehr gibt, kann Land ausschließlich durch Krieg gewonnen werden; – Verhandlungsbereitschaft, Kompromißbereitschaft und Interessenausgleich zwischen Völkern und Staaten sind ausgeschaltet, es gilt das Recht des Stärkeren.

Die drei Gruppen stellen anschließend ihre Ergebnisse vor und systematisieren sie in einem Tafelbild:

	Außenpolitische Maßnahmen	Wirtschaftspolitische Maßnahmen	Ideologische Begründung
	Verträge mit England, Polen, dem Vatikan; Austritt aus dem Völkerbund; allgemeine Wehrpflicht; Saarabstimmung; Rheinlandbesetzung;	Beseitigung der Arbeitslosigkeit durch Staatsaufträge, Aufbau einer Rüstungsindustrie; Prinzip der Autarkie; Vierjahresplan: militärische Aufrüstung, der sich alles andere unterzuordnen hat.	Erweiterung des Raumes im Osten durch Krieg.
Beurteilung	Beteuerung des deutschen Friedenswillens, verbunden mit den Forderungen nach Gleichberechtigung Deutschlands und der Befreiung von den „Fesseln von Versailles". Schaffung von vollendeten Tatsachen durch einseitige Maßnahmen.	Wirtschaftliche Erfolge, jedoch Autarkie und Rüstung zur Vorbereitung eines künftigen Krieges.	Aggressives und expansives Konzept.

Die Schüler sollen den Zusammenhang, der zwischen den einzelnen Maßnahmen sowie den ideologischen Grundgedanken besteht, erkennen. Als optischen Impuls verwenden wir dazu Fotos, die Hitler beim ersten Spatenstich zum Autobahnbau, junge Männer bei Entwässerungsarbeiten und Paraden mit neuen Waffen zeigen.
▶ **Fotos:** Informationen 123/126/127, S. 35

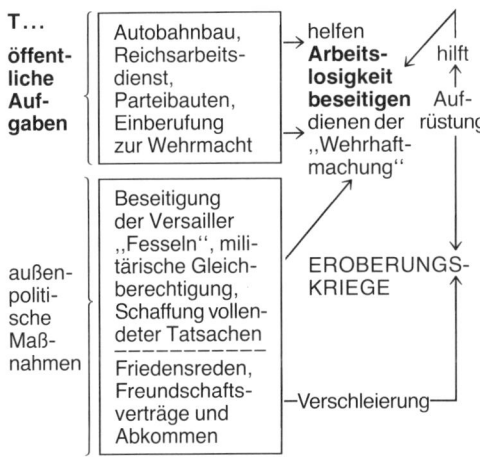

Am Beispiel der Volksabstimmung über den Austritt aus dem Völkerbund soll gezeigt werden, welche Schlüsselstellung der Propaganda zukommt.
Dazu sollen zwei Reden den Schülern zunächst im Film vorgeführt und anschließend analysiert werden. Es handelt sich
a) um ein Interview, das Goebbels einem amerikanischen Korrespondenten anläßlich der Abrüstungskonferenz in Genf im Oktober 1933 gegeben hat, und
b) um eine Rede Hitlers, die er am 10. November 1933 in Berlin kurz vor der Volksabstimmung gehalten hat.

▶ **Material:** Film FT 564 „Goebbels spricht" und Film FT 2093 „Hitler spricht" (3. Sequenz) (die Redetexte sind in den Filmbeiheften FT 564, S. 10, und FT 2093, S. 27, abgedruckt).

Arbeitsaufgaben	denkbare Formulierungen
1. Wie kann man den Tonfall und die Haltung, die Goebbels bei diesem Interview einnimmt, bezeichnen?	Zurückhaltend, zum Teil besorgt, den Blick zu Boden gesenkt.
2. Inwieweit entspricht der Tonfall und die Haltung dem, was er sagt?	Goebbels unterstreicht mit seiner Haltung die vermeintliche Sehnsucht der deutschen Regierung nach Frieden; er spricht voller Sorge von den Möglichkeiten eines neuen Krieges.
3. Beschreibt die Absicht von Goebbels in diesem Interview. Zieht dabei in Betracht, daß sich Goebbels anläßlich der Abrüstungskonferenz in Genf aufhält.	Goebbels' Aufgabe bestand hauptsächlich darin, Deutschlands Friedenswillen zu demonstrieren. Hitler ist es gelungen, durch maßvolle Bekundungen („Friedensreden") im Verlauf des Jahres 1933 das Ausland von seiner Friedenspolitik weitgehend zu überzeugen. Andererseits wird dieser Eindruck durch innenpolitische Maßnahmen Hitlers (Judenboykott, Gleichschaltung) im Ausland beeinträchtigt.
4. Mit welchen Mitteln versucht Hitler, bei den Arbeitern Sympathie zu gewinnen?	– Hitler versucht, sich selbst als erster Arbeiter unter Gleichen hinzustellen. Er will die Arbeiter, die vormals zu großen Teilen SPD- und KPD-Wähler gewesen sind, für den Nationalsozialismus gewinnen.

193

Arbeitsaufgaben	denkbare Formulierungen
	– Er macht glauben, das „gigantische Werk" mit Hilfe des Arbeiters und des Bauern, nicht mit Hilfe der „intellektuellen Schichten" in Angriff genommen zu haben, obwohl das mittelständische Bürgertum und die „intellektuellen Schichten" ihn weit mehr als die Arbeiter unterstützt haben dürften.
	– Er weist zwei Einwürfe zurück: Er habe zwar die marxistischen Parteien vernichtet, aber „die anderen genauso". Ferner gibt er zu bedenken, daß die Arbeitslosigkeit nicht in wenigen Monaten, sondern in vier Jahren zu beheben sei.

Vergleicht man beide Äußerungen, dann kann man Goebbels Äußerungen als „außenpolitisch", Hitlers Rede als „innenpolitisch" bezeichnen. Goebbels' Interview ist an die Weltöffentlichkeit gerichtet, sie soll den deutschen Friedenswillen durch die neue Regierung bekunden helfen. Sie gehört damit in die Reihe der „Friedensreden".

Die Erfolge der Politik der nationalsozialistischen Regierung und nicht zuletzt ihre propagandistische Auswertung zeigen die Ergebnisse der Volksentscheidung vom 12. 11. 1933.

▶ **Material:** Filmbeiheft FT 2093, S. 16

Den Wahlberechtigten wurde die Frage vorgelegt: „Billigst Du, deutscher Mann, und Du, deutsche Frau, diese Politik Deiner Reichsregierung, und bist Du bereit, sie als Ausdruck Deiner eigenen Auffassung und Deines eigenen Weges zu erklären und Dich feierlich zu ihr zu bekennen? Ja – Nein"

Diese Frage war gekoppelt mit der Abstimmung über eine Einheitsliste der NSDAP. Das Wahlergebnis lautete bei einer Wahlbeteiligung von 95,1 % (Reichstag: 95,2 %) 95 % Ja-Stimmen bzw. 92,2 % Stimmen für die Einheitspartei.

Die Schüler erkennen, daß für die Wähler eine Entscheidung zwischen mehreren Parteien nicht möglich war. Es ist auch keine differenzierte Abstimmung möglich, denn mit der Zustimmung bzw. Ablehnung des Austritts aus dem Völkerbund ist auch gleichzeitig die Zustimmung bzw. Ablehnung der Politik im Inneren verbunden.

Die Schüler stellen fest, daß bereits gegen Ende 1933 der Großteil des deutschen Volkes Hitlers Politik im Inneren wie im Äußeren unterstützte.

T Friedenskundgebungen – **Kriegsvorbereitungen**

Rede am 17. Mai 1933 | Rede am 3. Februar 1933

„Friedenskundgebung"	„Kriegsvorbereitung"
● mehrere „Friedensreden" Hitlers	● Austritt aus dem Völkerbund, verlassen der Abrüstungskonferenzen
● Konkordat mit dem Vatikan	● Wiedereinführung der allgemeinen Wehrpflicht
● deutsch-englisches Flottenabkommen	● Einmarsch ins Rheinland
● deutsch-polnisches Abkommen	

propagandistische Untermauerung

41.4.4.2. Schwerpunkt: Die Phase der offenen Expansion mit Gewaltandrohung

Im Jahr 1937 beginnt ein neuer Abschnitt in Hitlers Außenpolitik. Das wird für die Schüler deutlich, wenn sie das „Hoßbach-Protokoll", eines der wichtigsten Dokumente in der nationalsozialistischen Ära, lesen und analysieren.

▶ **Quelle:** Hoßbach-Protokoll, in: Hofer, Nationalsozialismus, a. a. O., Nr. 110

Arbeitsaufgaben	denkbare Formulierungen
1. Untersucht die Aussagen Hitlers daraufhin, ob und inwieweit sie mit seinen Zielvorstellungen in „Mein Kampf" oder in der Besprechung mit Reichswehrgenerälen am 3. 2. 1933 übereinstimmen.	In Übereinstimmung mit seinen früher geäußerten außenpolitischen Zielvorstellungen bezeichnet Hitler die Eroberung neuen Lebensraumes in Europa als wichtigstes Ziel. Um die Ernährungsgrundlage des deutschen Volkes sicherzustellen, gebe es nur den Weg der Gewalt und des Krieges.
2. Beschreibt kurz, wie Hitler das Ziel der Eroberung neuen Lebensraumes in die Tat umzusetzen gedachte.	Hitler faßt drei Möglichkeiten ins Auge: a) optimaler Zeitpunkt 1943/45, weil dann die Aufrüstung abgeschlossen ist; b) Nutzung sich früher bietender Gelegenheiten, z. B. bei einer schweren innenpolitischen Krise Frankreichs, um gegen die Tschechoslowakei und Österreich vorzugehen; c) Nutzung von kriegerischen Verwicklungen Frankreichs für einen Angriff auf die Tschechoslowakei.

Arbeitsaufgaben	denkbare Formulierungen
3. Versucht herauszufinden, welche Schwierigkeiten sich Hitlers Plänen entgegenstellen.	Die von Hitler gefährdeten Staaten befinden sich in Bündnissystemen: „Kleine Entente", „Baltische Entente", Beistandspakt Sowjetunion, Tschechoslowakei, Frankreich.
4. Versucht, die Bedeutung der Ansprache Hitlers an die Oberbefehlshaber der drei Wehrmachtsteile herauszuarbeiten.	– Hitler enthüllt zum erstenmal ganz konkrete kriegerische Absichten. – Er stellt einen Zeitplan auf, mit 1943/45 als Endtermin. Falls sich jedoch günstige Gelegenheiten böten, sollen sie genutzt werden. – Die Gegnerschaft Frankreichs (und wohl auch Englands) wird vorausgesetzt. – Auch die strategische Planung liegt fest: Der Überfall auf die Tschechoslowakei soll „blitzartig" erfolgen.

Im Mittelpunkt des Unterrichts steht jetzt die Frage, in welcher Weise, unter welchen Vorwänden und unter welchen Reaktionen der anderen europäischen Großmächte der im „Hoßbach-Protokoll" vorgezeichnete Weg realisiert werden konnte.

Zuvor sollen sich die Schüler darüber klarwerden, welche Machtfülle Hilter im Jahr 1938 auf sich vereinigte:

nach innen:
– Hitler ist alleiniger Regierungschef.
– Hitler ist inzwischen Chef der Wehrmacht.
– Hitler hat die NS-Herrschaft stabilisiert.
– Hitler hat die Arbeitslosigkeit weitgehend beseitigt.

nach außen:
– Hitler hat den Vertrag von Versailles „Zug um Zug" zerrissen, ohne daß die anderen Mächte eingeschritten wären.
Stationen: Deutschland verläßt den Völkerbund, Deutschland wird wieder „wehrhaft", das Saargebiet wird wieder deutsch, ebenso wird das Rheinland integriert, die Kriegsschuld wird nicht mehr anerkannt, Anschluß Österreichs an Deutschland.
– Hitler hat mehrere Verträge geschlossen, um seinen Friedenswillen zu bekunden.

An dieser Stelle kann sich eine Diskussion darüber entzünden, ob diese „Leistungen" Hitlers und des Nationalsozialismus nicht positiv bewertet werden müßten.

Ein von Joachim Fest vorgestelltes Gedankenexperiment besagt, daß, wenn Hitler 1938 einem Attentat zum Opfer gefallen wäre, Hitler als einer der größten Staatsmänner gelten würde. Der Lehrer sollte dieses Gedankenexperiment auch von den Schülern vornehmen lassen. Die Schüler werden eine Reihe von Argumenten, die für diese Behauptung sprechen, nennen können. Andererseits müßten die Schüler darauf entgegnen, daß zwischen den Erfolgen und der prinzipiell unmoralischen Politik eine enge Wechselbeziehung besteht. Die Zerstörung der Demokratie, die Ausschaltung politischer Gegner, der Terror gegen die Juden, die Konzentrationslager und vieles andere mehr erlauben es nicht, Hitler als eine bedeutende Figur der Weltgeschichte zu sehen.

Die Verbesserungen auf wirtschaftlichem Gebiet sind nicht zuletzt durch die Aufrüstung und Kriegspolitik ermöglicht worden, wobei diese Kriegspolitik nicht erst nach 1933 entstanden ist, sondern im Programm und in der Ideologie des Nationalsozialismus verankert ist.

Um den Schülern noch einmal die wichtigsten Etappen ins Bewußtsein zu rücken sowie zur Ergänzung von Ereignissen, die im Unterricht vernachlässigt worden sind, sollte der

▶ **Film:** FT 559, Hitlers Weg in den Krieg
eingesetzt werden.

Die Schüler können die einzelnen Filmsequenzen mit Überschriften versehen und die Maßnahmen Hitlers beurteilen. Der Film wird bis zu der Sequenz „Die Fritsch-Krise" vorgeführt und besprochen. Danach wird der Rest des Films von der Sequenz „Der ‚Anschluß' Österreichs" bis zum „Beginn des Polenfeldzuges" dargeboten.

Ein Schwerpunkt soll der „Anschluß" Österreichs bilden. Im Film werden einige Szenen vom Einmarsch in Österreich gezeigt. Der Propagandaeffekt des Wochenschauberichts kommt deutlich zum Tragen: Die jubelnden Menschenmassen weisen die Schüler darauf hin, daß Hitler hier einen abermaligen Erfolg verbuchen konnte.

▶ **Fotos:** Informationen 123/126/127, S. 40

41.4.4.3. Schwerpunkt: Die Sudetenkrise 1938

Der Hitler-Politik der bewußten Aggression soll die Beschwichtigungspolitik Englands und auch Frankreichs gegenübergestellt werden.

Am Beispiel der Unterredung zwischen Hitler und Chamberlain am 22./23. September wird versucht, die beiden grundsätzlichen politischen Positionen zu erschließen, um von da aus über die wichtigsten Stationen in der Sudetenkrise zu informieren.

Bericht über einen Vorschlag Chamberlains in der Unterredung mit Hitler in Bad Godesberg am 22. 9. 1938

„... Auf Grund der Selbstbestimmung müsse nun allen Deutschen in der Tschechoslowakei die Gelegenheit gegeben werden, sich für Deutschland zu entscheiden ... Durch ein Volksentscheidverfahren würden jedoch erhebliche Schwierigkeiten entstehen. Es würde ein langer Zeitraum verstreichen, und es sei fraglich, ob nicht in dieser Zeit Zwischenfälle und Unruhen in dem betreffenden Gebiet entstünden ... Es wäre daher das einfachste Verfahren, das zugleich die geringsten Schwierigkeiten böte, wenn man versuchte, ohne eine Volksabstimmung auszukommen und sich auf eine Gebietsabtretung der Tschechoslowakei an das Reich einige, wobei Vorsorge dafür getroffen werden könnte, daß Personen, die auf Grund der neuen Gebietsregelung zu einem bestimmten Staat gehörten, es aber vorzögen, im anderen Staate zu sein, diese Möglichkeit gegeben werde.

In Gebieten, in denen eine überwältigende deutsche Mehrheit bestünde, sei für die Abtretung an das Deutsche Reich keine Schwierigkeit zu überwinden. In Gebieten jedoch, in denen eine gemischte Bevölkerung wohne, müßte mit der Grenzziehung vorsichtiger vorgegangen werden. Man könne hier die Grenze nicht als eine starre Linie schematisch festlegen, sondern es müsse eine Kommission geschaffen werden, die, mit gewissen grundsätzlichen Weisungen ausgestattet, doch die nötige Handlungsfreiheit hätte, um die Grenzen nach geographischen, strategischen, politischen oder sonstigen Gesichtspunkten im einzelnen festzulegen ...

Der Führer wies auf das kritische Stadium hin, in dem sich das sudetendeutsche Problem befände. Ein langer Aufschub sei unmöglich. Das Wichtigste sei, schnell zu handeln. In wenigen Tagen müsse die Entscheidung fallen. Es sei der Welt bekannt, daß auf beiden Seiten der Grenze militärische Vorbereitungen getroffen seien. Diese haben einen Zustand geschaffen, der so oder so entschieden werden müsse. Die Lösung könne entweder in einer Entspannung oder in einer neuerlichen Erhöhung der Spannung mit einer darauf folgenden Auseinandersetzung erfolgen. Er müsse betonen, daß das Problem endgültig bis zum 1. Oktober restlos gelöst sein müsse.

Chamberlain:
Der englische Premierminister erklärte, daß er über die vom Führer eingenommene Haltung enttäuscht sei und sie nicht recht begreife (disappointed and puzzled) ... Nachdem er nunmehr mit der Zustimmung seiner Kabinettskollegen und des französischen Kabinetts zum Grundsatz der Gebietsabtretung der Tschechoslowakei an Deutschland zurückkehre, könne er doch mit Recht feststellen, daß der Führer das von ihm erhalte, was er gefordert habe. Um dies zu erreichen, hätte er

(Chamberlain) seine ganze politische Laufbahn aufs Spiel gesetzt. Er richte an den Führer die dringende Bitte, mit ihm zusammen das Menschenmögliche zu versuchen, die Dinge auf geordnete friedliche Weise zu regeln und nicht durch Schüsse und Zwischenfälle die friedliche Arbeit stören zu lassen. Der Grundsatz sei anerkannt. Es handle sich jetzt darum, die Anwendungsmethode für diesen Grundsatz festzulegen, und er bäte den Führer, seinen Einfluß auf die Beteiligten im Sinne der Mäßigung geltend zu machen."

▶ **Quelle:** GiQ V, Nr. 475

Arbeitsaufgaben	denkbare Formulierungen
1. Welchen Vorschlag unterbreitet Chamberlain Hitler hinsichtlich der Sudetenfrage?	– Das Prinzip des Selbstbestimmungsrechtes gelte für alle Deutschen in der Tschechoslowakei. Sie sollen Gelegenheit erhalten, sich für Deutschland zu entscheiden. – Er schlägt die Schaffung einer Kommission vor, die in Gebieten mit gemischter Bevölkerung die Grenzziehung vornehmen soll.

Hitler drängt auf rasche Entscheidung. Es drohe die Gefahr eines militärischen Zusammenstoßes. Das Problem müsse in wenigen Tagen, bis zum 1. Oktober, „restlos" gelöst sein.

Arbeitsaufgaben	denkbare Formulierungen
2. Wie unterscheidet sich die Haltung Hitlers und Chamberlains?	– Chamberlain sucht verzweifelt eine friedliche Lösung. Im Interesse des Friedens ist er zu weitgehenden Zugeständnissen bereit. Zur Regelung schwieriger Fragen (Gebiete mit gemischter Bevölkerung) schlägt er Kompromisse vor. – Hitler ist an Kompromiß und Ausgleich nicht interessiert. Zugeständnisse nimmt er als selbstverständlich hin und benutzt sie als Ausgangspunkt für neue Forderungen. – Er beschwört die Gefahr militärischer Auseinandersetzungen, um den Gegenspieler zu weiteren Zugeständnissen zu zwingen.

Arbeitsaufgaben	denkbare Formulierungen
	– Er drängt zur Eile und nennt ultimativ ein kurzfristiges Datum, bis zu dem eine Lösung gefunden sein muß.

Der Konflikt eskaliert, als Hitler deutsche Truppen ins Sudetenland einmarschieren lassen will; erfolgreiche Vermittlungsversuche Mussolinis und Chamberlains. 29. September 1938: Münchner Abkommen: Abtretung der sudetendeutschen Gebiete an Deutschland.

Arbeitsaufgaben	denkbare Formulierungen
3. Vergleicht die Bekundung Hitlers in seiner Rede im Sportpalast vom 29. 9. 1938 und seinen politischen Plänen, wie sie im Hoßbach-Protokoll zum Ausdruck kommen.	– Hitler erklärt seine territorialen Forderungen als erfüllt, er will den Frieden. – Gemäß seiner Planung, wie sie im Hoßbach-Protokoll fixiert ist, will Hitler die „Tschechei" völlig vernichten.
4. Wie wertet Hitler grundsätzlich Verträge, die er schließen will bzw. geschlossen hat? Wie begründet er seine Ansicht?	Bündnisse haben nur taktischen Wert, sie dienen nur dem Krieg und Kampf. Er will jedes Bündnis unterschreiben, aber nur so lange halten, wie es seinen Zielen nützlich ist. In der Weltgeschichte seien alle Verträge „früher oder später hinfällig geworden".
5. Wie beurteilt ihr die politischen Aktionen Englands, die man mit der Bezeichnung „Appeasement-Politik" versehen hat?	Die „Appeasement-Politik" sollte die unmittelbar drohende Kriegsgefahr abwenden; man ist zu Konzessionen gegenüber Hitlers territorialen Forderungen bereit (Abtretung des Sudetenlandes), weil man nicht wagt, Hitler entgegonzutreten. Hitler kalkuliert für seine zukünftigen Pläne die Unentschlossenheit der Westmächte Frankreich und Großbritannien ein.

Anhand einer Karte über die Erweiterung des deutschen Machtbereichs 1935–1939 (Gfm) sollen die Schüler im Unterrichtsgespräch die Etappen der Expansion noch einmal nachzeichnen. Dazu könnte folgende Tabelle erarbeitet werden:

„Heim ins Reich"-Politik der Nationalsozialisten		angewandte Methoden
Datum	Gebiet	
17. 1. 35	Saargebiet	Volksabstimmung der Saarbevölkerung Propaganda
7. 3. 36	Rheinland	militärische Besetzung
13. 3. 38	Österreich	militärische Besetzung, Propaganda, Drohung, Absetzung der Regierung, Erpressung, Volksabstimmung in Österreich und Deutschland
1. 10. 38	Sudetenland	Propaganda, Drohung, Erpressung, Verhandlung mit Frankreich, Großbritannien, Italien (Münchner Abkommen).

Die Schüler erkennen, daß es Hitler darum ging, das militärische Aufmarschgebiet zur Eroberung von „Lebensraum im Osten" zu verbessern, so wie es im „Hoßbach-Protokoll" zum Ausdruck kommt. Sie erkennen weiter, daß das Selbstbestimmungsrecht und die Forderung nach einer „Revision des Versailler Vertrages" nur als Vorwand dienten.

Auch das Verhalten der Westmächte sollte zur Diskussion gestellt werden. Ihr Hauptproblem bestand darin, wie sie als Garantiemächte des Versailler Vertrages und als Bündnispartner der Tschechoslowakei auf das Vorgehen Hitlers reagieren sollten. Großbritannien war nicht an einer militärischen Intervention interessiert. Frankreich war politisch und militärisch geschwächt, so daß beide unter allen Umständen einen Krieg verhindern wollten.

Für die Tschechoslowakei blieb angesichts des deutschen Vorgehens und des Druckes von seiten ihrer Verbündeten nichts anderes übrig als sich zu beugen.

Als Folge des Münchner Abkommens wurden ca. drei Millionen Sudetendeutsche in das Deutsche Reich eingegliedert. Im Sudetenland kam es wie in Österreich zu Verfolgungs- und Verhaftungswellen, denen die Gegner der Nationalsozialisten zum Opfer fielen.

T   Die Außen- und Innenpolitik von 1933 bis 1939

Hitlers Ziel

Parteiprogramm „Mein Kampf" „Hoßbach-Protokoll"

Eroberung von Lebensraum im Osten

Hitlers Strategie

- Beteuerung des deutschen Friedenswillens („Friedensreden")
- Beschwörung des „Unrechts von Versailles" und Berufung auf das „Selbstbestimmungsrecht"
- Schaffung von vollendeten Tatsachen (Rheinlandbesetzung, Österreich, Sudetenland)

- „Wehrhaftmachung" des deutschen Volkes
- Aufrüstung, allgemeine Wehrpflicht
  ↕
- sozial- und wirtschaftspolitische Maßnahmen

England/Frankreich
tolerieren Hitlers Politik durch „Appeasement-Politik", rücken von Versailler Status-quo-Politik ab.

Den Schülern muß die ganz andere Dimension der Zerschlagung der Tschechoslowakei deutlich werden. Sie bildet den Höhepunkt in der 2. Phase der NS-Außenpolitik. Die Schüler werden aufgefordert, Fotos vom Einmarsch deutscher Truppen in Österreich und in Prag zu vergleichen (Gfm).
Der Unterschied zwischen den beiden Fotos wird dann deutlich, wenn der Lehrer darauf verweist, daß es sich bei beiden Bildern um den Einmarsch deutscher Truppen in ein anderes Land handelt: In Salzburg werden die deutschen Truppen begeistert begrüßt, die zum Hitler-Gruß erhobenen Hände und die Hakenkreuzfahnen deuten darauf hin, während in Prag die Menschen am Straßenrand mit geballten Fäusten drohen und weinen. Aus ihren Gesichtern

sprechen Ohnmacht, Wut und Verzweiflung. Dieses erschütternde Bilddokument provoziert einen Fragenkomplex: Während der Einmarsch in Österreich angesichts des jubelnden Empfangs der deutschen Truppen und Hitlers sowie das Ergebnis der Volksabstimmung als Verwirklichung des Selbstbestimmungsrechtes gerechtfertigt werden kann, hätte der Einmarsch deutscher Truppen in Prag die Großmächte zum Eingreifen nötigen müssen, da sie den Bestand der Tschechoslowakei garantiert hatten. Diese naheliegende Frage sollten die Schüler selbst formulieren können.
Das Ziel besteht darin, die Politik der europäischen Großmächte in ihren Grundzügen kennenzulernen, die Motive herauszustellen und zu bewerten. Dabei sollen sie insbesondere erkennen, daß mit der Annexion der Tschechoslowakei die Politik der offenen und brutalen Expansion einsetzte.

Zusätzliche Arbeitsaufgaben	denkbare Formulierungen
Jahrelang verstand es Hitler, das Ausland mit seinen plötzlichen Entschlüssen zu überraschen und zu überspielen. Wie wirkte sich das auf sein Ansehen im deutschen Volk aus?	Das deutsche Volk stand in seiner großen Mehrheit noch hinter Hitler. Es sah nur die Erfolge und ahnte nichts von dem Ausmaß der weiteren Pläne.
Vergleicht die Politik Hitlers bis 1939 mit seinen Forderungen im Parteiprogramm von 1920.	Der außenpolitische Teil des Parteiprogramms wurde erfüllt. Innenpolitisch waren es vor allem das Judentum und die Kirchen, die über die Forderungen des Programms hinaus bekämpft wurden. Die für die Großunternehmen angedeuteten Maßnahmen wurden dagegen nicht durchgeführt. Hitler brauchte die Industrie für seine Aufrüstung.

42. Der Zweite Weltkrieg

42.0.1. Literaturangaben

Die in 41.0.1. genannten Titel beziehen sich zumeist auf die gesamte nationalsozialistische Epoche. Sie werden daher an dieser Stelle nicht nochmals aufgeführt. Im folgenden werden aber ergänzend Titel zu den Themenkomplexen „Zweiter Weltkrieg" und „Widerstand" aufgeführt.

Handbuch: Bracher 239 ff.; dtv 4010; Gebhardt 491 ff. und TB 4021; Schieder 840 ff., 563 ff.; Ullstein DG 8.

Spezialliteratur

Zweiter Weltkrieg:
Benz, Wolfgang/Graul, Herrmann, Sommer 1939. Die Großmächte und der Europäische Krieg. dva, Stuttgart 1979.
Das Deutsche Reich und der Zweite Weltkrieg, hrsg. v. militärgeschichtlichen Forschungsamt, 10 Bde., 1. Bd. 1979, 2. Bd. 1980, 3.–10. Bd. i. Vorb. dva, Stuttgart.
Hillgruber, Andreas, Zur Entstehung des Zweiten Weltkrieges. Forschungsstand und Literatur. Droste, Düsseldorf 1980.
Hillgruber, Andreas/Hümmelchen, Gerhard, Chronik des Zweiten Weltkrieges. Athenäum-Droste TB 7218.
Hart, Liddell, Geschichte des Zweiten Weltkriegs, 2 Bde., Bastei TB 65 021/2.
Jacobsen, Hans-Adolf, 1939–1945. Der 2. Weltkrieg in Chronik und Dokumenten. Wehr und Wissen, Darmstadt 1960; auch Fischer TB 645/46.
Niedhardt, Günther (Hrsg.), Kriegsbeginn 1939. Entfesselung oder Ausbruch des Zweiten Weltkrieges. Wiss. Buchgesellschaft, Darmstadt 1976.
Zentner, Christian, Der Zweite Weltkrieg. Daten, Bilder, Dokumente. Ullstein TB 33 011, 33 052, 33 053.

Widerstand:
Europäische Publikation (Hrsg.), Die Vollmacht des Gewissens, Band I: Verlag Hermann Rinn, München 1956; Band II: Metzner, Frankfurt 1965.
Hauser, Richard, Deutschland zuliebe. Leben und Sterben der Geschwister Scholl. Die Geschichte der Weißen Rose. Kindler, München 1980.
Hoffmann, Peter, Widerstand, Staatsstreich, Attentat. Der Kampf der Opposition gegen Hitler. Piper, München 1970, auch Ullstein TB 3077.
Klönne, Arno, Gegen den Strom. Ein Bericht über die Jugendopposition im Dritten Reich. Der Vorkämpfer-Verlag, Büderich 1957.
Leber, Annedore (Hrsg.), Das Gewissen steht auf. 64 Lebensbilder aus dem deutschen Widerstand 1933–1945. Das Gewissen entscheidet. Bereiche des deutschen Widerstandes 1933–1945. Mosaik, Frankfurt 1954 und 1957.

Müller, Christian, Oberst i. G. Stauffenberg. Droste, Düsseldorf ²1971.
Ritter, Gerhard, Carl Goerdeler und die deutsche Widerstandsbewegung. dva, Stuttgart 1956.
van Roon, Ger, Widerstand im Dritten Reich. Beck BSR 191, München 1979.
Rothfels, Hans, Die deutsche Opposition gegen Hitler. Fischer TB 1979.

Sachbücher:
Rühl, Klaus-Jörg, Kriegsalltag. 1939–1945 in Deutschland. Droste, Düsseldorf 1981.
Thorwald, Jürgen. Es begann an der Weichsel: ders., Das Ende an der Elbe. Knaur TB 3092/3.
Whiting, Charles/Gehendger, Friedrich, Jener September. Europa beim Kriegsausbruch 1938. Ein Text-/Bildband. Droste, Düsseldorf 1979.
Zentner, Kurt, Illustrierte Geschichte des Widerstands in Deutschland und Europa 1933–1945. Südwest-Verlag, München 1966.

Jugendbücher:
Scholl, Inge, Die Weiße Rose. Fischer TB 88.
Vinke, Hermann, Das kurze Leben der Sophie Scholl. Otto Maier, Ravensburg 1980.
Karelin, Viktor, Der längste Marsch. Ein Kampf um die Freiheit 1939–1945. Herder, Freiburg 1976. (Polen im Zweiten Weltkrieg)
Weisenborn, Günter. Der lautlose Aufstand. Bericht über die Widerstandsbewegung des deutschen Volkes 1933–1945. Roederberg, Frankfurt ⁴1974.
Zeller, Eberhard, Geist der Freiheit. Der zwanzigste Juli 1944, Verlag Hermann Rinn, München 1957.

42.0.2. UR-Ziele

(1) Die verschiedenen Phasen des Krieges: vom „Blitzkrieg" über den ideologischen Vernichtungskrieg, den wirtschaftlichen Ausbeutungskrieg, den „totalen" Krieg bis zum Krieg der „Selbstzerstörung"
(2) Die Bedeutung und Funktion der Propaganda
(3) Die Auswirkungen des Krieges auf die Zivilbevölkerung
(4) Die Bedeutung des Widerstandes

42.0.3. Medien

Wandkarte: Westermann, Der Zweite Weltkrieg.
Atlas: Westermann 153 Völkerverständigung/Bedrohung des Weltfriedens, 154/155 Europa im Zweiten Weltkrieg 1939 bis 1945, 156 Der Zweite Weltkrieg im

Pazifik, 157 Auswirkungen des Zweiten Weltkrieges. – dtv II 198 Die Feldzüge in Polen, Dänemark, Norwegen, Holland, Belgien, Frankreich 1939/40, 200 Der Seekrieg 1939–1945, Die deutsche Flugzeugproduktion 1939–1945, Der Bombenkrieg 1940–1945, 202 Die Feldzüge in Nordafrika und auf dem Balkan 1941/42, 204 Die Vernichtung der Juden („Endlösung") 1939–1944, 206 Das „Unternehmen Barbarossa" 1941/42, 210 Die Kriegsschauplätze auf dem Balkan 1943/44, Der alliierte Vormarsch in Italien 1943–1945, 212 Die alliierte Invasion in Frankreich 1944, Der Krieg im Osten 1943/44, 214 Der Zusammenbruch der deutschen Ostfront Januar bis März 1945, Das Ende des „Großdeutschen Reiches" April/Mai 1945, 216 Die Offensive der Japaner 1941/42, Die alliierte Gegenoffensive seit 1942.

Fotos: Informationen 123/126/127, S. 45 ff., Nr. 160, Nr. 142/143, S. 31 ff.

Filme: Institut FT 588 Hitlers Überfall auf Europa (17 Min.), 320589 Dem Ende entgegen (23 Min.), FT 2240 Der Führer schenkt den Juden eine Stadt (22 Min.), FT 295 Mißbraucht (29 Min.), FT 28 16. Oktober 1943 – Rekonstruktion der Ereignisse um die Judenverfolgung in Rom (14 Min.), FT 751 Requiem für 500000 (30 Min.), FT 564 Goebbels spricht (5 Min.).

42.0.4. Vorbemerkungen

42.0.4.1. Die Vorbereitungen des Krieges

Revision von Versailles

Entgegen dem außenpolitischen Programm Hitlers (siehe Abschnitt „Mein Kampf – Hitlers Programm", S. 151) schien die neue nationalsozialistische Regierung zunächst die auf friedliche Revision des Versailler Vertrages gerichtete Politik der Weimarer Republik fortsetzen zu wollen. Diesen Eindruck unterstrichen Hitlers ständige Beteuerungen des deutschen Friedenswillens, die besonders nach jeder außenpolitischen Aktion nachdrücklich wiederholt wurden.

Die nationalsozialistische Außenpolitik verlief zunächst doppelgleisig. Sie wandte sich einmal gegen die vor allem von Frankreich verfochtene Politik der kollektiven Sicherheit, weil diese darauf abzielte, Deutschlands Handlungsfreiheit durch ein System internationaler Kontrolle einzuschränken. Dies mußte die geplante Wiederaufrüstung und Kriegsvorbereitung behindern. In diese Linie sind folgende außenpolitische Handlungen einzuordnen:

– **Austritt aus dem Völkerbund** und der **Abrüstungskonferenz** (14. 9. 1933);
– Wiederherstellung der deutschen Wehrhoheit und **Wiedereinführung der allgemeinen Wehrpflicht** (10. 3. 1935); damit Aufkündigung der Entwaffnungsbestimmungen des Versailler Vertrages;

– **Einmarsch in das entmilitarisierte Rheinland** (7. 3. 1936); damit Bruch des Vertrages von Locarno. Zugleich versuchte die nationalsozialistische Außenpolitik, der drohenden außenpolitischen Isolierung durch bilaterale Abkommen entgegenzuwirken.

Der Nichtangriffspakt mit Polen

Der Vertrag vom 2. 1. 1934 war das erste dieser Abkommen und zweifellos eine Sensation, denn er bedeutete eine Umkehrung der bisherigen deutschen Ostpolitik, die auf einem Zusammenspiel mit Rußland gegen Polen beruht hatte. Dieser Vertrag schien den Beweis dafür zu liefern, daß die Politik bilateraler Abkommen viel besser geeignet war, ein den europäischen Frieden bedrohendes Problem zu lösen, als die wirkungslosen Anstrengungen des Völkerbundes. Überdies hatte das französische Sicherheitssystem, das auf dem Bündnis mit der Kleinen Entente (Tschechoslowakei, Jugoslawien, Rumänien) beruhte, einen empfindlichen Schlag erlitten.

Frankreich versuchte gegenzusteuern, indem es die Bildung einer mit der Kleinen Entente verklammerten Balkanentente und einer Baltischen Entente betrieb. Wichtiger war es, daß die **Sowjetunion**, durch das deutsch-polnische Abkommen zu einer außenpolitischen Neuorientierung gezwungen, sich dem Westen zuwandte. Sie trat dem Völkerbund bei (1934) und schloß mit Frankreich und der Tschechoslowakei Beistandspakte (1935).

Nach der Verkündigung der allgemeinen Wehrpflicht fanden sich noch einmal die Status-quo-Mächte des Versailler Vertrages, Großbritannien, Frankreich und Italien, auf der Konferenz von Stresa (14. 4. 1935) zum gemeinsamen Protest zusammen.

Das deutsch-britische Flottenabkommen

Wie wenig dauerhaft diese „Antirevisionsfront" war, zeigte sich schon zwei Monate später. Am 18. 6. 1935 wurde das deutsch-britische Flottenabkommen geschlossen. Damit hatte sich Großbritannien aus der Front der ehemaligen Siegermächte gelöst und die dem Versailler Vertrag zuwiderlaufende deutsche Aufrüstung akzeptiert.

Großbritannien glaubte, Deutschland durch eine Politik der Zugeständnisse und Verträge in ein System der Friedenssicherung einbinden zu können.

Diese **Appeasement**-Politik, „die lange als eine Politik des schwächlichen Nachgebens gewertet worden ist, erscheint in der neueren Forschung als Ausdruck der realen politischen Situation Englands, das sich einer militärischen Auseinandersetzung mit Deutschland allein nicht gewachsen fühlte" (Karl Dietrich Erdmann, in: Gebhardt, S. 463).

Für Hitler war das Abkommen der erste Schritt zu dem Bündnis mit England, das ihm als Grundlage seiner außenpolitischen Konzeption der Ausdehnung nach

Osten vorschwebte. Hitler sprach von seinem „glücklichsten Tag".

Achse Berlin–Rom–Tokio

Eine Verbindung, die sich im Unterschied zu den bisher genannten als dauerhaft, wenn auch nicht in jeder Hinsicht als nützlich erweisen sollte, ging Hitler mit **Italien** ein. Am 1. 11. 1936 wurde die „Achse Berlin–Rom" proklamiert und am 25. 11. 1936 durch den „Antikominternpakt" mit Japan ergänzt. Dieses „weltpolitische Dreieck Berlin–Rom–Tokio" hatte primär eine Stoßrichtung gegen die Sowjetunion, konnte jedoch auch als Ersatz für das Bündnis mit England dienen, falls dieses nicht zustande kommen sollte.
Innerhalb von nur drei Jahren hatte die NS-Außenpolitik die Ordnungssysteme von Versailles, Locarno und Stresa sowie das französische Sicherheitssystem zerstört, sich aller kollektiven Bindungen entledigt und die Ausgangsposition für eine expansive Außenpolitik geschaffen.

Anschluß Österreichs und des Sudetenlandes

Mit dem Anschluß Österreichs und der Angliederung des Sudetenlandes an das Deutsche Reich hatte Hitler Erfolge erzielt, die eine Erfüllung der kühnsten Träume der „Großdeutschen" darstellten. Hitler konnte für seine Politik das 1918 proklamierte Selbstbestimmungsrecht der Völker in Anspruch nehmen, das den Deutschen durch die Friedensverträge von Versailles und St. Germain unrechtmäßig verwehrt worden war. Die britische Regierung unter Neville Chamberlain, auf deren Haltung es in dieser Phase entscheidend ankam, war entschlossen, den deutschen Wünschen nach Revision des Status quo in Mittel- und Ostmitteleuropa entgegenzukommen, in der Hoffnung, Hitler letztlich für eine gesamteuropäische Friedensregelung gewinnen zu können.

Die Zerschlagung der Tschechoslowakei

Die Zerschlagung der Tschechoslowakei stellte einen eklatanten Bruch der eben erst eingegangenen Verpflichtungen und eine Desavouierung von Hitlers feierlichen Versicherungen dar. Darüber hinaus zeigte die Besetzung Prags, daß Hitler sich mit der Erfüllung nationalstaatlicher Forderungen nicht begnügen wollte, sondern seinerseits das von ihm selbst proklamierte nationale Selbstbestimmungsrecht verletzte.
„Die Phase der Revisionspolitik, die mit dem Grundsatz des Selbstbestimmungsrechts und anderen völkerrechtlichen und moralischen Argumenten durchgefochten worden war, wurde jetzt von der Phase der nackten Eroberungspolitik abgelöst." (Walther Hofer, Die Diktatur Hitlers bis zum Beginn des Zweiten Weltkrieges. Akad. Verlagsges. Athenaion, Wiesbaden, S. 157 f.)
Großbritannien und Frankreich gaben am 31. 3. 1939 **Garantieerklärungen** für das nunmehr bedroht erscheinende Polen sowie am 13. 4. für Rumänien, Griechenland und am 12. 5. für die Türkei ab, eine letzte Warnung, um Hitler vor weiterer Aggression abzuhalten.

Forschungskontroverse Außenpolitik

Über die nationalsozialistische Außenpolitik gibt es in der Forschung lebhafte Auseinandersetzungen. Man kann die Extrempositionen, stark vereinfachend, so charakterisieren:
Kernstück der Politik Hitlers war neben der Rassentheorie die Eroberung von Lebensraum. Infolgedessen war seine Außenpolitik konsequent auf Expansion angelegt. Endziel war ein Imperium in Osteuropa oder gar die Weltherrschaft. *Andreas Hillgruber* nimmt sogar einen Stufenplan an:
„Dieser endete nicht bei der projektierten Eroberung neuen Lebensraumes im Osten, sondern war weltweit angelegt." (Zum Forschungsstand über die Geschichte des Nationalsozialismus, in: Auswärtiges Amt, Beilage zum Blauen Dienst VII Nr. 23, Nr. 87, 1–21, S. 9.)
Die Gegenposition sieht die Rolle Hitlers als weit weniger dominierend an und interpretiert seine Außenpolitik als Funktion gesellschaftlicher Abläufe. Dazwischen gibt es natürlich eine Fülle von Nuancen und Varianten. *Karl Dietrich Erdmann* beispielsweise betont gegen die Theorie allzu systematischer Planung die Rolle der Improvisation bei Hitler. Die unerwarteten außenpolitischen Anfangserfolge hätten ihn darin bestärkt, mit der Lethargie der potentiellen Gegner zu rechnen und mit immer größerem Einsatz und höherem Risiko zu spielen.

42.0.4.2. Der Verlauf des Zweiten Weltkrieges

Die Vorbereitung des Feldzuges gegen Polen

Nach der Besetzung Prags und der Rest-Tschechei wandte sich Hitler unverzüglich neuen Zielen zu. Ursprünglich war **Polen** nicht als Gegner vorgesehen. Seit dem deutsch-polnischen Nichtangriffspakt von 1934 hatte es immer wieder Bemühungen auf deutscher Seite gegeben, Polen als Bundesgenossen für den großen Kampf um Lebensraum im Osten zu gewinnen. Während der Sudetenkrise hatte sich Polen einen Anteil an der Beute gesichert, indem es das polnisch besiedelte Olsa-Gebiet besetzte.
Zwischen Oktober 1938 und April 1939 verhandelten Ribbentrop und der polnische Außenminister Beck über eine „Generalbereinigung aller bestehenden Reibungsmöglichkeiten zwischen Deutschland und Polen". Deutschland verlangte den Anschluß Danzigs und eine exterritoriale Autobahn und Eisenbahn durch den „Korridor" zwischen Pommern und Ostpreußen. Dafür wollte das Reich auf die Wiederherstellung der Grenzen von 1914 verzichten. Kern des Vorschlags

war das Angebot eines antisowjetischen Bündnisses, wobei Polen ein großzügig bemessener Anteil an der Beute zugesichert wurde: Die Ukraine sollte polnisches „Einflußgebiet" werden. Polen jedoch wollte seine unabhängige Position zwischen Deutschland und Rußland nicht aufgeben und lehnte die deutschen Vorschläge ab (26. März 1939).

Nach der britisch-französischen Garantie der Integrität Polens wies Hitler am 3. April 1939 die Wehrmacht an, einen Blitzfeldzug gegen Polen vorzubereiten („Fall Weiß"). Am 28. April kündigte er den Nichtangriffspakt mit Polen. Die Westmächte versuchten nunmehr, die Sowjetunion in die Abwehrfront gegen die deutsche Expansion einzubeziehen. Während Großbritannien und Frankreich Stalin dazu bewegen wollten, ebenfalls eine Garantieerklärung für Polen auszusprechen, bestand dieser auf dem Abschluß eines formellen Beistandspaktes. Die Verhandlungen scheiterten letztlich an der – historisch begründeten – strikten Weigerung Polens, sowjetischen Truppen im Kriegsfall den Aufmarsch durch polnisches Gebiet zu gestatten.

Der Hitler-Stalin-Pakt

Parallel zu den Verhandlungen mit den Westmächten hatte die Sowjetunion Fäden zu Deutschland geknüpft. Nach dem Abschluß eines Handelsvertrages am 19. August 1939 wurde am 23. August ein **Nichtangriffspakt** unterzeichnet. Die wirklich wichtigen Vereinbarungen waren in einem **geheimen Zusatzprotokoll** festgelegt, das erst beim Nürnberger Prozeß 1946 bekannt wurde und bis heute in der sowjetischen Geschichtsschreibung verschwiegen wird. Außer der Vereinbarung über die Aufteilung Polens (Gfm) wurden auch die Interessensphären im übrigen Ost- und Südosteuropa abgegrenzt. Zur sowjetischen Interessensphäre sollten Finnland, Estland, Lettland sowie das rumänische Bessarabien gehören.

Damit hatte die Sowjetunion Hitler von der Gefahr eines Zweifrontenkrieges befreit und den Angriff auf Polen ermöglicht. Hitler hoffte, daß der Pakt mit den Sowjets die Westmächte von einem Eingreifen zugunsten Polens abhalten würde. Sollten sie es dennoch tun, konnte er sich nach der Niederwerfung Polens gegen Großbritannien und Frankreich wenden, ohne im Rücken Gefahr von der Sowjetunion befürchten zu müssen.

Für Stalin bot das Bündnis mit Hitler eine Reihe von Vorteilen, die ihm die Westmächte nicht gewähren konnten. Er sicherte die Sowjetunion – zumindest vorläufig – vor dem befürchteten deutschen Angriff und eröffnete die Aussicht auf reiche Landbeute im Vorfeld seiner Grenzen. Sollte es infolge eines deutschen Angriffs auf Polen zu einem Krieg zwischen Deutschland und den Westmächten kommen, wie dies der sowjetkommunistischen Lehre von der Un-

vermeidbarkeit von Kriegen zwischen kapitalistischen Ländern im Zeitalter des Imperialismus entsprach, so eröffnete sich die Chance, nach der beiderseitigen Erschöpfung der Kriegführenden die Weltrevolution und den endgültigen Sieg des Kommunismus herbeizuführen.

Der Angriff auf Polen

Unmittelbar vor und noch nach dem Beginn des Angriffskrieges gegen Polen hatten die britische Regierung und auf der anderen Seite auch Mussolini versucht zu vermitteln. Die Polen ließen sich nicht auf Verhandlungen ein, ihr Außenminister Beck lehnte jede Diskussion brüsk ab. Auch wenn Polen verhandelt hätte, erhebt sich die Frage, ob es mehr als eine Atempause gewonnen hätte.

Großbritannien und Frankreich standen zu ihrem Garantieversprechen. Sie forderten ultimativ den Rückzug der deutschen Truppen und erklärten nach Ablauf des Ultimatums am 3. September 1939 dem Deutschen Reich den Krieg. Zu einer direkten militärischen Unterstützung des polnischen Bundesgenossen waren sie nicht in der Lage, so daß dessen Schicksal innerhalb weniger Wochen besiegelt war.

Sowjetische Annexionen

Die Sowjetunion sicherte sich, wie vereinbart, nun ihren Anteil an der Beute. Die Rote Armee marschierte am 17. September 1939 in Ostpolen ein. Ein Geheimabkommen vom 28. September, in dem die deutsch-sowjetische Grenzziehung in Polen definitiv geregelt wurde, besiegelte die **vierte Teilung Polens.**

Deutschland hatte ein Gebiet von 118 000 qkm, die Sowjetunion 200 000 qkm erhalten.

Die baltischen Staaten **Estland, Lettland und Litauen** wurden gezwungen, der Roten Armee Stützpunkte einzuräumen. Im Juli/August 1940, als Deutschland durch den Frankreichfeldzug absorbiert war, wurden die drei Länder als Sowjetrepubliken der UdSSR angegliedert. Ein sowjetischer Angriff auf **Finnland** stieß auf unerwartet heftigen Widerstand. Als ein Eingreifen der Westmächte über Nord-Norwegen drohte, brach Stalin den Feldzug ab und begnügte sich mit der Abtretung strategisch wichtiger finnischer Gebiete. Die sowjetischen Mißerfolge im Winterkrieg gegen Finnland bestärkte Hitler in der Unterschätzung der Kampfkraft der Roten Armee.

Der Krieg im Westen

Hitler sah in der Sowjetunion nach wie vor den Hauptfeind, der im Moment durch den Pakt vom 23. 8. 1939 gebunden und vor Ablauf von ein oder zwei Jahren noch nicht kriegsbereit war. Diese Zeit müsse genutzt werden, um durch die Ausschaltung Frankreichs Großbritannien völlig vom Kontinent zu verdrängen

und damit vielleicht endgültig für den Plan einer Aufteilung der Welt in eine deutsche Interessensphäre auf dem europäischen Kontinent und eine britische in Übersee zu gewinnen.

Der Angriff im Westen mußte mehrfach verschoben werden, zuletzt wegen der **Besetzung Dänemarks und Norwegens.** Die entsprechenden Pläne gab es sowohl auf deutscher wie auf alliierter Seite schon Monate vorher. Mit der Operation am 9. 4. 1940 kam Hitler einer britisch-französischen Landung zuvor. Am 10. Mai 1940 begann schließlich die deutsche **Offensive im Westen.** Entgegen allen Erwartungen der Militärs wurde Frankreich, die vermeintlich stärkste Militärmacht Europas, in wenigen Wochen niedergeworfen. Der Sieg über Frankreich war Hitlers größter Erfolg. Göring nannte Hitler den „größten Feldherrn aller Zeiten".

Hitler machte England erneut ein Friedensangebot. Zu seiner Enttäuschung wies **Churchill,** der am 10. Mai Chamberlain als Premierminister abgelöst hatte, Hitlers Offerte zurück. Er prophezeite dem britischen Volk „Blut, Mühsal, Tränen und Schweiß" und schwor es auf einen Widerstand bis zum äußersten ein. Hitler stellte sich nun auf den Krieg gegen England ein, für den bisher keinerlei Vorkehrungen getroffen worden waren. Am 16. Juli 1940 befahl er, **Vorbereitungen für eine Landung in England** zu treffen (Unternehmen „Seelöwe"). Voraussetzung dafür war die Erringung der Luftherrschaft, wenn die Briten schon die Seeherrschaft hatten. Eben dies gelang nicht, die **Luftschlacht über England** wurde zum Mißerfolg, die Landepläne wurden im Frühjahr 1941 endgültig fallengelassen.

Der Angriff auf die Sowjetunion

Entscheidend für Churchills Widerstandswillen war die Hoffnung auf die Hilfe der Vereinigten Staaten und schließlich auf einen Zusammenprall Deutschlands mit der Sowjetunion. Hitlers Entschluß, sich nunmehr gegen die Sowjetunion zu wenden, wurde durch Moskaus **Ausgreifen auf den Balkan** bestärkt. Im Juni 1940 forderte **Stalin** von **Rumänien** die Abtretung **Bessarabiens und der Nordbukowina.** Damit drohte der sowjetische Zugriff auf das rumänische Erdöl.

Am 31. Juli 1940 entwickelte Hitler vor den Generälen seine weltpolitische Lagebeurteilung. General Halder notierte:

„Ist aber Rußland zerschlagen, dann ist Englands letzte Hoffnung getilgt. Der Herr Europas ist dann Deutschland. Entschluß: Im Zuge dieser Auseinandersetzung muß Rußland erledigt werden. Frühjahr 1941 . . . Ziel: Vernichtung der Lebenskraft Rußlands."

(Hitler) „hat damals die Lage", urteilt Karl Dietrich Erdmann, „sowohl hinsichtlich der russischen Taktik als auch hinsichtlich der englischen Hoffnungen ohne Zweifel richtig beurteilt. Es zeigt sich nun, daß der Pakt mit Stalin dadurch, daß er dem Kriegswillen Hitlers die Wendung gegen das von der deutschen Kontinentalmacht nicht bezwingbare England gegeben hatte, Deutschland in die Zwangslage führte, entweder der russischen Expansion in Südosteuropa nachzugeben oder aber in einer energischen Wendung gegen die russische Expansion in Europa das Risiko des Zweifrontenkrieges auf sich zu nehmen." (Gebhardt, S. 521 f.)

Bei dem letzten Besuch des sowjetischen Außenministers Molotow in Berlin im November 1940 entwickelte Hitler eine weltpolitische Konzeption, die die Sowjetunion auf die Expansion in Richtung Indien und Südasien verweisen sollte. Dagegen forderte Molotow Finnland und Bulgarien, Stützpunkte am Bosporus und den Dardanellen und meldete Interessen an Ungarn, Jugoslawien und Griechenland sowie am Persischen Golf an.

Hitler sah in den sowjetischen Vorschlägen eine Erpressung. Wie weit seine eigene Konzeption eines Kontinentalblocks eine ernsthafte Alternative zum Programm Lebensraum im Osten oder nur ein zeitweiliger Aufschub war, ist heute nicht mehr zu entscheiden. Am 18. Dezember 1940 befahl Hitler die Vorbereitung des Angriffs auf die Sowjetunion. Der Termin wurde durch den von Italien verursachten improvisierten **Feldzug auf dem Balkan** noch einmal verschoben. Als der Angriff am 22. Juni 1941 begann, erzielte die Wehrmacht riesige Raumgewinne und machte Millionen von Gefangenen. Im Schlamm des Herbstes und im früh einsetzenden Winter, für den die deutschen Soldaten nicht ausgerüstet waren, blieb der Vormarsch stecken, und sowjetische Gegenoffensiven erzielten Erfolge.

Das Eingreifen Japans und der USA

Alle Versuche, **Japan** zum gemeinsamen Vorgehen gegen die Sowjetunion zu gewinnen, waren gescheitert. Im April 1941 hatten die beiden Mächte einen Freundschafts- und Neutralitätspakt geschlossen. Seit Juli 1941 wußten die Sowjets durch ihren Spion Richard Sorge in Tokio, daß Japan sich nicht gegen sie wenden würde, sondern eine Expansion im Pazifik vorbereitete. Sie konnten daher ihre Truppen aus Sibirien abziehen und an die europäische Front werfen.

Gleich der deutschen Wehrmacht erzielten die Japaner beispiellose Anfangserfolge. Die Wende wurde durch die Seeluftschlacht bei Midway im Juni 1942 eingeleitet, bei der der Kern der japanischen Flugzeugträgerflotte vernichtet wurde. Von nun an waren die Japaner in der Defensive. Die Amerikaner arbeiteten sich innerhalb von drei Jahren gegen hartnäckigen und opferreichen japanischen Widerstand von

den Salomoninseln im Osten Australiens bis Iwoshima vor den Toren Japans vor.

Vier Tage nach dem Überfall auf Pearl Harbor erklärten Deutschland und Italien den Vereinigten Staaten den Krieg. Bisher hatte Hitler peinlich vermieden, die schon seit 1940 immer stärker zur Unterstützung Großbritanniens eingreifenden USA zur offenen Kriegserklärung zu provozieren. Er hatte auch keine Vorstellung über die zukünftige Kriegsführung gegen die USA. Diese Kriegserklärung war „weniger eine freie Entschließung als eine Flucht nach vorn" (Karl Dietrich Erdmann).

Die Wende von Stalingrad
Im Sommer 1942 konnte die Wehrmacht überall noch große Erfolge erzielen. Im Osten erreichten deutsche Truppen die Wolga und die Gipfel des Kaukasus. In Nordafrika stieß das deutsche Afrikakorps unter Rommel bis Juli weit nach Ägypten vor. Die Ziele dieser Vorstöße wurden zu den äußersten Endpunkten deutscher Machtentfaltung. **Stalingrad und El Alamein** markierten die Wende des Krieges, hier begann der unaufhaltsame Rückzug.

Im November 1942 traten die Sowjets bei Stalingrad zur Gegenoffensive an und schlossen die 6. Armee ein. Als ihre Reste am 2. Februar 1943 kapitulierten, hatte die Wehrmacht ihre erste schwere Niederlage erlitten, die Rote Armee ihre erste „Kesselschlacht" gewonnen. Die Niederlage löste in Deutschland einen tiefen Schock aus, der Sowjetunion gab der Sieg neue Selbstsicherheit.

42.0.4.3. Der Widerstand

Richtungen und Gruppen des Widerstandes
Man kann nach einem Wort von Hans Rothfels das deutsche Volk während des Dritten Reiches, grob gesprochen, in vier Gruppen einteilen: **tatsächliche Nazis, nominelle Nazis, Nicht-Nazis und Anti-Nazis.** Das zahlenmäßige Verhältnis dieser Gruppen ist naturgemäß nicht auch nur annähernd genau festzustellen. Auch haben sich die Scheidelinien zwischen ihnen im Laufe der 12 Jahre verschoben.

Noch schwieriger ist es, den **eigentlichen Widerstand** zu definieren und abzugrenzen. Der Übergang vom nonkonformistischen Protest bis zum aktiven Widerstand ist fließend. Sicher ist, daß der Widerstand weiter verbreitet war, als es „in einer seltsamen Interessenverbindung die nationalsozialistische und die alliierte Kriegspropaganda wahrhaben wollten" (Karl Dietrich Erdmann).

Höchst unterschiedlich sind auch die **Motive,** die zur Ablehnung des Nationalsozialismus und dann vielleicht zur offenen Auflehnung gegen das NS-Regime führten. Es konnte sich um prinzipielle Gegnerschaft

aus politischer Überzeugung handeln, um grundsätzliche Ablehnung von Ideologie und Praxis des Nationalsozialismus aus religiösen und ethischen Gründen oder um eine meist durch konkrete Mißstände ausgelöste Oppositionshaltung, die in passive oder aktive Widerstandshandlungen überging.

Der niederländische Historiker Ger van Roon setzt an den Beginn seiner Übersicht der einzelnen Widerstandskreise den **humanitären Widerstand,** jene Deutschen, die es für ihre Pflicht hielten, Verfolgten und in Not Geratenen zu helfen.

„Dabei spielten weder Rang noch Stand eine Rolle. Offiziere, Geistliche, Sozialdemokraten und Kommunisten, Männer und Frauen, jung und alt betätigten sich dabei und arbeiteten manchmal zusammen" (van Roon, Widerstand im Dritten Reich, S. 29).

Diese Hilfe reichte von Geldsammlungen für Angehörige von Verhafteten über das Besorgen von falschen Ausweisen bis zum Verbergen von Verfolgten. Die meisten Menschen, die solche Hilfe leisteten, blieben unbekannt.

Die Jugend
Ganz unterschiedlich waren die Motive auch für den Widerstand in der **Jugend.** Hier gab es ehemalige Mitglieder von Organisationen und Bünden, die der Protest gegen deren Auflösung oder zwangsweise Überführung in die HJ zusammenführte, vor allem aus den sozialistischen und aus den katholischen Jugendverbänden. Ein eher unpolitischer Protest gegen die Reglementierung durch die HJ manifestierte sich in Oppositionsgruppen wie den „Edelweißpiraten", die sich mit der HJ herumschlugen. Unter den studentischen Gruppen ist die bekannteste die **„Weiße Rose"** (Gfm). Ihre Mitglieder besiegelten ihren religiös-ethisch begründeten Widerstand mit dem Opfer ihres Lebens.

Die **Kommunisten** sahen sich sofort nach der nationalsozialistischen Machtergreifung schwersten Verfolgungen ausgesetzt und in die Illegalität gezwungen, wo sie eine ausgedehnte agitatorische Aktivität entfalteten. Als hinderlich für die illegale Arbeit erwies sich die Abhängigkeit von den verschiedenen taktischen Wendungen der Komintern, sodann die stalinistischen Säuberungen, denen wahrscheinlich mehr deutsche Kommunisten zum Opfer fielen als die Nazis ermordeten. Vollends gelähmt wurde der kommunistische Widerstand durch den Hitler-Stalin-Pakt, bis der Angriff auf die Sowjetunion die machtpolitischen Interessen der Sowjetunion und die Haltung der deutschen Kommunisten wieder in Einklang brachte.

Eine bedeutende und weitverzweigte Widerstandsgruppe, deren Mitglieder teilweise auch Spionage für die Sowjetunion betrieben, war die **„Rote Kapelle".** Einige Mitglieder waren überzeugte Kommunisten.

Die Sozialdemokraten

Auch die Sozialdemokraten hatten nach der national-sozialistischen Machtübernahme unter schweren Verfolgungen zu leiden. Anders als die Kommunisten entwickelte die Masse der sozialdemokratischen Parteimitglieder keine konspirative propagandistische Tätigkeit, sondern pflegte den personellen Zusammenhalt in kleinen Gruppen und überlebte so das Dritte Reich. Einige Gruppen, so vor allem die Gruppe „Neu Beginnen", arbeiteten mit Kommunisten zusammen, eine Reihe von führenden Sozialdemokraten und Gewerkschaftlern beteiligten sich an den Vorbereitungen eines Staatsstreichs gegen Hitler und gehörten somit zu den Männern des 20. Juli, zum Beispiel Julius Leber, Wilhelm Leuschner, Carlo Mierendorff und Theodor Haubach.

Die Christen

Zahllose Männer und Frauen aus allen sozialen Schichten, die sich zum Widerstand entschlossen, bezogen die Motivation und die Kraft dazu aus ihrem **christlichen Glauben.** Die Voraussetzungen waren in den beiden Konfessionen unterschiedlich.

In der **evangelischen Kirche** hemmten die Tradition des Landeskirchentums und die lutherische Auffassung von der (Legitimität der) Obrigkeit eine oppositionelle Haltung gegen den neuen nationalsozialistischen Staat. Überdies kam es sehr schnell zu einer Spaltung in die regimetreuen „Deutschen Christen" unter dem „Reichsbischof" Ludwig Müller und die oppositionelle „Bekennende Kirche" mit den Pfarrern Martin Niemöller und Dietrich Bonhoeffer (Gfm). Wortführer gegen staatliche Unrechtsmaßnahmen (Euthanasie) waren Bischof Wurm und Pfarrer Bodelschwingh.

Die **katholische Kirche** verfügte wegen ihrer organisatorischen und weltanschaulichen Geschlossenheit über bessere Voraussetzungen für eine Opposition gegen den atheistischen Nationalsozialismus. Der Versuch, auf der Basis des Konkordats vom Juli 1933 zu einem Modus vivendi mit dem NS-Staat zu gelangen, erwies sich schnell als ein Irrweg. Der totalitäre Staat konnte eine so mächtige, weltanschaulich prinzipiell gegnerische Organisation wie die katholische Kirche, die mit ihrem Verbände- und Schulwesen in den staatlichen Sektor hineinragte, nicht neben sich dulden. Der Druck gegen Priester und Laien verstärkte sich und nahm bald die Form eines offenen Kirchenkampfes an. Zahlreiche Priester und Laien wurden verhaftet und in Konzentrationslager eingeliefert. 1937 brandmarkte Papst Pius XI. in der Enzyklika „Mit brennender Sorge" die Rassenideologie (Gfm). Im Kriege protestierten Bischöfe wie der Bischof von Münster, Graf v. Galen, immer wieder gegen Willkürmaßnahmen wie etwa die Euthanasieaktion.

Wirklich gefährlich wurden Hitler, wie Sebastian Haff-ner neuerdings hervorhebt, die **Konservativen,** eine weitverzweigte Verschwörung von Personen und Gruppen, die vielfach hohe Staatsstellungen einnahmen oder von den Nazis aus solchen entfernt worden waren, oder die jedenfalls über einflußreiche Verbindungen und Freunde verfügten. Eine wichtige Gruppe war der **Kreisauer Kreis** um den Grafen Helmuth James von Moltke, zu dem Konservative, aktive Christen und Sozialdemokraten gehörten.

Auf einen Staatsstreich und die Beseitigung Hitlers zielte von Anfang an eine **Gruppe** um den früheren Oberbürgermeister von Leipzig, Carl **Goerdeler,** den Diplomaten Ulrich v. Hassell und den ehemaligen Finanzminister Popitz. Sie hielten enge Verbindung mit einem Kreis von Hitlergegnern im Auswärtigen Amt und vor allem im Offizierskorps, so zum Beispiel dem Generalstabschef Beck und zahlreichen Offizieren vom Leutnant bis zum Feldmarschall.

Der 20. Juli 1944

Andere Offiziere, auch oppositionell eingestellte, fühlten sich an ihren Treueeid gegenüber Hitler gebunden. Sie waren auch nicht durch das Argument umzustimmen, Hitler habe seinen Eid gegenüber dem deutschen Volk längst tausendmal gebrochen. Die Verschwörer entschlossen sich daher schweren Herzens zum **Tyrannenmord.**

Der Münchener Oberstaatsanwalt Hölper sagte in einer Diskussion über die juristische und moralische Beurteilung des Widerstandes und des Tyrannenmordes:

„Aus der Sphäre des einzelnen auf den Staat übertragen heißt das: Wenn eine Staatsführung den Boden des Rechts verläßt, das Unrecht zum Prinzip des Handelns macht und letztlich in wahnsinniger Verblendung eine gegenwärtige drohende Gefahr für Leib und Leben der Staatsbürger und damit für die Existenz eines ganzen Volkes heraufbeschwört, dann besteht ein sogenannter Staatsnotstand. Und wenn nun Bürger dieses Staates dieser verbrecherischen Staatsführung aktiv entgegentreten und sie zu beseitigen versuchen, um den drohenden Untergang ihres Volkes zu verhindern, dann sind sie nicht nur aus subjektiven Gründen frei von Schuld, sondern sie handeln rechtmäßig, mag ihr Tun auch die äußeren Tatbestandsmerkmale des Hoch- und Landesverrates erfüllen. Denn was tun sie anderes, als den rechtswidrigen Angriff einer Staatsführung, die ihr Leben, ihre Freiheit und die höchsten Güter der Nation bedroht, von sich und ihrem Volk abzuwenden! Ihr Handeln ist ein Akt der sogenannten Staatsnotwehr." („Die Vollmacht des Gewissens", Band I, S. 23 f.)

Mehrere Anschläge auf das Leben Hitlers mißglückten. Schließlich unternahm Oberst **Claus Graf Schenck von Stauffenberg** am 20. 7. 1944 einen erneuten Versuch. Das Attentat und der anschließende Putsch scheiterten an einer Verkettung unglückli-

cher Umstände. Die nationalsozialistische Rachejustiz des Volksgerichtshofs unter seinem berüchtigten Präsidenten Freisler forderte Tausende von Opfern.

Karl Dietrich Erdmann schreibt in seiner **zusammenfassenden Würdigung** der deutschen Widerstandsbewegung:

„Das Scheitern des Putsches bedeutete für den Ablauf des Krieges, daß die Verantwortung des Nationalsozialismus für die Endkatastrophe durch keine zweite Dolchstoßlegende vernebelt werden konnte. Die Tatsache aber, daß der Putsch überhaupt unternommen wurde, obwohl im Grunde keine Hoffnung mehr bestand, hierdurch Deutschland vor dem militärischen Zusammenbruch retten zu können, gibt der ältesten und opferreichsten Widerstandsbewegung in Europa ihren historischen Rang. Es ist das Vermächtnis des 20. Juli, daß in der Auflehnung gegen die Gewalthaber die konservativen, bürgerlichen und sozialistischen Verschwörer ihr Leben opferten, um über die alten Gegensätze hinweg, an denen die Weimarer Republik zugrunde gegangen war, in einer undogmatischen, neue Wege suchenden Staatsgesinnung in der politischen Ordnung den Maßstab der Menschenwürde wieder zur Geltung zu bringen." (Gebhardt, S. 578)

Das Ende des Krieges
So recht Karl Dietrich Erdmann darin hat, daß das Scheitern des Attentats vom 20. Juli 1944 Deutschland jedenfalls vor einer neuen Dolchstoßlegende bewahrt hat, so richtig ist andererseits, daß die sinnlose Fortführung des Krieges unvorstellbare Leiden und ungeheure Opfer verursacht hat.
Man hat errechnet, daß in der Zeit vom 20. Juli 1944 bis zum Kriegsende in Deutschland durch Luftangriffe, Erdkämpfe und Sprengungen auf dem Rückzug mehr Zerstörungen angerichtet worden sind als in den fast fünf Jahren davor. In dieser Zeitspanne sind beispielsweise die Städte Bielefeld, Chemnitz, Dresden, Freiburg, Heilbronn, Hildesheim, Kaiserslautern, Potsdam und Würzburg erstmalig schwer bombardiert und zerstört worden. Ihre eigentliche Vernichtung erlebten nun Braunschweig, Bremen, Frankfurt, München, Münster, Nürnberg, Stuttgart und zusätzlich durch Erdkämpfe auch Berlin (sowie Breslau und Königsberg). Noch erschreckender ist die Bilanz bei den Menschen. Es sind in den neun letzten Monaten des Krieges weit mehr Soldaten und Zivilisten getötet worden als in den 59 Monaten davor.
Nachdem das Gesetz des Handelns einmal auf die Alliierten übergegangen war, schlug sich die deutsche Wehrmacht in hoffnungslosen schweren Abwehrkämpfen gegen einen an Zahl und materieller Ausstattung weit überlegenen Feind. Die Luftherrschaft war völlig auf die britische und amerikanische Luftwaffe übergegangen. Neue Waffen von entscheidender

Bedeutung wurden an der Front nicht mehr eingesetzt. Eine Wende des Krieges hätte ohnehin nur die Atombombe bringen können, aber deren Entwicklung war von Hitler gestoppt worden, obwohl die wissenschaftlichen Vorarbeiten in Deutschland ursprünglich am weitesten gediehen waren. Ebenso trügerisch waren die verzweifelten Hoffnungen, daß es zu einem Bruch und zu einem Konflikt zwischen den Westmächten und der Sowjetunion kommen würde und daß sich daraus Chancen für den Fortbestand des Dritten Reiches ergeben würden.
Als erwiesen war, daß alle diese Hoffnungen illusionär waren, gab Hitler den Befehl, alle noch verbliebenen Lebensgrundlagen des deutschen Volkes zu vernichten (Gfm). Dieser Versuch eines Verantwortlichen, ein 70-Millionen-Volk in seinen von ihm selbst verschuldeten Untergang hineinzuziehen, ist ohne Zweifel beispiellos in der Geschichte.

Forschungskontroverse: Nationalsozialismus−Faschismus−Totalitarismus
Die Deutung und Einordnung des Nationalsozialismus in die großen politischen Strömungen des 20. Jahrhunderts ist in der wissenschaftlichen Diskussion kontrovers. Zentrales Problem dieser Auseinandersetzung ist die Frage, ob der Nationalsozialismus eher als eine **Spielart des Faschismus** zu klassifizieren ist, oder ob man ihn besser als eine der großen totalitären Bewegungen unserer Zeit deutet und ihn also mit dem Begriff **Totalitarismus** angemessen erfaßt. Die Grundpositionen dieser Debatte sind bereits in der Zeit zwischen den beiden Weltkriegen und im Zweiten Weltkrieg formuliert worden

Faschismustheorien
Die **marxistische Faschismustheorie** ist bereits kurz nach Mussolinis Machtergreifung in Italien formuliert und später in verschiedenen Variationen weiterentwickelt worden. Danach sind die faschistischen Bewegungen nur Sekundärerscheinungen des eigentlich bestimmenden ökonomischen Faktors, sie sind „Lakaien" oder „Agenten" des „Monopolkapitals" (**„Agententheorie"**) oder, wie es das Exekutivkomitee der Komintern 1933 verkündete: „Der Faschismus ist die offene terroristische Diktatur der am meisten reaktionären, chauvinistischen und imperialistischen Elemente des Finanzkapitals."
Diese Theorie, die in ihren Grundzügen bis heute von den Kommunisten weiter vertreten wird, erlaubt es, den Faschismusbegriff nicht nur auf Diktaturen, sondern überhaupt auf alle mißliebigen, weil nicht-kommunistischen Regime anzuwenden.
Dies führte zur verhängnisvollen Unterschätzung des Nationalsozialismus durch Stalin und die deutschen Kommunisten, die statt dessen in der Sozialdemokratie als einer besonders gefährlichen Variante der

faschistischen Entwicklung ihren Hauptgegner sahen (**„Sozialfaschismus-Theorie"**), eine politische Linie, die erst 1934/35 mit dem Übergang zur Volksfronttaktik aufgegeben wurde.

Die kommunistische Faschismustheorie erklärt nicht, weshalb der Faschismus in den am höchsten entwickelten kapitalistischen Gesellschaften (USA, Großbritannien und Frankreich) erfolglos blieb und ebensowenig, weshalb faschistische Bewegungen in wirtschaftlich und sozial höchst unterschiedlich strukturierten Ländern, darunter auch zurückgebliebenen Agrargesellschaften (Ungarn, Portugal u. a.), Erfolg hatten.

Eine andere **Faschismustheorie,** die er selbst als phänomenologisch bezeichnet, hat Ernst Nolte entwickelt. Er interpretiert die faschistischen Bewegungen aus ihrem eigenen Selbstverständnis. Sie seien charakterisiert durch extreme Rückbezogenheit auf sich selbst, die sich als extremer Nationalismus mit einer Orientierung an vorbürgerlichen und vorindustriellen Gesellschaften äußere und insofern im Gegensatz zum Kapitalismus und zum Kommunismus prinzipiell antimodernistisch sei.

Eine dritte, die **strukturell-funktionale Faschismustheorie** versteht den Faschismus als eine Stufe in der Entwicklung von Industriegesellschaften und erklärt seine Stoßkraft als Widerstand „residualer Eliten", also vorindustriell bestimmter herrschender Gruppen, gegen die egalitären Tendenzen der Industriegesellschaft.

Auch gegen diese Theorien wird der Einwand erhoben, daß die als allgemeingültig behaupteten Merkmale nur für jeweils eine Spielart des Faschismus gelten, auf die anderen aber kaum oder gar nicht zutreffen. So war von allen Staaten mit faschistischen Bewegungen nur Deutschland eine entwickelte Industriegesellschaft, antiegalitär waren die meisten Faschismen, nicht aber der Nationalsozialismus, und antimodernistisch war wohl der Nationalsozialismus, jedoch nicht der italienische Faschismus.

Karl Dietrich Bracher warnt vor einer undifferenzierten Verwendung des Begriffs Faschismus:

„Der inflationäre Gebrauch des Faschismusbegriffs, gängig nicht nur in kommunistischer Propaganda, sondern auch wieder verstärkt in liberaler Publizistik und Wissenschaft, bedeutet im Grunde die Bagatellisierung einer wirklich totalitären Diktatur wie der nationalsozialistischen, weil damit alles in einen Topf geworfen wird: ob es sich um Militärregime oder Entwicklungsdiktaturen oder lateinamerikanische Oligarchien handelt oder ob gar westliche Demokratien an den Krisenpunkten als faschistisch bezeichnet werden. Das läuft entweder auf eine Dämonisierung aller Diktaturtendenzen oder aber auf eine Bagatellisierung derjenigen Regime hinaus, die wie das nationalsozialistische Gewalt- und Vernichtungssystem auch vom italieni-

schen Faschismus weit und prinzipiell unterschieden sind." (Karl Dietrich Bracher, Zeitgeschichtliche Kontroversen. Piper, München 1979, S. 31 f.)

Die Totalitarismustheorie

Sie stellt die Gegenposition zur Faschismustheorie dar. Sie hebt auf die Gemeinsamkeiten von Sowjetkommunismus, Nationalsozialismus und anderen diktatorischen Regimen ab und kritisiert sie aus der Sicht einer westlich demokratischen Werteordnung.

Ansätze auch dieser Theorie sind schon in den zwanziger Jahren nachweisbar, als italienische Liberale auf die gemeinsamen Prinzipien von Bolschewismus und Faschismus hinwiesen und ihnen die „Verleugnung derselben Grundsätze von Freiheit und Ordnung" vorwarfen.

Systematisiert und zu einer Theorie ausgebaut wurden diese Ansätze von Hannah Arendt und Carl J. Friedrich in Zusammenarbeit mit Zbigniew Brzezinski. Nach Friedrich sind die charakteristischen Merkmale eines totalitären Regimes: eine Ideologie, eine Partei, eine terroristische Geheimpolizei, ein Nachrichtenmonopol, ein Waffenmonopol und eine zentral gelenkte Wirtschaft. Angesichts der Übereinstimmung von faschistischen und kommunistischen Systemen stellt Friedrich fest, daß sie sich untereinander mehr ähnelten als andere Systeme staatlicher Ordnung, einschließlich älterer Formen der Autokratie.

Die Totalitarismustheorie ist umstritten. Sie wird selbstverständlich von Kommunisten scharf abgelehnt, aber auch in der westlichen politischen Wissenschaft kritisiert. Die Kritik hebt in erster Linie die Unvergleichbarkeit der von Nationalsozialismus und Kommunismus angestrebten Ziele hervor. Verwiesen wird auch auf die grundlegenden Differenzen in den Prinzipien der Wirtschaftsordnung, insbesondere hinsichtlich des Eigentums und der Wirtschaft. Unter den Anhängern der Totalitarismustheorie wird allerdings das Merkmal der „zentral gelenkten Wirtschaft" nicht einhellig als konstitutiv angesehen.

So argumentiert Reinhard Kühnl:

„Es stellt sich die Frage, wie die identifizierende Totalitarismustheorie überhaupt zu ihren Thesen gelangen konnte. Methodisch gesehen, beruht ihr Trick darauf, die Form für das Wesen der Sache auszugeben und den Inhalt zu verschweigen: Man weist auf Gemeinsamkeiten im Agitationsstil hin (Massenpropaganda, Massenaufmärsche) und verschweigt, daß dieser nur Mittel zu einem politischen Zweck und also nur von ihm her richtig einzuschätzen ist. Die politischen Ziele und Zwecke aber sind – wie gezeigt wurde – völlig entgegengesetzt. Man hebt formale Gemeinsamkeiten in den Herrschaftsmethoden hervor (z. B. Einparteiensystem, staatliches Propagandamonopol, Anwendung von Terror) und unterschlägt auch hier den politischen Zweck, in dessen Dienst solche Herrschaftsmethoden stehen.

Man definiert die Wirtschaftssysteme nach ihrem formalen Organisationsprinzip und nennt beide Systeme „Zentralverwaltungswirtschaft", wobei die Eigentumsverfassung und also die sozialen Interessen, denen das System dient, unbeachtet bleiben.
Während das kommunistische System die private Verfügungsgewalt der Kapitalbesitzer über ihre Fabriken und die dort arbeitenden Menschen aufhob und damit die Gesellschaft grundlegend veränderte, wurde diese Verfügungsgewalt vom faschistischen System noch verstärkt und die bestehende Gesellschaftsordnung damit noch verfestigt." (Greiffenhagen/Kühnl/Müller, Totalitarismus, a. a. O., S. 17 f.)

Auch Martin Greiffenhagen betont die unterschiedlichen Ziele:

„Legt man jedoch die Friedrichschen Kriterien der Ideologie, der Einpartei, der terroristischen Geheimpolizei, des Nachrichtenmonopols, des Waffenmonopols und der zentralgelenkten Wirtschaft im einzelnen an und fragt sich, ob wirklich beide Regime diese Kriterien in derselben Weise erfüllen, so findet der genaue Beobachter selbst in bezug auf die Herrschaftsmethoden wichtige Unterschiede. Ein Beispiel mag die Einsetzung des Terrors abgeben. Diente der kommunistische Terror den Zielen einer gewaltsamen Umerziehung des ganzen Volkes, so richtete sich der nationalsozialistische Terror vornehmlich gegen die Juden, entbehrte also der Intention, die Verhaltensweise von Menschen zu ändern." (Totalitarismus, S. 53)

Karl Dietrich Bracher bestreitet dagegen, daß die Struktur einer Herrschaft nur ein formales Kriterium sei, und betont nachdrücklich, daß der Totalitarismusbegriff ein brauchbares Mittel der politischen Analyse sowohl historischer als auch aktueller Phänomene ist:

„Gegen diese Feststellung mag der Einwand lauten, totalitäre Ordnungsprinzipien in Gestalt einer Führerdiktatur oder einer Diktatur des Proletariats seien gerechtfertigt durch die ideologische Zielsetzung, die auf eine höhere, endgültige Form der ‚Freiheit' für alle hinzielt (oder vertröstet). Eine solche Rechtfertigung der Mittel der Diktatur mit ihren großen Zielen gehört zum klassischen Repertoire der totalitären Apologetik; sie macht aber für den konkret betroffenen einzelnen die Unterdrückung nicht weniger drückend, nur weil sie jetzt im größten und radikalsten Stile einer massendemokratisch verbrämten Volksdiktatur auftritt. Die aktuelle Konsequenz bleibt durch die Abschaffung der persönlichen Freiheiten und die Negation aller politisch-sozialen Aktivitäten außerhalb des Regimes, während das Unterdrückung rechtfertigende, meist utopische Endziel ebenso gewaltsam zum alleinigen Maßstab des Denkens, Handelns – und Leidens erhoben wird. Individuen wie Gruppen sollen in ein geschlossenes, alles verbindliches System integriert werden, das die zukünftige Ordnung von Staat und Gesellschaft verkörpert oder vorbereitet; und sie sollen in diesem Sinne zu ,neuen Menschen' gemacht werden, deren Zustimmung, Begeisterung, ja, revolutionäre Dynamik aus einem ideologischen Sendungsglauben begründet und angetrieben wird. Es ist ein manipulierter Pflichtglaube an die eigene größere und bessere Nation, Klasse, Rasse, deren Herrschaftsrecht mit allen Mitteln durchzusetzen ist, und zwar nach innen (Diktatur der Partei, des Führers) wie nach außen (Expansion, Weltherrschaft).

Zur Würdigung der gesamten Kontroversen erscheinen Berechtigung, Zweckmäßigkeit und Nützlichkeit des Totalitarimuskonzepts durchaus unabhängig von seinem Gebrauch (und gelegentlich tagespolitischem Mißbrauch) in der Ära des „kalten Krieges" auch heute gegeben. So erheblich die Unterschiede zwischen Faschismus, Kommunismus und anderen Diktaturregimen auf dem Felde der ideologischen Ziele und der Sozialpolitik erscheinen mögen, so viel geringer sind die realen Divergenzen zwischen linken und rechten Systemen im Blick auf ihr tatsächliches Funktionieren und ihre totalitären Aspekte; hier erscheint vielmehr die Ähnlichkeit fundamentaler Methoden und Prozesse der Herrschaft nach wie vor frappierend, auch wenn wir heute über differenzierteres analytisches Detailwissen verfügen als die älteren Pioniere der Totalitarismustheorieforschung." (Zeitgeschichtliche Kontroversen, S. 38, 58 f.)

Das entscheidende Kriterium für die Beurteilung eines Staates ist für Bracher das Maß der politischen Freiheit, die in ihm verwirklicht ist:

„Faschistisch oder nicht, alle Diktaturbewegungen, ob rechts oder links, leben vor allem aus der Kampfansage an liberale Demokratie, an Toleranz und Kompromiß. Seit Lenins und Mussolinis Machtergreifungen sind es diese modernen Versionen von Diktatur, die mit Verführung und Terror, Unterdrückung und Manipulation der Bevölkerung einen Großteil der Erde beherrschen oder bedrohen. Eine bloß ideologische oder sozioökonomische Klassifizierung, die dem modischen Schema faschistisch-sozialistisch folgt, verkennt das entscheidende Kriterium zur Beurteilung der modernen Staaten: Das Kriterium der politischen Freiheit. Vor ihm sind alle Systeme, die auf Unterdrückung beruhen, durchaus vergleichbar – seien es rechte oder linke Diktaturen. Faschismus- oder Sozialismustheorien, die das verschleiern, sind selbst ideologisch und jedenfalls ungeeignet, den wahren Charakter jener Systeme aufzudecken." (Der Faschismus, Meyers Enzyklopädisches Lexikon, 8. Band. Bibliographisches Institut, Mannheim 1973)

42.1. Der Kriegsverlauf

42.1.1. Wissensziele

Der Zweite Weltkrieg begann mit dem Überfall Deutschlands auf Polen. In einer Reihe von „Blitzkriegen" eroberten die deutschen Armeen den größten Teil Europas. Mit dem Überfall auf die Sowjetunion 1941 begann der Zweifrontenkrieg. Nach anfänglichen deutschen Siegen kam es bei Stalingrad zur Wende. Im Osten, im Westen und Süden wurden die deutschen Truppen zurückgedrängt. Hierzu trug vor allem die amerikanische Luftüberlegenheit bei. Amerikanische und britische Bomber richteten in Deutschland schwerste Zerstörungen an.

42.1.2. UE-Ziele

(1) Die verschiedenen Phasen des Zweiten Weltkriegs in Europa
(2) Die Gründe der militärischen Erfolge Deutschlands in den Jahren 1939–1941
(3) Die Ursachen für die Wende im Kriegsverlauf

42.1.3. Einstieg

● Film 32 0588 „Hitlers Überfall auf Europa"
● Film 32 0589 „Dem Ende entgegen"

42.1.4. Schwerpunkt

Wenn der Zweite Weltkrieg im Unterricht erarbeitet wird, dann wollen die Schüler vorwiegend die militärstrategische Entwicklung und abenteuerliche Erlebnisse der Soldaten besprechen. Dieses Interesse ist altersgemäß und läßt sich auf Hefte, Filme und Illustrierte zurückführen, in denen ein auf Aktion und Emotion reduziertes Kriegsgeschehen vermittelt wird. In den vorangegangenen Unterrichtseinheiten sind die Interdependenzen zwischen der nationalsozialistischen Ideologie, den innenpolitischen Maßnahmen und den außenpolitischen Vorgängen entwickelt worden. Es wurde erarbeitet, welche Beziehungen zwischen der Propaganda, der Erziehung, der Rassenideologie und dem innen- und außenpolitischen Handeln bestanden haben.
Die Behandlung von Ursachen und Verlauf des Zweiten Weltkrieges ist nur dann didaktisch sinnvoll zu planen, wenn der Kriegsverlauf vor dem Hintergrund des nationalsozialistischen Systems, seiner Willkürherrschaft, seiner Ideologie und anderer Faktoren gesehen wird.

Der Film 32 0588 (vgl. 42.1.3.) informiert die Schüler über den Verlauf der ersten Kriegsjahre. Er setzt mit dem Angriff Deutschlands auf Polen ein und endet mit dem Winterfeldzug in Rußland 1941/42. Die Fortsetzung bis 1945 bringt der Film 32 0589 (vgl. 42.1.3.).
Über die Information hinaus bieten diese Filme die Möglichkeit, sich mit der Propagandawirkung der Wochenschauaufnahmen auseinanderzusetzen. Obwohl die Aufnahmen neu zusammengeschnitten wurden und der Originalton ersetzt worden ist, können die Schüler ansatzweise einschätzen, welche Wirkung diese Sicht des Geschehens auf die Menschen damals erzielen sollte.
Die Vielfalt der optischen und akustischen Informationen könnte die Schüler überfordern. Deswegen ist es wichtig, daß der Lehrer vorab Strukturierungshilfen anbietet. Sie könnten darin bestehen, daß vor der Filmdarbietung mit einer Kartenreihe der Kriegsverlauf (Gfm) in Verbindung mit einer Datenliste (dtv II 197 ff.) vorgestellt und beschrieben wird.
Die Filmanalyse kann unter Zugrundelegung folgender Leitfragen erfolgen:

Arbeitsaufgaben	denkbare Formulierungen
1. Stellt zusammen, welche Schritte Hitler vor Kriegsausbruch zur Vergrößerung Deutschlands unternommen hatte.	– Einmarsch in Österreich (April 1938) – Besetzung des Sudetenlandes (September 1938) – Auflösung der Tschechoslowakei, Errichtung des Protektorats Böhmen-Mähren (März 1939)
2. Worauf beruhten die deutschen militärischen Erfolge in den ersten Kriegsjahren?	– Vereinigung des Memellandes mit dem Deutschen Reich (März 1939) – Erfolgreiche „Blitzkriege": militärische Operationen, die überfallartig an einer Front geführt wurden und auf festumrissene Ziele ausgerichtet waren; Zusammenwirken von Panzer- und Luftstreitkräften; schneller Bewegungskrieg: Schnelle Verbände schlagen keilförmige Breschen und schneiden den Gegner von seinen rückwärtigen Verbindungen ab, so daß er eingekesselt wird.

Arbeitsaufgaben	denkbare Formulierungen
3. Welche Vorteile in militärischer, politischer, wirtschaftlicher und psychologischer Hinsicht brachte das Konzept des „Blitzkrieges" mit sich?	**militärisch:** kurze Feldzüge, schnelle Entscheidungen, geringe eigene Verluste. **wirtschaftlich:** nur kurzfristige Belastung der Wirtschaft; die deutsche Rüstungsindustrie war zunächst nur für kurze Eroberungsfeldzüge vorbereitet; neue Eroberungen brachten neue Kapazitäten. **politisch:** Eine feindliche Macht nach der anderen wurde total besiegt und aus der gegnerischen Kriegskoalition herausgebrochen; diplomatische Friedensangebote schoben die Verantwortung für die Fortsetzung des Krieges dem Gegner zu. **psychologisch:** keine Belastung der Bevölkerung; Begeisterung der Bevölkerung, Kritik am System verstummt, Zweifel am glücklichen Ausgang des Krieges treten zurück, weite Teile der Bevölkerung identifizieren sich zunehmend mit dem Krieg und zugleich mit dem Regime.
4. Welche Probleme zeichneten sich für Deutschland etwa seit Beginn des Jahres 1942 ab?	– Die „Festung Europa" mußte an mehreren Fronten über Tausende von Kilometern verteidigt werden. – Erste Rückschläge in der Sowjetunion und Nordafrika.

Arbeitsaufgaben	denkbare Formulierungen
	– Das Rüstungspotential der USA übertraf das der „Achsenmächte" um ein Vielfaches.
5. Erklärt Ursache und Wirkung der Niederlage bei Stalingrad, der Wende des Krieges.	Ursache: Die im November 1942 begonnene russische Gegenoffensive, das Verbot Hitlers an die 6. Armee, sich aus Stalingrad zurückzuziehen, die unzureichende Kapazität der deutschen Luftwaffe. Wirkung: Verlust einer großen Armee, das Ende des Glaubens an die Unbesiegbarkeit der deutschen Wehrmacht und an die Unfehlbarkeit Hitlers
6. Welche Aussichten hatte Deutschland nach der Wende des Krieges?	– Deutschland konnte nach den militärischen Niederlagen in Stalingrad und Nordafrika den Krieg angesichts der überwältigenden Reserven der Alliierten nicht mehr gewinnen. – Obwohl im Rahmen des „totalen Krieges" die Kräfte des Deutschen Reiches bis aufs äußerste ausgeschöpft wurden, war ein Sieg unmöglich geworden; der Krieg wurde sinnlos verlängert. – Die NS-Führung zog keine Konsequenzen aus der aussichtslosen Lage. Sie wollte den Krieg bis zur totalen Selbstzerstörung fortsetzen.

T Die Phasen des Zweiten Weltkrieges

Phase	Zeitraum	militärische Entwicklung	wirtschaftliche Entwicklung	Entwicklung im Inneren
Blitzkrieg	1939–1941	Eroberung fast ganz Europas in rasch geführten Kriegszügen.	Die Wirtschaft kann die erforderlichen Rüstungsgüter bereitstellen. Durch Eroberungen Vergrößerung des Wirtschaftspotentials.	Zivilbevölkerung merkt wenig vom Krieg, militärische Erfolge lassen anfängliche Kritik verstummen.
Ideologischer Vernichtungskrieg, Ausbeutungskrieg	seit 1941: Überfall auf die Sowjetunion	Nach anfänglichen Erfolgen Scheitern des „Blitzkrieg"-Konzepts; Eingreifen der USA bringt unüberwindliche Belastungen: Mehrfrontenkrieg.	Radikale wirtschaftliche Ausbeutung der besetzten Gebiete; Produktion dennoch unzureichend.	Belastung der Zivilbevölkerung (Luftangriffe), Friedenssehnsucht wächst.
totaler Krieg	seit 1942/43	Niederlagen in Nordafrika und Stalingrad leiten die militärische Wende ein.	Anti-Hitler-Koalition verfügt über gewaltige materielle und personelle Reserven; trotz enormer Steigerung seiner Rüstungsproduktion ist Deutschlands Lage aussichtslos.	Restlose Ausschöpfung des Menschen- und Wirtschaftspotentials und Bombenangriffe bringen immer härtere Belastungen; wachsender Widerstand.

42.2. Der totale Krieg

42.2.1. Wissensziele

1943 war Deutschland gezwungen, die letzten Reserven zu mobilisieren. Goebbels rief den „totalen Krieg" aus. Jedermann mußte seinen Beitrag leisten, um die drohende Niederlage abzuwenden.

42.2.2. UE-Ziele

(1) Mittel und Wirkungen der Massenpropaganda am Beispiel der Rede Goebbels' vom 18. 2. 1943
(2) Die Rede auf dem Hintergrund der Maßnahmen des totalen Krieges.

42.2.3. Einstieg

● FT 564, Goebbels spricht.
Die Verkündung des totalen Krieges
[durch Joseph Goebbels im Berliner Sportpalast am 18. Februar 1943]
. . . Es geht hier nicht um die Methode, mit der man den Bolschewismus zu Boden schlägt, sondern um das Ziel, nämlich um die Beseitigung der Gefahr. Die Frage ist also nicht die, ob die Methoden, die wir anwenden, gut oder schlecht sind, sondern ob sie zum Erfolg führen. Jedenfalls sind wir als nationalsozialistische Volksführung jetzt zu allem entschlossen. Wir packen zu, ohne Rücksicht auf die Einsprüche des einen oder des anderen . . .
Ihr also, meine Zuhörer, repräsentiert in diesem Augenblick die Nation. Und an euch möchte ich zehn Fragen richten, die ihr mir mit dem deutschen Volke vor der ganzen Welt, insbesondere vor unseren Feinden, die uns auch an ihrem Rundfunk hören, beantworten sollt:
Die Engländer behaupten, das deutsche Volk habe den Glauben an den Sieg verloren.
Ich frage euch: Glaubt ihr mit dem Führer und mit uns an den endgültigen totalen Sieg des deutschen Volkes?
Ich frage euch: Seid ihr entschlossen, dem Führer in der Erkämpfung des Sieges durch dick und dünn und unter Aufnahme auch der schwersten persönlichen Belastungen zu folgen?
Zweitens: Die Engländer behaupten, das deutsche Volk ist des Kampfes müde.
Ich frage euch: Seid ihr bereit, mit dem Führer als Phalanx der Heimat hinter der kämpfenden Wehrmacht stehend diesen Kampf mit wilder Entschlossenheit und unbeirrbar durch alle Schicksalsfügungen fortzusetzen, bis der Sieg in unseren Händen ist?
Drittens: Die Engländer behaupten, das deutsche Volk hat keine Lust mehr, sich der überhandnehmenden Kriegsarbeit, die die Regierung von ihm fordert, zu unterziehen.

Ich frage euch: Seid ihr und ist das deutsche Volk entschlossen, wenn der Führer es befiehlt, zehn, zwölf und, wenn nötig, vierzehn und sechzehn Stunden täglich zu arbeiten und das Letzte herzugeben für den Sieg?
Viertens: Die Engländer behaupten, das deutsche Volk wehrt sich gegen die totalen Kriegsmaßnahmen der Regierung. Es will nicht den totalen Krieg, sondern die Kapitulation. (Zuruf: Niemals! Niemals! Niemals!)
Ich frage euch: Wollt ihr den totalen Krieg? Wollt ihr ihn, wenn nötig, totaler und radikaler, als wir ihn uns heute überhaupt noch vorstellen können?
Fünftens: Die Engländer behaupten, das deutsche Volk hat sein Vertrauen zum Führer verloren.
Ich frage euch: Ist euer Vertrauen zum Führer heute größer, gläubiger und unerschütterlicher denn je? (Die Menge erhebt sich wie ein Mann. Sprechchöre: „Führer, befiehl, wir folgen!") Ist eure Bereitschaft, ihm auf allen seinen Wegen zu folgen und alles zu tun, was nötig ist, um den Krieg zum siegreichen Ende zu führen, eine absolute und uneingeschränkte?
Ich frage euch als sechstes: Seid ihr bereit, von nun ab eure ganze Kraft einzusetzen und der Ostfront die Menschen und Waffen zur Verfügung zu stellen, die sie braucht, um dem Bolschewismus den tödlichen Schlag zu versetzen?
Ich frage euch siebentens: Gelobt ihr mit heiligem Eid der Front, daß die Heimat mit starker Moral hinter ihr steht und ihr alles geben wird, was sie nötig hat, um den Sieg zu erkämpfen?
Ich frage euch achtens: Wollt ihr, insbesondere ihr Frauen selbst, daß die Regierung dafür sorgt, daß auch die deutsche Frau ihre ganze Kraft der Kriegführung zur Verfügung stellt und überall da, wo es nur möglich ist, einspringt, um Männer für die Front frei zu machen und damit ihren Männern an der Front zu helfen?
Ich frage euch neuntens: Billigt ihr, wenn nötig, die radikalsten Maßnahmen gegen einen kleinen Kreis von Drückebergern und Schiebern, die mitten im Kriege Frieden spielen und die Not des Volkes zu eigensüchtigen Zwecken ausnutzen wollen? Seid ihr damit einverstanden, daß, wer sich am Krieg vergeht, den Kopf verliert?
Ich frage euch zehntens und zuletzt: Wollt ihr, daß, wie das nationalsozialistische Parteiprogramm es gebietet, gerade im Kriege gleiche Rechte und gleiche Pflichten vorherrschen, daß die Heimat die schweren Belastungen des Krieges solidarisch auf ihre Schultern nimmt und daß sie für hoch und niedrig und arm und reich in gleicher Menge verteilt werden?
Ich habe euch gefragt; ihr habt mir eure Antwort gegeben. Ihr seid ein Stück Volk, durch euren Mund hat sich damit die Stellungnahme des deutschen Volkes manifestiert . . .

▶ **Quelle:** Hofer, Nationalsozialismus, Nr. 146.

42.2.4. Schwerpunkt

Die Rede von Goebbels vom 18. 2. 1943 im Berliner Sportpalast, mit der er den „totalen Krieg" verkündete, sollte zunächst im Film gezeigt werden, so wie sie die Wochenschaubesucher sahen und hörten.
► Film: FT 564, Goebbels spricht.

Arbeitsaufgaben	denkbare Formulierungen
1. Wie ist die Wirkung dieses Wochenschauberichts einzuschätzen? Untersucht zunächst die filmischen Mittel wie Einstellung und Schnitt.	– Schnelle Schnittfolge (Hitlergruß–Beifallklatschen) in Verbindung mit dem eingeschnittenen Spruchband „Totaler Krieg – kürzester Krieg" ruft den Eindruck hervor, daß alle Teilnehmer der Veranstaltung eine begeisterte Gemeinschaft sind, die wie „ein Mann" hinter dem „Führer" steht („Führer befiehl – wir folgen"). – In Nahaufnahmen werden die Teilnehmer exemplarisch vorgestellt, so daß der Eindruck entsteht, der Zuschauer habe einen repräsentativen Querschnitt der Bevölkerung vor sich. Die Reaktionen dieser Personen (Aufspringen, HeilRufe usw.) rufen den Betrachter in der damaligen Zeit zur Identifikation auf.

Arbeitsaufgaben	denkbare Formulierungen
	– Die Teilnehmer der Kundgebung werden in Weitaufnahmen aus verschiedenen Blickwinkeln gezeigt, um den Eindruck der Geschlossenheit zu vertiefen.
2. Beurteilt die Wirkungen, die vom Redner Goebbels ausgehen, sowie seine Wirkungen auf das Publikum bzw. die Kinobesucher.	Der Redner Goebbels wird immer in enger Verbindung mit dem Publikum stehend gezeigt. Mimik und Gestik verraten Beherrschtheit und Engagement. Das Publikum wird geduzt („Wollt ihr . . ."), es identifiziert sich mit dem Redner.
3. Wie mag die Rede Goebbels' auf die unmittelbaren Teilnehmer, auf die Zuhörer am Radio und auf die späteren Kinobesucher gewirkt haben?	– Das Publikum im Sportpalast hat die Rede unmittelbar empfunden und ist gefangen von der Atmosphäre. Es empfindet die Suggestivkraft der Rede, die durch Äußerlichkeiten noch gesteigert wird, hautnah und läßt sich mitreißen. – Die Hörer am Radio haben mehr Distanz. Gleichwohl wirkt auf sie der akustische Hintergrund (Beifallsstürme, Sprechchöre). – Die Kinobesucher nehmen die Rede optisch und akustisch auf, allerdings erst zu einem späteren Zeitpunkt (27. 2. bis 5. 3. 1943).

Bevor eine Textanalyse vorgenommen wird, sollte versucht werden, die bislang erarbeiteten Ergebnisse zusammenzufassen.

T Goebbels verkündet den totalen Krieg

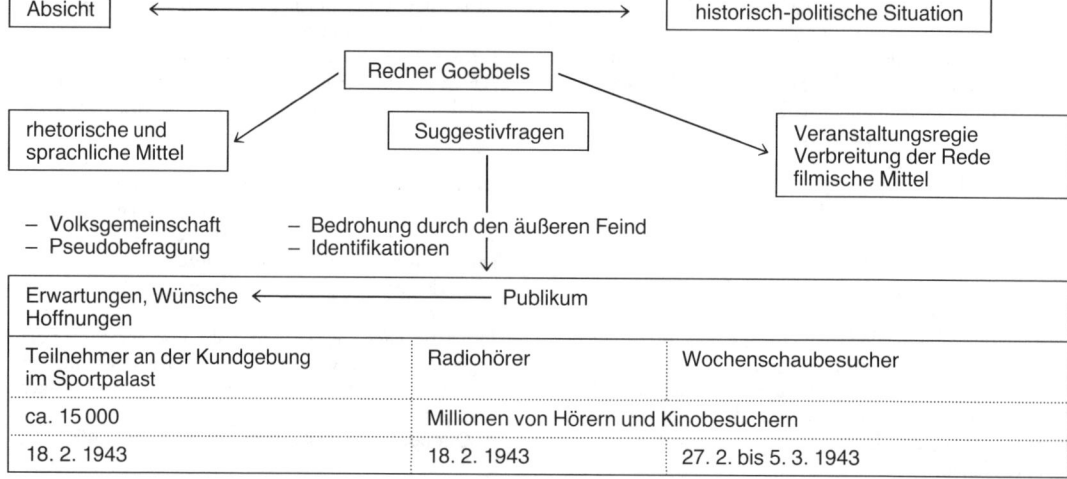

Teilnehmer an der Kundgebung im Sportpalast	Radiohörer	Wochenschaubesucher
ca. 15 000	Millionen von Hörern und Kinobesuchern	
18. 2. 1943	18. 2. 1943	27. 2. bis 5. 3. 1943

In diesem Schema sind die mit der Rede verfolgten Absichten und die historisch-politische Situation ausgespart worden.

Die Absichten der Rede können sich den Schülern enthüllen, wenn sie eine Analyse des Redetextes und der rhetorischen Mittel vornehmen und wenn zudem die Situation zu Beginn des Jahres 1943 dargelegt wird. Es bietet sich an, zunächst den im Film verwendeten Text zu analysieren.

▶ **Quelle:** Beiheft zum Film FT 564, S. 21 f.

Arbeitsaufgaben	denkbare Formulierungen
1. Welche Personengruppen spricht Goebbels in dieser in der Wochenschau gezeigten Passage an?	– die Engländer – das deutsche Publikum
2. Wie werden die Personengruppen vorgestellt?	– Die Engländer werden als die Feinde bezeichnet, die eine falsche Behauptung, eine Lüge verbreiten. – Goebbels grenzt dagegen den scheinbaren wahren Willen des Volkes ab, indem er sich durch Suggestivfragen die begeisterte Zustimmung des Publikums holt.
3. Goebbels verwendet, um diese Zustimmung zu bekommen, rhetorische Mittel. Versucht, sie herauszufinden und ihre Wirkung zu charakterisieren.	– Nachdem er mit Zustimmung des Publikums die angebliche Behauptung des Gegners widerlegt hat, arbeitet er die Einigkeit, die verschworene Gemeinschaft zwischen Volk und Führer heraus. – Er verwendet Schlagwörter („durch dick und dünn folgen"), formelhafte Metapher („als Phalanx der Heimat"), Superlative („schwerste persönliche Belastungen"), pathetische Redewendungen („mit wilder Entschlossenheit"). – Fragen bzw. Versprechensformen sind parallel aufgebaut: („Ich frage euch", „seid ihr bereit", „wollt ihr"). – Wirkung: einhämmernd.
4. Was bezweckt Goebbels mit der genauen Beschreibung und Charakterisierung der Zuhörerschaft im Sportpalast?	Goebbels will demonstrieren, daß ein repräsentativer Querschnitt des deutschen Volkes die Rede anhört.

Arbeitsaufgaben	denkbare Formulierungen
5. Wie beschreibt Goebbels die Lage zu Anfang des Jahres 1943 und welche Maßnahmen kündigt er an?	– Er beschwört die „bolschewistische Gefahr". – Er stellt die Lage Deutschlands als sehr ernst dar. – Der „totale Krieg ist das Gebot der Stunde": Ausschöpfung des gesamten Kriegspotentials – in allen Betrieben höherer Arbeitseinsatz – hartes Vorgehen gegen Drückeberger – alle wehrtüchtigen Männer an die Front – Verzicht und Einschränkung in der Lebensführung

Damit können die Schüler das Tafelbild hinsichtlich der Redeabsicht ergänzen. In bezug auf die historisch-politische Situation am 18. 2. 1943 greifen wir auf den Text zurück.

▶ **Quelle:** Informationen 123/126/127, S. 48 ff. und Gfm

Wie wirkte sich die „totale Kriegsführung" auf die Menschen in der Heimat und an der Front aus? Mit dieser Fragestellung sollte der Unterricht weitergeführt werden.

Um ein möglichst breites Spektrum des täglichen Lebens zu vermitteln, sollte der Lehrer mehrere Quellen zur Bearbeitung vorlegen. Bei deren Bearbeitung empfiehlt sich Gruppenarbeit.

Gruppe 1: Kriegsgefangenschaft

▶ **Quelle:** Albert Bosper, Der Hiwi Borchowitsch (Gfm)

Arbeitsaufgaben	denkbare Formulierungen
1. Vergleicht diese Aussagen eines Kriegsgefangenen über seine Kriegsgefangenschaft mit den Bildern in Gfm.	Die Erziehung in der HJ und anderen NS-Organisationen stellt den Jugendlichen den Krieg als persönliche Bewährungsprobe dar, als Gemeinschaftshandlung, als Möglichkeit, seine eigene Leistungsfähigkeit und seine Überlegenheit gegenüber anderen Völkern zu demonstrieren.

– Die Propaganda zeigt auf Bildern, Fotos, Alben, Spielfilmen, Postkarten strahlende Helden und Sieger; Soldatentum und Krieg werden verherrlicht.
– Auf der anderen Seite steht die Wirklichkeit des Krieges: Tod oder Gefangenschaft. In der Gefan-

213

genschaft vegetiert der Mensch dahin; er lebt am Rand der physischen Existenz (Hunger, Krankheiten) und der psychischen Existenz (Alleinsein, Gefühl des Abgeschriebenseins, Diskriminierung, Hoffnungslosigkeit).

Gruppe 2: Luftangriffe
▶ **Material:** Bericht über einen Luftangriff auf Berlin (Gfm)

Arbeitsaufgaben	denkbare Formulierungen
1. Wie wirken sich die Fliegerangriffe aus?	Zerstörung von Wohnungen, Häusern, Verkehrswegen und Fabriken; schwere Verluste der Zivilbevölkerung.
2. Was war der Zweck der Luftangriffe gegen die Zivilbevölkerung?	– Die Moral und das Durchhaltevermögen der Zivilbevölkerung sollten untergraben werden. – Sie sollte dazu gebracht werden, sich gegen die eigene Führung zu wenden.
3. Wurde das Ziel, Bevölkerung und Führung zu trennen, erreicht?	Der Zorn der Bevölkerung in den zerstörten Städten richtete sich zuerst gegen die Verursacher; der Propaganda fiel es nicht schwer, die letzten Reserven gegen einen Feind, der sich brutal und unbarmherzig zeigte, zu mobilisieren.

Gruppe 3: „totale Kriegswirtschaft"
▶ **Material:** Informationen 123/126/127, S. 51 ff.

Arbeitsaufgaben	denkbare Formulierungen
1. Welche Maßnahmen veranlaßte der neue Rüstungsminister Speer 1943–1945?	– drastische Erhöhung der Produktion von Panzern, Flugzeugen, Munition – Entwicklung neuer wirksamer Waffen – Frauen, Zwangsarbeiter und Kriegsgefangene werden in den Fabriken eingesetzt.
2. Warum kommt es trotzdem zum Zusammenbruch der deutschen Kriegswirtschaft?	– alliierter Bombenkrieg (Zerstörung des Verkehrsnetzes, Ausschaltung der Treibstoffproduktion) – Verlust wichtiger Produktionsstätten und Rohstoffgebiete – zunehmender Mangel an Fachkräften

Gruppe 4: Kriegsjugend im Wehrertüchtigungslager

Schießen, tarnen, exerzieren
Die Kriegsjugend im Wehrertüchtigungslager
Mit fortschreitender Dauer des Krieges wurden immer jüngere Jahrgänge zum Wehrdienst eingezogen. Die HJ richtete Wehrertüchtigungslager (WE) ein, die Vorstufe zum Fronteinsatz.

„Bublitz, den 20. Juli 1943
. . . Die Einberufung kam ganz plötzlich. Ich hatte mich sooo auf die Sommerferien gefreut, da kam der Bescheid, daß ich mich zur vormilitärischen Ausbildung am 18. Juli in Bublitz einzufinden hätte . . .
Gestern hatte ich gleich Torwache. Das Lager ist von einem hohen Stacheldrahtzaun umgeben. Davor steht ein richtiges Schilderhäuschen. Einer, der Wache steht darin, der andere muß patrouillieren. Mein Wachkumpan kam gleich in den Karzer. Er hatte in dem Häuschen unter seinem Regenmantel ein Mädchen versteckt. Das ist streng verboten. Man will den Vorfall sogar an die Schule und seinen Eltern melden . . .
25. Juli 1943
Erste Woche im WE rum. Heute können wir ein bißchen verpusten nach dem anstrengenden Dienst. Wir trainieren für das HJ-Leistungsabzeichen in Silber und den Reichsschwimmschein. Dazu Gewehrunterricht, Exerzieren, Kartenlesen, Tarnen, Geländeübungen, Sport . . . es reißt nicht ab. Und dann schießen, schießen, schießen. Und das ist meine schwächste Seite. Beim Abkommen mache ich immer Fehler, besonders den Rückschlag fange ich nicht richtig auf. Liegend aufgelegt schaffe ich sogar mal eine 10, aber liegend freihändig heißt es immer wieder ‚Fahrkarte‘! Ich ärgere mich darüber, denn die anderen lachen mich aus . . .
1. August 1943
Heute haben wir sogar Ausgang, damit wir uns einmal das Städtchen ansehen können, das wir sonst nur vom Durchmarschieren und von den Geländeübungen und Nacht-Biwaks kennen.
Ich bin froh, mal wieder außerhalb des Zauns und allein zu sein. Der Dienst ist wirklich in Schleiferei ausgeartet, nachdem unser Zug am schlechtesten bei den Sportwettkämpfen und vor allem beim Schießen abgeschnitten hat. Auch haben sich bei uns die wenigsten zur SS gemeldet. Jeden Tag erscheinen die Unterscharführer in unseren Stuben und werben für die SS. Im anderen Zug haben sich fast alle auf zwölf Jahre bei der Waffen-SS verpflichtet. Sie können sich den Truppenteil aussuchen, haben sich fast alle zur Panzertruppe gemeldet. Die schieben jetzt vielleicht eine ruhige Kugel und haben leichten Dienst. Nur wir ROB [Reserve-Offiziers-Bewerber] werden weiter geschliffen. Das ist wirklich ungerecht. Wieso werden wir, die wir zur Wehrmacht gehen, schlechter behandelt als die Jungens, die zur SS gezogen werden? Wir kämpfen doch alle für Deutschland, für das gleiche Vaterland.

Etwas Wichtiges habe ich aber hier im WE gelernt. Erstens gehe ich jetzt gerade und nicht mehr so krumm als langer Lulatsch durch die Welt, und im Unterricht ‚Nahkampf ohne Waffen' habe ich viele Griffe beigebogen gekriegt, mit denen ich mich meiner Haut erwehren kann. Das kann man immer gebrauchen. Eine feine Sache ist das, durch Geschicklichkeit, Klugheit und Schnelligkeit einen stärkeren Gegner kaltzustellen oder ihm zumindest überlegen zu sein. Denn vor Schlägereien hatte ich sonst immer Angst, nun habe ich sie nicht mehr. Ich weiß ja, wie ich aus dem Schwitzkasten rauskomme und wie ich einen Würgegriff abwehre und den Angreifer aufs Kreuz legen kann. Wirklich eine tolle Sache! Das muß ich zu Hause weiterüben, damit man es nicht verlernt.

▶ **Quelle:** Focke/Reimer, Alltag unterm Hakenkreuz, a. a. O., S. 62 ff.

Arbeitsaufgaben	denkbare Formulierungen
1. In welcher Form wird die Jugend für den Krieg vorbereitet?	– Sie lernen schießen, kartenlesen, exerzieren. – Sie werden ideologisch geschult.
2. Wie beurteilt der Verfasser des Tagebuchs damals den „Dienst" im „Wehrertüchtigungslager"?	– Er beklagt sich über die Schleiferei. – Die Schikanen gegen die Jungen, die sich nicht zur (Waffen-)SS melden wollen, hält er für ungerecht. – Er freut sich anderseits, Fähigkeiten erlernt zu haben, mit denen er sich bei Raufereien behaupten kann.

T   Was bedeutet der „totale Krieg"

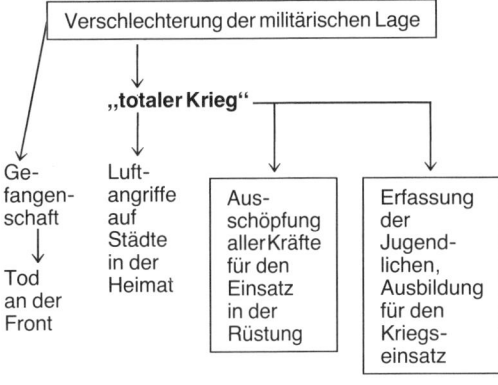

42.3. Widerstand und Kriegsende

42.3.1. Wissensziele

Manche Deutsche lehnten das nationalsozialistische Regime von Anfang an ab. Andere waren zunächst loyal oder sogar begeistert, begannen sich aber später vom Nationalsozialismus abzuwenden. Ein Teil der Gegner leistete schließlich Widerstand in vielfältiger Form. Den Männern des Widerstandes gelang es nicht, Hitler auszuschalten. Im Mai 1945 brach Deutschland zusammen.

42.3.2. UE-Ziele

(1) Ziele und Wege des Widerstandes

42.3.3. Einstieg

● Das letzte Flugblatt der „Weißen Rose" (Fischer TB und Gfm)

42.3.4. Schwerpunkte

42.3.4.1. Schwerpunkt: Der Widerstand auf der „unteren" Ebene

Arbeitsaufgaben	denkbare Formulierungen
1. Wie werteten die Verfasser des Flugblattes die Situation Deutschlands am 18. 2. 1943?	Sie bezeichneten mit bitteren sarkastischen Worten den Untergang von Stalingrad als Anlaß zum Nachdenken.
2. Was warfen die Verfasser dem nationalsozialistischen Regime insbesondere vor?	– Es habe der Jugend die Freiheit geraubt. – Die deutsche Jugend habe sich den „niederen Machtinstinkten einer Parteiclique" geopfert. – Die Jugend sei durch die NS-Organisationen hinters Licht geführt worden.
3. Welche Forderungen richteten die Verfasser an die Jugend?	– „Abrechnung" mit dem verbrecherischen System. – Die deutsche Jugend müsse „aufstehen, rächen und sühnen, ihre Peiniger zerschmettern".

Arbeitsaufgaben	denkbare Formulierungen
4. Welche politischen Ziele propagierten die Verfasser?	– Wiederherstellung von Freiheit und Ehre der deutschen Nation – Recht auf freie Meinungsäußerung – Schaffung eines erneuerten geistigen Deutschlands und Europas
5. Welche Form des Widerstands befürworten sie dazu?	Aufruf zu gewaltsamen Aktionen gegen das Regime

Das Thema „Widerstand gegen den Nationalsozialismus" kann unter verschiedenen Aspekten didaktisch aufbereitet werden. Angesichts der Auseinandersetzungen um Sinn und Stellenwert des 20. Juli 1944, angesichts der Schwierigkeiten, die sich bei der Definition des Begriffs „Widerstand" zeigen und angesichts der unterschiedlichen Bewertung des Widerstands (Patrioten oder Verräter?) sollen die Schüler zunächst eine möglichst breite Skala von Verhaltensweisen kennenlernen, in denen sich der Protest gegen das nationalsozialistische System manifestierte. Von der Beschreibung des Widerstandes im Alltagsleben her sollen die Schüler versuchen, die Formen, die Ziele, die Motive, die sozialen Gruppen und Organisationen des Widerstandes einzuordnen. Sie sollen weiter fragen, welche Wirkung der Widerstand erzielte, und sie sollen nach den Gründen des Scheiterns fragen.
Folgender Fragenkatalog kann als Leitlinie dienen:
a) Welche Gruppen bzw. Organisationen leisteten Widerstand? Mit welchen Methoden?
b) In welchen Formen leisteten die Menschen Widerstand gegen den Nationalsozialismus?
c) Welche Motive hatten die Menschen, die Widerstand leisteten? Welche Ziele verfolgten sie?
Um den Widerstand im Alltag, in seinen konkreten Ausformungen kennenzulernen, schlagen wir den Einsatz von Lage- und Stimmungsberichten offizieller NS-Stellen vor. Trotz ihrer perspektivischen Einseitigkeit liefern diese Berichte ein ziemlich ungeschminktes Bild von der Stimmung und den Verhaltensweisen der Bevölkerung.
Aus Meldung wichtiger staatspolizeilicher Ereignisse des Reichssicherheitshauptamts (Berlin)
[11. 8. 1941] . . . In München und Umgebung wurden in den letzten Nächten Hetzzettel angeklebt, auf die mit Farbstift geschrieben oder mit rotem Gummistempel gedruckt worden war: „Das Zeichen V ruft, Massenmörder Hitler! V! verrecke!" „V vernichtet den Faschismus!" Bisher konnten 100 derartige Klebezettel erfaßt werden. Darüber hinaus sind Zettel mit kommunistischen Schlagwörtern verbreitet worden. Die Stapoleitstelle München nahm daher am 3. August 1941

unter Heranziehung der SA eine auf das ganze Stadtgebiet ausgedehnte Such- und Fahndungsaktion vor und kontrollierte eine Anzahl verdächtiger Straßenpassanten. Derartige Abwehrmaßnahmen werden in Zusammenarbeit mit der SA, den Parteistellen sowie der Schupo und Kripo in München fortgesetzt . . . [S. 300]

Aus Bericht der SD-Außenstelle Würzburg (Gau Mainfranken), 28. 2. 1941
. . . Die Kirche arbeitet dabei sehr geschickt, indem sie es scheinbar in erster Linie nur auf die Pflege des religiösen Lebens absieht. Mit der Veranstaltung von Missionen, religiösen Übungen, Zusammenkünften zur religiösen Erbauung gewinnt sie die Frauen und damit die Familie. Ohne daß von Politik und dem Nationalsozialismus ausdrücklich die Rede ist, verbreitet sich in diesen Kreisen die stärkste Abneigung gegen den nationalsozialistischen Staat und findet dort alles, was diesem abträglich sein könnte, eine bereitwillige Zustimmung und Förderung. Nirgends werden bedenkliche Äußerungen zur politischen und militärischen Lage so willig gehört und aufgenommen, zuversichtliche Darlegungen so sehr belächelt und bezweifelt wie in diesen Kreisen. Sie fühlen sich den „gläubigen Dummköpfen" gegenüber hoch überlegen . . . [S. 614]

Aus Meldung wichtiger staatspolizeilicher Ereignisse des Reichssicherheitshauptamts (Berlin), 1. 12. 1942
. . . Von der Staatspolizeileitstelle München wurden sechs Gefolgschaftsmitglieder einer Pulverfabrik in Ebenhausen bei Ingolstadt festgenommen, die seit Anfang 1942 vorsätzlich zahlreiche Explosionen herbeigeführt hatten, wodurch neben Sachschaden ein erheblicher Produktionsausfall verursacht worden ist. Die Täter wurden dem Richter vorgeführt, der Haftbefehl erließ . . . [S. 309]

Aus Monatsbericht des Regierungspräsidenten von Niederbayern und der Oberpfalz, 8. 1. 1944
. . . Wegen Vorbereitung eines hochverräterischen Unternehmens in teilweiser Verbindung mit Abhören und Verbreitung ausländischer Rundfunksendungen wurden drei Personen aus Regensburg zu Zuchthausstrafen von 3 bis 5 Jahren, eine zur Gefängnisstrafe von 1 Jahr und 6 Monaten verurteilt . . . Wegen Beschimpfung des Führers und führender Persönlichkeiten wurde der frühere Kommunist Seiderer aus Eschlkam, Landkreis Kötzting, zum Tode . . . verurteilt . . . [S. 316]

Aus Monatsbericht des Regierungspräsidenten von Niederbayern und der Oberpfalz, 11. 12. 1944
. . . [Staatsfeinde:] Verstärkte Tätigkeit nicht feststellbar. In Zwiesel Anschlag von 16 Plakaten gegen den Volkssturm. In Deggendorf wegen Rundfunkverbrechens (Abhören ausländischer Sender) und Wehrkraftzersetzung drei Personen zum Tode und zwei zu höheren Zuchthausstrafen verurteilt . . . [S. 321]

Aus weltanschaulichem Bericht des Kreisschulungsamts Neustadt a. d. Aisch, 17. 6. 1943

... Protestantische Kirche: Wie bisher Maulwurfsarbeit. Dem Pfarrer Holzberger von Schauerheim wurde die Erteilung des schulischen Religionsunterrichts untersagt. Er hält nun in der Kirche zu Schauerheim doppelt soviel Religionsunterricht, der von den Kindern mit Genehmigung der Eltern freiwillig besucht wird. Mit Rechtsmitteln ist nichts dagegen zu machen, und auf die Eltern ist gegenwärtig schwer Einfluß zu gewinnen. So geht's, wenn die Kirche einen tüchtigen Amtsleiter hat ...

Jugend: Das Sorgenkind! Die Klagen werden immer häufiger und dringender. Allseits die Feststellung, daß die geeigneten Führer fehlen. In manchen Dörfern soll die HJ vollständig schlafen. So wird von Westheim berichtet, daß kein Appell und gar nichts stattfindet. Die HJ existiere nur auf dem Papier. Von anderer Seite kommt die Beschwerde, daß ausgerechnet die BdM-Führerinnen den Kindergottesdienst erteilen und daß manche Eltern ihre Sprößlinge noch unterstützen. „Der Junge muß schon viel arbeiten, dann soll er auch ein Vergnügen haben." ... [S. 579]

Aus weltanschaulichem Bericht des Kreisschulungsamts Weißenburg, 26. 6. 1943

... Die [evangelische] Kirche wird mit der Verlängerung des Krieges immer aktiver. Der Pfarrer gewinnt immer mehr Einfluß auf die Bevölkerung. Grund: Abzug der aktivsten und beweglichsten Parteigenossen zur Wehrmacht, die Pfarrer bleiben zurück! Die Pfarrer verstehen es, die Bevölkerung wieder für die Kirche zu interessieren und zum Kirchenbesuch zu veranlassen. Es steht fest, daß die Kirchen noch nie solchen Zulauf hatten als gerade jetzt. Die Kirche ist dabei, sich der Menschenführung wieder zu bemächtigen. ... Der Bischof Rachel aus Eichstätt hielt in der Kirche eine Ansprache über das Thema: „Liebet Eure Feinde, tuet Gutes denen, die Euch hassen." In Augenblicken des schwersten Kampfes um die Existenz unseres Volkes können solche Auslassungen nicht anders gewertet werden als eine Sabotageaktion am Widerstandswillen unseres Volkes ... [S. 580 f.]

Aus weltanschaulichem Bericht des Schulungsleiters der Ortsgruppe Maxfeld, Kreis Nürnberg, 9. 4. 1943

... Hier [in Fragen der Feiergestaltung] haben die Kirchen einen bedeutenden Vorsprung. In diesem Zusammenhang muß noch bemerkt werden, daß die Kirchen mit zunehmender Härte des Krieges einen Zustrom haben wie noch nie. Heute ist es so, daß nicht mehr der Pfarrer dem Volk nachläuft, sondern umgekehrt, das Volk kommt zum Pfarrer. Die erdrückende Mehrzahl der Jugendlichen wird konfirmiert, in den allermeisten Gefallenentraueranzeigen ist ein Hinweis

auf einen Trauergottesdienst enthalten, auch bei Gefallenen der Waffen-SS und sogar der Leibstandarte. ... Es hat keinen Sinn, wenn wir diese Tatsachen in Abrede stellen. Wir werden damit in Zukunft noch mehr rechnen müssen, denn das neuerwachte kirchliche Interesse erstreckt sich so tief in die Kreise unserer Anhängerschaft, daß wir nicht darüber hinwegsehen können. [S. 576]

Aus dem Bericht der Schutzpolizei-Dienstabteilung Bad Aibling/Rosenheim, 24. 1. 1945

Am 4. 12. 1944 wurde an der Gemeindetafel in Anzing (Kreis Ebersberg) von unbekanntem Täter ein Anschlag folgenden Inhalts angebracht:

Achtung! Deutscher Volkssturm! Männer der Wehrmacht und Rüstungsarbeiter! Die Deutsche Friedensbewegung ruft Euch! Jeder Deutsche wird aufgefordert, den sinnlosen Kampf, den Hitler und Himmler von Euch fordern, mit allen Mitteln zu sabotieren! Legt alle Feigheit ab und wehrt Euch gegen die barbarische Vergewaltigung einer volksfeindlichen Regierung. Sucht Gleichgesinnte und bildet Drei-bis-vier-Mann-Gruppen, die aktiv gegen den Naziterror kämpfen und uns in Wort und Schrift damit unterstützen. Nazibonzen, Antreiber und Nazioffiziere sind Kriegsverbrecher und als solche namentlich festzustellen. Wehrmachtsangehörige, versorgt Gleichgesinnte mit Waffen und Munition. Seid gerüstet! Der Tag zum offenen Kampf gegen die Nazityrannei rückt näher! Nationale Friedensbewegung! [S. 678]

▶ **Quelle:** Eine reichhaltige Auswahl von Dokumenten enthält das Werk M. Broszat, Bayern in der NS-Zeit S. 300 ff. (Arbeiterwiderstand); S. 579 ff. (Widerstand gegen Maßnahmen, die sich gegen die Kirche richteten).

Arbeitsaufgaben	denkbare Formulierungen
1. Wer führte nach diesen Berichten Aktionen gegen das NS-Regime durch? 2. Um welche Aktionen handelte es sich?	– namenlose Bürger – Arbeiter in Betrieben – katholische und evangelische Pfarrer – „Hetzzettel" – Flugzettel – „Mundpropaganda" – Sabotageakte („Explosionen") – Abhören ausländischer Rundfunksendungen – Zustrom zu den Kirchen, Pflege des religiösen Lebens – Beeinflussung gegen den Nationalsozialismus im Religionsunterricht und in Predigten

Arbeitsaufgaben	denkbare Formulierungen
3. Welche Maßnahmen wurden von seiten des Regimes ergriffen?	– ausgedehnte Fahndungsaktionen – Verurteilung zu Gefängnis und Zuchthaus – Verurteilung zum Tode
4. Welchen Zweck haben die Aktionen gegen das NS-Regime?	– Beseitigung des NS-Regimes – Sabotageakte sollen Produktionsausfälle herbeiführen. – Durch Abhören ausländischer Rundfunksendungen will man sich informieren und durch Weiterverbreiten der Nachrichten andere informieren.
5. Wie beurteilen die Berichterstatter die Wirkung der gegen das NS-Regime gerichteten Aktionen?	Es handelte sich – den Berichten zufolge – weitgehend um Einzelaktionen, deren Auswirkungen nicht hoch eingeschätzt wurden; gleichwohl lassen die drakonischen Strafen den Schluß zu, daß man die Aktionen ernst nahm.

Nachdem diese Berichte ausgewertet worden sind, werden die Schüler nach der Wirksamkeit der geschilderten Aktionen der Regimegegner fragen und möglicherweise feststellen, daß die Aktionen auf die Entwicklung des Krieges kaum Einfluß hatten. Weiterhin werden die Schüler einwenden, daß hier teilweise persönliche Unzufriedenheit zum Ausdruck gekommen ist, daß sich die Menschen zum Teil nur den Pressionen des Systems entzogen haben, so wie das in jedem Regierungssystem geschieht.

Daraus ergeben sich weiterführende Fragestellungen:

– Wo liegen die Grenzen zwischen aktivem und passivem, politischem und unpolitischem Widerstand?
– Ist der Widerstand in der jeweiligen Situation gerechtfertigt?
– Welche Formen der Anpassung hat es gegeben?
– Welche Wirkung hatte der Widerstand auf der „unteren Ebene" auf die „obere Ebene"?

Es ist deutlich geworden, daß Widerstand nur aus der konkreten geschichtlichen Situation begriffen werden kann. Die nachfolgende Gruppenarbeit soll zweierlei bewirken: Zum einen sollen die Schüler einen Einblick in die Motive und Strategien des Widerstandes erhalten; zum anderen sollen sich die Schüler mit den Widerstandskämpfern aus den verschiedenen weltanschaulichen und gesellschaftlichen Bereichen beschäftigen.

▶ **Quellen/Material:** Informationen 160, S. 7 ff.

Die dort angebotenen Quellen stellen die verschiedenen Widerstandskreise und Widerstandsgruppen vor, wobei ausdrücklich betont wird, daß sich die Motive und Zielvorstellungen keineswegs immer voneinander trennen lassen.

42.3.4.2. Schwerpunkt: Das Attentat vom 20. Juli 1944

Einen besonderen Schwerpunkt soll das Attentat vom 20. Juli 1944 als der aussichtsreichste Versuch zur Beseitigung des Regimes bilden. Die Schüler sollen sich mit dem politischen Attentat als einem Weg zur Beseitigung der NS-Diktatur in der Situation des Sommers 1944 auseinandersetzen. Sie sollen Stellung dazu beziehen, ob die Situation einen politischen Mord rechtfertigte, ob und wann Gewalt ein Mittel des Widerstandes sein sollte.

Dazu ist es notwendig, die Lage, wie sie sich im Sommer 1944 darstellte, noch einmal zu verdeutlichen (Seite 205 f.).

Militärische Lage: Die alliierten Truppen dringen an allen Fronten gegen Deutschland vor; Deutschland hat den Krieg verloren.

	Arbeiter, Sozialisten, Kommunisten	Kirchen	Bürgertum	Offiziere	Studenten
Welche Gruppen leisteten Widerstand?					
Auf welche Weise leisteten sie Widerstand?	Mundpropaganda, Flugschriften, Sabotage	Predigten Hirtenbriefe	geheime Verhandlungen mit Alliierten	Attentate Aufstand	Flugschriften
Welche Ziele verfolgten sie?	Informationen, die von der Regierung unterdrückt wurden, zu verbreiten.	Verurteilung der Verfolgungen und d. Euthanasie, freie Religionsausübung	Aufbau eines demokratischen Staates	Staatsstreich, Beseitigung des NS-Regimes	Aufruf zur Beseitigung der Herrschaft
Welche Schwierigkeiten wurden dabei sichtbar?	Nichtbeachtung konspirativer Regeln, allein auf sich gestellt.	Wirken vollzieht sich in der Öffentlichkeit		Widerspruch gegenüber dem Eid	

„Innere" Lage: Die Bevölkerung leidet zunehmend durch die alliierten Luftangriffe, die gesamten Kräfte sind aufs äußerste angespannt („totaler Krieg").
Welche Handlungsmöglichkeiten gibt es angesichts dieser Situation eigentlich noch?
Die Beseitigung Hitlers dürfte von den Schülern als eine Möglichkeit bezeichnet werden. Für die Beseitigung Hitlers spricht, daß es angesichts der aussichtslosen Situation nur noch darum gehen kann, Deutschland vor der Vernichtung zu bewahren.
Schließlich ist nach den Zielen und Begründungen der Verschwörer zu fragen, damit eine angemessene Beurteilung ermöglicht wird. Hierfür erhalten die Schüler den Text, mit dem die Offiziersgruppe nach dem geglückten Attentat auf Hitler ihre Ziele und Motive dem deutschen Volk verkünden wollte.
. . . Deutsche!
Hitlers Gewaltherrschaft ist gebrochen.
Ungeheuerliches hat sich in den letzten Jahren vor unseren Augen abgespielt. Nicht vom deutschen Volke gerufen, sondern durch Intrigen schlimmster Art an die Spitze der Regierung gekommen, hat Hitler durch *dämonische Künste und Lügen*, durch *ungeheuerliche Verschwendung*, die allen Vorteile zu bringen schien, in Wahrheit uns aber in Schulden und Mangel stürzte, in unserem Volke Geister und Seelen verwirrt, ja selbst *außerhalb Deutschlands* verhängnisvolle Täuschung erzeugt. Um sich in der Macht zu halten, hat er eine *Schreckensherrschaft* errichtet. Unser Volk durfte einst stolz auf seine Redlichkeit und Rechtlichkeit sein. Hitler aber hat die *göttlichen Gebote verhöhnt, das Recht zerstört, den Anstand verfemt*, das Glück von Millionen vernichtet. Er hat *Ehre und Würde, Freiheit und Leben anderer für nichts erachtet*. Zahllose Deutsche, aber auch Angehörige anderer Völker, schmachten seit Jahren in *Konzentrationslagern*, den größten Qualen ausgesetzt und häufig schrecklichen Foltern unterworfen. Viele von ihnen sind zugrunde gegangen. Durch grausame Massenmorde ist unser guter Name besudelt. Mit *blutbefleckten Händen* ist Hitler seinen Irrweg gewandelt, *Tränen, Leid und Elend hinter sich lassend*.
Hitler hat seinen vor zehn Jahren dem Volke geleisteten Eid durch Verletzungen göttlichen und menschlichen Rechts unzählige Male *gebrochen*. Daher ist kein Soldat, kein Beamter, überhaupt kein Bürger ihm mehr durch Eid verpflichtet.
In höchster Not habe ich (Generaloberst Beck) zusammen mit Männern aus allen Ständen des Volkes, aus allen Teilen des Vaterlandes gehandelt. *Ich habe die einstweilige Führung des deutschen Reichs übernommen* und die Bildung einer Regierung unter Führung des Reichskanzlers angeordnet. Sie hat die Arbeit aufgenommen. Den Oberbefehl über die Wehrmacht führt [Generalfeldmarschall v. Witzleben], dem sich die Oberbefehlshaber an allen Fronten unterstellt haben.

Diese Männer haben sich mit mir zusammengefunden, um den *Zusammenbruch zu verhüten* . . .
Die Gundsätze und Ziele der Regierung werden bekanntgegeben werden. Sie sind bindend, bis die Möglichkeit gegeben ist, *das deutsche Volk darüber entscheiden zu lassen*. Unser Ziel ist die *wahre, auf Achtung, Hilfsbereitschaft und soziale Gerechtigkeit* gegründete Gemeinschaft des Volkes. Wir wollen Gottesfurcht an Stelle von Selbstvergottung, *Recht und Freiheit* an Stelle von Gewalt und Terror, *Wahrheit und Sauberkeit* an Stelle von Lüge und Eigennutz. Wir wollen unsere *Ehre* und damit unser Ansehen in der Gemeinschaft der Völker wiederherstellen. Wir wollen mit besten Kräften dazu beitragen, die Wunden zu heilen, die dieser Krieg allen Völkern geschlagen hat, und das Vertrauen zwischen ihnen wieder neu beleben.

▶ **Quelle:** GiQ V Nr. 643

Arbeitsaufgaben	denkbare Formulierungen
1. Wie begründeten die Verfasser dieses Aufrufs die geplante Beseitigung Hitlers und des NS-Regimes?	– Hitler habe sich „durch Intrigen" an die Regierung gebracht, er sei „nicht vom deutschen Volk gerufen" worden. – Mit „dämonischen Künsten und Lügen" habe er in Deutschland und außerhalb Deutschlands getäuscht. – Er habe eine „Schreckensherrschaft" errichtet, „die göttlichen Gebote verhöhnt", das „Recht zerstört", „Würde, Freiheit und Leben für nichts erachtet", er habe Massenmorde veranlaßt. – Er habe vielfach seinen dem Volk geleisteten Eid gebrochen, so daß ihm niemand mehr durch Eid verpflichtet sein kann. – Bildung einer neuen Regierung.
2. Was wollten die Widerstandskämpfer nach einem geglückten Attentat tun?	– Sie wollten den sich abzeichnenden militärischen Zusammenbruch verhüten. – Danach sollte das deutsche Volk selbst über seine Zukunft entscheiden, die von den Prinzipien der sozialen Gerechtigkeit, Recht und Freiheit geprägt sein soll.

Arbeitsaufgaben	denkbare Formulierungen
3. Es wird manchmal argumentiert, die oppositionellen Offiziere hätten zu lange gezögert und das Attentat auf Hitler erst im letzten Moment unternommen. Äußert euch dazu!	Folgende Positionen sind in dieser Auseinandersetzung denkbar: **Dafür spricht:** – Die Militärs leisteten erst ziemlich spät Widerstand, später als die anderen Gruppen. – Die ersten Handlungen des NS-Regimes (Aufrüstung, Revision des Versailler Vertrages) stießen in der Wehrmacht, gerade auch im Offizierskorps, auf Zustimmung. – Auch die militärischen Erfolge von 1939 bis 1941 lösten im Volk und in der Wehrmacht Begeisterung aus. **Dagegen spricht:** – Als 1938 deutlich wurde, daß es Hitler mit seinen „Lebensraumplänen" und den damit verbundenen Expansionsplänen ernst meinte, bildete sich eine militärische Widerstandsgruppe; sie plante den Staatsstreich und die Beseitigung Hitlers und seines Regimes. – Es wurden mehrere Attentatsversuche unternommen; alle mißlangen. – Die führenden Verschwörer handelten aus moralischen Motiven.
4. Was wollte Graf Stauffenberg mit dem Attentat erreichen?	Die Beendigung der Gewaltherrschaft Hitlers und des Krieges. Er wollte aber auch der Welt die Erkenntnis vermitteln, daß es noch ein „anderes Deutschland" gibt als das Hitlers.
5. Versucht herauszufinden, warum sich die Gegner Hitlers im Offizierkorps in einer schwierigen Situation befanden.	– Sie fühlten sich an ihren auf Hitler geleisteten Eid gebunden. – Wenn sie daran dachten, was mit Deutschland, Europa und der Welt nach einem Sieg Hitlers geschehen würde, konnten sie seinen Sieg nicht wünschen. – Sie konnten aber auch eine Niederlage nicht wünschen, die den Untergang Deutschlands befürchten ließ.

Arbeitsaufgaben	denkbare Formulierungen
6. Ist Gewaltanwendung und sogar Mord als Mittel des Widerstands gegen ein Unrechtsregime gerechtfertigt? Unter welchen Umständen?	Wenn die Regierenden in schwerwiegender Weise gegen ihre Pflichten verstoßen, erwächst daraus die Berechtigung und die Pflicht zum Widerstand, notfalls auch zur Beseitigung der Führung.

In einer ganz anderen Lage als die deutschen Hitlergegner befanden sich die Widerstandsgegner in den unterworfenen Ländern. Das soll am Beispiel des polnischen Widerstands gegen die deutsche Besatzungsmacht deutlich werden.

▶ **Quellen/Materialien:** Informationen 143, S. 10 ff.

Arbeitsaufgaben	denkbare Formulierungen
1. In welchen Formen zeigte sich der polnische Widerstand gegen die deutsche Besatzungsmacht?	– Aufstellung einer Untergrundarmee, Partisanenkampf – Sabotageakte – Spionage – Aufstand im Warschauer Getto – Aufstand der polnischen Heimatarmee
2. Worin bestand das Hauptziel der polnischen Widerstandskämpfer?	Das oberste Ziel ist die Befreiung Polens von der nationalsozialistischen Herrschaft.
3. Wodurch unterschied sich der Widerstand in Polen vom Widerstand in Deutschland?	Die Widerstandskämpfer in den von den Deutschen besetzten Ländern befanden sich nicht in einem Loyalitätskonflikt, da jede Widerstandsaktion sich gegen die feindliche Besatzungsmacht richtete und dem eigenen Volk nützte. Weltanschauliche Gegnerschaft und nationale Interessen fielen zusammen.

42.3.4.3. Schwerpunkt: Der Zusammenbruch

Ein konkretes Bild vom Zusammenbruch vermittelt der Film FT 589 „Dem Ende entgegen". Die Sequenzen „Letzte Abwehrmaßnahmen", „Flucht aus dem Osten", „Die Alliierten in Westdeutschland", „Goebbels in Schlesien", „Das Ende in Berlin", „Besetzung Deutschlands" sowie „Das Resultat des Krieges" markieren Schwerpunkte, nach denen der Unterricht strukturiert werden könnte. Darüber hinaus soll die Vorführung dieser Szenen die Schüler dazu anregen, Fragen zu formulieren, z. B.:

- Welches Ausmaß haben die Zerstörungen, Verluste und Opfer erreicht?
- Was bewirken die letzten Abwehrmaßnahmen?
- Welche Haltung nimmt die Bevölkerung ihnen gegenüber ein?
- Welche Rolle spielt die Propaganda?

Unter diesen Fragestellungen erfolgt die Auswahl des Quellenmaterials, das in arbeitsteiliger Gruppenarbeit analysiert werden kann:

Gruppe 1: Ausmaß der Zerstörungen und Opfer
▶ **Material:** Statistik über Verluste im Zweiten Weltkrieg. In: Ploetz, Auszug aus der Geschichte, 29. Auflage, S. 916 und Gfm

Arbeitsaufgaben	denkbare Formulierungen
1. In welcher Weise hat die Bevölkerung durch den Krieg gelitten?	– Millionen von Soldaten sind gefallen. – Noch mehr Soldaten sind verletzt worden. – Die Zivilbevölkerung hat durch Luftangriffe und Kampfhandlungen schwere Verluste erlitten. – Hunderttausende sind in den Ostgebieten verschleppt worden und umgekommen. – Hunderttausende Soldaten sind noch vermißt. – Millionen sind in Kriegsgefangenschaft. – Millionen Menschen haben ihre Heimat verloren. – Millionen haben durch den Luftkrieg und die Kämpfe Hab und Gut verloren.
2. Welche Folgen ergaben sich für die Überlebenden?	– Millionen sind Witwen und Waisen geworden. – Zahllose Verletzte und Gefangene haben Gesundheit und Arbeitskraft verloren. – Viele Familien sind auseinandergerissen worden. – Flüchtlinge irren in Restdeutschland umher. – Die Städte sind zerstört; es herrscht ein katastrophaler Wohnungsmangel. – Die Menschen haben Angst vor einer ungewissen Zukunft.

Gruppe 2: Rommels Aufforderung an Hitler, Frieden zu schließen, Hitlers Zerstörungsbefehle vom 19. 3. 1945
▶ **Quellen:** GiQ V Nr. 640 und Hofer, Nationalsozialismus, Nr. 150b und Gfm

Arbeitsaufgaben	denkbare Formulierungen
1. Wie schilderte Rommel die Lage am 15. 7. 1944?	Die Situation an der Front wird immer schwieriger. Auf deutscher Seite können Verluste nicht mehr ersetzt werden. Der Feind verfügt über Menschen und Kriegsmaterial im Überfluß. Das Ende des Kampfes ist nahe.
2. Was forderte Rommel von Hitler angesichts dieser Lage?	Er bat Hitler, unverzüglich die Konsequenzen zu ziehen, das heißt Frieden zu schließen.
3. Wie reagierte die Regierung auf die entsprechende Bitte der OHL am 29. 9. 1918?	Sie bat den amerikanischen Präsidenten Wilson um einen Waffenstillstand.
4. Wie reagierte Hitler auf Rommels Bitte?	Er ignorierte sie und veranlaßte Rommel später zum Selbstmord.
5. Was befahl Hitler am 19. 3. 1945, als die feindlichen Armeen schon tief in Deutschland standen?	Er befahl, alle Lebensgrundlagen des deutschen Volkes zu zerstören.
6. Womit begründete Hitler diesen Befehl?	Wenn der Krieg verlorengeht, ist auch das deutsche Volk verloren. Es wird für die Deutschen dann nur noch ein primitives Weiterleben geben.
7. Wie ist Hitlers Haltung einzuschätzen?	Er kettete das Schicksal des deutschen Volkes an sein persönliches Geschick. Wenn der von ihm begonnene Krieg verlorengeht, soll auch das deutsche Volk untergehen. Wenn er sterben sollte, soll auch das deutsche Volk nicht mehr weiterleben, zumal es sich als das schwächere erwiesen hat (Hitler im Gespräch mit Reichsminister Speer / GiQ V Nr. 648).
8. Welche Gründe für die militärische Niederlage könnt ihr nennen?	Die verfehlte Außenpolitik Hitlers, die zunehmende Verschlechterung der wirtschaftlichen und menschlichen Kräftepotentials zuungunsten Deutschlands durch den Zweifrontenkrieg, beschleunigt durch die Überlegenheit der USA.

Arbeitsaufgaben	denkbare Formulierungen
9. Welche Folgen hätte es gehabt, wenn der Befehl Hitlers ausgeführt worden wäre.	Deutschland wäre restlos zerstört worden. Millionen wären auch noch nach Kriegsende verhungert.
10. Wie lassen sich die deutschen Siege und danach die Niederlagen erklären?	Die Siege verdankte Hitler der modernen und überlegenen Rüstung sowie der fanatischen Kampfweise seiner Soldaten. Von einem bestimmten Zeitpunkt an führte die Überlegenheit der Gegner an Rohstoffen, Rüstungsgütern und Menschenreserven zu den Niederlagen.
11. Auf welche Weise haben die USA auch den Zweiten Weltkrieg entschieden?	Zunächst durch Materiallieferungen auf der Grundlage des im März 1941 erlassenen Leih-Pacht-Gesetzes, eine beispiellose Aufrüstung (vgl. Statistik der Kriegsausgaben und der Flugzeuge in Gfm). Nach der Kriegserklärung im Dezember 1941 durch den massierten Einsatz des gesamten Kriegspotentials zur See, zu Lande und in der Luft.

Zum Abschluß dieser Unterrichtsreihe sollen die Schüler eine kritische Stellungnahme erarbeiten, die sich auf die eingangs der Unterrichtsreihe 41 aufgeworfenen Fragestellungen beziehen. Den Gesprächsanlaß bietet die Grafik „Das Verhängnis" von A. P. Weber (Gfm).

Diese Grafik zeigt eine unstrukturierte Masse von Menschen, die in einem langen Zug über eine Anhöhe hinweg marschieren und jäh in einen großen Sarg fallen, der mit einem Kranz und einem Hakenkreuz geschmückt ist. Die Schüler werden diese Grafik auf das Dritte Reich beziehen; die Jahreszahl 1932 verdeutlicht, daß der Zeichner die Zukunft gewissermaßen visionär voraussah.

Zur Strukturierung des nun folgenden Unterrichtsgesprächs, in dem Schüler die Grafik deuten, sollen folgende Leitfragen dienen:

a) Was wird den Künstler 1932/33 veranlaßt haben, diese Grafik zu schaffen?

b) Warum sind die Menschen begeistert (Hakenkreuzfahnen!) ins Massengrab marschiert?

c) Stimmt die Darstellung mit der Geschichte überein? Gab es Versuche, aus der Masse auszubrechen (Widerstand)?

d) Was soll es bedeuten, wenn der Künstler die Massen erst über eine Anhöhe marschieren läßt, ehe sie unverhofft in den Sarg stürzen?

Die Schüler sollen versuchen, diese Fragen zu beantworten, indem sie die Arbeitsergebnisse der beiden Unterrichtsreihen 41 und 42 bedenken und einbeziehen.

zu a) Der Zeichner A. P. Weber entwirft 1932/33 ein Zukunftsbild des nationalsozialistischen Deutschlands, das als prophetisch zu bezeichnen ist. Es stellt sich die Frage, welche Tatsachen ihn schon 1932/33 veranlaßt haben könnten, so düster in die Zukunft zu blicken. Hitlers Ziele waren veröffentlicht (Parteiprogramm, „Mein Kampf", Reden); ferner konnte man die Methoden beobachten, mit denen er politische Gegner bekämpfte. Sie waren radikal und gewalttätig. Die Demokratie mit ihren Institutionen diente erklärtermaßen nur dazu, um „wie ein Wolf in die Schafherde einzubrechen".
A. P. Weber hat geahnt, daß das deutsche Volk dem Verführer blindlings folgen würde.

zu b) Schon vor der Machtergreifung war zu sehen, daß die Nationalsozialisten die Mittel der Massenbeeinflussung beherrschten. Die Anhänger akzeptierten bedingungslos die Ideologie des Nationalsozialismus. Dazu gehört das Ideal einer verschworenen Volksgemeinschaft ohne soziale Unterschiede und Konflikte, die sich einem Führer willig unterordnet. Dazu gehört weiter die Militarisierung in der Erziehung. Die nationalsozialistischen Veranstaltungen (Massenaufmärsche, Kundgebungen usw.) trugen dazu bei, daß den Volksmassen Begeisterung, Hoffnung und ein Gefühl der gemeinsamen Stärke suggeriert wurde. A. P. Weber nimmt die blinde Begeisterung für das neue System aufs Korn.

zu c) Es erhebt sich die Frage, ob sich der einzelne der Masse und den Maßnahmen des Systems entziehen konnte. Zudem bleibt die Frage offen, welche Faktoren Menschen veranlaßten bzw. auch heute noch veranlassen, in der Masse oder einer vermeintlichen Gemeinschaft Geborgenheit zu suchen.
Gleichzeitig bleibt gegen eine pauschale Verurteilung einzuwenden, daß nicht alle „mitgelaufen" sind. Die Schüler haben verschiedene Formen des Widerstands kennengelernt und sich mit ihnen auseinandergesetzt. Die in der Grafik deutlich werdende Mahnung Webers gilt jedoch nach wie vor: Nachdenken statt blinder Anpassung ist nötig, um der Vermassung zu entgehen.

zu d) Nach einem von äußeren Erfolgen gekennzeichneten Aufstieg (wirtschaftlicher Aufschwung, soziale Leistungen, außenpolitische und später militärische Erfolge), wobei den Menschen Sand in die Augen gestreut wurde, der sie kritiklos machte, viele sogar fanatisierte, kam das bittere Ende.

Leistungskontrolle

36. Der Erste Weltkrieg

1 **36.1.2–2.** Begründet, ob die folgenden Aktionen stärker den Frieden oder mehr den Krieg begünstigt haben.
a. Die Verleihung der Nobelpreise begünstigt den . . ., weil . . .
b. Internationale Verhandlungen begünstigen den . . ., weil . . .
c. Der Nationalismus begünstigte den . . ., weil . . .

2 **36.1.2–2.** Der britische Politiker Lloyd George hat nach dem Ersten Weltkrieg behauptet, die am Krieg beteiligten Nationen seien „in den Krieg hineingestolpert". Setzt euch mit dieser Behauptung auseinander:

Für diese Absicht spricht:	Gegen diese Absicht spricht:
a. . . .	c. . . .
b. . . .	d. . . .

3 **36.1.2–3.** Kreuzt von den folgenden Begründungen für die damalige Kriegsbegeisterung die beiden zutreffenden an:
a. Die Deutschen konnten endlich an Frankreich verlorene Gebiete wieder zurückgewinnen.
b. Die Bürger hielten das Vaterland für bedroht und wurden von der nationalen Begeisterung mitgerissen.
c. Das Attentat von Sarajewo führte dazu, daß nur wenige Stunden später die Kriegserklärung Österreichs an Serbien erfolgte.
d. Die Menschen waren allenthalben deswegen vom Kriegsausbruch so begeistert, weil sie sich durch den Krieg eine Verbesserung ihrer Versorgung mit Lebensmitteln erhofften.
e. Die meisten Menschen glaubten im Vertrauen auf ihre vermeintliche Überlegenheit an einen leichten und schnellen Sieg.

4 **36.2.2–1.** Wodurch ist die Lage der Mittelmächte am Ende des Jahres 1916 gekennzeichnet?

militärisch	wirtschaftlich
a. . . .	d. . . .
b. . . .	e. . . .
c. . . .	

5 **36.2.2–2.** Lest aufmerksam den Aufsatz eines Schülers, den eine Zeitung am 27. 1. 1917 veröffentlichte:

„Der Frieden
Wir freuen uns auf den Frieden, weil dann unsere tapferen Helden aus dem Krieg zurückkehren und es mit dem Blutvergießen ein Ende hat und wir unseren guten Lehrer wiederbekommen. Daß es die Armen besser haben und nach den Lebensmitteln nicht so herumstehen müssen. Daß wir den Feinden gezeigt haben, was eine deutsche Faust leisten kann, und daß sie siegen kann, zu Wasser und zu Lande. Daß wir nicht so lange nach Milch und Butter stehen müssen, denn wir Jungen sind auch nicht dafür. Weil ich dann endlich mal wieder auf den Baum klettern kann, denn jetzt muß man immer auf seine Schuhe achten. Weil meine Mutter sich dann nicht mehr mit den vielen Marken den Kopf zerbrechen braucht. Auch kann man sich dann mit Ruhe ins Bett legen, weil man weiß, daß die lieben Feldgrauen

alle wieder zu Hause sind. Vor allem aber, weil wir auf einen ehrenvollen Frieden hoffen, und weil es wunderschön sein wird, wenn die kühnen Truppen bekränzt und mit Musik in die Heimat zurückkehren, und ich mit der Pauke mitlaufen kann."
(aus: Innenansicht eines Krieges, Hrsg. E. Johann. München 1973, dtv Nr. 893, S. 218 f.)

a. Welche Vorstellungen vom Frieden spiegeln sich in diesem Brief? . . .
b. Worin spiegeln sich die Einschränkungen, die der Krieg im täglichen Leben mit sich brachte, wider? . . .
c. Warum wird die Zeitung diesen Brief abgedruckt haben? . . .

6 **36.3.2–4.** Welche Ziele verfolgten im Ersten Weltkrieg die Anhänger
des Siegfriedens?   des Verständigungsfriedens?

a. . . .	e. . . .
b. . . .	f. . . .
c. . . .	g. . . .
d. . . .	

7 **36.0.2–4.** Im Jahr 1917 setzte in Deutschland verstärkt die Diskussion darüber ein, wie der Krieg weitergeführt werden sollte. Ordnet zu. Es forderten:

a. deutsche Oberste Heeres-leitung

1. Verständigungsfrieden, Ablehnung eines Generalstreiks, Demokratisierung

b. Mehrheit des deutschen Reichstages

2. Verständigungsfrieden, Demokratisierung und Erzwingung des Friedens durch Streik

c. Alldeutsche

d. SPD und Gewerkschaften

3. Verständigungsfrieden ohne Annexionen und Kontributionen

e. Spartakisten

4. Aneignung von Gebieten, Rohstoffen und Kolonien Befriedigung des deutschen Landhungers

5. Einigkeit, Stärkung der Siegeszuversicht, Zusammenraffung aller Kräfte, um den Sieg zu erreichen

8 **36.3.2–5.** Lest den Brief Paul von Hindenburgs, Chef der OHL, an den Reichskanzler Georg Graf von Hertling am 16. 12. 1917:
„Der ‚Vorwärts' veröffentlichte . . . einen Aufruf der Sozialdemokratie Deutschlands und Preußens für das gleiche Wahlrecht. Der aufreizende Charakter dieses Aufrufes verdichtet sich in der Forderung, ‚daß das preußische Volk selbst auf die Bühne tritt . . .'
Ich hege ernste Befürchtung, daß der von der Sozialdemokratie beschrittene Weg von ihr zielbewußt weiter verfolgt werden und die verhängnisvollsten Folgen für die Kriegsführung haben wird, wenn nicht sofort und rechtzeitig energische Schritte geschehen, ihr auf diesem Wege Halt zu gebieten."
(aus: Dokumente zur deutschen Geschichte 1917–1919. Hrsg. W. Ruge/W. Schumann, Frankfurt 1977, S. 24)

a. Worüber beklagte sich Hindenburg, und was befürchtete er? . . .
b. Welche Motive haben Hindenburg wohl zu dieser Klage veranlaßt? . . .

9 **Umstellrätsel**

Stellt die Buchstaben so um, daß Wörter mit der angegebenen Bedeutung entstehen. Bei richtiger Lösung ergeben die mit Zahlen bezeichneten Buchstaben das Kontrollwort. Es gibt die Organisation an, die den 14. Punkt Wilsons verwirklichte.

a. les lasi vre   Pariser Vorort, Vertrag mit Deutschland, 1. B.
b. öl ufa gusn   Schicksal des Staates Österreich-Ungarn, 5. B.
c. nso wli   Amerikanischer Präsident, Verkünder von 14 Friedensgrundsätzen, 3. B.
d. segrik sdulhc   Kernpunkt des Artikels 231 vom Versailler Diktat, 1. B.
e. nami st. rge   Pariser Vorort, Vertrag mit Österreich, 4. B.
f. est rev ge ul setib   Inhalt der territorialen Bestimmungen des Versailler Diktates, 10. B.
g. na vretbo lsuhcß   Keine Selbstbestimmung für die Deutschen in Österreich und der Sudetengebiete, 12. B.
h. men ecua lec   Schärfster Gegner Wilsons bei den Friedensverhandlungen, 10. B.
i. echir knarf   Saargebiet unter fremder Verwaltung, 4. B.
j. ed sehic nanm   Wer sprach von der Hand, die verdorren müßte, falls der Diktatfrieden unterschrieben würde? 6. B.

37. Die USA

1 **37.1.2–1.** Der Kriegseintritt der USA führte zur Niederlage Deutschlands.
a. Nennt die Motive der USA: . . .
b. Nennt die Motive Deutschlands für den U-Boot-Krieg: . . .

2 **37.2.2–4.** Welche Ziele und Absichten verfolgte US-Präsident Wilson, als er für die Schaffung eines Völkerbundes eintrat?
a. . . .
b. . . .
c. Was billigten die Alliierten schließlich? . . .

38. Die Russische Revolution

1 **38.1.2–1.** Nicht alle Bewohner Rußlands hatten im 19. Jahrhundert die gleichen bürgerlichen und politischen Rechte. Wodurch unterschied sich der Adel von den anderen sozialen Gruppen? Kreuzt die beiden zutreffenden Aussagen an.
a. Der Adel verfügte lediglich über mehr Besitz, ansonsten waren die sozialen Gruppen im wesentlichen gleichgestellt.
b. Der Adel hatte ebenso wie die anderen sozialen Gruppen keine Schlüsselpositionen im Staat inne.
c. Die Bauern waren bis 1861 Leibeigene der Adligen. Auch später wurden sie wirtschaftlich ausgebeutet.
d. Arbeiter und Bauern verschafften sich durch erfolgreiche Revolutionen im 19. Jahrhundert Freiheit und Gleichheit in Rußland.
e. Der Adel hatte die Schlüsselpositionen in Militär- und Verwaltung inne.

2 **38.1.2–3.** Welche Vor- oder Nachteile hatten die Bauern von den Maßnahmen der russischen Bauernbefreiung 1861?
a. Vorteile: . . .
b. Nachteile: . . .

3 **38.2.2–1.** Worin bestehen die Unterschiede in den Absichten der Provisorischen Regierung und der Sowjets 1917?

	Provisorische Regierung	Sowjets
Krieg	a. . . .	b. . . .
Staats- u. Gesellschaftsform	c. . . .	d. . . .

4 **38.2.2–3.** Die neue Revolutionsregierung unter Lenin traf im November 1917 eine Reihe von Maßnahmen, die die kommunistische Herrschaft untermauern sollte. Ordnet die unten genannten Absichten den einzelnen Maßnahmen zu.

Maßnahmen
a. Dekret über den Frieden
b. Dekret über den Grund und Boden
c. Deklaration an die Bevölkerung Rußlands
d. Veröffentlichung der von der zaristischen Regierung getroffenen Geheimverträge

Absichten
1. Nationale Minderheiten außerhalb Rußlands sollen für den Kommunismus gewonnen werden.
2. Drohende innere Auseinandersetzungen erfordern die noch vorhandenen militärischen Kräfte.
3. Vorwand für die Annullierung von Schulden, die Sowjetrußland von schwerer finanzieller Last befreit.
4. Die russischen Bauern sollen für den Kommunismus und die Regierung Lenins gewonnen werden.

5 **38.2.2–4.** Worin haben die Maßnahmen der Kommunisten den allgemeinen revolutionären Erwartungen des Jahres 1917 entsprochen oder sie enttäuscht?

wirtschaftlich-gesellschaftlich
a. entsprochen: . . .
c. enttäuscht: . . .

politisch
b. entsprochen: . . .
d. enttäuscht: . . .

6 **38.3.2–3.** Welches waren die Auswirkungen des Friedensschlusses von Brest-Litowsk für Rußland (R), die Mittelmächte (M) und die Alliierten (A)? Ordnet zu.
a. . . . konnte die freigewordenen Truppen zum Teil an die Westfront werfen.
b. . . . Entsendung von Truppen, um die antikommunistischen Truppen zu unterstützen.
c. . . . beugte sich den harten Forderungen des militärischen Siegers.
d. . . . wurde an allen Fronten militärisch stärker.
e. . . . baute ein neues Gesellschaftssystem auf.
f. . . . ungünstige Auswirkungen auf die Stimmung der Bevölkerung in den eigenen Staaten.

7 **Zahlenrätsel:** Jede Zahl bedeutet einen bestimmten Buchstaben. Beginnt mit den Wörtern, die ihr wißt, und legt euch zunächst einen Zahlenschlüssel mit den Zahlen von 1 bis 18 an. Damit könnt ihr die dann noch unbekannten Wörter ermitteln.

7 12 6 1
    a. Nach allgemeinem Wahlrecht gewähltes erstes russisches Parlament 1905

13 10 5 8 5
    b. Führer der Oktoberrevolution 1917

6 1 11 14 8 15 6 12 15
    c. Lehre der Kommunisten

2 4 6 8 5 9 10 11 5
    d. Internationaler Zusammenschluß aller kommunistischen Parteien 1919

15 4 16 17 10 9
    e. „Rat" auf russisch

15 9 1 13 8 5
    f. Alleinherrscher über die Sowjetunion, gestorben 1953

2 4 13 3 18 4 15 10 5
    g. Durch Kollektivierung entstandene staatlich verwaltete Güter

12 7 15 15 11
    h. Der volle Name der Sowjetunion in abgekürzter Form

39. Diktaturen und Demokratien

1 **39.1.2–2.** Nennt drei Leitlinien sowjetischer Außenpolitik unter Stalin im Zeitraum von 1924 bis 1939.
   a. . . .
   b. . . .
   c. . . .

2 **39.1.2–3.** Vergleicht den italienischen und den spanischen Faschismus.

In der Machtergreifung	Im Gebrauch der Macht
a. Italien: . . .	c. Italien: . . .
b. Spanien: . . .	d. Spanien: . . .

40. Die Weimarer Republik

1 **40.1.2–1. + 40.1.2–2.** Welche Ursachen, Erscheinungsformen und Auswirkungen hatte der „Januarstreik" von 1918?

Ursachen	Auswirkungen	Erscheinungsformen
a. . . .	h. . . .	d. . . .
b. . . .	i. . . .	e. . . .
c. . . .		f. . . .
		g. . . .

2 **40.1.2–3.** Welche Argumente lassen sich gegen die „Dolchstoßlegende" anführen?
   a. . . .
   b. . . .

3 **40.1.2–5. + 40.1.2–6.** Nennt die Unterschiede in den Forderungen zwischen den Verfechtern der parlamentarischen Demokratie und des Rätesystems 1918 in Deutschland.

	Parlamentarische Demokratie	Rätesystem
wirtschaftliche Grundlagen	a. . . .	b. . . .
		c. . . .
politische Neuordnung Deutschlands im Hinblick auf die Nationalversammlung	d. . . .	e. . . .
Mitwirkung der bisherigen Machtelite	f. . . .	g. . . .

4 **40.2.2–1. + 40.2.2–2.** Kreuzt von den folgenden Aussagen, die sich auf die Wahl vom 19. 1. 1919 beziehen, die beiden richtigen Aussagen an.
   a. Die SPD und USPD hätten aufgrund des Wahlergebnisses eine Mehrheitsregierung bilden können.
   b. Die Kommunisten scheiterten an der 5%-Hürde und waren in der Nationalversammlung deshalb nicht vertreten.
   c. Die SPD, das Zentrum und die Deutsche Demokratische Partei (DDP) schlossen sich zur ersten Regierungskoalition zusammen.
   d. Die Nationalversammlung trat in Weimar zusammen, weil die Lage in Berlin sehr unsicher war und in Thüringen zuverlässige Truppen die Sicherheit der Nationalversammlung gewährleisteten.
   e. Das Parteienbild hatte sich gegenüber der Zeit vor 1918 grundlegend gewandelt.

5 **40.2.2–3.** Kennzeichnet einige wichtige Bestimmungen der Weimarer Verfassung von 1919.
   a. Unmittelbare Mitwirkung aller Wähler: . . .
   b. Stellung des Reichspräsidenten: . . .
   c. andere Gesichtspunkte: . . .

6 **40.3.2–4.** Welche Argumente sprechen für, welche gegen die Unterzeichnung des Versailler Vertrages durch die deutsche Regierung?

Argumente dafür: Argumente dagegen:
   a. . . .   e. . . .
   b. . . .   f. . . .
   c. . . .
   d. . . .

7 **40.4.2–2. + 40.4.2–3.**   a. Erläutert die Ursachen der Inflation: . . .
   b. Erläutert die Einwirkungen des Ruhrkampfes auf die Wirtschaft: . . .

8 **40.5.2–3.** Das Vertragswerk von Locarno wird oft als „ein Wendepunkt der europäischen Geschichte" bezeichnet. Welche Interessen der europäischen Mächte wurden dabei berücksichtigt? Ordne zu:
   a. Frankreich   1. Behauptung der gewonnenen Gebiete
   b. Deutschland   2. Erhaltung des Gleichgewichts auf dem Kontinent
   c. Großbritannien   3. Sicherheit, Sicherung der Ostgrenze, Reparationen
   d. Polen   4. Milderung der Reparationszahlungen, Gleichberechtigung unter
   e. Sowjetunion   den Völkern der Welt
                          5. wirtschaftliche Zusammenarbeit

9 **40.0.2–6.** Was spricht eher dafür, was eher dagegen, das Jahrfünft zwischen 1924 und 1929 als die „goldenen Jahre" zu bezeichnen?

Dafür: Dagegen:
   a. . . .   d. . . .
   b. . . .   e. . . .
   c. . . .   f. . . .
                    g. . . .

10 **40.6.2–1. + 40.6.2–2.** Lest die Programmerklärung der KPD vom 24. 8. 1930 (Gfm) und nehmt dazu Stellung.
   Wie will die KPD die Wirtschaftslage verbessern?
   a. . . .   d. . . .
   b. . . .   e. . . .
   c. . . .   f. . . .
   Worin sah demnach die KPD die Ursachen für die schlechte Wirtschaftslage?
   g. . . .
   h. . . .
   Worin sieht die Geschichtsforschung heute die wesentlichen Ursachen?
   i. . . .

11 **40.6.2–3.** Welchen Ursachen verdankt Hitler seine Erfolge?
   a. . . .   c. . . .
   b. . . .   d. . . .

12 Füllrätsel

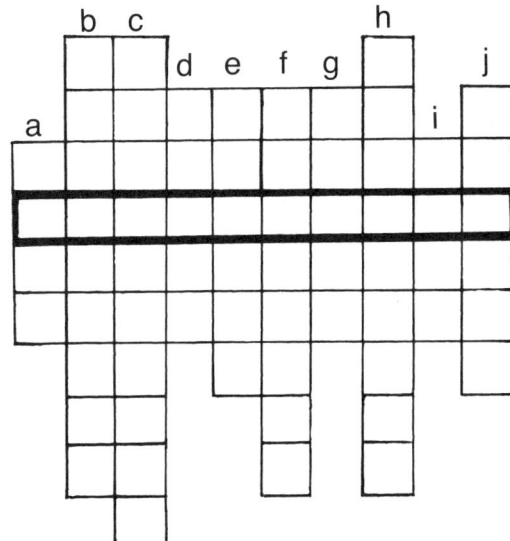

a. Wer führte 1920 Freikorpsverbände nach Berlin?

b. Nennt einen politischen Bund nach 1918

c. Wer wurde zusammen mit Rosa Luxemburg von Rechtsradikalen ermordet?

d. Name des ersten Reichspräsidenten der ersten deutschen Republik

e. Stadt, nach der die erste deutsche Republik benannt wurde

f. Wer meuterte und gab den Anstoß zur Revolution?

g. Stadt, in der es während des Ruhrkampfes zu blutigen Zusammenstößen kam

h. Anderes Wort für Geldentwertung

i. Von wem geht in der Verfassung von 1919 die Staatsgewalt aus?

j. Wer übernahm in München die Leitung der Revolutionsregierung?

Die umrandete Zeile nennt einen Zustand, den man niemand wünscht

13 Worträtsel. Unterstreicht die richtige Antwort:

a. Wo begann die deutsche Revolution 1918?

1 München, 2 Berlin, 3 Kiel

b. Wer führte in der Übergangzeit 1918 die Regierung?

1 Mehrheitsparteien, 2 Weimarer Koalition, 3 Rat der Volksbeauftragten

c. Wer wählte nach der Verfassung von 1919 den Reichspräsidenten?

1 die Parlamentarier, 2 das Volk, 3 die Reichsminister

d. Wie nennt man Geld- und Sachlieferungen an die Siegermächte?

1 Reparaturen, 2 Reparationen, 3 Rationalisierung

e. Französischer Staatsmann, der ein Europa des Friedens anstrebte.

1 Poincaré, 2 Briand, 3 Clemenceau

f. Wann wurde Deutschland in den Völkerbund aufgenommen?

1. 1926, 2. 1918, 3. 1932

g. Wo wurde 1922 ein Vertrag zwischen Deutschland und Sowjetrußland geschlossen?

1 Locarno, 2 Rapallo, 3 Genf

h. Deutscher Staatsmann, der den passiven Widerstand während der Ruhrbesetzung beendete.

1 Brüning, 2 von Schleicher, 3 Stresemann

i. Welches Ereignis erschütterte 1929 die Weltwirtschaft?

1 Erster Weltkrieg, 2 Erdbeben von Messina, 3 Weltwirtschaftskrise

j. Welche Partei bereitete damals den Sturz der Republik vor?

1 Zentrum, 2 Nationalsozialisten, 3 SPD

Zählt die bei den richtigen Antworten stehenden Zahlen zusammen. Bei richtiger Lösung ergibt die Summe 23.

14 **Zuordnungsrätsel.** Verbindet mit jeder Persönlichkeit die dazugehörige Aussage.

a. Wilhelm II.	1. war der erste Reichskanzler der Weimarer Republik
b. Stresemann	2. flüchtete nach Ausbruch der Revolution nach Holland
c. Liebknecht	3. unternahm am 9. 11. 1923 in München einen Putschversuch
d. Scheidemann	4. löste die Frage nach der Dauer der Reparationen
e. Brüning	5. flog als erster über den Atlantik
f. Young	6. ließ den passiven Widerstand einstellen
g. Lindbergh	7. erhielt zusammen mit Stresemann den Friedensnobelpreis
h. Hindenburg	8. gründete zusammen mit Rosa Luxemburg den Spartakusbund
i. Briand	9. war der zweite Reichspräsident der Weimarer Republik
j. Hitler	10. regierte mit Notverordnungen

41. Der Nationalismus

1 **41.1.2–2.** Überdenkt noch einmal Äußerungen Hitlers, die euch bekannt sind, und beantwortet folgende Fragen:
a. Was wirft er seinen Gegnern vor? . . .
b. Welche Tatsachen verschweigt er? . . .
c. Was will Hitler unternehmen? . . .

2 **41.1.2–4.** Die Beseitigung der parlamentarischen Demokratie erfolgte in mehreren Phasen. Was bewirkte a. die „Notverordnung zum Schutze von Volk und Staat" vom 28. 2. 1933 und b. das „Ermächtigungsgesetz"?
a. . . .
b. . . .

3 **41.2.2–2.** Beschreibt am Beispiel von Kunst und Wissenschaft,
a. was unter „Gleichschaltung" zu verstehen ist, . . .
b. was die Gleichschaltung bezweckte . . . und
c. wie ihre Wirkung tatsächlich war? . . .

4 **41.2.2–3.** Erläutert den Satz, den Hitler in einer Rede 1938 äußerte: „. . . und sie werden nicht mehr frei ihr ganzes Leben".
a. . . .   c. . . .
b. . . .   d. . . .

5 **41.3.2–2.** Die Verfolgung der Juden im nationalsozialistischen Deutschland erfolgte in mehreren Schritten. Ordnet zu, mit welchen Maßnahmen die einzelnen Ereignisse verbunden waren.

a. Reichskristallnacht	1. Zerstörung von Synagogen und jüdischen Geschäften
b. Nürnberger Gesetze	2. Beschluß, die Juden zu vernichten
c. Wannseekonferenz	3. Tötung möglichst aller Juden in Europa
d. Boykott jüdischer Geschäfte	4. Verbot der Eheschließung zwischen Juden und den „Staatsangehörigen deutschen oder artverwandten Blutes"
e. „Endlösung"	5. Uniformierte Angehörige der Parteigliederungen verwehrten den Zutritt zu jüdischen Geschäften, Arzt- und Rechtsanwaltspraxen

6 **41.3.2–3.** Lest den folgenden Text:
„Unter Mißachtung und Mißdeutung aller wissenschaftlichen Ergebnisse wurden aus verschiedenen Bereichen der Wissenschaft **jene** Bausteine zusammengetragen, die zusammengesetzt das Wunschbild einer angeblich reinen Rasse ergeben sollten. Dieser reinen Rasse schrieb man dank der ‚Tatsache‘, daß sich bei ihr nur die guten Eigenschaften vererbten, alle Kulturschöpfungen der Geschichte zu. Alle anderen . . . Rassen wurden als minderwertig betrachtet. Die ‚Artreinheit‘ ist eine der Grundlagen für den Anspruch des Nationalsozialismus auf die Gewinnung von ‚Lebensraum‘ im Osten, mit dessen Hilfe die ‚arische Herrenrasse‘ Europa beherrschen sollte. Der Gegenpol des Herrenmenschen ist nach der nationalsozialistischen Ideologie der Jude, der den Herrschaftsanspruch des ‚arischen‘ Menschen bedroht und den es zu bekämpfen gilt . . .“
(aus: W. Scheffler, Judenverfolgung im Dritten Reich. Berlin 1964, S. 13)
a. In diesem Text wird die Rassenlehre des Nationalsozialismus charakterisiert. Wodurch unterscheidet sich danach der „Arier“ von dem Juden? . . .
b. Welche politischen Ziele wurden aus dieser „Rassenlehre“ abgeleitet? . . .
c. Welche Kritik muß an der Rassenlehre geübt werden? . . .

7 **41.4.2–1.** Die nationalsozialistische Außenpolitik war widersprüchlich. Zum einen betonte Hitler in zahlreichen Reden seinen Friedenswillen, zum anderen forderte er nachdrücklich die Revision von Versailles.
Nennt
a. zwei Maßnahmen, die den Friedenswillen Hitlers unterstreichen sollten: . . .
b. zwei Maßnahmen, in denen Hitler durch einseitiges Vorgehen vollendete Tatsachen schuf und gegen den Versailler Vertrag verstieß: . . .

8 **41.4.2–2.** In den Jahren 1937/39 zeichnet sich eine Wende in Hitlers Außenpolitik ab. Kreuzt die beiden **richtigen** Behauptungen an!
a. Hitler beginnt 1938 mit dem Überfall auf Polen den Zweiten Weltkrieg.
b. Hitler beginnt mit dem Überfall auf die Sowjetunion am 1. 9. 1939 den Zweiten Weltkrieg.
c. Hitler gelingt es 1938 unter Berufung auf das Selbstbestimmungsrecht der Völker, ohne Kriegshandlungen Österreich „heim ins Reich“ zu holen.
d. In einer Geheimbesprechung äußert Hitler am 5. 11. 1937 (Hoßbach-Protokoll), es gebe zur Lösung der deutschen Frage „nur den Weg der Gewalt“.
e. Als deutsche Truppen Böhmen und Mähren besetzten und die Slówakei zum selbständigen Staat durch Hitler erklärt wurde, beriefen die Westmächte die „Münchener Konferenz“ ein.
f. Das Bündnis zwischen der Sowjetunion und Deutschland zwingt die Westmächte zur „appeasement-Politik“.

9 **Umstellrätsel.** Stellt die Buchstaben so um, daß Wörter mit der angegebenen Bedeutung entstehen.

a. gast schier dranb (3 Silben)	Vorwand für die Notverordnung zum Schutz von Volk
b. reb mach nali (3 S.)	und Staat
c. hel er nse sra (4 S.)	Unterzeichner des Münchner Abkommens
d. zets eg it cähm re suggn (6 S.)	Ideologische Grundlage des Nationalsozialismus
e. sdne ro gbru (3 S.)	Ein wichtiges Gesetz 1933
f. espea pa tmne (3 S.)	Ausbildungsstätte für die Elite der Partei
g. lseb boeg (2 S.)	Britische Politik der „Besänftigung“
h. dvi ad ntser (3 S.)	Hitlers Propagandaminister
i. nrip rre hfü ipz (4 S.)	Hierdurch wurden die Juden ab 1941 gekennzeichnet
j. ra tau eik (3 S.)	Prinzip, das die Politik des Dritten Reiches bestimmte
	Erzeugung möglichst aller benötigten Güter im Inland

42. Der Zweite Weltkrieg

1 **42.1.2–1.** Der Zweite Weltkrieg verlief in mehreren Abschnitten. Ordnet in richtiger zeitlicher Reihenfolge, indem ihr hinter jedes Ereignis die entsprechende Jahreszahl setzt:
   a. deutsche Niederlage bei Stalingrad . . .
   b. Landung der Alliierten in Nordfrankreich . . .
   c. erfolgreiche deutsche „Blitzkriege" gegen Polen und Frankreich . . .
   d. Goebbels proklamiert den „totalen Krieg" . . .
   e. Deutschland greift die Sowjetunion an . . .
   f. Angriff Japans auf Pearl Harbor . . .

2 **42.2.2–2.** Welche Merkmale kennzeichnen den „totalen Krieg"?

wirtschaftlich	Maßnahmen im Inneren	militärisch
a. . . .	d. . . .	f. . . .
b. . . .	e. . . .	
c. . . .		

3 **42.3.2–1.** Der Widerstand äußerte sich im Dritten Reich in vielfältigen Erscheinungsformen.
   a. Welche Gruppen leisteten Widerstand? . . .
   b. Wie wurde Widerstand geleistet? . . .

4 **42.3.2–1.** a. Welche Motive hatten die Menschen, die gegen die NS-Herrschaft Widerstand leisteten? . . .
   b. Welche Faktoren erschwerten den Widerstand gegen das NS-Regime? . . .

5 **Was gehört zueinander?**

a. Beginn des Zweiten Weltkrieges	1. Die Weiße Rose
b. Brit. Premierminister während des Krieges	2. Luftkrieg
c. Duce	3. Invasion Europas
d. Stalingrad	4. Churchill
e. Roland Freisler	5. Wende im Osten
f. Hans und Sophie Scholl	6. 20. Juli 1944
g. General Eisenhower	7. 1. September 1939
h. Graf von Stauffenberg	8. Atombombe
i. Dresden	9. Mussolini
j. Hiroshima	10. Volksgerichtshof

Lösungen

36. Der Erste Weltkrieg

1   a. Frieden, weil Preise für Leistungen verliehen werden, die der Menschheit nützen.
    b. Frieden, weil Gegensätze weggeräumt werden können.
    c. Krieg, weil die eigene Nation überhöht, der Nachbar aber herabgesetzt wird.

2   a. Keiner hat bewußt auf einen Krieg hingearbeitet.
    b. Es entstand aber durch eine Reihe von Maßnahmen ein Klima, in dem sich jeder bedroht fühlte.
    c. Alle beteiligten Staaten rüsteten.
    d. Es gab Staatsmänner, die nationalistische Politik trieben und Kriegsziele erörterten, z. B. Erweiterung des eigenen Staatsgebietes auf Kosten der Nachbarn.

3   Richtig sind b. und e.

4   a. Der Schlieffenplan, der eine schnelle militärische Entscheidung vorsah, war gescheitert.
    b. Stellungskriege und Materialschlachten im Westen
    c. Erfolge der Deutschen an der Ostfront
    d. Schwierigkeiten in der Versorgung der Bevölkerung
    e. Die Kriegsindustrie leidet unter mangelnder Rohstoffzufuhr.

5   a. Vorstellung eines Siegfriedens: Heimkehr der „tapferen Helden", dem Feind zeigen, „was eine deutsche Faust leisten kann", siegreiche Heimkehr der Truppen.
    b. Anstehen nach Lebensmitteln, Lebensmittelkarten.
    c. Er erweckt den Eindruck: der Krieg ist zwar unangenehm, man muß sich „zusammenreißen", aber im Grunde ist er zu ertragen, wenn der Sieg verheißen wird.

6   a. Erweiterung des eigenen Staatsgebietes
    b. Gewinn von Rohstofflagern
    c. Schaffung strategischer Vorteile
    d. Schwächung des Gegners
    e. Frieden ohne Annexionen und Kontributionen
    f. Einleitung rascher Friedensverhandlungen
    g. Schaffung einer überstaatlichen Friedensorganisation

7   a. zu 5., b. zu 3., c. zu 4., d. zu 1., e. zu 2.

8   a. SPD verlangt gloiches Wahlrecht, d. h. Ablösung des in Preußen geltenden Dreiklassenwahlrechts. Hindenburg beklagt das machtvolle Auftreten der SPD. Er fürchtet Konsequenzen für die Kriegsführung.
    b. SPD befürwortet Verständigungsfrieden im Gegensatz zur OHL, die nach wie vor für einen Siegfrieden eintritt. Hindenburg befürchtet eine politische Einflußnahme der Volksmassen. Er ist an einer ruhigen innerpolitischen Entwicklung interessiert und plädiert dafür, den innenpolitischen Druck niederzuhalten.

9   a. Versailles, b. Auflösung, c. Wilson, d. Kriegsschuld, e. St. Germain, f. Gebietsverluste, g. Anschlußverbot, h. Clemenceau, i. Frankreich, j. Scheidemann.

37. Die USA

1 a. Schutz der amerikanischen Interessen in Westeuropa, die bei einem Sieg der Mittelmächte bedroht waren, vor allem nach der Erklärung des uneingeschränkten U-Boot-Krieges von deutscher Seite.
b. Rasche Beendigung des Krieges, totale Blockade gegen Großbritannien

2 a. Garantie politischer Unabhängigkeit und territorialer Integrität für alle Staaten
b. Schaffung eines Tribunals der Öffentlichkeit zur Wahrung des Friedens
c. Die Siegermächte waren darauf bedacht, daß ihre nationalen Interessen gewahrt blieben.

38. Die Russische Revolution

1 Richtig sind c. und e.

2 a. Persönliche Freiheit – Bauern erhielten die Hälfte des Grundbesitzes zu gemeinschaftlichem Eigentum.
b. Es gab keine individuelle Verfügung über den ihnen zugewiesenen Grundbesitz – langjährige Verschuldung.

3 a. Fortsetzung des Krieges an der Seite der Alliierten
b. Sofortige Beendigung des Krieges
c. politische Revolution, Gründung einer parlamentarisch-demokratischen Republik
d. politische und soziale Revolution, Sturz der bestehenden Gesellschafts- und Wirtschaftsordnung

4 a. zu 2., b. zu 4., c. zu 1., d. zu 3.

5 a. Enteignung von Grund und Boden, in der Industrie, im Handel und Verkehr – Aufhebung der Standesunterschiede – Einführung des Achtstundentages
b. Beendigung des Krieges – Umsturz der alten Staats- und Verwaltungsordnung – Verkündigung „demokratischer Prinzipien"
c. Fortbestand der wirtschaftlichen Notlage, Zwangsmaßnahmen gegen die Bauern bei der Eintreibung von Lebensmitteln
d. keine parlamentarisch-demokratische Republik, Aufhebung der Pressefreiheit – Verweigerung individueller Grundrechte – Herrschaft einer Partei – Terror gegen Andersdenkende

6 a. zu M., b. zu A., c. zu R., d. zu M., e. zu R., f. zu A.

7 a. Duma, b. Lenin, c. Marxismus, d. Komintern, e. Sowjet, f. Stalin, g. Kolchosen, h. UdSSR

39. Diktaturen und Demokratien

1 a. Ideologische Gegensätze zwischen der Sowjetunion und anderen Ländern brauchen politische Vereinbarungen nicht auszuschließen.
b. Politik der kollektiven Sicherheit durch zweiseitige Nichtangriffsverträge
c. Sicherung gegenüber dem „aggressiven und expansiven Faschismus" und Annäherung an die Westmächte nach 1933

2 a. Der König überträgt den Faschisten die Regierungsgewalt.
b. Nach dem Wahlsieg der Republikaner, Sozialisten und Kommunisten kommt es zum Bürgerkrieg, der mit dem Sieg Francos endet.
c. Aufbau eines diktatorischen Regimes, in dem keine Opposition geduldet wird. Alles wird auf einen starken Staat ausgerichtet: Imperialismus.
d. Ablehnung liberal-demokratischer Prinzipien, keine Veränderung der Gesellschaft.

40. Die Weimarer Republik

1   a. Verschlechterung der Ernährung und Versorgung
    b. harte Arbeitsbedingungen
    c. Kriegsmüdigkeit
    d. Forderung nach Verbesserung der materiellen Lage
    e. politische Reformen wie Demokratisierung und Parlamentarisierung
    f. Forderung nach einer politischen Revolution
    g. Forderung nach Beendigung des Krieges
    h. Massive Bedrohung des Militärs und der Regierung, den Streik gewaltsam zu beenden.
    i. SPD und Gewerkschaften lehnen eine Revolution ab und verlangen den Abbruch des Streiks.

2   a. Die OHL hatte die Lage 1918 falsch eingeschätzt: Die Truppe war überfordert. Der Nachschub war unzureichend. Die Alliierten erhielten trotz des U-Boot-Krieges zunehmend Nachschub an Soldaten und Ausrüstung.
    b. Die OHL gestand plötzlich und unerwartet die militärische Niederlage ein und schob die Verantwortung der politischen Führung zu.

3   a. Beibehaltung der auf Privateigentum gründenden Wirtschaft
    b. „sozialistische" Wirtschaft
    c. Änderung der Besitz- und Eigentumsverhältnisse nach dem Muster der sowjetischen Oktoberrevolution
    d. Die Entscheidung über die politische Neuordnung soll durch allgemeine Wahlen ohne Einschränkung des Wahlrechts fallen.
    e. Nur die Arbeiter- und Bauernräte sollen Machtbefugnisse erhalten. Erst danach Erörterungen über konstituierende Versammlung.
    f. Die bisherige Machtelite – Offizierskorps und Bürokratie – soll an der Neuordnung mitwirken.
    g. Das Bürgertum soll ausgeschlossen werden.

4   Richtig sind c. und d.

5   a. Wahl des Reichspräsidenten durch die wahlberechtigte Bevölkerung, Volksbegehren, Volksentscheid
    b. Er ernennt den Reichskanzler, Recht zur Auflösung des Reichstages, Oberbefehl über die Wehrmacht, kann Notverordnungen erlassen.
    c. Ministerverantwortlichkeit, bundesstaatlicher Aufbau, Rechtsstaatlichkeit, Verhältniswahlrecht

6   a. Die Alliierten marschieren nicht in Deutschland ein.
    b. Die Gefangenen kehren zurück.
    c. Der wirtschaftliche Wiederaufstieg kann beginnen.
    d. Die Blockade wird beendet.
    e. Der Vertrag enthält für Deutschland unannehmbare wirtschaftliche, politische und moralische Forderungen.
    f. Die 14 Punkte Wilsons, die für die deutsche Regierung Voraussetzung bei den Waffenstillstandsverhandlungen waren, sind nicht mehr Grundlage der Friedensbedingungen.

7   a. Kriegskosten, Gebietsabtretungen, Reparationen, Staatsverschuldung, Verlust wichtiger Rohstoffe und Industriegebiete
    b. Rückgang der Produktion, Versorgung der Bevölkerung gefährdet, Beschleunigung der Geldentwertung

8   a. zu 3., b. zu 4., c. zu 2., d. zu 1., e. zu 5.

9   a. kulturelle Regsamkeit
    b. wirtschaftlicher Aufschwung
    c. außenpolitische Erfolge
    d. zu niedriger Anteil der Arbeiter am Volkseinkommen
    e. Belastungen im politischen Klima: „Dolchstoß", „Novemberverräter", „Erfüllungspolitiker"
    f. Heftigkeit der Wahlkämpfe
    g. Unzulänglichkeiten im Parteiensystem und bei der Regierungsbildung

10 a. drastische Kürzungen von Ausgaben „für Polizei und Kirche", keine Pensionen und Renten für Machthaber der Kaiserzeit
b. Enteignung der Großgrundbesitzer und Ausbeuter
c. Zerschlagung des Machtapparates
d. Einführung des Siebenstundentages und der viertägigen Arbeitswoche, Wirtschaftsbündnis mit der Sowjetunion
e. Abschaffung der Unternehmensprofite
f. Verweigerung der Reparationszahlungen
g. Vorherrschaft des Kapitals und des Großgrundbesitzes
h. wirtschaftliche Zusammenarbeit mit den Westmächten
i. Wirtschaftkrise in den USA – Rückforderung kurzfristiger Kredite – Produktionsrückgang – Arbeitslosigkeit – sinkende Staatseinnahmen – Zusammenbruch der Wirtschaft – Schwächung des parlamentarischen Systems

11 a. Wirtschaftskrise und Arbeitslosigkeit
b. Versagen des parlamentarischen Systems
c. antidemokratisches Denken
d. Zusammengehen rechtsgerichteter Kräfte

12 a. Kapp, b. Spartakus, c. Liebknecht, d. Ebert, e. Weimar, f. Matrosen, g. Essen, h. Inflation, i. Volk, j. Eisner

13 Richtig bei a. = 3, b. = 3, c. = 2, d. = 2, e. = 2, f. = 1, g. = 2, h. = 3, i. = 3, j. = 2

14 Richtig a. zu 2., b. zu 6., c. zu 8., d. zu 1., e. zu 10., f. zu 4., g. zu 5., h. zu 9., i. zu 7., j. zu 3.

41. Der Nationalismus

1 a. Marxismus und „Novemberparteien" hätten Deutschland verraten, Haß und Zwietracht gesät, die Arbeitslosigkeit und die Notlage herbeigeführt.
b. Die militärischen Ursachen der Niederlage Deutschlands im Ersten Weltkrieg, die harten Bestimmungen des Versailler Vertrages als Ursache für die außenpolitische Lage des Reiches, die weltweite Rezession als Grund für die wirtschaftliche Notlage, den wirtschaftlichen Aufschwung von 1924 bis 1928, die außenpolitischen Erfolge Stresemanns.
c. Wiederherstellung der Einheit des Volkes, Reorganisation der Wirtschaft

2 a. Aufhebung von Grundrechten, dadurch Verfolgung der politischen Gegner, Zerschlagung der SPD
b. Selbstentmachtung des Parlaments

3 a. Es gab nur noch eine vom Staat beaufsichtigte Literatur, Kunst, Presse usw.
b. Lenkung von Wissenschaft und Kunst im Sinne der nationalsozialistischen Ideologie, Verbot „entarteter Kunst"
c. „Berufsverbote" für Künstler, Schriftsteller, Wissenschaftler, Emigration; Kunst und Wissenschaft verloren an Niveau.

4 a. Erfassung durch den Staat vom Jugendlichen bis ins hohe Alter
b. Einfluß und Macht der NS-Organisationen sind unbegrenzt.
c. Die Mitgliedschaft in mindestens einer Massenorganisation wird bei jedem Deutschen vorausgesetzt.
d. Schule und Elternhaus werden in die NS-Bildungspolitik eingepaßt.

5 Richtig sind a. zu 1., b. zu 4., c. zu 2., d. zu 5., e. zu 3.

6 a. Arier: Bei ihm vererben sich nur die guten Eigenschaften und die Kulturschöpfungen der Geschichte. Jude: minderwertige Rasse, bedroht den Herrschaftsanspruch der Arier.
   b. Reinerhaltung der arischen Rasse, Gewinnung von Lebensraum im Osten, Bekämpfung der Juden
   c. Die Lehre, daß es höherwertige Menschenrassen mit Anspruch auf Herrschaft über andere Menschen gibt, ist abzulehnen. Die Juden sind keine „minderwertige" Rasse. Zahlreiche Kulturschaffende und Wissenschaftler jüdischer Herkunft, z. B. Nobelpreisträger, widerlegen die Ansicht von der „Minderwertigkeit".

7 a. z. B. Vertrag mit Polen, Flottenvertrag mit Großbritannien, Konkordat
   b. z. B. Einführung der allgemeinen Wehrpflicht, Einmarsch ins Rheinland, Eingliederung Österreichs

8 Richtig sind c. und d.

9 a. Reichstagsbrand, b. Chamberlain, c. Rassenlehre, d. Ermächtigungsgesetz, e. Ordensburg, f. appeasement, g. Goebbels, h. Davidstern, i. Führerprinzip, j. Autarkie

42. Der Zweite Weltkrieg

1 Richtige Reihenfolge: c (1. 9. 39/10. 5. 40), e. (22. 6. 41), f. (7. 12. 41), a. (Jan. 1943), d. (18. 2. 43), b. (6. 6. 44)

2 a. Ausweitung der Kriegswirtschaft
   b. Konzentration der Produktion auf den Bedarf der Rüstung
   c. Drosselung der Herstellung von Konsumgütern
   d. Alle Männer und Frauen sollten zum Kriegseinsatz erfaßt werden
   e. Appelle an die Opferwilligkeit und Einsatzbereitschaft
   f. Einsatz aller Vernichtungswaffen ohne Rücksicht auf die Folgen

3 a. Soldaten, Kirchen, Studenten, Gewerkschaftler, Kommunisten, Jugendliche
   b. Mißachtung der Anordnungen von Partei und Staat, Sabotage in der Produktion, offene Kritik, Flugschriften, Verrat militärischer Operationen, Verschwörung zum Sturz des Regimes.

4 a. Unzufriedenheit mit dem Regime, die sich verschlechternde militärische Gesamtsituation, Verfolgungen im Inneren, Maßnahmen gegen die Kirche, Ermordung der Juden
   b. das fast perfekt organisierte Überwachungssystem, die drakonischen Strafen, die Unterstützung des Systems durch einen Großteil der Bevölkerung

5 Richtig sind a. zu 7., b. zu 4., c. zu 9., d. zu 5., e. zu 10., f. zu 1., g. zu 3., h. zu 6., i. zu 2., j. zu 8.